Oberthür/Chandna-Hoppe

Mobile Work

# Mobile Work

## Rechtsfragen zu Homeoffice und mobiler Arbeit

Handbuch

Herausgegeben von

**Dr. Nathalie Oberthür**
Rechtsanwältin Köln

und

**Dr. Katja Chandna-Hoppe**
Akademische Rätin a. Z. Universität Bonn

2024

C.H.BECK

Zitiervorschlag:
Oberthür/Chandna-Hoppe Mobile Work-HdB/Bearbeiter Rn. 1

**beck.de**

ISBN 978 3 406 79650 0


Wilhelmstraße 9, 80801 München
Druck und Bindung: Beltz Grafische Betriebe GmbH
Am Fliegerhorst 8, 99947 Bad Langensalza

Satz: 3w+p GmbH, Rimpar
Umschlag: Druckerei C.H.Beck Nördlingen

chbeck.de/nachhaltig

Gedruckt wird auf säurefreiem, alterungsbeständigem Papier
(hergestellt aus chlorfrei gebleichtem Zellstoff)

# Vorwort

Die Arbeitswelt unterliegt stetiger Veränderung. Eine zentrale Veränderung beruht auf der Zunahme ortsflexibler Beschäftigung – Mobile Work. An die Stelle des betrieblichen Arbeitsorts als festem arbeitsrechtlichen – aber auch sozialen – Anknüpfungspunkt treten unterschiedliche Arbeitsorte im privaten oder öffentlichen Bereich. Zugleich ist Mobile Arbeit nicht auf das Inland begrenzt, sondern wird, wie schon die Wortneuschöpfung *Workation* zeigt, zunehmend auch außerhalb des deutschen Rechtsraums erbracht.

Die freie Wahl des Arbeitsortes verspricht höhere Selbstbestimmung und Flexibilität für Arbeitnehmerinnen und Arbeitnehmer. Personalwirtschaftliche Studien zeigen, dass Mobile Arbeit ein zentrales Instrument für die Gewinnung von Fachkräften ist. Zugleich wirft die ortsflexible Arbeit vielfältige individual- und kollektivarbeitsrechtliche Fragen auf. Die rechtliche Gestaltung ist damit entscheidend für die Realisierung des Zukunftsversprechens von Mobiler Arbeit.

Die Konzeption des Arbeitsverhältnisses mit der Erbringung weisungsabhängiger und fremdbestimmter Arbeit durch die Arbeitnehmer ist eng mit einem arbeitgeberseitig festgelegten Arbeitsort verbunden. Eine vollständig orts- und zeitflexible Tätigkeit kann damit statusrelevant werden. Auch ist für den Umgang mit Mobiler Arbeit entscheidend, inwieweit Arbeitnehmer einen Anspruch auf Mobile Arbeit haben und unter welchen Umständen eine spätere Einschränkung zulässig sein kann.

Die mit der örtlichen Verlagerung der Arbeitsleistung einhergehende Überschneidung des privaten und beruflichen Bereichs stellt besondere Anforderungen an die datenschutzrechtliche Verantwortlichkeit der Unternehmen. Sie führt auch zu Abgrenzungsproblemen bei Arbeits- und Wegeunfällen, auf die der Gesetzgeber im Unfallversicherungsrecht 2021 mit einer Novellierung von § 8 SGB VII reagiert hat. Weitere Fragen ergeben sich im Arbeitsschutz- und Arbeitszeitrecht, wenn die Einflussnahme der Unternehmen auf das räumliche und sachliche Substrat und den Umfang der Arbeitstätigkeit begrenzt ist.

Doch nicht allein auf die individualarbeitsrechtliche Ebene hat Mobile Arbeit wesentlichen Einfluss. Mobile Arbeit führt auch dazu, dass sich Arbeitnehmer nicht mehr mit vergleichbarer Häufigkeit und Intensität an dem jeweiligen betrieblichen Arbeitsort begegnen. Dies birgt Herausforderungen für die Betriebsverfassung, nicht nur für die rechtssichere Gestaltung der Betriebsratsarbeit in digitalisierten betrieblichen Strukturen, sondern auch im Hinblick auf die mobile und digitale Gestaltung der Arbeit der Arbeitnehmervertretungen.

Dieses Werk soll die arbeitsrechtlichen Aspekte Mobiler Arbeit in einem Handbuch wissenschaftlich und zugleich praxisnah unter Einbeziehung personalwirtschaftlicher, steuer- und sozialversicherungsrechtlicher Aspekte darstellen. In dem Bemühen um eine grundlegende und zugleich aktuelle Aufarbeitung der Problemstellungen Mobiler Arbeit berücksichtigt das vorliegende Werk Rechtsprechung und Gesetzgebung bis Oktober 2023.

Wir danken an dieser Stelle allen Vertreterinnen und Vertretern des Verlages C.H. BECK für die Unterstützung und die professionelle Begleitung des Werks, allen Autorinnen und Autoren für ihre wertvollen Beiträge sowie den Mitarbeiterinnen und

Mitarbeitern des Lehrstuhls von Professor Dr. Waltermann, Universität Bonn, die zum Gelingen dieses Werks beigetragen haben. Es ist uns bewusst, dass die tatsächlichen und rechtlichen Fragen rund um die Mobile Arbeit umfassend und auch weiterhin in der Entwicklung befindlich sind. Anmerkungen und Ergänzungen zu dem vorliegenden Werk sehen wir deshalb mit Freude entgegen.

Köln und Bonn, im November 2023

*Nathalie Oberthür*
*Katja Chandna-Hoppe*

# Verzeichnis der Bearbeiterinnen und Bearbeiter


*Dr. Andrea Bonanni*
Rechtsanwältin Köln

*Dr. Katja Chandna-Hoppe*
Akademische Rätin a. Z. Universität Bonn

*Dr. Carmen Freyler*
Akademische Rätin a. Z. Universität Augsburg

*Juniorprofessor Dr. Stephan Gräf*
Universität Konstanz

*Dr. rer. oec. Josephine Charlotte Hofmann*
Fraunhofer IAO Stuttgart

*Dr. Nina Kuntschik*
Rechtsanwältin und Steuerberaterin Düsseldorf

*Jürgen Markowski*
Rechtsanwalt Offenburg

*Dr. Nathalie Oberthür*
Rechtsanwältin Köln

*Dr. Daniela Rindone*
Rechtsanwältin Köln

*Professor Dr. Jens M. Schubert*
Leuphana Universität Lüneburg

*Dr. Ralf Steffan*
Rechtsanwalt Köln

*Dr. Jürgen vom Stein*
Präsident des Landesarbeitsgerichts Köln

*Volker Stück*
Rechtsanwalt Bonn

*Dr. Bernd Wiebauer*
Richter am Arbeitsgericht Rosenheim

## Inhaltsverzeichnis

**B. Rechtsgrundlagen und individualarbeitsrechtliche Kernfragen mobiler Arbeit**

**E. Arbeitszeitrecht**

## G. Unfallversicherung bei Mobile Work

## H. Mobile Work im Ausland/Rechtliche Aspekte bei Mobile Work im EU-Ausland



## I. Steuerrechtliche Aspekte von Mobile Work

## Abkürzungsverzeichnis

aA ................... andere Ansicht
ABl. ................ Amtsblatt der Europäischen Gemeinschaften (bis 1985: Amtsblatt der Europäischen Gemeinschaft für Kohle und Stahl)
abl. ................. ablehnend
Abs. ................. Absatz
aE ................... am Ende
aF ................... alte Fassung
AG .................. Aktiengesellschaft
allg. ................. allgemein
Alt. ................. Alternative
amtl. ................ amtlich/e(r)
Anh. ................ Anhang
Anm. ............... Anmerkung
arg. ................. Argumentum, argumentiert
Art. ................. Artikel
Aufl. ................ Auflage
ausf. ................ ausführlich
Az. .................. Aktenzeichen
BAG ................ Bundesarbeitsgericht
BeckRS ............ Rechtsprechungssammlung auf beckonline
Begr. ............... Begründung
Bek. ................ Bekanntmachung
ber. ................. berichtigt
BGBl. .............. Bundesgesetzblatt
Bl. .................. Blatt
BSG ................ Bundessozialgericht
bsw. ................ beispielsweise
Buchst. ............. Buchstabe
BV .................. Betriebsvereinbarung
bzw. ................ beziehungsweise
ca. ................... zirka
dh ................... das heißt
diff. ................. differenzierend
Diss. ................ Dissertation
Drs. ................. Drucksache
Einl. ................ Einleitung
endg. ............... endgültig
etc. .................. et cetera
EuGH .............. Europäischer Gerichtshof
eV .................. eingetragener Verein

| | |
|---|---|
| f., ff. | folgende, fortfolgende |
| Fn. | Fußnote |
| FS | Festschrift |
| gem. | gemäß |
| G | Gesetz |
| geänd. | geändert |
| ggf. | gegebenenfalls |
| grds. | grundsätzlich |
| hM | herrschende Meinung |
| Hs. | Halbsatz |
| idR | in der Regel |
| idS | in dem Sinne |
| ieS | im engeren Sinne |
| iHd | In Höhe der/des |
| iRd | im Rahmen des/der |
| iRv | im Rahmen von |
| iSd | im Sinne der/des |
| iSe | im Sinne einer |
| iSv | im Sinne von |
| iVm | in Verbindung mit |
| iwS | im weiteren Sinne |
| JAV | Jugend- und Auszubildendenvertretung |
| Jg. | Jahrgang |
| Kap. | Kapitel |
| krit. | kritisch |
| lit. | Buchstabe |
| lt. | laut, gemäß |
| max. | maximal |
| mE | meines Erachtens |
| mind. | mindestens |
| mwN | mit weiteren Nachweisen |
| mWv | mit Wirkung vom |
| nF | neue Fassung |
| Nr. | Nummer |
| nv | nicht veröffentlicht |
| og | oben genannt |
| rkr. | rechtskräftig |
| RL | Richtlinie |
| Rn. | Randnummer |
| Rs. | Rechtssache |
| S. | Seite/Satz |
| s. | siehe |
| Slg. | Sammlung |

sog. ................ sogenannt
stRspr ............. ständige Rechtsprechung

ua .................. unter anderem
uä .................. und ähnliche
UAbs. ............. Unterabsatz
Übk. ............... Übereinkommen
uU ................. unter Umständen

v. ................... von, vom
Var. ................ Variante
vgl. ................ vergleiche
VO ................. Verordnung
Vorb. .............. Vorbemerkung

zB .................. zum Beispiel
Ziff. ............... Ziffer
zT .................. zum Teil
zul. ................ zuletzt
zust. ............... zustimmend

# Literaturverzeichnis


| | |
|---|---|
| Altvater BPersVG ......... | Altvater/Baden/Baunack ua, Bundespersonalvertretungsgesetz: BPersVG, Kommentar, 11. Aufl. 2022. |
| Anzinger, Rudolf/ Koberski, Wolfgang ...... | Arbeitszeitgesetz, Kommentar, 5. Aufl. 2020. |
| Arnold, Christian/ Günther, Jens ............. | Arbeitsrecht 4.0, 2. Aufl. 2022. |
| Ascheid/Preis/ Schmidt .................... | Ascheid/Preis/Schmidt, Kündigungsrecht, Kommentar, 6. Aufl. 2021. |
| Auer-Reinsdorff/Conrad IT-R-HdB ................ | Handbuch IT-und Datenschutzrecht, 3. Aufl. 2019. |
| Aumann, Annemarie .... | Arbeitsunfall 4.0. Die Abgrenzung privater und beruflicher Risikosphären in der modernen Arbeitswelt, 2019. |
| Baeck, Ulrich/ Deutsch, Markus Winzer, Thomas .......... | Arbeitszeitgesetz, Kommentar, 4. Aufl. 2020. |
| Bamberger/Roth/Hau/ Poseck ...................... | Bürgerliches Gesetzbuch, Band 1: §§ 1–480, 5. Aufl. 2023. |
| Barrein, Anton ........... | Das Recht auf Home-Office, 2022. |
| BeckOGK ................ | Gsell/Krüger/Lorenz/Reymann, beck-online.GROSSKOMMENTAR, Kommentar, BGB, 1.9.2022. |
| BeckOGK ................ | Gsell/Krüger/Lorenz/Reymann, beck-online.GROSSKOMMENTAR, Kommentar, GewO, 1.8.2022. |
| BeckOGK ................ | Deiner/Körner/Knickrehm/Krasney/Mutschler/Rolfs, beck-online.GROSSKOMMENTAR, Kommentar, SGB, 1.12.2022. |
| BeckOK ArbR ........... | Rolfs/Giesen/Meßling/Udsching, BeckOK Arbeitsrecht, Kommentar, 68. Ed. 2023. |
| BeckOK GG ............. | Epping/Hillgruber, BeckOK Grundgesetz, Kommentar, 55. Ed. 2023. |
| BeckOK BPersVG ....... | Ricken, BeckOK BPersVG Kommentar, 13. Edition 2023. |
| BeckOK SozR ............ | Rolfs/Giesen/Meßling/Udsching, BeckOK Sozialrecht, Kommentar, 69. Ed. 2023. |
| Bertram/Walk/Falder .... | Arbeiten im Home Office in Zeiten von Corona, 2. Aufl. 2021. |
| Besgen/Prinz ............. | Arbeiten 4.0 – Arbeitsrecht und Datenschutz in der digitalisierten Arbeitswelt, 5. Aufl. 2022. |

Brose, Wiebke/
Greiner, Stefan/
Rolfs, Christian et. al. ... Grundlagen des Arbeits- und Sozialrechts, Festschrift für Ulrich Preis zum 65. Geburtstag, 2021.

Buschmann, Rudolf/
Ulber, Jürgen .............. Arbeitszeitrecht, Kommentar, 2019.

Byers, Philipp ............ Mitarbeiterkontrollen, 2. Aufl. 2022.

Bydlinski, Frank .......... Juristische Methodenlehre und Rechtsbegriff, 2. Aufl. 2011.

ComputerR-HdB ........ Taeger/Pohle, Computerrechts-Handbuch, Handbuch, 37. Aufl. 2022.

Dau, Dirk/
Düwell, Franz Josef/
Joussen, Jacob/
Luik, Steffen ............. Sozialgesetzbuch IX, 6. Aufl. 2022.

Däubler/Deinert/
Walser ...................... Däubler/Deinert/Walser, AGB-Kontrolle im Arbeitsrecht, Kommentar, 5. Aufl. 2021.

DKW ........................ Däubler/Klebe/Wedde, BetrVG, Kommentar, 18. Aufl. 2022.

Dobreva/Hack-Leoni/
Holenstein/Koller/
Nedi ........................ Neue Arbeitsformen und ihre Herausforderungen im Arbeits- und Sozialversicherungsrecht, 2019.

ErfK ........................ Müller-Glöge/Preis/Schmidt, Erfurter Kommentar zum Arbeitsrecht, Kommentar, 23. Aufl. 2023.

Erman ...................... Erman BGB, Kommentar mit Nebengesetzen und Internationalem Privatrecht, 17. Aufl. 2023.

EuArbRK ................. Franzen/Gallner/Oetker, Kommentar zum europäischen Arbeitsrecht, Kommentar, 4. Aufl. 2022.

Fahle, Constantin Frank/
Falder, Roland ........... Grenzüberschreitender Mitarbeitereinsatz, 2021.

Fitting ...................... Betriebsverfassungsgesetz, Kommentar, 31. Aufl. 2022.

Freyler, Carmen .......... Arbeitszeit- und Urlaubsrecht im Mobile Office, 2018.

Gaul, Björn ................ Arbeitsrecht der Umstrukturierung, 2. Aufl. 2021.

Gießen, Gerd ............. Arbeitsunfall und Dienstunfall, Zur Reichweite des Unfallschutzes von Arbeitnehmern und Beamten nach § 8 SGB VII und § 31 BeamtVG, 2017.

Giesen, Richard/
Junker, Abbo/
Rieble, Volker ........... Industrie 4.0 als Herausforderung des Arbeitsrechts, 2015.

| | |
|---|---|
| Giesen, Richard/<br>Kersten, Jens ............... | Arbeit 4.0 – Arbeitsbeziehungen und Arbeitsrecht in der digitalen Welt, 2018. |
| GK-BetrVG ............... | Wiese/Kreutz/Oetker/Raab/Weber/Franzen/Gutzeit/Jacobs, Gemeinschaftskommentar zum Betriebsverfassungsgesetz (GK-BetrVG), Band 1: §§ 1–73b mit Wahlordnung und EBRG, 12. Aufl. 2021. |
| Gola/Heckmann ......... | DS-GVO – BDSG, Kommentar, 3. Aufl. 2022. |
| Grunewald, Heike ....... | Grundlagen und Grenzen der Vertrauensarbeitszeit: Vorgaben des ArbZG und kollektivvertragliche Gestaltungsmöglichkeiten, 2005. |
| Hahn, Frank/<br>Pfeiffer, Gerhard/<br>Schubert, Jens ............. | Arbeitszeitrecht, Handkommentar, 2. Aufl. 2018. |
| Hauck/Noftz ............. | Sozialgesetzbuch, SGB VII: Gesetzliche Unfallversicherung, Kommentar, 10.3.2023. |
| HaKo-BetrVG ............ | Düwell, Betriebsverfassungsgesetz, Kommentar, 6. Aufl. 2022. |
| Henssler/Willemsen/<br>Kalb ......................... | Henssler/Willemsen/Kalb, Arbeitsrecht, Kommentar, 10. Aufl. 2022. |
| Hoffmann-Remy, Till ... | Die Korrekturvereinbarung, 2012. |
| Hofmann, Josephine/<br>Piele, Alexander/<br>Piele, Christian .......... | New Work – Best Practices und Zukunftsmodelle, 2018. |
| Hueck, Alfred/<br>Nipperdey, Hans Carl ... | Lehrbuch des Arbeitsrechts, Band 1, 7. Aufl. 1963. |
| Hümmerich, Klaus/<br>Lücke, Oliver/Mauer,<br>Reinhold .................. | Arbeitsrecht, Vertragsgestaltung, Prozessführung, Personalarbeit, Betriebsvereinbarungen, 10. Aufl. 2022. |
| Jacobi, Erwin/<br>Molitor, Erich/<br>Richter, Lutz ............. | Festschrift der Leipziger Juristenfakultät für Victor Ehrenberg zum 30.3.1926, 1926. |
| JurisPK-SGB IV .......... | Schlegel/Voelzke, juris PraxisKommentar SGB IV – Gemeinsame Vorschriften für die Sozialversicherung, Kommentar, 4. Aufl. 2021. |
| Kempen/Zachert ......... | Brecht-Heitzmann/Kempen/Schubert/Seifert, TVG – Tarifvertragsgesetz. Kommentar, 5. Aufl. 2014. |
| KRW ....................... | Knickrehm/Roßbach/Waltermann, Kommentar zum Sozialrecht, Kommentar, 8. Aufl. 2023. |

HK-ArbSchR ............. Kohte, Wolfhard/Faber, Ulrich/Busch, Dörte, Gesamtes Arbeitsschutzrecht, Arbeitsschutz, Arbeitszeit, Arbeitssicherheit, Arbeitswissenschaft, 3. Aufl. 2022.

Kollmer, Norbert/ Klindt, Thomas/ Schucht, Carsten ......... Arbeitsschutzgesetz, Kommentar, 4. Aufl. 2021.

KR .......................... Bader/Fischermeier/Gallner ua, Gemeinschaftskommentar zum Kündigungsschutzgesetz und zu sonstigen kündigungsschutzrechtlichen Vorschriften, Kommentar, 13. Aufl. 2022.

Kramer IT-ArbR ......... Kramer, IT-Arbeitsrecht, Handbuch, 3. Aufl. 2023.

Kühling/Buchner ........ DS-GVO BDSG, Kommentar, 3. Aufl. 2020.

Küttner Personalbuch 2022 ........................ Küttner, Personalbuch 2023, Lexikon, 30. Aufl. 2023.

Lammeyer, Thomas ...... Telearbeit, 2007.

Landes/Wittmann/ Steiner/Utz ................ Führung von Mitarbeitenden im Home Office, 2020.

Landmann/Rohmer ..... Gewerbeordnung und ergänzende Vorschriften, Band II, 89, Aufl. 2023.

Lauterbach, Herbert ..... Lauterbach, Unfallversicherung – Sozialgesetzbuch VII, Kommentar, 4. Aufl., 73. Lfg. 2022.

Lorenzen .................. Gerhold/Schlatmann/Rehak/Hebeler/Ramm/Sachadae, BPersVG, Bundespersonalvertretungsgesetz, Lfg. 2023.

LPK-SGB IX ............. Dau/Düwell/Joussen/Luik, SGB IX – Rehabilitation und Teilhabe von Menschen mit Behinderungen, Kommentar, 6. Aufl. 2022.

MAH ArbR ............... Moll, Münchener Anwaltshandbuch Arbeitsrecht, Handbuch, 5. Aufl. 2021.

Maschmann, Frank/ Fritz, Hans-Joachim ...... Matrixorganisationen – Gesellschaftsrecht, Arbeitsrecht, Datenschutz, 2019.

Mauer, Reinhold ......... Personaleinsatz im Ausland, 3. Aufl. 2019.

MHdB ArbR ............. Kiel/Lunk/Oetker, Münchener Handbuch zum Arbeitsrecht, Handbuch, Band 1, 5. Aufl. 2021.

MHdB ArbR ............. Kiel/Lunk/Oetker, Münchener Handbuch zum Arbeitsrecht, Handbuch, Band 2, 5. Aufl. 2021.

MHdB ArbR ............. Kiel/Lunk/Oetker, Münchener Handbuch zum Arbeitsrecht, Handbuch, Band 4, 5. Aufl. 2022.

Musielak/Voit ............ Zivilprozessordnung: ZPO, Kommentar 20. Aufl. 2023.

MüKoBGB ................ Säcker/Rixecker/Oetker/Limperg, Münchener Kommentar zum Bürgerlichen Gesetzbuch, Kommentar, Band 2, 9. Aufl. 2022.

MüKoBGB ............... Säcker/Rixecker/Oetker/Limperg, Münchener Kommentar zum Bürgerlichen Gesetzbuch, Band 5, 9. Aufl. 2023.

MüKoBGB ................ Säcker/Rixecker/Oetker/Limperg, Münchener Kommentar zum Bürgerlichen Gesetzbuch, Kommentar, Band 13, 8. Aufl. 2021.

MüKo GmbHG .......... Fleischer/Goette, Münchener Kommentar betreffend die Gesellschaften mit beschränkter Haftung, Band 2, 4. Aufl. 2022.

Müller Homeoffice ...... Müller, Homeoffice in der arbeitsrechtlichen Praxis, Handbuch, 3. Aufl. 2022.

Müller, Sandra ............ Virtuelle Führung: Erfolgreiche Strategien und Tools für Teams in der digitalen Arbeitswelt, 1. Aufl. 2018.

Neumann, Dirk/ Biebl, Josef ................. Arbeitszeitgesetz, Kommentar 16. Aufl 2021.

Neumann/Pahlen/ Greiner/Winkler/ Jabben ...................... Neumann/Pahlen/Greiner/Winkler/Jabben, Sozialgesetzbuch IX – Rehabilitation und Teilhabe behinderter Menschen: SGB IX, Kommentar, 14. Aufl. 2020.

NK-ArbR ................. Boecken/Düwell/Diller/Hanau, Gesamtes Arbeitsrecht, Kommentar, 2. Aufl. 2023.

NK-DatenschutzR ....... Simitis/Hornung/Spiecker gen. Döhmann, Datenschutzrecht, Kommentar, 1. Aufl. 2019.

NK-TVG .................. Däubler, Tarifvertragsgesetz, Kommentar, 5. Aufl. 2022.

Nöthlichs, Matthias ...... Arbeitsschutz und Arbeitssicherheit, 48. Ed. 2022.

Oberthür, Nathalie/ Seitz, Stefan .............. Betriebsvereinbarungen, 3. Aufl. 2021.

Otto/Schwarze/ Krause ...................... Otto/Schwarze/Krause, Die Haftung des Arbeitnehmers, Handbuch, 4. Aufl. 2014.

Pacha, Julia ............... Crowdwork, 2018.

Peters, Dietlinde-Bettina ...................... Das Weisungsrecht der Arbeitgeber, 2. Aufl. 2021.

Petri, Dirk ................. Arbeitsstrafrecht, 3. Aufl. 2021.

Preis ArbeitsV-HdB ...... Preis, Der Arbeitsvertrag, Handbuch, 6. Aufl. 2020.

Richardi BetrVG ......... Richardi, Betriebsverfassungsgesetz, Kommentar, 17. Aufl. 2022.

Rüthers/Fischer/Birk .... Rechtstheorie, 12. Aufl. 2022.

Schaub ArbR-HdB ...... Schaub, Arbeitsrechts-Handbuch, Handbuch, 19. Aufl. 2021.

Schlachter, Monika/
Heinig, Hans Michael ... Enzyklopädie Europarecht, Band 7: Europäisches Arbeits- und Sozialrecht, 2. Aufl. 2021.

Schlegel/Meßling/
Bockholdt ................ Schlegel/Meßling/Bockholdt COVID-19, Corona-Gesetzgebung – Gesundheit und Soziales, 2. Aufl. 2022.

Schliemann, Harald ...... Arbeitszeitgesetz, Kommentar, 4. Aufl. 2018.

Schmidt, Hubert ......... COVID-19, Rechtsfragen zur Corona-Krise, 3. Aufl. 2021.

Schmidt, Ingrid .......... Jahrbuch des Arbeitsrechts, Band 57, 2020.

Schmidt BEM ............ Schmidt, Gestaltung und Durchführung des BEM, Monografie, 3. Aufl. 2023.

Schüren, Peter/
Hamann, Wolfgang ...... Arbeitnehmerüberlassungsgesetz, Kommentar, 6. Aufl. 2022.

SRS Gesundheits-
management .............. Vom Stein/Rothe/Schlegel, Gesundheitsmanagement und Krankheit im Arbeitsverhältnis, Handbuch, 2. Aufl. 2021.

Staudinger ................ Staudinger, BGB – J. von Staudingers Kommentar zum Bürgerlichen Gesetzbuch, Buch 2 Recht der Schuldverhältnisse: §§ 611–613, 2022.

Taeger/Gabel ............. Taeger/Gabel, DSGVO – BDSG – TTDSG, Kommentar, 4. Aufl. 2022.

HK-AÜG ................. Ulrici, Bernhard, Arbeitnehmerüberlassungsgesetz, Handkommentar, 2017.

Visser/Voigt/Vraetz ...... Das Recht auf Homeoffice in der Pandemie, 1. Aufl. 2021.

Walzer, Susanne .......... Der arbeitsrechtliche Schutz der Crowdworker, 2019.

Wank/Maties .............. Die Auslegung von Gesetzen, 7. Aufl. 2023.

Wedde, Peter .............. Telearbeit: Handbuch für Arbeitnehmer, Betriebsräte und Anwender, 2. Aufl. 1994.

Wetzling/Habel ........... Umgang mit Low Performern, 2021.

Wolf/Pfeiffer/
Lindacher ................. AGB-Recht, Kommentar, 7. Aufl. 2020.

# A. Einführung

## Übersicht



1 Die fortschreitende digitale Transformation vieler Lebensbereiche führt zu gravierenden Veränderungen in der Arbeitswelt. Das Bundesministerium für Arbeit und Soziales (BMAS) hat in dem Weißbuch „Arbeiten 4.0“[1] die Digitalisierung als den entscheidenden Faktor für die Veränderung beschrieben:

*„Vom Papyrus über die Wachstafel bis zum Word-Dokument, von Pferd und Wagen über Eisenbahn und Automobil bis zum selbstfahrenden Auto, vom Rechenschieber über die Lochkarte bis zum Grid-Computing – Technologie war schon immer ein Treiber von Veränderungen und gesellschaftlichem Fortschritt. Im*

[1] BMAS, Weißbuch Arbeiten 4.0, 2017, S. 19, (https://www.bmas.de/SharedDocs/Downloads/DE/Publikationen/a883-weissbuch.html).

*Dialog Arbeiten 4.0 steht die Digitalisierung als derzeit wichtigster Treiber im Mittelpunkt." Die Digitalisierung verändert auch die Modalitäten der Arbeitserbringung und fördert „Mobile Work.*[2]

2 Die digital getriebenen Veränderungsprozesse in der Arbeitswelt 4.0 sind die Rahmenbedingungen der „New Work". „New Work im New Normal" ist das Credo in vielen Unternehmen.[3] Unter dem Begriff werden alle Veränderungen zusammengefasst, die Ansätze zur neuen Organisation der Arbeit, neue Arbeitsformen oder eine innovative Mitarbeiterführung zum Zweck haben.[4] Zentrale Aspekte von New Work im digitalen Zeitalter sind die örtliche und die zeitliche Flexibilität bei der Erbringung der Arbeitsleistung[5] (Mobile Work).

## I. Mobile Work und Home-Office

3 Mobile Work hat sich in der Praxis der Betriebe und Dienststellen seit den achtziger Jahren des vorherigen Jahrhunderts entwickelt. Zunächst verhalten, erfolgte die Verbreitung und Nutzung seit der Corona-Pandemie sprunghaft. Zur aktuellen Standortbestimmung von Mobile Work empfiehlt sich ein kurzer Rückblick auf die Entwicklung dieser Arbeitsform (unter a)). Der Rückblick soll durch einen Einblick in den Status quo (unter b)) sowie einen Ausblick (unter c)) ergänzt werden.

### 1. Rückblick

4 Manche Veröffentlichungen sehen das „Home-Office" als besondere Errungenschaft des digitalen Zeitalters. Tatsächlich kann die Erbringung der Arbeitsleistung im privaten Umfeld (Heimarbeit) als eigenständige Erwerbsform bis ins 14. Jahrhundert zurückverfolgt werden. Über Jahrhunderte waren Wohnbereich und Gewerbe eine Einheit.[6] Dies änderte sich erst im 19. Jahrhundert mit der industriellen Revolution und dem Entstehen von Fabrikarbeitsplätzen. Es entwickelte sich allerdings parallel zu den Industriearbeitsplätzen die Hausindustrie, bei der Beschäftigte im Auftrag eines Arbeitgebers in ihrer eigenen Wohnung allein oder mit Hilfe von Familienangehörigen arbeiteten.[7] Die Heimarbeit wurde zur damaligen Zeit keinesfalls als Privileg gesehen, sondern galt als prekäre Beschäftigung. Ende des 19. Jh. wurde auf die Notlage der Heimarbeiter durch Streiks aufmerksam gemacht, so dass 1911 erste Schutzvorschriften erlassen wurden.[8] Nach dem zweiten Weltkrieg wurde weiterhin ein Schutzbedürfnis für Heimarbeiter gesehen, so dass bereits 1951 das Heimarbeitsgesetz (HAG)

---

[2] BMAS Weißbuch Arbeiten 4.0, 2017, S. 74; vgl. zur Arbeit 4.0 auch Krause NZA-Beilage 2017, 53.
[3] So etwa der Titel des Jahrbuchs 2022 des VAA e.V.
[4] Oberthür NJW 2022, 3115 (3117); Eufinger/Burbach DB 2019, 1147.
[5] Dohrmann DB 2022,664 (665).
[6] Paprotny Mitbestimmungsreport Nr. 67, 2021, S. 4 (https://www.boeckler.de/de/faust-detail.htm?sync_id=HBS-008139).
[7] Vgl. Paprotny Mitbestimmungsreport Nr. 67, 2021, S. 4, 5.
[8] ErfK/Preis HAG § 1 Rn. 5.

für gewerbliche Arbeit in Heimarbeit geschaffen und 1974 im Anwendungsbereich erweitert wurde.

5 Aufgrund der guten wirtschaftlichen Entwicklung in der Bundesrepublik verlor Heimarbeit allerdings zunehmend an Bedeutung.[9] Eine Trendwende begann mit Beginn der Digitalisierung in den achtziger Jahren des vorherigen Jahrhunderts, als „digitale Heimarbeit" durch erste Fachliteratur bekannt gemacht wurde. Mit fortschreitender Digitalisierung stiegen Umfang und Bedeutung von mobiler Tätigkeitserbringung außerhalb der Arbeitsstätte. Aus ihr entwickelte sich in der Unternehmenspraxis mit zunehmender Verfügbarkeit von Laptops und mobilem Internetzugang ortsungebundenes Arbeiten in verschiedenen Ausprägungen.

## 2. Einblick

6 Der Status Quo aktueller Diskussionen in Literatur und Praxis zu Mobile Work ist geprägt von unterschiedlichen Begrifflichkeiten für die verschiedenen Erscheinungsformen.

### a) Begriffsbestimmung

7 Für die verschiedenen Varianten von Mobile Work hat sich bisher keine einheitliche Terminologie oder auch nur ein einheitliches Verständnis durchgesetzt.[10] Eine verbindliche Legaldefinition existiert ebenfalls nicht. Soweit einzelne normative Regelungen bestehen, finden sich unterschiedliche Begrifflichkeiten.

### aa) Verwendung der Begriffe in den Normtexten

8 (1) Auf EU-Ebene sieht Art. 3 Abs. 1 lit. f der RL 2019/1158/EU für den Regelungsbereich „Vereinbarkeit von Beruf und Familie" vor, dass die Flexibilisierung der Arbeit auch die Nutzung von Telearbeit umfasst. Was unter *Telearbeit* zu verstehen ist, wird in der Richtlinie nicht gesondert definiert. Der Begriff ist unionsrechtskonform zu verstehen und kann in Anlehnung an die Rahmenvereinbarung über Telearbeit zwischen den europäischen Sozialpartnern aus dem Jahr 2002 als eine Form der Organisation und/oder Ausführung von Arbeit unter Verwendung von Informationstechnologie und im Rahmen eines Arbeitsvertrages/eines Beschäftigungsverhältnisses definiert werden, bei der die Arbeit, die auch in den Einrichtungen des Arbeitgebers ausgeführt werden könnte, regelmäßig außerhalb dieser Einrichtungen verrichtet wird.[11]

9 Der deutsche Gesetzgeber hat bei der Umsetzung der Richtlinie 2019/1158 durch Gesetz vom 19.12.2022[12] zwar Vorschriften zur Arbeitszeitflexibilisierung vorgesehen, Telearbeit aber bisher nicht geregelt (vgl. näher dazu → Rn. 134 ff.).

---

[9] ErfK/Preis HAG § 1 Rn. 2.
[10] Oberthür MDR 2021, 969.
[11] Visser ZRP 2021, 112 (114).
[12] BGBl. I 2022, 2510.

10 (2) Auf nationaler Ebene spricht § 5 Abs. 1 S. 1 BetrVG allgemein von *„Telearbeit"*, während § 87 Abs. 1 Nr. 14 BetrVG ein besonderes Mitbestimmungsrecht bei der Ausgestaltung von *„mobiler Arbeit, die mittels Informations- und Kommunikationstechnik"* erbracht wird, einräumt.

11 Differenzierter wird der Gesetzgeber im BGleiG. §§ 16 Abs. 2 und 18 Abs. 1 S. 1 Nr. 2 BGleiG unterscheiden zwischen *Telearbeitsplätzen* und *mobiler Arbeit.*

12 Im öffentlichen Dienst sieht etwa § 60 Abs. 4 S. 1 LBG NRW vor, dass Beamtinnen und Beamten mit Dienstbezügen im Rahmen der dienstlichen Möglichkeiten von den Dienststellen auch *„alternierende mobile Arbeit"* anzubieten ist. Aufgrund des Zusatzes „alternierend" ist klargestellt, dass die Tätigkeit nicht in vollem Umfang außerhalb der Dienststelle erbracht werden kann.

13 Während der Corona-Pandemie enthielt § 28b Abs. 4 S. 1 IfSG[13] nur die allgemeine Regelung, dass der Arbeitgeber den Beschäftigten im Fall von Büroarbeit oder vergleichbaren Tätigkeiten das Angebot zu machen hatte, diese „in deren Wohnung" auszuführen, wenn keine zwingenden betriebsbedingten Gründe entgegenstehen. Eine weitergehende Differenzierung gab es für den Bereich des Arbeitsschutzes. Bis zum 24.11.2021 unterschied die SARS-CoV-2-Arbeitsschutzregel,[14] die von den beratenden Arbeitsschutzausschüssen beim Bundesministerium für Arbeit und Soziales (BMAS) gemeinsam mit der Bundesanstalt für Arbeitsschutz und Arbeitsmedizin (BAuA) bekannt gegeben wurde, in Nr. 2.2. zwischen „Mobilem Arbeiten" und „Home-Office":

*(1) Mobiles Arbeiten ist eine Arbeitsform, die nicht in einer Arbeitsstätte gemäß § 2 Absatz 1 Arbeitsstättenverordnung (ArbStättV) oder an einem fest eingerichteten Telearbeitsplatz gemäß § 2 Absatz 7 ArbStättV im Privatbereich des Beschäftigten ausgeübt wird, sondern bei dem die Beschäftigten an beliebigen anderen Orten (zum Beispiel beim Kunden, in Verkehrsmitteln, in einer Wohnung) tätig werden.*

*(2) Für die Verrichtung mobiler Arbeit werden elektronische oder nichtelektronische Arbeitsmittel eingesetzt.*

*(3) „Homeoffice ist eine Form des mobilen Arbeitens. Sie ermöglicht es Beschäftigten, nach vorheriger Abstimmung mit dem Arbeitgeber zeitweilig im Privatbereich, zum Beispiel unter Nutzung tragbarer IT-Systeme (zum Beispiel Notebooks) oder Datenträger, für den Arbeitgeber tätig zu sein."*

### bb) Abgeleitete Begriffsdefinition

14 Unter Berücksichtigung dieser Regelungen lassen sich die verschiedenen Varianten von Mobile Work wie folgt differenzieren:

15 **(1) Home-Office.** „Home-Office" ist in Anlehnung an Nr. 2.2. Abs. 3 der SARS-CoV-2-Arbeitsschutzregel im engeren Sinn zu verstehen und bedeutet die Verlagerung des Ortes der Arbeit in die Privatwohnung, in der Regel durch Nutzung eines Laptops mit Zugang zum betrieblichen Netzwerk, ohne die Einrichtung eines festen Heimarbeitsplatzes. Diese Definition dürfte dem in der Praxis überwiegend anzutreffenden Begriffsverständnis und der überwiegenden praktischen Handhabung entsprechen.

16 Die konkrete Ausgestaltung des Home-Office erfolgt durch vertragliche Regelungen oder Betriebs-/Dienstvereinbarungen und wird in der Regel in alternierender

[13] Gesetzesfassung bis 19.3.2022.
[14] Vgl. dazu Pipke in: vom Stein/Rothe/Schlegel, Gesundheitsmanagement und Krankheit im Arbeitsverhältnis, § 8 Rn. 94ff.

Form gestaltet, bei der die Tätigkeitserbringung abwechselnd zwischen betrieblicher Arbeitsstätte und Privatwohnung erfolgt. Die alternierende Nutzung bietet zahlreiche Vorteile, weil soziale Kontakte mit Kolleginnen und Kollegen aufrechterhalten werden und Entgrenzungen besser vorgebeugt werden kann.[15] Auch den Gefahren durch Verlust der psychosozialen Bindung zum Unternehmen sowie durch Vereinsamung am (ausschließlich) häuslichen Arbeitsplatz und der damit einhergehenden psychischen Belastungen kann gegengesteuert werden (vgl. auch → Rn. 60).[16]

**(2) Telearbeit.** Soweit die Tätigkeit im Wohnumfeld an einem fest eingerichteten Arbeitsplatz erbracht wird, liegt „Telearbeit" vor. Die Arbeitsform „Telearbeit" wird in § 2 Abs. 7 ArbStättV näher konkretisiert: 17

*„Telearbeitsplätze sind vom Arbeitgeber fest eingerichtete Bildschirmarbeitsplätze im Privatbereich der Beschäftigten, für die der Arbeitgeber eine mit den Beschäftigten vereinbarte wöchentliche Arbeitszeit und die Dauer der Einrichtung festgelegt hat. Ein Telearbeitsplatz ist vom Arbeitgeber erst dann eingerichtet, wenn Arbeitgeber und Beschäftigte die Bedingungen der Telearbeit arbeitsvertraglich oder im Rahmen einer Vereinbarung festgelegt haben und die benötigte Ausstattung des Telearbeitsplatzes mit Mobiliar, Arbeitsmitteln einschließlich der Kommunikationseinrichtungen durch den Arbeitgeber oder eine von ihm beauftragte Person im Privatbereich des Beschäftigten bereitgestellt und installiert ist."*

Prägend für Telearbeit sind folglich zwei Elemente: Einerseits die Festschreibung der Rahmenbedingungen, insbesondere der Arbeitszeit im privaten Bereich, andererseits die Einrichtung eines kompletten Arbeitsplatzes im privaten Bereich wie er im Betrieb bereitgestellt würde.[17] Wenn die wöchentliche Arbeitszeit an einzelnen Tagen im Betrieb und im Übrigen im häuslichen Bereich erbracht wird, spricht man von *alternierender Telearbeit.*[18] 18

**(3) Remote Work.** Für Mobile Work findet sich in der HR-Praxis verbreitet der Begriff „Remote-Work", dh Fernarbeit. Darunter werden Tätigkeiten verstanden, die von einem beliebigen, von den Beschäftigten frei wählbaren Ort erbracht werden können,[19] bei der die Arbeitszeit in der Regel selbst bestimmt wird. Remote Worker arbeiten wahlweise und in der Regel abwechselnd in öffentlichen Räumen wie Cafés, angemieteten Räumen (zB Co-Working-Spaces) oder auch von zu Hause. Die Tätigkeit ist zumeist geprägt von selbstbestimmten Aufgaben, die unabhängig von den Strukturen im betrieblichen Arbeitsablauf erledigt werden können. Ein neuer Trend von Remote Work ist *„Workation"*. Der Begriff ist entstanden aus den Worten „Work" und „Vacation" und beschreibt eine besondere Form von Remote-Work, bei der Beschäftigte Urlaubsorte – häufig im Ausland – aufsuchen, um dort ihre Tätigkeit auszuüben. Hierbei stellen sich eine Reihe von arbeits-, sozial- und steuerrechtlichen Fragen.[20] 19

---

[15] Dazu Rothe/Beermann in: vom Stein/Rothe/Schlegel-, Gesundheitsmanagement und Krankheit im Arbeitsverhältnis, § 18 Rn. 4 ff.
[16] Bogenstahl/Peters, Büro für Technikfolgenabschätzung beim Deutschen Bundestag, Themenkurzprofil Nr. 41 S. 5, 2021; (https://publikationen.bibliothek.kit.edu/1000131774).
[17] Näher dazu Hidalgo NZA 2019, 1449 (1450 f.).
[18] Schöllmann NZA-Beil. 2019, 81.
[19] ErfK/Kania BetrVG § 87 Rn. 136.
[20] Dazu Steinau-Steinrück NJW-Spezial 2021, 626; Weiss-Bölz/Hube DStR 2022, 2564.

### b) Abgrenzungen

20 Neben den verschiedenen Erscheinungsformen von Mobile Work gibt es eine Reihe von anderen Formen der Tätigkeitserbringung, die zwar nicht regelmäßig „Nine-to-Five" im eigenen Büro im Betrieb oder der Dienststelle erfolgt, bei der es sich aber gleichwohl nicht um Mobile Work handelt.

#### aa) Heimarbeit

21 Auf eine Kurzformel gebracht ist der arbeitsrechtliche Begriff der Heimarbeit kennzeichnend für den Status des Beschäftigten, während die Begriffe „Mobile Work" oder „Home-Office" den Arbeitsort von Beschäftigten iSv § 611a BGB beschreiben.[21] Dies bedeutet, dass es beim Mobile Work regelmäßig um Beschäftigte in einem „Normalarbeitsverhältnis" geht,[22] die lediglich besonderen Regelungen hinsichtlich Ort und Zeit der Tätigkeitserbringung unterliegen. Auch die weitgehend selbstbestimmte Tätigkeit als Crowdworker kann unter bestimmten Umständen ein Arbeitsverhältnis iSv § 611a Abs. 1 S. 1 BGB darstellen.[23]

22 Soweit Mobile Work ohne Weisungsgebundenheit und damit in Selbständigkeit[24] ausgeübt wird, kann der Status als Heimarbeiter iSv § 2 Abs. 1 S. 1 HAG erfüllt sein. Nach der Legaldefinition ist Heimarbeiter, wer in selbstgewählter Arbeitsstätte (eigener Wohnung oder selbstgewählter Betriebsstätte) allein oder mit seinen Familienangehörigen im Auftrag von Gewerbetreibenden oder Zwischenmeistern erwerbsmäßig arbeitet, jedoch die Verwertung der Arbeitsergebnisse dem unmittelbar oder mittelbar auftraggebenden Gewerbetreibenden überlässt. Dabei ist Heimarbeit nicht auf gewerbliche Tätigkeiten beschränkt, sondern kann auch bei qualifizierten Tätigkeiten wie etwa bei der Softwareentwicklung gegeben sein.[25] Eine Einordnung als Heimarbeiter führt aufgrund wirtschaftlicher Abhängigkeit nach der gesetzlichen Schutzkonzeption im HAG dazu, dass eine Einbeziehung in die Sozialversicherung und eine weitgehende Anwendung der arbeitsrechtlichen Normen erfolgt, die nicht den Entgeltschutz oder den Bestandsschutz betreffen.[26]

#### bb) Wechselnder Einsatzort

23 Kraft ausdrücklicher Vereinbarung, nach Vertragszweck oder entsprechend den äußeren Umständen kann im Arbeitsverhältnis ein „wechselnder Einsatzort" vorgesehen werden, zB Tätigkeiten als Fensterputzer, Service- oder Montagetätigkeiten oder Bauarbeitertätigkeiten bzw. Lieferdienste.[27] Der Begriff von Mobile Work umfasst Tätigkeiten oder Arbeitsformen nicht, die generell wegen ihrer Eigenart außerhalb des Betriebs zu erbringen sind, und zwar auch dann nicht, wenn diese Tätigkeiten unter

[21] ErfK/Preis BGB § 611a Rn. 166.
[22] Deinert RdA 2018, 359 (360f.); Picker NZA-Beil. 2021, 4 (5).
[23] BAG 1.12.2020 – 9 AZR 102/20, NZA 2021, 552; Einzelheiten siehe unter → Rn. 97ff.; kritisch und differenzierend Schubert NZA-Beil. 2022, 5 (9).
[24] Zu dieser Voraussetzung vgl. Deinert RdA 2018, 359 (361).
[25] BAG 14.6.2016 – 9 AZR 305/15, NZA 2016, 1453; dazu Waltermann NZA 2021, 297 (300); Martina NZA 2020, 988.
[26] ErfK/Preis HAG § 1 Rn. 7 u. 10.
[27] MHdB-ArbR/Reichold § 40 Rn. 54.

Verwendung mobiler Endgeräte und unter Nutzung von Informations- und Kommunikationstechnik ausgeführt werden.[28]

### cc) Desksharing

24 Mobile Work erfasst nur Tätigkeitsorte außerhalb des Betriebes, nicht die veränderten Arbeitsformen innerhalb des Betriebes. Deshalb zählt das in Betrieben und Dienststellen zunehmend anzutreffende „Desksharing" nicht dazu. Unter Desksharing ist ein Büroraumkonzept zu verstehen, bei dem sich Beschäftigte zur Flächenreduzierung und damit zur Kostenminimierung in den Räumlichkeiten des Arbeitgebers eine begrenzte Anzahl an Arbeitsplätzen teilen.[29] Die Zuordnung zu den einzelnen Räumen erfolgt entweder nach festen Plänen, durch ein computergesteuertes „Reservierungssystem" oder nach dem Prinzip „first come, first serve". Merkmal des „Desksharings" ist regelmäßig auch, dass der Arbeitsplatz nicht mit persönlichen Gegenständen ausgestattet werden kann (Clean Desk Policy).

### dd) Coworking

25 Soweit vom *Arbeitgeber* im Betrieb – oder extern angemietet – spezielle Räume für die Zusammenarbeit – etwa für Projektarbeit – bereitgestellt werden (Co-Working), handelt es sich ebenfalls nicht um Mobile Work, weil Beschäftigte auch hierbei die Arbeitsstätte aufsuchen müssen und keine Flexibilität hinsichtlich Ort und Zeit der Tätigkeitserbringung besteht.

26 Anders ist es, wenn *Beschäftigte* aus eigener Initiative und in Absprache mit dem Arbeitgeber außerhalb der Arbeitsstätte (§ 2 Abs. 1 ArbStättV) Coworkingräume (Co-Working-Spaces) anmieten, um dort ihre Arbeitsleistung zu erbringen. Hierbei handelt es sich um eine Variante von Remote Work.[30] Co-Working-Spaces sind zunächst in Berlin und später auch in vielen anderen Städten mit entsprechender Infrastruktur entstanden und bieten Arbeitszonen gegen Tages-, Wochen- oder Monatspauschalen.

## c) Gesetzgeberische Aktivitäten

27 Die zunehmende Bedeutung von Mobile Work wurde sehr schnell auch im politischen Raum wahrgenommen. Im Koalitionsvertrag vom 12.3.2018 für die 19. Legislatur-periode des Deutschen Bundestages zwischen CDU/CSU und SPD wurde hierzu folgendes vereinbart:

*„Wir wollen mobile Arbeit fördern und erleichtern. Dazu werden wir einen rechtlichen Rahmen schaffen. Zu diesem gehört auch ein Auskunftsanspruch der Arbeitnehmer gegenüber ihrem Arbeitgeber über die Entscheidungsgründe der Ablehnung sowie Rechtssicherheit für Arbeitnehmer wie Arbeitgeber im Umgang mit privat genutzter Firmentechnik. Auch die Tarifpartner sollen Vereinbarungen zu mobiler Arbeit treffen."*[31]

28 In der Folgezeit legte das Bundesministerium für Arbeit und Soziales 2020 bzw. Anfang 2021 während der Pandemie zwei Referentenentwürfe vor, zunächst mit ei-

[28] Zutreffend Picker NZA-Beil. 2021,4 (5).
[29] Dohrmann NZA 2021, 691 (692).
[30] Dazu → Rn. 19.
[31] Koalitionsvertrag 12.3.2018, S. 41, Rn. 1822–1826.

nem Rechtsanspruch auf 24 Tage Mobile Work im Jahr, der im späteren Entwurf zu einem bloßen Erörterungsanspruch mit Mitteilungspflicht wurde (§ 111 Abs. 2 u. 3 GewO-E).[32] Außerdem enthielt § 111 Abs. 1 S. 2 GewO-E eine Legaldefinition der mobilen Arbeit. Danach lag mobile Arbeit vor, wenn die Erbringung der geschuldeten Arbeitsleistung unter Verwendung von Informationstechnologie außerhalb der Betriebsstätte an einem oder mehreren Orten nach Wahl des Arbeitnehmers oder Vereinbarung mit dem Arbeitgeber erfolgt. Ergänzend sah der Entwurf die Verpflichtung des Arbeitgebers vor, Beginn, Ende und Dauer der gesamten Arbeitszeit am Tag der Arbeitsleistung aufzuzeichnen (§ 112 Abs. 1 S. 1 GewO-E).

29 Zu einer Einigung über den Entwurf kam es innerhalb der Koalition indes nicht. Lediglich die vorgesehene Ergänzung in § 8 Abs. 1 S. 3 SGB VII-E, die für mobile Arbeit den gleichen Versicherungsschutz wie für die Tätigkeit im Betrieb vorsah, ist inzwischen umgesetzt worden.

### d) Verbreitung in der Praxis

#### aa) Bundesrepublik Deutschland

30 Mobile Work mit Schwerpunkt Home-Office hat sich im letzten Jahrzehnt in den Unternehmen kontinuierlich entwickelt. Ausweislich der Antwort der Bundesregierung auf eine kleine Anfrage steigerte sich die Home-Office-Quote von 17,7% in 2013 auf 29,8% in 2019.[33] Hintergrund ist der zunehmende Wunsch der Beschäftigten, den Ort, die Zeit und ggf. den Inhalt der Arbeitsleistung selbst zu bestimmen.[34] Vorteil für Arbeitgeber ist, dass sie Kosten optimieren können, zB indem sie mittels Desksharing Mietfläche reduzieren und Mietkosten sparen.[35]

31 Eine starke Steigerung der Home-Office-Quote ergab sich durch die Covid-Pandemie, zu deren Bekämpfung ua Mobile Work eingesetzt wurde. § 28b Abs. 7 S. 1 u. 2 IfSG bzw. nachfolgend § 28b Abs. 4 S. 1 u. 2 IfSG sahen bis zum 19.3.2022 vor, dass der Arbeitgeber den Beschäftigten im Fall von Büroarbeit oder vergleichbaren Tätigkeiten anzubieten hatte, diese Tätigkeiten in deren Wohnung auszuführen, wenn keine zwingenden betriebsbedingten Gründe entgegenstehen, und dass die Beschäftigten dieses Angebot anzunehmen hatten, soweit ihrerseits keine Gründe entgegenstehen. Die gesetzliche Verpflichtung sowie die technische Verfügbarkeit von E-Akten und Videokonferenz-Systemen führte zu einer starken Ausweitung der Mobile Work.

32 Bis Juli 2021 ist der Anteil der Betriebe, die ihren Beschäftigten Home-Office angeboten haben, auf 50% gestiegen.[36]

Allerdings ist ein großer Anteil von rund 48% aller Beschäftigten aufgrund der Struktur ihrer Arbeitsplätze von der Möglichkeit, im Home-Office zu arbeiten, ausgeschlossen.[37]

---

[32] Ausführlich zu den Entwürfen Dohrmann NZA 2021, 691.
[33] Antwort der Bundesregierung auf eine kleine Anfrage, BT-Drs. 20/4120, 4 v. 17.10.2022.
[34] Oberthür NJW 2022, 3115 (3117) mwN in Fn. 33.
[35] Schöllmann NZA-Beil. 2019, 81.
[36] Bellmann, Gleiser, Hensgen, Kagerl, Kleifgen, Leber, Moritz, Pohlan, Roth, Schierholz, Stegmaier, Umkehrer, Backhaus, Tisch, Homeoffice in der Corona-Krise, IAB-Forum 10/2021 (https://www.iab-forum.de/Homeoffice-in-der-corona-krise-leichter-rueckgang-auf-hohem-niveau/).
[37] Vgl. Bellmann pp. (Fn. 36).

34 Der Trend, Tätigkeiten ganz oder teilweise außerhalb der Arbeitsstätte zu erbringen, hat sich nach Auslaufen der Corona-Pandemie und der Verpflichtung zum Angebot von Home-Office etwas abgeschwächt. In der Gesamtwirtschaft lag der Anteil aller Beschäftigten, die zumindest teilweise im Home-Office gearbeitet haben, im Dezember 2022 noch bei rund *25 %*, im Dienstleistungssektor allerdings bei *36,1 %*.[38]

35 Die Zahlen zeigen, dass sich Mobile Work in Deutschland als alternative Arbeitsform etabliert hat. Von Unternehmen wird Mobile Work auch nach der Hochphase der Pandemie nicht zuletzt wegen des aktuellen Arbeitskräftemangels zunehmend großzügiger angeboten.[39] Allerdings zeigen Studien auch, dass sich keineswegs alle Beschäftigten diese Arbeitsform wünschen.[40]

### bb) Ländervergleich

36 Mobile Work hat sich nicht nur in Deutschland, sondern weltweit etabliert. Eine aktuelle Studie der Munich Society for the Promotion of Economic Research – CESifo GmbH – zum Thema „Working from Home around the World"[41] bestätigt diese Erkenntnis, jedenfalls für Tätigkeiten, die ein höheres bis hohes Bildungslevel erfordern und die für Home-Office geeignet sind.

37 Bezogen auf das Jahr 2022 arbeiteten Beschäftigte weltweit im Durchschnitt an *1,5 Tagen* in der Woche im Home-Office. Spitzenreiter waren Indien mit 2,6 und Singapur mit 2,4 Tagen. In Kanada wurde Home-Office an 2,2 Tagen, in Australien an 2,0 Tagen und in den USA an 1,6 Tagen genutzt. Erstaunlicherweise lag die Home-Office-Nutzung in China mit 1,1 Tagen unter dem weltweiten Durchschnitt.

38 In Europa lag die Home-Office-Nutzung in Großbritannien mit 2,0 Tagen und in den Niederlanden mit 1,8 Tagen etwas über dem weltweiten Durchschnitt. In Italien wurde Home-Office durchschnittlich an 1,5 Tagen, in Deutschland an 1,4 Tagen sowie in Frankreich und Österreich an 1,3 Tagen genutzt.

39 Die Studie hat auch untersucht, welche Wünsche die Beschäftigten im Hinblick auf die Home-Office-Nutzung für die regelmäßige Tätigkeit in der Zeit nach Überwindung der Pandemie haben. Das weltweite Ergebnis beträgt im Durchschnitt *1,7 Tage*. Das Ergebnis bedeutet, dass die Beschäftigten ganz überwiegend den gewohnten Status quo beibehalten wollen und keine nennenswerte Ausweitung anstreben. Dies zeigt sich bei den einzelnen Länderquoten wie folgt:

40 In Kanada und China soll der Status quo (2,2 Tage bzw. 1,1 Tage) beibehalten werden, ebenso im Grunde in Australien (von 1,9 auf 2,0 Tage) und in Singapur (von 2,4 auf 2,3 Tage). Lediglich in den USA zeigen die Durchschnittswerte den Wunsch nach einer Ausweitung (von 1,6 auf 2,1 Tage), während sich beim Spitzenreiter Indien Präferenzen für eine reduzierte Nutzung zeigen (von 2,6 auf 2,1 Tage).

41 In Europa ergibt sich ein vergleichbares Bild. Die Beschäftigten in Großbritannien wünschen sich eine Beibehaltung des bisherigen Umfangs (1,9 gegenüber 2,0 Tage)

---

[38] Vgl. dazu Statista Research Department, 18.1.2023 (https://de.statista.com/statistik/daten/studie/1260179/umfrage/beschaeftigte-im-homeoffice-nach-sektoren/).

[39] Ebenso Picker NZA-Beil. 2021, 4.

[40] Rothe/Beermann in: vom Stein/Rothe/Schlegel-, Gesundheitsmanagement und Krankheit im Arbeitsverhältnis, § 18 Rn. 9.

[41] Vgl. Aksoy, Barrero, Bloom, Davis, Dolls, Zarate, CESifo Working Papers 9938, 09/2022, (https://www.cesifo.org/de/publikationen/2022/working-paper/working-home-around-world).

ebenso wie die Franzosen mit im Durchschnitt 1,3 Tagen. In Italien wird im Durchschnitt eine leichte Ausweitung angestrebt (von 1,5 auf 1,7 Tage), ebenso in Deutschland (von 1,4 auf 1,6 Tage) und in Österreich (von 1,3 auf 1,5 Tage). Lediglich die Niederländer wünschen sich nach den Durchschnittszahlen einen Rückgang (von 1,8 auf 1,5 Tage). Dies ist bemerkenswert, weil in den Niederlanden Home-Office gefördert und bereits 2016 ein Gesetz zur Flexibilität am Arbeitsplatz geschaffen wurde, das ein Antragsrecht auf Home-Office vorsieht und den Arbeitgeber verpflichtet, das Verlangen ernsthaft zu prüfen und mit dem Arbeitnehmer zu beraten.[42]

42 Im Ergebnis lassen sich den Zahlen zwei wichtige Erkenntnisse entnehmen: Zum einen streben Beschäftigte *weltweit* an, nicht nur im Betrieb, sondern alternierend im Home-Office bzw. mobil arbeiten zu können, soweit es die Tätigkeit zulässt. Zum anderen gehen Beschäftigte sehr vorsichtig damit um und streben nur wenige Tage an, an denen sie mobil arbeiten wollen. Denn der weltweite Durchschnittwert von 1,7 gewünschten Home-Office-Tagen macht deutlich, dass der Schwerpunkt der Tätigkeit weiterhin vor Ort in Präsenz erfolgen soll.

## 3. Ausblick

### a) Koalitionsvertrag

43 Der aktuelle Koalitionsvertrag 2021–2025 zwischen der Sozialdemokratischen Partei Deutschlands (SPD), BÜNDNIS 90/DIE GRÜNEN und den Freien Demokraten (FDP) aus dem Jahr 2021 greift das Thema Mobile Work mit folgender Regelungsabsicht auf:

*Home-Office grenzen wir als eine Möglichkeit der Mobilen Arbeit rechtlich von der Telearbeit und dem Geltungsbereich der Arbeitsstättenverordnung ab. Arbeitsschutz, gute Arbeitsbedingungen und das Vorhandensein eines betrieblichen Arbeitsplatzes sind bei mobiler Arbeit wichtige Voraussetzungen. Dies erfordert Information und Beratung der Beschäftigten sowie deren angemessene Unterstützung durch ihre Arbeitgeber. Zur gesunden Gestaltung des Home-Office erarbeiten wir im Dialog mit allen Beteiligten sachgerechte und flexible Lösungen. Coworking-Spaces sind eine gute Möglichkeit für mobile Arbeit und die Stärkung ländlicher Regionen.*

*Beschäftigte in geeigneten Tätigkeiten erhalten einen Erörterungsanspruch über mobiles Arbeiten und Home-Office. Arbeitgeber können dem Wunsch der Beschäftigten nur dann widersprechen, wenn betriebliche Belange entgegenstehen. Das heißt, dass eine Ablehnung nicht sachfremd oder willkürlich sein darf. Für abweichende tarifvertragliche und betriebliche Regelungen muss Raum bleiben. Mobile Arbeit soll EU-weit unproblematisch möglich sein.*[43]

44 Der Erörterungsanspruch mit eingeschränktem Ablehnungsrecht scheint ein Kompromiss der Regierungsparteien zu sein. SPD und Grüne plädierten im Wahlkampf

---

[42] Vgl. dazu Stellungnahme des Wissenschaftlichen Dienstes des Deutschen Bundestages (AZ. WD 6-3000-047/16) S. 4 (https://www.bundestag.de/resource/blob/435984/403773b1ffe5798b2620b5e99436bcba/wd-6-047-16-pdf-data.pdf).

[43] Koalitionsvertrag S. 68 f. (https://www.bundesregierung.de/resource/blob/974430/1990812/04221173eef9a6720059cc353d759a2b/2021-12-10-koav2021-data.pdf?download=1), dazu Schiefer DB 2022, 53 (55 f.).

für einen Anspruch auf Home-Office, während die FDP lediglich einen Erörterungsanspruch akzeptieren wollte.

45 Die Vereinbarung im Koalitionsvertrag könnte im Falle einer Umsetzung in der Praxis dazu führen, dass eine Ablehnung durch den Arbeitgeber wegen der erforderlichen betrieblichen Belange nur im Ausnahmefall möglich wäre.[44]

46 Bisher hat das BMAS allerdings noch keinen neuen Referentenentwurf vorgelegt.

### b) Position der Verbände

47 Aus Gewerkschaftssicht wird das Thema ausführlich im „Handbuch Home-Office" der Gewerkschaft Ver.di behandelt.[45] Darin wird darauf hingewiesen, dass von den DGB-Mitgliedsgesellschaften weiterhin ein „Recht auf Home-Office" gefordert werde. Ergänzend solle ein gesetzlicher Ordnungsrahmen für selbstbestimmtes mobiles Arbeiten — inklusive Home-Office — geschaffen werden, der durch Mitbestimmung und Tarifverträge zu flankieren und zu konkretisieren sei.[46]

48 Demgegenüber kritisiert die Bundesvereinigung der Arbeitgeberverbände (BDA) die Forderungen nach neuer Regulierung deutlich:[47] Die Sozialpartner hätten zur Mobile Work bereits vielfältige Tarifverträge und Betriebsvereinbarungen abgeschlossen. Außerdem beabsichtigten 34% aller Unternehmen die Anzahl der Beschäftigten, denen Home-Office ermöglicht werde, gegenüber dem Status quo vor der Covid-19-Krise zu erhöhen. Außerdem gehöre das Angebot mobiler Arbeit nicht zuletzt aufgrund des Fachkräftemangels ohnehin zum Gesamtpaket, das Arbeitgeber ihren Beschäftigten unterbreiten würden, um diese zu gewinnen und zu halten.

### c) Bewertung

49 Mit Blick auf die Standards guter Gesetzgebung[48] sollte die Bundesregierung vor einer gesetzlichen Regelung eine sorgfältige Analyse der Bedürfnisse der aktuellen Praxis nach Auslaufen der Pandemie in Auftrag geben, um Überregulierung zu vermeiden und um Regelungslücken etwa hinsichtlich der Arbeitszeit oder des Gesundheitsschutzes präzise zu identifizieren. Die Analyse sollte auch die bereits vorhandenen Regelwerke in den Blick nehmen. Denn aufgrund der dynamischen Entwicklung in den vergangenen Jahren sind in der Praxis vielfältige Vereinbarungen zur mobilen Arbeit durch Tarifverträge, Betriebs-/Dienstvereinbarungen bzw. einzelvertragliche Regelungen entstanden, die die Besonderheiten der Betriebe und der jeweiligen Arbeitsorganisationen abbilden und die branchenspezifische Lösungen beinhalten.[49] Es könnte dadurch identifiziert werden, ob gesetzgeberische Aktivitäten erforderlich sind

---

[44] Näher Grau/Kruppa RdA 2022,73 (77).
[45] Ver.di, Handbuch Home-Office, 2022 (https://www.verdi.de/++file++6398a44488879c2365e4cd62/download/Handbuch_Homeoffice.pdf).
[46] Handbuch Home-Office (Fn. 45) S. 10.
[47] Vgl. dazu BDA AGENDA 4/22 v. 24.2.2022 (https://arbeitgeber.de/mobile-arbeit-foerdern-nicht-ueberregulieren/).
[48] Vgl. zu den Qualitätskriterien guter Gesetzgebung das Gutachten des Normenkontrollrats der BRD, 2019, (https://www.normenkontrollrat.bund.de/resource/blob/300864/1681244/594995cfe4ee756736d58a8b889954b7/2019-10-22-nkr-gutachten-data.pdf); dazu vom Stein ZRP 2021, 146ff.
[49] Vgl. auch Barrein NZA 2022,1088 (1095).

und ggf. welcher Regelungsrahmen in der Praxis benötigt wird, um Beschäftigten Mobile Work – soweit gewünscht und umsetzbar – zu ermöglichen.

## II. Praktische Herausforderungen: Mobile Work in der Personalarbeit

### 1. Mobile Work/Hybrides Arbeiten als natürlicher Bestandteil unserer Arbeitswelt

50 Unsere Arbeitsgesellschaft steht in einem gleitenden Übergang aus den Pandemiemonaten in die Zeit „danach". Viele Arbeitgeber planen nun das „Neue Normal", und arbeiten an entsprechenden Betriebs- bzw. Dienstvereinbarungen, Ausstattungsinitiativen, Mitarbeitenden- und Führungskräfteschulungen. Viele sehr wertvolle Erfahrungen der Pandemiejahre werden ausgewertet und in konkrete Gestaltungsinitiativen überführt. Es ist klar, dass mobile Arbeit – gemeinsam mit ortspräsenter Arbeit im Wechsel dann als hybride Arbeitsform bezeichnet – in dieser neuen Wirklichkeit einen großen und auch selbstverständlichen Raum einnehmen wird. Die prognostizierte Hybridität der Arbeit in Zukunft ist mittlerweile recht gesichert und durch eine Vielzahl von Studien des Fraunhofer IAO bestätigt. Viele Befragungen und Einschätzungen gehen – die grundsätzliche Virtualisierbarkeit von Tätigkeiten aufgrund digitaler Arbeitsmodi vorausgesetzt – von einem recht breiten Mix von physischer und virtueller Präsenz, also mobiler Arbeit, aus und taxieren die erwartete Abwesenheitsquote auf Werte zwischen 20 und 80 Prozent, wobei eine Mehrzahl der Abschätzungen rund um ein vereinfachend formuliertes „Hälfte-Hälfte" zu liegen kommt – natürlich mit Ausschlägen am oberen und unteren Ende getreu der Gaußschen Normalverteilung. Diesen Wert greifen auch viele bereits umgesetzte Dienst- bzw. Betriebsvereinbarungen auf, die häufig 40, 50 oder 60 Prozent an Abwesenheit als Obergrenze festsetzen.[50]

51 Damit ist zu erwarten, dass die meisten Bürobeschäftigten zukünftig die Gelegenheit zum mobilen Arbeiten im Inland erhalten werden. Deutlich größere Zurückhaltung zeigt sich beim derzeit stark diskutierten Thema mobiler Arbeit aus dem Ausland. Es wird zunehmend von Mitarbeitenden gewünscht, steht aber in der Realisierung vor klaren sozialversicherungs- und lohnsteuerrechtlichen Herausforderungen. Eine Befragung des Fraunhofer IAO (Fraunhofer Institut für Arbeitswirtschaft und Organisation) dem Jahr 2022 zeigt, dass annähernd 63 Prozent deutschlandweit befragter HR-Verantwortlicher zumindest in den nächsten drei Jahren keine oder keine breite Freigabe mobiler Arbeit für das Ausland erwarten. Es bleibt abzuwarten, ob diese nachvollziehbare Haltung durchsetzbar bleibt. Zu stark erscheint der Druck zumindest in bestimmten Branchen, den attraktive Bewerber und Bewerberinnen aufbauen können, um diese Arbeitsmöglichkeit durchzusetzen.

[50] Vgl. Hofmann Hoberg: Hofmann, Josephine, Hoberg, Anna (2022): Roadmap zum Neuen Normal, in: DGFP Wissenswert 2022.

52 Blickt man auf erwartete Anteile mobiler Arbeit bzw. den gewollten Mix, stabilisieren sich auch in dieser Befragung bereits bekannte Werte, die den größten Anteil der Wünsche und Erwartungen bei der Aussage „Hälfte-Hälfte“ sehen, also echte Hybridität erwarten lassen. 40,1 Prozent geben an, dass zwei Tage mobile Arbeit möglich sein werden, knapp 30 Prozent nennen hier drei Tage. Immerhin knapp 15 Prozent der Befragten notieren, dass man auch „Vollzeit“ mobil arbeiten können wird. Ein im Vergleich zur Vor-Coronazeit immenser Sprung.[51]

## 2. Mobile Work als Teil des Gesamtpaketes und der Arbeitgeberattraktivität

### a) Hybrides und damit mobiles Arbeiten ist gekommen, um zu bleiben

53 Auch die Forschungsergebnisse des Fraunhofer IAO[52] belegen diese Aussage eindeutig. Bei allen im folgenden zitierten Studien des Fraunhofer IAO handelt es sich um Befragungen von HR-Verantwortlichen, die mit Blick auf ihre Gesamtorganisation auf die Fragen geantwortet haben. Dabei wurden, gemeinsam mit der Deutschen Gesellschaft für Personalführung, in der Regel mittlere bis größere Unternehmen in ganz Deutschland befragt. Diese Hinwendung zu hybriden Arbeitsformen führt dann konsequenterweise auch dazu, dass Stellenausschreibungen auf diese Option verweisen und damit eine heutzutage als breit erwartbar geltende Frage von Bewerbern und Bewerberinnen von vornherein positiv adressiert wird. 64 Prozent der Befragten einer IAO Studie aus dem Jahr 2022 nehmen diesen Hinweis bereits in die Stellenanzeige auf, weitere knapp 20 Prozent planen das. Somit wird diese Flexibilisierungsform zum selbstverständlichen Teil der Arbeitgebermarke. Und diese bleibt mit Blick auf den Fachkräftemangel weiterhin erfolgsentscheidend.

### b) Der Fachkräftemangel hält an

54 Denn auch das zeigt sich: Trotz – oder in Teilen wegen – der Pandemie hat sich die Fachkräftesituation in Deutschland nicht entspannt, sondern eher verschärft. Fast 40 Prozent der befragten HR-Verantwortlichen geben an, heute weniger Bewerber und Bewerberinnen als vor der Pandemie zu haben; nur 12 Prozent sind in der komfortablen Situation, über mehr Bewerber und Bewerberinnen berichten zu können als vor dem Pandemiezeitraum. Für knapp 50 Prozent hat sich nicht viel geändert, doch es ist bekannt, dass auch vor 2020 in vielen Branchen bereits ausgesprochen große Nachfrageüberhänge nach qualifizierten Arbeitskräften bestanden haben.

[51] Hofmann, J., Piele, A., Piele, C. (2022b): Arbeiten in der Corona-Pandemie. Folgeergebnisse. Das Unternehmen als sozialer Ort – langfristige Wirkungen der Pandemie und Schlussfolgerungen für die Gestaltung des New Normal. Fraunhofer-Institut für Arbeitswirtschaft und Organisation IAO in Kooperation mit der Deutschen Gesellschaft für Personalführung (DGFP), Stuttgart.

[52] Hofmann, J., Piele, A., Piele, C. (2022b): Arbeiten in der Corona-Pandemie. Folgeergebnisse. Das Unternehmen als sozialer Ort – langfristige Wirkungen der Pandemie und Schlussfolgerungen für die Gestaltung des New Normal. Fraunhofer-Institut für Arbeitswirtschaft und Organisation IAO in Kooperation mit der Deutschen Gesellschaft für Personalführung (DGFP). Stuttgart, 2022.

### c) Recruitung und Onboarding sind deutlich anspruchsvoller geworden

55 Dabei weisen die Herausforderungen eine enorme inhaltliche Spannbreite auf, wie sich der bereits referenzierten Studie des Fraunhofer IAO aus dem Jahr 2022 entnehmen lässt. Die größte Herausforderung bereitet die als gesteigert charakterisierte Konkurrenzsituation um die Fachkräfte, aber auch das deutlich veränderte Erwartungsportfolio der Bewerber und Bewerberinnen. Dazu gehören nach den Einschätzungen der befragten HR-Verantwortlichen die schon ausgeführten Forderungen nach der Möglichkeit zum mobilen Arbeiten (50 Prozent stimme voll zu, 33 Prozent stimme eher zu), übrigens auch aus dem Ausland (knapp 21 Prozent bzw. 20 Prozent). Analog und folgerichtig dazu sind auch die Erwartungen in Bezug auf eine größere Zeitflexibilität seitens der Beschäftigten erheblich (etwa 30 Prozent stimmen voll und ganz zu, knapp 30 Prozent stimmen eher zu). Diese Herausforderungen führen aber auch zu neuen Möglichkeiten und Strategien: So geben etwa 18 Prozent an, seit der Pandemie Mitarbeitende jetzt auch in einem weit größeren nationalen Suchradius anzusprechen (40 Prozent haben diesen schon vor der Pandemie erweitert); international sind die Werte mit gut 5 Prozent und knapp 19 Prozent geringer, aber dennoch merklich vorhanden, 7 Prozent geben an, angesichts der veränderten Verhaltensweisen und Konkurrenzsituationen einen „Fast-Onboarding-Track", also einen separaten „Zug" für schnell zu integrierende Mitarbeitende, seit der Corona-Pandemie aufzubauen (39 Prozent sind das bereits vor der Pandemie angegangen). Das spricht für einen chancen- wie lösungsorientierten Umgang mit den neuen Herausforderungen. In Teilen aber können die Wirkungen als durchaus problematisch klassifiziert werden. Speziell das Onboarding („Es ist schwieriger neue Mitarbeitende ins Unternehmen zu integrieren") ist generell anspruchsvoller geworden (knapp 21 Prozent stimmen dem voll und ganz und knapp 40 Prozent teilweise zu); ähnlich viele Befragte monieren auch, dass die Aufwände für die Betreuung der neuen Mitarbeitenden gestiegen sind. Immerhin sagen gut fünf Prozent (voll und ganz) bzw. knapp 20 Prozent (teilweise) überdies, dass es vermehrt zu Abgängen in der Probezeit kommt, die von den Mitarbeitenden ausgehen.[53]

#### aa) „Full-remote" Stellen für immerhin knapp 15 Prozent der Befragten bereits gelebte Praxis

56 Zudem fragte das Fraunhofer IAO in dieser Studie nach weiteren eher längerfristigen Trends in der Ausgestaltung von Beschäftigungsverhältnissen. Also zB, ob es vermehrt zu einer Beschäftigung von Freelancern gekommen ist. Knapp neun Prozent antworteten mit „Ja", gut 70 Prozent meldeten keine Änderungen, allerdings sagten mehr als 21 Prozent, dass sogar das Gegenteil der Fall ist. Besonders interessant war für das Fraunhofer IAO die Antwort auf die Frage, inwieweit die Befragten nun auch „full-remote"-Stellen anbieten, also solche, bei denen gar nicht mehr erwartet wird, dass Mitarbeitende in die Stadt oder in die Nähe des Unternehmenssitzes ziehen, sondern

[53] Hofmann, J., Piele, A., Piele, C. (2022b): Arbeiten in der Corona-Pandemie. Folgeergebnisse. Das Unternehmen als sozialer Ort – langfristige Wirkungen der Pandemie und Schlussfolgerungen für die Gestaltung des New Normal. Fraunhofer-Institut für Arbeitswirtschaft und Organisation IAO in Kooperation mit der Deutschen Gesellschaft für Personalführung (DGFP). Stuttgart, 2022.

von überall aus (in der Regel deutschlandweit) zuarbeiten können. Immerhin ist dies für knapp 15 Prozent der Befragten der Fall. Hier spielen sicher die weitgehenden Erfahrungen mit mobiler Arbeit als auch die veränderten Erwartungen der Beschäftigten eine Rolle. Das Fraunhofer IAO geht davon aus, dass dieser Anteil in Zukunft noch wachsen wird.

### bb) Arbeitgeberattraktivität und Produktivität sind die zentralen Treiber hybrider und damit mobiler Arbeitsformen

57 Was sind also die zentralen Treiber, die den Weg in hybride Arbeitsformen beschleunigen? Dazu hat das Fraunhofer IAO die Befragungsteilnehmende in der Studie aus dem Jahr 2022 gebeten, acht typische Motivatoren nach ihrem Bedeutungsgrad zu sortieren. Auf Platz 1 landete die Arbeitgeberattraktivität, was mit Blick auf die Fachkräftesituation sehr nachvollziehbar ist. Gerade auch für Arbeitgeber, die ihren Beschäftigten finanziell weniger bieten können, kann die hohe Beliebtheit mobiler bzw. hybrider Arbeitsformen zugutekommen. Auf Platz 2 landet bereits das Thema Produktivität. Das unterstreicht die wichtigen Beiträge und offenbar auch guten Erfahrungen, die mit diesen Arbeitsformen in den letzten Monaten gemacht wurden. Es zeigt zudem, dass „alte“, vorpandemische Vorurteile gegenüber flexiblen Arbeitsformen in der Regel unbegründet waren und hat sicherlich vielen Planungen in Richtung mehr Flexibilität den Weg geebnet. Hier gehen mutmaßlich auch Effekte einher, die mit reduzierten Reise- und Pendelzeiten, veränderten Bedarfen an Büroflächen etc. zu tun haben. So positiv dies ist, so gilt es auch zu bedenken, dass die sehr erfreulich hohe Produktivität in der Pandemiezeit möglicherweise auch mit einer Verdichtung unserer Arbeit zu tun hat, die viele im täglichen Videokonferenzmarathon selbst erleben. Nicht wenige „klicken“ sich täglich durch eine Vielzahl von Besprechungen und Arbeitsmeetings, arbeiten dabei hochkonzentriert, sehr flexibel und mit hohem Tempo. Auf Platz 3 dieses Rankings folgt Selbstorganisation, immerhin bereits auf Platz 4 das Thema Nachhaltigkeit; auch ein Zukunftsthema, das noch viel systematischer bearbeitet und auch mit konkreten Quantifizierungen unterlegt werden muss.[54] Die Bedeutung gerade mobiler Arbeitsmöglichkeiten für die Arbeitgeberattraktivität wurde in einer im Jahre 2021 publizierten Studie von Schmoll und Suess[55] ebenfalls eindrucksvoll belegt. Allerdings wurde hier auch herausgearbeitet, dass die Bedeutung der örtlichen Flexibilisierung noch überholt wird durch die Bedeutung der Möglichkeiten zu mehr Zeitflexibilität. Die Autoren fassen Ihre Ergebnisse folgendermaßen zusammen: „…es zeigt sich, dass Unternehmen hinsichtlich der beiden Dimensionen [örtliche wie zeitliche Flexibilisierung, die Autorin] von potenziellen Bewerbern als attraktiver wahrgenommen werden als Unternehmen, die lediglich Flexibilität in einer Dimension ermöglichen“.[56] Die Autoren empfehlen aus-

[54] Hofmann, J., Piele, A., Piele, C. (2022b): Arbeiten in der Corona-Pandemie. Folgeergebnisse. Das Unternehmen als sozialer Ort – langfristige Wirkungen der Pandemie und Schlussfolgerungen für die Gestaltung des New Normal. Fraunhofer-Institut für Arbeitswirtschaft und Organisation IAO in Kooperation mit der Deutschen Gesellschaft für Personalführung (DGFP). Stuttgart, 2022.

[55] Schmoll, R., Suess (2021): Der Einfluss von zeit- und ortsflexibler Arbeit auf die Arbeitgeberattraktivität, in: PERSONAL quaterly 01/2021.

[56] Schmoll, R., Suess (2021): Der Einfluss von zeit- und ortsflexibler Arbeit auf die Arbeitgeberattraktivität, in: PERSONAL quaterly 01/2021.

drücklich, diese Angebote auch im Rahmen der Rekrutierungsprozesse deutlich herauszustellen.

## 3. Spezifische personalwirtschaftliche Themen rund um Mobile Arbeit

58 So wichtig mobile Arbeit für Arbeitgeberattraktivität ist, so genau müssen auch die mit ihr verbundenen personalwirtschaftlichen Herausforderungen benannt werden.

### a) Bindung und Informalität

59 Je „normaler" mobile Arbeit wird, umso dringlicher wird die Frage danach, was ihre breite Nutzung mittel- bis langfristig bedeutet. Ganz vorne steht hier die Frage, ob ein Mehr an Arbeit über Distanz letztlich zu einer größeren emotionalen Distanz der Mitarbeitenden zum Unternehmen, zu den unmittelbaren Kolleginnen und Kollegen führen könnte und damit letztlich auch die Fluktuation und die Leistung Schaden nehmen könnte. Auch hierzu einige aktuelle Zahlen aus der Fraunhofer IAO-Studie aus dem Jahr 2022, die die Einschätzungen von HR-Verantwortlichen zu diesem Themenkomplex wiedergeben.

60 Auf den ersten Blick besonders auffällig ist die hohe Zustimmungsrate zur Frage, ob die Mitarbeitenden ein hohes Maß an ortsmobiler Arbeit nachfragen, hier definiert als 4-5 Tage pro Woche. Mehr als 26 Prozent stimmen hier voll zu, knapp 35 Prozent stimmen eher zu. Nur knapp 12 bzw. 2 Prozent sagen, dass dies nicht der Fall ist. Eine deutliche Spreizung gibt es bei der Frage, ob es zu einem verminderten Interesse am sozialen Miteinander bzw. einer verringerten Identifikation der Beschäftigten mit dem Unternehmen gekommen ist. Hier stimmen jeweils knapp 10 Prozent der Befragten voll zu, um die 20 Prozent geben an, dass dies eher der Fall ist. Etwa gleich groß ist der Anteil der Antworten mit verneinender Konnotation: etwa 30 Prozent sagen, dass sie eher nicht zustimmen, rund 20 Prozent stimmen überhaupt nicht zu. Der Rest der Befragten gibt „teils/teils" an. Das heißt aber auch: Für knapp 50 Prozent der Befragten sind diese durchaus erfolgsentscheidenden Faktoren des „sozialen Kitts" eindeutig in Gefahr, schlechter zu werden. Als problematisch zu bewerten sind auch die gut neun Prozent (stimme voll zu) bzw. mehr als 35 Prozent (stimme eher zu) die sagen, dass Mitarbeitende eine gewisse Einsamkeit und soziale Isolation äußern. Im Klartext formuliert sich hier ein eindeutiger Handlungsauftrag an die Unternehmen, dazu tätig zu werden, aber auch jeder einzelne ist gefordert, sich aktiv einzubringen. Erforderlich werden explizite Aktivitäten, um das Unternehmen als sozialen Ort der Begegnung, der Identifikationsstiftung und der Kooperation, zu stärken und aktiv zu beleben. Dazu gehört auch ein entsprechender Fokus der Führungsarbeit, der im folgenden Text noch näher erläutert werden wird.[57]

[57] Hofmann, J., Piele, A., Piele, C. (2022b): Arbeiten in der Corona-Pandemie. Folgeergebnisse. Das Unternehmen als sozialer Ort – langfristige Wirkungen der Pandemie und Schlussfolgerungen für die Gestaltung des New Normal. Fraunhofer-Institut für Arbeitswirtschaft und Organisation IAO in Kooperation mit der Deutschen Gesellschaft für Personalführung (DGFP). Stuttgart, 2022.

### b) Gesundheit

61 Von zunehmender Bedeutung sind die mit der Ausbreitung mobiler Arbeit auch wachsenden Sorgen in Bezug auf negative gesundheitliche Implikationen mobiler Arbeit. Hierzu gehören eine ganze Reihe von Themen, wie die Problematik des Ineinanderfließens von Berufs- und Privatleben, das auch als Entgrenzung bezeichnet wird. Dennoch muss man auch hier mit Blick auf vorliegende Studien zu Bedenken geben, dass entsprechende Ergebnisse immer auch durch spezifisch pandemiespezifische Einflüsse geprägt sind (zB durch Doppelbelastungen wegen Home-Schooling, Arbeitsplatzsorgen wegen wirtschaftlicher Turbulenzen durch die Pandemie, eigene Krankheitsfolgen, etc.). Dennoch erwartet das Fraunhofer IAO, dass in Zukunft sehr sorgfältige Auseinandersetzungen mit diesen gesundheitlichen Effekten der zunehmend virtualisierten Arbeit erfolgen müssen. Sehr viele Beschäftigte alle arbeiten zunehmend virtuell, haben wenige Dienstreisen, weniger Pendelzeiten etc. Aber eben auch weniger gemeinsame Mittagessen, Kaffeepausen, die wegfallen – obwohl Pausen wesentlich sind für Erholung und Leistungsfähigkeit, neben ihren sozialen Effekten. Selbst wenn dies in vorpandemischen Zeiten häufig als unproduktiv galt, bieten diese Zeiten immer auch eine Unterbrechung konzentrierter und intensiver Arbeit und damit letztlich auch eine gewisse Erholung, von sonstigen Effekten auf Bindung und Wissensmanagement ganz zu schweigen. Eine weitere Befragung von IAO und DGFP in einem vergleichbaren Teilnehmendenkreis bestätigt diese Effekte:[58] Pausen werden deutlich weniger systematisch gemacht, die Taktung der Meetings wird dichter, die Arbeit intensiviert sich. Die hier genannten Zustimmungswerte sind sehr hoch und genauso hoch problematisch. Annähernd 60 Prozent der befragten HR-Verantwortlichen bestätigten diese Intensivierung; über 80 Prozent benannten, die unzureichende Einhaltung von Pausen. Im Effekt führt dies dann eben auch zu vermehrten Fällen von Burnout oder anderen seelischen Erkrankungen bei mehr als 20 Prozent. Diese Effekte führen auch zu einer sehr differenzierten Bewertung der erlebten Work-Life-Balance der Mitarbeitenden. Knapp 42 Prozent der Befragten bestätigen, dass diese seit der Pandemie gut war; bei knapp 35 Prozent war das bereits vorher so, mehr als 23 Prozent berichten allerdings, dass sich diese verschlechtert hat.

62 Diese Ergebnisse dürften insgesamt als erneute Bestätigung dafür verstanden werden, dass die Stärkung individueller Gesundheitsverantwortung in Zukunft genauso wichtiger werden wie unternehmensweite Bemühungen, bei der breiten Nutzung mobiler Arbeit aktiv Gesundheitsbelastungen gegenzusteuern. Verantwortung muss mithin auf allen Ebenen übernommen werden: auf der Ebene des Gesamtunternehmens, der Führungskräfte, der lokalen Teams oder Abteilungen und last, not least, auf Ebene jedes einzelnen.

### c) Innovationsfähigkeit und Wissensaustausch

63 Eine weitere aus personalwirtschaftlicher Perspektive wichtige Fragestellung ist herauszufinden, inwieweit die breitere Nutzung mobiler Arbeitsformen einen Einfluss

[58] Hofmann, J., Piele, A., Piele, C. (2021): Arbeiten in der Corona-Pandemie. Folgeergebnisse. Führung im neuen Normal. Fraunhofer-Institut für Arbeitswirtschaft und Organisation IAO in Kooperation mit der Deutschen Gesellschaft für Personalführung (DGFP). Stuttgart, 2021.

darauf hat, wie intensiv zwischen den Kollegen und Kolleginnen trotz räumlich größer werdender Distanz Erfahrungen geteilt, gemeinsam Wissen ausgetauscht wird. Denn damit wird letztlich auch eine wesentliche Voraussetzung für gemeinsame Innovationsentwicklung im Sinne von Produkt- oder Prozessinnovation geschaffen – oder auch nicht. Es ist bekannt, dass diese für die Generierung von Prozess- und Produktinnovationen wesentlich sind, und auch einen wesentlichen Anreiz für Mitarbeitende zum Verbleib in ihrer Organisation darstellen. Auch hierzu nochmals einige schlaglichtartige Befragungsergebnisse aus 2022: Auch hier zeigen die Antworten eine große Spreizung, was signalisiert, dass es hier sowohl zu negativen Effekten kommen kann, aber eben auch, dass es durchaus valide Gegenstrategien gibt, die es zu nutzen gilt.

64 Während bei den Themen der Nachfrage nach Weiterbildung und der Geschwindigkeit der Innovationsentwicklung annähernd gleich hohe Angaben zu Verbesserungen und Verschlechterungen gesehen wurden (jeweils um die 20 Prozent), bei einem Sockel von Unternehmen ohne Veränderungen bei annähernd 60 Prozent, nehmen die negativen Tendenzen bei den Antwortkategorien im Bereich des Wissensaustausches und der Vernetzung zu. Hier liegen die größten negativen Werte der gesamten Befragung: gut 46 Prozent geben an, dass der Wissensaustausch im Unternehmen schlechter geworden sind; beunruhigende knapp 62 Prozent bestätigen, dass die Vernetzung der Kollegen und Kolleginnen untereinander schlechter geworden ist. Diese Angaben und die dahinter liegenden personalwirtschaftlichen Herausforderungen müssen sehr ernst genommen werden. Das Fraunhofer IAO nimmt an, dass diesbezügliche Effekte noch nicht überall wirksam bzw. zeitverzögert zu Tage treten, da viele Unternehmen noch von den erfolgreichen Entwicklungen und etablierten Arbeitsbeziehungen aus der vor-pandemischen Zeit zehren konnten und können. Doch je mehr Zeit vergeht und je mehr auch neue Mitarbeitende in den Organisationen aufgenommen werden, und nicht mehr vom vorher aufgebauten „Sozialkapital" gezehrt werden kann, umso wichtiger werden gezielte Überlegungen und Maßnahmen, die diese früher oft „nebenher" erzielten Effekte der gemeinsamen Präsenz vor Ort auch in der hybriden Arbeitswelt ganz gezielt unterstützen und triggern. Dabei wird es eine erhebliche Rolle spielen, mit welchen Konzepten die hybride Arbeit umgesetzt wird, wie die räumlichen Umgebungen für Arbeit und Begegnung vor Ort gestaltet sein werden, und wie viel Mühe und wirksame Anreize für dieses konstruktive Miteinander aufgewendet werden wird. Viele uns bekannten Ansätze von Organisationen, diese gemeinsame Zeit in den Büros zu attraktiven, sozial befriedigenden und gleichzeitig produktiven Zeiten zu machen, zeugen von einer zunehmenden Sensibilität für dieses Thema. Umgekehrt kann nicht erwartet werden, dass die Präsenz vor Ort im Sinne von „Events" durchgeplant und durchorchestriert wird. Auch hier sind Engagement und Ideen auf allen Ebenen der Unternehmen gefragt.[59]

---

[59] Hofmann, J., Piele, A., Piele, C. (2022b): Arbeiten in der Corona-Pandemie. Folgeergebnisse. Das Unternehmen als sozialer Ort – langfristige Wirkungen der Pandemie und Schlussfolgerungen für die Gestaltung des New Normal. Fraunhofer-Institut für Arbeitswirtschaft und Organisation IAO in Kooperation mit der Deutschen Gesellschaft für Personalführung (DGFP). Stuttgart, 2022.

### d) Eine weitere Herausforderung: Die Gerechtigkeitsdebatte

65 Ein wichtiges Thema gerade in produzierenden Unternehmen ist die Frage, ob und wenn ja, welche Kompensationen es für diejenigen Beschäftigten geben kann, die aufgrund ihrer Tätigkeitsstrukturen nicht mobil arbeiten können: also die Mitarbeitenden, die in der Produktion, im Labor, mit dienstleistungsorientierten Tätigkeiten „vor Ort" betraut sind. Nicht selten kommt es hier zu dem Eindruck, dass weitgehende örtliche Flexibilisierung für die eine Gruppe als Ungerechtigkeit von der hiervon ausgenommenen Gruppe empfunden wird und es durchaus zu Spannungen innerhalb der Belegschaft kommen kann. Das Fraunhofer IAO hat in einer seiner Studie auch dazu gefragt, ob solche Kompensationen aus Unternehmenssicht überhaupt entscheidend sind und wenn ja, welche Kompensationsmöglichkeiten die Arbeitgeber vorsehen. Ein Blick auf mögliche Kompensationsansätze zeigt folgendes Ergebnis: An erster Stelle steht das Angebot erweiterter zeitlicher Flexibilität (durch flexiblere Schichtmodelle, Sabbaticals) mit gut 35 Prozent der (Mehrfach-)Nennungen; danach folgen attraktiv ausgestattete Büro- und Arbeitsumgebungen, die den Gang zur Arbeit positiv motivieren sollen. Wenn schon gependelt wird, dann kann dies auch über neue Verkehrsmittel erfolgen, die gesponsert werden (zB ein Job-Fahrrad) oder über zusätzliche finanzielle Anreize für diese Pendlermobilität (mit gut 17 Prozent der Nennungen). Ebenfalls ein interessanter Ansatz ist das Angebot pauschaler Zeitausgleiche für das tägliche Pendeln, mit gut sieben Prozent der Nennungen.[60]

66 Trotz dieser interessanten Ansätze wird es mit Sicherheit nicht einfach werden, eine echte „Kompensation" für die nicht umsetzbare mobile Arbeit zu erreichen. Die Frage ist, was ist Flexibilität tatsächlich wert? Das Gefühl einer Kompensation wird individuell unterschiedlich, je nach bestehendem Flexibilitätswunsch und zugrundeliegender Motivlage jedes einzelnen Beschäftigten zu beantworten sein. Nicht jeder Beschäftigte möchte mobil arbeiten, für andere Beschäftigte wäre es womöglich der ersehnte Schlüssel zu einer ausgeglicheneren Work-Life-Balance. Eine pauschale Kompensation ist daher schwer allgemein zu definieren. Ein Nachdenken und Diskutieren über attraktive Benefits, die Nachteile einer fehlenden Ortsflexibilität kompensieren, erscheint jedoch in jedem Fall als sehr wertvoll. Es wird nach den Ergebnissen der Studien des Fraunhofer IAO in Zukunft auf eine ehrliche und gute Kommunikation ankommen, die die Fragen der Beschäftigten beantworten und überlegten attraktiven Benefits, die eine Schieflage begradigen. Bei all der Diskussion bleibt aber natürlich festzuhalten: Bestimmte Berufe bzw. Tätigkeitsgruppen bringen Rahmenbedingungen der Arbeitserbringung mit sich, an die kein Arbeitgeber etwas ändern kann und dass wissen auch die Beschäftigten. Diese Unterschiede gibt es nicht nur beim Zugang zur Flexibilität, sondern auch in anderen Bereichen. So ist es in der Regel jedem einsichtig, dass Vertriebsmitarbeitende einen Dienstwagen eher benöti-

[60] Hofmann, J., Piele, A., Piele, C (2022a): Arbeiten in der Corona-Pandemie. Folgeergebnisse. Ausgestaltung des New Normal. Fraunhofer-Institut für Arbeitswirtschaft und Organisation IAO in Kooperation mit der Deutschen Gesellschaft für Personalführung (DGFP). Stuttgart, 2022.

gen als die Angestellten in der Registratur. Nicht jeder Vorteil kann und muss daher vollständig kompensiert werden.[61]

### e) Führungskonzepte und Herausforderung für Führungsarbeit bei mobiler Arbeit

67 Hybride Arbeits- und Kooperationsformen implizieren auch eine starke Änderung der vorpandemischen Führungskonzepte. Eine Vielzahl von Studien und eigene Beratungserfahrungen belegen die Herausforderungen. Führung über Distanz bzw. die Führung mobil arbeitender Mitarbeiter verändert Anforderungen und Möglichkeiten von Kontaktaufnahme, direkter Beobachtung und Betreuung von Mitarbeitenden durch die Führungskräfte, die Umsetzung auch informeller Kontakte und die Rahmenbedingungen von Koordination, Delegation und Leistungsüberprüfung bzw. Feedback. Führungskräfte benötigen veränderte Konzepte für ihre tägliche Führungsarbeit und die Vermittlung und Verstärkung hierfür erforderlicher Kompetenzen, insbesondere im Bereich von Kommunikation und Delegation. Die genannten Veränderungen sind auch ein sehr bedenkenswerter Anlass für die Reflektion bisheriger Führungsleitbilder.

68 In einer spezifischen Studie zum Thema Führung im Jahr 2021[62] hat sich das Fraunhofer IAO zuerst mit der Frage beschäftigt, welche wesentlichen Veränderungen bei der erforderlichen Führungsarbeit aufgrund des hohen Maßes mobiler Arbeit in den letzten zwei Jahren eingesetzt haben. Überschreiben ließen sich die Antworten der Befragten in Bezug auf ein zustimmendes „Ja, das hat sich verändert" mit den Stichworten mehr „Kommunikation (64,9 Prozent), Koordination (46,3 Prozent), und direkte Einzelgespräche (one to one) (43,4 Prozent)". Damit verbunden ist ein insgesamt nochmals erhöhter Arbeitsaufwand für die Führungskräfte (43,2 Prozent Zustimmung). Interessanterweise hatte die Aussage „Führungskräfte delegieren langfristiger" mit nur 19,6 Prozent die geringste Zustimmung. Es zeigte sich, dass das Fehlen der (gemeinsamen) räumlichen Präsenz mit all ihren Nebeneffekten eine sehr dedizierte, aktive Kommunikationsarbeit nötig macht, die, über Medien abgewickelt, eben auch anders geplant und teilweise aufwendiger in der Durchführung gemanagt werden muss. Zu denken sei hierbei nur an Nebeneffekte gemeinsamer Präsenz, die sich in Aussagen wie „man bekommt viel ‚nebenher' mit; kommt einfach ins Gespräch; sieht und ‚erspürt' Stimmungen einfacher" widerspiegeln. Sicher schaffte hier die Pandemie dahingehend zusätzliche Bedürfnisse – eine Sondersituation wie die Coronapandemie macht es immer auch erforderlich, die Lage zu erklären, zu informieren, zu beruhigen und alle Beteiligten in einem möglichst guten „Loop" an Informationen zu halten. In jedem Fall kann man davon ausgehen, dass die genannten Veränderungen den insgesamten Arbeitsdruck der Führungskräfte nochmals erhöht

[61] Hofmann, J., Piele, A., Piele, C (2022a): Arbeiten in der Corona-Pandemie. Folgeergebnisse. Ausgestaltung des New Normal. Fraunhofer-Institut für Arbeitswirtschaft und Organisation IAO in Kooperation mit der Deutschen Gesellschaft für Personalführung (DGFP). Stuttgart, 2022.

[62] Hofmann, J., Piele, A., Piele, C. (2021): Arbeiten in der Corona-Pandemie. Folgeergebnisse. Führung im neuen Normal. Fraunhofer-Institut für Arbeitswirtschaft und Organisation IAO in Kooperation mit der Deutschen Gesellschaft für Personalführung (DGFP). Stuttgart, 2021.

haben dürften. Und dies auch in der post-pandemischen Zeit so bleiben wird, zumindest dort, wo in umfänglicherer Form mobil gearbeitet wird.

### aa) Einbindung, Informalität, die Gruppe „zusammenhalten" – die emotionalen Themen haben sich als die schwierigsten herausgestellt

69 In der gleichen Studie hat das Fraunhofer IAO nach den größten Herausforderungen und deren Bewältigung seitens der Führungskräfte gefragt. Auf die Frage, wie leicht oder schwer den Führungskräften die Bewältigung fällt, gehen vor allem diejenigen Themen als die schwierigsten hervor, die eng mit persönlichen Aspekten, familiären Themen und Informalität zu tun haben. „Schwer" bzw. „sehr schwer" ist der Umgang mit Mitarbeitenden, die wenig aktiv kommunizieren (54,7 Prozent „schwer", 8,0 Prozent „sehr schwer"), das Aufrechterhalten informeller Kommunikation und Bindung (44,9 Prozent „schwer", 9,6 Prozent „sehr schwer"), aber auch der Ausgleich erlebter Ungleichbelastung durch verschiedene familiäre Situationen der Mitarbeitenden. Dazu passten auch die genannten Schwierigkeiten, adäquat mit dem Phänomen der Entgrenzung umzugehen. Hier besteht das klare Dilemma der Führungskräfte, die eben nicht nur fachliche Vorgesetzte, sondern im besten Fall auch zentrale Ermöglicher eines guten Miteinanders und Arbeitsklimas sind. Es ist davon auszugehen, dass es hier auch ein großes Maß an Unsicherheit darüber gibt, wo Fürsorge aufhört und Einmischung in private Angelegenheiten anfängt, zumal es sicher auch sehr unterschiedliche Haltungen zum Thema geben wird. Die geringsten Probleme bereiten Standardthemen, wie die Abwicklung von Regelkommunikation – hier kann man sich auf Routinen verlassen und befindet sich nicht in einem emotionalen Spannungsfeld; auch die rein technische Beherrschung der genutzten eCollaboration-Technologien funktioniert mittlerweile gut.

70 Sicherlich ist hier auch die Frage berechtigt, wie weit führungsseitige „Fürsorge" gehen kann und muss und inwieweit auch von den Mitarbeitenden ein höheres Maß an Selbstverantwortung verlangt werden kann. Aus Managementsicht sind durchaus auch die Ergebnisse in Bezug auf das Thema „Wahrnehmung von Leistung" relevant. Hier hatten immerhin 31,8 Prozent der befragten HR-Verantwortlichen vermerkt, dass diese Wahrnehmung eine schwer zu meisternde Herausforderung sei, 2,7 Prozent sagen, dass ihnen dies „sehr schwer" fällt. Die damit verbundene Frage, inwieweit in hybriden Arbeitskonzepten letztlich nicht auch veränderte Formen der Leistungsmessung erforderlich sind, wurden bereits in einer vorangegangenen Studie dieser Studienreihe näher beleuchtet.[63] Letztlich zeigt aber der Blick auf die Gesamtergebnisse, warum „Führung auf Distanz" eben weit mehr ist als die Abwicklung von Meetings im Online-Format. Viele Führungskräfte kommen zweifellos auch an die eigenen Grenzen und sind sicher auch schlichtweg unsicher, welches persönliche Verhalten in dieser Ausnahmesituation der Pandemie angemessen sein kann.[64]

---

[63] Hofmann, J., Piele, A., Piele, C. (2020): Arbeiten in der Corona-Pandemie. Folgeergebnisse. Leistung und Produktivität im „New Normal". Fraunhofer-Institut für Arbeitswirtschaft und Organisation IAO in Kooperation mit der Deutschen Gesellschaft für Personalführung (DGFP). Stuttgart, 2020.

[64] Hofmann, J., Piele, A., Piele, C. (2021): Arbeiten in der Corona-Pandemie. Folgeergebnisse. Führung im neuen Normal. Fraunhofer-Institut für Arbeitswirtschaft und Organisation IAO in Kooperation mit der Deutschen Gesellschaft für Personalführung (DGFP). Stuttgart, 2021.

### bb) Welche Kompetenzen brauchen Führungskräfte, die mit mobil arbeitenden Kollegen und Kolleginnen umgehen sollen?

71 Mit Blick auf diese veränderten Führungssituationen und Anforderungen ist es wichtig, ein genaueres Bild darüber zu bekommen, was dies kompetenzseitig bedeutet. Auch hierfür seien Ergebnisse der Studie des Fraunhofer IAO zum Thema Führung[65] angeführt, deren Kernergebnisse in der Folge auch durch eine Vielzahl unternehmensinterner Erhebungen bei verschiedensten Arbeitgebern bestätigt wurde. Hier hatten die Befragten die Möglichkeit, die für das neue Normal wichtigsten Kompetenzen für Führungskräfte in ein Gesamtranking zu überführen. Es lohnt ein genauerer Blick sowohl in Bezug auf das gesamte Ranking im Ergebnis als auch auf die Varianz, also die Beantwortung der Frage, wie „homogen" diese Bewertungen waren. Absolut herausragend waren die Spitzenwerte: Vertrauen (zu geben und zu erhalten) und Kommunikationsfähigkeit. Diese wurden von den meisten befragten HR-Verantwortlichen mit weitem Abstand an die Spitze gevotet. Die Kommunikationsfähigkeit erklärt sich sicher bereits durch die anfangs beschriebenen Kernveränderungen der täglichen Führungsarbeit, in welcher Kommunikation und Interaktion auf allen Kanälen eine große Rolle spielen, auch um die verminderte räumliche Co-Präsenz und ihre Vorteile zu kompensieren. In der hybriden Arbeitswelt wird ebenso proaktive wie medienkompetente, wertschätzende Kommunikation und Ansprechbarkeit ein wesentlicher Schlüssel für eine vertrauensvolle Zusammenarbeit zwischen Führungskräften und Mitarbeitenden, Leistung und Bindung sein. Dennoch wird das Ausmaß direkter Begegnung und sozialer Einbindung und damit auch der (impliziten und expliziten) Kontrolle geringer sein als vor der Corona-Pandemie, was die Bedeutung des Vertrauens stark wachsen lässt.

72 Vertrauen lässt sich zudem als ein Managementprinzip interpretieren, das bewusst auf das Gegenstück der minutiösen und aufwendigen Kontrolle verzichtet; eine Einstellungssache, aber eben auch eine Ressourcenabwägung. Dennoch muss konzediert werden, dass bisher breit etablierte Controlling- und Reportingmechanismen dieses Vertrauen nicht so stark in den Mittelpunkt gestellt haben und mithin auch eine entsprechende Weiterentwicklung notwendig sein wird. Während Kommunikationsfähigkeit sich zumindest ein Stück weit trainieren und entwickeln lässt, ist Vertrauen (zu schenken und zu erhalten) eine komplexe Kompetenz, die sich nicht so einfach erlernen lässt. Hier wird es auf eine Mischung aus Kulturentwicklung, Vorbildverhalten und sehr dedizierter Reflektion ankommen, um eine entsprechende Weiterentwicklung vollziehen zu können.

73 Die in der weiteren Folge genannten Kompetenzen weisen eine weit größere Varianz und damit weniger große Eindeutigkeit im Ranking auf. Auf dem dritten Platz folgt Empathie, anschließend Delegationsfähigkeit und dann Planungs- und Organisationsfähigkeit. Die größte Varianz ist bei den Punkten „Medienkompetenz" sowie „Kompetenzentwicklung von Mitarbeitenden". Sieht man an das untere Ende des Rankings, so wird das Fachwissen von den meisten Befragten gleichermaßen auf den

[65] Hofmann, J., Piele, A., Piele, C. (2021): Arbeiten in der Corona-Pandemie. Folgeergebnisse. Führung im neuen Normal. Fraunhofer-Institut für Arbeitswirtschaft und Organisation IAO in Kooperation mit der Deutschen Gesellschaft für Personalführung (DGFP). Stuttgart, 2021.

letzten Platz votiert. Auch das erstaunt, wo doch bekannt ist, dass bis heute vor allem die Fachkenntnis das zentrale Beförderungsargument in eine Führungsposition ist. Heißt das nun, dass in Zukunft Fachkenntnis wirklich so unwichtig sein wird? Hier könnte man auch annehmen, dass diese schlicht vorausgesetzt wird, und eben die anderen genannten Kompetenzen eine wirkliche beförderungs- und entwicklungsseitige Bedeutung bekommen sollen.[66]

### cc) Die Krise und ihre Bewältigung hat auch in Bezug auf das Führungsverständnis starke Spuren hinterlassen

74 Das Fraunhofer IAO untersuchte in dieser Studie auch in Zukunft relevante Nuancierungen des Führungsverständnisses. An erster Stelle nannten die befragten HR-Verantwortlichen hier die „Führungskraft als Veränderungsbegleiter" mit 69,8 Prozent (nimmt an Bedeutung zu), eng gefolgt von der „Führungskraft als Entwicklungsbegleiter" mit 53,3 Prozent (nimmt an Bedeutung zu). Beide Ausrichtungen reflektieren stark das Verständnis, dass die Zukunft vor allem von schnellen Veränderungen, den damit verbundenen Unsicherheiten und der erforderlichen raschen Anpassungsfähigkeit hieran geprägt sein wird. Der „Führungskraft als Organisator" wird der geringste Bedeutungszuwachs bzw. die größte Bedeutungsabnahme zugeschrieben. Auch das zeigt wesentliche Veränderungen. Führungskräfte sollen dabei unterstützen und Mut machen, veränderungsfähig zu sein, hierfür Hilfe anzubieten und Potenziale mit zu entwickeln, aber nicht vorwiegend mit dem Verständnis anzutreten, es im Zweifelsfall „besser zu wissen" und immer die Richtung vorgeben zu können. Dazu gehört viel Souveränität. Interessanterweise wird aber auch zum Ausdruck gebracht, dass in Zukunft die Führungskraft weiterhin in der Rolle als Orientierungseber gefragt sein wird. Orientierung geben heißt nicht vorgeben, sondern einordnen, erklären, im besten Fall mit einer visionären Idee Follower zu gewinnen, die diese Idee aus innerer Überzeugung mittragen und mitentwickeln.

### dd) Führung im Wandel – verstärkt durch die Coronapandemie und die massive Ausbreitung mobiler Arbeit

75 Führung befindet sich in einem durch die Coronapandemie noch verstärkten transformativen Wandel, dies ist mit Blick auf die bisher skizzierten Veränderungen deutlich. Einige der genannten Trends hatten sich bereits in Studien vor der Coronapandemie abgezeichnet. Führung muss sich verändern, wenn sie auch in Zukunft ihre Aufgabe in zunehmend volatilen und dynamischen Zeiten bewältigen will. Dieser Wandel umfasst Organisationsformen der Führung genauso wie die verbreiteten Rollenbilder und die dazu gehörigen Kompetenzen der Rolleninhaber. Die künftig erwartbare hybride Arbeitssituation mit einem selbstverständlichen Mix von ortspräsenter und mobiler Arbeit ist ebenfalls ein Faktor, der in Zukunft Führungsarbeit mit Veränderungen konfrontieren wird. Es werden erhebliche Anstrengungen nötig sein, die auch vor den übergreifenden Anreiz- und Führungssystemen nicht anhalten dür-

[66] Hofmann, J., Piele, A., Piele, C. (2021): Arbeiten in der Corona-Pandemie. Folgeergebnisse. Führung im neuen Normal. Fraunhofer-Institut für Arbeitswirtschaft und Organisation IAO in Kooperation mit der Deutschen Gesellschaft für Personalführung (DGFP). Stuttgart, 2021.

fen. Denn die Umsetzung all dieser Veränderungen erscheint wenig wahrscheinlich, wenn diese zwar benannt werden, dann aber für faktische Beförderungs- und Incentivierungsentscheidungen letztlich keine Rolle spielen. Wirksamkeit von Veränderungsimpulsen setzt Spürbarkeit sowie Aufmerksamkeit und explizite Würdigung voraus.[67]

## 4. Fazit aus personalwirtschaftlicher Perspektive

76 Der Überblick zeigt, dass mobile Arbeit aus personalwirtschaftlicher Sicht viele Potenziale insbesondere der Arbeitgeberattraktivität und Bindung bietet, die in Zeiten des Fachkräftemangels unbedingt genutzt werden sollten. Aber sie verändert auch vieles in der täglichen Arbeitsorganisation, macht neue Formen von Führungsarbeit notwendig, und fordert neuartige Kompetenzen genauso wie einen geschärfteren Blick auf neue Krankheitsrisiken psycho-sozialer Art wie die Entgrenzung. Es macht also sehr viel Sinn, dieses Thema als heute selbstverständliche Option (in den Jobprofilen, die diese Virtualisierung von Arbeit ermöglichen) aktiv zu gestalten und es gleichsam als wesentlichen Anker zur Gestaltung insgesamt moderner Arbeitswelten zu betrachten. Denn klar ist auch: mobile Arbeit ist eine von mehreren (wenn auch aktuell sehr wichtige, da stark durch die Coronapandemie ausgedehnte) Facetten moderner Arbeitswelten, die durch Themen wie agile Organisationsstrukturen, ein Mehr an Selbstorganisation oder auch durch die vermehrte Nachfrage nach Sinnstiftung oder neudeutsch „Purpose" der Arbeitserbringung insgesamt charakterisiert werden können. Mobile Arbeit, die örtliche Flexibilisierung von Arbeit ist gemeinsam mit der letztlich immer parallel ebenso wichtiger werdenden zeitlichen Flexibilisierung ein wesentlicher Teil umfassender New Work Konzept.[68]

77 Wesentlich erscheinen folgende abschließende Hinweise:

78 Notwendig ist eine gute Kombination zentraler Vorgaben, die zB in Betriebsvereinbarungen zu regeln sind, und eine ausreichende Gestaltungsfreiheit für die verantwortlich agierenden Player „vor Ort". So hat das Fraunhofer IAO sehr gute Erfahrungen damit gemacht, viele Details der täglichen Ausgestaltung der Arbeit mit mobilen Arbeitsanteilen im Team in Form sogenannter Teamchartas regeln zu lassen. Denn: je flexibler unsere Arbeitswelt wird, desto wichtiger werden verlässliche Vereinbarungen, die das tägliche Miteinander mit größtmöglicher Flexibilität auf der einen, bei gleichzeitig hoher Produktivität und Kundenzufriedenheit auf der anderen Seite realisieren. Wenn das tägliche Miteinander sich nicht mehr auf einfache Koordinations-, Orientierungs- und Informationseffekte der gemeinsamen Präsenz und direkter Zugriffsmöglichkeit an einem Ort verlassen kann, müssen Themen wie Erreichbarkeit, Bürobesetzung, Ansprechbarkeit für Externe, aber auch Zeiten der persönlichen Begegnung und des informellen Miteinanders explizit vereinbart werden. Da größere Organisationen in der Regel eine hohe funktionale Ausdifferenzie-

[67] Hofmann, J., Piele, A., Piele, C. (2021): Arbeiten in der Corona-Pandemie. Folgeergebnisse. Führung im neuen Normal. Fraunhofer-Institut für Arbeitswirtschaft und Organisation IAO in Kooperation mit der Deutschen Gesellschaft für Personalführung (DGFP). Stuttgart, 2021.

[68] Hofmann, J., Piele, A., Piele, C. (2018): New Work – Best Practices und Zukunftsmodelle, Stuttgart 2018.

rung aufweisen oder auch je nach Standort oder Produktgruppen durchaus große Unterschiedlichkeiten leben, macht es Sinn, solche Themen der gemeinsamen Vereinbarung auf Team- bzw. Abteilungsebene zu regeln. Sie schaffen ein Bewusstsein für teamspezifisch notwendige Rahmenbedingung zur produktiven Leistungserbringung und ermöglichen Einzelnen individuelle Freiräume. Teamchartas werden im jeweiligen Team besprochen, verhandelt und machen in der Regel Kompromisse zwischen den Mitarbeitenden notwendig, da nicht immer individuelle Flexibilisierungswünsche mit übergeordneten Zielsetzungen des Bereiches und dessen Kundenanforderungen in völlige Übereinstimmung zu bringen sein werden. Wichtig sind hier vor allem Absprachen zu Präsenzanforderungen, Dokumentenablage, Erreichbarkeit, Kalendermanagement, Wissensaustausch und dem Schutz vor Entgrenzung. Das wichtigste Prinzip ist: Alle Teammitglieder verstehen, dass sie nur in gemeinsamer Teamverantwortlichkeit die nötigen Regelungen gewährleisten können, und dass nur mit dieser Teamcharta mobile Arbeit gewährt werden kann. Führungskräfte sind Teil dieses Prozesses, sollten ihn jedoch nicht führen, sondern ihre rollenspezifischen Positionen vertreten. Eine wichtige personalwirtschaftliche Verantwortung hierbei ist, diesen Teamcharta-Prozess aktiv anzustoßen, Hilfsmittel zu erstellen und Führungskräfte wie Mitarbeitende eventuell durch Vermittlung von Moderatoren oder anderen Hilfen zu unterstützen.

79 Mobiles Arbeiten bedeutet eine maßgebliche Veränderung, daher sind Lernschleifen und Reflektion wesentlich. Zudem werden angesichts sich verändernder arbeitsrechtlicher und politischer Rahmensetzungen (so rechnet das Fraunhofer IAO mit einem erneuten Anlauf für die Verabschiedung eines Mobile Arbeit Gesetzes in der laufenden Legislaturperiode) auch externe Rahmenbedingungen verändern. Dies bedeutet, dass mobile Arbeit ein „Dauerthema" auf der personalwirtschaftlichen und arbeitsrechtlichen wie mitbestimmungsseitigen Agenda der Arbeitgeberorganisationen werden wird.

Die notwendige Anpassung von Führungsarbeit ist in diesem Beitrag ausführlich dargestellt worden. Führung muss aktiv weiterentwickelt und für ihre Vorbildfunktion vorbereitet werden. Führungskräfte müssen hierbei aktiv unterstützt und weiterentwickelt werden.

80 Örtliche (wie zeitliche) Flexibilisierung bedeutet ein Mehr an Organisation und damit Aufwand. Getreu dem Motto „Nicht nur IN der Organisation arbeiten, sondern auch dauerhaft AN der Organisation", wird in der neuen Arbeitswelt auch durch mobiles Arbeiten die Anforderung an Mitgestaltung, Disziplin und gemeinsame Regelorientierung eher größer werden. So wünschenswert Beteiligung ist, die damit verbundenen Aufwände dürfen nicht verschwiegen werden.

## III. Arbeitnehmerbegriff

81 Die Schutzmechanismen des Arbeits- und Sozialversicherungsrechts erfassen maßgeblich die Tätigkeit in einem Arbeitsverhältnis. Die persönliche Abhängigkeit des Arbeitnehmers unterwirft diesen der Direktive des Arbeitgebers und lässt ihn die Ar-

beitsleistung in fremdbestimmter Abhängigkeit erbringen. Umgekehrt übernehmen Arbeitgeber und Gesellschaft Verantwortung für den Schutz und die soziale Absicherung des Arbeitnehmers. Selbständig Tätige unterliegen derartigen Restriktionen nicht; sie sind frei in der Gestaltung ihrer Tätigkeit und ihrer unternehmerischen Ausrichtung und tragen umgekehrt auch die Verantwortung für ihre eigene Absicherung. Die Abgrenzung der abhängigen Beschäftigung von der selbständigen Tätigkeit wird erschwert durch die zunehmende Mobilität insbesondere höher qualifizierter Arbeit; mit der Veränderung betrieblicher Organisationsformen bis hin zu deren Auflösung gehen herkömmliche Abgrenzungsmerkmale in der Statusbeurteilung verloren, andere treten hinzu. Bei Mobiler Arbeit kann die Statusbeurteilung daher besondere Aufmerksamkeit erfordern.

### 1. Maßgebliches Abgrenzungsmerkmal: persönliche Abhängigkeit

82 Arbeitnehmer sind ausweislich der seit dem 1.4.2017 geltenden Definition des **§ 611a BGB,** „im Dienste eines anderen zur Leistung weisungsgebundener, fremdbestimmter Arbeit in persönlicher Abhängigkeit verpflichtet. Das Weisungsrecht kann Inhalt, Durchführung, Zeit und Ort der Tätigkeit betreffen. Weisungsgebunden ist, wer nicht im Wesentlichen frei seine Tätigkeit gestalten und seine Arbeitszeit bestimmen kann". Nach der Begründung des Gesetzgebers[69] legt die Norm damit unter wörtlicher Wiedergabe der Leitsätze höchstrichterlicher Rechtsprechung fest, wer Arbeitnehmer ist. Überlegungen, den Arbeitnehmerbegriff neu zu justieren und stärker auf die wirtschaftliche Abhängigkeit oder das unternehmerische Handeln auf eigene Rechnung abzustellen,[70] ist der Gesetzgeber damit bewusst nicht gefolgt.[71]

83 Die **persönliche Abhängigkeit** des Arbeitnehmers ergibt sich maßgeblich daraus, dass dieser weisungsunterworfen und fremdbestimmt arbeitet.[72] Das Weisungsrecht ist in § 106 GewO näher definiert; demnach kann der Arbeitgeber im Rahmen der individual- und kollektivrechtlichen Vereinbarungen durch Ausübung des Direktionsrechts Inhalt, Ort und Zeit der Arbeitsleistung nach billigem Ermessen näher bestimmen, ebenso die Regelung der Ordnung und des Verhaltens der Arbeitnehmer im Betrieb. Die Weisungsunterworfenheit begründet insoweit die Fremdbestimmung des Arbeitnehmers, wobei sich das Weisungsrecht auf alle in § 106 GewO genannten Arbeitsbedingungen beziehen kann, aber nicht muss; vielmehr hängt der Grad der persönlichen Abhängigkeit auch von der Eigenart der jeweiligen Tätigkeit ab.

84 Durch die **Ausübung des Weisungsrechts** konkretisiert der Arbeitgeber die im Arbeitsvertrag häufig nur rahmenmäßig vereinbarte Arbeitspflicht. Allerdings können Weisungsrechte im Hinblick auf den Vertragsgegenstand auch außerhalb eines Arbeitsverhältnisses etwa gegenüber einem freien Dienstleister oder Werkunternehmer bestehen. Die arbeitsrechtliche Weisungsbefugnis ist daher gegenüber dem Weisungs-

[69] BT-Drs. 18/9232, 31.
[70] ZB Wank EuZW 2016, 143; Haupt/Wollenschläger NZA 2001, 289.
[71] Zur Bewertung der gesetzlichen Regelung vgl. etwa Roloff FS Preis, 2021, 1087; Rinck RdA 2019, 127; Reinecke AuR 2019, 56; Preis NZA 2018, 817; Richardi NZA 2017, 36; Wank AuR 2017, 140.
[72] Preis NZA 2018, 817.

recht für Vertragsverhältnisse mit Selbständigen abzugrenzen. Die Anweisung gegenüber einem Selbständigen ist typischerweise sachbezogen und ergebnisorientiert und damit auf die zu erbringende Dienst- oder Werkleistung ausgerichtet; im Unterschied dazu ist das arbeitsvertragliche Weisungsrecht personenbezogen, ablauf- und verfahrensorientiert geprägt und beinhaltet Anleitungen zur Vorgehensweise und zur Motivation des Arbeitnehmers.[73] Ein indiziell arbeitsvertragliches Weisungsrecht bezieht sich daher auf die Art und Weise, wie die Leistung erbracht wird, nicht allein auf das Ergebnis, das nach der vertraglichen Vereinbarung erzielt werden soll.

85 Die Begriffe der Weisungsgebundenheit und Fremdbestimmung sind eng miteinander verbunden und überschneiden sich zu einem großen Teil. Eine weisungsgebundene Tätigkeit ist in der Regel zugleich fremdbestimmt. Die **Fremdbestimmung** des Arbeitnehmers geht allerdings über das Merkmal der Weisungsunterworfenheit hinaus.[74] Sie gewinnt Bedeutung vor allem bei Vertragsgestaltungen, die von dem Normaltyp des Arbeitsvertrags abweichen,[75] und zeigt sich, auch wenn dieses in § 7 Abs. 1 S. 2 SGB IV ausdrücklich betonte Kriterium in die gesetzliche Definition des § 611a Abs. 1 BGB keinen unmittelbaren Anklang gefunden hat,[76] insbesondere in der **Eingliederung** des Arbeitnehmers in die Arbeitsorganisation des Arbeitgebers.[77] Gerade bei höher qualifizierten Tätigkeiten kann trotz oder gar fehlender eingeschränkter Weisungsunterworfenheit die Eingliederung in die arbeitgeberseitig vorgegebene Organisation die persönliche Abhängigkeit begründen.[78] Auch das BAG wertet seit jeher[79] und auch nach Einführung des § 611a BGB weiterhin[80] das Kriterium der Eingliederung in den Betrieb des Arbeitgebers als ein gewichtiges Indiz für das Vorliegen einer persönlichen Abhängigkeit und mithin der Arbeitnehmereigenschaft. Dabei ist die Eingliederung nicht allein in klassischer Hinsicht räumlich, sondern vor allem funktional im Sinne einer „organisatorischen Abhängigkeit“[81] zu verstehen.

86 In die Beurteilung, ob der für das Vorliegen eines Arbeitsverhältnisses erforderliche Grad der persönlichen Abhängigkeit erreicht ist, ist nach § 611a Abs. 1 S. 4 BGB auch die **Eigenart der jeweiligen Tätigkeit** einzubeziehen. Die Art der Dienstleistung und die Zugehörigkeit der Tätigkeit zu einem bestimmten Berufsbild können den zugrundeliegenden Vertragstyp ebenso beeinflussen wie die Organisation der zu verrichtenden Arbeiten. Bestimmte Tätigkeiten lassen sich sowohl in einem Arbeitsverhältnis als auch in einem Werk- oder freien Dienstvertragsverhältnis verrichten, während andere regelmäßig im Rahmen eines Arbeitsverhältnisses ausgeübt werden. Bei untergeordneten, einfachen Arbeiten besteht eher eine persönliche Abhängigkeit als bei gehobenen Tätigkeiten,[82] auch wenn die Steuerung der Tätigkeit nicht durch

[73] BAG 30.11.2021 – 9 AZR 145/21; BAG 1.12.2020 – 9 AZR 102/20.
[74] BAG 30.11.2021 – 9 AZR 145/21; BAG 1.12.2020 – 9 AZR 102/20.
[75] ErfK/Preis BGB § 611a Rn. 32.
[76] AA deshalb Rinck RdA 2019, 127.
[77] BAG 1.12.2020 – 9 AZR 102/20; BAG 17.1.2006 – 9 AZR 61/05; Bayreuther RdA 2020, 241; HWK/Thüsing BGB § 611a Rn. 53; MHdB ArbR/Schneider § 18 Rn. 19f.; Schubert RdA 2020, 248; kritisch Preis NZA 2018, 817.
[78] Thüsing ZFA 2015, 419; vgl. auch BSG 27.3.1980 – 12 RK 26/79; Hessisches LSG 29.9.2022 – L 8 BA 65/21.
[79] BAG 13.8.1980 – 4 AZR 592/78.
[80] BAG 30.11.2021 – 9 AZR 145/21; BAG 1.12.2020 – 9 AZR 102/20.
[81] Thüsing ZFA 2015, 419.
[82] BAG 30.11.2021 – 9 AZR 145/21; BAG 1.12.2020 – 9 AZR 102/20.

Weisungen sondern durch präzise vertragliche Vorgaben erfolgt.[83] Des Weiteren sind auch **Grundrechte des Arbeitgebers** wertend zu berücksichtigen; ist der Dienstberechtigte ein Träger des Grundrechts aus Art. 5 GG, kann dieser Umstand bei der Statusbeurteilung zu würdigen sein. Mitarbeiter, die redaktionell verantwortlich oder programmgestaltend tätig sind und damit nicht unwesentlichen Einfluss auf die Verwirklichung der Grundrechte des Dienstberechtigten nehmen können, sind in der Regel nur dann Arbeitnehmer, wenn sie weitreichenden inhaltlichen Weisungen unterliegen und ständige Dienstbereitschaft erwartet wird.[84]

87 Für die Feststellung, ob ein Arbeitsverhältnis vorliegt, ist schließlich eine **Gesamtbetrachtung** aller Umstände vorzunehmen. Sprechen manche Kriterien für die Annahme eines freien Dienstverhältnisses und andere für das Vorliegen eines Arbeitsverhältnisses, sind diese zu gewichten und im Wege der Abwägung in einer Gesamtschau zu würdigen.[85] Dabei ist stets der Schutzzweck des § 611a BGB im Blick zu behalten: arbeitsrechtlich geschützt werden soll derjenige, der unter Einsatz eigener Arbeitskraft seinen Lebensunterhalt bestreitet, diese Arbeitskraft allerdings fremdnützig, mithin nach der Bestimmung des Vertragspartners zum Einsatz bringt.[86]

88 Zeigt die **tatsächliche Durchführung** des Vertragsverhältnisses, dass es sich um ein Arbeitsverhältnis handelt, kommt es auf die Bezeichnung im Vertrag nicht an. Umgekehrt bleibt es den Vertragsparteien indes unbenommen, durch den bewussten Abschluss eines Arbeitsvertrages den arbeitsrechtlichen Status auch dann zu begründen, wenn die äußere Anschauung eher für eine selbständige Tätigkeit spricht.[87]

## 2. Bedeutung des unionsrechtlichen Arbeitnehmerbegriffs

89 Das Arbeitsrecht ist in weiten Teilen unionsrechtlich determiniert, wobei den Rechtsakten der Europäischen Union zumeist ein eigenständiger Arbeitnehmerbegriff zugrunde liegt. Um eine einheitliche Rechtsanwendung innerhalb der Europäischen Union zu gewährleisten, ist der **unionsrechtliche Arbeitnehmerbegriff** nach ständiger Rechtsprechung des Europäischen Gerichtshofs nicht nach Maßgabe der jeweiligen nationalen Rechtsordnungen unterschiedlich auszulegen, sondern besitzt eine eigenständige unionsrechtliche Bedeutung.[88] Nur wenn dies in den unionsrechtlichen Rechtsakten ausdrücklich vorgesehen ist, kann der Arbeitnehmerbegriff unter Rückgriff auf die nationale Rechtsordnung definiert werden.[89] Darüber hinaus ist der Arbeitnehmerbegriff in den unterschiedlichen Europäischen Rechtsakten auch teilweise unterschiedlich definiert; bei der Auslegung des unionsrechtlichen Arbeitnehmerbe-

---

[83] BAG 25.9.2013 – 10 AZR 282/12.
[84] BAG 30.11.2021 – 9 AZR 145/21; BAG 17.4.2013 – 10 AZR 272/12.
[85] BAG 30.11.2021 – 9 AZR 145/21.
[86] ErfK/Preis BGB § 611a Rn. 8.
[87] Thüsing NZA 2015, 1478.
[88] EuGH 3.7.1986 – 66/85, Lawrie-Blum; EuGH 17.11.2016 – C-216/15, Ruhrlandklinik; EuGH 21.2.2018 – C-518/15, Matzak.
[89] EuGH 22.5.2003 – C-103/01; EuGH 14.1.1982 – 64/81, Corman.

griffs ist daher stets auch die Zwecksetzung der jeweiligen Rechtsnorm zu berücksichtigen.[90]

90 Der Arbeitnehmerbegriff nach unionsrechtlichem Verständnis, wie er unter Rückgriff auf das Recht der Arbeitnehmerfreizügigkeit gem. Art. 45 AEUV definiert wird, ist weiter als der des nationalen Rechts. Arbeitnehmer ist insoweit „eine Person, die während einer bestimmten Zeit für eine andere nach deren Weisung Leistungen erbringt, für die sie als Gegenleistung eine Vergütung erhält."[91] Der Unterschied liegt darin, dass zwar in beiden Fällen eine Dienstleistung nach Weisung gegen Vergütung erbracht wird, dass allerdings Art und Umfang der Weisungsabhängigkeit voneinander abweichen können. Der nationale Arbeitnehmerbegriff setzt beispielsweise voraus, dass die Arbeitsleistung auf der Grundlage eines privatrechtlichen Vertrages erbracht wird, was bei Beamten und Richtern, die in einem öffentlich-rechtlichen Dienstverhältnis stehen, nicht der Fall ist. Dennoch sind diese aus unionsrechtlicher Sicht Arbeitnehmer.[92] Der unionsrechtlich definierten Arbeitnehmereigenschaft steht es auch nicht entgegen, wenn die Weisungsrechte des Arbeitgebers nicht in die konkrete Art der Leistungserbringung hineinreichen und der Arbeitnehmer über einen Ermessensspielraum verfügen, der über denjenigen eines Arbeitnehmers nach nationalem Rechtsverständnis hinausgeht; dementsprechend können GmbH-Geschäftsführer ohne bestimmende gesellschaftsrechtliche Beteiligung, die jederzeit aus dem Amt abberufen werden können und den Vorgaben der Gesellschafterversammlung Folge zu leisten haben, Arbeitnehmer im unionsrechtlichen Sinn sein.[93] Der Gerichtshof stellt daher bei der Statusbeurteilung weniger auf eine die Tätigkeit kennzeichnende persönliche Abhängigkeit ab denn auf ein weiter gefasstes Über-/Unterordnungsverhältnis zwischen Arbeitgeber und Arbeitnehmer.[94]

91 Ob ein Rechtsakt der Europäischen Union auf den nationalen oder den unionsrechtlichen Arbeitnehmerbegriff abstellt, entscheidet der Europäische Gerichtshof, dem mit Art. 267 Abs. 1 lit. b AEUV die Verantwortung für die **Auslegung des Unionsrechts** zugewiesen ist. Dabei ist der Gerichtshof nach allgemeiner Auffassung nicht berechtigt, einem Rechtsakt den unionsrechtlichen Arbeitnehmerbegriff zugrunde zu legen, wenn in diesem Rechtsakt auf den nationalen Arbeitnehmerbegriff verwiesen wird;[95] in diesem Fall ist der Begriff des Arbeitnehmers allein nach nationalem Recht zu bestimmen, wobei sich der Gerichtshof eine Willkürkontrolle dahingehend vorbehält, dass durch das nationale Recht nicht willkürlich Personen von dem Schutz des Arbeitsrechts ausgeschlossen werden dürfen, deren Rechtsverhältnis sich von einem Arbeitsverhältnis nicht erheblich unterscheidet.[96] Allerdings legt der Gerichtshof bei der Frage, welcher Arbeitnehmerbegriff maßgeblich ist, das Unionsrecht

[90] EuGH 11.11.2010, C-232/09, Danosa; EUArbRK/Steinmeyer AUEV Art. 45 Rn. 12; Junker EuZA 2016, 184; Wank EuZW 2018, 21; Fischer NJW 2011, 2329.
[91] EuGH 20.9.2007 – C-116/06, Kiiski; EuGH 26.4.2007 – C-392/05, Alevizos; EuGH 7.9.2004 – C-456/02, Trojani; 23.3.2004 – C-138/02, Collins; EuGH 13.4.2000 – C-176/96, Lehtonen und Castors Braine; EuGH 3.7.1986 – 66/85, Lawrie-Blum.
[92] EuGH 22.6.2017 – C-20/16, Bechtel; EuGH 26.4.2007 – C-392/05, Alevizos.
[93] EuGH 11.11.2010, C-232/09, Danosa; EuGH 9.7.2015 – C-229/14, Balkaya.
[94] Rinck RdA 2019, 127.
[95] Vgl. die Übersicht bei Junker EuZA 2016, 184.
[96] EuGH 1.3.2012 – C-393/10, O'Brien.

durchaus auch wortlautübergreifend aus.[97] Die damit verbundene Rechtsunsicherheit wird durch die jüngere Unionsgesetzgebung weiter verstärkt. So gilt die Richtlinie (EU) 2019/1158[98] für alle „Arbeitnehmer, Männer wie Frauen, die nach der die Rechtsprechung des Gerichtshofs berücksichtigenden Definition im Recht, in den Kollektiv- bzw. Tarifverträgen oder den Gepflogenheiten jedes einzelnen Mitgliedstaats einen Arbeitsvertrag haben oder in einem Beschäftigungsverhältnis stehen." Die Richtlinie (EU) 2019/1152[99] gilt für jeden Arbeitnehmer in der Union, „der nach den Rechtsvorschriften, Kollektiv- bzw. Tarifverträgen oder Gepflogenheiten in dem jeweiligen Mitgliedstaat einen Arbeitsvertrag hat oder in einem Arbeitsverhältnis steht, wobei die Rechtsprechung des Gerichtshofs zu berücksichtigen ist." Der in dieser Regelungstechnik enthaltene Widerspruch, dass der nationale Arbeitnehmerbegriff nach den Kriterien des Europäischen Gerichtshofs definiert werden soll, ist kaum auflösbar. Einigen Mitgliedstaaten, einschließlich Deutschland, dient die unklare Definition als Rechtfertigung für die Auffassung, es gelte der nationale Arbeitnehmerbegriff, der lediglich der Willkürkontrolle des Europäischen Gerichthofs unterliege.[100] Mit Blick auf die Rechtsprechung Gerichtshofs zu Art. 3 Abs. 1 lit. a) der Richtlinie 98/59/EG[101] dürfte allerdings damit zu rechnen sein, dass der Europäische Gerichtshof vergleichbare Definitionen dahingehend auslegen wird, dass nicht der nationale, sondern der autonome unionsrechtliche Arbeitnehmerbegriff gemeint ist.

92 Sieht ein Rechtsakt der Europäischen Union vor, dass der unionsrechtliche Arbeitnehmerbegriff maßgeblich ist, ist nationales Recht, das der Durchführung des Unionsrechts dient, unionsrechtskonform auszulegen,[102] auch dann, wenn das nationale Recht in gefestigter Rechtsprechung bislang anders ausgelegt worden ist.[103] Bei der Anwendung des nationalen Rechts ist deshalb der unionsrechtliche Arbeitnehmerbegriff zugrunde zu legen, wenn das nationale Recht der Umsetzung von Unionsrecht dient. Gibt es für eine nationale Regelung demgegenüber keine unionsrechtlichen Vorgaben, bleibt es bei der Betrachtung nach nationalen Maßstäben.[104]

### 3. Herausforderung des Arbeitnehmerbegriffs durch mobile Arbeit

93 Der Arbeitnehmerbegriff des § 611a BGB ist hinreichend flexibel, um auch atypische Arbeitsformen sachgerecht zu erfassen. Dabei lässt Mobile Arbeit die persönliche Abhängigkeit des Arbeitnehmers im Grundsatz unberührt. Die Vereinbarung Mobiler Arbeit beinhaltet zunächst lediglich eine Vereinbarung über den Ort, an dem die Ar-

[97] Zu Art. 3 Abs. 1 lit. a RL 98/59/EG EuGH 17.11.2016 – C-216/15, Ruhrlandklinik; zur grundlegenden methodischen Kritik Wank EuZW 2018, 21; Ulrici EuZW 2017, 68; ebenso Ziegler, Arbeitnehmerbegriffe im Europäischen Arbeitsrecht, 2011, S. 407.

[98] Richtlinie (EU) 2019/1158 zur Vereinbarkeit von Beruf und Privatleben für Eltern und pflegende Angehörige vom 20.6.2019, ABl L 188/79.

[99] Richtlinie (EU) 2019/1152 über transparente und vorhersehbare Arbeitsbedingungen in der Europäischen Union vom 20.6.2019, ABl L 186/105.

[100] Ratsdokument 9327/19, ADD v. 29.5.2019.

[101] EuGH 17.11.2016 – C-216/15, Ruhrlandklinik.

[102] EuGH 24.1.2012 – C-282/10, Dominguez.

[103] EuGH 6.11.2018 – C-569/16 und C-570/16, Bauer und Broßonn.

[104] BAG 27.5.2020 – 5 AZR 247/19 zu § 1 EFZG; BAG 21.2.2017 – 1 ABR 62/12 zu § 1 AÜG; Sagan ZESAR 2020, 3.

beitsleistung zu erbringen ist. Der Arbeitnehmer wird nicht oder nicht ausschließlich in der Betriebsstätte des Arbeitgebers, sondern an einem anderen Ort oder an anderen Orten tätig, der, je nach Vereinbarung, mit dem Arbeitgeber vereinbart oder von dem Arbeitnehmer eigenverantwortlich ausgewählt wird. Das Direktionsrecht des Arbeitgebers im Übrigen, insbesondere im Hinblick auf Zeit, Inhalt und Durchführung der Arbeitsleistung, bleibt hiervon unberührt.

94 Dennoch verliert das arbeitgeberseitige Direktionsrecht mit der Auflösung oder mindestens Zerfaserung der klassischen Betriebsorganisation zunehmend an Bedeutung. Der Arbeitsort steht bei Mobiler Arbeit oftmals im Belieben des Arbeitnehmers und wird bestenfalls noch dahingehend eingegrenzt, dass der Arbeitnehmer einen sicheren Arbeitsort zu wählen verpflichtet ist. Das Weisungsrecht bezüglich der Arbeitszeit wird häufig zugunsten von Vertrauensarbeitszeit aufgegeben oder durch erfolgsbezogene Zielvorgaben und Arbeitsvolumina ersetzt.[105] Weisungen im Hinblick auf Inhalt und Durchführung der Arbeitsleistung sind bei qualifizierten Wissensarbeitern, die einen wesentlichen Teil der mobil arbeitenden Menschen ausmachen,[106] ohnehin zunehmend die Ausnahme. Es darf deshalb prognostiziert werden, dass in diesen Beschäftigungssegmenten das Merkmal der Abhängigkeit von dem Weisungsrecht des Arbeitgebers bei der arbeitsrechtlichen Statusbeurteilung an Bedeutung verlieren wird.[107]

95 Die Weisungsbindung ist jedoch für den Bestand eines Arbeitsverhältnisses auch nicht unverzichtbar.[108] An die Stelle der tatsächlichen Ausübung von Weisungsrechten mag dabei zum einen die grundsätzliche Berechtigung zu deren Erteilung treten.[109] Zum anderen ermöglicht der Rückgriff auf das statusbegründende Merkmal der Fremdbestimmung größere Flexibilität in der Beurteilung, indem, vergleichbar der unionsrechtlichen Betrachtung, größeres Augenmerk auf das Über-/Unterordnungsverhältnis der Vertragsparteien gerichtet wird.[110] Zudem kann die Statusbeurteilung auch die Eingliederung des Arbeitnehmers in die betriebliche Organisation des Arbeitgebers bewerten, die zwar in den Wortlaut des § 611a BGB keinen ausdrücklichen Niederschlag gefunden hat, die sich aber in Form einer „organisatorischen Abhängigkeit“[111] in dem Merkmal der Fremdbestimmung wiederfindet[112].

96 Der Eingliederung in die fremdbestimmte Organisation des Arbeitgebers, die auch für die betriebsverfassungsrechtliche Bewertung des betriebsangehörigen Arbeitnehmers maßgeblich ist,[113] kann sich bei Mobiler Arbeit daraus ergeben, dass der Arbeitnehmer auf die betriebliche Organisation angewiesen ist, etwa bei der Arbeit im Team: Teamarbeit muss organisiert werden, alle Mitarbeiter müssen sich in die Arbeitsorganisation einfügen, was die spezifische persönliche Abhängigkeit dieser Mitar-

---

[105] HWK/Thüsing BGB § 611a Rn. 50; Schaub ArbR-HdB/Vogelsang § 164 Rn. 13; Barrein, S. 64.
[106] Vgl. BMAS; Monitor Mobiles und entgrenztes Arbeiten, abrufbar unter: https://www.bmas.de/SharedDocs/Downloads/DE/Publikationen/a873.pdf?__blob=publicationFile&v=2 (19.12.2022).
[107] ErfK/Preis BGB § 611a Rn. 13; Wank AuR 2017, 140, 153; Barrein, S. 73.
[108] Rinck RdA 2019, 127; Preis NZA 2018, 817; Wank AuR 2017, 140.
[109] ErfK/Preis BGB § 611a Rn. 13.
[110] Preis NZA 2018, 817.
[111] Thüsing ZFA 2015, 419; ähnlich: Haupt/Wollenschläger NZA 2001, 289: „informationelle Abhängigkeit“; Krause, Gutachten 71. DJT 2016, B 104: „elektronische Leine“.
[112] BAG 17.1.2006 – 9 AZR 61/05; Bayreuther RdA 2020, 241; Schubert RdA 2020, 248; HWK/Thüsing BGB § 611a Rn. 53; MHdB ArbR/Schneider, § 18 Rn. 19f.
[113] ErfK/Koch BetrVG § 5 Rn. 11.

beiter begründet.[114] Der arbeitsteiligen Gestaltung des Produktionsprozesses kommt daher ungeachtet der hohen Eigenverantwortung der Mitarbeiter Bedeutung bei der Statusbeurteilung zu; die zeitliche Koordination, die Kollaboration in der Aufgabenerledigung und die wechselseitige Vertretung der Arbeitnehmer sprechen ebenfalls für deren Fremdbestimmung. Auch die Bindung an eine von dem Arbeitgeber vorgegebene Software oder die Arbeitsorganisation über eine digitale Plattform kann die Eingliederung in die betriebliche Organisation vermitteln.[115] Dabei ist gerade angesichts der Auflösung der räumlichen Strukturen durch die Digitalisierung und Virtualisierung[116] sowohl der Begriff des Betriebes wie auch der der Eingliederung nicht räumlich, sondern funktional zu bestimmen.[117] Ist ein mobil arbeitender Arbeitnehmer innerhalb der Organisationsstruktur des Arbeitgebers fremdbestimmt tätig, kommt es nicht darauf an, ob diese Tätigkeit mit einer räumlichen Einbindung in die Betriebsorganisation verbunden ist oder nur digital und virtuell erbracht wird; die fehlende persönliche Anwesenheit wird durch Telefon, E-Mail-Kommunikation und die Internetverbindung ersetzt.[118] Dabei kommt es für die Statusbeurteilung nicht darauf an, ob die Mobile Arbeit im In- oder Ausland erbracht wird.[119]

### 4. Besondere Arbeitsformen (Plattformarbeit/Crowdworker)

97 Mobile Arbeit zeichnet sich durch einen hohen Grad der Digitalisierung der Arbeitsleistung aus, indem die Arbeit maßgeblich unter Verwendung von informations- und kommunikationstechnischen Einrichtungen erbracht wird. Die Mobilität ist daher nicht Bestandteil der Arbeitsleistung, sondern kennzeichnet die räumliche Trennung des Arbeitnehmers von der herkömmlichen Betriebsstätte. Andere Arbeitsformen zeichnen sich demgegenüber dadurch aus, dass nicht notwendigerweise die Arbeitsleistung an sich, sondern deren Steuerung unter Einsatz digitaler Techniken erfolgt. So ist das Phänomen der Plattformarbeit[120] dadurch gekennzeichnet, dass einzelne Aufgaben oder Arbeitsschritte über eine digitale Plattform zur Verfügung gestellt und von den Plattformarbeitern angenommen und erledigt werden können. Die Vertragsbeziehungen können so gestaltet sein, dass der Plattformanbieter die Auftragsvergabe lediglich vermittelt, eine Vertragsbeziehung mithin nur zwischen Auftraggeber und Plattformarbeiter zustande kommt („unmittelbares crowdworking"); alternativ kann in Form einer Dreiecksbeziehung eine Vertragsbeziehung zwischen dem Auftraggeber und dem Plattformanbieter einerseits sowie zwischen dem Plattformanbieter und dem Plattformarbeiter andererseits begründet werden („mittelbares crowdworking")[121]. Die Aufträge werden, meist zerteilt in kleinere Aufgaben, über die Plattform angeboten und

---

[114] BAG 15.3.1978 – 5 AZR 819/76.
[115] ErfK/Koch BetrVG § 5 Rn. 11; Fitting § 5 Rn. 204; Barrein S. 74; krit. Heise NZA 2017, 1571.
[116] Schubert RdA 2018, 200.
[117] BT-Drs. 14/5741, 35.
[118] Barrein, S. 70.
[119] Zur betriebsverfassungsrechtlichen Eingliederung mobil arbeitender Arbeitnehmer in den Betrieb vgl. Kapitel C.I.
[120] Begriffsvarianten sind etwa *crowdwork* oder *crowdsourcing*.
[121] Wisskirchen RdA 2021, 355; Bourazeri NZA 2019, 744; Arnold/Günther ArbR 4.0/Lingemann/Chakrabarti, Kap. 2 Rn. 68; Kreß, Crowdwork, 2021.

von einem oder mehreren *crowdworkern* bearbeitet. Die Aufgaben können anspruchsvoll und umfangreich, aber auch einfach und ohne inhaltlichen Gestaltungsspielraum sein. Mit der Digitalisierung geht zudem mit der Plattformarbeit eine erhebliche Internationalisierung einher, so dass die Aufträge häufig global angeboten werden.[122]

### a) Anreizsystem vs. Weisungsunterworfenheit

98 Die Statusbeurteilung von Plattformarbeitern richtet sich (bislang) nach den allgemeinen Grundsätzen. In der Praxis werden Plattformarbeiter regelmäßig als Selbständige angesehen,[123] wenngleich nicht verborgen bleiben kann, dass echte unternehmerische Tätigkeit in diesem Kontext nur selten möglich ist und die betroffenen Personen eine hohe soziale Schutzbedürftigkeit aufweisen. Die Rechtsprechung zur Statusbeurteilung in der Plattformarbeit ist angesichts der Vielfalt der Gestaltungsvarianten und der unterschiedlichen Rechtsordnungen naturgemäß divergierend.[124] So hat beispielsweise der EuGH[125] Mitarbeiter des Lieferdienstes „Yodel" nicht als Arbeitnehmer eingestuft, da diese frei waren in der Entscheidung über die Annahme eines Auftrages, für Wettbewerber tätig werden konnten und ihre Arbeitszeiten eigenverantwortlich festlegen konnten. Der Supreme Court des Vereinigten Königreiches stellte demgegenüber in Bezug auf die Plattform Uber fest, dass auch eine indirekte Steuerung der Beschäftigten über ein Rating-System die Arbeitnehmerstellung begründen könne.[126]

99 Das BAG hat bereits 2020 in einer vielbeachteten Entscheidung zur Statusbeurteilung der Plattformarbeiter[127] deutlich gemacht, dass es die Ausgestaltung der Arbeitsbeziehungen in der Plattformarbeit gebietet, die Besonderheiten der Tätigkeit, insbesondere die Art und Weise der Steuerung der Arbeitsleistung durch die Plattform, besonders zu berücksichtigen. Zu beurteilen war eine Konstellation, in der die Plattform die ihr übertragenen Aufträge – Überprüfung und Dokumentation der ordnungsgemäßen Warenpräsentation im Einzelhandel und an Tankstellen – in kleinste Einzelaufträge zerlegte und über die Plattform anbot. Die Plattformarbeiter waren frei in der Entscheidung, ob sie einzelne Aufträge annehmen wollten, nach Annahme des Auftrages war die wahrzunehmende Tätigkeit allerdings im Detail vorgegeben, so dass keine inhaltlichen Spielräume bestanden, und sie musste persönlich erbracht werden. Über die vertraglichen Vorgaben hinausgehende Weisungsrechte besaß die Plattform nicht; das BAG wertete jedoch die konkrete Ausgestaltung der Arbeitsabläufe als mittelbare Steuerung der Plattformarbeiter, die ebenso wie eine unmittelbare Steuerung der Arbeitsleistung durch Weisungen zu der Annahme eines Arbeitsverhältnisses führte: erst bei Zusammenlegung mehrerer Aufträge ließen sich die Aufträge in wirt-

[122] Rinck RdA 2019, 127.
[123] Heckelmann NZA 2022, 73; Waltermann NZA 2021, 299; Fuhlrott/Oltmanns NJW 2020, 958; Bourazeri NZA 2019, 744; Walzer, Der arbeitsrechtliche Schutz der Crowdworker, 2019, S. 41 ff.; Pacha, Crowdwork, 2018, 325 f.; Krause, Gutachten für den 71. DJT, B 104; Hanau NJW 2016, 2613; Schubert RdA 2018, 200; Wisskirchen/Schwindling ZESAR 2017, 318; Günther/Böglmüller NZA 2015, 1025; Däubler/Klebe NZA 2015, 1032; Giesen/Junker/Rieble Industrie 4.0 als Herausforderung des Arbeitsrechts/Franzen 107 (123); Wank EuZA 2016, 143; Hanau NJW 2016, 2613; Klebe AuR 2016, 277.
[124] Ausführlich dazu Wisskirchen RdA 2021, 355; Schubert RdA 2020, 248; Schubert ZVglRWiss 2019, 341.
[125] EuGH 22.4.2020 – C-692/19 – Yodel Delivery.
[126] Supreme Court 19.2.2021 – UKSC 2019/0029, Uber.
[127] BAG 1.12.2020 – 9 AZR 102/20.

schaftlich sinnvoller Weise erledigen, was von dem Bewertungssystem der App gesteuert wurde und von dem Plattformarbeiter letztlich verlangte, sich ständig dienstbereit zu halten und das Auftragsangebot zu prüfen. Der Plattform stand damit ein Pool aus Arbeitskräften zur Verfügung, der verstetigte Arbeitsabläufe ebenso gewährleistete, wie dies bei Ausübung einer arbeitsvertraglich vermittelten Weisungsbefugnis der Fall wäre.[128] In der Plattformarbeit können dementsprechend auch Bonus- und Malussysteme, die auf eine kontinuierliche Tätigkeit abzielen und damit die Dispositionsfreiheit des Plattformarbeiters beschränken, an die Stelle der arbeitsvertraglichen Arbeitspflicht treten.[129] Die Verklammerung einzelner Aufträge kann in dieser Konstellation des Anreizes zur Annahme von Aufträgen zu der Annahme eines einheitlichen Arbeitsverhältnisses führen,[130] was die Rechtsprechung bei Rahmenarbeitsverträgen bislang abgelehnt hat.[131] Damit nähert sich die Rechtsprechung auch der sozialgerichtlichen Sichtweise zum Beschäftigtenbegriff an: Das BSG stellt seit jeher auf die Beurteilung der jeweiligen Einzeleinsätze ab und hält es für unerheblich, wenn den Beschäftigten keine Pflicht zur Annahme eines Auftrages trifft, sofern nur bei Durchführung des angenommenen Auftrages abhängige Beschäftigung vorliegt.[132]

100 Die Fremdbestimmung durch die Eigenart der Tätigkeit und der digitalen Steuerung kann daher den Arbeitnehmerstatus begründen, wobei die Beurteilung auch in der Plattformarbeit unter Berücksichtigung der Umstände des zu beurteilenden Sachverhalts notwendigerweise einzelfallbezogen bleibt und bleiben muss.

### b) Unionsrechtliche Regelung der Plattformarbeit

101 Die praktischen Probleme in der Abgrenzung wie auch das offenkundige Schutzbedürfnis der Plattformarbeiter begünstigt in der Europäischen Union auf politischer Ebene Bestrebungen, die Statusbeurteilung durch Kriterienkataloge zu erleichtern, wie dies auch in Deutschland wiederholt versucht wurde.[133] So hat die EU-Kommission den Vorschlag einer **„Richtlinie zur Verbesserung der Arbeitsbedingungen in der Plattformarbeit“**[134] vorgelegt, die die Statusbeurteilung in der Plattformarbeit vereinfachen soll. Nach Art. 3 Abs. 2 RL-E soll sich die Feststellung, ob ein Arbeitsverhältnis besteht, in erster Linie auf die Tatsachen stützen, die sich auf die tatsächliche Arbeitsleistung beziehen, wobei die Verwendung von Algorithmen bei der Organisation der Plattformarbeit berücksichtigt wird; die Frage, wie das Verhältnis in einer eventuell zwischen den beteiligten Parteien geschlossenen vertraglichen Verein-

---

[128] Waltermann NJW 2022, 1129.
[129] Schubert RdA 2020, 248, 250.
[130] Zur Kritik an der Annahme eines Dauerschuldverhältnisses Thüsing/Hütter-Brungs NZA-RR 2021, 231; Sittard/Pant jM 2021, 416; Wisskirchen/Haupt RdA 2021, 355; Fuhlrott/Mai ArbRAktuell 2021, 261.
[131] BAG 3.11.1999 – 7 AZR 683/98; LAG Düsseldorf 31.5.2012 – 5 Sa 496/12; LAG Hamburg 24.2.1998 – 3 Sa 92/97.
[132] BSG 4.6.2019 – B 12 R 11/18 R, Honorarärztin; 24.3.2016 – B 12 KR 20/14 R, Physiotherapeutin; 18.11.2015 – B 12 KR 16/13 R, Rackjobbing II; 28.5.2008 – B 12 KR 13/07 R, Verkehrspilot.
[133] Vgl. zuletzt den „Entwurf eines Gesetzes zur Änderung des Arbeitnehmerüberlassungsgesetzes und anderer Gesetze“ in der Entwurfsfassung vom 16.11.2015; abrufbar unter: https://Downloads/Gesetzentwurf-Zeitarbeit-BMAS-2015-1.pdf (19.12.2022).
[134] Vorschlag einer Richtlinie zur Verbesserung der Arbeitsbedingungen in der Plattformarbeit vom 9.12.2021, 2021/0414; abrufbar unter: https://www.bundesrat.de/SharedDocs/drucksachen/2021/0801-0900/846-21.pdf?__blob=publicationFile&v=1 (19.12.2022); vgl. dazu Stöhr EuZA 2022, 413; Fuhlrott ArbRAktuell 2022, 191.

barung eingestuft wird, soll dabei unerheblich sein. Nach Art. 4 RL-E soll das Vertragsverhältnis zwischen einer digitalen Arbeitsplattform, die die Arbeitsleistung kontrolliert, und einer Person, die Plattformarbeit über diese Plattform leistet, rechtlich als Arbeitsverhältnis angesehen werden. Für die Frage, ob eine Kontrolle der Arbeitsleistung durch die Plattform erfolgt, werden mehrere Kriterien[135] vorgegeben, von denen zur Bejahung der Kontrolle mindestens zwei erfüllt sein müssen:

- effektive Bestimmung der Höhe der Vergütung oder Festlegung von Obergrenzen der Vergütung;
- Aufforderung der Plattformarbeit leistenden Person, bestimmte verbindliche Regeln in Bezug auf Erscheinungsbild und Verhalten gegenüber dem Empfänger der Dienstleistung bzw. in Bezug auf die Arbeitsleistung einzuhalten;
- Überwachung der Arbeitsleistung oder Überprüfung der Qualität der Arbeitsergebnisse, auch auf elektronischem Wege;
- effektive Einschränkung der Freiheit, die Arbeit zu organisieren (insbesondere den Ermessensspielraum bei der Wahl der Arbeitszeit oder der Abwesenheitszeiten), Aufgaben anzunehmen bzw. abzulehnen oder die Dienste von Unterauftragnehmern oder Ersatzkräften in Anspruch zu nehmen, auch durch den Einsatz von Sanktionen;
- effektive Einschränkung der Möglichkeit, einen Kundenstamm aufzubauen oder Arbeiten für Dritte auszuführen.

102 Der Richtlinienentwurf befindet sich bislang im politischen Abstimmungsprozess. Die weitere Rechtsentwicklung und deren Auswirkungen auf das mitgliedstaatliche Recht bleibt zu beobachten.

## 5. Mobil arbeitende Selbständige

103 Personen, die nach der arbeitsrechtlichen Statusbewertung nicht persönlich abhängig sind, sind keine Arbeitnehmer. Während das Unionsrecht diese Personen allerdings uneingeschränkt als Selbständige behandelt, gibt es im nationalen Recht ein arbeitsrechtliches Schutzkonzept auch für „arbeitnehmerähnliche" Selbständige, indem diese zumindest partiell in den Geltungsbereich arbeitsrechtlicher Schutzgesetze einbezogen werden.

### a) Arbeitnehmerähnliche Selbständige

104 **Arbeitnehmerähnliche Personen** sind im Grundsatz Selbstständige; sie unterscheiden sich von Arbeitnehmern durch die Art der Abhängigkeit von dem Auftraggeber. Arbeitnehmerähnliche Personen sind – in der Regel wegen fehlender Weisungsgebundenheit oder Eingliederung in die betriebliche Organisation – nicht persönlich abhängig, wie dies bei Arbeitnehmern der Fall ist. An die Stelle der persönlichen Abhängigkeit tritt allerdings das Merkmal der wirtschaftlichen Abhängigkeit, die zwar

[135] Zur Kritik an einzelnen Kriterien DAV-Stellungnahme 06/2022, abrufbar unter: https://Downloads/dav-sn-06-2022-plattformen.pdf (19.12.2022).

nicht den Status als Arbeitnehmer vermitteln kann, wohl aber den Status als arbeitnehmerähnlicher Selbständiger.[136] Wirtschaftlichen Abhängigkeit ist regelmäßig gegeben, wenn der Selbstständige auf die Verwertung seiner Arbeitskraft und die Einkünfte aus der Tätigkeit für den Vertragspartner zur Sicherung seiner Existenzgrundlage angewiesen ist.[137] Arbeitnehmerähnlich ist zudem nur, wer seiner gesamten sozialen Stellung nach einem Arbeitnehmer vergleichbar sozial schutzbedürftig ist.[138] Soziale Schutzbedürftigkeit wird angenommen, wenn unter Berücksichtigung der gesamten Umstände des Einzelfalls und der Verkehrsanschauung das Maß der Abhängigkeit einen solchen Grad erreicht, wie er im Allgemeinen nur in einem Arbeitsverhältnis vorkommt, und die geleisteten Dienste nach ihrer sozialen Typik mit denen eines Arbeitnehmers vergleichbar sind.[139] Dies ist bei Fehlen einer eigenen Betriebsorganisation und eigener Produktionsmittel häufig der Fall, so dass mobil arbeitende Selbständige, die im Wesentlichen für einen Auftraggeber tätig sind, arbeitnehmerähnlich sein können.

### b) Sonderform: Heimarbeiter

105 Eine besondere Form des arbeitnehmerähnlichen Selbständigen ist der **Heimarbeiter.** Heimarbeiter ist gem. § 2 Abs. 1 HAG, wer in selbstgewählter Arbeitsstätte – der eigenen Wohnung oder einer selbstgewählten Betriebsstätte – allein oder mit seinen Familienangehörigen im Auftrag von Gewerbetreibenden erwerbsmäßig arbeitet, jedoch die Verwertung der Arbeitsergebnisse dem unmittelbar oder mittelbar auftraggebenden Gewerbetreibenden überlässt.[140] Dem Tatbestandsmerkmal der „selbstgewählten Arbeitsstätte" kommt dabei für die Bewertung einer Tätigkeit als Heimarbeitsverhältnis entscheidende Bedeutung zu, sie ist Ausdruck der Ortssouveränität des Heimarbeiters.[141] Mobil arbeitende Selbständige, die ihren Arbeitsort außerhalb der Betriebsstätte des Auftraggebers frei bestimmen können, können deshalb Heimarbeiter sein, wenn die Tätigkeit auf eine gewisse Dauer angelegt ist.[142] Heimarbeit ist insbesondere nicht auf die in der Vergangenheit klassischerweise in Heimarbeit erbrachten gewerblichen oder unqualifizierten Tätigkeiten beschränkt; auch qualifizierte Angestellte, in einem vom BAG entschiedenen Fall[143] ein Programmierer, der über zwei Jahrzehnte als freier Mitarbeiter im Home-Office für die Pflege und Weiterentwicklung des Betriebssystems eines Unternehmens verantwortlich war, dabei aber den Umfang seiner Arbeitsleistungen frei bestimmen konnte, können als Heimarbeiter zu qualifizieren sein.

---

[136] Zur tarifrechtlichen Definition des arbeitnehmerähnlichen Selbständigen vgl. § 12a Abs. 1 TVG.
[137] BAG 21.2.2007 – 5 AZB 52/06.
[138] BAG 21.1.2019 – 9 AZB 23/18; BAG 17.1.2006 – 9 AZR 61/05; BAG 30.8.2000 – 5 AZB 12/00; BAG 22.2.1999 – 5 AZB 56/98.
[139] BAG 21.1.2019 – 9 AZB 23/18; BAG 17.1.2006 – 9 AZR 61/05; BAG 30.8.2000 – 5 AZB 12/00; BAG 2.10.1990 – 4 AZR 106/90.
[140] BAG 14.6.2016 – 9 AZR 305/15.
[141] Martina NZA 2021, 616; Martina NZA 2020, 988.
[142] BAG 14.6.2016 – 9 AZR 305/15; BAG 12.7.1988 – 3 AZR 569/86.
[143] BAG 14.6.2016 – 9 AZR 305/15.

### c) Rechtsfolgen: begrenztes Schutzniveau

106 Arbeitnehmerähnliche Personen wie auch Heimarbeiter sind in den Anwendungsbereich einzelner gesetzlicher **Bestimmungen zum Arbeitnehmerschutz** einbezogen, etwa im Mutterschutzgesetz, im Bundesurlaubsgesetz, im Pflegezeitgesetz, im Allgemeinen Gleichbehandlungsgesetz, im Entgelttransparenzgesetz und im Arbeitsschutzrecht. Heimarbeiter erhalten durch das Entgeltfortzahlungsgesetz auch Leistungen für Arbeitsunfähigkeit und Feiertage, zudem begründet das Heimarbeitergesetz einen gewissen Bestandsschutz durch längere Kündigungsfristen.

107 Auch im Sozialversicherungsrecht sind arbeitnehmerähnliche Selbständige in gewissem Umfang abgesichert. Arbeitnehmerähnliche Selbständige ohne eigene Arbeitnehmer sind gem. § 2 S. 1 Nr. 9 SGB VI in die gesetzliche Rentenversicherung einbezogen. Heimarbeiter sind gem. § 12 Abs. 2 SGB IV als Beschäftigte umfassend in allen Zweigen der Sozialversicherung versicherungspflichtig, wenn sie in eigener Arbeitsstätte tätig werden. Gerade dies begründet für Heimarbeiter einen zwar reduzierten, aber dennoch substantiellen Schutz vor den typischen Lebensrisiken.[144] Der Schutz moderner Arbeitsformen könnte daher auch unter Einbeziehung der sozialen Sicherungssysteme weiterentwickelt werden.[145]

---

[144] Preis NZA 2018, 817.

[145] Waltermann NJW 2022, 1129; Waltermann NZA 2021, 299; Waltermann FS Preis, 2021, 1449; Rinck RdA 2019, 127; Preis NZA 2018, 817; Brose NZS 2017, 7; Giesen/Kersten, Arbeit 4.0 – Arbeitsbeziehungen und Arbeitsrecht in der digitalen Arbeitswelt, 114ff; Hanau NJW 2016, 2613; Däubler/Klebe NZA 2015, 1032; vgl. auch die Eckpunkte des BMAS „Faire Bedingungen in der Plattformökonomie", abrufbar unter: https://www.denkfabrik-bmas.de/fileadmin/Downloads/Eckpunkte_des_BMAS_Faire_Arbeit_in_der_Plattformoekonomie.pdf (19.12.2022).

# B. Rechtsgrundlagen und individualarbeitsrechtliche Kernfragen mobiler Arbeit

## Übersicht



## I. Rechtsgrundlagen Mobiler Arbeit

108 Ein wesentliches Potential der Digitalisierung der Arbeitswelt liegt in der Mobilen Arbeit. Die zunehmende Vernetzung und der Einsatz mobiler Endgeräte ermöglichen örtliche und damit regelmäßig einhergehende zeitliche Flexibilität bei der Bewältigung von Arbeitsaufgaben. Der Umfang mobiler Arbeit stieg in den letzten Jahren konstant an. In Umfragen gaben bereits 2016 61 Prozent der Unternehmen in

Deutschland an, ihren Beschäftigten Mobiles Arbeiten zu ermöglichen.[1] Gleichwohl blieb die mobile, ortsflexible Arbeitstätigkeit in der Arbeitswirklichkeit eine Ausnahme. Im Jahr 2019 waren etwa 13 Prozent der Erwerbstätigen in Deutschland im Home-Office tätig, allerdings nur fünf Prozent täglich.[2] Die im Jahr 2020 beginnende Coronapandemie veränderte das Bild ortsflexibler Arbeitstätigkeit. Das Infektionsrisiko bei persönlichen Kontakten führte dazu, dass die Verlagerung beruflicher Tätigkeiten in den privaten Bereich zum Instrument der Reduktion von Kontakten und damit zur Minimierung des Infektionsrisikos wurde. Veranlasst und gefördert wurde die Verlagerung von Arbeitstätigkeiten in den privaten Bereich durch Arbeitsschutzregelungen, die zunächst durch sogenanntes *soft-law,* später durch rechtsverbindliche Vorgaben eine Verlagerung von geeigneten Tätigkeiten ins Home-Office vorsahen.[3] In der Folge stieg die Quote permanenter oder anteiliger Home-Office Arbeit zeitweise auf über 30 Prozent an.[4]

109 Auch wenn die Flexibilisierung des Arbeitsorts den Interessen beider Arbeitsvertragsparteien entspricht, bleibt die tatsächliche Nutzung Mobiler Arbeit teilweise hinter ihren Möglichkeiten zurück.[5] Eine Ursache hierfür liegt in den verbleibenden individualarbeitsrechtlichen Rechtsfragen begründet, die bislang weder gesetzlich geregelt noch durch die Rechtsprechung abschließend in einer die Praxis leitenden Weise geklärt wurden. Während vielzählige Rechtsunsicherheiten in Pandemiezeiten infolge tatsächlicher Notwendigkeiten in den Hintergrund traten, ist der arbeitsrechtliche Rechtsrahmen wesentliche Voraussetzung der auch auf politischer Ebene angestrebten Verstetigung Mobiler Arbeit.[6]

110 Vor dem Hintergrund der sowohl auf unionsrechtlicher als auch auf nationaler Ebene angestrebten Förderung der Vereinbarkeit von Berufs- und Familienleben wurde in den letzten Jahren ein Anspruch des Arbeitnehmers auf Mobile Arbeit diskutiert.[7] Ein flächendeckender gesetzlicher Anspruch des Arbeitsnehmers auf eine Verlagerung der Tätigkeit in den häuslichen Bereich besteht nach geltender Rechtslage nicht (vertiefend → Rn. 129 ff.). Die Möglichkeit Mobiler Arbeit hängt damit grundsätzlich von der arbeitsvertraglichen Vereinbarung ab. Vor diesem Hintergrund befasst sich der erste Teil dieses Kapitels mit den Rechtsgrundlagen Mobiler Arbeit. Die folgende Darstellung beginnt mit den Voraussetzungen der Versetzung des Arbeitnehmers in das Home- oder Mobile Office (→ Rn. 111 ff.) sowie der häufiger

[1] Statistisches Bundesamt, Pressemitteilung vom 9.12.2016 – 443/16.

[2] Zum Stand vor der Coronapandemie: Statistisches Bundesamt, Arbeitskräfteerhebung 2019, abrufbar unter: https://www.destatis.de/DE/Themen/Arbeit/Arbeitsmarkt/Qualitaet-Arbeit/Dimension-3/home-office.html;jsessionid=5610CFC9C6DC802BC1EB5B91BF976BCB.live731 (Stand: 10.5.2022); D21, Digital Index, Jährliches Lagebild zur digitalen Gesellschaft, 2017/2018, S. 9, 51.

[3] 4.1. (5) der SARS-CoV-2-Arbeitsschutzregel des BMAS, Fassung vom 24.11.2021, GMBl 2021, 1331; § 2 Abs. 4 SARS-CoV-2-Arbeitsschutzverordnung, Fassung vom 21.1.2021, BAnz AT 22.1.2021 V1.; hierzu Sagan/Brockfeld NZA-Beil. 2020, 17 (18).

[4] BMAS (Hrsg.), Verbreitung und Auswirkungen von mobiler Arbeit und Homeoffice, Forschungsbericht 549, S. 100; Infas/ifo Institut Themenreport Corona-Plattform, Juli 2021, S. 5; von über 40 Prozent ausgehend Besgen/Prinz Arbeiten 4.0/Ricken § 7 Rn. 3.

[5] OECD, Regions and Cities at a Glance, 2020, S. 47 ff.; ebenso Infas/ifo Institut, Themenreport Corona-Plattform, Juli 2021, S. 9.

[6] Vgl. Koalitionsvertrag vom 7.12.2021 zwischen SPD, FDP, Bündnis 90/Die Grünen, 20. Legislaturperiode, 2021, S. 54.

[7] Vgl. Koalitionsvertrag vom 7.12.2021 zwischen SPD, FDP, Bündnis 90/Die Grünen, 20. Legislaturperiode, 2021, S. 54; Koalitionsvertrag vom 7.2.2018 zwischen CDU/CSU und SPD, 19. Legislaturperiode, 2018, S. 41.

auftretenden Frage nach möglichen Ansprüchen des Arbeitnehmers auf Mobile Arbeit (→ Rn. 123ff.).

## 1. Einseitige Anordnung Mobiler Arbeit durch den Arbeitgeber

111 Die Frage nach einer Möglichkeit der Versetzung des Arbeitnehmers an einen außerbetrieblichen Arbeitsort stellt sich, wenn der Arbeitgeber einem zuvor im Betrieb tätigen Arbeitnehmer einseitig einen außerbetrieblichen Arbeitsplatz zuweist. Eine solche Verlagerung kommt in Betracht, wenn der Arbeitsplatz im Betrieb entfällt oder vorübergehend nicht nutzbar ist. Grundsätzlich kann insbesondere die Tätigkeit des Arbeitnehmers im Home-Office nur einvernehmlich von den Arbeitsvertragsparteien vereinbart werden.

### a) Arbeitsvertragliche Vereinbarung Mobiler Arbeit

112 Die Vertragsparteien können neben einer Tätigkeit im Betrieb des Arbeitgebers auch Mobile Arbeit, am häuslichen Schreibtisch im sogenannten Home-Office bzw. einem dritten Ort, vereinbaren. Während Individualabreden uneingeschränkt zulässig sind, unterliegt die formularmäßige Vereinbarung Mobiler Arbeit Grenzen.

#### aa) Vereinbarungen in AGB

113 Formularmäßig kann eine Versetzung ins **Home-Office** nicht vereinbart werden. Gemäß § 307 Abs. 1 S. 1 BGB sind Klauseln in **Allgemeinen Geschäftsbedingungen** unwirksam, wenn diese den Vertragspartner unangemessen benachteiligen. Dies ist der Fall, wenn der Verwender seine Interessen durch einseitige Vertragsgestaltung auf Kosten des Vertragspartners durchsetzt, ohne dessen Belange hinreichend zu berücksichtigen sowie einen angemessenen Ausgleich vorzusehen.[8] Eine Klausel, die eine Versetzung des Arbeitnehmers ins Home-Office vorsieht, benachteiligt den Arbeitnehmer unangemessen, da sie diesen unabhängig von der tatsächlichen Verlagerung der Tätigkeit verpflichtet, einen häuslichen Arbeitsort vorzuhalten.[9] Die Beschränkung der Nutzungsmöglichkeit der privaten Wohnung kann auch durch ein besonderes Interesse des Arbeitgebers an der Einführung von Home-Office nicht aufgewogen werden.

114 Eine andere Bewertung ist möglich, wenn eine Klausel die Versetzung des Arbeitnehmers an einen dritten **mobilen Arbeitsort** regelt. Auf der einen Seite beeinträchtigt eine Versetzungsklausel die Interessen des Arbeitnehmers in geringerem Maße, da nicht seine private Wohnung betroffen ist. Auf der anderen Seite unterscheiden sich alle Tätigkeiten außerhalb des Betriebs, ob im Home-Office oder einem dritten Arbeitsort, wesentlich von der innerbetrieblichen Tätigkeit. So erlangt der Ar-

[8] BGH 17.1.2008 – III ZR 74/07, NJW 2008, 1064 Rn. 18ff.; vertiefend MüKoBGB/Wurmnest § 307 Rn. 35ff.
[9] Preis, Der Arbeitsvertrag/Temming II T 20 Rn. 30; vgl. auch Müller, Homeoffice in der arbeitsrechtlichen Praxis, 2022, Rn. 523; Schaub ArbR-HdB/Vogelsang § 164 Rn. 32.

beitnehmer auch bei mobiler Arbeit weniger Kontakt zu Kollegen und Vorgesetzten. Eine unangemessene Benachteiligung ist daher nur dann nicht anzunehmen, wenn die formularmäßige Versetzungsklausel so gestaltet ist, dass sie die Interessen des Arbeitnehmers berücksichtigt und ein besonderes Interesse des Arbeitgebers an der Verlagerung der Arbeitstätigkeit voraussetzt. Die Interessen des Arbeitsnehmers werden zB dann nicht wesentlich beeinträchtigt, wenn der Arbeitsort im Umfeld des Betriebs liegt und damit für den Arbeitnehmer bei Abschluss des Arbeitsvertrags im weiteren Sinne vorhersehbar ist und die Versetzung zeitlich befristet erfolgt. Ein berechtigtes Interesse des Arbeitgebers an der Versetzung läge zB vor, wenn sich der Arbeitgeber aufgrund geplanter Sanierungsarbeiten eine vorübergehende Versetzung von Arbeitnehmern vorbehalten möchte.

#### bb) Grenzen der Versetzung bei Individualabreden

115 Regeln die Parteien eine mögliche Versetzung des Arbeitnehmers in das Home- oder Mobile Office, kann der Arbeitgeber diese Orte dem Arbeitnehmer grundsätzlich als Arbeitsorte zuweisen. Das Weisungsrecht unterliegt gemäß § 106 S. 1 GewO den Grenzen **billigen Ermessens.** Demnach hat der Arbeitgeber die Interessen der Vertragsparteien abzuwägen und die Umstände des Einzelfalls zu berücksichtigen.[10] Die Zulässigkeit örtlicher Versetzungen beurteilt sich nach ständiger Rechtsprechung des BAG danach, ob das Interesse des Arbeitgebers an der Durchsetzung seiner Organisationsentscheidung auch im Hinblick auf mögliche entgegenstehende Interessen des Arbeitnehmers gerechtfertigt ist.[11] In Einzelfällen können auch Belange aus der Sphäre des Arbeitnehmers einer Versetzung entgegenstehen, zB wenn die Wohnsituation des Arbeitnehmers eine Tätigkeit im häuslichen Bereich vorübergehend nicht zulässt. Weiterhin darf die Versetzung nicht missbräuchlich oder willkürlich erfolgen.

### b) Keine arbeitsvertragliche Regelung Mobiler Arbeit

#### aa) Grenzen des Weisungsrechts

116 Haben die Parteien keine Vereinbarung über eine Tätigkeit im Home-Office getroffen, begrenzt die vertragliche Vereinbarung den Umfang des Weisungsrechts.[12] Wenn die Vertragsparteien keinen Leistungsort vereinbart haben, folgt aus der nach § 269 Abs. 1 BGB zu berücksichtigenden Natur Arbeitsverhältnisses, dass Leistungsort grundsätzlich der Betrieb des Arbeitgebers ist.[13]

117 Ob der Arbeitgeber den Arbeitnehmer einseitig ins Home-Office **versetzen** kann, ist durch das BAG bislang nicht entschieden. Das LAG Berlin-Brandenburg hat dies abgelehnt.[14] Hiergegen sprechen die wesentlichen Unterschiede der Arbeitstätigkeit im Betrieb und im häuslichen Bereich. Im Home-Office kann der Arbeitnehmer nur

[10] BAG 24.4.1996 – 5 AZR 1031/94, NZA 1996, 1088 f.; ErfK/Preis GewO § 106 Rn. 10.
[11] BAG 30.11.2016 – 10 AZR 11/16, NZA 2017, 1394 Rn. 30 ff.; BAG 28.8.2013 – 10 AZR 569/12, NZA-RR 2014, 181 Rn. 40 ff.; BAG 26.9.2012 – 10 AZR 412/11, NJOZ 2013, 457 Rn. 37.
[12] Die Wiederherstellung des Direktionsrecht kann mittels einer Versetzungsklausel erfolgen, zur Kontrollfähigkeit (§ 307 Abs. 3 BGB) BAG 25.8.2010 – 10 AZR 275/09, NZA 2010, 1355 Rn. 24 ff.
[13] BAG 3.12.1985 – 4 AZR 325/84, AP TVG § 1 Nr. 5, Tarifverträge: Großhandel Nr. 5.
[14] LAG Berlin-Brandenburg 14.11.2018 – 17 Sa 562/18, BeckRS 2018, 34001.

erschwert Kontakt zu Vorgesetzten und Kollegen aufnehmen. Zugleich birgt die Arbeitstätigkeit im häuslichen Bereich die Gefahr einer Entgrenzung von Berufs- und Privatleben.[15] Auch die Tatsache, dass Arbeitstätigkeiten zunehmend ortsflexibel erbracht werden können und erbracht werden und viele Arbeitnehmer Interesse an einer Flexibilisierung des Arbeitsorts haben, führt nicht dazu, dass der häusliche Bereich zugleich auch Arbeitsstätte wird. Dies folgt auch aus grundrechtlichen Wertungen, die als objektive Wertentscheidungen die Billigkeitskontrolle im Rahmen des § 106 GewO leiten.[16] Das Grundrecht auf Unverletzlichkeit der Wohnung (Art. 13 GG) schützt die Wohnung als Ort der selbstverantwortlichen Entfaltung der Persönlichkeit. Grundrechtlich geschützt ist damit das Recht jedes Einzelnen, in seiner Wohnung, *„in Ruhe gelassen zu werden"*.[17] Die Wertung von Art. 13 GG steht einer einseitigen Zugriffsmöglichkeit des Arbeitgebers auf die Wohnung des Arbeitnehmers entgegen.[18] Damit kann der Arbeitgeber dem Arbeitnehmer nicht einseitig einen Arbeitsort im Home-Office zuweisen. Zur Änderung des Arbeitsorts wäre eine **Änderungskündigung** erforderlich, deren Anforderungen an anderer Stelle betrachtet wird (→ Rn. 283).[19]

118 Mit der Versetzung des Arbeitnehmers an einen externen Arbeitsort zur **mobilen Arbeit** hat sich die höchstrichterliche Rechtsprechung ebenfalls noch nicht befasst. Die Versetzung an einen dritten Arbeitsort tangiert die Unverletzlichkeit der Wohnung nicht. Vor diesem Hintergrund geht die überwiegende Ansicht in der Literatur davon aus, dass die üblichen Grundsätze zur Ausübung des örtlichen Weisungsrechts gem. § 106 S. 1 GewO gelten, sofern der Arbeitgeber den mobilen Arbeitsort einrichtet.[20] Gleichwohl bestehen auch im Mobile Office die genannten Unterschiede zu einer Tätigkeit im Betrieb. Überzeugenderweise sollte das Versetzungsrecht des Arbeitgebers – bei fehlender arbeitsvertraglicher Regelung – auf Konstellationen beschränkt sein, in denen die Interessen Arbeitnehmer durch die mobile Arbeit nicht wesentlich beeinträchtigt werden und ein besonderes Interesse des Arbeitgebers an der Verlagerung der Arbeitstätigkeit besteht.

### bb) Erweiterung des Weisungsrechts in Notsituationen

119 In der höchstrichterlichen Rechtsprechung ist eine Erweiterung des Weisungsrechts in Not- und Ausnahmesituationen anerkannt.[21] Da die Erweiterung des Weisungsrechts auf die Auslegung des Vertrags nach den Grundsätzen von Treu und Glauben

---

[15] LAG Berlin-Brandenburg 14.11.2018 – 17 Sa 562/18, BeckRS 2018, 34001 Rn. 21.

[16] Preis/Wieg AuR 2016, 313 (315).

[17] Grds. BVerfG 16.7.1969 – 1 BvL 19/63, NJW 1969, 1707; BVerfG 13.10.1971 – 1 BvR 280/66, NJW 1971, 2299 (2300).

[18] Zustimmend Kramer IT-ArbR/Hoppe § 2 Rn. 661; Krieger/Rudnik/Povedano Peramato NZA 2020, 473 (474 f.); Besgen/Prinz Arbeiten 4.0/Ricken § 7 Rn. 45; Müller, Homeoffice in der arbeitsrechtlichen Praxis, 2022, § 2 Rn. 117; Oberthür MDR 2015, 1269; Picker ZfA 2019, 269 (279 f.); ErfK/Preis GewO § 106 Rn. 28a; Preis, Der Arbeitsvertrag/Temming II T 20 Rn. 30; Wedde, Telearbeit Handbuch für Arbeitnehmer, Betriebsräte und Anwender, 1994, S. 105 ff., 108 f.; eine Einzelfallbetrachtung befürwortend Barrein, Das Recht auf Home-Office, 2022, S. 195 ff.

[19] ErfK/Preis GewO § 106 Rn. 28a; im Kontext der Coronapandemie Krieger/Rudnik/Povedano Peramato NZA 2020, 473 (475); Müller FA 2020, 123 (124).

[20] Lammeyer, Telearbeit, 2007, S. 117; Besgen/Prinz Arbeiten 4.0/Ricken § 7 Rn. 44; aA Schulze/Simon ArbRAktuell 2021, 119 f.; grds. zum örtlichen Weisungsrecht ErfK/Preis GewO § 106 Rn. 27; Taeger/Pohle ComputerR-HdB/Faas Teil 70.5 Rn. 18; anders Hromadka NZA 2012, 233 (237 f.).

[21] Vgl. BAG 16.10.2013 – 10 AZR 9/13, NZA 2014, 264 Rn. 29; ErfK/Preis GewO § 106 Rn. 6.

(§ 242 BGB) gestützt wird, ist sie auf enge Ausnahmefälle begrenzt, die unabhängig vom Parteiwillen eintreten und nicht auf andere Weise bewältigt werden können. Eine Erweiterung des Weisungsrechts wurde demnach bei nicht plan- oder vorhersehbaren Personalausfällen anerkannt, die eine Abwehr wesentlicher Nachteile vom Arbeitgeber erforderlich machen.[22]

120 In der Literatur wird das erweiterte örtliche Weisungsrecht zum Teil ebenfalls auf externe Arbeitsräume, etwa Co-Working Spaces, beschränkt.[23] Teilweise wird befürwortet, die Erweiterung auf besondere Ausnahmesituationen zu begrenzen.[24] Insgesamt überzeugt es nicht, eine Erweiterung des Weisungsrechts anzunehmen, da der Arbeitgeber letztlich über den häuslichen Bereich des Arbeitnehmers disponieren könnte. Sofern besondere Ausnahmekonstellationen eine außerbetriebliche Tätigkeit erfordern, kann diesen durch leistungssichernde Nebenpflichten Rechnung getragen werden (→ Rn. 123ff.).[25] Um Rechtsstreitigkeiten über die Auslegung des Arbeitsvertrags bzw. die Grenzen des Weisungsrechts zu vermeiden, empfiehlt sich eine ausdrückliche Vereinbarung zu Mobiler Arbeit, wenn eine zeitweise Erbringung der Arbeitsleistung außerhalb des Betriebs vorgesehen ist.

### cc) Zulässigkeit direktionsrechtserweiternder Versetzungsklauseln

121 Sieht der Arbeitsvertrag einen Arbeitsort im Betrieb des Arbeitgebers vor, kann der Arbeitnehmer nur dann örtlich versetzt werden, wenn sich der Arbeitgeber die Versetzung des Arbeitnehmers an einen anderen Arbeitsort vorbehielt. Nach der Rechtsprechung des BAG hindert eine Versetzungsklausel eine vertragliche Beschränkung auf den im Arbeitsvertrag genannten Arbeitsort und erhält damit das örtliche Weisungsrecht des Arbeitgebers.[26]

122 Der Vorbehalt einer Versetzung des Arbeitnehmers in das Home-Office setzt hierbei eine **echte Direktionsrechtserweiterung** voraus, da ein entsprechendes Weisungsrecht des Arbeitgebers grundsätzlich nicht besteht (→ Rn. 116f.).[27] Eine solche Erweiterung unterliegt der Inhaltskontrolle nach den §§ 307ff. BGB[28] und stellt in der Regel eine unangemessene Benachteiligung des Arbeitnehmers iSd § 307 Abs. 1 S. 1 BGB dar, da der Arbeitnehmer stets einen häuslichen Arbeitsort vorhalten muss (→ Rn. 113f.).[29] Eine vorbehaltslose Versetzungsklausel widerspricht zudem dem nach § 307 Abs. 2 Nr. 1 BGB zu berücksichtigenden Leitbild des § 106 GewO, wonach die Ausübung des Weisungsrechts stets nach billigem Ermessen unter Berücksichtigung der Interessen des Arbeitnehmers erfolgt.[30] Unter den oben genannten

---

[22] BAG 16.10.2013 – 10 AZR 9/13, NZA 2014, 264 Rn. 29; ErfK/Preis GewO § 106 Rn. 6.
[23] So Müller FA 2020, 123f.
[24] Fuhlrott/Fischer NZA 2020, 345 (349); Krieger/Rudnik/Povedano Peramato NZA 2020, 473 (475).
[25] Picker NZA-Beil. 2021, 4 (14); Besgen/Prinz Arbeiten 4.0/Ricken § 7 Rn. 46.
[26] BAG 26.1.2012 – 2 AZR 102/11, NZA 2012, 856 Rn. 17.
[27] Vgl. LAG Berlin-Brandenburg 14.11.2018 – 17 Sa 562/18, BeckRS 2018, 34001 Rn. 21; zur Differenzierung zwischen echten und unechten Versetzungsklauseln BAG 11.4.2006 – 9 AZR 557/05, NZA 2006, 1149 Rn. 35, 39ff.; Preis/Genenger NZA 2008, 969ff.
[28] Grds. zu direktionsrechtserweiternden Versetzungsklauseln BAG 25.8.2010 – 10 AZR 275/09, NZA 2010, 1355 Rn. 23ff.; ErfK/Preis GewO § 106 Rn. 17.
[29] Preis, Der Arbeitsvertrag/Temming II T 20 Rn. 30.
[30] Vgl. zur Beendigung von Home-Office LAG Düsseldorf, 10.9.2014 – 12 Sa 505/14, BeckRS 2014, 73155; Preis, Der Arbeitsvertrag/Temming II T 20 Rn. 72; Barrein, Das Recht auf Home-Office, 2022, S. 198.

Voraussetzungen (→ Rn. 114) kann in AGB jedoch die Versetzung an einen dritten Arbeitsort zur **mobilen Arbeit** geregelt werden.

### c) Leistungshindernisse, Nebenpflichten des Arbeitnehmers und Annahmeverzugslohn

123 Im Grundsatz setzt die Verlagerung der Arbeitstätigkeit in das Home-Office damit eine vertragliche Vereinbarung der Arbeitsvertragsparteien voraus. Steht in besonderen Ausnahmekonstellationen der Arbeitsleistung am betrieblichen Tätigkeitsort ein Leistungshindernis entgegen, stellt sich die Frage, ob der Arbeitnehmer verpflichtet sein kann, im Home-Office tätig zu werden (aa.) und wie sich eine Weigerung vergütungsrechtlich (bb.) auswirkt.

#### aa) Leistungssichernde Nebenpflichten des Arbeitnehmers

124 Wie ausgeführt ist das **arbeitgeberseitige Direktionsrecht** auch in Not- und Ausnahmesituationen nicht dahingehend zu erweitern, dass der Arbeitgeber den Arbeitnehmer einseitig ins Home-Office versetzen kann (→ Rn. 119). Entsprechende Konstellationen lassen sich über die **Rücksichtnahmepflichten** beider Parteien gemäß § 241 Abs. 2 BGB lösen, deren Reichweite unter Abwägung der betroffenen Interessen zu ermitteln ist.[31] Durch vertragliche Rücksichtnahmepflichten können beide Parteien zu leistungssichernden Maßnahmen verpflichtet sein. Demnach trifft in Dauerschuldverhältnissen beide Parteien die Pflicht, *„im Zusammenwirken mit dem Vertragspartner die Voraussetzungen für die Durchführung des Vertrags zu schaffen (und) Erfüllungshindernisse nicht entstehen zu lassen bzw. zu beseitigen"*.[32] In diesem Kontext kann es insbesondere in Dauerschuldverhältnissen geboten sein, auf den Wunsch der anderen Partei nach einer vorübergehenden Vertragsanpassung als Reaktion auf eine Änderung der tatsächlichen Umstände einzugehen.[33]

Auf dieser Grundlage kann der Arbeitnehmer verpflichtet sein, einer vorübergehenden Verlagerung seiner Tätigkeit ins Home-Office zuzustimmen, sofern infolge einer besonderen Not- oder Ausnahmesituation die Unmöglichkeit der Leistungserbringung droht und der Arbeitnehmer die Leistung zumutbar im Home-Office erbringen kann.[34] Der Umfang leistungssichernder Nebenpflichten lässt sich nur in **Abwägung der gegenseitigen Interessen** bestimmen.[35] Im Kontext einer möglichen Versetzung ins Home-Office steht dem Leistungsinteresse des Arbeitgebers die gemäß Art. 13 GG grundrechtlich geschützte Unantastbarkeit des häuslichen Bereichs des Arbeitnehmers gegenüber. Aus diesem Grund lässt sich eine Zustimmungspflicht des Arbeitnehmers zu einer Tätigkeit im Home-Office nur in echten Notfällen oder außergewöhnlichen Fällen annehmen, für deren Vorliegen auf die Voraussetzungen des

[31] Picker NZA-Beil. 2021, 4 (15).
[32] BAG 19.5.2010 – 5 AZR 162/09, NZA 2010, 1119 Rn. 26; grds. zu leistungssichernden Nebenpflichten MüKoBGB/Bachmann § 241 Rn. 69ff., 110ff.
[33] BAG 19.5.2010 – 5 AZR 162/09, NZA 2010, 1119 Rn. 26; BeckOK/Sutschet § 241 Rn. 63ff.
[34] Picker NZA-Beil. 2021, 4 (15).
[35] Vgl. insoweit zum aus § 241 Abs. 2 BGB abgeleiteten Anspruch des Arbeitnehmers auf Home-Office LAG Rheinland-Pfalz 18.12.2014 – 5 Sa 378/14, BeckRS 2015, 66249.

§ 14 ArbZG zurückgegriffen werden kann.[36] Insoweit ist ein außergewöhnliches und vom Willen der Betroffenen unabhängiges Ereignis vorauszusetzen, dessen Folgen nicht auf andere Weise zu beseitigen sind und das eine Gefahr eines unverhältnismäßigen Schadenseintritts birgt.[37] Nach der Wertung des Arbeitszeitrechts besteht eine Zustimmungspflicht daher nur, wenn das außergewöhnliche Ereignis eine gewisse Erheblichkeit erreicht, das außerhalb der Einfluss- und Risikosphäre beider Vertragsparteien liegt. Resultiert das Erfüllungsrisiko hingegen allein aus einer Fehlplanung des Arbeitgebers, wäre ein Notfall nicht anzunehmen. Weiterhin fließen die rechtliche sowie tatsächliche Möglichkeit der Leistungserbringung im Home-Office sowie die Zumutbarkeit für den Arbeitnehmer in die Abwägung ein. Im Rahmen der Interessenabwägung wiegt das zu berücksichtigende Interesse des Arbeitnehmers geringer, wenn dieser bereits zuvor im Home-Office tätig war oder die räumliche Verlagerung nur einen begrenzten Zeitraum betrifft.[38]

#### bb) Vergütungsrechtliche Konsequenzen: Annahmeverzugslohn

125 Steht der Tätigkeit im Betrieb ein Leistungshindernis entgegen und lehnt der Arbeitnehmer eine Tätigkeit im Home-Office ab, stellt sich die daran anknüpfende Frage, ob er gleichwohl einen Anspruch auf Zahlung des Annahmeverzugslohns hat. Grundsätzlich trägt der Arbeitgeber das **Betriebsrisiko** (§ 615 S. 3 BGB), also das Risiko, seinen Betrieb betreiben zu können (siehe auch → Rn. 236). Das Betriebsrisiko kann sich zB bei Ausfall für den Betriebsablauf notwendiger Betriebsmittel, im Fall von außen wirkender höherer Gewalt und im Einzelfall auch bei öffentlich-rechtlich verfügten Betriebsschließungen realisieren.[39]

126 Wird die Leistungserbringung am betrieblichen Arbeitsort unmöglich, ist zwischen zwei Konstellationen zu unterscheiden. Ist der Arbeitnehmer nach den oben genannten Grundsätzen (→ Rn. 124) verpflichtet, im Home-Office tätig zu werden, liegt weder Annahmeverzug des Arbeitgebers (§ 615 S. 1 BGB) noch ein Fall des Betriebsrisikos (§ 615 S. 3 BGB) vor. Die Konstellationen des § 615 BGB betreffen mithin gerade die zweite Konstellation, dass der Arbeitnehmer nicht zu einer Tätigkeit außerhalb des Betriebs verpflichtet ist. In diesen Fällen können betroffene Arbeitnehmer ihren Vergütungsanspruch nach den Grundsätzen des **Annahmeverzugs** (§ 615 S. 1, 3 BGB) behalten. Sie müssen sich jedoch den Betrag anrechnen lassen, den sie durch anderweitige Verwendung ihrer Dienste erwerben oder zu erwerben böswillig unterlassen (§ 615 S. 2 BGB). Lehnt der Arbeitnehmer eine Tätigkeit im Home-Office ab, ist zu prüfen, ob nach § 615 S. 2 Var. 3 BGB ein böswillig unterlassener Erwerb angerechnet werden kann.

---

[36] Müller, Homeoffice in der arbeitsrechtlichen Praxis, 2022, Rn. 669; eine Begrenzung auf die Konstellationen des § 14 ArbZG befürwortend Schaub ArbR-HdB/Vogelsang § 164 Rn. 28; im Ergebnis eine Erweiterung des Direktionsrechts annehmend Sagan/Brockfeld NJW 2020, 1112 (1114); Krieger/Rudnik/Povedano Peramato NZA 2020, 473 (475 f.); anders Oberthür MDR 2021, 969 (970).
[37] Vgl. ErfK/Roloff ArbZG § 14 Rn. 2.
[38] MAH ArbR/Gragert/Katerndahl § 13 Rn. 11; weitergehend Fuhlrott/Fischer NZA 2020, 345 (349 f.).
[39] BAG 23.9.2015 – 5 AZR 146/14, NZA 2016, 293 Rn. 22; zu höherer Gewalt HWK/Krause BGB § 615 Rn. 116; vgl. ferner BAG 9.3.1983 – 4 AZR 301/80, BeckRS 9998, 151175; bei einer öffentlich-rechtlich verfügten Betriebsschließung richtet sich die Beurteilung des Betriebsrisikos nach dem Zweck der Maßnahme BAG 13.10.2021 – 5 AZR 211/21, NZA 2022, 182 Rn. 32 ff.

127 Grundsätzlich setzt böswilliges Unterlassen voraus, dass der Arbeitnehmer in Kenntnis der Umstände, insbesondere der alternativen Einsatzmöglichkeit sowie der nachteiligen Folgen für den Arbeitgeber, untätig bleibt und ihm die alternative Tätigkeit zumutbar ist.[40] Bei Beurteilung der Zumutbarkeit sind die Tätigkeit, die Person des Arbeitnehmers sowie sonstige Arbeitsbedingungen zu berücksichtigen.

128 Die **Unzumutbarkeit** folgt – in Übertragung der Grundsätze der Rechtsprechung des BAG zu Tätigkeiten außerhalb des Pflichtenspektrums des Arbeitnehmers[41] – nicht allein daraus, dass der Arbeitnehmer nicht verpflichtet ist, im Home-Office tätig zu werden. Vielmehr hängt die Beurteilung von der Dauer der Verlagerung der Arbeitstätigkeit, dem Bereitstehen eines häuslichen Arbeitsplatzes sowie dem Verantwortungsbeitrag des Arbeitnehmers ab.[42] Ein böswilliges Unterlassen wäre zB dann nicht anzunehmen, wenn der Tätigkeit im Home-Office gewichtige Belange des Arbeitnehmers gegenüberstehen, etwa weil ein häuslicher Arbeitsplatz nicht verfügbar ist. Es hängt damit von einer Interessenabwägung im Einzelfall ab, ob der Arbeitnehmer einen Anspruch auf Annahmeverzugslohn hat, wenn die betriebliche Tätigkeit unmöglich ist und er die Versetzung ins Home-Office ablehnt.

## 2. Gesetzliche Ansprüche des Arbeitnehmers auf Mobile Arbeit

129 Die Einführung Mobiler Arbeit setzt damit grundsätzlich Einvernehmen zwischen den Arbeitsvertragsparteien voraus. Dies gilt im Regelfall auch für den Anspruch des Arbeitnehmers auf Mobile Arbeit. Ein flächendeckender gesetzlicher Anspruch des Arbeitnehmers auf eine mobile Arbeitstätigkeit außerhalb des Betriebs besteht *de lege lata* nicht (→ Rn. 130 ff.). Nach geltender Rechtslage hängt es mithin von der vertraglichen Vereinbarung der Parteien ab, ob der Arbeitnehmer einen Anspruch auf Mobile Arbeit geltend machen kann. Gleichwohl bestehen einzelne Sonderregelungen, die im Zusammenhang mit einer Flexibilisierung des Arbeitsorts stehen (→ Rn. 140 ff.).

### a) Allgemeiner gesetzlicher Anspruch

130 Die Einführung eines Anspruchs auf Home-Office oder zumindest einer Erörterungspflicht Mobiler Arbeit ist seit einigen Jahren Gegenstand der politischen Auseinandersetzung. Im Kern geht es um die grundsätzliche Frage, ob abhängig von der Möglichkeit des Arbeitnehmers, die geschuldete Arbeitsleistung außerhalb des Betriebs zu erbringen, ein Recht des Arbeitnehmers auf eine Flexibilisierung des Arbeitsorts anerkannt werden soll. Die Förderung mobiler Arbeit ist wesentlicher Baustein der Anpassung des Arbeitsrechts an die Veränderungen in der digitalisierten Arbeitswelt. Die politische Kontroverse um den Anspruch auf Mobile Arbeit vollzieht sich vor dem Hintergrund des Weisungsrechts, als dem wesentlichen Mittel des Arbeitgebers, um

[40] BAG 22.3.2017 – 5 AZR 337/16, NZA 2017, 988 Rn. 17; ErfK/Preis BGB § 615 Rn. 95.
[41] BAG 22.3.2017 – 5 AZR 337/16, NZA 2017, 988 Rn. 19 ff., 23; BAG 7.2.2007 – 5 AZR 422/06, NZA 2007, 561 (562).
[42] Schaub ArbR-HdB/Vogelsang § 164 Rn. 28; Müller FA 2020, 123 (125).

die geschuldete Arbeitsleistung an eine mögliche Veränderung äußerer Umstände anzupassen.[43] Da ein Anspruch des Arbeitnehmers das Weisungsrecht des Arbeitgebers in örtlicher Hinsicht begrenzt, würde ein gesetzlicher Anspruch auf mobile Arbeit die Grundstruktur des Arbeitsverhältnisses erheblich verändern.[44]

131 Die Diskussion über einen Anspruch des Arbeitnehmers auf Mobile Arbeit wird rechtsordnungsübergreifend geführt. Als Vergleichsmaßstab für das deutsche Recht wird teilweise die Regelung des **niederländischen Rechts** herangezogen.[45] Art. 2 des Gesetzes zur flexiblen Arbeit (Wet flexibel werken) knüpft einen Antrag des Arbeitnehmers auf eine Tätigkeit im Home-Office an formale Voraussetzungen. Der Arbeitgeber[46] kann den Antrag nur aus gewichtigen dienstlichen oder betrieblichen Interessen ablehnen, wobei in der Rechtsprechung auch organisatorische Gründe für eine Ablehnung des Antrags anerkannt wurden.[47] In **Großbritannien** sieht Art. 80F des Employment Rights Act 1996 ein Recht des Arbeitnehmers vor, innerhalb zeitlicher Grenzen einen Antrag auf Änderung des Arbeitsorts zu stellen. Diesen kann der Arbeitgeber nur aufgrund gesetzlich normierter Sachgründe ablehnen, etwa bei entgegenstehenden betrieblichen Belangen oder bei erwartbaren Schlechtleistungen des Arbeitnehmers (Art. 80G Employment Rights Act 1996). Im Kern sehen das britische und das niederländische Recht damit Erörterungsansprüche vor.

### aa) Unionsrechtliche Rahmenbedingungen

132 Auch auf **unionsrechtlicher Ebene** bestehen keine Regelungen, die die Mitgliedstaaten zur Gewährleistung eines allgemeinen Anspruchs auf Mobile Arbeit verpflichten.

133 **(1) Sozialpartner-Rahmenvereinbarung über die Telearbeit.** Die unionsrechtliche **Sozialpartnerrahmenvereinbarung über die Telearbeit** aus dem Jahr 2002[48], die nur von einzelnen europäischen Ländern in nationales Recht umgesetzt wurde, regelt einen allgemeinen Rechtsrahmen mobiler Arbeit. Die Vereinbarung definiert Telearbeit gem. § 2 Abs. 1 als Organisation bzw. Ausführung von Arbeit unter Verwendung von Informationstechnologie, bei der die Arbeit, die auch in den Einrichtungen des Arbeitgebers ausgeführt werden könnte, regelmäßig außerhalb dieser Einrichtungen verrichtet wird. Die Vereinbarung regelt keinen gesetzlichen Anspruch auf Telearbeit, sondern setzt voraus, dass diese auf einer arbeitsvertraglichen Vereinbarung beruht. Ferner enthält die Vereinbarung Empfehlungen zur Ausgestaltung des Arbeits- und Gesundheitsschutzes der in Telearbeit tätigen Arbeitnehmer und anderer Einzelaspekte.

---

[43] BAG 13.3.2007 – 9 AZR 433/06, AP BGB § 308 Nr. 26; ErfK/Preis BGB § 611a Rn. 34ff.; Reichold RdA 2002, 321 (329f.).
[44] Zur Übersicht über den Streitstand Picker NZA-Beil. 2021, 4 (15ff.).
[45] Vgl. hierzu Oberthür MDR 2015, 1269ff.; Walser AuR 2016, 338ff.
[46] Gemäß Art. 2 Abs. 18 WfW gilt der Erörterungsanspruch nicht für Arbeitgeber mit weniger als 10 Arbeitnehmern.
[47] Walser AuR 2016, 338 (339).
[48] EGB/CEEP/UNICE/UEAPME Rahmenvereinbarung zur Telearbeit v. 16.7.2002.

134 **(2) Elternzeit-Richtlinie 2019/1158/EU.** Seit dem Jahr 2019 ersetzt die **Richtlinie 2019/1158/EU zur Vereinbarkeit von Beruf und Privatleben für Eltern und pflegende Angehörige** (fortan: Elternzeit-RL 2019) die zuvor geltende Elternurlaubsrichtlinie 2010/18/EU. Art. 9 Abs. 1 S. 1 der Elternzeit-RL 2019 verpflichtet die Mitgliedstaaten, die notwendigen Maßnahmen zu ergreifen, damit Arbeitnehmer mit Kindern bis zu einem bestimmten Alter sowie pflegende Angehörige flexible Arbeitsregelungen für Betreuungs- und Pflegezwecke beantragen können. Der Begriff der **flexiblen Arbeitsbedingungen** erfasst gemäß Art. 3 Abs. 1 lit. f der Richtlinie *„die Möglichkeit für Arbeitnehmer, ihre Arbeitsmuster anzupassen, einschließlich durch Nutzung von Telearbeit oder flexiblen Arbeitsplänen oder der Reduzierung der Arbeitszeiten"*. Die Elternzeit-Richtlinie selbst definiert den Begriff der Telearbeit nicht, greift jedoch auf die Terminologie der Sozialpartner-Rahmenvereinbarung aus dem Jahr 2002 zurück.[49]

135 Art. 9 Abs. 2 der Elternzeit-RL 2019 verpflichtet den Arbeitgeber, auf Antrag des Arbeitnehmers die betroffenen betrieblichen und privaten Belange gegeneinander abzuwägen, um über den gestellten Antrag zu entscheiden. Konkretisiert wird die Abwägung durch Erwägungsgrund 36 der Richtlinie, wonach der Arbeitgeber unter anderem die Dauer der beantragten flexiblen Arbeitsbedingungen sowie wirtschaftliche Aspekte berücksichtigen kann. Nach Abwägung der betroffenen Belange kann der Arbeitgeber den Antrag begründet ablehnen (Art. 9 Abs. 2 S. 2). In ihrer Konzeption sieht die Richtlinie damit eine Verhandlungslösung zwischen den Arbeitsvertragsparteien vor. Anders als die Regelung des Teilzeitanspruchs im deutschen Recht nach § 8 Abs. 4 S. 1 TzBfG[50] ist die Ablehnung der flexiblen Arbeitsbedingungen nicht an besondere Voraussetzungen gebunden. Gleichwohl folgt aus dem Ziel der Richtlinie, die Vereinbarkeit von Berufs- und Privatleben zu fördern, dass eine Ablehnung der flexiblen Arbeitsbedingungen nur in Betracht kommt, wenn die betrieblichen Belange höher als die privaten Vereinbarkeitsinteressen des Arbeitnehmers zu gewichten sind.[51]

136 Die Vorgaben der Richtlinie wurden inzwischen in nationales Recht umgesetzt.[52] Insgesamt beschränkt der Gesetzgeber die gesetzlichen Änderungen auf die Flexibilisierung von Arbeitszeiten, wobei im Wesentlichen auf bereits vorhandene Flexibilisierungen aufgebaut wird und diese nur geringfügig auf Beschäftigte in Kleinunternehmen erweitert werden.[53] Aus Anlass der Umsetzung der Richtlinie wurde im deutschen Recht kein Recht auf Mobile Arbeit eingeführt. Dies wird rechtspolitisch kritisiert.[54] Die Umsetzung der Richtlinie dürfte jedoch noch dem unionsrechtlich

---

[49] EuArbRK/Sprenger Art. 3 RL 2019/1158 Rn. 30; Art. 1 Abs. 2 S. 1 des Kommissionsbeschlusses C[2015] 9151 final vom 17.12.2015.
[50] Zum Erfordernis hinreichend gewichtiger Gründe im Kontext des § 8 Abs. 4 S. 1 und 2 TzBfG BAG 18.2.2003 – 9 AZR 164/02, NZA 2003, 1392 (1394f.).
[51] Picker NZA-Beil. 2021, 4 (16).
[52] BGBl. I 2510–2022.
[53] BT-Drs. 20/3447, S. 18f. Für Arbeitnehmer in Elternzeit in Kleinunternehmen gilt nun ein Begründungserfordernis, wenn der Arbeitgeber die Arbeitszeitreduktion ablehnt (§§ 15 Abs. 5 S. 4 BEEG). Für Arbeitnehmer in Kleinunternehmen, die keinen Anspruch auf eine Pflegezeit haben (§ 3 Abs. 1 S. 2 PflegeZG; § 2 Abs. 1 S. 4 FPfZG), können Arbeitnehmer nunmehr eine Freistellung oder Verringerung der Arbeitszeit beantragen (§ 3 Abs. 6a PflegeZG, § 2a Abs. 5a FPfZG). Insoweit führt der Gesetzgeber im Wesentlichen verfahrensbezogene Vorgaben ein, insbesondere ist eine Ablehnung zu begründen.
[54] Klein NZA 2021, 474 (476); Visser ZRP 2021, 112 (114).

gesetzten Spielraum entsprechen, da die Definition flexibler Arbeitsregelungen in Art. 3 Abs. 1 lit. f der Elternzeit-RL 2019 sowohl die Flexibilisierung der Arbeitszeit als auch des Arbeitsorts als Alternativen benennt.[55] Sofern man aus der Zielsetzung der Richtlinie, die Vereinbarkeit von Beruf und Familienleben zu fördern,[56] auch die mitgliedstaatliche Verpflichtung einer Flexibilisierung des Arbeitsorts ableiten möchte,[57] können die unionsrechtlichen Wertungen die Ausübung des arbeitgeberseitigen Weisungsrechts nach billigem Ermessen (§ 106 S. 1 GewO) leiten[58] (zu einem entsprechenden Regelungsvorschlag → Rn. 308ff.). Unabhängig davon bleibt es dem nationalen Gesetzgeber unbenommen, über die Mindestanforderungen hinauszugehen und einen (Erörterungs-)Anspruch auf Home-Office oder Mobile Arbeit für die von der Richtlinie erfassten Arbeitnehmergruppen vorzusehen.

#### bb) Kein allgemeiner gesetzlicher Anspruch nach geltender Rechtslage

137 Ein **allgemeiner gesetzlicher Anspruch** auf Mobile Arbeit besteht nach derzeitiger Rechtslage nicht. Die Bestimmung des Arbeitsorts unterliegt damit der Vereinbarung der Arbeitsvertragsparteien sowie dem örtlichen Weisungsrecht des Arbeitgebers.[59] Gleichwohl steht die Einführung eines **Erörterungsanspruchs** auf Mobile Arbeit auf der politischen Agenda, wurde bislang jedoch noch nicht realisiert.

138 Bestrebungen, der Arbeit im Home-Office einen neuen gesetzlichen Rahmen zu geben, wurden schon im Koalitionsvertrag zwischen den Parteien CDU/CSU und SPD im Jahr 2018 dokumentiert.[60] Auf dieser Grundlage unterbreitete das BMAS unter Führung der SPD im Jahr 2020 einen Referentenentwurf, der einen Anspruch des Arbeitnehmers auf eine Tätigkeit im Home-Office für 24 Tage im Jahr vorsah.[61] Infolge des Widerstands des Koalitionspartners wurde der Entwurf Anfang des Jahres 2021 überarbeitet. In seiner überarbeiteten Fassung enthielt der Entwurf einen abgeschwächten Erörterungsanspruch des Arbeitnehmers auf eine Tätigkeit im Home-Office (§ 111 GewO-E).[62] Der Koalitionsvertrag zwischen SPD, FDP sowie Bündnis90/ Die Grünen aus 2021 sieht weiterhin einen Erörterungsanspruch des Arbeitnehmers vor. Demnach soll der Arbeitgeber den Antrag eines Beschäftigten auf eine Tätigkeit im Home-Office nur ablehnen können, wenn betriebliche Belange betroffen sind.[63]

#### cc) Kein Anspruch auf Mobile Arbeit aus § 618 BGB

139 Nach § 618 BGB ist der Arbeitgeber verpflichtet, die Arbeitstätigkeit soweit die Natur der Tätigkeit es gestattet, so zu regeln und deren Rahmenbedingungen derart zu

[55] Vgl. ferner Erwägungsgrund 34 der Elternzeit-Richtlinie; hierzu Visser ZRP 2021, 112 (114); Baeck/ Winzer/Schaaf NZG 2021, 14 (17); Graue ZESAR 2020, 62 (64).
[56] Erwägungsgrund 16 der Elternzeit-Richtlinie.
[57] Visser ZRP 2021, 112 (114).
[58] Zur Berücksichtigung gesetzlicher Wertentscheidungen im Rahmen der Ermessensabwägung BAG 21.7.2009 – 9 AZR 404/08, NZA 2009, 1369 (Rn. 22); BAG 17.8.2011 – 10 AZR 202/10, NZA 2012, 265 (Rn. 22); ErfK/Preis GewO § 106 Rn. 10.
[59] LAG Köln 6.7.2015 – 5 SaGa 6/15, BeckRS 2016, 67700.
[60] Koalitionsvertrag vom 7.2.2018 zwischen CDU/CSU und SPD, 19. Legislaturperiode, 2018, S. 41.
[61] BMAS, Referentenentwurf Mobile Arbeit-Gesetz vom 2.10.2020, S. 5.
[62] BMAS, Referentenentwurf Mobile Arbeit-Gesetz vom 14.1.2021, S. 5.
[63] Koalitionsvertrag vom 7.12.2021 zwischen SPD, FDP, Bündnis 90/Die Grünen, 20. Legislaturperiode, 2021, S. 54.

gestalten, dass Gesundheitsgefährdungen des Arbeitnehmers ausgeschlossen sind. Auf Grundlage von § 618 BGB hat der Arbeitnehmer einen Anspruch auf eine Beschäftigung, die seine Gesundheit nicht gefährdet.[64] Aus § 618 BGB folgt kein Anspruch des Arbeitnehmers auf eine Versetzung ins Home-Office. Im Kontext der bürgerlich-rechtlichen Schutzpflicht kommt dem Arbeitgeber ein Ermessenspielraum zu, so dass kein Anspruch auf eine bestimmte Ausübung des Direktionsrechts besteht.[65] Zugleich werden die Schutzpflichten des Arbeitgebers durch die öffentlich-rechtlichen Regelungen des Arbeitsschutzes konkretisiert,[66] die keinen Anspruch auf eine Tätigkeit im Home-Office vorsehen.

### b) Spezialgesetze

140 Ein Anspruch des Arbeitnehmers auf Mobile Arbeit bzw. ein Antragsrecht kann sich jedoch aus Spezialgesetzen für Arbeitnehmer mit einer Schwerbehinderung oder diesen Gleichgestellte (→ Rn. 141 ff.), für schwangere und stillende Arbeitnehmerinnen (→ Rn. 149 f.), und für Beschäftigte der Bundesgerichte sowie der Bundesverwaltung (→ Rn. 151 f.) ergeben. Daneben galten bis Anfang 2023 zeitlich befristete Sonderregelungen im Kontext der Coronapandemie (→ Rn. 153 ff.).

#### aa) Anspruch auf behinderungsgerechte Gestaltung des Arbeitsplatzes (§ 164 Abs. 4 S. 1 Nr. 4 SGB IX)

141 Gemäß § 164 Abs. 4 S. 1 Nr. 4 SGB IX haben **Arbeitnehmer mit einer Schwerbehinderung** oder diesen **Gleichgestellte** (§§ 151 ff. SGB IX) einen gesetzlichen Anspruch auf eine behinderungsgerechte Gestaltung von Arbeitsplätzen.[67] Zweck der Regelung ist die gleichberechtigte Teilhabe von Menschen mit Behinderungen am Arbeitsleben. Die behinderungsgerechte Ausgestaltung von Arbeitsplätzen ist insoweit eine Vorkehrung, um Menschen mit Behinderung die Ausübung ihres Berufs zu ermöglichen und dadurch Teilhabe zu fördern.[68] Aufgrund des spezifischen Zwecks der Norm lässt sich der Inhalt der Regelung nicht auf andere, ebenfalls schutzwürdige Arbeitnehmergruppen übertragen.[69]

142 § 164 Abs. 4 S. 1 Nr. 4 SGB IX gewährt den betroffenen Arbeitnehmern einen **unmittelbaren gesetzlichen Anspruch** und konkretisiert innerhalb des privatrechtlichen Rechtsverhältnisses zugleich auch die **vertraglichen Nebenpflichten** des Arbeitgebers.[70] Vor diesem Hintergrund kann der Arbeitnehmer auf Grundlage von § 241 Abs. 2 BGB in seiner Konkretisierung durch § 164 Abs. 4 S. 1 SGB IX Mobile

[64] BAG 17.2.1998 – 9 AZR 130/97, NZA 1999, 33 ff.; grundlegend Staudinger/Oetker § 618 Rn. 248 ff.
[65] ArbG München 8.4.2021 – 32 Ga 33/21, BeckRS 2021, 26106; ArbG Augsburg 7.5.2020 – 3 Ga 9/20, NZA-RR 2020, 417.
[66] Vgl. hierzu Staudinger/Oetker § 618 Rn. 146; auf die Anforderungen gegenüber besonders schutzbedürftigen Arbeitnehmern hinweisend MüKo BGB/Henssler § 618 Rn. 66.
[67] Zur Anwendbarkeit der Norm in Beamtenverhältnissen VGH München 29.10.2019 – 6 CE 19.1386, BeckRS 2019, 30480. Neben dem Anspruch aus § 164 Abs. 4 S. 1 Nr. 4 SGB IX kann der Arbeitgeber bei Bestehen einer Schwerbehindertenvertretung mit dieser und dem Betriebs- bzw. Personalrat eine Inklusionsvereinbarung gem. § 166 Abs. 1 SGB IX treffen und in diesem Kontext Fragen der mobilen Arbeitstätigkeit regeln, vertiefend Müller, Homeoffice in der arbeitsrechtlichen Praxis, 2022, Rn. 90 ff.
[68] EuArbRK/Mohr RL 2000/78/EG Art. 5 Rn. 9; KRW/Kohte SGB IX §§ 164, 165 Rn. 1 f.
[69] Visser/Voigt/Vraetz, Das Recht auf Homeoffice in der Pandemie, 2021, S. 76.
[70] Boecken RdA 2012, 210 (212).

Arbeit, regelmäßig im Home-Office, beanspruchen, sofern die gesetzlichen Voraussetzungen vorliegen und seine Tätigkeit eine Beschäftigung im Home-Office zulässt. Ist die Versetzung nicht vom Weisungsrecht des Arbeitgebers gedeckt, folgt aus den vertraglichen Nebenpflichten ein Anspruch auf Zustimmung zu der begehrten Vertragsänderung.[71]

143 Der Anspruch aus § 164 Abs. 4 S. 1 Nr. 4 SGB IX umfasst nach dem Wortlaut der Norm die behinderungsgerechte Einrichtung und Unterhaltung der Arbeitsstätten einschließlich der Betriebsanlagen, Maschinen und Geräte sowie die Gestaltung der Arbeitsplätze, des Arbeitsumfeldes, der Arbeitsorganisation und der Arbeitszeit (§ 164 Abs. 4 S. 1 Nr. 4 SGB IX). Auch wenn der Gesetzeswortlaut die örtliche Verlagerung einer Tätigkeit nicht ausdrücklich benennt, fällt unter den Oberbegriff der behinderungsgerechten Ausgestaltung auch die Änderung des Arbeitsorts. Dies leitet die Rechtsprechung aus dem Gesetzeszweck ab, den Teilhabegedanken der Norm optimal zur Geltung zu bringen.[72] Aus § 164 Abs. 4 S. 1 Nr. 4 SGB IX kann damit auch ein Anspruch auf eine Tätigkeit im Home-Office folgen, wenn der Arbeitnehmer aufgrund seiner gesundheitlichen Beeinträchtigung die Tätigkeit nicht im Betrieb des Arbeitgebers, sondern allein im häuslichen Bereich erbringen kann.

144 Der Anspruch auf die behinderungsgerechte Gestaltung des Arbeitsplatzes ist auf das **medizinisch Notwendige** beschränkt.[73] Kommen mehrere Alternativen zur Anpassung des Arbeitsplatzes in Betracht, kann der Arbeitgeber zwischen diesen wählen. Ist die Tätigkeit im Home-Office nur eine Möglichkeit der behinderungsgerechten Beschäftigung unter mehreren, hat der Arbeitgeber ein Wahlrecht. Dies folgt daraus, dass § 164 Abs. 4 S. 1 Nr. 4 SGB XI nur eine behinderungsgerechte Beschäftigung vorsieht und keinen Anspruch auf einen konkreten Arbeitsplatz regelt.[74] Hinsichtlich der anspruchsbegründenden Voraussetzungen trägt der Arbeitnehmer die **Darlegungs- und Beweislast.** Hierbei hat der Arbeitnehmer die konkreten, sich aus der Schwerbehinderung ergebenden Einschränkungen, Hinderungsgründe bei der Ausübung der Arbeitstätigkeit sowie eine mögliche Ausgestaltung der behinderungsgerechten Beschäftigung darzulegen und zu beweisen.[75]

145 Der Anspruch auf behinderungsgerechte Gestaltung des Arbeitsplatzes ist nach § 164 Abs. 4 S. 3 SGB IX ausgeschlossen, wenn die Anspruchserfüllung für den Arbeitgeber nicht **zumutbar** oder mit **unverhältnismäßigen Aufwendungen** verbunden ist oder wenn rechtliche Regelungen (zB Arbeitsschutzvorgaben) entgegenstehen. Insoweit ist der Arbeitgeber **beweisbelastet.**[76] Ob eventuelle **Aufwendungen** des Arbeitgebers unverhältnismäßig sind, bestimmt sich in richtlinienkonformer Auslegung auch anhand der in Erwägungsgrund 21 der Gleichbehandlungs-Rahmen-

[71] LAG Niedersachsen 6.12.2010 – 12 Sa 860/10, BeckRS 2011, 68917; Oberthür MDR 2015, 1269 (1270); Picker ZfA 2019, 269 (276).
[72] LAG Niedersachsen 6.12.2010 – 12 Sa 860/10, BeckRS 2011, 68917.
[73] LAG Niedersachsen 6.12.2010 – 12 Sa 860/10, BeckRS 2011, 68917; BayVGH 29.10.2019 – 6 CE 19.1386, BeckRS 2019, 30480.
[74] LAG Hamburg 15.4.2015 – 5 Sa 107/12; Boecken RdA 2012, 210 (212); Müller, Homeoffice in der arbeitsrechtlichen Praxis, 2022, Rn. 64.
[75] BAG 4.10.2005 – 9 AZR 632/04, NZA 2006, 442 (445); Müller, Homeoffice in der arbeitsrechtlichen Praxis, 2022, Rn. 79.
[76] LAG Niedersachsen 6.12.2010 – 12 Sa 860/10, BeckRS 2011, 68917; NPGWJ/Greiner SGB IX § 164 Rn. 66f.

richtlinie (RL 2000/78/EG) genannten Gesichtspunkte. Demnach sind die Kosten in ein Verhältnis zur Größe des Unternehmens und dessen Gesamtumsatz unter Berücksichtigung öffentlicher Fördergelder zu setzen.[77] Im Rahmen der Interessenabwägung werden auch Belastungen anderer Arbeitnehmer berücksichtigt. Unzumutbar ist die Verlagerung auch, wenn sie mit der Art der Tätigkeit unvereinbar ist, oder sich eine Tätigkeit aus Gründen der Geheimhaltung und des Datenschutzes nicht in den häuslichen Bereich verlagern lässt.[78] Die Unzumutbarkeit kann auch aus **rechtlichen Hindernissen** ergeben, zB wenn der Betriebsrat seine Zustimmung zu der erforderlichen Versetzung verweigert. In diesem Fall wäre der Arbeitgeber zunächst verpflichtet, ein Zustimmungsersetzungsverfahren gem. § 99 Abs. 4 BetrVG anzustrengen. Ein solches sieht die Rechtsprechung nur dann als unzumutbar an, wenn es von vornherein keine Aussicht auf Erfolg hat.[79]

146 Macht der Arbeitnehmer eine behinderungsgerechte Beschäftigung geltend, handelt es sich um eine Angelegenheit nach § 178 Abs. 2 S. 1 SGB IX, so dass die **Schwerbehindertenvertretung** zu unterrichten und anzuhören ist. Im Fall einer unterbliebenen Anhörung ist die behinderungsgerechte Anpassung des Arbeitsplatzes nach § 178 Abs. 2 S. 2 SGB IX bis zur Nachholung der Anhörung auszusetzen. Individualarbeitsrechtlich folgt aus einer unterbliebenen Anhörung nicht die Unwirksamkeit einer ohne Anhörung ausgesprochenen Weisung des Arbeitgebers. Dem Arbeitnehmer steht daher kein **Leistungsverweigerungsrecht** zu. Dies ergibt sich aus einem Umkehrschluss zu § 178 Abs. 2 S. 3 SGB IX, der regelt, dass Kündigungen bei unterbliebener Anhörung unwirksam sind und andere Maßnahmen nicht erfasst.[80]

147 Kommt der Arbeitgeber seiner vertraglichen Schutzpflicht nicht nach, bestehen **vertragliche Schadensersatzansprüche** aus § 280 Abs. 1 BGB.[81] Zugleich ist § 164 Abs. 4 S. 1 Nr. 4 SGB IX ein Schutzgesetz, so dass auch **deliktische Schadensersatzansprüche** nach § 823 Abs. 2 BGB bestehen können.[82] Das Unterlassen verpflichtender positiver Maßnahmen kann auch eine Benachteiligung gemäß § 7 Abs. 1 AGG darstellen,[83] die Ansprüche auf Schadensersatz (§ 15 Abs. 1 AGG) oder eine angemessene Entschädigung (§ 15 Abs. 2 S. 1 AGG) auslöst.

148 Mögliche Schadensersatzansprüche sind im Regelfall auf den Ersatz entgangener Vergütung gerichtet und erlangen besondere Relevanz, wenn der Arbeitnehmer die Tätigkeit auf dem bislang zugewiesenen Arbeitsplatz nicht mehr erbringen kann. In diesem Fall besteht ein Schaden des Arbeitnehmers, da er keinen **Annahmeverzugslohn** erhält, wenn er die zugewiesene Tätigkeit nicht mehr ausüben kann und dem Arbeitgeber lediglich eine anderweitige, nicht aber die arbeitsvertraglich geschuldete Tätigkeit anbietet. Auch wenn der Arbeitnehmer einen Anspruch auf eine behinde-

[77] ErfK/Rolfs SGB IX § 164 Rn. 14; BeckOK SozR/Brose SGB IX § 164 Rn. 27.
[78] Vgl. Müller, Homeoffice in der arbeitsrechtlichen Praxis, 2022, Rn. 71.
[79] BAG 3.12.2002 – 9 AZR 481/01, NZA 2003, 1215 (1218); stets im Fall einer Zustimmungsverweigerung von Unzumutbarkeit ausgehend LAG Köln 24.5.2016 – 12 Sa 677/13, BeckRS 2016, 69901; Müller, Homeoffice in der arbeitsrechtlichen Praxis, 2022, Rn. 72.
[80] BAG 22.1.2020 – 7 ABR 18/18, NZA 2020, 783 (786); BeckOK SozR/Brose SGB IX § 178 Rn. 32; LPK-SGB IX/Düwell § 178 Rn. 76.
[81] BAG 4.10.2005 – 9 AZR 632/04, NZA 2006, 442 (443f.); Boecken RdA 2012, 210 (212).
[82] BAG 14.10.2020 – 5 AZR 649/19, NZA 2021, 406 (409); ErfK/Rolfs SGB IX § 164 Rn. 13.
[83] BVerwG 3.3.2011 – 5 C 16/10, NJW 2011, 2452 (Rn. 17); ErfK/Schlachter AGG § 5 Rn. 5.

rungsgerechte Ausgestaltung der Arbeitstätigkeit hat, kann nur der Arbeitgeber den Inhalt der arbeitsvertraglich nur rahmenmäßig umschriebenen Arbeitsleistung durch Ausübung seines Direktionsrechts konkretisieren.[84] Mithin entfällt mangels Leistungsfähigkeit der Vergütungsanspruch des Arbeitnehmers, der seinen Lohnausfall jedoch als Schadensersatz geltend machen kann.

#### bb) Schutzmaßnahmen bei Gefährdungen einer Arbeitnehmerin während Schwangerschaft und Stillzeit (§§ 9 Abs. 2 S. 1, 13 Abs. 1 Nr. 1 MuSchG)

149 Gemäß §§ 9 Abs. 2 S. 1, 13 Abs. 1 Nr. 1 MuSchG ist der Arbeitgeber verpflichtet, die Arbeitsbedingungen für schwangere oder stillende Arbeitnehmerinnen so umzugestalten, dass Gefährdungen für die Arbeitnehmerin oder ihr Kind vermieden und unverantwortbare Gefährdungen ausgeschlossen werden. Eine Gefährdung setzt voraus, dass durch die Beschäftigung eine gesundheitliche Beeinträchtigung eintreten kann.[85] Eine unverantwortbare Gefährdung liegt vor, wenn eine hinreichende Wahrscheinlichkeit für den Eintritt einer Schädigung besteht, die aufgrund ihrer Schwere nicht hinnehmbar ist.[86]

150 Die **Umgestaltung der Arbeitsbedingungen** auf dem bisherigen Arbeitsplatz ist eine vorrangig durch den Arbeitgeber zu ergreifende Maßnahme zum Schutz von Arbeitnehmerinnen in der Schwangerschaft und Stillzeit. Erst wenn dies nicht gelingt, kommt in einem zweiten Schritt der Einsatz der Arbeitnehmerin auf einem anderen Arbeitsplatz in Betracht. Die Umgestaltung der Arbeitsbedingungen kann auch durch einen Einsatz der Arbeitnehmerin in Mobiler Arbeit, insbesondere im Home-Office, erfolgen. Da sich die Pflicht des Arbeitgebers auf objektiv mögliche Umgestaltungen beschränkt,[87] kommt die Versetzung nur in Betracht, wenn sich die Tätigkeit in das Home-Office verlagern lässt. Zugleich steht die Umgestaltung unter dem Vorbehalt der **Zumutbarkeit** (vgl. § 13 Abs. 1 Nr. 2 MuSchG). Insoweit sind die Nachteile des Arbeitgebers, insbesondere der Kostenaufwand mit den Vor- und Nachteilen der betroffenen Arbeitnehmerin durch eine alternative Versetzung auf einen anderen Arbeitsplatz oder ein mögliches Beschäftigungsverbot gegeneinander abzuwägen.[88]

#### cc) Anspruch von Beschäftigten der Bundesgerichte sowie der unmittelbaren und mittelbaren Bundesverwaltung aus § 16 Abs. 2 BGleiG

151 Die Dienststellen der Beschäftigten der Bundesgerichte sowie der unmittelbaren und mittelbaren Bundesverwaltung, also der Körperschaften, Anstalten und Stiftungen des Bundes (§§ 3 Nr. 5, 2 Abs. 1 BGleiG) sind gemäß § 16 Abs. 2 BGleiG verpflichtet, den Beschäftigten mit Familien- oder Pflegeaufgaben auch Telearbeitsplätze, mobile Arbeit oder familien- oder pflegefreundliche Arbeitszeit- und Präsenzzeitmodelle im Rahmen der dienstlichen Möglichkeiten anzubieten. Eine Ablehnung des Antrags muss gem. § 16 Abs. 3 BGleiG in **Textform** begründet werden.

[84] BAG 14.10.2020 – 5 AZR 649/19, NZA 2021, 406 (409); kritisch ErfK/Rolfs SGB IX § 164 Rn. 13.
[85] BAG 12.8.2008 – 9 AZR 1117/06, NZA 2009, 102 Rn. 21; ErfK/Schlachter MuSchG § 9 Rn. 4.
[86] ErfK/Schlachter MuSchG § 9 Rn. 5.
[87] BeckOK ArbR/Dahm MuSchG § 13 Rn. 17.
[88] BeckOK ArbR/Dahm MuSchG § 13 Rn. 18.

152 § 16 Abs. 2 BGleiG sieht hierbei nur einen Anspruch auf **ermessensfehlerfreie Entscheidung** vor.[89] Dies folgt sowohl aus dem Wortlaut der Norm, der auf die dienstlichen Möglichkeiten abstellt, sowie dem Vergleich mit § 16 Abs. 1 BGleiG, der ausdrücklich einen Anspruch auf Teilzeitbeschäftigung oder Urlaub für Arbeitnehmer mit Familien- oder Pflegeaufgaben vorsieht.[90] Im Rahmen der Bewertung der dienstlichen Belange steht dem Arbeitgeber aufgrund seiner Organisationskompetenz ein **Beurteilungsspielraum** zu. Somit wird die Entscheidung des öffentlichen Arbeitgebers allein auf Beurteilungsfehler oder bei Vorliegen der tatbestandlichen Voraussetzungen auf Ermessensfehler überprüft.[91] In der Praxis empfiehlt sich der Abschluss einer **Dienstvereinbarung,** um das Merkmal der dienstlichen Möglichkeiten zu konkretisieren.[92]

#### dd) Sonderregelungen während der Coronapandemie

153 Während die Tätigkeit im Home-Office in den vergangenen Jahren vorrangig unter dem Gesichtspunkt der Teilhabeförderung sowie der besseren Vereinbarkeit von Familie und Beruf betrachtet wurde, trat sie seit Beginn der Coronapandemie erstmals als Mittel der Infektionsprävention in den Fokus. Die ersten im Kontext der beginnenden Coronapandemie im Jahr 2020 ergangenen Regelungen der SARS-CoV-2-Arbeitsschutzregel[93] sowie des SARS-CoV-2-Arbeitsschutzstandards[94] beinhalteten Empfehlungen, Arbeitstätigkeiten zur Reduktion des Infektionsrisikos in das Home-Office zu verlagern. Die Rechtsgrundlagen regelten keinen rechtlich durchsetzbaren Anspruch des Arbeitnehmers, sondern konkretisierten allein den Stand der Arbeitsmedizin, Technik und Hygiene iSd § 4 Nr. 3 ArbSchG.[95]

154 Erstmals begründete § 2 Abs. 4 SARS-CoV-2-Arbeitsschutzverordnung in der Fassung vom 21.1.2021 eine befristete Verpflichtung des Arbeitgebers, Büroarbeiten oder vergleichbare Tätigkeiten, die im Home-Office erbracht werden können, in den häuslichen Bereich zu verlagern.[96] Die Verpflichtung fand später vorübergehend Eingang in das Infektionsschutzgesetz (§ 28b IfSG[97]). Ab dem 1.10.2022 regelte die SARS-CoV-2-Arbeitsschutzverordnung (Corona-ArbSchV) befristet bis zum 1.2.2023, dass Arbeitgeber für geeignete Tätigkeiten eine Verlagerung ins Home-Office prüfen müssen, sofern keine zwingenden betrieblichen Gründe entgegenstehen (§ 2 Abs. 2 Nr. 6). Eine Verpflichtung des Arbeitgebers, geeignete Tätigkeiten in das Home-Office zu verlagern, sah die Arbeitsschutzverordnung dabei nicht mehr vor.

---

[89] Ein weitergehender Anspruch kann sich insoweit aus § 164 Abs. 4 S. 1 Nr. 4 SGB IX ergeben VGH München 29.10.2019 – 6 CE 19.1386, BeckRS 2019, 30480.
[90] BVerwG 31.1.2008 – 2 C 31/06, NVwZ 2008, 689f.; Oberthür MDR 2015, 1269 (1270); Visser/Voigt/Vraetz, Das Recht auf Homeoffice in der Pandemie, 2021, S. 74f.
[91] VG Koblenz 18.2.2015 – 2 K 719.14 KO, BeckRS 2015, 45315 Rn. 28; Oberthür MDR 2015, 1269 (1270).
[92] BVerwG 31.1.2008 – 2 C 31/06, NVwZ 2008, 689f.
[93] Vgl. Punkt 2.2., 4.1. Abs. 4 Nr. 2 und 4.2.4. der SARS-CoV-2-Arbeitsschutzregel der Arbeitsausschüsse beim BMAS vom 20.8.2020, GMBl 2020, 484.
[94] Punkt II.1. und II.6. des SARS-CoV-2-Arbeitsschutzstandard des BMAS vom 16.4.2020, abrufbar unter www.bmas.de.
[95] Ausführlich zum Charakter der Regelungswerke Sagan/Brockfeld NZA-Beil. 2020, 17ff.
[96] BAnz AT 22.1.2021 V1.
[97] BGBl. I 802 (805) – 2021; BGBl. I 4906 (4908) – 2021.

155 Die pandemiebezogenen Sonderregelungen beinhalteten zu keinem Zeitpunkt einen einklagbaren Anspruch des Arbeitnehmers auf eine Tätigkeit im Home-Office.[98] Für den Fall, dass der Arbeitgeber seinen Verpflichtungen nicht nachkam, konnten sich Arbeitnehmer (in engen Ausnahmefällen) auf ihr **Leistungsverweigerungsrecht** nach §§ 273 Abs. 1, 618 BGB berufen[99] oder im Fall eines Schadenseintritts **Schadensersatzansprüche** geltend machen.

### 3. Der Anspruch des Arbeitnehmers auf eine Tätigkeit im Home- oder Mobile Office

156 Arbeitnehmer haben *de lege lata* keinen allgemeinen gesetzlichen Anspruch auf eine Tätigkeit im Home- oder Mobile Office (→ Rn. 129 ff.). Ein Anspruch auf eine örtliche Verlagerung der Tätigkeit kann sich gleichwohl aus einem Tarifvertrag, einer Betriebsvereinbarung oder einer individualarbeitsrechtlichen Abrede ergeben.

#### a) Kollektiv- und individualvertragliche Grundlagen

#### aa) Individualarbeitsvertragliche Regelung

157 **(1) Potentielle Regelungsinhalte.** Grundsätzlich können die Parteien eine vollständige oder alternierende Tätigkeit im häuslichen Bereich oder an wechselnden Arbeitsorten vereinbaren. Bei mobiler Arbeit kommt grundsätzlich jeder denkbare Arbeitsort in Betracht, wenn die Arbeitstätigkeit unter Einsatz digitaler Informations- und Kommunikationstechnologie ortsunabhängig erbracht werden kann. Die Vielfalt der praktischen Möglichkeiten stellt zugleich Herausforderungen an die Vertragsgestaltung. Nicht alles technisch Mögliche entspricht auch der Interessenlage im Arbeitsverhältnis. Aus Arbeitgeberperspektive kann die Konkretisierung des Arbeitsorts sinnvoll sein, um sicherzustellen, dass **datenschutzrechtliche Vorgaben** (hierzu Kapitel D) oder die Anforderungen des **Arbeitsschutzrechts** an die Arbeitsplatzgestaltung gewahrt werden (hierzu Kapitel F). Die Vertragsgestaltung erfolgt damit im Spannungsverhältnis, Flexibilität zu schaffen und Rechtssicherheit zu gewährleisten (vgl. das **Regelungsmuster** → Rn. 308 ff.).

158 In **örtlicher Hinsicht** kann geregelt werden, dass der Arbeitnehmer im **Home-Office,** also im privaten häuslichen Bereich, oder im **Mobile Office,** also einem externen, frei wählbaren oder festgelegten Arbeitsort außerhalb der betrieblichen Tätigkeitsstätte tätig wird. Ein Beispiel für das Mobile Office ist die Tätigkeit in sogenannten Co-Working Spaces, also eingerichteten Arbeitsplätzen außerhalb des Betriebs, oder an öffentlichen Orten, wie zB in Transportmitteln oder in gastronomischen Einrichtungen. Gerade bei einer vollständig ortsflexiblen Tätigkeit empfiehlt sich eine Konkretisierung möglicher Arbeitsorte. Zugleich können Mindestanforde-

[98] Husemann jM 2021, 274 (276); Picker NZA-Beil. 2021, 4 (11); Visser/Voigt/Vraetz, Das Recht auf Home-office in der Pandemie, 2021, S. 108 f.; vgl. auch Sagan/Witschen NZA 2021, 593 (594).

[99] Zum Leistungsverweigerungsrecht gem. § 273 BGB bei Nichteinhaltung arbeitsschutzrechtlicher Verpflichtungen ErfK/Roloff BGB § 618 Rn. 16; MüKo BGB/Henssler § 618 Rn. 95.

rungen an den Arbeitsplatz benannt werden, etwa die telefonische Erreichbarkeit oder Sicherheitsanforderungen an die Internetverbindung. Bei einer vertraglichen Vereinbarung der Tätigkeit im **Home-Office** empfiehlt es sich, Mindestanforderungen des Arbeitsorts sowie mögliche Rechtsfolgen eines Wohnortwechsels des Arbeitnehmers zu regeln.

159 Auch hinsichtlich der **Dauer** mobiler Arbeitstätigkeit haben die Parteien einen Regelungsspielraum. So kann die mobile Arbeitstätigkeit entweder ausschließlich, alternierend oder situationsabhängig außerhalb der betrieblichen Tätigkeitsstätte erfolgen. Besteht im Zeitpunkt des Vertragsschlusses noch Unklarheit über die Arbeitsorte oder den zeitlichen Umfang der außerbetrieblichen Arbeitstätigkeit, kann eine Rahmenvereinbarung zu den organisatorischen Bedingungen einer späteren Mobilen Tätigkeit getroffen werden.

160 Eine Vereinbarung zur mobilen Arbeit oder zur Tätigkeit im Home-Office ist **formfrei** möglich, es besteht allein eine Nachweispflicht gem. § 2 Abs. 1 S. 1 NachwG. Gleichwohl empfiehlt sich eine **schriftliche** Ausgestaltung. Hierbei sollten zugleich auch Dauer, Umfang sowie Art und Weise der ortsflexiblen Arbeitstätigkeit sowie potentielle Beendigungsfragen berücksichtigt werden. Insoweit wird auf die **Mustervereinbarung** in → Rn. 311 verwiesen.

161 **(2) Konkludente Vertragsänderung und betriebliche Übung.** Sieht der Arbeitsvertrag keine Mobile Arbeit vor, kann die vertragliche Vereinbarung nachträglich **ausdrücklich oder konkludent** geändert werden. Gestattet der Arbeitgeber, dem Arbeitnehmer im Home-Office oder mobil zu arbeiten, kann hierin eine **konkludente Vertragsänderung** liegen, sofern die Gestattung objektiv den Rechtsbindungswillen erkennen lässt, den Arbeitsort des Arbeitnehmers für die Zukunft zu ändern (vgl. §§ 133, 157 BGB). Die bloße **Gestattung** mobiler Arbeit genügt nicht, um einen Rechtsbindungswillen des Arbeitgebers für eine konkludente Vertragsänderung oder eine betriebliche Übung zu begründen.[100] Dies gilt insbesondere, wenn diese anlass- und kontextbezogen erfolgt und für den Arbeitnehmer erkennbar ist, dass der Arbeitsort an der Betriebsstätte des Arbeitgebers verbleibt. Für einen Rechtsbindungswillen spricht hingegen, wenn den Umständen der Gestattung zu entnehmen ist, dass der Arbeitgeber eine verbindliche Verpflichtung zu mobiler Arbeit eingehen möchte. Dies wäre der Fall, wenn der Arbeitgeber die mobile Arbeitstätigkeit aufgrund familiärer Verpflichtungen oder eines zwingenden Wohnortwechsels des Arbeitnehmers zulässt, um den Arbeitnehmer langfristig an den Betrieb zu binden.[101]

162 Auf kollektiver Ebene kann die Gestattung mobiler Arbeit eine **betriebliche Übung** begründen.[102] Eine rechtliche Bindung des Arbeitgebers tritt hingegen nicht ein, wenn der Arbeitnehmer davon ausgehen musste, die Leistung – konkret die Gestattung Mobiler Arbeit – werde nur für eine begrenzte Zeit oder aus einem spezifi-

[100] Vgl. LAG Köln 6.7.2015 – 5 SaGa 6/15, BeckRS 2016, 67700.
[101] Picker ZfA 2019, 269 (278f.).
[102] Müller, Home-Office in der arbeitsrechtlichen Praxis, 2022 Rn. 113f.; Steinau-Steinrück/Beismann NJW-Spezial 2020, 626f.; zu den Voraussetzungen der betrieblichen Übung BAG 19.3.2014 – 5 AZR 954/12, NZA 2014, 787 Rn. 43.

schen Anlass gewährt.[103] Sofern der Arbeitgeber keine betriebliche Übung begründen will, kann er die Gestattung mobiler Arbeit damit unter einem **Freiwilligkeitsvorbehalt** erklären. In diesem Fall begründet die einmalige oder wiederholte Gestattung mobiler Arbeitstätigkeit keinen Rechtsanspruch für die Zukunft.[104]

#### bb) Tarifvertragliche Regelungen

163 Dem verstärkten Aufkommen mobiler Arbeitsformen tragen immer häufiger auch tarifvertragliche Gestaltungen Rechnung.[105] Den potentiellen Regelungsinhalten von Tarifverträgen sind im Kontext Mobiler Arbeit keine Grenzen gesetzt. So können die Tarifparteien die Rahmenbedingungen der ortsflexiblen Arbeitstätigkeit regeln oder einen Anspruch des Arbeitnehmers auf eine Tätigkeit im Home- oder Mobile Office vorsehen. Die Mehrzahl der **Tarifverträge** sieht keinen einseitig durchsetzbaren Anspruch des Arbeitnehmers vor. Geregelt werden vielmehr Ausgestaltung, Dauer und Beendigung der Mobilen Arbeit, Kontroll-, Zutrittsrechte des Arbeitgebers sowie Haftungsfragen.[106] Vereinzelt regeln Tarifverträge auch einen Erörterungsanspruch des Arbeitnehmers, wonach der Arbeitgeber verpflichtet ist, die Ablehnung eines Antrags auf Änderung des Arbeitsorts im Einzelnen zu begründen.[107]

#### cc) Betriebsvereinbarungen

164 Ein Anspruch auf eine außerbetriebliche Arbeitstätigkeit kann sich auch aus einer **Betriebsvereinbarung** oder einer **Dienstvereinbarung** im öffentlichen Dienst ergeben. Ebenso wie Tarifverträge sehen **Betriebsvereinbarungen** regelmäßig ebenfalls keinen unbedingten Anspruch auf Mobile Arbeit vor, sondern regeln allein ihre praktische Ausgestaltung.

165 Die zwingende Mitbestimmung des Betriebsrats begrenzt sich auf die Ausgestaltung mobiler Arbeit und erfasst nicht ihre Einführung. Grundsätzlich tangiert die Arbeitstätigkeit außerhalb des Betriebs unterschiedliche **Mitbestimmungsrechte** des § 87 Abs. 1 BetrVG. Der Einsatz von Software, die zumindest objektiv geeignet ist, Verhalten und Leistung des Arbeitnehmers zu überwachen, fällt in den Anwendungsbereich von § 87 Abs. 1 Nr. 6 BetrVG.[108] Zugleich kann eine Vereinbarung zur Einrichtung und Ausstattung des Arbeitsorts als Regelung zur Verhütung von Arbeitsunfällen gemäß § 87 Abs. 1 Nr. 7 BetrVG mitbestimmungspflichtig sein.[109] Das mit Wirkung vom 18.6.2021 eingeführte Mitbestimmungsrecht in § 87 Abs. 1 Nr. 14

[103] Grds. zur betrieblichen Übung BAG 17.3.2010 – 5 AZR 317/09, AP § 1 TVG Tarifverträge Nr. 9: Brotindustrie; BAG 26.8.2009 – 5 AZR 969/08, NZA 2010, 173 Rn. 25; BAG 28.5.2008 – 10 AZR 274/07, NZA 2008, 2875 Rn. 15ff.

[104] ErfK/Preis BGB § 611a Rn. 222.

[105] Mit Beispielen aus der Regelungspraxis BMAS (Hrsg.), Verbreitung und Auswirkungen von mobiler Arbeit und Homeoffice, Forschungsbericht 549, S. 63ff.; vgl. auch Krause, Digitalisierung der Arbeitswelt – Herausforderungen und Regelungsbedarf, Gutachten B zum 71. Deutschen Juristentag, B82.

[106] Vgl. zB IG Metall Baden-Württemberg, Tarifvertrag Mobiles Arbeiten, 11.11.2021; Tarifvertrag über Rahmenbedingungen zum Mobilen Arbeiten für die Beschäftigten des Landes Hessen, 15.10.2021; Deutsche Bahn, Tarifvertrag zur Zukunft der Arbeit im Rahmen der Digitalisierung im DB-Konzern, 14.12.2018; mit weiteren Beispielen aus der tarifvertraglichen Regelungspraxis Müller, Homeoffice in der arbeitsrechtlichen Praxis, 2022, Rn. 83ff.; Müller DB 2019, 1624 (1625).

[107] Vgl. § 2 des Tarifvertrags für das private Versicherungsgewerbe, Mobiles Arbeiten v. 27.5.2019.

[108] Vgl. bereits BAG 9.9.1975 – 1 ABR 20/74, NJW 1976, 261f.; ferner ErfK/Kania BetrVG § 87 Rn. 55ff.

[109] ErfK/Kania BetrVG § 87 Rn. 137a.

BetrVG erfasst die Ausgestaltung mobiler Arbeit, die mittels Informations- und Kommunikationstechnik erbracht wird und bildet einen Auffangtatbestand.[110] Demnach sind auch typische Rahmenbedingungen mobiler Arbeitstätigkeit, wie zB Regelungen zu Beginn, Ende und Umfang oder zu geeigneten Arbeitsorten, mitbestimmungspflichtig (→ Rn. 458 ff.).[111]

### b) Anspruchsgrundlagen bei fehlender individual- oder kollektivvertraglicher Regelung

166 Ist ein Anspruch des Arbeitnehmers weder individual- noch kollektivvertraglich geregelt, kann in besonderen Fällen gleichwohl ein Anspruch auf Fortführung bzw. erstmalige Aufnahme Mobiler Arbeit bestehen. Der Arbeitnehmer kann einen Anspruch auf Beibehaltung mobiler Arbeit haben, wenn sich das örtliche Weisungsrecht des Arbeitgebers auf einen bestimmten Arbeitsort beschränkte (aa.) bzw. die Rückholung in den Betrieb gegen die Grenzen billigen Ermessens (§ 106 GewO) verstößt (bb.). Ein Anspruch auf Beibehaltung bzw. erstmalige Einführung mobiler Arbeit kann sich aus den leistungssichernden Nebenpflichten des Arbeitgebers ergeben (cc).

#### aa) Konkretisierung des Weisungsrechts

167 Unter besonderen Voraussetzungen kann die Gestattung der Tätigkeit im Home-Office zu einer **Konkretisierung des örtlichen Weisungsrechts** führen. Da das Weisungsrecht das zentrale Instrument des Arbeitgebers ist, um das vertragliche Dauerschuldverhältnis an tatsächliche Veränderungen anzupassen, kann nur in besonderen Ausnahmefällen von seiner Einschränkung ausgegangen werden.[112] Die Konkretisierung des Weisungsrechts auf einen bestimmten Arbeitsort setzt voraus, dass dem Arbeitnehmer aus dem Spektrum möglicher Arbeitsorte über lange Zeit lediglich ein Ort zugewiesen wurde und der Arbeitnehmer in Betrachtung der Umstände darauf vertrauen durfte, seine arbeitsvertragliche Verpflichtung beschränke sich nunmehr auf diesen Einsatzort.[113] Allein eine langjährige Tätigkeit an einem Arbeitsort genügt nicht. So entschied das BAG im Fall eines Kontrollschaffners, der seit über 14 Jahren seinen Dienst in der Nähe seines Wohnorts aufnahm, dass sich das Direktionsrecht des Arbeitgebers nicht auf diesen Ort des Dienstbeginns konkretisiert habe.[114]

168 Nach diesen Maßstäben genügt insbesondere eine vorübergehende Gestattung Mobiler Arbeit nicht, um einen Vertrauenstatbestand zu begründen.[115] Dies gilt insbesondere, wenn die Gestattung mobiler Arbeit besonderen Umständen oder privaten Verpflichtungen des Arbeitnehmers Rechnung trägt. So genügt zB auch eine längere Phase der Arbeitstätigkeit im Home-Office während der Coronapandemie nicht, um einen Vertrauenstatbestand zu begründen, da der Arbeitgeber durch die Gestattung

[110] BGBl. I 1762 (1763) – 2021.
[111] BT-Drs. 19/28899, 23.
[112] Vgl. BAG 7.12.2000 – 6 AZR 444/99, NZA 2001, 480 (481); zustimmend ErfK/Preis BGB § 611a Rn. 220d.
[113] Zur Konkretisierung der vereinbarten Tätigkeit BAG 17.1.2006 – 9 AZR 226/05, NJOZ 2006, 3263 Rn. 32; zum Arbeitsort BAG 13.6.2012 – 10 AZR 296/11, NZA 2012, 1154 Rn. 24 f.; zum Home-Office LAG Köln 24.6.2010 – 9 Ta 192/10, BeckRS 2012, 67572.
[114] BAG 7.12.2000 – 6 AZR 444/99, NZA 2001, 480 (481); zustimmend ErfK/Preis BGB § 611a Rn. 220d.
[115] ErfK/Preis GewO § 106 Rn. 28a.

erkennbar seinen gesetzlichen Verpflichtungen[116] oder seiner vertraglichen Fürsorgepflicht zum Schutz vor Infektionen genügte.[117]

169 Eine Konkretisierung des Weisungsrechts wäre jedoch anzunehmen, wenn die Umstände des Einzelfalls einen entsprechenden Konkretisierungswillen des Arbeitgebers erkennen lassen. Dies wäre der Fall, wenn der Arbeitnehmer eine Tätigkeit im Home- oder Mobile Office einforderte und der Arbeitgeber sein örtliches Weisungsrecht ausübte, um den Fortbestand des Arbeitsverhältnisses zu sichern.[118] Ist ein entsprechender Wille des Arbeitgebers einmal etabliert, liegen regelmäßig auch die Anforderungen einer konkludenten Vertragsänderung vor (→ Rn. 161). Aus diesem Grund erlangt die Konkretisierung des Weisungsrechts kaum Bedeutung.

170 Die **Rechtsfolgen** hängen davon ab, ob eine konkludente Vertragsänderung oder nur eine Konkretisierung des Weisungsrechts anzunehmen ist. Nur im Fall einer konkludenten Vertragsänderung hat der Arbeitnehmer einen vertraglichen Anspruch auf Fortführung der mobilen Arbeit. Wurde hingegen allein das örtliche Weisungsrecht konkretisiert, kann der Arbeitgeber dem Arbeitnehmer zwar noch einen anderen Arbeitsort zuweisen, in der Ausübung des Weisungsrechts nach billigem Ermessen kommt dem Interesse des Arbeitnehmers an der Beibehaltung des einmal konkretisierten Arbeitsorts jedoch ein besonderes Gewicht zu.[119] Es bedarf damit im Regelfall eines besonderen betrieblichen Interesses, etwa einer grundlegenden Änderung der Arbeitsorganisation oder aufgetretenen Problemen bei der mobilen Arbeitstätigkeit, damit der Arbeitgeber den einmal konkretisierten Arbeitsort in Ausübung seines Weisungsrechts abändern kann.

171 Die Gestattung mobiler Arbeitstätigkeit begründet – unabhängig von ihrer Dauer – im Regelfall keinen Anspruch des Arbeitnehmers auf deren Beibehaltung. Anderes gilt, wenn sich aus den Umständen des Einzelfalls ein Rechtsbindungs- oder Konkretisierungswille des Arbeitgebers ergibt. Die zur Beurteilung erforderliche Einzelfallbetrachtung kann zu Rechtsunsicherheiten führen.

172 Um diese zu vermeiden, kann sich eine ausdrückliche individual- oder kollektivvertragliche Regelung zu Dauer und Rahmenbedingungen mobiler Arbeit anbieten. Hierbei ist abzuwägen, dass zeitliche **Befristungen** zum einen Rechtssicherheit schaffen, zum anderen jedoch dazu führen, dass der Arbeitgeber an die einmal vereinbarte Dauer der Mobilen Arbeit gebunden ist. Während der Arbeitgeber im Fall einer Befristungsabrede an die einmal vereinbarte Dauer gebunden ist, unterliegt die erneute Ausübung des Weisungsrechts grundsätzlich keinen zeitlichen Grenzen.[120] Insoweit kann es – im Vergleich zu den Anforderungen des § 106 S. 1 GewO – zu einer weiterreichenden zeitlichen Bindung kommen.

---

[116] Vgl. § 28b Abs. 7 IfSG in der Fassung vom 22.4.2021, BGBl. I 802 – 2021; § 2 Abs. 4 SARS-CoV-2-Arbeitsschutzverordnung in der Fassung vom 21.1.2021, BAnz AT 22.1.2021 V1.
[117] Picker NZA-Beil. 2021, 4 (13); Bayreuther NZA 2021, 1593 (1596).
[118] Bayreuther NZA 2021, 1593 (1596).
[119] Bayreuther NZA 2021, 1593 (1596).
[120] Bayreuther NZA 2021, 1593 (1596).

#### bb) Grenzen der Rückholung des Arbeitnehmers in den Betrieb

173 Lässt die arbeitsvertragliche Vereinbarung neben Mobiler Arbeit auch eine Tätigkeit im Betrieb zu, kann der Arbeitgeber die mobile Arbeitstätigkeit grundsätzlich durch Ausübung seines Weisungsrechts beenden. Die **Ausübung** unterliegt hierbei den Grenzen billigen Ermessens (§ 106 S. 1 GewO) und setzt eine umfassende Abwägung der wechselseitigen Interessen voraus.[121] Grundsätzlich kommt der unternehmerischen Entscheidung des Arbeitgebers, die Arbeitsleistung vorrangig im Betrieb ausführen zu lassen, ein hohes Gewicht zu.[122] Gleichwohl ist im Rahmen der Interessenabwägung zu berücksichtigen, ob das Interesse des Arbeitgebers an der Durchsetzung seiner Organisationsentscheidung die Weisung auch im Einzelfall rechtfertigt.[123] Insoweit hat der Arbeitgeber in Ausübung seines Weisungsrechts die Belange und Interessen des Arbeitnehmers, insbesondere nunmehr anfallende Fahrtzeiten und Fahrtkosten, sowie die sozialen Lebensverhältnisse und der bisherige Umfang der mobilen Arbeitstätigkeit zu berücksichtigen.[124] Besteht der Rückholungsgrund in einer Pflichtverletzung des Arbeitnehmers im Home-Office, empfiehlt sich eine Dokumentation der Pflichtverletzungen.[125]

174 Vereinbaren die Vertragsparteien in einer Rahmenvereinbarung zur mobilen Arbeit Sachgründe für deren Beendigung, begrenzt diese die Ausübung des Weisungsrechts. In diesem Fall kann nicht jeder berechtigte Belang eine Rückholung des Arbeitnehmers in den Betrieb rechtfertigen, vielmehr muss der Arbeitgeber das Vorliegen eines Sachgrunds darlegen und ggf. beweisen.

175 Auch der **arbeitsrechtliche Gleichbehandlungsanspruch** kann die Rückholung des Arbeitnehmers in den Betrieb in Ausnahmefällen begrenzen. Der allgemeine arbeitsrechtliche Gleichbehandlungsgrundsatz verpflichtet den Arbeitgeber zur Gleichbehandlung der Arbeitnehmer innerhalb einer Gruppe, insofern er Leistungen nach einem generalisierenden Prinzip gewährt.[126] Grundsätzlich fungiert der Gleichbehandlungsgrundsatz sowohl als **Rechtsausübungsschranke** als auch als eigene **Anspruchsgrundlage.**[127]

176 Im Kontext Mobiler Arbeit kann der Grundsatz Anwendung finden, wenn der Arbeitgeber generalisierende Regelungen zur mobilen Arbeitstätigkeit trifft, nicht jedoch bei individuellen Mobile Office Vereinbarungen mit einzelnen Arbeitnehmern. Insoweit begrenzt der Grundsatz nicht nur die Ausübung des Weisungsrechts, vielmehr kann er auch einen Anspruch auf mobile Arbeit begründen, wenn ein Arbeitnehmer mit den Arbeitnehmern, denen mobile Arbeit gestattet wurde, vergleichbar ist und kein sachlicher Grund für die Ungleichbehandlung besteht.[128] Ein **sachlicher**

[121] Grds. BAG 18.10.2017 – 10 AZR 330/16, NZA 2017, 1452 (Rn. 45).
[122] ErfK/Preis GewO § 106 Rn. 11.
[123] BAG 13.6.2012 – 10 AZR 296/11, NZA 2012, 1154 (1156f.).
[124] Im Kontext mobiler Arbeit LAG Rheinland-Pfalz 17.12.2014 – 4 Sa 404/14, BeckRS 2015, 68467; LAG München 26.8.2021 – 3 SaGa 13/21, BeckRS 2021, 24217; grds. zur Abwägung BAG 21.7.2009 – 9 AZR 404/08, NZA 2009, 1369 (1372); ferner Müller, Homeoffice in der arbeitsrechtlichen Praxis, 2022, Rn. 444ff.
[125] Müller DB 2019, 1624 (1625).
[126] BAG 21.11.2013 – 6 AZR 23/12, NZA-RR 2014, 263 (270); ErfK/Preis BGB § 611a Rn. 673.
[127] ErfK/Preis BGB § 611a Rn. 575.
[128] Vgl. zum arbeitsrechtlichen Gleichbehandlungsanspruch BAG 6.12.1995 – 10 AZR 123/95, NZA 1996, 531ff.; ErfK/Preis BGB § 611a Rn. 682.

**Grund** für eine Differenzierung liegt etwa vor, wenn sich die Tätigkeit nicht für eine Tätigkeit außerhalb des Betriebs eignet oder wenn arbeitsschutz- bzw. datenschutzrechtliche Belange die Tätigkeit im Betrieb erforderlich machen.

#### cc) Leistungssichernde Nebenpflichten des Arbeitgebers

177 Ein Anspruch auf erstmalige Einführung bzw. Fortführung mobiler Arbeit kann sich unter besonderen Voraussetzungen aus der Rücksichtnahmepflicht des Arbeitgebers gemäß § 241 Abs. 2 BGB ergeben. Wie bereits an anderer Stelle ausgeführt folgt aus der gegenseitigen Rücksichtnahmepflicht gemäß § 241 Abs. 2 BGB die Pflicht beider Vertragsparteien auf die Interessen ihres Vertragspartners Rücksicht zu nehmen (zur vertraglichen Nebenpflicht des Arbeitnehmers → Rn. 124).[129] Im Fall eines drohenden Leistungshindernisses kann den Arbeitgeber eine vertragliche Nebenpflicht treffen, dem Arbeitnehmer eine Arbeitstätigkeit im Home- oder Mobile Office zu gestatten.

178 Die leistungssichernde Nebenpflicht des Arbeitgebers kann dazu führen, dass sich sein **Ermessen** bei Ausübung seines örtlichen **Direktionsrechts** auf Null reduziert und er sein Weisungsrecht in einer Weise ausüben muss, dass dem Arbeitnehmer die Leistungserbringung wieder möglich wird.[130] Die Nebenpflichten reichen grundsätzlich nicht so weit, dass der Arbeitgeber einen neuen Arbeitsplatz schaffen muss.[131] So verneinte das LAG Köln den Anspruch einer Arbeitnehmerin auf eine Versetzung ins Home-Office, da eine Schreibtischtätigkeit im häuslichen Bereich nicht dem Berufsbild einer medizinischen Fachangestellten mit diagnostischen Elementen entspricht.[132]

179 Gleichwohl kann der Arbeitgeber in Ausnahmefällen verpflichtet sein, auf den Wunsch des Arbeitnehmers nach einer **Vertragsänderung** einzugehen, wenn sich das Leistungshindernis aus einer unerwarteten Änderung der tatsächlichen Verhältnisse ergibt und ein Unvermögen der Leistungserbringung droht.[133] Eine solche Vertragsanpassungspflicht setzt weiterhin voraus, dass dem Schuldner ohne die Anpassung ein erheblicher Schaden droht, während diese den Gläubiger nicht wesentlich beeinträchtigt.[134]

180 Hierzu muss der Arbeitnehmer verlangen, an einem alternativen mobilen Arbeitsort beschäftigt zu werden und – entsprechend der Rechtsprechung zur Versetzung auf einen leidensgerechten Arbeitsplatz – ausführen, wie er sich die weitere Tätigkeit vorstellt.[135] Weiterhin muss ohne die Versetzung ein **unüberwindbares Leistungshindernis** entstehen. Zuletzt muss die Anpassung dem Arbeitgeber auch **zumutbar** sein.

---

[129] BAG 19.5.2010 – 5 AZR 162/09, NZA 2010, 1119 Rn. 26; BAG 13.8.2009 – 6 AZR 330/08, NZA-RR 2010, 420 Rn. 31; BeckOK BGB/Sutschet § 241 Rn. 63 ff.
[130] MüKo BGB/Spinner § 611a Rn. 932; zum Home-Office Oberthür MDR 2015, 1269 (1270).
[131] Grds. BAG 3.12.2019 – 9 AZR 78/19, NZA 2020, 578 Rn. 21; spezifisch zum Anspruch auf Home-Office LAG Köln 12.1.2022 – 3 Sa 540/21, BeckRS 2022, 10911; LAG Köln 24.5.2016 – 12 Sa 677/30, BeckRS 2016, 69901 Rn. 54.
[132] LAG Köln 12.1.2022 – 3 Sa 540/21, BeckRS 2022, 10911.
[133] Grds. BAG 19.5.2010 – 5 AZR 162/09, NZA 2010, 1119 Rn. 26; BAG 13.8.2009 – 6 AZR 330/08, NZA-RR 2010, 420 Rn. 31.
[134] BAG 13.8.2009 – 6 AZR 330/08, NZA-RR 2010, 420 Rn. 31.
[135] BAG 19.5.2010 – 5 AZR 162/09, NZA 2010, 1119 Rn. 28.

181 Ein **unüberwindbares Leistungshindernis** liegt vor, wenn der Arbeitnehmer nicht in der Lage ist, die Arbeitsleistung im Betrieb zu erbringen und alternative Maßnahmen nicht in Betracht kommen.[136] Dies ist etwa der Fall, wenn der Arbeitnehmer die Arbeitsleistung aufgrund körperlicher Einschränkungen ausschließlich im Home-Office erbringen kann.[137] Gleiches kann unter Berücksichtigung des grundrechtlichen Schutzes von Ehe und Familie (Art. 6 Abs. 1, Abs. 2 GG) bei familiären Verpflichtungen gelten, die längeren Arbeitswegen im Einzelfall entgegenstehen.[138] Die Nebenpflicht des Arbeitgebers endet insbesondere dort, wo die leistungssichernden Nebenpflichten des Arbeitnehmers beginnen. Demnach besteht kein Anspruch des Arbeitnehmers auf eine Vertragsänderung, wenn das Leistungshindernis aus seiner fehlenden Bereitschaft folgt, den Wohnort an den Arbeitsort zu verlegen.[139] Der Anspruch des Arbeitnehmers ist im Fall vorübergehender Leistungshindernisse zugleich auf die Dauer deren Bestehens beschränkt.

182 Im Kontext der **Coronapandemie** stellte sich die auch auf andere Infektionsrisiken übertragbare Frage, ob ein Infektionsrisiko des Arbeitnehmers im Betrieb ein unüberwindbares Leistungshindernis begründet. Zunächst begründet ein mögliches Ansteckungsrisiko auf dem Arbeitsweg kein Leistungshindernis, da der Arbeitnehmer das Wegerisiko trägt.[140] Gleiches gilt nach der Rechtsprechung für das allgemeine Infektionsrisiko im Betrieb.[141] Die Linie der Rechtsprechung überzeugt, da Schutzimpfungen als präventive Maßnahmen das Risiko für einen schwerwiegenden Infektionsverlauf deutlich senken. Ein Leistungshindernis kann in Ausnahmefällen hingegen vorliegen, wenn der Arbeitnehmer ein konkretes Risiko für einen schweren Infektionsverlauf aufweist, so dass die Beschäftigung neben anderen Kollegen nicht vertretbar wäre.[142]

183 Eine örtliche Verlagerung der Tätigkeit ist dem Arbeitgeber nicht **zumutbar,** wenn betriebliche Belange entgegenstehen.[143] Ein hohes Gewicht kommt der unternehmerischen Freiheit des Arbeitgebers zu, über den Ort zu entscheiden, an dem Arbeitsleistungen erbracht werden.[144] Weiterhin sind auch die wirtschaftlichen Kosten der örtlichen Verlagerung der Tätigkeit relevant. Unzumutbar ist eine Versetzung auch, wenn hierdurch Rücksichtnahmepflichten gegenüber anderen Arbeitnehmern verletzt werden, etwa wenn ein anderer Arbeitnehmer gegen seinen Willen versetzt werden müsste.[145] Auch muss der Arbeitgeber keinen zusätzlichen Home-Office tauglichen Arbeitsplatz schaffen, wenn sich die Tätigkeit des Arbeitnehmers nicht in den

[136] Müller, Homeoffice in der arbeitsrechtlichen Praxis, 2022, Rn. 98.
[137] Krieger/Rudnik/Povedano Peramato NZA 2020, 473 (478).
[138] Den Anspruch im konkreten Fall verneinend LAG Rheinland-Pfalz 18.12.2014 – 5 Sa 378/14, BeckRS 2015, 66249.
[139] LAG Rheinland-Pfalz 18.12.2014 – 5 Sa 378/14, BeckRS 2015, 66249.
[140] Müller, Homeoffice in der arbeitsrechtlichen Praxis, 2022, Rn. 691.
[141] ArbG Mainz 8.6.2020 – 4 Ga 10/20, BeckRS 2020, 12262; ArbG Augsburg 7.5.2020 – 3 Ga 9/20, NZA-RR 2020, 417; differenzierend Krieger/Rudnik/Povedano Peramato NZA 2020, 473 (478); BeckOGK/Maschmann GewO § 106 Rn. 162; Visser/Voigt/Vraetz, Das Recht auf Homeoffice in der Pandemie, 2021, S. 111 f.
[142] Den Anspruch im konkreten Fall gleichwohl verneinend ArbG Kiel 11.3.2021 – 6 Ca 1912c/20, BeckRS 2021, 7859 Rn. 51.
[143] BAG 19.5.2010 – 5 AZR 162/09, NZA 2010, 1119 Rn. 29; LAG Köln 24.5.2016 – 12 Sa 677/13, BeckRS 2016, 69901; Müller, Homeoffice in der arbeitsrechtlichen Praxis, 2022, Rn. 103.
[144] BAG 27.9.2001 – 2 AZR 246/00, NJOZ 2002, 1487 (1489).
[145] BAG 19.5.2010 – 5 AZR 162/09, NZA 2010, 1119 Rn. 31.

häuslichen Bereich verlagern lässt.[146] Für die Zumutbarkeit einer Verlagerung der Tätigkeit spricht es hingegen, wenn in der vorhandenen Arbeitsorganisation bereits ortsflexible Arbeitsmöglichkeiten bestehen.

184 Zuletzt muss die Versetzung **rechtlich möglich** sein.[147] Ein Anspruch besteht mithin nicht, wenn die Verlagerung der Arbeitstätigkeit in den häuslichen Bereich arbeitsschutzrechtlich nicht zulässig wäre. Zugleich ist der Arbeitgeber nicht verpflichtet, sich betriebsverfassungswidrig zu verhalten. Eine Versetzung kann zB nicht verlangt werden, sofern der Betriebsrat dieser oder einer vorrangig erforderlichen Versetzung eines anderen Arbeitnehmers nicht nach § 99 Abs. 1 S. 1 BetrVG zustimmt (vgl. hierzu → Rn. 458 ff.).

185 Bei fehlender individual- oder kollektivvertraglicher Regelung kann ein Anspruch des Arbeitnehmers auf Mobile Arbeit daher insgesamt nur in Ausnahmefällen angenommen werden.

## II. Arbeitsrechtliche Kernfragen einer Tätigkeit im Home- oder Mobile Office

186 Vielfältige Fragen, etwa zur Ausstattung des Arbeitsplatzes oder der Haftung der Vertragsparteien sowie der Beendigung der ortsflexiblen Arbeitstätigkeit, sind bislang nicht gesetzlich geregelt. Auch die praxisleitende höchstrichterliche Rechtsprechung befasste sich bislang vorrangig mit der Tätigkeit am betrieblichen Arbeitsort. Die resultierenden Rechtsunsicherheiten geben etwa 40 Prozent der Arbeitgeber als Ursache dafür an, dass die Potentiale von Home-Office und mobiler Arbeit nicht vollständig ausgeschöpft werden.[148] Die individualarbeitsrechtlichen Kernfragen gehen damit untrennbar mit der Ausschöpfung der Potentiale mobiler Arbeit einher. Vor diesem Hintergrund befasst sich dieser Abschnitt mit den Aspekten der Ausstattung des außerbetrieblichen Arbeitsplatzes (→ Rn. 187 ff.), der Haftung und Risikotragung (→ Rn. 235 ff.), den Weisungen des Arbeitgebers (→ Rn. 267 ff.), der Beendigung der außerbetrieblichen Tätigkeit (→ Rn. 275 ff.) sowie kündigungsrechtlichen Aspekten (→ Rn. 280 ff.).

### 1. Die Ausstattung des Mobilen Arbeitsplatzes

187 Die Ausgestaltung des Arbeitsorts richtet sich zum einen nach den Pflichten der Parteien im Arbeitsverhältnis, zum anderen nach den Anforderungen des **Arbeitsschutzes** und der Arbeitsplatzsicherheit. Die Anforderungen des Arbeitsschutzes sind Gegenstand eines gesonderten Kapitels (vertiefend → Rn. 701 ff.).

[146] LAG Köln 24.5.2016 – 12 Sa 677/30, BeckRS 2016, 69901 Rn. 54; LAG Köln 12.1.2022 – 3 Sa 540/21, BeckRS 2022, 10911.
[147] BAG 19.5.2010 – 5 AZR 162/09, NZA 2010, 1119 Rn. 28.
[148] Digitalverband BITKOM, Jedes dritte Unternehmen bietet Arbeit im Homeoffice an, Presseinformationen abrufbar unter: https://www.bitkom.org (Stand: 1.9.2023).

### a) Grundsatz der Bereitstellung von Arbeitsmitteln durch den Arbeitgeber

#### aa) Dogmatischer Ausgangpunkt

188 Ist der Arbeitnehmer in den Räumen des Betriebs tätig, stellt der Arbeitgeber neben den Räumen zugleich auch die erforderlichen Arbeitsmittel. Auch wenn die Bereitstellung von Arbeitsmitteln eine der Statusbewertung (→ Rn. 81 ff.) nachgelagerte Frage ist, hat sie eine ambivalente Bedeutung.[149] So ist die Eingliederung des Arbeitnehmers in Organisation und Arbeitsstruktur des Arbeitgebers, sowohl in funktionaler als auch in räumlicher Hinsicht, zugleich auch Wesensmerkmal der Fremdbestimmung und damit Definitionselement des Arbeitsverhältnisses.[150]

189 Im Zuge der Digitalisierung sowie der örtlichen Entgrenzung von Arbeit sinkt die Relevanz des Arbeitsortes sowie der sächlichen Arbeitsmittel für die Eingliederung des Arbeitnehmers in den Betrieb. In einem durch das BAG entschiedenen Fall eines Fahrradkuriers, der über eine App auf seinem Smartphone Arbeitsaufträge des Arbeitgebers empfing,[151] folgte die Eingliederung in die Arbeitsorganisation des Arbeitgebers allein aus der inhaltlichen Weisungsbindung des Kuriers, nicht aus der Überlassung der sächlichen Arbeitsmittel. Die Auflösung des Zusammenhangs zwischen Arbeitsorganisation und räumlich-sächlicher Ausstattung bei mobiler Arbeit rückt zugleich auch die Frage in den Fokus, inwiefern der Arbeitgeber verpflichtet ist, Arbeitsmittel bereitzustellen.

190 Das BAG stellte im genannten Fall klar, dass aus § 611a Abs. 1 BGB iVm dem Arbeitsvertrag ein Anspruch des Arbeitnehmers auf **Bereitstellung essentieller Arbeitsmittel** folgt. Der Anspruch folgt aus dem Wesen des Arbeitsverhältnisses, wonach der Arbeitnehmer grundsätzlich nur verpflichtet ist, seine Arbeitskraft zur Verfügung zu stellen, während die Organisation betrieblicher Abläufe dem Arbeitgeber obliegt, der den Betrieb leitet und die arbeitstechnischen Zwecke organisiert.[152] Dieser Grundsatz gilt auch für die Tätigkeit des Arbeitnehmers im Home-Office oder bei mobiler Arbeit.[153]

191 Das BAG leitet aus dem Grundsatz ein gesetzliches **Leitbild** ab, mit dessen Grundgedanken ein **formularmäßiger Ausschluss** von Aufwendungsersatzansprüchen grundsätzlich nicht zu vereinbaren ist (§ 307 Abs. 2 Nr. 1 BGB). Anderes gilt etwa, wenn der durch den Verwender erlangte Vorteil durch eine in inhaltlichem Zusammenhang stehende Regelung angemessen kompensiert wird, so dass die Benachteiligung des Vertragspartners im Wesentlichen aufgehoben wird.[154] Eine angemessene **Kompensation** erfolgt, wenn dem Arbeitnehmer ein ausreichend bemessener finanziellen Ausgleichsanspruch zugesprochen wird und ihm der Ausgleichsbetrag zur

---

[149] Chandna-Hoppe RdA 2023, 152 (153 f.).
[150] BAG 1.12.2020 – 9 AZR 102/20, NZA 2021, 552 Rn. 31; ErfK/Preis BGB § 611a Rn. 42.
[151] BAG 10.11.2021 – 5 AZR 334/21, NZA 2022, 401 ff.
[152] BAG 10.11.2021 – 5 AZR 334/21, NZA 2022, 401 Rn. 20.
[153] Boemke BB 2000, 147 (152); Kramer IT-ArbR/Hoppe § 2 Rn. 667 ff.; Krieger/Rudnik/Povedano Peramato NZA 2020, 473 (478 f.); Küttner Personalbuch 2023/Röller Mobiles Arbeiten Rn. 12; Preis, Der Arbeitsvertrag/Temming II T 20 Rn. 46a; Schaub ArbR-HdB/Vogelsang § 164 Rn. 41.
[154] BAG 10.11.2021 – 5 AZR 334/21, NZA 2022, 401 Rn. 33; Chandna-Hoppe, RdA 2023, 152 (157 f.); ErfK/Preis BGB § 611a Rn. 628; Grds. Zu kompensatorischer Vertragsgestaltung Erman/Looschelders § 307 Rn. 26; Staudinger/Wendland, § 307 Rn. 258; Wolf/Pfeiffer/Lindacher AGB-Recht/Pfeiffer § 307 Rn. 127.

freien Verfügung zusteht.[155] Ein Verweis des Arbeitnehmers auf den ihm analog § 670 BGB zustehenden Aufwendungsersatzanspruch genügt hierbei nicht.[156]

### bb) Umfang der Verpflichtung des Arbeitgebers

192 Den Arbeitgeber trifft eine Verpflichtung, **geeignete essentielle Arbeitsmittel** bereitzustellen. Der Begriff der essentiellen Arbeitsmittel wird durch das BAG synonym mit den Begriffen der erforderlichen oder notwendigen Arbeitsmittel verwendet.[157] Die Terminologie entspricht daher dem bereits im Kontext des Aufwendungsersatzanspruchs gemäß § 670 BGB verwendeten Begriff der Erforderlichkeit.[158]

193 Die Anforderungen an die Bereitstellung von Arbeitsmitteln hat die Rechtsprechung bislang nicht im Einzelnen konkretisiert. Erforderlich ist jedoch die Bereitstellung all derjenigen Arbeitsmittel, ohne die die Arbeitstätigkeit nicht erbracht werden kann.[159] Auf Grundlage dieses Bedingungszusammenhangs schuldet der Arbeitgeber die für die auszuführende Tätigkeit erforderliche Mindestausstattung, nur nützliche Arbeitsmittel müssen nicht bereitgestellt werden. Im Einzelfall genügt die Formel kaum, um abschließend abzugrenzen, welche Arbeitsmittel unter mehreren möglichen Alternativen zur Verfügung gestellt werden müssen. Aus diesem Grund wird eine Einzelfallbetrachtung unter Berücksichtigung der konkreten Arbeitstätigkeit erforderlich. Insoweit legt der Arbeitnehmer durch Übertragung und Konkretisierung der Arbeitsleistung indirekt auch die erforderlichen und bereitzustellenden Arbeitsmittel fest, wenn sich die Erforderlichkeit der Arbeitsmittel auch aus objektiver Perspektive bestimmt.[160]

194 Grundsätzlich kann sich die Abgrenzung zwischen erforderlichen und nützlichen Arbeitsmitteln weitgehend an der Kasuistik zum Aufwendungsersatzanspruch des Arbeitnehmers analog § 670 BGB orientieren.[161] Eine bedeutsame Einschränkung des Anspruchs besteht darin, dass die Pflicht des Arbeitgebers auf Bereitstellung von Arbeitsmitteln nur besteht, wenn die Tätigkeit außerhalb des Betriebs auf einer Organisationsentscheidung des Arbeitgebers beruht.[162]

195 Für die Einrichtung von **Bildschirmarbeitsplätzen** ist die Ausstattung des betrieblichen Arbeitsorts Ausgangspunkt der Beurteilung, da im Betrieb erforderliche Arbeitsmittel regelmäßig auch bei Mobiler Arbeit notwendig sind. Bei Arbeitstätigkeiten im Betrieb trifft den Arbeitgeber eine Pflicht zur Bereitstellung des Büroraums, des nötigen Mobiliars einschließlich technischer Geräte. Bei einer Tätigkeit im Home-Office richtet der Arbeitnehmer den Arbeitsplatz in seiner Privatwohnung ein. Ausgehend von den Grundsätzen für Büroarbeitsplätze hat der Arbeitgeber daher die Kosten für die dienstliche Nutzung der Räumlichkeiten, also Mietkosten, Kosten der

[155] BAG 10.11.2021 – 5 AZR 334/21, NZA 2022, 401 Rn. 33 ff.
[156] BAG 10.11.2021 – 5 AZR 334/21, NZA 2022, 401 Rn. 40; Wittlich/Krülls RdA 2022, 248 (249); Fischer jurisPR-ArbR 15/2022 Anm.
[157] BAG 10.11.2021 – 5 AZR 334/21, NZA 2022, 401 Rn. 16, 25.
[158] Vgl. auch ErfK/Preis BGB § 611a Rn. 626.
[159] BAG 10.11.2021 – 5 AZR 334/21, NZA 2022, 401 Rn. 24 f.
[160] Klocke/Hoppe NZA-RR 2022, 515 (516); Chandna-Hoppe, RdA 2023, 152 (156 f.).
[161] Fischels/Stodolski Anm. zu BAG 10.11.2021 – 10 AZR 334/21, AP BGB § 611a nF Nr. 1; zur Kasuistik ErfK/Preis BGB § 611a Rn. 635 ff.
[162] Vertiefend Chandna-Hoppe, RdA 2023, 152 (156).

Abnutzung oder anfallende Nebenkosten zu tragen.[163] Weiterhin ist der Arbeitgeber verpflichtet, weitere essentielle Arbeitsmittel, wie beispielsweise Büromöbel, Hard- und Software, Telekommunikationseinrichtungen sowie Schreibmaterial bereitzustellen.[164] Die Anforderungen an Hard- und Software hängen hierbei wiederum von der geschuldeten Tätigkeit ab. So bestehen für anspruchsvolle graphische Gestaltungen höhere technische Anforderungen an die Ausstattung als im Fall von Tätigkeiten der Textverarbeitung.

196 Kommen für die Ausführung der Tätigkeit mehrere mögliche Arbeitsmittel in Betracht, folgt aus der unternehmerischen Organisationshoheit ein **Wahlrecht** des Arbeitgebers, da er im Rahmen des Betriebsrisikos auch das Risiko trägt, dass die bereitgestellten Arbeitsmittel für die Erbringung der Arbeitsleistung nicht genügen oder infolge eines Defekts ausfallen.[165]

### cc) Ausstattung von Telearbeitsplätzen iSd § 2 Abs. 7 ArbStättV

197 **Arbeitsschutzrechtliche Vorgaben** können die Verpflichtung des Arbeitgebers zur Bereitstellung von Arbeitsmitteln erweitern. Besondere Anforderungen an die Ausgestaltung von Arbeitsplätzen enthält die ArbStättV für **Telearbeitsplätze** iSd § 2 Abs. 7 ArbStättV.

198 **(1) Definition des Telearbeitsplatzes.** Gemäß § 2 Abs. 7 S. 1 ArbStättV sind **Telearbeitsplätze** vom Arbeitgeber fest eingerichtete Bildschirmarbeitsplätze im Privatbereich der Beschäftigten, für die der Arbeitgeber eine mit den Beschäftigten vereinbarte wöchentliche Arbeitszeit und die Dauer der Einrichtung festgelegt hat. Das Vorliegen eines Telearbeitsplatzes hat gemäß § 2 Abs. 7 ArbStättV tatsächliche und rechtliche Voraussetzungen. In rechtlicher Hinsicht ist erforderlich, dass die Parteien die Telearbeit vertraglich vereinbaren und Regelungen zu Dauer und Umfang treffen. In tatsächlicher Hinsicht wird vorausgesetzt, dass der Arbeitgeber die erforderliche Ausstattung bereitstellt und installiert. Dies umfasst insbesondere die Ausstattung des Arbeitsplatzes mit Mobiliar, Arbeitsmitteln einschließlich der Kommunikationseinrichtungen.

199 Die herkömmlich als **Home-Office** bezeichnete Tätigkeit im häuslichen Bereich ohne einen fest durch den Arbeitgeber eingerichteten Bildschirmarbeitsplatz unterfällt damit nicht der Definition der Telearbeit in der ArbStättV. Dies gilt auch, wenn die Tätigkeit anlassbezogen und nicht auf Grundlage einer ausdrücklichen Vereinbarung über Dauer und Umfang außerhalb des Betriebs erbracht wird. Ebenfalls nicht unter den Begriff der Telearbeit iSd ArbStättV fällt die **mobile Arbeit** außerhalb des häuslichen Bereichs (zu Begriffsfragen → Rn. 3 ff.). Liegt kein fest eingerichteter Telearbeitsplatz iSd § 2 Abs. 7 ArbStättV vor, gelten die Anforderungen der Arbeitsschutzverordnung für Bildschirmarbeitsplätze grundsätzlich nicht. Gleichzeitig finden die unionsrechtlichen Anforderungen der Bildschirmarbeitsrichtlinie 90/270/EWG auf jeden Bildschirmarbeitsplatz Anwendung. Daher kann es empfehlenswert sein, die

[163] Schaub ArbR-HdB/Vogelsang § 164 Rn. 41.
[164] Kramer IT-ArbR/Hoppe § 2 Rn. 667; Müller, Homeoffice in der arbeitsrechtlichen Praxis, 2022, Rn. 155 ff., 250 ff.
[165] Grds. BAG 9.3.1983 – 4 AZR 301/80, AP BGB § 615 Betriebsrisiko Nr. 31.

Vorgaben des 6. Anhangs der ArbStättV in der Gefährdungsbeurteilung zu berücksichtigen (vertiefend → Rn. 735).

200 **(2) Anforderungen der ArbStättV an die Ausgestaltung von Telearbeitsplätzen.** Handelt es sich bei einem Arbeitsplatz außerhalb des Betriebs um einen fest eingerichteten Telearbeitsplatz, finden die §§ 3 und 6 sowie der 6. Anhang der ArbStättV Anwendung (§ 1 Abs. 4 ArbStättV). Damit gelten die Vorschriften zur Gefährdungsbeurteilung (§ 3 ArbStättV) sowie zur Unterweisung von Beschäftigten (§ 6 ArbStättV) (vertiefend → F II). Zugleich sieht der 6. Anhang der Verordnung detaillierte **Regelungen zur Gestaltung von Bildschirmarbeitsplätzen** vor, die damit auch für fest eingerichtete Bildschirmarbeitsplätze im häuslichen Bereich des Arbeitnehmers gelten.

201 Bei Anwendung der Vorgaben der ArbStättV sind nach § 1 Abs. 4 S. 2 ArbStättV die Eigenarten von Telearbeitsplätzen zu berücksichtigen. Demnach müssen die eingerichteten Telearbeitsplätze nicht genau dem betrieblichen Vorbild nachempfunden sein, vielmehr sind die für betriebliche Arbeitsplätze aufgestellten Grundsätze auf die im Privatbereich eingerichteten Arbeitsplätze unter Berücksichtigung der Besonderheiten mobiler Arbeit anzuwenden.

202 Gemäß Ziffer 6.1. Abs. 1 S. 1 des 6. Anhangs zur ArbStättV sind **Bildschirmarbeitsplätze** so einzurichten und zu betreiben, dass Sicherheit und Gesundheitsschutz der Beschäftigten gewährleistet sind. Die konkreten Anforderungen an die Einrichtung werden im 6. Anhang aufgelistet. Ziffer 6.1. des 6. Anhangs zur ArbStättV umschreibt die allgemeinen Anforderungen an Räume und Arbeitsplätze, während Ziffer 6.2. die Anforderungen für die IT-Infrastruktur benennt. Die Einrichtung ortsgebundener Bildschirmgeräte richtet sich nach Ziffer 6.3. Ziffer 6.4. regelt die Gestaltung und Nutzung ortsveränderlicher Bildschirmgeräte, wie Laptops, Tablets oder Smartphones. Ziffer 6.5. befasst sich mit den Anforderungen der eingesetzten Software.

203 Die im 6. Anhang enthaltenen Regelungen der ArbStättV normieren die Anforderungen unter Rückgriff auf vielfältige unbestimmte Rechtsbegriffe und die Besonderheiten der Arbeitstätigkeit. Die Verordnung enthält damit keine konkreten Gestaltungsvorgaben. Für die Praxis werden die Anforderungen der ArbStättV daher durch vielfältige Regelungswerke, wie zB arbeitsmedizinische Regeln, konkretisiert. Als konkrete Richtlinien können auch die Handreichungen der Unfallversicherungsträger herangezogen werden, die im Rahmen ihrer Aufgaben zur Unfallverhütung und -prävention erstellt werden (§§ 14 ff. SGB VII).[166]

204 Weiterhin muss der Arbeitsraum im häuslichen Bereich ausreichend **beleuchtet** sein sowie eine genügende **Größe** aufweisen, damit der Arbeitnehmer wechselnde Arbeitshaltungen einnehmen kann und ihm in kurzen Pausen Bewegungen möglich sind (Ziff. 6.1. Abs. 3). Der Flächenbedarf eines Arbeitsraums für Schreibtischarbeit

[166] IAG, Praxishilfe – Check-up Home-Office, 06/2022, abrufbar unter https://publikationen.dguv.de/widgets/pdf/download/article/4018 (Stand: 1.9.2023); allgemein zu Bildschirmarbeitsplätzen DGUV, Information 215–410, Bildschirm- und Büroarbeitsplätze – Leitfaden für die Gestaltung, Juli 2019, abrufbar unter https://publikationen.dguv.de/widgets/pdf/download/article/409 (Stand: 1.9.2023).

wird mit einer Mindestgröße von 8 bis 10 $m^2$ bemessen.[167] Auch das Schreibtischmobiliar, Arbeitsplatte und Arbeitsstuhl, müssen so ausgestaltet sein, dass der Arbeitnehmer eine ergonomisch korrekte Arbeitshaltung mit ausreichender Beinfreiheit einnehmen kann und ein optimaler Abstand zwischen dem Bürostuhl und dem Bildschirmarbeitsgerät besteht.[168] Die Arbeitsfläche für eine dauerhafte Tätigkeit im Home-Office soll im Optimalfall 160 × 80 cm groß[169] und reflexionsfrei gestaltet sein (Ziff. 6.1. Abs. 4). Die Oberflächen des Bildschirms sind für die konkrete Aufgabe ausreichend groß zu bemessen (Ziff. 6.1. Abs. 6 Ziff. 1; Ziff. 6.2. Abs. 4).[170] Gleichzeitig hängt die Bildschirmgröße und die Frage, ob ggf. mehrere Bildschirme zur Verfügung gestellt werden müssen, wesentlich von der geschuldeten Tätigkeit ab. So genügt ein Bildschirm im Regelfall für die Textverarbeitung, während für die Durchsicht und Prüfung vielfältiger Einzeldokumente oder graphische Gestaltungen mehrere Bildschirme erforderlich sein können.

205 Für eine dauerhafte Bildschirmtätigkeit sind grundsätzlich fest eingerichtete Bildschirmgeräte erforderlich, da diese eine ergonomische Arbeitsposition durch einen optimalen Abstand des Arbeitnehmers zum Bildschirm sowie der Eingabetastatur ermöglichen. Tragbare Bildschirmgeräte, wie Notebooks oder Tablets, sind nach Ziff. 6.4. Abs. 3 nur für den kurzfristigen Einsatz zulässig oder wenn die Arbeitsaufgaben nicht mit anderen Bildschirmgeräten ausgeführt werden können. Im Regelfall sind Telearbeitsplätze damit mit festen PCs und individuell einstellbaren Bildschirmen sowie gesonderten Tastaturen auszustatten.

206 Die Einrichtung eines Telearbeitsplatzes iSv § 2 Abs. 7 ArbStättV sollte davon abhängig gemacht werden, dass dem Arbeitnehmer geeignete Räumlichkeiten zur Verfügung stehen. Es empfiehlt sich eine Begehung des häuslichen Arbeitsplatzes des Arbeitnehmers, um die privaten Räumlichkeiten auf ihre Eignung zu prüfen und um Einrichtung und Ausstattung des Arbeitsplatzes den räumlichen Gegebenheiten anzupassen. Im Einzelfall kann auch eine Befragung des Arbeitnehmers zu den räumlichen Gegebenheiten in seinem Privatbereich ausreichend sein (zur erforderlichen Gefährdungsbeurteilung → Rn. 701 ff.). Im Rahmen der Vereinbarung zur Telearbeit können Zustand und Ausstattung des Arbeitsplatzes dokumentiert werden.

### dd) Rechtsfolgen der Überlassung von Arbeitsmitteln und Rückgabepflichten

207 Erwirbt der Arbeitgeber Arbeitsmittel und überlässt diese dem Arbeitnehmer während seiner mobilen Tätigkeit, bleibt er deren **Eigentümer.** Der Arbeitnehmer ist nicht Besitzer, sondern lediglich **Besitzdiener** iSv § 855 BGB, da er den Weisungen des Arbeitgebers zum Umgang mit den Arbeitsmitteln unterliegt. In der Folge bleibt der Arbeitgeber auch dann Besitzer, wenn er nicht ununterbrochen auf die Arbeitsmittel

[167] VBG, Telearbeit – Gesundheit, Gestaltung, Recht, Version 2.0/2023-06, S. 11, abrufbar unter https://www.vbg.de (Stand: 1.9.2023); VBG, Arbeiten im Homeoffice – nicht nur in der Zeit der SARS-CoV-2-Epidemie, 24.2.2021, S. 3, abrufbar unter https://www.vbg.de/SharedDocs/Medien-Center/DE/Broschuere/Themen/Bildschirm_und_Bueroarbeit/Fachinformation_Arbeiten_im_Homeoffice.pdf;jsessionid=315491EFD816B8FF21C353E4055C92CD.live2?__blob=publicationFile&v=4 (Stand: 1.9.2023); Müller, Homeoffice in der arbeitsrechtlichen Praxis, 2022, Rn. 147.

[168] Zu den konkreten Anforderungen IAG, Praxishilfe – Check-up Home-Office, 06/2022.

[169] IAG, Praxishilfe – Check-up Home-Office, 06/2022.

[170] Vgl. zur konkreten Ausgestaltung VBG, Telearbeit – Gesundheit, Gestaltung, Recht; von einer Bildschirmgröße von 17 Zoll ausgehend IAG, Praxishilfe, Check-up Home-Office, 06/2022.

einwirken kann.[171] Der Arbeitgeber kann damit während der Tätigkeit im Home-Office Vorgaben für deren Nutzung machen sowie die Arbeitsmittel nach Beendigung der Home-Office Tätigkeit analog § 667 BGB oder auf Grundlage von §§ 985, 861 BGB herausverlangen (vgl. unten → Rn. 230ff.). Zurückbehaltungsrechte des Arbeitnehmers an Arbeitsmitteln bestehen im Allgemeinen nicht.[172]

208 Haben die Parteien keine Vereinbarung über die Rückgabe der Arbeitsmittel getroffen, richtet sich der Leistungsort für die Rückgabe nach § 269 Abs. 1 BGB. Der Arbeitsvertrag lässt sich ergänzend regelmäßig dahingehend auslegen, dass **Leistungsort** der Betrieb des Arbeitgebers ist. Demnach muss der Arbeitnehmer die Arbeitsmittel nach Beendigung ihrer Nutzung in den Betrieb des Arbeitgebers zurückbringen. Anderes ergibt sich aus der Natur des Schuldverhältnisses, wenn kein betrieblicher Arbeitsplatz vorhanden ist. In diesem Fall wäre eine Holschuld des Arbeitgebers anzunehmen.[173] In einer Vereinbarung zur Mobilen Arbeit empfiehlt sich, die Eigentümerstellung des Arbeitgebers klarzustellen sowie Regelungen zur Herausgabe der Arbeitsmittel zu treffen. Zugleich kann es empfehlenswert sein, Zurückbehaltungsrechte des Arbeitnehmers an Arbeitsmitteln vorsorglich auszuschließen.

209 Zur Durchsetzung von Rückgabeansprüchen kann eine Inventarliste der zur Verfügung gestellten Arbeitsmittel erstellt werden.

#### ee) Aufwendungsersatzanspruch des Arbeitnehmers

210 Erbringt der Arbeitnehmer die Arbeitsleistung mit eigenen Arbeitsmitteln, kann er analog § 670 BGB vom Arbeitgeber Ersatz der in dessen Interesse getätigten Aufwendungen verlangen.[174]

211 **(1) Tatbestandliche Voraussetzungen.** Der Anspruch setzt zunächst voraus, dass die getätigten Aufwendungen im Interesse des Arbeitgebers liegen. Während das BAG in einer früheren Entscheidung davon ausging, dass eine der Arbeitsleistung dienende Aufwendung stets dem Arbeitgeberinteresse dient,[175] legt die neuere BAG-Rechtsprechungslinie eine differenzierte Betrachtung zugrunde. Diese trägt dem Umstand Rechnung, dass Mobile Arbeit häufig zumindest auch im Interesse des Arbeitnehmers erfolgt. So spart der Arbeitnehmer beispielsweise Fahrkosten und Fahrzeit für den Weg zur betrieblichen Tätigkeitsstätte, zudem kann sie die Vereinbarkeit von Beruf und Familie erleichtern.

212 Vor diesem Hintergrund ist anhand der Umstände des Einzelfalls zu ermitteln, ob die Aufwendungen tatsächlich im Interesse des Arbeitgebers liegen. Dies ist nur dann anzunehmen, wenn sein Interesse an der Tätigkeit außerhalb des Betriebs so weit überwiegt, dass ein mögliches Interesse des Arbeitnehmers vernachlässigt werden

[171] Grds. BAG 17.9.1998 – 8 AZR 175/97, NJW 1999, 1049ff.; Schaub ArbR-HdB/Koch § 113 Rn. 1; Preis, Der Arbeitsvertrag/Temming II H 40 Rn. 10ff.
[172] Müller, Homeoffice in der arbeitsrechtlichen Praxis, 2022, Rn. 166; grds. BAG 14.12.2011 – 10 AZR 283/10, NZA 2012, 501ff.; ErfK/Preis BGB § 611a Rn. 860; Schaub ArbR-HdB/Linck § 150 Rn. 3.
[173] Stets eine Holschuld annehmend Boemke BB 2000, 147 (154).
[174] Grds. BAG 14.10.2003 – 9 AZR 657/02, NZA 2004, 604 (605).
[175] BAG 14.10.2003 – 9 AZR 657/02, NZA 2004, 604 (605).

kann.[176] Insgesamt kommt es darauf an, ob der Arbeitgeber die Arbeitstätigkeit bewusst aus dem Betrieb ausgelagert hat oder ob der Arbeitnehmer bei freier Wahl des Arbeitsplatzes Mobile Arbeit leistet. Ein relevantes Indiz ist, ob dem Arbeitnehmer ein betrieblicher Arbeitsort zur Verfügung steht. Das BAG verneinte nach diesen Grundsätzen den Aufwendungsersatzanspruch eines Lehrers, der sein häusliches Arbeitszimmer im eigenen Interesse anstelle verfügbarer Räumlichkeiten im Schulgebäude nutzte.[177]

213 Dass Aufwendungen für die mobile Arbeit nur dann im Interesse des Arbeitgebers liegen, wenn die Verlagerung des Arbeitsorts in seinem Interesse liegt, ist eine bedeutende Einschränkung des Aufwendungsersatzanspruchs. Für den Fall, dass der Arbeitnehmer im eigenen Interesse außerhalb des Betriebs tätig ist, kann dies in der zugrundeliegenden Vereinbarung ausdrücklich festgehalten werden.

214 Ein Anspruch auf Ersatz von Aufwendungen setzt voraus, dass der Arbeitnehmer diese auf **Weisung des Arbeitgebers** erbracht hat oder zumindest **subjektiv für erforderlich** halten durfte.[178] Ausgeschlossen ist der Ersatzanspruch analog § 670 BGB, sofern die Aufwendungen bereits anderweitig **abgegolten** wurden. Durch das Arbeitsentgelt abgegolten sind nur arbeitsadäquate Aufwendungen.[179] Welche Aufwendungen als arbeitsadäquat gelten, richtet sich wesentlich nach der Art der Tätigkeit. So ist für einen Arbeitnehmer, der im Außendienst tätig ist, eine geringfügige und zeitweise Nutzung des Wohnbereichs arbeitsadäquat, nicht jedoch die dauerhafte Nutzung privater Räumlichkeiten für berufliche Zwecke.[180] Bei einer nur vorübergehenden und im Kontext der konkreten Tätigkeit erwartbaren Verlagerung von Tätigkeiten in den häuslichen Bereich, kann der Arbeitnehmer daher regelmäßig keinen Aufwendungsersatzanspruch für die Einrichtung des häuslichen Arbeitsplatzes geltend machen.

215 Ein Aufwendungsersatzanspruch kommt auch in Betracht, wenn der Arbeitnehmer ein dienstlich genutztes Arbeitsmittel schädigt, das in seinem Eigentum steht. Hat der Arbeitnehmer den Schadenseintritt zu vertreten, mindert sich der Aufwendungsersatzanspruch entsprechend den Grundsätzen des innerbetrieblichen Schadensausgleichs (→ Rn. 246 ff.).[181]

216 **(2) Inhalt des Aufwendungsersatzanspruchs.** Ein Aufwendungsersatzanspruch umfasst die Einrichtung des häuslichen Arbeitsplatzes und damit zunächst die Mietkosten der beruflich genutzten privaten Räumlichkeiten.[182] Nutzt der Arbeitnehmer in seinem Eigentum stehende Räumlichkeiten, kommt es auf die fiktive Miete abzüglich etwaiger Erhaltungsanwendungen an.[183] Weiterhin sind Nebenkosten sowie Kosten

[176] BAG 12.4.2011 – 9 AZR 14/10, NZA 2012, 97 Rn. 25; BAG 16.10.2007 – 9 AZR 170/07, NJW 2008, 1612 Rn. 28.
[177] BAG 12.4.2011 – 9 AZR 14/10, NZA 2012, 97 Rn. 26ff.
[178] ErfK/Preis BGB § 611a Rn. 632.
[179] BAG 14.10.2003 – 9 AZR 657/02, NZA 2004, 604 (605); grds. BAG (GS) 10.11.1961 – GS 1/60, NJW 1962, 411 (415).
[180] BAG 14.10.2003 – 9 AZR 657/02, NZA 2004, 604 (605).
[181] Zu den Grundsätzen der beschränkten Arbeitnehmerhaftung ErfK/Preis BGB § 619a Rn. 9ff.
[182] BAG 14.10.2003 – 9 AZR 657/02, NZA 2004, 604 (605); Däubler/Deinert/Walser AGB-Kontrolle im Arbeitsrecht/Walser Anhang Rn. 242j.
[183] BAG 14.10.2003 – 9 AZR 657/02, NZA 2004, 604ff.; Richardi BetrVG/Richardi/Maschmann § 87 Rn. 201f; Schaub ArbR-HdB/Koch § 82 Rn. 17.

für die Einrichtung des Arbeitsplatzes und die Nutzung privater Kommunikationsinfrastruktur (Internetanschluss, Telefonanschluss) ersatzfähig (→ Rn. 195). Aufwendungen sind auch Kosten für die **erstmalige Anschaffung** erforderlicher Arbeitsmittel (Computer sowie erforderliche Hard- und Software, Schreibtisch, Bürostuhl) sowie die Kosten ihrer **laufenden Nutzung** (Papier-, Tonerkosten, Porto, Telefon- sowie Internetgebühren).

217 Ein Anspruch auf die Erstattung von **Fahrtkosten** von der außerbetrieblichen Arbeitsstätte in den Betrieb hängt davon ab, ob die Fahrten im Interesse des Arbeitgebers erfolgen. Dies richtet sich nach der arbeitsvertraglichen Vereinbarung über den Arbeitsort. Fahrten zur betrieblichen Tätigkeitsstätte liegen nur dann im Interesse des Arbeitgebers, wenn eine ausschließliche Tätigkeit im Home- oder Mobile Office vereinbart wurde und der Arbeitnehmer auf Wunsch des Arbeitgebers zu seinem betrieblichen Arbeitsplatz reist. Kein Anspruch auf Erstattung von Fahrtkosten besteht hingegen, wenn ein Wechsel zwischen der betrieblichen und der häuslichen Tätigkeitsstätte vorgesehen ist.[184]

218 **(3) Abbedingung des Aufwendungsersatzanspruchs.** Die Regelung des § 670 BGB ist dispositiv. Vertragliche Vereinbarungen zur Abgeltung von Aufwendungen gehen damit einem Anspruch analog § 670 BGB vor.[185] Zur Vermeidung von Abgrenzungsfragen kann es sich anbieten, den Aufwendungsersatzanspruch durch Vereinbarung eines **Pauschalbetrags** abzubedingen. Sofern die Parteien nicht ausdrücklich regeln, welche Aufwendungen abgegolten sind, ist der Inhalt der Vereinbarung durch Auslegung zu ermitteln. Der Pauschalbetrag muss zumindest so bemessen sein, dass der Arbeitnehmer die Möglichkeit hat, die erforderlichen Arbeitsmittel durch diesen zu finanzieren.[186] Geht der Pauschalbetrag hingegen über die tatsächlich zu erwartenden Kosten hinaus, kann ein steuer- und sozialversicherungspflichtiger Vergütungsbestandteil entstehen.

219 Ein formularmäßiger Ausschluss von Aufwendungsersatzansprüchen unterliegt der Inhaltskontrolle. Insoweit ist relevant, dass das BAG den Anspruch des Arbeitnehmers auf Bereitstellung von Arbeitsmitteln als gesetzliches Leitbild qualifiziert (§ 307 Abs. 2 Nr. 1 BGB), mit dessen Grundgedanken ein vollständiger Ausschluss von Aufwendungsersatzansprüchen grundsätzlich nicht zu vereinbaren ist.[187] Ein formularmäßiger Ausschluss ist daher nur zulässig, wenn dieser durch einen pauschalen Ausgleich kompensiert wird. Die Klauselgestaltung muss den Anforderungen des Transparenzgebots genügen,[188] zugleich muss die Pauschale angemessen bemessen sein. Letzteres beurteilt sich anhand der durchschnittlichen Anschaffungskosten. Nutzt der Arbeitnehmer die erworbenen Arbeitsmittel auch privat, kann die Privatnutzung entsprechend in Ansatz gebracht werden.[189]

---

[184] Schaub ArbR-HdB/Vogelsang § 164 Rn. 42; Preis, Der Arbeitsvertrag/Temming II T 20 Rn. 52.
[185] BAG 14.2.1996 – 5 AZR 978/94, NZA 1996, 883 f.; ErfK/Preis BGB § 611a Rn. 633.
[186] Vgl. BAG 21.8.1985 – 7 AZR 199/83, NZA 1986, 324.
[187] BAG 10.11.2021 – 5 AZR 334/21, NZA 2022, 401 Rn. 30 ff.; ebenfalls Preis, Der Arbeitsvertrag/Stoffels II A 115 Rn. 13 ff.; Däubler/Deinert/Walser, AGB-Kontrolle im Arbeitsrecht/Walser Anhang Rn. 143, 242j.
[188] Preis, Der Arbeitsvertrag/Stoffels II A 115 Rn. 14.
[189] Müller, Homeoffice in der arbeitsrechtlichen Praxis, 2022, Rn. 257 ff.

220 Eine Pauschalierung des Aufwendungsersatzes empfiehlt sich gerade bei anteilig zu ersetzenden Kosten, etwa zum Ausgleich von Miet- und Mietnebenkosten, wenn eine Abgrenzung des privaten und beruflichen Anteils nur schwer möglich ist. Gerade in formularmäßigen Vereinbarungen ist ausreichend zu konkretisieren, welche Kosten durch die Pauschale abgedeckt werden, um den Anforderungen des **Transparenzgebots** (§ 307 Abs. 1 S. 2 BGB) zu genügen.

### b) Einsatz von Arbeitsmitteln im Eigentum des Arbeitnehmers – Bring your own device

221 Im Kontext der Arbeitstätigkeit außerhalb des Betriebs kommen bisweilen auch private Arbeitsmittel des Arbeitnehmers zum Einsatz.[190] Teilweise wird im Rahmen des sogenannten **Bring your own device (BYOD)** nicht vollumfänglich auf private Arbeitsmittel des Arbeitnehmers zurückgegriffen, vielmehr werden ergänzend zu den durch den Arbeitgeber bereitgestellten Arbeitsmitteln auch im Eigentum des Arbeitnehmers stehende Mittel dienstlich genutzt.

222 Der Einsatz eigener Arbeitsmittel des Arbeitnehmers setzt eine vertragliche Vereinbarung voraus. Grundsätzlich kann der Arbeitnehmer nicht einseitig verpflichtet werden, seine eigenen Arbeitsmittel für die Arbeitstätigkeit einzusetzen. Setzt der Arbeitnehmer in seinem Eigentum stehende Arbeitsmittel, etwa IT-Endgeräte wie Laptops, Tablets oder Smartphones ein, freiwillig ein, ist der Arbeitgeber verpflichtet, entstehende Aufwendungen analog § 670 BGB zu ersetzen, sofern die getätigten Aufwendungen dem dienstlichen Bereich zuzuordnen sind.[191]

223 BYOD birgt für den Arbeitgeber zwar den Vorteil, den Arbeitnehmer nicht mit zusätzlichen Arbeitsmitteln ausstatten zu müssen. Zugleich kann er die Risiken des Einsatzes von Arbeitsmitteln im Eigentum des Arbeitnehmers nicht gleichermaßen beherrschen wie den Einsatz von Arbeitsmitteln in seinem Eigentum. So ist es ihm im Fall des Verlusts von Arbeitsmitteln regelmäßig nicht möglich, eventuell gespeicherte betriebliche Daten zu löschen. Zugleich treffen den Arbeitgeber auch bei BYOD die gleichen arbeitsschutzrechtlichen Verpflichtungen aus der Betriebssicherheitsverordnung (BetrSichV), insbesondere die Anforderungen der Gefährdungsbeurteilung (§ 3 BetrSichV), wie im Fall der Bereitstellung von Arbeitsmitteln.[192] Vor diesem Hintergrund dürften sich Vereinbarungen zu BYOD nur in Ausnahmefällen anbieten.

#### aa) Datenschutzrecht

224 Kommen bei Ausführung der Arbeitstätigkeit Arbeitsmittel des Arbeitnehmers zum Einsatz, knüpfen hieran vielfältige weitere Rechtsfragen an. Zunächst bleibt der Arbeitgeber unabhängig von der sachenrechtlichen Zuordnung Verantwortlicher iS des **Datenschutzrechts** (→ Rn. 553).

[190] Vertiefend zu den Erscheinungsformen von BYOD Kramer IT-ArbR/Hoppe § 2 Rn. 723 ff.
[191] Göpfert/Wilke NZA 2012, 765 (768 f.).
[192] Vgl. § 5 Abs. 4 BetrSichV; Kollmer/Klindt/Schlucht/Wink BetrSichV § 5 Rn. 3; Wiebauer NZA 2016, 1430 (1432).

### bb) Herausgabe der Arbeitsmittel

225 Zugleich stellt sich die Frage, ob der Arbeitgeber im Einzelfall **Herausgabe** der Arbeitsmittel im Eigentum des Arbeitnehmers bzw. der auf ihnen gespeicherten Arbeitsergebnisse verlangen kann, um Kontroll- und Weisungsrechte auszuüben. Da sich die Arbeitsmittel nicht im (Mit-) Eigentum des Arbeitgebers befinden, wird zur Begründung eines Anspruchs teilweise danach differenziert, ob der Arbeitnehmer zu einer Privatnutzung der Arbeitsmittel berechtigt ist (→ Rn. 230 ff.), da bei Ausschluss einer privaten Nutzung der Arbeitgeber als Besitzer der Arbeitsmittel qualifiziert werden könne.[193] Tatsächlich dürfte auch bei einer ausgeschlossenen privaten Nutzung noch ein Mitbesitz des Arbeitnehmers (§ 866 BGB) bestehen, der potentiellen Besitzschutzansprüchen des Arbeitgebers entgegensteht.[194] Überzeugender ist es daher, einen Herausgabeanspruch auf vertraglicher Grundlage aus § 667 BGB herzuleiten. Insoweit ist der Arbeitnehmer auch im laufenden Arbeitsverhältnis verpflichtet, sämtliche Kontakte, Dokumente und sonstige Daten mit dienstlichem Bezug, die ausschließlich auf seinen privaten Arbeitsmitteln gespeichert sind, herauszugeben.[195]

226 In der Vereinbarung zu mobiler Arbeit empfiehlt es sich, eine Verpflichtung des Arbeitnehmers zu regeln, Arbeitsergebnisse stets auch auf internen Speichern oder Servern des Arbeitgebers zu sichern, damit der Arbeitgeber nach Ausscheiden des Arbeitnehmers, bei Verlust oder Aufgabe des Einsatzes des privaten Arbeitsmittels, stets auf die Arbeitsergebnisse zugreifen kann.

227 Zum Schutz des Persönlichkeitsrechts des Arbeitnehmers sollte bei privaten Arbeitsgeräten des Arbeitnehmers auf eine **getrennte Speicherung** privater und beruflicher Daten geachtet werden. Ein Anspruch des Arbeitgebers auf Einsicht und Verarbeitung gespeicherter privater Daten folgt zum einen nicht aus dem Arbeitsvertrag und wäre zum anderen datenschutzrechtlich regelmäßig nicht von einem Erlaubnistatbestand gedeckt.[196]

### cc) BYOD-Vereinbarungen

228 Eine formularmäßige Vereinbarung zur Nutzung eigener Arbeitsmittel unterliegt der **Inhaltskontrolle** gem. §§ 305 ff. BGB. Hierbei ist zu berücksichtigen, dass die Ausgestaltung den Arbeitnehmer nicht iSd § 307 Abs. 1 S. 1 BGB unangemessen benachteiligen darf.[197] Im Rahmen der Inhaltskontrolle ist insbesondere zu berücksichtigen, ob dem Arbeitnehmer eine finanzielle Kompensation für den Einsatz eigener technischer Geräte zusteht.

229 Der Einsatz eigener Arbeitsmittel des Arbeitnehmers berührt Mitbestimmungsrechte des Betriebsrats bei Fragen der Ordnung im Betrieb (§ 87 Abs. 1 Nr. 1 BetrVG) und der Einführung und Anwendung technischer Einrichtungen zur Leistungsüberwachung (§ 87 Abs. 1 Nr. 6 BetrVG) (im Einzelnen → Rn. 458).[198] Der Einsatz von

---

[193] Müller, Homeoffice in der arbeitsrechtlichen Praxis, 2022, Rn. 181 ff.
[194] Vgl. Däubler/Deinert/Walser, AGB-Kontrolle im Arbeitsrecht/Walser Anhang Rn. 147.
[195] Göpfert/Wilke NZA 2012, 765 (769); Müller, Homeoffice in der arbeitsrechtlichen Praxis, 2022, Rn. 183.
[196] Müller, Homeoffice in der arbeitsrechtlichen Praxis, 2022, Rn. 176.
[197] Vgl. ebenfalls Göpfert/Wilke NZA 2012, 765 (769).
[198] Kramer IT-ArbR/Hoppe § 2 Rn. 747 ff.

Arbeitsgeräten im Eigentum des Arbeitnehmers ist zumindest geeignet,[199] den Arbeitnehmer zu überwachen. Dies ist zB der Fall, wenn eine Synchronisierung der auf dem Privatgeräten gespeicherten Daten mit den betrieblichen Servern erfolgt oder eine Herausgabe der Informationen an den Arbeitgeber vorgesehen ist. In diesen Fällen kann der Arbeitgeber aus den übermittelten dienstlichen Informationen Rückschlüsse auf die Arbeitsleistung des Arbeitnehmers ziehen.[200] Für die einheitliche Regelung des Einsatzes von Arbeitsmitteln im Eigentum des Arbeitnehmers bietet sich eine **Betriebsvereinbarung** an.

### c) Weisungen zum Umgang mit Arbeitsmitteln

230 Grundsätzlich steht dem Arbeitgeber ein Weisungsrecht über die **dienstliche Verwendung** von Arbeitsmitteln zu. Insoweit kann der Arbeitgeber bspw. anordnen, dass IT-Endgeräte, auf denen Arbeitsinhalte gespeichert sind, verschlossen zu verwahren oder mit besonderer Software zum Virenschutz auszustatten sind.

231 Zugleich empfiehlt sich eine Regelung zu der **Privatnutzung** der Arbeitsmittel. Sofern die Arbeitsmittel im **Eigentum des Arbeitnehmers** stehen, ist eine Privatnutzung grundsätzlich zulässig. Die private Nutzungsmöglichkeit kann jedoch aufgrund vertraglicher Schutzpflichten des Arbeitnehmers begrenzt sein (§ 241 Abs. 2 BGB). So ist der Arbeitnehmer im laufenden Vertragsverhältnis verpflichtet, zumutbare Sicherheitsvorkehrungen zu treffen, die ein verständiger und umsichtiger Arbeitnehmer für ausreichend halten darf, um den Arbeitgeber vor Schäden zu bewahren.[201] Demnach darf der Arbeitnehmer beruflich genutzte IT-Endgeräte nicht derart nutzen, dass Inhalte und Daten aus dem Arbeitsverhältnis gefährdet oder offengelegt werden.[202] Insoweit kann sich aus vertraglichen Nebenpflichten eine Pflicht des Arbeitnehmers ableiten, während der Privatnutzung eine aktuelle Anti-Viren-Software einzusetzen sowie sonstige zumutbare Maßnahmen zum Schutz der IT-Sicherheit zu ergreifen.

232 Stehen die Arbeitsmittel im **Eigentum des Arbeitgebers,** darf der Arbeitnehmer diese grundsätzlich nicht privat nutzen.[203] Aus Gründen der Rechtssicherheit empfiehlt es sich gleichwohl, ein Privatnutzungsverbot der Arbeitsmittel zu regeln. Nutzt der Arbeitnehmer das Arbeitsmittel in diesem Fall unerlaubt privat, stellt die Nutzung grundsätzlich keine betrieblich veranlasste Tätigkeit dar, so dass der Arbeitnehmer unbeschränkt nach den allgemeinen zivilrechtlichen Grundsätzen haftet (zur Arbeitnehmerhaftung → Rn. 246 ff.).[204]

233 Für den Arbeitgeber empfiehlt sich die Privatnutzung von überlassenen Arbeitsmitteln auszuschließen, um Haftungsrisiken zu senken und das Risiko ihm zurechenbarer Datenschutzverstößen zu minimieren. Zugleich ist der Arbeitgeber bei einer dienstli-

---

[199] Hierzu grundlegend BAG 27.1.2004 – 1 ABR 7/03, NZA 2004, 556 (558).
[200] Fitting § 87 Rn. 248 f.; Göpfert/Wilke NZA 2012, 765 (769); Kramer IT-ArbR/Hoppe § 2 Rn. 751.
[201] MüKo BGB/Bachmann § 241 Rn. 173; vgl. zum entsprechenden Maßstab BGH 19.1.2021 – VI ZR 188/17, NJW 2021, 1818 Rn. 24.
[202] Müller, Homeoffice in der arbeitsrechtlichen Praxis, 2022, Rn. 182.
[203] NK-GA/Brors BGB § 611 Rn. 557; Preis, Der Arbeitsvertrag/Temming II T 20 Rn. 46a; Müller, Homeoffice in der arbeitsrechtlichen Praxis, 2022, Rn. 158.
[204] Schwarze NZA 2018, 65 (67); Müller, Homeoffice in der arbeitsrechtlichen Praxis, 2022, Rn. 326; Schaub ArbR-HdB/Vogelsang § 164 Rn. 39.

chen Nutzung der Telekommunikationsanlagen gem. § 1 Abs. 1 Nr. 2 TTDSG unter Ausschluss der privaten Nutzung durch die Arbeitnehmer nicht an das Fernmeldegeheimnis (§ 3 Abs. 1 TTDSG) gebunden.[205]

234 Weisungen zum Einsatz und der Verwendung von Arbeitsmitteln können **Mitbestimmungsrechte des Betriebsrats** eröffnen. Das Mitbestimmungsrecht bei Regelung der Ordnung und des Verhaltens der Arbeitnehmer im Betrieb (§ 87 Abs. 1 Nr. 1 BetrVG) erfasst insbesondere Verhaltensregeln zur Sicherung eines ungestörten Arbeitsablaufs.[206] Regelungen zur Aufbewahrung und zum Umgang mit überlassenen Arbeitsmitteln verfolgen das Ziel, einen ungestörten Arbeitsablauf im Betrieb zu gewährleisten, so dass der Betriebsrat grundsätzlich mitbestimmen kann.[207] Kein Mitbestimmungsrecht besteht demgegenüber, wenn der Arbeitgeber die private Nutzung seiner Arbeitsmittel ausschließt, da eine solche Regelung untrennbar mit der Eigentümerstellung des Arbeitgebers verbunden ist.[208]

## 2. Haftung und Risikotragung

235 Bei Mobiler Arbeit bestehen Besonderheiten bei der Haftung und Risikotragung. Während der Arbeitgeber auch bei Mobiler Arbeit das Betriebsrisiko (→ Rn. 236 ff.) trägt, sind im Hinblick auf die Anwendbarkeit der beschränkten Arbeitnehmerhaftung die betriebliche sowie die private Risikosphäre sorgfältig voneinander abzugrenzen (→ Rn. 245 ff.). Eine weitere haftungsrechtliche Besonderheit Mobiler Arbeit besteht darin, dass auch Haushaltsangehörige und sonstige Dritte auf das Eigentum des Arbeitgebers einwirken können (→ Rn. 261 ff.).

### a) Betriebsrisiko

236 Grundsätzlich trägt der Arbeitgeber das **Betriebsrisiko** iSd § 615 S. 3 BGB. Dies gilt auch bei Mobiler Arbeit,[209] da die Anwendung der Betriebsrisikolehre nicht an den Betrieb in örtlicher Hinsicht anknüpft, sondern verwirklicht wird, wenn die Erbringung der Arbeitsleistung aus **betriebstechnischen Gründen** unmöglich ist.[210]

237 Somit kann sich ein Betriebsrisiko auch realisieren, wenn die vom Arbeitgeber bereitgestellten Arbeitsmittel nicht funktionsfähig sind. Dies ist etwa der Fall, wenn dienstlich genutzte IT-Endgeräte aufgrund eines technischen Defekts ausfallen. In diesem Fall trifft den Arbeitnehmer gemäß § 241 Abs. 2 BGB die Pflicht, Schäden,

---

[205] Preis, Der Arbeitsvertrag/Temming II T 20 Rn. 47; Taeger/Gabel/Munz TTDSG § 3 Rn. 24; Taeger/Pohle ComputerR-HdB/Deusch/Eggendorfer 50.1 IT-Sicherheit Rn. 419; die Bindung des Arbeitgebers an das Fernmeldegeheimnis im Fall der dienstlichen Nutzung ist auch nach neuer Rechtslage noch abschließend geklärt, vgl. Rossow DuD 2022, 93 ff.

[206] Grundlegend BAG 9.12.1980 – 1 ABR 1/78, AP BetrVG 1972 § 87 Ordnung des Betriebs Nr. 2.

[207] Richardi BetrVG/Richardi/Maschmann § 87 Rn. 201f, 201g; anders Müller, Homeoffice in der arbeitsrechtlichen Praxis, 2022, Rn. 588.

[208] Wiese RdA 2009, 344, 347.

[209] Preis, Der Arbeitsvertrag/Temming II T 20 Rn. 38; Müller, Homeoffice in der arbeitsrechtlichen Praxis, 2022, Rn. 245; Schaub ArbR-HdB/Vogelsang § 164 Rn. 40.

[210] Grds. BAG 9.3.1983 – 4 AZR 301/80, AP BGB § 615 Betriebsrisiko Nr. 31.

soweit möglich und zumutbar, von dem Arbeitgeber abzuwenden.[211] Da der Arbeitgeber auftretende Störungen bei Mobiler Arbeit nicht unmittelbar erkennen und nicht auf diese einwirken kann, ist der Arbeitnehmer demnach verpflichtet, dem Arbeitgeber die Störung anzuzeigen und an der Wiederherstellung der Einsatzfähigkeit der Arbeitsmittel mitzuwirken.

238 Kein Fall des Betriebsrisikos ist hingegen anzunehmen, wenn der Arbeitnehmer im eigenen Interesse – trotz eines zur Verfügung stehenden Arbeitsplatzes im Betrieb – mobil arbeitet und Umstände aus seiner privaten Risikosphäre der Erbringung der Arbeitsleistung entgegenstehen, zB ein Ausfall der genutzten Internetverbindung. Der Arbeitgeber trägt das Betriebsrisiko, weil er den Betrieb leitet, die betrieblichen Abläufe organisiert, die Verantwortung trägt und die Erträge bezieht. Das Betriebsrisiko verwirklicht sich nur, wenn die Arbeitsleistung aus Gründen unmöglich wird, die in seinem Einflussbereich liegen.[212] Wenn dem Arbeitnehmer ein funktionsfähiger betrieblicher Arbeitsplatz zur Verfügung steht und die Mobile Arbeit ausschließlich im Interesse des Arbeitnehmers erfolgt, sind diese Voraussetzungen gerade nicht erfüllt. Insbesondere wird die Arbeitsleistung bei einem Ausfall der privaten Infrastruktur nicht aus Gründen unmöglich, die im Einflussbereich des Arbeitgebers liegen. Anderes gilt hingegen, wenn der Arbeitgeber die Tätigkeit des Arbeitnehmers im Wege einer Organisationsentscheidung in den häuslichen Bereich auslagert.

### aa) Gesetzliche Ausschlussgründe

239 Realisiert sich ein Betriebsrisiko, bleibt der Vergütungsanspruch des Arbeitnehmers nach den Grundsätzen des Annahmeverzugs erhalten (§ 615 S. 1, 3 BGB), der Arbeitnehmer muss sich jedoch insbesondere den Wert desjenigen anrechnen lassen, was er durch anderweitige Verwendung seiner Dienste erwirbt oder zu erwerben böswillig unterlässt (§ 615 S. 2 BGB).[213]

240 Ein Anspruch des Arbeitnehmers auf Annahmeverzugslohn besteht zunächst nicht, wenn der Arbeitnehmer den Arbeitsausfall zu **vertreten** hat, da sich in diesem Fall kein betriebsspezifisches Risiko realisiert.[214] Dies ist beispielsweise der Fall, wenn der Arbeitsausfall durch den fahrlässigen Download eines mit einem Computervirus infizierten Programms verursacht wurde.[215] Besteht an der betrieblichen Tätigkeitsstätte ein Leistungshindernis, kann ein Lohnanspruch gemäß § 615 S. 3, 2 BGB ausgeschlossen sein, wenn der Arbeitnehmer eine zumutbare Tätigkeit im Home-Office ablehnt (→ Rn. 125 ff.). Ein anzurechnender **böswillig unterlassener Erwerb** liegt auch vor, wenn ein Leistungshindernis im Home-Office auftritt und dem Arbeitnehmer eine Tätigkeit im Betrieb möglich und zumutbar wäre.

241 Nach allgemeinen Grundsätzen ist der Anspruch des Arbeitnehmers ausgeschlossen, wenn die Lohnfortzahlung die **Existenz** des Betriebs gefährdet. Die Rechtsprechung

[211] ErfK/Preis BGB § 611a Rn. 849; Schaub ArbR-HdB/Linck § 53 Rn. 38.
[212] BAG 13.10.2021 – 5 AZR 211/21, NZA 2022, 182 (Rn. 22); BAG 8.2.1957 – 1 AZR 338/55, NJW 1957, 687.
[213] Vgl. hierzu HWK/Krause BGB § 615 Rn. 121; BeckOK ArbR/Joussen BGB § 615 Rn. 92.
[214] Grds. ErfK/Preis BGB § 615 Rn. 122; BeckOK ArbR/Joussen BGB § 615 Rn. 92; zu Fragen des Home-Office Müller, Homeoffice in der arbeitsrechtlichen Praxis, 2022, Rn. 246.
[215] Zu diesem Beispiel nach LAG Rheinland-Pfalz 12.112015–5 Sa 10/15, MMR 2016, 571 ff.; Müller, Homeoffice in der arbeitsrechtlichen Praxis, 2022, Rn. 246 f.

hat den Anwendungsbereich dieser Ausnahme allerdings so eng gezogen, dass sie kaum praktische Relevanz entfaltet.[216]

242 Um den Arbeitnehmer bei auftretenden Leistungshindernissen in Mobiler Arbeit gleichwohl beschäftigen zu können, empfiehlt es sich, ausdrücklich zu regeln, dass dem Arbeitnehmer in entsprechenden Fällen eine Tätigkeit im Betrieb des Arbeitnehmers zugewiesen werden kann.

#### bb) Vertragliche Abbedingung des § 615 S. 3 BGB

243 § 615 S. 3 BGB ist **dispositiv,** demnach kann die Entgeltfortzahlungspflicht vertraglich abbedungen werden.[217] Formularmäßige Gestaltungen unterliegen der Inhaltskontrolle. Ein pauschaler Ausschluss des Entgeltanspruchs lässt sich nicht mit dem Grundgedanken der Risikotragung im Arbeitsverhältnis vereinbaren (§ 307 Abs. 2 S. 1 BGB) und wäre daher unwirksam.[218] Individualabreden oder tarifvertragliche Regelungen, die von § 615 S. 3 BGB abweichen, unterliegen zwar keiner Inhaltskontrolle gem. §§ 305ff. BGB, müssen nach der Rechtsprechung des BAG jedoch ausreichend konkret gestaltet werden.[219]

### b) Haftung bei Mobiler Arbeit

244 Grundsätzlich haften Arbeitnehmer auf vertraglicher Grundlage gemäß § 280 Abs. 1 BGB bei Verletzung vertraglicher Haupt- sowie Nebenpflichten. Daneben steht die allgemeine deliktsrechtliche Haftung nach den § 823 Abs. 1 und Abs. 2 BGB.

#### aa) Haftung des Arbeitnehmers gegenüber dem Arbeitgeber

245 Im Unterschied zu der unbeschränkten Haftung nach allgemeinen zivilrechtlichen Grundsätzen ist die Haftung des Arbeitnehmers beschränkt, wenn der **Anwendungsbereich** der begrenzten Arbeitnehmerhaftung eröffnet ist[220] und die schadensverursachende Tätigkeit betrieblich veranlasst ist.[221] Die Grundsätze der **beschränkten Arbeitnehmerhaftung** bzw. des **innerbetrieblichen Schadensausgleichs** finden unabhängig davon Anwendung, ob der Arbeitnehmer seine Tätigkeit im Betrieb oder mobil ausführt. In dem letztgenannten Fall ist jedoch genau abzugrenzen, ob die schadenverursachende Handlung betrieblich oder privat veranlasst war.

246 **(1) Betrieblich veranlasste Tätigkeit.** Nach ständiger Rechtsprechung des BAG sind Tätigkeiten betrieblich veranlasst, die **arbeitsvertraglich übertragen** wurden oder die der Arbeitnehmer im **Interesse des Arbeitgebers** für den Betrieb ausführt. Gehört das schadensverursachende Handeln hierbei nicht zum eigentlichen Aufgabengebiet des Arbeitnehmers, ist eine betrieblich veranlasste Tätigkeit dennoch anzu-

---

[216] Vgl. BAG 28.9.1972 – 2 AZR 506/71, NJW 1973, 342ff.; HWK/Krause BGB § 615 Rn. 120.
[217] BAG 4.7.1958 – 1 AZR 559/57, AP BGB § 615 Betriebsrisiko Nr. 5; ErfK/Preis BGB § 615 Rn. 129.
[218] Staudinger/Fischinger § 615 Rn. 10f.; ebenfalls von der Unwirksamkeit entsprechender Klauseln ausgehend HWK/Krause BGB § 615 Rn. 122.
[219] BAG 9.3.1983 – 4 AZR 301/80, AP BGB § 615 Betriebsrisiko Nr. 31.
[220] Hierzu im Einzelnen ErfK/Preis BGB § 619a Rn. 19f.
[221] Grundlegend BAG (GS) 27.9.1994 – GS 1/89 (A), NZA 1994, 1083ff.; hierzu vertiefend ErfK/Preis BGB § 619a Rn. 12ff.

nehmen, wenn der Arbeitnehmer im wohl verstandenen Interesse des Arbeitgebers tätig wird.[222]

247 Da bei Mobiler Arbeit die private und berufliche Sphäre in besonderer Weise zusammentreffen, sind vielfältige Fallgestaltungen denkbar, bei denen die Zuordnung der schadensverursachenden Tätigkeit Probleme bereitet. Anders als bei der Arbeitsleistung im Betrieb kann der Ort des Schadenseintritts allein keinen Hinweis auf einen betrieblichen Zusammenhang geben. Bei **Abgrenzung und Zuordnung der Risikosphären** kommt es daher auf eine Einzelfallbetrachtung an. Unproblematisch zuordnen lassen sich Fälle, in denen sich der Schadenseintritt ausschließlich der beruflichen Sphäre zuordnen lässt, etwa die Beschädigung eines Arbeitsmittels in Ausführung der Arbeitstätigkeit. Gleiches gilt für eine eindeutig der privaten Sphäre zuzuordnende Schadensursache, wenn etwa der Arbeitnehmer bei der Kinderbetreuung ein durch den Arbeitgeber überlassenes Arbeitsmittel beschädigt.

248 Eine differenzierte Abgrenzung wird erforderlich, wenn die schadensverursachende Handlung **gemischter,** mithin teils beruflicher teils privater Natur ist. Da bei Mobiler Arbeit die Überschneidung der betrieblichen und der privaten Sphäre auch dem Arbeitgeber zuzurechnen ist, überzeugt es, die Haftungsbeschränkung bei gemischten Ursachen nicht grundsätzlich abzulehnen, sondern von dem Umfang des privaten Verursachungsbeitrags abhängig zu machen.[223] Insoweit kommt es maßgeblich darauf an, ob sich vorrangig ein betriebliches Risiko oder das allgemeine Lebensrisiko des Arbeitnehmers realisiert hat.[224]

249 Die höchstrichterliche arbeitsgerichtliche Rechtsprechung hat bislang keine abschließenden Kriterien entwickelt, um abzugrenzen, wann ein privater Verursachungsbeitrag in Mobiler Arbeit dazu führt, dass die Grundsätze der beschränkten Arbeitnehmerhaftung keine Anwendung finden. Gleichwohl richtet sich die haftungsrechtliche Rechtsprechung des BAG seit jeher an der sozialrechtlichen Rechtsprechung zu § 105 Abs. 1 SGB VII aus.[225] Demnach bietet sich eine Orientierung an den Grundsätzen des Unfallversicherungsrechts zu Zurechenbarkeitsfragen bei Arbeitsunfällen an.[226]

250 **(a) Grundsätze der Zurechenbarkeit.** In der unfallversicherungsrechtlichen Rechtsprechung wird – sofern ein Arbeitsunfall sowohl auf privaten als auch auf beruflichen Verursachungsbeiträgen beruht – zwischen Tätigkeiten mit **gespaltener Handlungstendenz und gemischten Tätigkeiten** differenziert.[227]

251 Tätigkeiten mit **gespaltener Handlungstendenz** sind nach der sozialversicherungsrechtlichen Rechtsprechung Handlungen, die zugleich beruflichen und privaten

[222] Grds. BAG 28.10.2010 – 8 AZR 418/09, NZA 2011, 345 Rn. 14 mwN.
[223] Schwarze NZA 2018, 65 (67f.); Müller, Homeoffice in der arbeitsrechtlichen Praxis, 2022, Rn. 327; Schaub ArbR-HdB/Vogelsang § 164 Rn. 39; Wilhelm NZA 2021, 15 (16).
[224] BAG 18.4.2002 – 8 AZR 348/01, NZA 2003, 37 (38); BAG 27.9.1994 – GS 1/89 (A), NZA 1994, 1083 (1086); ErfK/Preis BGB § 619a Rn. 12.
[225] Grundlegend BAG (GS) 27.9.1994 – GS 1/89 (A), NZA 1994, 1083 (1086); ErfK/Preis BGB § 619a Rn. 12; Brose RdA 2011, 205 (210f.).
[226] Schwarze NZA 2018, 65 (66).
[227] Vgl. zur gespaltenen Handlungstendenz BSG 18.6.2013 – B 2 U 7/12 R, NJOZ 2014, 311 Rn. 15; BSG 12.5.2009 – B 2 U 12/08 R, NZA-RR 2010, 258 Rn. 16; zu gemischten Tätigkeiten BSG 26.6.2014 – B 2 U 4/13 R, NZS 2014, 788 Rn. 20ff.

Zwecken dienen.[228] Öffnet der Arbeitnehmer bspw. eine Werbung enthaltende E-Mail über seinen dienstlich genutzten E-Mail-Account, die ihn sowohl privat interessiert, als auch dienstlich betrifft, handelt es sich um eine Handlung mit gespaltener Handlungstendenz. Im Unfallversicherungsrecht wird nur dann ein enger Zusammenhang mit der versicherten Tätigkeit angenommen, wenn die Handlung auch bei Entfallen der privaten Zielsetzung vorgenommen worden wäre.[229] In Übertragung dieser Grundsätze ist der Anwendungsbereich des innerbetrieblichen Schadensausgleichs in Mobiler Arbeit eröffnet, wenn die **dienstliche Motivation** für die schadensursächliche Handlung entscheidend war. Eine **gemischte Tätigkeit** liegt nach der sozialversicherungsrechtlichen Rechtsprechung hingegen vor, wenn der Arbeitnehmer zwei voneinander unterscheidbare Tätigkeiten ausführt, von denen wenigstens eine einen betrieblichen Bezug aufweist.[230] Ein Beispiel ist die Nahrungsaufnahme während einer dienstlichen Tätigkeit an einem durch den Arbeitgeber überlassenen Laptop. Bei gemischten Tätigkeiten kommt es im Unfallversicherungsrecht auf die Frage an, ob die versicherte Tätigkeit objektiv für den Unfall ursächlich war.[231]

252 Diese Abgrenzung kann auch auf den innerbetrieblichen Schadensausgleich und die Abgrenzung der Risikosphären bei **Mobiler Arbeit** übertragen werden. Demnach kommt es bei gemischten Tätigkeiten in Mobiler Arbeit darauf an, ob die berufliche Tätigkeit für den Eintritt des Schadens **objektiv ursächlich** war. Im genannten Beispiel liegt keine betrieblich veranlasste Tätigkeit vor, wenn der Arbeitnehmer ein Getränk über dem Laptop entleert und es hierbei zu einem Schaden kommt.

253 **(b) Übertragung des Risikos durch vertragliche Gestaltung.** Des Weiteren wirken sich auch **vertragliche Regelungen** und **Weisungen des Arbeitgebers** auf den innerbetrieblichen Schadensausgleich aus. Zwar geht der betriebliche Charakter einer Tätigkeit nicht verloren, wenn der Arbeitnehmer Weisungen des Arbeitgebers zuwiderhandelt und hierdurch seine Verhaltenspflichten verletzt.[232] In diesen Fällen ist der betriebliche Zusammenhang bei Mobiler Arbeit jedoch einer genauen Prüfung zu unterziehen. Anders als die Arbeitstätigkeit im Betrieb ist insbesondere die Arbeit im häuslichen Bereich derart in den privaten Lebensbereich des Arbeitnehmers eingegliedert, dass eine betriebliche Veranlassung erst bei einem eindeutigen Bezug zu dem Arbeitsverhältnis anzunehmen ist. Daher bestimmen Weisungen des Arbeitgebers im Home-Office nicht allein das vertraglich Geschuldete, sondern dienen auch der Abgrenzung, welche Tätigkeiten im privaten Bereich betrieblich veranlasst sind.

254 Zugleich darf die Konkretisierung der Arbeitsleistung durch den Arbeitgeber nicht zu einem verdeckten Ausschluss des nicht dispositiven innerbetrieblichen Schadensausgleichs führen.[233] Dies wäre der Fall, wenn der Arbeitgeber den Kreis der betrieblich veranlassten Tätigkeiten so eng fasst, dass sämtliche Schadensfälle, die bei Mobiler

---

[228] BSG 18.6.2013 – B 2 U 7/12 R, NJOZ 2014, 311 Rn. 15; BSG 12.5.2009 – B 2 U 12/08 R, NZA-RR 2010, 258 Rn. 16.
[229] BSG 18.6.2013 – B 2 U 7/12 R, NJOZ 2014, 311 Rn. 15.
[230] BSG 26.6.2014 – B 2 U 4/13 R, NZS 2014, 788 Rn. 20ff.
[231] BSG 26.6.2014 – B 2 U 4/13 R, NZS 2014, 788 Rn. 25.
[232] BAG 18.4.2002 – 8 AZR 348/01, NZA 2003, 37 (38).
[233] Hierzu grds. BAG 2.12.1999 – 8 AZR 386/98, NZA 2000, 715ff.; MüKoBGB/Henssler § 619a Rn. 13; aA ErfK/Preis BGB § 619a Rn. 11.

Arbeit auftreten, der privaten Sphäre des Arbeitnehmers zuzuordnen wären.[234] Wird der Schaden somit durch ein weisungswidriges Handeln des Arbeitnehmers verursacht, ist das Vorliegen einer betrieblich veranlassten Tätigkeit anhand einer Einzelfallbetrachtung unter Berücksichtigung der Besonderheit der Mobilen Arbeit zu ermitteln. Insoweit kommt es nach den allgemeinen Grundsätzen darauf an, ob die schadensverursachende Handlung als solche noch dem vertraglich Geschuldeten entsprach, auch wenn dies nicht für die konkrete Durchführung gilt.[235]

255 Die genannten Fragen stellen sich vorrangig bei **Zuwiderhandlungen gegen das Verbot der Privatnutzung** überlassener Arbeitsmittel. Untersagt der Arbeitgeber die private Nutzung überlassener IT-Geräte ausdrücklich, liegt diese nicht mehr im Bereich des vertraglich Geschuldeten, so dass die Grundsätze der beschränkten Arbeitnehmerhaftung im Fall eines Schadenseintritts grundsätzlich nicht anzuwenden sind.[236] Aufgrund des besonderen Haftungsrisikos für den Arbeitnehmer sind an das Verbot der privaten Nutzung jedoch **Transparenzanforderungen** zu stellen. Erforderlich ist eine eindeutige vertragliche Regelung oder Weisung, die dem Arbeitnehmer verdeutlicht, an welcher Stelle das private Haftungsrisiko beginnt. Letztere kann auch durch eine technische Programmierung der überlassenen IT-Geräte verdeutlicht werden, indem etwa dem Arbeitnehmer bei Aufruf nicht arbeitsrelevanter Internetseiten ein Warnhinweis angezeigt wird.[237]

256 **(2) Rechtsfolgen. (a) Innerbetrieblicher Schadensausgleich.** Finden die Grundsätze des innerbetrieblichen Schadensausgleichs Anwendung, richtet sich der Umfang der Haftung insbesondere danach, welcher Grad des **Verschuldens** den Arbeitnehmer trifft. Während im Fall **leichtester Fahrlässigkeit** die Haftung des Arbeitnehmers vollständig entfällt, kommt bei **grober Fahrlässigkeit** eine unbegrenzte Haftung des Arbeitnehmers in Betracht, bei **Vorsatz** haftet er stets unbegrenzt.[238]

257 Bei **mittlerer Fahrlässigkeit** erfolgt eine umfassende Abwägung der Umstände des Einzelfalls sowie der Verantwortungsanteile. In der Literatur wird befürwortet, die Haftung des Arbeitnehmers um den privaten Verursachungsbeitrag pauschal zu erhöhen, da sich insoweit kein betriebliches, sondern ein privates Risiko des Arbeitnehmers realisiert habe.[239] Überzeugender ist es jedoch, auch bei privater Mitverursachung die üblichen Grundsätze des innerbetrieblichen Schadensausgleichs im Sinne einer Quotelung anzuwenden und die Kriterien der Gefahrgeneigtheit der Tätigkeit sowie der Versicherbarkeit des Risikos durch den Arbeitgeber[240] zu heranzuziehen, um bei Mobiler Arbeit im Einzelfall eine angemessene Haftungsquote unter Berücksichtigung der Risikosphären zu ermitteln.

---

[234] Schwarze NZA 2018, 65 (68); Müller, Home-Office in der arbeitsrechtlichen Praxis, 2022, Rn. 327.
[235] Zur Abgrenzung grds. BAG 18.4.2002 – 8 AZR 348/01, NZA 2003, 37 (38); ErfK/Preis BGB § 619a Rn. 12.
[236] Schwarze NZA 2018, 65 (68); vgl. auch Schaub ArbR-HdB/Vogelsang § 164 Rn. 39.
[237] Wilhelm NZA 2021, 15 (17); höhere Anforderungen an die Transparenz stellend Schwarze NZA 2018, 65 (67 f.).
[238] MüKoBGB/Henssler § 619a Rn. 34 ff.; Schaub ArbR-HdB/Linck § 59 Rn. 30 ff.; ErfK/Preis BGB § 619a Rn. 13 ff.; zur Abwägung der Verantwortungsbeiträge bei mittlerer Fahrlässigkeit BAG 24.11.1987 – 8 AZR 66/82, NZA 1988, 584 ff.
[239] Schwarze NZA 2018, 65 (68).
[240] BAG 16.2.1995 – 8 AZR 493/93, NZA 1995, 565 (566).

258 **(b) Allgemeine zivilrechtliche Grundsätze.** Findet der innerbetriebliche Schadensausgleich keine Anwendung, haftet der Arbeitnehmer nach den allgemeinen zivilrechtlichen Grundsätzen grundsätzlich **unbeschränkt.** Ein **Mitverschulden** des Arbeitgebers gemäß § 254 BGB ist anzunehmen, wenn dieser sorgfaltspflichtwidrig eine Gefahrenquelle für seine Rechtsgüter geschaffen und hierdurch den Eintritt des Schadens mitverursacht hat.[241] Im Rahmen des Mitverschuldens kommt es auf den Sorgfaltsmaßstab an, den ein verständiger Mensch im eigenen Interesse anwendet, um sich selbst und seine Rechtsgüter vor einem Schadenseintritt zu bewahren.[242] Infiziert der Arbeitnehmer bspw. während der privaten Nutzung den dienstlichen PC mit einem Computervirus, wäre ein Mitverschulden anzunehmen, wenn der Arbeitgeber diesen nicht mit einer ausreichenden Virenschutzsoftware ausgestattet hat.

259 **(3) Beweislast.** Für das Vorliegen der tatbestandlichen Voraussetzungen des innerbetrieblichen Schadensausgleichs trägt der Arbeitnehmer die Darlegungs- und Beweislast.[243] Im Rahmen der Haftungsbegründung trifft den Arbeitgeber gemäß § 619a BGB die Beweislast für die Pflichtverletzung sowie das Vertretenmüssen des Arbeitnehmers.

260 Die Erfüllung der Darlegungs- und Beweislast kann den Arbeitgeber vor besondere Herausforderungen stellen, da er bei Mobiler Arbeit nur begrenzten Einblick in die Arbeitsorganisation und die Arbeitsabläufe hat. Insoweit können dem Arbeitgeber die prozessualen Grundsätze der **abgestuften Darlegungs- und Beweislast** zugutekommen.[244] Diese werden aus § 138 ZPO abgeleitet und angewandt, wenn eine Partei für Umstände aus der Sphäre der gegnerischen Partei darlegungs- und beweisbelastet ist. Sofern die gegnerische Partei Kenntnis über die Umstände hat und ihr nähere Angaben zumutbar sind, trifft sie somit eine Pflicht zum qualifizierten Bestreiten.[245] Die prozessuale Erleichterung greift daher auch bei einem Schadenseintritt bei Mobiler Arbeit, wenn das schädigende Ereignis aus der Sphäre des Arbeitnehmers stammt und von diesem beherrschbar ist.[246] In Anwendung der Grundsätze der abgestuften Darlegungs- und Beweislast muss der Arbeitgeber zunächst von außen erkennbare Umstände darlegen, aus denen sich eine Pflichtverletzung und das Vertretenmüssen des Arbeitnehmers ergeben können. Demnach muss er vortragen und ggf. beweisen, dass sich die Schädigung im räumlichen Verantwortungsbereich des Arbeitnehmers ereignet hat und ein eigenes Verschulden ausgeschlossen ist. Hierbei kann der Nachweis genügen, dass die gestellten Arbeitsmittel ohne Beschädigung übergeben worden sind und mit aktueller Technik (zB aktuellen Virenschutzprogrammen) ausgestattet waren. Es empfiehlt sich dabei eine detaillierte **Inventarliste** unter Dokumentation der technischen Ausstattung überlassener Arbeitsmittel. Auf diesen Vor-

[241] Zu den Voraussetzungen des Mitverschuldens MüKo BGB/Oetker § 254 Rn. 29ff.
[242] BGH 2.7.2004 – V ZR 33/04, NJW 2004, 3328 (3330); MüKo BGB/Oetker § 254 Rn. 30.
[243] BAG 18.4.2002 – 8 AZR 348/01, NZA 2003, 37 (38); ErfK/Preis BGB § 619a Rn. 21.
[244] BeckOGK/Feuerborn BGB § 619a Rn. 34f.
[245] MHdB ArbR/Pulz § 390 Rn. 70; zur Sachnähe BAG 20.11.2003 – 8 AZR 580/02, NZA 2004, 489 (492); BAG 2.3.2017 – 2 AZR 427/16, NZA 2017, 859 Rn. 12; im Kontext der Sozialauswahl BAG 5.5.1994 – 2 AZR 917/93, NZA 1994, 1023 (1024); zu § 613a BGB BAG 13.7.2006 – 8 AZR 305/05, NZA 2006, 1268 (1271); BAG 24.10.2013 – 2 AZR 1057/12, NZA 2014, 725 Rn. 52.
[246] Zu diesen Voraussetzungen BeckOGK/Feuerborn BGB § 619a Rn. 34f.

trag des Arbeitgebers muss sich der Arbeitnehmer gem. § 138 Abs. 2 ZPO sodann substantiiert einlassen.

### bb) Haftung von Haushaltsangehörigen und anderen Dritten

261 Bei Mobiler Arbeit, insbesondere im Home-Office, haben Dritte, etwa weitere Haushaltsangehörige, Besucher oder Beschäftigte im Haushalt, typischerweise Zugriff auf dienstliche Arbeitsmittel. Verursachen Dritte einen Schaden an den überlassenen Arbeitsmitteln, ist hinsichtlich der Grundsätze des innerbetrieblichen Schadensausgleichs danach zu differenzieren, ob Arbeitnehmer und Dritte den Schaden gemeinsam verursacht haben, oder ob der Dritte allein für den Schadenseintritt verantwortlich ist. Eine **gemeinsame Verursachung** ist immer dann anzunehmen, wenn Arbeitnehmer und Dritter eine gemeinsame Schadensursache setzen. Dies wäre etwa gegeben, wenn der Arbeitnehmer die Arbeitsmittel nicht sachgerecht verwahrt, indem er diese nicht von persönlichen Gegenständen absondert, oder wenn er IT-Endgeräte nicht mit einem Passwort sichert und diese in der Folge durch einen Haushaltsangehörigen genutzt und beschädigt werden.

262 Teilweise wird angenommen, dass bei gemeinsamer Verursachung des Schadens die Grundsätze des innerbetrieblichen Schadensausgleichs auch zugunsten des Dritten greifen, da der Arbeitnehmer anderenfalls im gesamtschuldnerischen Regress nach §§ 426, 840 BGB vollumfänglich haften würde.[247] Andere befürworten eine vollumfängliche Haftung des Dritten nach den allgemeinen zivilrechtlichen Grundsätzen. Da die Haftung des gesamtschuldnerisch haftenden Arbeitnehmers beschränkt sei, wäre auf dieser Grundlage der Schadensersatzanspruch gegen den Dritten ohnehin nach den Grundsätzen der gestörten Gesamtschuld zu kürzen.[248] Die gestörte Gesamtschuld ist eine von der Rechtsprechung entwickelte Figur. Demnach können, wenn zwischen mehreren Schädigern ein Gesamtschuldverhältnis besteht, Ansprüche gegen einen Gesamtschuldner im Außenverhältnis auf den Betrag begrenzt sein, der auf diesen im Innenverhältnis zu dem anderen, privilegierten Gesamtschuldner entfiele, wenn die Schadensverteilung nach § 426 BGB nicht durch eine Haftungsprivilegierung des anderen Gesamtschuldners gestört wäre.[249] Zu unterschiedlichen Ergebnissen kommen diese Auffassungen nur dann, wenn den Arbeitnehmer und den Dritten unterschiedliche Verantwortungsbeiträge treffen, da nach den Grundsätzen der gestörten Gesamtschuld allein der Verantwortungsbeitrag des Arbeitnehmers maßgeblich ist.[250] Insgesamt überzeugt letztere Ansicht, die den Anwendungsbereich des innerbetrieblichen Schadensausgleichs auf den Arbeitnehmer begrenzt und die Grundsätze der gestörten Gesamtschuld anwendet. Die Zielsetzung der gestörten Gesamtschuld, den Zweitschädiger vor einer alleinigen Schadenstragung zu schützen,[251] ist verwirklicht.

---

[247] Preis, Der Arbeitsvertrag/Temming II T 20 Rn. 57; Müller, Homeoffice in der arbeitsrechtlichen Praxis, 2022, Rn. 335; Schaub ArbR-Hdb/Vogelsang § 164 Rn. 39.

[248] Lammeyer Telearbeit, 2007, S. 195 f.; Wilhelm NZA 2021, 15 (18).

[249] Vgl. nur BGH 12.7.1973 – VI ZR 163/71, NJW 1973, 1648 f.; BGH 10.5.2005 – VI ZR 366/03, NZV 2005, 456 (457).

[250] Lammeyer Telearbeit, 2007, S. 196; grds. BGH 11.11.2003 – VI ZR 13/03, NJW 2004, 951 (952); BGH 12.6.1963 – VI ZR 163/71, NJW 1973, 1648 f.

[251] BAG 18.11.2014 – VI ZR 47/13, NZA 2015, 689 Rn. 19; grundlegend BGH 12.6.1973 – VI ZR 163/71, NJW 1973, 1648 ff.

263 Ist der Dritte **allein** für den Schadenseintritt **verantwortlich,** ist die Anwendbarkeit des innerbetrieblichen Schadensausgleichs bei Mobiler Arbeit gleichermaßen umstritten. Überwiegend wird angenommen, dass die Haftungsprivilegierung des Arbeitnehmers nach den Grundsätzen des Vertrags mit Schutzwirkung zugunsten Dritter auch auf Dritte Anwendung finden soll. In die Haftungsprivilegierung wären damit bei einer Tätigkeit im Home-Office alle Personen eingeschlossen, an deren Einbeziehung ein berechtigtes Interesse des Arbeitnehmers besteht, demnach insbesondere Familienangehörige und Haushaltsmitglieder.[252] Zum Teil wird angenommen, dass die Haftungserleichterung für alle Personen gelten soll, die berechtigten Zutritt zu der Wohnung des Arbeitnehmers haben.[253] Eine weitere Ansicht nimmt Dritte in jedem Fall von dem Anwendungsbereich des innerbetrieblichen Schadensausgleichs aus, da es an einer betrieblich veranlassten Tätigkeit fehle.[254]

264 Überzeugend ist eine vermittelnde Lösung, die den Anwendungsbereich des innerbetrieblichen Schadensausgleichs von der **Auslegung des Arbeitsvertrags** abhängig macht.[255] Demnach kommt es unter Berücksichtigung der vertraglichen Vereinbarung darauf an, ob die schadensursächliche Handlung eines Dritten in der betrieblichen Risikosphäre oder in dem allgemeinen Lebensrisiko des Arbeitnehmers liegt. Insoweit dürften Haushaltsangehörige oder Haushaltsbeschäftigte von dem innerbetrieblichen Schadensausgleich regelmäßig erfasst sein, da die Risiken einer Schädigung durch diese Personengruppe für den Arbeitgeber bei Vereinbarung von Mobiler Arbeit erkennbar sind.[256] Insoweit liegt das Schadensrisiko, das aus der ständigen Zugriffsmöglichkeit weiterer Haushaltsangehöriger resultiert, auch in der Sphäre des Arbeitgebers.[257] Nicht in den Anwendungsbereich einbezogen wären jedoch andere Dritte, etwa gelegentliche Besucher, mit deren Zugriff auf Arbeitsmittel der Arbeitgeber nicht rechnen muss. Vor diesem Hintergrund empfiehlt sich eine ausdrückliche vertragliche Regelung, die den Zugriff Dritter auf Arbeitsmittel untersagt.[258]

265 Auch aus Haftungsgründen empfiehlt sich eine ausdrückliche Vereinbarung der Parteien zur Mobilen Arbeit, die den Umgang mit Arbeitsmitteln und Arbeitsmaterialien regelt und insbesondere die Frage betrifft, inwieweit der Arbeitnehmer Arbeitsmittel nach Beendigung der Tätigkeit vor dem Zugriff unbefugter Dritter schützen muss. Insoweit kann der Arbeitnehmer verpflichtet werden, bearbeitete Dokumente nach Abschluss der Bearbeitung mit einem Passwort zu schützen, bzw. verwendete Arbeitsmittel nur verschlossen aufzubewahren. Zugleich empfiehlt sich zu vereinbaren, dass der Arbeitnehmer zur Abdeckung verbleibender privater Haftungsrisiken eine Privathaftpflichtversicherung abschließt.

---

[252] MHdB ArbR/Heinkel § 201 Rn. 16; Isenhardt DB 2016, 1499 (1501); Körner NZA 1999, 1190 (1192); Schaub ArbR-Hdb/Vogelsang § 164 Rn. 39.
[253] Preis, Der Arbeitsvertrag/Temming II T 20 Rn. 58; Wedde, Telearbeit Handbuch für Arbeitnehmer, Betriebsräte und Anwender, 1994, S. 114ff.
[254] Lammeyer Telearbeit, 2007, S. 193; Besgen/Prinz Arbeiten 4.0/Ricken § 7 Rn. 65; Wilhelm NZA 2021, 15 (18).
[255] Otto/Schwarze/Krause, Die Haftung des Arbeitnehmers/Schwarze § 8 Rn. 29.
[256] Otto/Schwarze/Krause, Die Haftung des Arbeitnehmers/Schwarze § 8 Rn. 29.
[257] Preis, Der Arbeitsvertrag/Temming II T 20 Rn. 46a.
[258] Albrecht NZA 1996, 1240, 1245.

#### cc) Haftung des Arbeitnehmers gegenüber Dritten

266 Die Grundsätze des innerbetrieblichen Schadensausgleichs gelten nur zwischen Arbeitgeber und Arbeitnehmer. Sie finden damit keine Anwendung, wenn der Arbeitnehmer im Rahmen seiner betrieblich veranlassten Tätigkeit einen Dritten, etwa einen Haushaltsangehörigen schädigt. In diesem Fall haftet der Arbeitnehmer nach den allgemeinen Grundsätzen. Analog § 670 BGB kann jedoch ein Freistellungsanspruch gegen den Arbeitgeber bestehen, dessen Umfang sich nach dem Verschulden des Arbeitnehmers richtet.[259]

### 3. Weisungen

267 Gemäß § 106 S. 1 GewO kann der Arbeitgeber Inhalt, Ort und Zeit der Arbeitsleistung nach billigem Ermessen näher bestimmen, soweit die Arbeitsbedingungen nicht durch den Arbeitsvertrag, Bestimmungen einer Betriebsvereinbarung, eines anwendbaren Tarifvertrages oder durch gesetzliche Vorschriften festgelegt sind. Im Kontext des Weisungsrechts ist zwischen der Konstellation zu unterscheiden, dass der Arbeitnehmer entweder auf einer vertraglichen Grundlage mobil tätig ist oder, dass eine Tätigkeit außerhalb des Betriebs erstmals eingeführt werden soll.

268 Ist der Arbeitnehmer **auf Grundlage einer vertraglichen Vereinbarung** außerhalb des Betriebs tätig, ist das Weisungsrecht in örtlicher Hinsicht gelockert. Zwar kann der Arbeitgeber Anforderungen an den Ort der Arbeitsleistung stellen, das örtliche Weisungsrecht endet bei Mobiler Arbeit jedoch dort, wo der von Art. 13 Abs. 1 GG geschützte Bereich der Privatwohnung beginnt. So kann der Arbeitgeber nicht im Einzelnen vorgeben, an welcher Stelle in seiner Privatwohnung der Arbeitnehmer beruflich tätig ist. Dies folgt daraus, dass der Arbeitgeber nicht über die Nutzung der Wohnräumlichkeiten disponieren kann.

269 Haben die Parteien vereinbart, dass Mobile Arbeit im Home-Office oder an einem dritten Arbeitsort außerhalb des Betriebes erfolgen soll, lässt sich diese Vereinbarung nicht automatisch als **Begrenzung** des örtlichen Weisungsrechts des Arbeitgebers auslegen. Vielmehr konkretisiert die vertragliche Regelung des Arbeitsorts nach der Rechtsprechung des BAG regelmäßig nur den ersten Einsatzort des Arbeitnehmers. Dieser kann später durch eine erneute Ausübung des Weisungsrechts angepasst werden.[260] Um dennoch deutlich zu machen, dass die Vereinbarung nicht zu einer **Konkretisierung des örtlichen Weisungsrechts** führen soll, können die Parteien zudem eine an dem gesetzlichen Leitbild des § 106 S. 1 GewO orientierte **Versetzungsklausel** vereinbaren.[261] Diese unterliegt nach § 307 Abs. 3 S. 1 BGB nicht der Inhaltskontrolle, sofern sie dem Inhalt der gesetzlichen Regelung des § 106 S. 1 GewO entspricht (im Einzelnen zu Versetzungsklauseln → Rn. 121 ff.).[262] Behält sich der Arbeitgeber das Recht vor, den Arbeitnehmer ohne Abwägung der beiderseitigen

[259] ErfK/Preis BGB § 619a Rn. 26 f.
[260] BAG 28.8.2013 – 10 AZR 569/12, NZA-RR 2014, 181 (182); Preis/Wieg AuR 2016, 313 (316).
[261] Grds. BAG 26.1.2012 – 2 AZR 102/11, NZA 2012, 856 Rn. 17; zum Home-Office Müller, Homeoffice in der arbeitsrechtlichen Praxis, 2022, Rn. 139 f.
[262] BAG 25.8.2010 – 10 AZR 275/09, NZA 2010, 1355 Rn. 24.

Interessen zurück in den Betrieb zu versetzen, unterliegt die Klausel der vollen Inhaltskontrolle und benachteiligt den Arbeitnehmer im Regelfall unangemessen, da sie vom gesetzlichen Leitbild des § 106 GewO abweicht.[263]

270 Soll Mobile Arbeit erstmals eingeführt werden, ist höchstrichterlich bislang nicht entschieden, ob der Arbeitgeber den Arbeitnehmer **einseitig** ins Home-Office **versetzen** kann (→ Rn. 117 f.). Das LAG Berlin-Brandenburg hat dies abgelehnt.[264] Dafür, dass Mobile Arbeit nur einvernehmlich erfolgen kann, spricht zunächst, dass sich die Tätigkeit im häuslichen Bereich wesentlich von der Tätigkeit in dem Betrieb des Arbeitgebers unterscheidet.[265] Zugleich gewährleistet das Grundrecht auf Unverletzlichkeit der Wohnung (Art. 13 GG) das Recht jedes Einzelnen, in seiner Wohnung *„in Ruhe gelassen zu werden"*.[266] Die grundrechtlichen Wertungen stehen damit einer einseitigen Zugriffsmöglichkeit des Arbeitgebers auf die Wohnung als Arbeitsort entgegen.[267]

## 4. Beendigung der Mobilen Arbeit

271 Grundsätzlich ist es den Arbeitsvertragsparteien unbenommen, die Mobile Arbeit einvernehmlich durch **Änderungsvertrag** iSd § 311 Abs. 1 BGB zu beenden. Die Möglichkeit einer **einseitigen Beendigung** durch die Arbeitsvertragsparteien hängt demgegenüber vom Inhalt der zugrundeliegenden vertraglichen Vereinbarung ab.

### a) Beendigung durch den Arbeitnehmer

272 Sieht die vertragliche Vereinbarung vor, dass der Arbeitnehmer die Arbeitsleistung sowohl im Betrieb des Arbeitgebers als auch außerhalb desselben erbringen kann, kann der Arbeitnehmer die Mobile Arbeit einseitig beenden. Gleiches gilt, wenn die vertragliche Vereinbarung dem Arbeitnehmer ein einseitiges Widerrufsrecht einräumt. Insoweit hängt es von der zugrundliegenden Regelung ab, ob der Arbeitnehmer für die Beendigung der Tätigkeit außerhalb des Betriebs an Fristen oder eine formale Ankündigung gebunden ist.[268]

273 Problematischer ist der Fall, dass die Parteien eine ausschließliche Arbeitstätigkeit im Home-Office vereinbart haben, zB wenn kein betrieblicher Arbeitsplatz zur Verfügung steht (zu Grenzen der Vereinbarung in AGB → Rn. 112 ff.). Teilweise wird vertreten, dass der Arbeitnehmer in entsprechenden Fällen ein jederzeitiges Beendigungsrecht hat, da der Arbeitnehmer aufgrund der Wertung des Art. 13 GG nicht dauerhaft verpflichtet werden könne, seine Wohnung zu Zwecken der Arbeitstätigkeit

[263] LAG Düsseldorf 10.9.2014 – 12 Sa 505/14, BeckRS 2014, 73155.
[264] LAG Berlin-Brandenburg 14.11.2018 – 17 Sa 562/18, BeckRS 2018, 34001 Rn. 21.
[265] LAG Berlin-Brandenburg 14.11.2018 – 17 Sa 562/18, BeckRS 2018, 34001 Rn. 21.
[266] Grds. BVerfG 16.7.1969 – 1 BvL 19/63, NJW 1969, 1707; BVerfG 13.10.1971 – 1 BvR 280/66, NJW 1971, 2299 (2300).
[267] Kramer IT-Arbeitsrecht/Hoppe Rn. 661; Krieger/Rudnik/Povedano Peramato NZA 2020, 473 (474 f.); Müller, Homeoffice in der arbeitsrechtlichen Praxis, 2022, § 2 Rn. 117; Oberthür MDR 2015, 1269; Picker ZfA 2019, 269 (279 f.); ErfK/Preis GewO § 106 Rn. 28a; Besgen/Prinz Arbeiten 4.0/Ricken § 7 Rn. 45; Preis, Der Arbeitsvertrag/Temming II T 20 Rn. 30.
[268] Schaub ArbR-HdB/Vogelsang § 164 Rn. 32.

zur Verfügung zu stellen.[269] Eine andere Ansicht lehnt dies unter Berufung auf die Disponibilität von Art. 13 GG ab und erkennt angesichts der gemäß Art. 2 Abs. 1, 12, 14 GG geschützten Unternehmerfreiheit des Arbeitgebers ein Recht auf jederzeitigen Widerruf der mobilen Tätigkeit nur bei gesonderter Vereinbarung an.[270] Vermittelnd lässt sich die vertragliche Vereinbarung unter Berücksichtigung der gegenseitigen Rücksichtnahmepflichten gemäß §§ 241 Abs. 2, 242 BGB dahingehend auszulegen, dass der Arbeitnehmer die Tätigkeit an seinem häuslichen Arbeitsplatz aufgeben darf, wenn dem Arbeitgeber die Einrichtung eines betrieblichen Arbeitsplatzes möglich und zumutbar ist. Zudem muss der Arbeitnehmer eine **angemessene Ankündigungsfrist** einhalten. Je länger die Mobile Arbeit bestand, desto eher ist dem Arbeitnehmer eine vorübergehende Aufrechterhaltung des Zustands zumutbar.

274 Um Unsicherheiten über die Möglichkeit einer einseitigen Beendigung der Mobilen Arbeit und Umfang und Dauer der Ankündigungsfrist zu vermeiden, sollten Widerrufsrechte der Parteien sowie die erforderliche Ankündigungsfrist ausdrücklich geregelt werden. Bei einer formularmäßigen Vereinbarung darf die Ankündigungsfrist des Arbeitnehmers nicht länger sein als die des Arbeitgebers, da anderenfalls eine unangemessene Benachteiligung des Arbeitnehmers vorliegen kann.[271]

### b) Beendigung durch den Arbeitgeber

275 Ob der Arbeitgeber die Mobile Arbeit **einseitig beenden** kann, hängt von dem Inhalt der getroffenen Vereinbarung und dementsprechend der Reichweite des verbliebenen **Weisungsrechts** ab.

#### aa) Arbeitsvertragliche Vereinbarung Mobiler Arbeit

276 Der Arbeitgeber kann dem Arbeitnehmer nicht einseitig einen Arbeitsort im Betrieb zuweisen, wenn die Parteien im Arbeitsvertrag Mobile Arbeit vereinbart haben. In diesem Fall richtet sich das Rückholrecht nach der vertraglichen Vereinbarung. Sieht die vertragliche Vereinbarung ein **Teilkündigungsrecht** oder einen **Widerrufsvorbehalt** des Arbeitgebers vor, richtet sich die Beendigung der Mobilen Arbeit nach dessen Modalitäten.

277 Eine **Teilkündigung** kann für selbstständig lösbare Vereinbarungen des Arbeitsvertrags ausnahmsweise zulässig sein, wenn die Parteien ein entsprechendes Kündigungsrecht vereinbart haben und zwingende Regelungen des Kündigungsschutzrechts (§§ 1, 2 KSchG) durch die Vereinbarung nicht umgangen werden. Die Teilkündigung darf insbesondere nicht das ursprünglich vereinbarte **Äquivalenzgefüge** von Leistung und Gegenleistung im Arbeitsverhältnis verändern.[272] Letzteres ist bei Regelungen zur Mobilen Arbeit nicht anzunehmen, die allein den Arbeitsort und damit nur eine Leistungsmodalität betreffen, nicht hingegen die arbeitsvertraglichen Haupt-

---

[269] Preis, Der Arbeitsvertrag/Temming II T 20 Rn. 69a; Kramer IT-ArbR/Hoppe § 2 Rn. 666; anders Müller, Homeoffice in der arbeitsrechtlichen Praxis, 2022, Rn. 521 f.

[270] Lammeyer Telearbeit, 2007, S. 240; Müller, Homeoffice in der arbeitsrechtlichen Praxis, 2022, Rn. 521 f.

[271] Müller, Homeoffice in der arbeitsrechtlichen Praxis, 2022, Rn. 524; grds. zur Berücksichtigung der Risikoverteilung im Kontext der AGB Kontrolle ErfK/Preis BGB § 310 Rn. 49.

[272] Zu den Grundsätzen der Teilkündigung BAG 18.5.2017 – 2 AZR 721/16, NZA 2017, 1195 Rn. 17 ff.; BAG 13.3.2007 – 9 AZR 612/05, NZA 2007, 563 (Rn. 30).

leistungspflichten.[273] Bei formularmäßiger Vereinbarung unterfällt das Teilkündigungsrecht einer Vereinbarung zu Mobiler Arbeit nicht dem Klauselverbot des § 308 Nr. 4 BGB, das sich nur auf die Leistung des Verwenders und nicht das örtliche Leistungsbestimmungsrecht des Arbeitgebers bezieht.[274] Die AGB-Kontrolle nach § 307 Abs. 1 S. 1 BGB orientiert sich am Leitbild des § 106 S. 1 GewO (nicht: § 2 KSchG). In einer Formularvereinbarung sollte die Ausübung des Kündigungsrechts den Grenzen **billigen Ermessens** unterstellt werden.[275]

278 Weiterhin kommt die Vereinbarung eines **Widerrufsvorbehalts** in Betracht, dessen Funktion dem Teilkündigungsrecht weitgehend entspricht. Die Rechtsprechung des BAG nimmt einen solchen in Abgrenzung zu einem Teilkündigungsrecht an, wenn nach der arbeitsvertraglichen Vereinbarung einem Vertragspartner das Recht zukommt, einzelne Vertragsbedingungen einseitig zu ändern.[276] Im Fall einer formularmäßigen Vereinbarung wird teilweise dafür plädiert, die Maßstäbe für einen Widerruf von Vergütungsbestandteilen anzuwenden, die im Wesentlichen ein Transparenzgebot beinhalten.[277] Überzeugender ist es, als Maßstab § 106 GewO heranzuziehen, da der Arbeitgeber durch die Rückholung des Arbeitnehmers in den Betrieb sein örtliches Direktionsrecht ausübt.[278] Demnach muss auch in diesem Fall die Rückholung abhängig von den Grenzen **billigen Ermessens** erfolgen. Sieht die vertragliche Vereinbarung keine Beendigung der mobilen Arbeitstätigkeit vor, kann sie allein durch eine **Änderungskündigung** beendet werden (→ Rn. 289 ff.).[279]

### bb) Keine arbeitsvertragliche Regelung des Arbeitsorts

279 Lässt die arbeitsvertragliche Vereinbarung sowohl Mobile Arbeit als auch eine Tätigkeit im Betrieb des Arbeitgebers zu, kann der Arbeitgeber den Arbeitnehmer anweisen, die mobile Arbeit zu beenden und die Tätigkeit wieder im Betrieb zu erbringen. Insoweit steht es dem Arbeitgeber frei, eine einmal erteilte Weisung wieder zurückzunehmen oder zu ändern.[280] Die Ausübung des Weisungsrechts zur Rückholung des Arbeitnehmers in den Betrieb unterliegt allerdings den Grenzen **billigen Ermessens.** Es müssen mithin die Umstände des Einzelfalls abgewogen und die Interessen beider Vertragsparteien berücksichtigt werden.[281] Auf Seiten des Arbeitnehmers sind etwa die mit einer Tätigkeit im Betrieb verbundenen Fahrtzeiten und -kosten sowie

[273] LAG Hamm 16.3.2023 – 18 Sa 832/22, NZA-RR 2023, 401 (Rn. 34).

[274] Grds. BAG 11.4.2006 – 9 AZR 557/05, NJW 2006, 3303 Rn. 31; zu Mobiler Arbeit LAG Hamm 16.3.2023 – 18 Sa 832/22, NZA-RR 2023, 401 (Rn. 37).

[275] Eine unbedingte Klausel im Ergebnis für wirksam befindend, wenn die Teilkündbarkeit den Interessen beider Parteien gerecht wird LAG Hamm 16.3.2023 – 18 Sa 832/22, NZA-RR 2023, 401 (Rn. 43 ff.); die Unwirksamkeit eines voraussetzungslosen Kündigungsrechts annehmend LAG Düsseldorf 10.9.2014 – 12 Sa 505/14, BeckRS 2014, 73155; vgl. ferner Isenhardt DB 2016, 1499; Oberthür MDR 2015, 1269 (1272); Schaub ArbR-HdB/Vogelsang § 164 Rn. 31; eine alternative Ausgestaltung als Widerrufsklausel befürwortend Preis Der Arbeitsvertrag/Temming II T 20 Rn. 70.

[276] BAG 7.10.1982 – 2 AZR 455/80, AP BGB § 620 Teilkündigung Nr. 5; ErfK/Müller-Glöge BGB § 620 Rn. 50.

[277] Vgl. die Rechtsprechung zum Widerruf von Vergütungsbestandteilen BAG 21.3.2012 – 5 AZR 651/10, NZA 2012, 616 Rn. 16.

[278] Bayreuther NZA 2021, 1593 (1596 f.); Isenhardt DB 2016, 1499; Müller, Homeoffice in der arbeitsrechtlichen Praxis, 2022, Rn. 458; Oberthür MDR 2015, 1269 (1272).

[279] Wedde, Telearbeit Handbuch für Arbeitnehmer, Betriebsräte und Anwender, 1994, S. 167 f.

[280] Grds. BAG 18.10.2017 – 10 AZR 330/16, NZA 2017, 1452 Rn. 71, 74.

[281] BAG 25.8.2010 – 10 AZR 275/09, NZA 2010, 1355 Rn. 31; ErfK/Preis GewO § 106 Rn. 10.

familiäre Verpflichtungen zu berücksichtigen. Weiterhin kommt es darauf an, über welchen Zeitraum und in welchem Umfang bislang mobil gearbeitet wurde.[282] Auf der anderen Seite steht die unternehmerische Entscheidung des Arbeitgebers, der ein hohes Gewicht zukommt.[283] Kann der Arbeitnehmer die geschuldete Leistung mobil nicht oder – etwa aufgrund unzureichender technischen Ausstattung – nicht vertragsgemäß erbringen, überwiegt das Interesse des Arbeitgebers an der Erbringung der Arbeitsleistung im Betrieb.[284] Gleiches gilt, wenn der Arbeitnehmer Pflichten verletzt hat, die in Zusammenhang mit der Mobilen Arbeit stehen, etwa die Pflicht, während der vereinbarten Arbeitszeit erreichbar zu sein.[285]

### 5. Kündigungsrechtliche Bedeutung von Mobiler Arbeit

280 Mobile Arbeit hat Auswirkungen auf den Betriebsbegriff und die Anwendbarkeit des KSchG (→ Rn. 281 ff.). Darüber hinaus stellt sich bei einer ortsflexiblen Tätigkeit die Frage, inwiefern die Begründung oder Beendigung mobiler Arbeit durch Änderungskündigung möglich ist (→ Rn. 283 ff.). Zuletzt hat die ortsflexible Tätigkeit auch Auswirkungen auf die Voraussetzungen personenbedingter, verhaltensbedingter oder betriebsbedingter Kündigungen (→ Rn. 296 ff.).

#### a) Betriebsbegriff und Anwendbarkeit des KSchG

281 Der Anwendungsbereich des Kündigungsschutzes nach dem KSchG ist eröffnet, wenn in einem Betrieb in der Regel mehr als zehn Arbeitnehmer, bzw. mehr als fünf Arbeitnehmer deren Arbeitsverhältnis vor dem 31.12.2003 begonnen hat (§ 23 Abs. 1 S. 2, S. 3 KSchG), beschäftigt sind. Nach der Rechtsprechung des BAG ist der Begriff des Betriebs insoweit deckungsgleich mit dem betriebsverfassungsrechtlichen Betriebsbegriff des § 1 Abs. 1 S. 1 BetrVG (→ Rn. 312 ff.).[286] Es erfolgt damit eine funktionale und nicht allein räumliche Betrachtung, so dass auch mobile Arbeitsplätze bei der Ermittlung des Schwellenwerts berücksichtigt werden, sofern sie in die arbeitstechnische Organisation des Betriebs eingegliedert sind.[287] Dies ist der Fall, wenn die Arbeitnehmer für einen Betrieb tätig sind und Weisungen aus diesem erhalten.[288]

282 Mobil tätige Arbeitnehmer können funktional auch in die Struktur mehrerer Betriebe eingegliedert sein, sofern sie wechselnd für unterschiedliche Betriebe tätig werden und dem jeweiligen betrieblichen Leitungsapparat unterstellt sind.[289] In diesem

[282] Müller, Homeoffice in der arbeitsrechtlichen Praxis, 2022, Rn. 446.
[283] Zur Beendigung von Home-Office LAG München 26.8.2021 – 3 SaGa 13/21, BeckRS 2021, 24217; grds. BAG 30.11.2016 – 10 AZR 11/16, NZA 2017, 1394 Rn. 30 ff.; BAG 28.8.2013 – 10 AZR 569/12, NZA-RR 2014, 181 Rn. 40 ff.; BAG 26.9.2012 – 10 AZR 412/11, NJOZ 2013, 457 Rn. 37.
[284] LAG München 26.8.2021 – 3 SaGa 13/21, BeckRS 2021, 24217.
[285] Müller, Homeoffice in der arbeitsrechtlichen Praxis, 2022, Rn. 447.
[286] BAG 19.7.2016 – 2 AZR 468/15, NZA 2016, 1196 Rn. 12; ErfK/Kiel KSchG § 23 Rn. 3.
[287] Richardi BetrVG/Maschmann § 1 Rn. 112a; Wiese RdA 2009, 344 f.; Müller NZA 2022, 1096; zum funktionalen Betriebsbegriff BAG 22.7.2008 – 1 ABR 40/07, NZA 2008, 1248 Rn. 58; Müller, Homeoffice in der arbeitsrechtlichen Praxis, 2022, Rn. 533.
[288] BAG 19.7.2016 – 2 AZR 468/15, NZA 2016, 1196 Rn. 15; ErfK/Kiel KSchG § 23 Rn. 8.
[289] Grds. Richardi BetrVG/Thüsing § 7 Rn. 34; GK-BetrVG/Raab Bd. I § 7 Rn. 40; spezifisch zum Home-Office Müller NZA 2022, 1096.

Fall ist umstritten, welche Beteiligungsrechte des Betriebsrats bestehen. So stellt sich insbesondere bei Kündigungen die Frage, welchen Betriebsrat der Arbeitgeber nach § 102 BetrVG anhören muss. In der Literatur wird die Zuständigkeit teilweise anhand des Schwerpunkts der Tätigkeit ermittelt, so dass der Betriebsrat des Stammbetriebs zuständig wäre.[290] Teilweise wird für ein Erfordernis der Anhörung jedes zuständigen Einzelbetriebsrats plädiert.[291] Die Rechtsprechung des BAG geht von der Zuständigkeit eines Gesamtbetriebsrats aus, sofern die Angelegenheit mehrere Betriebe betrifft.[292]

### b) Mobile Arbeit und Änderungskündigung

#### aa) Begründung mobiler Arbeit durch Änderungskündigung

283 Ob der Arbeitgeber im Wege der Änderungskündigung erreichen kann, dass ein Arbeitnehmer gegen seinen Willen mobil arbeitet, ist umstritten. Überzeugenderweise ist danach zu differenzieren, ob eine Tätigkeit des Arbeitnehmers am betrieblichen Arbeitsort weiterhin möglich ist:

284 Besteht objektiv die Möglichkeit, die Arbeitsleistung auch weiterhin im Betrieb zu erbringen, steht die Wertung von Art. 13 GG einer einseitigen Zuweisung eines Arbeitsorts am Wohnort des Arbeitnehmers entgegen.[293] Art. 13 GG begrenzt insoweit die nach Art. 2 Abs. 1, 12 und 14 GG geschützte freie Unternehmerentscheidung des Arbeitgebers, den Arbeitsort des Arbeitnehmers in den Wohnraum des Arbeitnehmers zu verlagern. Jedenfalls wäre eine betriebsbedingte Änderungskündigung unverhältnismäßig, wenn eine weitere Beschäftigung an dem betrieblichen Arbeitsort als milderes Mittel in Betracht kommt.

285 Anderes gilt, wenn die Beschäftigungsmöglichkeit am betrieblichen Arbeitsort entfällt und die Änderungskündigung als **milderes Mittel** zur Abwendung einer Beendigungskündigung oder einer Versetzung an einen anderen Standort in Betracht kommt.[294] In diesem Fall kann der Arbeitgeber dem Arbeitnehmer eine Beschäftigung in Mobiler Arbeit als Änderungsangebot unterbreiten. Dem steht die Wertung von Art. 13 GG nicht entgegen, da der Arbeitnehmer über die Annahme des Angebots frei entscheiden kann.

286 Ob der Arbeitgeber allerdings auch verpflichtet ist, vor einer betriebsbedingten Beendigungskündigung oder Änderungskündigung an einen anderen Standort vorrangig Mobile Arbeit anbieten muss, ist höchstrichterlich bislang nicht entschieden. Das BAG hat im Hinblick auf einen **ordentlich unkündbaren Arbeitnehmer** angenommen, dass der Arbeitgeber vor einer betriebsbedingten Kündigung zunächst die Beschäftigung auf einem Telearbeitsplatz prüfen müsse; dies allerdings in einer Situa-

[290] GK-BetrVG/Raab Bd. I § 102 Rn. 51.
[291] APS/Koch § 102 BetrVG Rn. 73; Müller NZA 2022, 1096.
[292] BAG 22.10.2019 – 1 ABR 13/18, NZA 2020, 61; BAG 16.12.2010 – 2 AZR 576/09, AP KSchG 1969 § 2 Nr. 150 Rn. 15; KR/Rinck BetrVG § 102 Rn. 57.
[293] Müller, Homeoffice in der arbeitsrechtlichen Praxis, 2022, Rn. 640ff.; Preis, Der Arbeitsvertrag/Temming II T 20 Rn. 30; vgl. auch Wedde, Telearbeit Handbuch für Arbeitnehmer, Betriebsräte und Anwender, 1994, S. 108f.
[294] Besgen/Prinz Arbeiten 4.0/Ricken § 7 Rn. 45.

tion, in der nach dem unternehmerischen Konzept des Arbeitgebers Telearbeitsplätze bereits vorgesehen waren.[295] Das BAG begründete die Verpflichtung damit, dass dem Arbeitgeber bei Ausschluss der ordentlichen Kündbarkeit weitreichende Bemühungen zur Vermeidung einer Änderungskündigung zumutbar seien.

287 Ob diese Grundsätze auch für **ordentlich kündbare Arbeitnehmer** gelten und für den Fall, dass die unternehmerische Organisation keine Telearbeitsplätze vorsieht wurde bislang nicht entschieden. Die Instanzgerichte gehen überwiegend davon aus, dass ein Anspruch auf Mobile Arbeit nicht besteht, da dieser zu weit in die Organisationsfreiheit des Arbeitgebers eingreift.[296] Das ArbG Berlin hat in einer viel beachteten Entscheidung angenommen, der Arbeitgeber müsse eine Tätigkeit im Home-Office als milderes Mittel in Betracht ziehen, bevor er eine Änderungskündigung zur Änderung des Arbeitsorts aussprechen könne und zur Begründung darauf hingewiesen, dass die Änderung der Arbeitsbedingungen auf das für die Durchsetzung der unternehmerischen Entscheidung unbedingt Erforderliche zu begrenzen sei.[297] Die Entscheidung wurde in der Berufungsinstanz aufgehoben. Das LAG Berlin-Brandenburg hat dabei angenommen, dass eine Verlagerung der Tätigkeit in die Wohnung des Arbeitnehmers unter Berücksichtigung der unternehmerischen Entscheidung des Arbeitgebers, die Arbeitsleistung allein an einem anderen betrieblichen Standort ausführen zu lassen, kein geeignetes Mittel zur Vermeidung einer Änderungskündigung an diesen Standort sei.[298]

288 Angesichts der unternehmerischen Freiheit hinsichtlich der Bestimmung des Arbeitsorts spricht vieles dafür auch aus dem kündigungsrechtlichen ultima ratio Prinzip[299] keine Verpflichtung des Arbeitgebers herzuleiten, Mobile Arbeit erstmals einzuführen. Hat der Arbeitgeber hingegen eine unternehmerische Entscheidung getroffen, Mobile Arbeit zu ermöglichen, kann dies auch kündigungsrechtlich berücksichtigt werden. Um diese Rechtsfolge zu vermeiden kann der Arbeitgeber im Wege einer unternehmerischen Entscheidung die einmal eingeführte Möglichkeit Mobiler Arbeit beenden.[300]

### bb) Beendigung Mobiler Arbeit durch Änderungskündigung

289 Die mobile Arbeit des Arbeitnehmers kann im Wege der Änderungskündigung beendet werden. Im Anwendungsbereich des KSchG sind hierbei jedoch die Grenzen der §§ 1, 2 KSchG zu berücksichtigen.[301] Zulässig ist die Änderungskündigung daher nur, wenn sie sozial gerechtfertigt ist, indem ein **personen**-, **verhaltens**-, oder **betriebsbedingter Kündigungsgrund** vorliegt, der Arbeitgeber die Änderung auf das be-

[295] BAG 2.3.2006 – 2 AZR 64/05, NZA 2006, 985 (987 f.).
[296] LAG München 29.7.2009 – 11 Sa 230/09, BeckRS 2009, 72351; LAG Hamm 22.7.2009 – 3 Sa 1630/08, BeckRS 2009, 23608; Oberthür MDR 2015, 1269 (1271).
[297] ArbG Berlin 10.8.2020 – 19 Ca 13189/19, BeckRS 2020, 38153.
[298] LAG Berlin-Brandenburg 24.3.2021 – 4 Sa 1243/20, BeckRS 2021, 11259; zustimmend Bonanni/Fehlberg ArbRB 2022, 144 ff.
[299] Vgl. BAG 27.9.1984 – 2 AZR 62/83, NZA 1985, 455 ff.; Linck/Krause/Bayreuther/Krause KSchG § 1 Rn. 182 ff.
[300] Lammeyer Telearbeit, 2007, S. 233 ff.; Müller, Homeoffice in der arbeitsrechtlichen Praxis, 2022, Rn. 473.
[301] Zum persönlichen und sachlichen Anwendungsbereich des KSchG ErfK/Oetker KSchG § 1 Rn. 32 ff.; ErfK/Kiel KSchG § 23 Rn. 2 ff.

schränkt hat, was der Arbeitnehmer billigerweise hinnehmen muss und die Änderung insgesamt verhältnismäßig ist.[302]

290 Ein **personenbedingter Änderungskündigungsgrund** kann vorliegen, wenn der Arbeitnehmer die Mobile Arbeit aus in seiner Person begründeten Umständen nicht mehr erbringen kann. Insoweit dient die personenbedingte Änderungskündigung der Anpassung des Tätigkeitsbereichs bei nachlassender Leistungsfähigkeit insbesondere bei einer Erkrankung des Arbeitnehmers. Dieser Kündigungsgrund dürfte bei der Zuweisung eines Arbeitsplatzes im Betrieb des Arbeitgebers daher eher selten Relevanz entfalten.

291 Ein **verhaltensbedingter Änderungskündigungsgrund** kann vorliegen, wenn ein vertragswidriges Verhalten des Arbeitnehmers die Änderung des Arbeitsortes erfordert. Eine verhaltensbedingte Änderungskündigung zur Beendigung der Mobilen Arbeit kommt etwa in Betracht, wenn dem Arbeitnehmer eine Pflichtverletzung vorzuwerfen ist, die in engem Zusammenhang mit der Mobilen Arbeit steht, etwa die Verletzung von Vorgaben zur Erreichbarkeit oder datenschutzrechtlicher Weisungen des Arbeitgebers. Vor Ausspruch einer verhaltensbedingten Änderungskündigung ist in aller Regel eine **Abmahnung** erforderlich.

292 Eine **betriebsbedingter Änderungskündigungsgrund** liegt vor, wenn die Beschäftigungsmöglichkeit für den Arbeitnehmer zu den bisherigen Vertragsbedingungen entfallen ist und die betrieblichen Erfordernisse so dringend sind, dass sie eine Änderungskündigung unter Abwägung der Interessen beider Arbeitsvertragsparteien angemessen erscheinen lassen.[303] Ausgangspunkt der betriebsbedingten Änderungskündigung ist die **unternehmerische Entscheidung** des Arbeitgebers. Der Arbeitgeber kann frei über den Ort entscheiden, an dem arbeitstechnische Ziele verfolgt werden sollen. Die unternehmerische Entscheidung wird von der Rechtsprechung nicht auf ihre Zweckmäßigkeit überprüft, sie darf jedoch nicht willkürlich sein.[304] Insoweit kann der Arbeitgeber grundsätzlich die Entscheidung treffen, Arbeitsleistungen nur noch im Betrieb erbringen zu lassen. Eine Verpflichtung, Mobile Arbeitsplätze auf Dauer vorzuhalten, würde unzulässig in die unternehmerische Freiheit eingreifen.[305]

293 Liegt eine unternehmerische Organisationsentscheidung zur Beendigung Mobiler Arbeit vor, ist weiterhin erforderlich, dass diese die Änderungskündigung auch bedingt und keine milderen Mittel in Betracht kommen.[306] Vor Ausspruch einer Änderungskündigung ist der Betriebsrat gem. § 102 Abs. 1 BetrVG anzuhören. Zudem ist gemäß § 99 Abs. 1 BetrVG die Zustimmung des Betriebsrats zur Durchführung der vertraglichen Änderung des Arbeitsorts durch eine Versetzung erforderlich.[307]

---

[302] ErfK/Oetker KSchG § 2 Rn. 42f.

[303] BAG 2.3.2017 – 2 AZR 546/16, NZA 2017, 905 Rn. 19; BAG 24.9.2015 – 2 AZR 680/14, AP KSchG 1969, § 2 Nr. 165 Rn. 13; ErfK/Oetker KSchG § 2 Rn. 47.

[304] BAG 22.4.2004 – 2 AZR 385/03, NZA 2004, 1158f.; APS/Künzl KSchG § 2 Rn. 247a.

[305] LAG Berlin-Brandenburg 24.3.2021 – 4 Sa 1243/20, BeckRS 2021, 11259; LAG Köln 10.12.2015 – 7 TaBV 52/15, BeckRS 2015, 119122; LAG Hamm 22.7.2009 – 3 Sa 1630/08, BeckRS 2009, 23608; LAG München 29.7.2009 – 11 Sa 230/09, BeckRS 2009, 72351; Müller, Homeoffice in der arbeitsrechtlichen Praxis, 2022, Rn. 473.

[306] BAG 23.6.2005 – 2 AZR 642/04, NZA 2006, 92 (94f.); ErfK/Oetker KSchG § 2 Rn. 47a.

[307] BAG 30.9.1993 – 2 AZR 283/93, NZA 1994, 615; APS/Künzl KSchG § 2 Rn. 126; Müller, Homeoffice in der arbeitsrechtlichen Praxis, 2022, Rn. 486.

294 Die Änderungskündigung kann unter den Voraussetzungen des § 626 Abs. 1 BGB auch als **außerordentliche Kündigung** ausgesprochen werden. Eine außerordentliche Kündigung setzt voraus, dass dem Arbeitgeber die Weiterbeschäftigung des Arbeitnehmers in Mobiler Arbeit auch nur bis zum Ablauf der ordentlichen Kündigungsfrist nicht möglich oder zumutbar ist.[308]

295 Die **Rechtsfolgen der Änderungskündigung** Mobiler Arbeit richten sich nach der Reaktion des Arbeitnehmers. Nimmt der Arbeitnehmer das Änderungsangebot an, besteht das Arbeitsverhältnis mit geänderten Arbeitsbedingungen fort. Lehnt der Arbeitnehmer das Änderungsangebot ab, wirkt die Änderungskündigung als Beendigungskündigung. In dem praktisch häufigsten Fall, dass der Arbeitnehmer das Änderungsangebot unter dem Vorbehalt der sozialen Rechtfertigung der Arbeitsbedingungen annimmt (§ 2 S. 1 KSchG), ist er verpflichtet, bis zum rechtskräftigen Abschluss des Kündigungsschutzprozesses unter den geänderten Bedingungen arbeiten.[309] Insoweit muss der Arbeitnehmer von seinem mobilen Arbeitsort einstweilen in den Betrieb zurückkehren.

### c) Besonderheiten bei Beendigungskündigungen

296 Grundsätzlich sind im Fall der Beschäftigung des Arbeitnehmers in Mobiler Arbeit keine besonderen Anforderungen an eine Beendigungskündigung zu stellen. Im Anwendungsbereich des Kündigungsschutzgesetzes sind Kündigungen nur wirksam, wenn sie sozial gerechtfertigt sind.

#### aa) Personenbedingte Kündigung

297 Insbesondere bei personenbedingten Kündigungen kommt die Einrichtung eines Home-Office Arbeitsplatzes als milderes Mittel in Betracht, wenn ein Arbeitnehmer nicht mehr im Betrieb beschäftigt werden kann. Grundsätzlich folgt aus dem **Verhältnismäßigkeitsgrundsatz** bei Kündigungen, dass mildere Mittel durch den Arbeitgeber vorrangig zu prüfen sind. Mildere Mittel im Vergleich zu einer personenbedingten Kündigung sind sowohl die Umgestaltung des bisherigen Arbeitsplatzes als auch die Weiterbeschäftigung auf einen gleich- oder geringer bewerteten **leidensgerechten Arbeitsplatz,** der frei ist oder durch den Arbeitgeber in Ausübung seines Weisungsrechts frei gemacht werden kann.[310] Eine entsprechende Umorganisation ist dem Arbeitgeber unzumutbar, wenn schutzwürdige Interessen anderer Arbeitnehmer oder betriebliche Gründe entgegenstehen.[311]

298 Ob der Arbeitgeber nach diesen Grundsätzen verpflichtet ist, dem Arbeitnehmer eine leidensgerechte Beschäftigung im Home-Office anzubieten, wurde höchstrichterlich bislang nicht entschieden. Grundsätzlich verpflichtet der Verhältnismäßigkeits-

[308] Müller, Homeoffice in der arbeitsrechtlichen Praxis, 2022, Rn. 502.
[309] Grds. BAG 28.3.1985 – 2 AZR 548/83, NZA 1985, 709 (711); BAG 18.1.1990 – 2 AZR 183/89, NZA 1990, 734 (736).
[310] ErfK/Oetker KSchG § 1 Rn. 106, 106a; BAG 30.5.1978 – 2 AZR 630/76, NJW 1979, 332; BAG 29.1.1997 – 2 AZR 9/96, NZA 1997, 709 ff.; BAG 12.7.2007 – 2 AZR 716/06, NZA 2008, 173 Rn. 29; BAG 26.11.2009 – 2 AZR 272/08, NZA 2010, 628 Rn. 34; BAG 20.3.2014 – 2 AZR 565/12, NJW 2014, 2219 Rn. 29; BAG 20.11.2014 – 2 AZR 755/13, NZA 2015, 931 Rn. 15, 24.
[311] ErfK/Oetker KSchG § 1 Rn. 106a; zu den schutzwürdigen Belangen anderer Arbeitnehmer BAG 24.2.2011 – 2 AZR 636/09, NZA 2011, 1087 Rn. 48.

grundsatz den Arbeitgeber nicht, einen neuen Arbeitsplatz zu schaffen.[312] Demnach entschied das LAG Hamm, dass der Arbeitgeber dem Arbeitnehmer vor Ausspruch einer Kündigung keinen Arbeitsplatz im Home-Office anbieten müsse, da insoweit nicht allein der Ort der Arbeitsleistung geändert werde, sondern ein gänzlich anderer Arbeitsplatz angeboten werden müsse.[313]

299 Tatsächlich ist eine Verpflichtung des Arbeitgebers, dem Arbeitnehmer eine Weiterbeschäftigung im Home-Office anzubieten, ein weitreichender Eingriff in die **Organisationshoheit** des Arbeitgebers, so dass eine entsprechende Verpflichtung nicht grundsätzlich angenommen werden kann.[314] Eine andere Bewertung ist jedoch gerechtfertigt, wenn im Betrieb des Arbeitgebers bereits vergleichbare Aufgaben im Home-Office ausgeführt werden, da der der Arbeitgeber in diesem Fall bereits die Organisationsentscheidung traf, Arbeitstätigkeiten auch im Privatbereich der Arbeitnehmer erbringen zu lassen. In diesen Fällen kann eine gegenüber der Beendigungskündigung vorrangige Versetzung des Arbeitnehmers ins Home-Office unter bestimmten Voraussetzungen (vgl. → Rn. 177 ff.) zumutbar sein. Dies gilt auch, wenn der Arbeitgeber gesetzlich verpflichtet ist, eine Tätigkeit im Home-Office zu ermöglichen. Die Erfüllung gesetzlicher Pflichten ist dem Arbeitgeber stets zumutbar. Ein leidensgerechter mobiler Arbeitsplatz wäre mithin einzurichten, wenn der Arbeitgeber gemäß § 164 Abs. 4 S. 1 SGB IX verpflichtet ist, einem Arbeitnehmer mit einer Schwerbehinderung eine Home-Office Tätigkeit zu ermöglichen (→ Rn. 141 ff.).[315]

300 Ein Anspruch des Arbeitnehmers, vorrangig zu einer Beendigungskündigung im Home-Office beschäftigt zu werden, kann sich auch aus einer Vereinbarung der Parteien im Rahmen des **betrieblichen Eingliederungsmanagements** (bEM) ergeben. Gemäß § 167 Abs. 2 S. 1 SGB IX ist ein betriebliches Eingliederungsmanagement durchzuführen, wenn Beschäftigte innerhalb eines Jahres länger als sechs Wochen arbeitsunfähig sind. Ziel des bEM ist es, präventiv mildere Mittel, wie die Umgestaltung des Arbeitsplatzes oder die Weiterbeschäftigung auf einem anderen Arbeitsplatz zu entwickeln, um den Arbeitsplatz des Arbeitnehmers zu erhalten.[316] Insoweit können die Parteien im Rahmen des bEM auch Mobile Arbeit, insbesondere eine Tätigkeit im Home-Office, als Maßnahme der Prävention vereinbaren.[317] Da gesetzlich keine spezifischen Maßnahmen geregelt sind, genügt der Arbeitgeber den Anforderungen jedoch, wenn er die vorgesehenen Stellen und Personen beteiligt, Vorschläge sachlich erörtert und keine naheliegenden Anpassungs- und Änderungsmöglichkeiten ausschließt.[318] Für die ordnungsgemäße Durchführung des bEM ist daher nicht erforderlich, dass eine Einigung über eine bestimmte zu ergreifende Maßnahme, wie die Einführung Mobiler Arbeit, zustande kommt. Falls der Arbeitgeber

[312] LAG Hamm 22.7.2009 – 3 Sa 1630/08, BeckRS 2009, 73608; Müller NZA 2022, 1096 (1099); grds. zu personenbedingten Kündigungen APS/Künzl KSchG § 2 Rn. 241; BAG 18.11.2021 – 2 AZR 138/21, NJW 2022, 889 Rn. 12.
[313] LAG Hamm 22.7.2009 – 3 Sa 1630/08, BeckRS 2009, 73608.
[314] Müller, Homeoffice in der arbeitsrechtlichen Praxis, 2022, Rn. 654.
[315] Müller NZA 2022, 1096 (1099).
[316] BAG 20.11.2014 – 2 AZR 664/13, NZA 2015, 931 Rn. 20; BAG 24.3.2011 – 2 AZR 170/10, NZA 2011, 992 Rn. 20.
[317] Vgl. Kempter/Steinat NZA 2015, 840 (843).
[318] BAG 20.5.2020 – 7 AZR 100/19, NZA 2020, 1194 Rn. 32.

ein erforderliches bEM nicht durchführte, wirkt sich dies jedoch auf seine Darlegungs- und Beweislast im Kündigungsschutzprozess aus.[319]

### bb) Verhaltensbedingte Kündigung

301 Eine verhaltensbedingte Kündigung knüpft an ein kündigungsrelevantes, vorwerfbares Verhalten des Arbeitnehmers an.[320] Die Voraussetzungen einer verhaltensbedingten Kündigung unterscheiden sich nicht danach, ob der Arbeitnehmer im Betrieb des Arbeitgebers oder im Home- bzw. Mobile Office tätig ist. In der instanzgerichtlichen Rechtsprechung sind vielfältige Entscheidungen zu verhaltensbedingten Kündigungen aufgrund von Pflichtverletzungen ergangen, die mit einer mobilen Arbeitstätigkeit assoziiert sind. So besteht eine kündigungsrelevante Verletzung der Hauptleistungspflicht darin, dass sich ein Arbeitnehmer beharrlich weigert, einen durch den Arbeitgeber zulässig angeordnetes Personalgespräch in Präsenz wahrzunehmen.[321] Gleiches gilt für die eigenmächtige Verlagerung der Tätigkeit ins Home-Office trotz bestehender Präsenzpflichten.[322] Eine kündigungsrelevante Pflichtverletzung liegt auch dann vor, wenn der Arbeitnehmer Weisungen des Arbeitgebers zur Erreichbarkeit nicht beachtet.[323]

302 Auch Verletzungen **vertraglicher Nebenpflichten** können einen verhaltensbedingten Kündigungsgrund begründen.[324] Im Fall der Tätigkeit außerhalb des Betriebs kann ein kündigungsrelevantes Verhalten zB vorliegen, wenn der Arbeitnehmer überlassene Arbeitsmaterialien entgegen eines ausdrücklichen Verbots privat nutzt, Arbeitsmaterialien nicht entsprechend der Vorgaben des Arbeitgeber verwahrt oder Weisungen des Arbeitgebers zur datenschutzkonformen Sicherung personenbezogener Daten nicht beachtet.[325] Weiterhin kommt eine verhaltensbezogene Kündigung auch in Betracht, wenn der Arbeitnehmer dem Arbeitgeber den zulässigen Zutritt zur Wohnung verweigert.[326] Eine Verletzung der Rücksichtnahmepflicht liegt auch dann vor, wenn der Arbeitnehmer im Eigentum des Arbeitgebers stehende Arbeitsmittel ohne Absprache mit nach Hause nimmt, um diese im Rahmen der Home-Office Tätigkeit einzusetzen.[327]

303 Einer verhaltensbedingten Beendigungskündigung hat eine **Abmahnung** vorauszugehen, wenn nicht bereits im Voraus erkennbar ist, dass der Arbeitnehmer sein Verhalten nicht anpassen werde.[328] Weiterhin scheidet die Kündigung aus, wenn der Arbeitnehmer auf einem anderen Arbeitsplatz **weiterbeschäftigt** werden kann und

---

[319] BAG 20.11.2014 – 2 AZR 664/13, NZA 2015, 931 Rn. 21; BAG 12.7.2007 – 2 AZR 716/06, NZA 2008, 173 ff.
[320] Hierzu BAG 3.11.2011 – 2 AZR 748/10, NZA 2012, 607 Rn. 22; ErfK/Oetker KSchG § 1 Rn. 188.
[321] ArbG Heilbronn 23.3.2022 – 2 Ca 14/22, NZA-RR 2022, 467 ff. (nicht rechtskräftig).
[322] ArbG Kiel 11.3.2021 – 6 Ca 1912c/20, BeckRS 2021, 7859.
[323] Mit weiteren Beispielen Müller, Homeoffice in der arbeitsrechtlichen Praxis, 2022, Rn. 496.
[324] BAG 20.6.2013 – 2 AZR 583/12, NZA 2013, 1345 Rn. 24; BAG 28.10.2010 – 2 AZR 293/09, NZA 2011, 112 Rn. 12; ErfK/Oetker KSchG § 1 Rn. 190.
[325] Mit weiteren Beispielen Müller, Homeoffice in der arbeitsrechtlichen Praxis, 2022, Rn. 496.
[326] Müller, Homeoffice in der arbeitsrechtlichen Praxis, 2022, Rn. 272 ff.; Müller NZA 2022, 1096 (1099).
[327] Im Ergebnis jedoch die Unverhältnismäßigkeit der Kündigung annehmend ArbG Köln 18.1.2022 – 16 Ca 4198/21.
[328] BAG 11.7.2013 – 2 AZR 994/12, NZA 2014, 250 Rn. 21; ErfK/Oetker KSchG § 1 Rn. 199.

anzunehmen ist, die vertragsbezogenen Pflichtverletzungen würden dort entfallen.[329] Insofern kommt die Zuweisung eines Arbeitsplatzes an der betrieblichen Tätigkeitsstätte als milderes Mittel in Betracht, wenn die Pflichtverletzung des Arbeitnehmers gerade aufgrund der außerbetrieblichen Tätigkeit erfolgte. Die Weiterbeschäftigung setzt jedoch voraus, dass ein alternativer Arbeitsplatz frei ist oder durch den Arbeitgeber durch Ausübung seines Direktionsrechts freigemacht werden kann und dass dem Arbeitnehmer die Versetzung möglich und zumutbar ist. Ob die Weiterbeschäftigung letztlich im Wege einer einseitigen Weisung des Arbeitgebers oder einer Änderungskündigung umgesetzt wird, richtet sich nach den genannten Voraussetzungen (→ Rn. 271 ff.).

### cc) Betriebsbedingte Kündigung

304 Eine Kündigung ist durch betriebliche Erfordernisse gemäß § 1 Abs. 2 S. 1 KSchG sozial gerechtfertigt, wenn der Bedarf für eine weitere Beschäftigung des Arbeitnehmers im Betrieb entfallen ist. Der Wegfall des Beschäftigungsbedarfs kann infolge **außerbetrieblicher Umstände,** wie zB allgemeiner wirtschaftlicher Entwicklungen, oder aus innerbetrieblichen Gründen aufgrund einer **unternehmerischen Organisationsentscheidung** des Arbeitgebers eintreten.[330] Eine betriebsbedingte Beendigungskündigung kommt auch in Betracht, wenn der Arbeitnehmer bislang im Home- oder Mobile Office tätig war und diese Beschäftigungsmöglichkeit infolge einer unternehmerischen Entscheidung entfällt. Trifft der Arbeitgeber die Organisationsentscheidung sämtliche Arbeitstätigkeiten innerhalb des Betriebs ausführen zu lassen und Arbeitnehmer aus der Mobilen Arbeit zurückzuholen, wäre die Weiterbeschäftigung des Arbeitnehmers im Betrieb in jedem Fall vorrangig. Ob die Rückholung hierbei durch Weisung erfolgen kann oder eine Änderungskündigung erforderlich wird, hängt von der zugrundeliegenden vertraglichen Gestaltung ab (→ Rn. 271 ff.).

305 Im Rahmen einer betriebsbedingten Kündigung, ist der Arbeitgeber verpflichtet, eine **Sozialauswahl** gemäß § 1 Abs. 3 KSchG durchzuführen.[331] Dabei sind die Betriebszugehörigkeit, das Alter, mögliche Unterhaltspflichten oder eine Schwerbehinderung der vergleichbaren Arbeitnehmer eines Betriebs zu berücksichtigen.[332] Vergleichbar sind diejenigen Arbeitnehmer, deren Arbeitsplatz der Arbeitgeber dem gekündigten Arbeitnehmer einseitig zuweisen könnte.[333] Maßgeblich für die arbeitsvertragliche Vergleichbarkeit ist damit grundsätzlich der Inhalt der Arbeitsleistung, nicht der Arbeitsort im oder außerhalb des Betriebs. Grundsätzlich sind auch Arbeitnehmer in die Sozialauswahl einzubeziehen, die in Mobiler Arbeit außerhalb des Betriebs tätig sind.

306 Die Bildung der Vergleichsgruppe richtet sich für außerhalb des Betriebes tätige Arbeitnehmer somit zunächst danach, ob der Arbeitgeber diesen in Ausübung seines Weisungsrechts einen Tätigkeitsort an der Betriebsstätte zuweisen kann. Lässt die ver-

[329] BAG 23.1.2014 – 2 AZR 638/13, NZA 2014, 965 Rn. 23; BAG 6.10.2005 – 2 AZR 280/04, NZA 2006, 431 Rn. 33; ErfK/Oetker KSchG § 1 Rn. 195.
[330] Grds. zur betriebsbedingten Kündigung BAG 7.7.2011 – 2 AZR 12/10, NJW 2012, 475 Rn. 41.
[331] APS/Kiel KSchG § 1 Rn. 592.
[332] BAG 25.4.1985 – 2 AZR 140/84, NZA 1986, 64 ff.; ErfK/Oetker KSchG § 1 Rn. 309.
[333] BAG 23.11.2004 – 2 AZR 37/04, NZA 2005, 986 (990); BAG 24.2.2005 – 2 AZR 139/03, NZA 2005, 867 (868); ErfK/Oetker KSchG § 1 Rn. 323 mwN.

tragliche Abrede eine Versetzung des mobil tätigen Arbeitnehmers in den Betrieb nicht zu, wären im Betrieb tätige Arbeitnehmer nicht in die Sozialauswahl einzubeziehen. Eine Versetzungsklausel, die eine Rückholung des Arbeitnehmers in den Betrieb ermöglicht, hat für die Arbeitsvertragsparteien damit einen ambivalenten Charakter. Zum einen muss der Arbeitnehmer eine Versetzung in Kauf nehmen, zum anderen stärkt die Klausel durch Erweiterung des Kreises der Sozialauswahl den individuellen Bestandsschutz des betroffenen Arbeitnehmers.[334] Ist der zu kündigende Arbeitnehmer im Betrieb tätig und sieht sein Arbeitsvertrag keine Beschäftigung außerhalb des Betriebs vor, wären im Home-Office beschäftigte Arbeitnehmer nicht vergleichbar, da eine einseitige Zuweisung eines Home-Office Arbeitsplatzes durch den Arbeitgeber nach überwiegend vertretener Ansicht gerade nicht möglich ist (→ Rn. 116 ff.).[335] Die Vergleichbarkeit zwischen mobil und am Ort des Betriebs tätigen Arbeitnehmern kann – parallel zur Vergleichbarkeit von Voll- und Teilzeitkräften[336] – weiterhin ausgeschlossen sein, wenn der Arbeitgeber auf Grundlage eines nachvollziehbaren unternehmerischen Konzepts bestimmte Tätigkeiten entweder der Mobilen Arbeit oder der Tätigkeit an der Betriebsstätte zuordnet.

307 Aus dem Sinn und Zweck der Sozialauswahl folgt, dass Arbeitnehmer im Home-Office mit vergleichbaren Tätigkeiten jeweils untereinander vergleichbar sind, auch wenn der Arbeitnehmer einen Arbeitsort in einer fremden Privatwohnung nicht zuweisen kann. Überzeugenderweise setzt die Vergleichbarkeit insoweit nicht die Versetzungsmöglichkeit an den Wohnort eines anderen Arbeitnehmers voraus.[337] Der durch die Sozialauswahl angestrebte gesteigerte Bestandsschutz sozial schutzbedürftiger Arbeitnehmer wäre gemindert, wenn die Sozialauswahl bei einer Tätigkeit im Home-Office stets auf einen Arbeitnehmer begrenzt wäre.[338]

## III. Rechtliche Gestaltung

### 1. Rechtsgrundlagen

308 Vereinbarungen über die Erbringung Mobiler Arbeit können ausschließlich auf individualvertraglicher Grundlage getroffen werden. § 87 Abs. 1 Nr. 14 BetrVG gewährt dem Betriebsrat kein Initiativrecht zur allgemeinen Einführung von Mobiler Arbeit (→ Rn. 463 ff.).[339] Die **Einführung** Mobiler Arbeit durch freiwillige Betriebsvereinbarung ist ebenfalls nicht möglich; die Anordnung einer Arbeitsform, die von dem Direktionsrecht des Arbeitsgebers nicht gedeckt ist,[340] liegt nicht in der Regelungs-

[334] Vgl. BAG 11.4.2006 – 9 AZR 557/05, NZA 2006, 1149 Rn. 37.
[335] Göpfert/Motzet EWiR 2021, 125; zur Reichweite des § 106 GewO LAG Berlin-Brandenburg 14.11.2018 – 17 Sa 562/18, BeckRS 2018, 34001 Rn. 21.
[336] Vgl. nur BAG 20.11.2014 – 2 AZR 512/13, NZA 2015, 679 (Rn. 48); BAG 15.7.2004 – 2 AZR 376/03, NZA 2005, 523 (526); ErfK/Oetker KSchG § 1 Rn. 327.
[337] LAG Hamm 24.2.2016 – 4 Sa 681/15, BeckRS 2016, 72220.
[338] Müller, Homeoffice in der arbeitsrechtlichen Praxis, 2022, Rn. 653.
[339] ErfK/Kania BetrVG § 87 Rn. 137; BT-Drs. 19/28899, 23.
[340] ErfK/Preis BGB § 611a Rn. 169; ausführlich dazu → Rn. 108 ff.; aA für Krisensituationen Stadelmann/Monsheimer NZA 2022, 1306; Krieger/Rudnik/Povedano Peramato NZA 2020, 473.

kompetenz der Betriebspartner, eine direktionsrechtserweiternde Funktion der Betriebsvereinbarung ist in § 106 S. 1 GewO nicht vorgesehen.[341] Darüber hinaus haben die Betriebspartner gemäß § 75 Abs. 2 BetrVG die Persönlichkeitsrechte der Arbeitnehmer zu wahren; die Beschränkung der Regelungskompetenz auf die Arbeitsbedingungen des Betriebes verbietet es, durch Betriebsvereinbarung in den außerbetrieblichen, privaten Lebensbereich der Arbeitnehmer einzugreifen.[342] Vergleichbares gilt für tarifliche Regelungen.[343] Die Erbringung Mobiler Arbeit muss daher stets arbeitsvertraglich vereinbart werden. Da der Arbeitsort als wesentliche Vertragsbedingung von dem Arbeitgeber gem. § 2 Abs. 1 S. 2 Nr. 4 NachweisG schriftlich nachgewiesen werden muss, wenn die entsprechende Vereinbarung nicht in einem schriftlichen Arbeitsvertrag getroffen wurde, sind dabei konkludente oder mündliche Vereinbarungen über Mobile Arbeit eher die Ausnahme und aufgrund der Beweisprobleme, die bei formlosen Vereinbarungen auftreten können, auch nicht zu empfehlen.

309 Die **Ausgestaltung** der Mobilen Arbeit kann gleichermaßen auf arbeitsvertraglicher Grundlage geregelt werden. Arbeitsvertragliche Vereinbarungen unterliegen allerdings als Formularvereinbarung regelmäßig der Inhaltskontrolle gem. §§ 305 ff. BGB, wohingegen die Regelungen einer Betriebsvereinbarung nur dem (weiteren) Kontrollrahmen des § 75 BetrVG unterliegen. Da zudem der Betriebsrat gem. § 87 Abs. 1 Nr. 14 BetrVG bei der Ausgestaltung Mobiler Arbeit mitzubestimmen hat, bietet sich in Betrieben mit Betriebsrat an, die Ausgestaltung der Mobilen Arbeit durch Betriebsvereinbarung zu regeln, um eine einheitliche und transparente Handhabung zu gewährleisten. Die Regelung durch Betriebsvereinbarung scheidet allerdings wegen des Tarifvorrangs gem. § 87 Abs. 1, 1. HS BetrVG aus, wenn eine tarifvertragliche Regelung besteht.

310 Unabhängig von der Frage, ob der Rechtsrahmen für Mobile Arbeit auf individual- oder kollektivvertraglicher Ebene gestaltet wird, ist für einen angemessenen Interessenausgleich zwischen den Arbeitsvertragsparteien Sorge zu tragen. Dabei hängt die Gestaltungsfreiheit maßgeblich davon ab, welches betriebliche Gesamtkonzept der Mobilen Arbeit zugrunde liegt. Die Verlagerung von Verantwortungs- und Kostenrisiken auf den Arbeitnehmer ist möglich, wenn die Mobile Arbeit maßgeblich dessen Wünschen entspricht und ein betrieblicher Arbeitsplatz zusätzlich uneingeschränkt zur Verfügung steht; sollen demgegenüber im Zuge der Mobilen Arbeit betriebliche Arbeitsplätze aufgelöst werden, darf die Mobile Arbeit nicht zur einer Verlagerung der betrieblichen Risiken auf den Arbeitnehmer führen.

---

[341] Oberthür MDR 2021, 969; Preis/Ulber RdA 2013, 211, 216; aA Krieger/Rudnik/Povedano Peramato NZA 2020, 473; Bayer ArbRAktuell 2020, 433.

[342] BAG 12.12.2006 – 1 AZR 96/06; BAG 27.1.2004 – 1 ABR 7/03; BAG 28.5.2002 – 1 ABR 32/01; Oberthür/Seitz Betriebsvereinbarungen/Oberthür Teil A.IV Rn. 5.

[343] ErfK/Franzen TVG § 1 Rn. 42.

## 2. Regelungsbeispiel: Muster einer Betriebsvereinbarung

311 Das nachfolgende Muster einer Rahmenbetriebsvereinbarung zur Mobilen Arbeit[344] geht grundsätzlich davon aus, dass die Mobile Arbeit lediglich als Möglichkeit zusätzlich zur Arbeitsleistung im Betrieb vereinbart wird. Sofern die Mobile Arbeit mit einer vollständigen Auflösung des betrieblichen Arbeitsplatzes einhergeht, wird dies entsprechend kommentiert.

**Präambel**

*Vorüberlegung: Die Präambel enthält in aller Regel nur eine einleitende, erklärende Vorüberlegung zu dem nachfolgenden Vertragswerk. Sie kann im Einzelfall aber auch eigenständige Vertragsregelungen beinhalten oder bei der Auslegung der Vereinbarung Aufschluss über den tatsächlichen Willen der Betriebspartner geben. Auch kann die Präambel die für die Betriebspartner maßgeblichen Geschäftsgrundlagen bezeichnen, deren Wegfall zu einer Anpassung gem. § 313 BGB führen kann.*

Die zunehmende Digitalisierung hat die Bedeutung des Ortes, an dem die Arbeitsleistung erbracht wird, erheblich relativiert. Mit dieser Betriebsvereinbarung sollen die mit der Flexibilisierung der Arbeitsleistung verbunden Vorteile weitestmöglich nutzbar gemacht und gleichzeitig sichergestellt werden, dass auch bei Arbeiten außerhalb der Betriebsstätte die Qualität der Arbeitsergebnisse von gleichbleibend hohem Niveau bleibt. Den Bedürfnissen der Arbeitnehmer an einer möglichst eigenverantwortlichen Gestaltung ihrer Arbeitsabläufe in Übereinstimmung mit ihren privaten Anforderungen soll in angemessener Weise Rechnung getragen werden, ebenso den Anforderungen an einen modernen Gesundheitsschutz. Die Vermeidung unnötiger Wegezeiten dient gleichzeitig dem Klimaschutz.

**§ 1 Geltungsbereich**

*Vorüberlegung: Der persönliche Geltungsbereich der Betriebsvereinbarung muss nicht alle Arbeitnehmer gleichermaßen umfassen; er kann auch auf diejenigen Arbeitnehmergruppen beschränkt werden, für die Mobile Arbeit nach der Art der Tätigkeit überhaupt in Betracht kommt.*

Diese Betriebsvereinbarung gilt für alle Arbeitnehmer mit Ausnahme der leitenden Angestellten gem. § 5 Abs. 3 BetrVG.

**§ 2 Begriff der Mobilen Arbeit**

*Vorüberlegung: Soll lediglich Telearbeit im engeren Sinn, allgemein Mobile Arbeit in einem häuslichen Umfeld oder (so das nachfolgende Muster) Mobile Arbeit an jedem beliebigen Ort ermöglicht werden?*

(1) Mobile Arbeit im Sinne dieser Betriebsvereinbarung beinhaltet die Erbringung der Arbeitsleistung außerhalb einer arbeitgeberseitig bereitgestellten Betriebsstätte an einem oder mehreren mit dem Arbeitgeber fest vereinbarten oder von dem Arbeitnehmer selbst bestimmten Ort[345] innerhalb der Bundesrepublik Deutschland. Die Arbeitsleistung im Ausland bedarf einer besonderen Zustimmung des Arbeitgebers.[346]

---

[344] Zum Teil basierend auf dem Muster bei Oberthür/Seitz Betriebsvereinbarungen/Oberthür Teil B. VII Rn. 9.

[345] Zu dieser Definition der Mobilen Arbeit LAG Köln 23.4.2021 – 9 TaBV 9/21; ausführlich Kapitel A. I.

[346] Zu den besonderen Anforderungen an Mobile Arbeit im Ausland vgl. Kapitel H. Zu den steuer- und sozialversicherungsrechtlichen Fragen Mobiler Arbeit im Ausland Hidalgo/Cellen NZA 2021, 19 (Sozialversicherungsrecht) und Schrade/Denninger NZA 2021, 102 (Steuerrecht).

(2) Mobile Arbeit wird regelmäßig, nicht aber zwingend unter Einsatz von Informations- oder Kommunikationstechnologie erbracht.[347] Mobile Arbeit liegt nicht vor, wenn die Mobilität Teil der geschuldeten Arbeitsleistung ist.

**§ 3 Teilnahme an mobiler Arbeit**

*Vorüberlegung: Soll der Arbeitnehmer einen Anspruch auf Mobile Arbeit haben, einen Anspruch lediglich auf Erörterung seines Wunsches auf Mobile Arbeit oder soll die Mobile Arbeit von der (freien oder ermessensgebundenen) Zustimmung des Arbeitgebers abhängen? Weiter ist zu überlegen, ob und in welchem Umfang die Beteiligungsrechte des Betriebsrats über den Rahmen des § 87 Abs. 1 Nr. 14 BetrVG hinaus ausgedehnt werden sollen.*

(1) Ein Rechtsanspruch des Arbeitnehmers, die Arbeitsleistung im Rahmen von Mobiler Arbeit zu erbringen, besteht nicht. Die Teilnahme an Mobiler Arbeit ist für beide Vertragsparteien freiwillig.[348]

**Alternative** (1): Arbeitnehmer, die Kinder bis zu einem Alter von acht Jahren im eigenen Haushalt betreuen oder nahe Angehörige iSv § 7 Abs. 3 PflegeZG pflegen, können beantragen, ihre Arbeitsleistung ganz oder teilweise in Mobiler Arbeit zu erbringen. Der Antrag muss in Textform erfolgen und den Umfang der Mobilen Arbeit, deren Verteilung auf die einzelnen Wochentage und deren Dauer enthalten. Der Arbeitgeber erörtert den Antrag mit dem Arbeitnehmer und entscheidet über dessen Annahme oder Ablehnung nach billigem Ermessen. Lehnt der Arbeitgeber den Antrag ab, so hat er dies dem Arbeitnehmer binnen einer Frist von zwei Monaten nach Antragstellung mit einer Begründung in Textform mitzuteilen. Kommt der Arbeitgeber seiner Erörterungspflicht nicht nach oder lehnt er den Antrag nicht form- oder fristgerecht ab, so gilt die von dem Arbeitnehmer beantragte Mobile Arbeit für die mitgeteilte Dauer, längstens jedoch für die Dauer von sechs Monaten als vereinbart.[349, 350]

**Alternative** (2): Der Arbeitgeber soll dem Antrag eines Arbeitnehmers auf Mobile Arbeit im Rahmen der betrieblichen Möglichkeiten entsprechen. Die Ablehnung eines Antrages ist nur aus betrieblichen Gründen zulässig und muss in Textform begründet werden.[351]

---

[347] Mit dieser Definition geht die Regelung über das Mitbestimmungsrecht gem. § 87 Abs. 1 Nr. 14 BetrVG hinaus, das die Verwendung von IKT für die mobile Arbeitsleistung voraussetzt. Die Ausweitung des Anwendungsbereichs erscheint allerdings sachgerecht, da bei analog erbrachter Mobiler Arbeit ein weitgehend identisches Schutz- und Regelungsbedürfnis besteht.

[348] Ein Anspruch auf Mobile Arbeit besteht nach hM nicht; vgl. hierzu Kapitel B.I.; Barrein NZA 2022, 1088 mwN. Auch der Arbeitgeber kann Mobile Arbeit nicht einseitig anweisen; er ist arbeitsvertraglich zur Bereitstellung eines funktionsfähigen Arbeitsplatzes verpflichtet und kann im Wege des Direktionsrechts nicht über den Privatbereich des Arbeitnehmers verfügen, LAG Berlin 14.11.2018 – 17 Sa 562/18; ErfK/Preis GewO § 106 Rn. 28a. Dies gilt auch in besonderen Konstellationen wie Pandemie und Energiekrise (aA Stadelmann/Monsheimer NZA 2022, 1306; Krieger/Rudnik/Povedano Peramato NZA 2020, 473). Allerdings kann bei Annahmeverzug des Arbeitgebers im Rahmen einer Betriebsstörung die Verweigerung zumutbarer Mobiler Arbeit eine böswillig unterlassene Erwerbsmöglichkeit iSv § 615 S. 2 BGB darstellen.

[349] Dieses Antragsrecht entspricht (mit Ausnahme des Antragsinhalts und der Zustimmungsfiktion) den Vorgaben des Art. 9 der Richtlinie (EU) 2019/1158 zur Vereinbarkeit von Beruf und Privatleben für Eltern und pflegende Angehörige, der allerdings bislang nicht in nationales Recht umgesetzt worden ist.

[350] Denkbar wäre auch, das Antragsrecht dahingehend zu begrenzen, dass nach einer Anerkennung oder berechtigten Ablehnung der Mobilen Arbeit eine bestimmte Karenzfrist einzuhalten ist, bevor ein erneuter Antrag gestellt werden darf.

[351] Die Einführung eines Anspruchs auf Mobile Arbeit, etwa nach dem Vorbild des § 16 BGleiG, ist auch ohne entsprechendes Mitbestimmungsrecht des Betriebsrats im Rahmen freiwilliger Betriebsvereinbarungen möglich.

(2) Die Teilnahme an Mobiler Arbeit ist nur zulässig, wenn

- das Arbeitsverhältnis des Arbeitnehmers seit mindestens sechs Monaten besteht,[352]
- die Arbeitsaufgabe des Arbeitnehmers Mobile Arbeit ohne Beeinträchtigung der betrieblichen Abläufe zulässt,
- die persönlichen Voraussetzungen erfüllt sind,
- die technischen und arbeitsschutzrechtlichen Voraussetzungen erfüllt sind,
- eine schriftliche Vereinbarung über Dauer und Umfang der Mobilen Arbeit gemäß Anlage A abgeschlossen worden ist.

(3) Die besonderen Belange schwerbehinderter oder diesen gleichgestellter Arbeitnehmer sind bei der Entscheidung über den Antrag besonders zu berücksichtigen. Die Beteiligungsrechte der Schwerbehindertenvertretung sind zu wahren.[353]

(4) Bei Ablehnung des Wunsches eines Arbeitnehmers über die Erbringung von Mobiler Arbeit ist der Betriebsrat hinzuzuziehen, um die Berechtigung der Ablehnung zu prüfen und eine einvernehmliche Regelung zu vermitteln.[354] Weitergehende Rechte des Betriebsrats bleiben unberührt.

**§ 4 Persönliche Voraussetzungen für Mobile Arbeit**

(1) Mobile Arbeit stellt hohe Anforderungen an die persönliche Organisationsfähigkeit der Arbeitnehmer.[355] Zuverlässigkeit ist in diesem Zusammenhang eine besonders wichtige psychosoziale Kompetenz und ein entscheidender Faktor für das Gelingen produktiver Mobiler Arbeit. Sie beinhaltet unter anderem die zuverlässige Erledigung von Aufgaben, die Einhaltung von Terminen, Verabredungen, Vereinbarungen und gemeinsamen Absprachen sowie die Einhaltung von Regeln oder Gesetzen. Darüber hinaus benötigen Arbeitnehmer, die Mobile Arbeit leisten, Verantwortungsbewusstsein, Gewissenhaftigkeit, Organisationsfähigkeit, Ordnungssinn und Fleiß.

(2) Die Bewertung der persönlichen Voraussetzungen erfolgt durch den Vorgesetzten. Soweit ein Arbeitnehmer mit der Bewertung nicht einverstanden ist, besteht die Möglichkeit der Beschwerde gemäß § 84 BetrVG.

**§ 5 Technische Voraussetzungen für Mobile Arbeit**

*Vorüberlegung: Die Regelung der Verpflichtung zur Ausstattung des Mobilen Arbeitsplatzes steht im Belieben der Vertragsparteien, unterliegt allerdings der Mitbestimmung des Betriebsrats. Sofern allerdings nicht auch ein betrieblicher Arbeitsplatz zur Verfügung steht, obliegt dem Arbeitgeber die Bereitstellung aller zur Arbeitsleistung erforderlichen Betriebsmittel; eine abweichende Vereinbarung würde den Arbeitnehmer unangemessen benachteiligen.*[356]

(1) Die technischen Voraussetzungen für die Erbringung von Mobiler Arbeit sind die Bereitstellung einer funktionsfähigen Internetverbindung, einer Fernsprechverbindung, auf die die dienstliche Rufnummer des Arbeitnehmers umgeleitet werden kann, sowie die Nutzung des jeweils geltenden Zugangsstandards durch den Arbeitnehmer. Die darüber hinausgehende zur Arbeitsleistung erforderliche technische Ausstattung stellt der Arbeitgeber.

---

[352] Diese Begrenzung ermöglicht die Erprobung der persönlichen Voraussetzungen des Arbeitnehmers und verhindert, dass das onboarding eines neuen Mitarbeiters durch die Mobile Arbeit beeinträchtigt wird.

[353] Der Anspruch auf leidensgerechte Beschäftigung gem. § 164 Abs. 4 S. 1 Nr. 1 SGB IX kann bei schwerbehinderten Menschen einen individuellen Anspruch auf Mobile Arbeit begründen (Bayerischer VGH 29.10.2019 – 6 CE 19.1386).

[354] Diese Regelung geht über das Mitbestimmungsrecht gem. § 87 Abs. 1 Nr. 14 BetrVG hinaus, das ein Mitbestimmungsrecht des Betriebsrats bei dem „ob" der Gestattung Mobiler Arbeit nicht vorsieht.

[355] Vgl. hierzu Kapitel A. II.

[356] BAG 10.11.2021 – 5 AZR 334/21.

(2) Der Arbeitnehmer darf, mit Ausnahme der für die Internet- und Fernsprechverbindung erforderlichen Geräte, ausschließlich arbeitgeberseitig bereitgestellte Hard- und Software nutzen und ist verpflichtet, die Nutzung auf ausschließlich dienstliche Zwecke beschränken. Die Nutzung privater Geräte, insbesondere Desktops, Notebooks und Drucker, ist nur mit Einverständnis des Arbeitgebers zulässig.[357]

(3) Der Arbeitnehmer ist verpflichtet zu gewährleisten, dass er während der Arbeitszeit jederzeit telefonisch und per E-Mail zu erreichen ist. Ausnahmen bedürfen der Zustimmung des Vorgesetzten.

(4) Sofern die mobile Arbeit für einen Zeitraum von mindestens drei Monaten in erheblichem Umfang (mindestens zwei Tage wöchentlich) in der Wohnung des Arbeitnehmers erbracht werden soll, stellt der Arbeitgeber einen dem betrieblichen Standard entsprechenden funktionalen Arbeitsplatz zur Verfügung.

**§ 6 Arbeitsschutzrechtliche Voraussetzungen für mobile Arbeit**

(1) Die Betriebspartner legen die Maßnahmen, die zur Wahrung des Arbeitsschutzes im Rahmen von Mobiler Arbeit erforderlich sind, einvernehmlich fest.[358] Mindestens folgende Maßnahmen sind von dem Arbeitgeber durchzuführen:

- die zur Arbeitsleistung bereitgestellten Betriebsmittel entsprechen den gesetzlichen Arbeitsschutzvorgaben auch im Hinblick auf Mobile Arbeit;
- die Arbeitnehmer werden in geeigneter Weise über die möglichen Gefährdungspotentiale und die einzuhaltenden Schutzmaßnahmen unterrichtet. Dies beinhaltet insbesondere die Unterrichtung über ergonomische Arbeitsplatzgestaltung und Bildschirmarbeit.

(2) Arbeitnehmer sind verpflichtet, bei der Mobilen Arbeit arbeitsschutzrechtliche Vorgaben, insbesondere nach Maßgabe der arbeitgeberseitigen Unterrichtung und einzelner arbeitgeberseitiger Schutzanweisungen, einzuhalten.[359] Arbeitnehmer sind verpflichtet, mögliche Gefährdungen durch die Mobile Arbeit unverzüglich anzuzeigen; die Arbeitsleistung an Orten, die eine erkennbare Gefährdung begründen, ist untersagt. Der Arbeitgeber ist berechtigt, die arbeitsschutzrechtliche Zulässigkeit von Arbeitsplätzen jederzeit zu überprüfen und entsprechende Belege von dem Arbeitnehmer zu verlangen, wobei die Besichtigung privater Räume des Arbeitnehmers nur mit dessen Zustimmung zulässig ist.[360] Bestehen Zweifel an der Wahrung des Arbeitsschutzes bei Mobiler Arbeit, ist der Arbeitnehmer zur Arbeitsleistung am betrieblichen Arbeitsplatz verpflichtet.

(3) Arbeitnehmer, die Mobile Arbeit leisten, werden in die betriebliche Gruppenunfallversicherung einbezogen, die auch Unfälle außerhalb der betrieblichen Sphäre absichert.[361]

---

[357] Diese Beschränkung ist sinnvoll im Hinblick darauf, dass dem Arbeitgeber im Rahmen der Gefährdungsbeurteilung des Mobilen Arbeitsplatzes gem. §§ 3 Abs. 1 S. 1, 5 BetrSichV auch die Bewertung der Sicherheit der von dem Arbeitnehmer bereitgestellten Arbeitsmittel obliegt.

[358] Ausführlich dazu Kapitel F; Hidalgo NZA 2019, 1449.

[359] § 15 ArbSchG.

[360] Alternativ kann die Zustimmung des Arbeitgebers zur Mobilen Arbeit davon abhängig gemacht werden, dass der Arbeitnehmer diesem ein **Zutrittsrecht** zu seinen privaten Räumen einräumt; vgl. auch das Muster in → Rn. 566.

[361] Der Schutzrahmen der **gesetzlichen Unfallversicherung** ist mit § 8 Abs. 1 S. 2 SGB VII erweitert worden: demnach besteht Versicherungsschutz bei Mobiler Arbeit in vergleichbarem Umfang wie bei Ausübung der Tätigkeit im Betrieb (vgl. Kapitel G; Oberthür MDR 2021, 969; zur früheren Rechtslage vgl. Oberthür ArbRB 2019, 115; Spellbrink NZS 2016, 527; BSG 27.11.2018 – B 2 U 28/17 R. Die Absicherung der Arbeitnehmer durch eine Unfallversicherung, die auch Unfälle aus der privaten Sphäre abdeckt, ist deshalb nicht mehr von grundlegender Bedeutung, kann aber dennoch sinnvoll sein.

(4) Wird die Mobile Arbeit auch am Wohnort des Arbeitnehmers erbracht, ist der Arbeitnehmer verpflichtet, dem Arbeitgeber eine Änderung des Wohnortes unverzüglich anzuzeigen.

**§ 7 Mobile Zusammenarbeit**

(1) Mobile Arbeit soll die Möglichkeiten des Austauschs, der Begegnung und der Kollaboration der Arbeitnehmer nicht beeinträchtigen; sie soll daher im Monatsdurchschnitt einen Umfang von drei Tagen pro Woche nicht übersteigen.

(2) Der Arbeitnehmer ist verpflichtet, Vorgaben des Vorgesetzten zur Kommunikation Folge zu leisten, Dies beinhaltet etwa Vorgaben zu virtuellen Meetings, zur Nutzung der Kamerafunktion bei virtueller Kommunikation und zur Nutzung elektronischer Kalender und Abwesenheitsnotizen.[362]

**§ 8 Arbeitszeit/Arbeitszeiterfassung**

(1) Die betrieblichen Regelungen zur Arbeitszeit bleiben von dieser Betriebsvereinbarung unberührt und werden durch diese lediglich ergänzt.[363]

(2) Mit der Mobilen Arbeit ist keine Verkürzung oder Verlängerung der individuellen Arbeitszeit verbunden. Die Vorgaben zu den gesetzlichen Höchstarbeits- und Mindestruhezeiten sind einzuhalten.

(3) Mobile Arbeit begründet keine Verpflichtung der Arbeitnehmer, außerhalb der individuellen Arbeitszeit erreichbar zu sein.[364]

**§ 9 Anwesenheitspflichten im Betrieb/Störfälle**

*Vorüberlegung: Die Regelung von Anwesenheitspflichten im Betrieb ist maßgeblich davon abhängig, ob die Mobile Arbeit nur gelegentlich erfolgt, ob sie auch den Arbeitgeber eng binden soll und ob ausschließlich mobil gearbeitet werden soll.*

(1) Der Arbeitnehmer ist jederzeit berechtigt[365] und auf Aufforderung des Arbeitgebers auch verpflichtet, die Arbeitsleistung am betrieblichen Arbeitsort zu erbringen. Bei einer entsprechenden Anordnung hat der Arbeitgeber billiges Ermessen zu wahren und die persönlichen Belange des Arbeitnehmers angemessen zu berücksichtigen.[366]

(2) Der Arbeitnehmer ist verpflichtet, die Arbeitsleistung auch ohne arbeitgeberseitige Weisung unverzüglich am betrieblichen Arbeitsort aufzunehmen, wenn die technischen Voraussetzungen der Arbeitsleistung im Rahmen von Mobiler Arbeit nicht erfüllt sind, die durchgehende Erreichbarkeit nicht gewährleistet oder die Mobile Ar-

[362] Die Einführung und Nutzung dieser Einrichtungen bedarf gem. § 87 Abs. 1 Nr. 6 BetrVG der Mitbestimmung des Betriebsrats.

[363] Sinnvoll ist ein Abgleich mit den betrieblichen Arbeitszeitregelungen, um festzustellen, ob und in welchem Umfang eine Anpassung für die Mobile Arbeit erforderlich ist. Es muss sichergestellt werden, dass auch bei Mobiler Arbeit die Einhaltung des **Arbeitszeitgesetzes** gewährleistet ist, Benkert NJW-Spezial 2019, 306. Zur Verpflichtung der Arbeitszeiterfassung vgl. Kapitel E.

[364] Zum Recht auf Nichterreichbarkeit in der Freizeit vgl. LAG Schleswig-Holstein 27.9.2022 – 1 Sa 39 öD/22 (aufgehoben vom BAG 23.8.2023 – 5 AZR 349/22, noch nv).

[365] Soweit die Mobile Arbeit mit einer Einschränkung der betrieblichen Arbeitsplätze einhergeht, muss das Rückkehrrecht des Arbeitnehmers ggf. eingeschränkt werden.

[366] Die Möglichkeit des Arbeitgebers, die Anwesenheit des Arbeitnehmers im Betrieb zu verlangen, etwa zur Teilnahme an Besprechungen, sollte nicht vollständig ausgeschlossen werden. Eine engere **Begrenzung des Direktionsrechts** kann aber aus Sicht des Arbeitnehmers sinnvoll sein: „Der Arbeitgeber ist berechtigt, die Arbeitsleistung des Arbeitnehmers am betrieblichen Arbeitsort zu verlangen, solange und soweit dies aus betrieblichen Gründen erforderlich ist. Hierbei ist entsprechend § 12 TzBfG eine **Ankündigungsfrist** von vier Tagen einzuhalten." Zu einer entsprechenden Ankündigungsfrist bei Dienstplanänderung vgl. ArbG Berlin 5.10.2012 – 28 Ca 10243/12.

beitsleistung aus sonstigen Gründen unmöglich ist. Der Mitarbeiter kann vor der Arbeitsaufnahme im Betrieb eine Entscheidung des Vorgesetzten einholen[367, 368]

(3) Bei Streitigkeiten über die Anwesenheitspflicht ist der Betriebsrat hinzuzuziehen, um die Berechtigung der Anordnung zu prüfen und eine einvernehmliche Regelung herbeizuführen. Weitergehende Rechte des Betriebsrats bleiben unberührt.[369]

(4) Für Zeiträume, in denen die Erbringung der Mobilen Arbeit unmöglich geworden ist, bleiben die Vergütungsansprüche des Arbeitnehmers unberührt, wenn und soweit die Unmöglichkeit der Arbeitsleistung dem Betriebsrisiko des Arbeitgebers zuzurechnen ist. Anderenfalls hat der Arbeitnehmer das Recht, die Arbeitsleistung nachzuholen.[370]

**§ 10 Fahrtzeiten**

Fahrzeiten zwischen betrieblicher Arbeitsstätte und einem Mobilen Arbeitsort sind nicht arbeitgeberseitig veranlasst. Sie stellen keine vergütungspflichtige Arbeitszeit dar.[371]

**§ 11 Datenschutz**

(1) Der Arbeitnehmer ist bei Arbeitsleistung im Rahmen von Mobiler Arbeit zur Gewährleistung des Datenschutzes und der Datensicherheit besonders verpflichtet.[372]

(2) Vertrauliche Daten und Informationen, insbesondere personen- und betriebsbezogene Daten hat der Arbeitnehmer vor Einsicht, Kenntnis oder Zugriff durch Dritte (einschließlich Familienangehörige) jederzeit zu schützen. Dies beinhaltet ua die Nutzung von Sichtschutzfolien, Kopfhörern und verpixelten Hintergründen bei der Arbeitsleistung, insbesondere in öffentlichen Verkehrsmitteln und öffentlichen Räumen.

**§ 12 Haftung**

(1) Die dem Arbeitnehmer zur Verfügung gestellten Arbeitsmittel sind in geeigneter Weise vor Diebstahl und Sachbeschädigung zu schützen.

(2) Die Haftung des Arbeitnehmers richtet sich nach den gesetzlichen Bestimmungen und der hierzu ergangenen Rechtsprechung. Sie ist auf Vorsatz und grobe Fahrlässig-

---

[367] Eine solche Regelung ist nur sinnvoll, wenn eine Beschäftigungsmöglichkeit im Betrieb überhaupt besteht. Alternativ kann zudem vorgesehen werden, dass der Arbeitnehmer den Vorgesetzten von der Störung zu unterrichten und sich für geeignete Arbeitsanweisungen bereit zu halten hat.

[368] Sofern ein betrieblicher Arbeitsplatz nicht oder nicht zuverlässig zur Verfügung steht, bedarf es einer angemessenen Regelung des Vergütungsrisikos. Wird die Mobile Arbeit aus Gründen unmöglich, die nicht dem Betriebsrisiko des Arbeitgebers zuzurechnen sind, entfällt gem. § 275 BGB der Vergütungsanspruch des Arbeitnehmers. Für diese Fälle kann es sich anbieten, dem Arbeitnehmer das Recht zur Nachholung der Arbeit einzuräumen (vgl. die Regelung in Abs. 4).

[369] Im Rahmen einer freiwilligen Betriebsvereinbarung kann auch ein echtes Beteiligungsrecht des Betriebsrats bei einer Veränderung der Mobilen Arbeit begründet werden.

[370] Denkbar ist, dass die Unmöglichkeit der Mobilen Arbeit von dem Arbeitnehmer zu vertreten ist, etwa weil er wegen einer Verbindungsstörung die erforderlichen technischen Voraussetzungen nicht bereitstellen kann; sofern er in diesem Fall die Arbeitsleistung nicht im Betrieb erbringt, verliert er seinen Vergütungsanspruch, so dass ein Anspruch auf Nacharbeit der ausgefallenen Arbeitszeit zur Vermeidung von Vergütungseinbußen sinnvoll sein kann. Steht dem Arbeitnehmer allerdings kein betrieblicher Arbeitsplatz zur Verfügung, dürfte dem Arbeitgeber das Betriebsrisiko für den Mobilen Arbeitsplatz iSv § 615 S. 3 BGB umfassend aufzuerlegen sein, so dass er auch bei von ihm nicht veranlassten Störungen der Mobilen Arbeit grundsätzlich in Annahmeverzug geraten dürfte.

[371] Hier ist ggf. nach der Art der Tätigkeit zu differenzieren: Die Fahrt zwischen Wohnung und Arbeitsstätte ist grundsätzlich keine vergütungspflichtige Arbeitszeit. Für Arbeitnehmer ohne festen betrieblichen Arbeitsplatz kann die Fahrt zu einer auswärtigen Arbeitsstätte allerdings Arbeitszeit darstellen. Zudem ist ggf. der Tarifvorrang des § 77 Abs. 3 BetrVG zu beachten, BAG 18.3.2020 – 5 AZR 36/19.

[372] Vgl. hierzu Kapitel D.

keit beschränkt.[373] Arbeitsrechtliche Konsequenzen dürfen sich für den Arbeitnehmer aus einem Schadensfall[374] nicht ergeben.

**§ 13 Kosten der Mobilen Arbeit**

*Vorüberlegung: Regelungen zur Kostentragungspflicht können die Betriebspartner nur in einer freiwilligen Betriebsvereinbarung vereinbaren, im Übrigen nur mittelbar, indem sie die Verpflichtung zur Bereitstellung der Sachmittel unter den Vertragsparteien aufteilen. Eine Verpflichtung der Arbeitnehmer zur Kostentragung gegen deren Willen ist allerdings unzulässig.[375] Kosten für die Ausstattung des Mobilen Arbeitsplatzes können dem Arbeitnehmer daher nur dann auferlegt werden, wenn die Mobile Arbeit auch seinem Interesse entspricht und der Arbeitgeber einen betrieblichen Arbeitsplatz bereithält.*

(1) Die Kosten für die Betriebsmittel, die für die Mobile Arbeit erforderlich sind, ebenso die Kosten für eine gem. § 3 Abs. 4 dieser Betriebsvereinbarung notwendige Ausstattung des Arbeitsplatzes trägt der Arbeitgeber. Eine Kostenbeteiligung des Arbeitnehmers ist unzulässig.

(2) Die Kosten für die Bereitstellung der technischen Voraussetzungen gem. § 3 Abs. 1 S. 1 dieser Betriebsvereinbarung trägt der Arbeitnehmer.[376] Eine Erstattung von Betriebskosten oder der Kosten für Mobiliar und weitere Ausstattung durch den Arbeitgeber erfolgt nicht.

**Alternative** (1): Zum Ausgleich der Kosten für die Bereitstellung der technischen Voraussetzungen gem. § 3 Abs. 1 S. 1 dieser Betriebsvereinbarung sowie weiterer Aufwendungen des Arbeitnehmers (Strom- und Energiekosten, Mietkosten, Getränke etc.) zahlt der Arbeitgeber an den Arbeitnehmer eine monatliche Pauschale in Höhe von EUR 150.[377]

**§ 14 Feiertage**

Die Entgeltfortzahlung an Feiertagen richtet sich nach dem an dem jeweiligen Tag geltenden Arbeitsort. Gilt für einen Mobilen Arbeitsort ein nicht bundeseinheitlicher Feiertag, besteht ein Anspruch auf Entgeltfortzahlung nur, wenn der Arbeitnehmer den Arbeitsort nicht wegen des Feiertages gewählt hat.[378] Bei Mobiler Arbeit im Ausland besteht ein Anspruch auf Entgeltfortzahlung nur für Feiertage, die auch am Sitz des Arbeitgebers Feiertage sind.[379]

**§ 15 Beendigung der Mobilen Arbeit**

(1) Arbeitgeber und Arbeitnehmer können die zwischen ihnen abgeschlossene Vereinbarung über Mobile Arbeit mit einer Frist von drei Monaten jederzeit kündigen. Der Arbeitgeber hat bei der Kündigung billiges Ermessen zu wahren.[380]

---

[373] Die Grundsätze der privilegierten Arbeitnehmerhaftung gelten auch bei Mobiler Arbeit, vgl. Kapitel B.II.2. Sie können zugunsten des Arbeitnehmers ausgeweitet werden, indem bspw. eine Haftung wegen Fahrlässigkeit ausgeschlossen oder die Haftungsprivilegierung bei Arbeit im Home-Office auf alle im Haushalt lebenden Personen erstreckt wird.

[374] Alternativ: „aus einem fahrlässig herbeigeführten Schadensfall."

[375] BAG 1.12.1992 – 1 AZR 260/92.

[376] Zu der Kostentragungspflicht und etwaigen Ansprüchen auf Aufwendungsersatz vgl. Kapitel B.II.1.

[377] Zu den lohnsteuerrechtlichen Aspekten vgl. Kapitel I.

[378] Die Wahl oder Vorgabe eines Arbeitsortes, die zu einer unangemessenen Verringerung oder Vervielfachung von Feiertagen führen würde, wäre für Arbeitgeber wie Arbeitnehmer gleichermaßen treuwidrig, vgl. ErfK/Reinhard EFZG § 2 Rn. 5.

[379] ErfK/Reinhard EFZG § 2 Rn. 6. Alternativ kann auch auf die Feiertagsregelung am Wohnort des Arbeitnehmers abgestellt werden.

[380] Eine solche **Teilkündigung** stellt letztlich einen Widerrufsvorbehalt dar; sie ist auf der Grundlage einer entsprechenden Betriebsvereinbarung ausnahmsweise als wirksam angesehen worden, LAG Berlin-Brandenburg 20.4.2009 – 10 Sa 2399/08. Allerdings ist ein arbeitsvertraglicher Widerrufsvorbehalt zur Telear-

(2) Vor einer Kündigung durch den Arbeitgeber ist der Betriebsrat unter Angabe der Gründe zu unterrichten. Der Betriebsrat kann verlangen, dass vor Ausspruch der Kündigung mildere Mittel geprüft werden, etwa eine geänderte Strukturierung der Arbeitsabläufe, eine Veränderung des Umfangs der Mobilen Arbeit oder eine engere Abstimmung zwischen Arbeitnehmer und Vorgesetztem. Weitergehende Beteiligungsrechte des Betriebsrats bleiben unberührt.[381]

(3) Bei schwerbehinderten oder diesen gleichgestellten Arbeitnehmern gilt § 2 Abs. 3 dieser Betriebsvereinbarung entsprechend.

(4) Die Vereinbarung zur Mobilen Arbeit endet automatisch, ohne dass es einer Kündigung bedarf, bei Beendigung des Arbeitsverhältnisses. Bei Änderung der Arbeitsaufgabe oder des Wohnortes des Arbeitnehmers endet die Vereinbarung, ohne dass es einer Kündigung bedarf, wenn die Voraussetzungen der Mobilen Arbeit nicht mehr gegeben sind.[382]

**§ 16 Schlussbestimmungen**

Diese Betriebsvereinbarung tritt zum 1.1.2024 in Kraft. Sie kann von beiden Betriebspartnern mit einer Frist von sechs Monaten gekündigt werden, erstmals zum 31.12.2025. Sie entfaltet Nachwirkung, wenn und soweit dies gesetzlich vorgesehen ist.

---

beit wegen Verstoßes gegen § 307 BGB unwirksam, sofern dieser nicht zumindest eine Ermessensentscheidung voraussetzt, LAG Düsseldorf 10.9.2014 – 12 Sa 505/14; die Teilkündigung des Arbeitgebers sollte deshalb an betriebliche Gründe oder die Wahrung **billigen Ermessens** gebunden werden. In jedem Fall sollte eine angemessene **Frist** vorgesehen werden, um Arbeitgeber und Arbeitnehmer die Möglichkeit zu geben, die erforderlichen Dispositionen zu treffen.

[381] Die Beendigung Mobiler Arbeit wird aufgrund der Veränderung des Arbeitsortes regelmäßig eine Versetzung iSv § 99 BetrVG darstellen, BAG 20.10.2021 – 7 ABR 34/20; Stück/Salo AuA 2021, 22; vgl. dazu Kapitel C.III.3.

[382] Steht ein betrieblicher Arbeitsplatz nicht zur Verfügung, muss die Regelung entsprechend angepasst werden.

# C. Mobile Work und Betriebsverfassung

## Übersicht

## I. Mobile Work und die Grundbegriffe der Betriebsverfassung

312 Soweit im Arbeitsrecht der Begriff des Betriebes verwendet wird, sucht man vergebens nach einer Definition. Die verschiedenen arbeitsrechtlichen Gesetze setzen den Betriebsbegriff voraus (zB. BGB, KSchG, BetrVG), definieren ihn aber nicht.[1] Dasselbe gilt im europäischen Recht etwa für die Massenentlassungs-RL.[2] Das ist insoweit zutreffend, als es „den Betriebsbegriff" nicht gibt. Was den Betrieb ausmacht, orientiert sich vielmehr an der Teleologie des jeweiligen Gesetzes und ist typologisch zu bestimmen. Ausgangspunkt der Überlegungen zur Charakterisierung des Betriebs ist der „allgemeine Betriebsbegriff". Die Grundlage unseres Betriebsverständnisses bietet noch immer der nunmehr fast 100 Jahre alte Begriff von Jacobi.[3] In Anlehnung an dessen Erkenntnis wird der Betrieb heutzutage überwiegend definiert als die organisatorische Einheit, innerhalb derer ein Arbeitgeber allein oder mit seinen Arbeitnehmern durch Einsatz technischer und immaterieller Mittel bestimmte arbeitstechnische Zwecke fortgesetzt verfolgt, die an dieser sich nicht in der Befriedigung von Eigenbedarf erschöpfen.[4] Bei der Bestimmung des **betriebsverfassungsrechtlichen** Betriebes steht die Zusammenarbeit zwischen Arbeitgeber und Betriebsrat als der primäre Zweck des BetrVG im Vordergrund. Der Betrieb iSd BetrVG ist somit die Einheit, für die der gewählte Betriebsrat zuständig ist und in der seine Mitwirkungs- und Mitbestimmungsrechte eingreifen. Was diese **organisatorische Einheit** ausmacht, ist anhand bestimmter Kriterien unter Berücksichtigung dieses Gesetzeszweckes zu bestimmen.

---

[1] Vgl. zuletzt Jacobi/Krüger ArbRB 2023, 80 ff.
[2] Jacobi/Krüger ArbRB 2023, 80 ff.
[3] Jacobi, Betrieb und Unternehmen als Rechtsbegriffe, Leipzig 1926 (Festschrift für Victor Ehrenberg).
[4] Vgl. etwa BAG 13.2.2013 – 7 ABR 36/11, NZA-RR 2013, 521; BAG 9.12.2009 – 7 ABR 38/08, NZA 2010, 906; MHdB-ArbR/Richter § 24 Rn. 5 mwN.

## 1. Kriterien des Betriebsbegriffs der Betriebsverfassung

313 Bei der organisatorischen Betrachtung ist der **Betriebszweck** für sich allein allenfalls als negative Abgrenzung tauglich. Nur wenn kein Betriebszweck mehr verfolgt wird, wird man von einer Stilllegung des Betriebs ausgehen dürfen mit der Folge, dass der Betrieb erlischt. Nur wenn mindestens ein abgrenzbarer Zweck verfolgt wird, kann eine Einheit überhaupt als Betrieb oder Betriebsteil gekennzeichnet werden. Ändert sich hingegen der Betriebszweck, hat dies keine zwangsläufige Auswirkung auf die Betriebsidentität. Das gilt selbst dann, wenn es zu einer grundlegenden Änderung des Betriebszwecks im Sinne des § 111 S. 3 Nr. 4 BetrVG kommt.[5] Die organisatorische Einheit des Betriebs wird auch nicht dadurch berührt, dass mehrere Betriebszwecke verfolgt werden.[6] Welcher Betriebszweck verfolgt wird, ist deshalb nicht ausschlaggebend für die Frage, ob ein Betrieb iSd BetrVG vorliegt. Bedeutung hat der Betriebszweck hingegen im Rahmen von Mobile Work für die Zugehörigkeit des Arbeitnehmers zu einem Betrieb oder Betriebsteil (→ Rn. 321 ff.).

314 Besondere Bedeutung kommt der Organisations- und Leitungsstruktur des Betriebes zu. Dabei ist jedoch nicht auf einzelne Aspekte, sondern eine Gesamtbetrachtung abzustellen. Entscheidend für die Identität des Betriebes ist das Vorhandensein eines **einheitlichen Leitungsapparats,** durch den die in einer Arbeitsstätte vorhanden materiellen und immateriellen Betriebsmittel gezielt eingesetzt werden und der Einsatz der menschlichen Arbeitskraft gesteuert wird.[7] Hierbei muss sich die einheitliche Leitung insbesondere auch auf die wesentlichen Funktionen des Arbeitgebers in **sozialen und personellen Angelegenheiten** erstrecken.[8] Gerade für die Kennzeichnung des Betriebs im betriebsverfassungsrechtlichen Sinne kommt vor allem darauf an, dass die maßgeblichen Arbeitgeberfunktionen im sozialen und personellen Bereich zentral gesteuert werden. In diesen Bereichen hat der Gesetzgeber dem Betriebsrat durch §§ 92 ff., 99, 102 f. BetrVG einerseits und §§ 87 f. BetrVG andererseits umfassende Mitbestimmungs- und Mitwirkungsrechte zuerkannt. Wenn diese Beteiligungsrechte tatsächlich Wirkung zeigen sollen, müssen sie an einer Stelle ansetzen, die die hierfür maßgeblichen Entscheidungen trifft bzw. ihre Umsetzung zu verantworten hat. Dass diese Stelle in den Organisationsformen moderner Unternehmen – etwa bei Matrixstrukturen oder in der agilen Organisation – oftmals nur schwer auszumachen ist, ändert daran nichts.[9] Selbstverständlich macht die einheitliche Ausübung der Leitungsmacht keine Konzentration dieser Befugnis in einer einzigen Person erforderlich. Anders wäre ein wirkungsvolles HR-Management in größeren Betrieben auch angesichts der Notwendigkeit, in Fachfragen jeweils eine kompetenzbezogene Zuständigkeit auch für solche Angelegenheiten aufzubauen, die mit Beteiligungsrechten des Betriebsrats verbunden sind, nicht zu realisieren. Es genügt, dass die

[5] Ebenso Thüsing DB 2004, 2474.
[6] Salamon RdA 2007, 153, 154.
[7] BAG 11.2.2004 – 1 ABR 27/03 – NZA 2004, 618; BAG 22.6.2005 – 7 ABR 54/04, NZA 2005, 1248; Fitting BetrVG § 1 Rn. 71 mwN.
[8] BAG 11.2.2004 – 1 ABR 27/03 – NZA 2004, 618; BAG 22.6.2005 – 7 ABR 54/04, NZA 2005, 1248.
[9] Zur Matrix DKW/Trümner BetrVG § 1 Rn. 81a ff; zur agilen Organisation Steffan ArbRB 2020, 79; Steffan/Welslau ArbRB 2021, 379.

Entscheidungsbefugnis von einem einheitlichen Leitungsapparat abgeleitet und die Gesamtheit der insoweit zum Teil auch dezentral wahrgenommenen Kompetenzen in den wesentlichen personellen und sozialen Fragen von diesem einheitlichen Leitungsapparat aus gesteuert werden. Dem Betriebsrat können durchaus unterschiedliche Verhandlungspartner gegenüberstehen, ohne dass ein einheitlicher Leitungsapparat damit ausgeschlossen wäre. Voraussetzung ist allerdings, dass die Verhandlungspartner mit der notwendigen Entscheidungskompetenz ausgestattet sind.[10] Im Ergebnis muss jedoch für den Betriebsrat die zentrale Leitung erkennbar sein, die die maßgeblichen betriebsverfassungsrechtlich Entscheidungen trifft und die einheitliche Arbeitgeberfunktion etwa bei den sog. Monatsgesprächen nach § 74 Abs. 1 BetrVG wahrnimmt. Ein Betrieb iSd BetrVG ohne eine einheitliche Leitung der personellen, sächlichen und immateriellen Mittel ist nicht möglich.[11] Sie ist entscheidend für die Abgrenzung der betriebsratsfähigen Einheiten.[12]

315 Dagegen kommt der Leitungsmacht in **wirtschaftlichen Angelegenheiten,** also vor allem in den für §§ 106, 111 ff. BetrVG relevanten Fragen, für das Vorliegen eines Betriebs keine entscheidende Bedeutung zu.[13] Unerheblich für die Definition des Betriebes ist auch, wo kaufmännische Entscheidungen (zB Marketing, Verkauf) getroffen werden.[14] Dagegen spricht nicht nur, dass nicht der Arbeitgeber (§ 87 Abs. 2 BetrVG), sondern der Unternehmer in §§ 106 ff. BetrVG als Ansprechpartner der Arbeitnehmervertreter genannt wird. Maßgeblich ist letztlich, dass die Entscheidungen in wirtschaftlichen und kaufmännischen Angelegenheiten einer gestaltenden Mitbestimmung des Betriebsrats weitgehend entzogen sind.[15] Führt man sich die Bedeutung der Mitbestimmung in personellen und sozialen Angelegenheiten einerseits und der Mitwirkung in wirtschaftlichen Angelegenheiten vor Augen, muss der Ausübung der Arbeitgeberrechte in den erstgenannten Angelegenheiten bei der Kennzeichnung des Betriebs in seiner betriebsverfassungsrechtlichen Identität aber das entscheidende Gewicht eingeräumt werden.[16] Allerdings kann die wirtschaftliche Leitung bei der Frage der Zughörigkeit eines „mobilen" Arbeitnehmers zu einem Betrieb durchaus entscheidend sein (→ Rn. 328).

316 Die einheitliche Leitungsmacht bestimmt die **Betriebsorganisation,** die insoweit als bestimmendes Kriterium für die Identität des Betriebs in Betracht kommt. Dabei entscheidend ist die Aufbauorganisation, nicht die Ablauforganisation. Wie die Betriebsmittel oder die Arbeitnehmer in die Arbeitsabläufe zur Erreichung des Betriebszwecks integriert sind, ist für die einheitliche Wahrnehmung sozialer und personeller Angelegenheiten unerheblich. Dagegen entscheidet die Aufbauorganisation darüber, welche und wie viele betriebsverfassungsrechtliche Einheiten und damit Betriebsräte es in einem Unternehmen gibt. Ist das Unternehmen zentral organisiert, kann es für mehrere oder alle Betriebsstätten einen Betriebsrat geben. Sofern die gesetzliche

---

[10] DKW/Trümner BetrVG § 1 Rn. 82.
[11] Gaul/Steffan, Arbeitsrecht der Umstrukturierung, Rn. 22.20.
[12] DKK/Trümner BetrVG § 1 Rn. 78.
[13] BAG 23.9.1982 – 6 ABR 42/81, AP BetrVG 1972 § 4 Nr. 3 Bl. 2; BAG 29.1.1987 – 6 ABR 23/85, AP BetrVG 1972 § 1 Nr. 6 Bl. 3; DKW/Trümner BetrVG § 1 Rn. 68; abw. LAG Düsseldorf 17.1.1995 – 3 TaBV 97/94, LAGE § 4 BetrVG 1972 Nr. 7 S. 2.
[14] Vgl. BAG 23.9.1982 – 6 ABR 42/81, AP BetrVG 1972 § 4 Nr. 3 Bl. 2.
[15] Vgl. BAG 23.9.1982 – 6 ABR 42/81, AP BetrVG 1972 § 4 Nr. 3 Bl. 2.
[16] Vgl. BAG 23.9.1982 – 6 ABR 42/81, AP BetrVG 1972 § 4 Nr. 3 Bl. 2 f.

Grundkonstruktion der §§ 1, 4 BetrVG dem entgegenstünde, kommt eine gewillkürte Betriebs(rats)struktur nach § 3 Abs. 1 Nr. 1 BetrVG in Betracht. Dann ist die gewillkürte Betriebsstruktur die Basis für die Frage der Betriebsidentität. Bei dezentraler Unternehmensorganisation wird es regelmäßig mehrere betriebsverfassungsrechtliche Betriebe geben, die ihrerseits wiederum nach der gesetzlichen Grundkonstruktion oder durch Zusammenfassung nach § 3 Abs. 1 Nr. 1b) BetrVG gebildet sein können.

317 Die betriebsverfassungsrechtliche Identität kann auch **unabhängig** von der organisatorischen Aufbauorganisation bestehen. Beispiel dafür sind **Regionalbetriebe,** die für bestimmte Regionen oder Standorte auf der Basis von § 3 1 Nr. 1b) BetrVG unterschiedliche Organisationsteile zu einem Betrieb im betriebsverfassungsrechtlichen Sinn zusammenfassen, soweit dies die Bildung von Betriebsräten erleichtert oder einer sachgerechten Wahrnehmung der Interessen der Arbeitnehmer dient. Die einheitliche Leitung in sozialen und personalen Angelegenheiten ist auch hier unabdingbare Voraussetzung zur Definition des Betriebs, wenn auch die Praxis gelegentlich zeigt, dass die Suche nach „dem Arbeitgeber" in solchen Strukturen Schwierigkeiten bereitet.[17]

318 Die **räumliche Einheit** oder jedenfalls die räumliche Nähe von Arbeitsplätzen kann zwar im Einzelfall ein Indiz für einen einheitlichen Betrieb sein, ihr kommt aber keine eigenständige Identität prägende Bedeutung zu. Der Betrieb iSd BetrVG wird nicht räumlich definiert.[18] Dafür spricht bereits § 4 BetrVG, der davon ausgeht, dass auch Betriebsteile außerhalb des Betriebs zu diesem gehören.[19] Nur wenn sie räumlich weit entfernt sind oder durch Aufgabenbereich und Organisation eigenständig, gelten sie als selbstständige Betriebe. Selbst räumlich weit entfernte Einheiten können Teile des Hauptbetriebs sein, wenn sie nicht die für ein Betriebsteil im Sinne von § 4 Abs. 1 BetrVG erforderliche relative Selbstständigkeit besitzen, weil alle mitbestimmungspflichtigen Entscheidungen in der Zentrale fallen.[20] Wie zudem § 111 S. 3 Nr. 2 BetrVG deutlich macht, kann allein aus der Veränderung der räumlichen Lage einer Betriebsstätte noch nicht auf die Auflösung des Betriebs in seiner Identität geschlossen werden.[21] Anderenfalls hätte § 111 S. 3 Nr. 2 BetrVG neben § 111 S. 3 Nr. 1 BetrVG keine Bedeutung. Entscheidend für Auswirkungen auf den Betrieb in seiner Identität ist, ob über die räumliche Entfernung bzw. ihre Veränderung hinaus eine Änderung in Bezug auf die organisatorische Verbundenheit eintritt.[22] Um dies festzustellen, sind weitergehende Kriterien maßgeblich.[23]

319 Im Ergebnis ist der Betrieb iSd BetrVG kein definitionsfähiger Begriff, sondern **typologisch** zu bestimmen anhand des Gesamteindrucks der organisatorischen Einheit. Die organisatorische Einheit bedeutet nicht zwangsläufig auch eine räumliche Ein-

---

[17] Dazu Steffan/Welslau ArbRB 2021, 379.
[18] BAG 19.6.2001 – 1 ABR 43/00, NZA 2001, 1263.
[19] ErfK/Koch BetrVG § 1 Rn. 11; Urban ArbRAktuell 2022, 221 (222).
[20] Fitting BetrVG § 1 Rn. 74.
[21] Richardi BetrVG/Richardi BetrVG § 1 Rn. 85; Salomon RdA 2007, 153, 155.
[22] Vgl. BAG 23.9.1982 – 6 ABR 42/81, AP BetrVG 1972 § 4 Nr. 3 zu Bl. 2 f.; Hanau ZfA 1990 S. 115, 118; GK-BetrVG/Kraft § 4 Rn. 17.
[23] So stellt das BAG in seiner Entscheidung v. 12.2.1987 – 2 AZR 247/86, AP BGB § 613a Nr. 67 Bl. 3 darauf ab, dass nicht nur eine Verlegung des Betriebs um etwa 300 km erfolgt, sondern die alte Betriebsgemeinschaft auch tatsächlich aufgelöst und der Aufbau einer im Wesentlichen neuen Betriebsgemeinschaft erfolgt sei.

heit. Vielmehr ist der Betriebsbegriff des BetrVG nicht räumlich, sondern **funktional** zu verstehen.[24]

## 2. Mobile Work und Betriebszugehörigkeit

320 Das funktionale Verständnis des Betriebs ist insbesondere bedeutsam für **mobil arbeitende Mitarbeiter,** die ihre Arbeit nicht oder nur selten an der Betriebsstätte leisten. Zwar hatte der Gesetzgeber mit der Verwendung des Begriffes „Betrieb" in § 1 Abs. 1 BetrVG grundsätzlich auf die räumliche Betriebsstätte abgestellt, die für den Regelfall den Ort der Arbeitsleistung bildet; dieser Bereich endet grundsätzlich mit der Grenze des Betriebsgrundstückes oder der Betriebsräume. Das hat aber nicht zur Folge, dass Arbeitnehmer, die ihre Arbeit außerhalb der Räume des Betriebes verrichten, nicht als betriebszugehörig anzusehen wären. Zwar kann die räumliche Einheit einer Arbeitsstätte für einen Betrieb sprechen; zwingend ist dies aber nicht.[25] Dass mobiles Arbeiten nicht an einer Arbeitsstätte nach § 2 Abs. 1 ArbStättVO oder an einem fest eingerichteten Telearbeitsplatz gem. § 2 Abs. 7 ArbStättVO ausgeübt wird, steht der Zugehörigkeit des Arbeitnehmers zum Betrieb nicht entgegen.[26]

### a) Einbindung in die Betriebsorganisation

321 Entscheidend für die Betriebszugehörigkeit ist vielmehr, ob die Arbeitnehmer **in die arbeitstechnische Organisation des Betriebs eingebunden** sind.[27] Das ist bei Mobiler Arbeit dann der Fall, wenn die Mitarbeiter auf Anweisung des „Betriebsleiters" arbeiten und ihre Arbeit dem Zweck des jeweiligen Betriebs dienlich ist. Inhaltliche Kriterien für die organisatorische Einbindung sind etwa die Zurverfügungstellung der IT-Technik durch den Arbeitgeber sowie dessen inhaltliche, organisatorische und – ggf – zeitliche Vorgaben.[28] Dass mobile Arbeit nach der Begründung des Gesetzgebers zum „Betriebsrätemodernisierungsgesetz" dann vorliegt, wenn ein Arbeitnehmer die geschuldete Arbeitsleistung unter Verwendung von Informations- und Kommunikationstechnik außerhalb der Betriebsstätte erbringt,[29] steht der Zugehörigkeit zum Betrieb nicht entgegen. Die Betriebsstätte mag zwar der Ort sein, an dem oder von dem aus der Arbeitgeber regelmäßig seine Produkte herstellt oder seine Dienstleistungen organisiert. Sie ist jedoch nicht identisch mit dem Betrieb, weil ansonsten Außendienstmitarbeiter, Kraftfahrer, Monteure etc. keinem Betrieb zugehörig wären.[30]

---

[24] BAG 22.8.2017 – 1 ABR 52/14, NZA 2018, 50, Rn. 25; Richardi BetrVG/Maschmann BetrVG § 1 Rn. 112b, § 87 Rn. 989e; Müller, Homeoffice in der arbeitsrechtlichen Praxis, Rn. 534f.
[25] BAG 23.9.1982 – 6 ABR 42/81, BeckRS 1982, 2232 = ZIP 1983, 724.
[26] Urban ArbrAktuell 2022, 221f.
[27] BAG 29.1.1992 – 7 ABR 27/91, NZA 1992, 894 Rn. 41; Richardi BetrVG/Maschmann BetrVG § 1 Rn. 112b; Fitting BetrVG § 5 Rn. 188.
[28] Urban ArbrAktuell 2022, 221 (222).
[29] BR-Drs. 271/21 v. 1.4.2021, 20.
[30] Vgl. BAG 29.1.1992 – 7 ABR 27/91, NZA 1992, 894 Rn. 41.

322 Für die Zugehörigkeit zum Betrieb spielt es somit richtigerweise keine Rolle, an welchem Ort eine betriebliche Tätigkeit ausgeübt wird. Entscheidend für die Zugehörigkeit der Mitarbeiter im mobilen Arbeiten ist vielmehr, dass die Mitarbeiter auch dort in die Betriebsabläufe eingebunden und den Weisungen ihres Arbeitgebers unterliegen.[31] Deshalb gehören auch diejenigen Mitarbeiter zum Betrieb des Arbeitgebers, die ihre Arbeit in **„Coworking Spaces"** erledigen. Darunter versteht man Räumlichkeiten außerhalb der regulären Betriebsstätte des Arbeitgebers, die von externen Dienstleistern an Freiberufler, einzelne Gewerbetreibende und Mitarbeiter verschiedener Unternehmen vermietet werden.[32] Den Nutzern steht dabei eine komplette Büro-Infrastruktur zur Verfügung. Entscheidend ist auch hier die Einbindung in die Betriebsstrukturen und das Weisungsrecht des Vertragsarbeitgebers, sodass die rechtliche Situation der Tätigkeit im Homeoffice ähnelt.[33] Da der Betriebsbegriff des BetrVG nicht räumlich, sondern funktional zu verstehen ist, handelt es sich auch bei der Arbeit in „Coworking Spaces" um einen Arbeitsplatz, der als Teil des Betriebes anzusehen ist. Das gilt erst recht, wenn dort Arbeitnehmer dauerhaft beschäftigt werden, die über keinen „eigentlichen" betrieblichen Arbeitsplatz mehr verfügen. Allerdings besteht auch die Gefahr, dass aus Coworking Spaces eigene Betriebe oder Betriebsteile iSd § 4 Abs. 1 S. 1 BetrVG entstehen können, wenn dort eigene betriebliche Strukturen mit einer gewissen Selbständigkeit und eigenen personellen Leitungsbefugnissen entstehen.[34]

323 Die Zugehörigkeit zum Betrieb geht auch dann nicht verloren, wenn der Arbeitnehmer im **Ausland** – etwa im Wege einer **Entsendung** oder im Rahmen von **„Workation"** (→ Rn. 850 ff.) – arbeitet. Das Territorialprinzip besagt nur, dass das BetrVG nicht auf ausländische Betriebe (auch deutscher Unternehmen) Anwendung findet. Damit ist indes noch nicht gesagt, dass im Ausland arbeitende Mitarbeiter nicht unter das BetrVG fallen. Es gilt vielmehr dasselbe wie bei Mitarbeitern, die im Inland, aber außerhalb der Betriebsstätte arbeiten. Solange der im Ausland arbeitende Arbeitnehmer im Rahmen des arbeitstechnischen Zwecks des inländischen Betriebs eingesetzt wird und von dort seine Weisungen erhält, gilt er als Mitarbeiter dieses Betriebs und das BetrVG findet Anwendung (sog. Ausstrahlung).[35] Insbesondere bei der Auslandstätigkeit kommt dem Weisungsrecht als Bindeglied zum inländischen Betrieb besondere Bedeutung zu. Solange der Arbeitnehmer im Ausland von einem privaten Umfeld aus arbeitet, dürfte die Bindung an die Weisungen aus dem Heimatbetrieb kein Problem sein.

324 Anderes kann gelten, wenn der Arbeitnehmer im Ausland eine Betriebsstätte seines Arbeitgebers nutzt, sei es im Rahmen einer **Entsendung** oder aus eigenem Interesse. Zu Recht wird darauf hingewiesen, bei einem Auslandseinsatz die vertragliche Ausgestaltung des Weisungsrechts zu achten.[36] Dies gilt jedenfalls dann, wenn der Mitarbeiter eine ausländische Betriebsstätte nutzt. Liegt eine Versetzung vor, geht das Wei-

[31] BAG 27.1.2004 – 1 ABR 7/03, NZA 2004, 556, 557; Kramer IT-ArbR/Fuhlrott § 2 Rn. 22.
[32] Dazu Rotter/Berges NWB 2018, 1476.
[33] Oltmanns/Fuhlrott NZA 2018, 1225 (1227).
[34] Oltmanns/Fuhlrott NZA 2018, 1225 (1227).
[35] BAG 22.3.2000 – 7 ABR 34/98, NZA 2000, 1119; ErfK/Oetker BetrVG § 1 Rn. 4; Herfs-Röttgen NZA 2018, 150.
[36] Herfs-Röttgen NZA 2017, 873 (878).

sungsrecht regelmäßig auf die Auslandsgesellschaft über mit der Folge, dass keine Eingliederung in den inländischen Betrieb vorliegt. Bei einer Entsendung dagegen sollte festgelegt werden, ob und in welchem Umfang die Weisungen aus dem inländischen Betrieb erfolgen oder auf die Betriebsstätte im Ausland übergehen.[37]

325 Geht ausschließlich das fachliche Weisungsrecht im Einzelfall auf die ausländische Betriebsstätte über und verbleibt die grundsätzliche Zuständigkeit zur Bestimmung des Arbeitseinsatzes sowie für die Regelung personeller und sozialer Angelegenheiten im Inland, bleibt die Zugehörigkeit zum inländischen Betrieb bestehen. Solange die Arbeit aus dem inländischen Betrieb heraus „gesteuert" wird, kann sogar bei dauerhaftem Home-Office aus dem Ausland die Bindung an den Betrieb im Inland vorliegen.[38] Nur wenn der AN bei zeitlich unbeschränktem Auslandseinsatz in eine ausländische Organisationseinheit eingegliedert ist, fehlt es grundsätzlich an der Zugehörigkeit zu einem Inlandsbetrieb.[39] Arbeitet der Arbeitnehmer im Ausland von einer privaten Adresse aus, ist die Anbindung an den inländischen „Stammbetrieb" in aller Regel unproblematisch, weil der Mitarbeiter auch während des Auslandsaufenthaltes dem Betriebszweck des „Stammbetriebs" dient und seine Weisungen von dort erhält. Das heißt nicht, dass sich eine individual- und/oder kollektivrechtliche Grundlage (durch TV oder BV) erübrigt; der Schwerpunkt der Regelung erfasst jedoch nicht die betriebsverfassungsrechtliche Zuordnung, sondern individualrechtliche, steuerrechtliche und sozialversicherungsrechtliche Themen (→ Rn. 866 ff., 920 ff.).

326 Die **zeitliche Dimension** ist für die Frage der Betriebszugehörigkeit unerheblich. Da die Eingliederung in die betriebliche Arbeitsorganisation keinen Mindestumfang der zu erbringenden Leistungen verlangt, gehören auch mobil arbeitende Mitarbeiter in Teilzeit – auch bei lediglich geringfügiger Beschäftigung – zum Betrieb.[40]

### b) Unterschiedliche/mehrfache Betriebszugehörigkeit

327 Mit der Erkenntnis, dass mobile Work zur betrieblichen Tätigkeit und damit zu einem Betrieb gehört, ist noch nicht entschieden, zu welchem Betrieb – oder zu welchem Betriebsteil. Die Anbindung an einen bestimmten Betrieb oder Betriebsteil ist im Rahmen von mobilem Arbeiten weniger deutlich, weil sich der Arbeitnehmer nicht regelmäßig an der Betriebsstätte aufhält und dort nicht sichtbar wird. Sie ist jedoch nicht weniger wichtig. Dies gilt nicht nur für die Frage, welcher Betriebsrat für den Mitarbeiter in Mobiler Arbeit zuständig ist, sondern auch für die eminent wichtigen Fragen, ob der Mitarbeiter von einem Personalabbau betroffen und in die Sozialauswahl einzubeziehen ist oder von einem Betriebs(teil)übergang erfasst wird. Auch die Frage einer Einbeziehung in eine mögliche Massenentlassungsanzeige gehört hierher. Da bei Bestimmung des Personalabbaus oder des Betriebsübergangs andere Betriebsbegriffe einschlägig sind (→ Rn. 348 ff.), sei hier zunächst auf die betriebsverfassungsrechtliche Zugehörigkeit abgestellt.

[37] Herfs-Röttgen NZA 2017, 873 (878).
[38] So etwa Müller, Homeoffice in der arbeitsrechtlichen Praxis, Rn. 534.
[39] BAG 24.5.2018 – 2 AZR 54/18, NZA 2018, 1396.
[40] Richardi BetrVG/Maschmann BetrVG § 1 Rn. 112.

328 Hat das Unternehmen **mehrere Betriebe,** kann fraglich sein, **welchem** Betrieb der mobil arbeitende Mitarbeiter zuzuordnen ist. Ausgangspunkt ist auch hierbei nicht in erster Linie die Leitungsfunktion in personellen und sozialen Angelegenheiten. Sie bestimmt zwar maßgeblich, ob eine bestimmte Organisation als Betrieb iSd BetrVG gilt. Für die Zuordnung des mobil arbeitenden Beschäftigten ist jedoch entscheidend, welchem **Betriebszweck** seine Tätigkeit dient. Hatte etwa ein Unternehmen bislang die Herstellung und den Vertrieb seiner Produkte in einer Organisationseinheit konzentriert, gehörte der im Vertrieb mobil arbeitende Arbeitnehmer dieser Organisationseinheit an. Entschließt sich das Unternehmen nunmehr, Produktion und Vertrieb organisatorisch zu trennen, gehört der Mitarbeiter im Mobil Work zu der Organisationseinheit, deren Betriebszweck der Vertrieb ist und aus der heraus die wirtschaftlichen Vertriebsentscheidungen fallen.[41] Werden in der Vertriebseinheit auch Entscheidungen in personellen und sozialen Angelegenheiten getroffen, stellt die Einheit einen Betrieb iSd BetrVG dar. In diesem Fall wäre für den mobil arbeitenden Mitarbeiter der in der Vertriebseinheit zu wählende Betriebsrat zuständig. Mangelt es an der eigenständigen Leitungsmacht in sozialen und personellen Angelegenheiten, ist der bisherige Betriebsrat weiterhin zuständig.

329 Fraglich ist, ob Mitarbeiter in Mobiler Arbeit **mehreren Betrieben** iSd BetrVG **zugehörig** sein können. In Betracht kommen kann dies etwa bei Mitarbeitern in der Entwicklung, im Marketing oder Design. Dasselbe kann für klassische Querschnittsbereiche wie HR, Finance, Compliance, Recht etc. gelten. Diese Aufgaben kommen in Unternehmen mit mehreren Betrieben jedenfalls mehreren oder allen Betrieben des Unternehmens zugute. Dies führt jedoch noch nicht zu einer Zugehörigkeit. Mangeln wird es regelmäßig bereits an der Frage des Betriebszwecks. Querschnittsbereiche erfüllen regelmäßig keine Betriebszwecke der einzelnen Betriebe, sondern „zentrale" Zwecke. Auch die Weisungsrechte liegen regelmäßig in der zentralen Einheit, so dass auch dies gegen eine mehrfache Eingliederung spricht. Ob Mitarbeiter in weniger zentral gesteuerten Angelegenheiten mehreren Betrieben zugehörig sein können, ist eine Frage des Einzelfalls. Denkbar ist dies, wenn tatsächlich Mitarbeiter nicht zur Erfüllung übergreifender Zwecke, sondern zeitlich getrennt für die jeweiligen Betriebszwecke eingesetzt werden und der Weisung von Vorgesetzten aus dem jeweiligen Betrieb unterliegen.[42] Ob in solchen Fällen ein Umkehrschluss aus § 5 Abs. 1 S. 2 BetrVG, der die Betriebszugehörigkeit für Heimarbeiter auf einen Betrieb beschränkt,[43] trägt,[44] ist zweifelhaft. Dabei ist der Hinweis auf die Möglichkeit, an zwei Betriebsrats-Wahlen teilzunehmen, allein nicht ausreichend. Weit schwieriger ist die Frage bei einer möglichen Kündigung. Beide BR-Gremien anzuhören, scheint nicht die Lösung, und ob eine Anhörung des GBR in Betracht kommt, ist zweifelhaft.[45] Im Ergebnis kann die mögliche Zugehörigkeit zu mehreren Betrieben zu unterschiedlichen Beteiligungsrechten von Arbeitnehmer und Betriebsrat führen. Dabei wird die Zuständigkeit zur Anhörung im Fall einer Kündigung meist im „Einstellungsbetrieb"

---

[41] Vgl. das ähnliche Beispiel bei Müller, Homeoffice in der arbeitsrechtlichen Praxis, Rn. 541.
[42] Dazu das Beispiel bei Müller, Homeoffice in der arbeitsrechtlichen Praxis, Rn. 546.
[43] BAG 25.3.1992 – 7 ABR 52/91, AP BetrVG 1972 § 5 Nr. 48.
[44] So etwa Müller, Homeoffice in der arbeitsrechtlichen Praxis, Rn. 546.
[45] Vgl. dazu BAG 16.12.2010 – 2 AZR 576/09, NJOZ 2010, 1376.

liegen. Dasselbe gilt in der konzernweiten **Matrix,** wenn der Mitarbeiter in mehreren Konzernunternehmen und -betrieben eingesetzt wird (→ Rn. 333ff.).

330 Umgekehrt kann auch der Fall eintreten, dass mobile Mitarbeiter einem Betrieb iSd BetrVG aus unterschiedlichen Organisationseinheiten oder gar unterschiedlichen Unternehmen zuzuordnen sind. Der erste Fall etwa betrifft den „gewillkürten" Betrieb nach § 3 BetrVG, der als Betrieb iSd BetrVG gilt. Ist Gegenstand eines Zuordnungs-Tarifvertrags oder (selten) einer Zuordnungs-Betriebsvereinbarung nach § 3 BetrVG ein **unternehmensweiter Betrieb,** entstehen keine Probleme. Anders ist es bei dem sog. **Regionalbetriebsrat,** der ungeachtet wirtschaftlicher Organisationsstrukturen die Mitarbeiter einer bestimmten räumlichen Region vertritt. Zweck dieser Betriebsstruktur ist die Nähe des Betriebsrats zu den vertretenen Mitarbeitern. Für den Mitarbeiter im Home-Office ergibt sich die Zugehörigkeit zu dem Betriebsrat der Region, in die seine Wohnung fällt, weil dort auch sein Arbeitsplatz ist. Schwieriger ist die Zuordnung beim Mobile Work, wenn die Leistung des Arbeitnehmers einem Betriebszweck dient, der in den Zuständigkeitsbereich von mehreren oder gar sämtlichen Betriebsräten – nur eben regional getrennt – fällt. Die grundsätzliche Intention des Regionalbetriebs, eine arbeitnehmernahe Vertretung sicherzustellen, versagt beim echten mobilen Arbeiten. Hier liegt tatsächlich auch keine Eingliederung in mehrere Regionalbetriebe vor. De lege ferenda ist hier ggf. an eine Zuständigkeit des GBR zu denken; aktuell wird der örtliche bzw. Regionalbetriebsrat zu beteiligen sein, der auch für den einstellenden – und weisungsberechtigten – Vorgesetzten zuständig ist.

331 Kein Problem stellt hingegen stellt die Tätigkeit für einen Betrieb des Arbeitgebers dar, den dieser als **Gemeinschaftsbetrieb** mit einem anderen Unternehmen führt. Zuständig ist der einheitliche Betriebsrat des gemeinsamen Betriebs.

### c) Mobile Work ohne Betrieb?

332 Fraglich ist die Zuordnung zu einem Betrieb, wenn keine Organisation erkennbar ist. Dieses Phänomen wir häufig mit dem Begriff der „digitalen Nomaden" beschrieben.[46] Hier gibt es keinen organisatorischen Betriebsort im herkömmlichen Sinne und schon gar keine unternehmenseigenen Räumlichkeiten. Aber auch dort gibt es regelmäßig eine Struktur mit einer Leitung. Nur wird diese Leitung ausschließlich digital vermittelt. Personelle Leitung wird über digitale Devices ausgeübt. Persönliche Treffen finden nicht mehr an einem festen Ort statt, sondern (wenn überhaupt) an wechselnden Orten. Charakteristisch für solche Strukturen ist, dass es den Arbeitnehmern völlig freisteht, wo sie ihre Arbeit erbringen. Für diese besonders im IT-Sektor vorkommende Beschäftigungsformen ist zunächst zu klären, ob überhaupt ein abhängiges Arbeitsverhältnis iSv § 611a BGB vorliegt (→ Rn. 28ff.). Bejaht man dies, ist der Weg zum Betrieb nicht mehr weit, weil ein abhängiges Arbeitsverhältnis spiegelbildlich eine Weisungsbefugnis voraussetzt. Diese wiederum liegt in einer Leitung, die – wie bereits festgestellt – ohnehin ortsungebunden ist. Der Betrieb ist auch dann funktional vorhanden, wenn die Kommunikation nur noch über einen Briefkasten

[46] So auch Urban ArbRAktuell 2022, 221 (223).

und einen Scanner oder ausschließlich über elektronische Devices erfolgt. Es kann dann eine ausreichende funktionale Organisationsform vorliegen.[47] Im Ergebnis kann also auch im rein digital geführten Unternehmen ein Betrieb mit einem hinreichenden Leitungsapparat für mitbestimmungspflichtige Angelegenheiten vorliegen. Das praktische Problem liegt in solchen Fällen denn auch nicht am fehlenden Betrieb, sondern am fehlenden Betriebsrat.

### d) Mobile Work in Matrixstrukturen

#### aa) Führung in der Matrix und in der agilen Organisation

333 Matrixstrukturen findet man häufig als Organisationsform in international tätigen Konzernen. Für Matrixstrukturen ist typisch, dass die Arbeitnehmer unternehmens- und zum Teil länderübergreifend nicht lediglich bei ihrem Vertragsarbeitgeber tätig sind. Sie unterscheiden sich von der traditionellen Linien-Organisation im Betrieb eines Unternehmens durch **übergreifende** – jedenfalls – fachliche **Führungsstrukturen,** die sich nicht an herkömmlichen Aufbauorganisationen orientieren, sondern an Geschäftsbereichen („Business Units") oder „Produktlinien" für länderübergreifende Regionen (Absatzmärkte). Ziel der Matrix Strukturen ist der Aufbau einer effizienten Organisation bei Vermeidung langer Entscheidungswege und gleichzeitiger Erhöhung der Flexibilität zwischen den einzelnen Zuständigkeiten und Verantwortlichkeiten.[48] Matrixstrukturen eignen sich auch für Querschnitts- und Serviceleistungen wie etwa HR, Legal, Finance und IT-Support.[49] Diese Tätigkeiten wiederum erfordern keinen festen Arbeitsplatz, sondern die Arbeitnehmer können ihre Leistungen ebenso gut aus dem Home-Office oder im Rahmen mobiler Arbeit erbringen. Dies hat zunehmend zur Folge, dass die Mitarbeiter keinen ihnen exklusiv zugewiesenen Arbeitsplatz haben, sondern sich bei Bedarf in einer Betriebsstätte ihres Unternehmens oder Konzerns einen Arbeitsplatz bzw. einen Schreibtisch über ein IT-gestütztes System für einen oder mehrere Arbeitstage „buchen" (desk-sharing).

334 **Individualrechtlich** ähnelt der Einsatz in der Matrix der Arbeitnehmerüberlassung (dazu → Rn. 341 ff.): Häufig ist das Arbeitsverhältnis aufgespalten. Das macht sich im Wesentlichen an der „Steuerung" des Arbeitnehmers im Rahmen des Direktionsrechts bemerkbar. Regelmäßig verbleibt die disziplinarische Verantwortung (etwa für den Ausspruch einer Abmahnung oder einer Kündigung, Erteilung von Urlaub, Sabbaticals, Personalentwicklung und Entgeltfragen) bei dem Vertragsarbeitgeber, während der Arbeitnehmer seine fachlichen Weisungen von einem Mitarbeiter (Vorgesetzten) einer anderen unternehmensangehörigen oder -fremden Betriebsstätte (sog. Matrix-Manager) erhält.[50] Matrix-Strukturen gehen häufig mit **agilen Organisationsformen** einher, in denen die disziplinarische Verantwortung im „Chapter" liegt, während die fachlichen Weisungen im „Squod" oder „Tribe" wahrgenommen wer-

[47] Urban ArbRAktuell 2022, 221 (223).
[48] Kramer IT-ArbR/Fuhlrott § 2 Rn. 23; ErfK/Koch BetrVG § 1 Rn. 16a.
[49] Schubert NZA 2022, 145 (146).
[50] Zu den unterschiedlichen vertraglichen Ausprägungen etwa ErfK/Koch BetrVG § 1 Rn. 16a; Maschmann NZA 2017, 1557 (1558); Wisskirchen/Block NZA-Beilage 2017, 90 (92).

den.[51] Erfolgt der Einsatz des Arbeitnehmers in der Matrix unternehmensübergreifend, wird das fachliche Weisungsrecht des Matrix-Managers im Rahmen einer Stellvertretung oder aufgrund einer Ermächtigung ausgeübt.[52] Die Ähnlichkeit zur Arbeitnehmerüberlassung gilt jedoch nicht uneingeschränkt. Werden etwa Mitarbeiter aus Querschnittsfunktionen (HR, Finance, Legal) der Konzernmutter für mehrere Tochterunternehmen im Wege eines zentralen „Business-Partner-Modells" tätig, ist das Arbeitsverhältnis nicht aufgespalten, weil das Weisungsrecht auch fachlich weitgehend beim Vertragsarbeitgeber bleibt. Hier liegt weder unechte noch echte Arbeitnehmerüberlassung vor.

335 Eine dem Mitarbeiter in der Matrix ähnliche Situation kann sich für die **Betriebszugehörigkeit** der steuernden **Matrix-Manager** ergeben. Weil ihnen Arbeitnehmer verschiedener Gesellschaften unterstellt sind, kann ihre Bestellung zum Vorgesetzen genügen, eine mehrfache Eingliederung anzunehmen und mehrere Betriebsräte zu beteiligen. Nach Ansicht des BAG verwirklicht der Vorgesetzte durch die Wahrnehmung seiner Führungsaufgaben (auch) den arbeitstechnischen Zweck des Einsatzbetriebs seines Mitarbeiters. Deshalb liegt in seiner Ernennung gleichzeitig eine Einstellung im Einsatzbetrieb iSv § 99 Abs. 1 S. 1 BetrVG vor. Zuständig bleiben nach Ansicht des BAG die örtlichen Betriebsräte und nicht etwa der Gesamtbetriebsrat.[53]

336 Nur ausnahmsweise wird ein **eigenständiger** „Matrixbetrieb" oder Betriebsteil iSd § 4 Abs. 1 BetrVG in Betracht kommen, wenn der Matrix-Manager über weitergehende Befugnisse verfügt, die bei der Ausübung von Beteiligungsrechten relevant sein können – und der Matrix ein eigenständiger Betriebszweck zukommt.[54] In diesem Fall wäre ein eigener Betriebsrat zu wählen (zur Möglichkeit einer „Funktions-Sparte → Rn. 347).

337 Die Entstehung der Matrix lässt die gesellschaftsrechtlichen und die nach dem BetrVG angelegten **betrieblichen Strukturen** regelmäßig unberührt. Gesellschaften und Betriebe bleiben zwar grundsätzlich erhalten, sind aber Geschäftsbereichen zugeordnet, wobei die Arbeitnehmer eines Betriebs bzw. Unternehmens in einer Mehrzahl von Geschäftsbereichen eingesetzt sein können.[55] Die Matrix führt also regelmäßig nicht zum parallelen Entstehen eines Matrixbetriebs neben dem Ausgangsbetrieb. Dies gilt jedenfalls für den betriebsverfassungsrechtlichen Betriebsbegriff.[56] In der Matrix selbst fehlt es regelmäßig an der Entstehung einer eigenen Leitungsmacht mangels Vereinigung aller wesentlicher Funktionen in personellen und sozialen Angelegenheiten.[57] Soweit darauf hingewiesen wird, dass mehrere betriebsratsfähige Standorte unterschiedlicher Unternehmen, die in mehrdimensionalen Matrixstrukturen oftmals anzutreffen sind, nicht zu einem Betrieb gem. § 4 Abs. 1 BetrVG zusammengefasst werden können,[58] trifft dies zu, lässt jedoch die Möglichkeiten nach § 3 BetrVG ungenutzt (→ Rn. 346 f.).[59] Jedenfalls in der unternehmensübergreifenden Matrix

[51] Vgl. dazu Steffan ArbRB 2020, 79; Steffan/Welslau ArbRB 2021, 379.
[52] Schubert NZA 2022, 145 (146) mwN.
[53] BAG 12.6.2019 – 1 ABR 5/18, NZA 2019, 1288 Rn. 33 ff.
[54] ErfK/Koch BetrVG § 1 Rn. 16c.
[55] Schubert NZA 2022, 145 (146).
[56] Zur Relevanz sonstiger Betriebsbegriffe vgl. Rn. 348 ff.
[57] Zutreffend Kramer IT-ArbR/Fuhlrott, § 2 Rn. 24.
[58] Kramer IT-ArbR/Fuhlrott, § 2 Rn. 24; weitergehend ErfK/Koch BetrVG § 1 Rn. 16b.
[59] Dazu Steffan/Welslau ArbRB 2022, 119; ebenso ErfK/Koch BetrVG § 1 Rn. 16c.

liegt zudem regelmäßig kein „einheitliches" Arbeitsverhältnis zum Vertrags- und „Matrixarbeitgeber" vor.

338 Die Matrixorganisation begründet auch regelmäßig **keinen Gemeinschaftsbetrieb** zwischen dem Vertragsarbeitgeber und dem Einsatzbetrieb des Arbeitnehmers in der Matrix. Das gilt jedenfalls für den Normalfall, indem dem Matrix-Manager nur das fachliche Weisungsrecht übertragen wird. Es mangelt an dem gemeinsamen Einsatz der Arbeitnehmer zur Verfolgung des arbeitstechnischen Zwecks. Dafür erforderlich ist eine ganzheitliche Leistungsmacht der verbundenen Rechtsträger in personellen und sozialen Angelegenheiten,[60] die bei den Mitarbeitern in der Matrix aufgrund der Trennung der disziplinarischen und der fachlichen Leitung nicht vorliegt.[61] Ob anderes gilt, wenn im Rahmen eines langfristigen Projekts Arbeitnehmer verschiedener Konzerngesellschaften zusammengezogen und der gemeinsamen Leitung der Matrixmanager unterstellt werden,[62] ist fraglich. Charakteristisch für den (oder die) Matrixmanager ist auch in diesem Fall die fachliche Steuerung der Mitarbeiter. In die personellen/disziplinarischen Angelegenheiten mischen sie sich nicht ein. Dasselbe gilt in agilen Strukturen: Die disziplinarischen Befugnisse liegen beim „Chapter-Head", die fachliche Führung liegt beim „Tribe-Lead".[63]

339 Zwar regelt das BetrVG, wer Arbeitnehmer im Sinne des Gesetzes ist (vgl. § 5), nicht jedoch die Zugehörigkeit des Arbeitnehmers zum Betrieb. Vielmehr wird die **Betriebszugehörigkeit** zur Wahrung der Rechte aus dem BetrVG vorausgesetzt. So bestimmt etwa § 7 BetrVG ohne weitere Erläuterung, dass die „Arbeitnehmer des Betriebs" wahlberechtigt sind. Lediglich für Leiharbeitnehmer findet sich der Hinweis, dass sie wahlberechtigt sind, wenn sie länger als drei Monate im Betrieb „eingesetzt" sind. Allerdings geht es bei § 7 BetrVG nur um die Frage des aktiven Wahlrechts, wofür drei Monate Betriebseinsatz – und damit Eingliederung in den Betrieb – ausreicht. Ausgangspunkt für die Frage der Betriebszugehörigkeit des – mobil arbeitenden – Mitarbeiters in der Matrix ist die **„Zwei-Komponenten-Lehre"** des BAG. Danach setzt die Betriebszugehörigkeit ein rechtliches Element in Form eines Arbeitsvertrags und das tatsächliche Element der Eingliederung in den Betrieb voraus.[64] Bedeutung gewinnt das Erfordernis beider Elemente insbesondere dann, wenn ein Unternehmen mehr als einen Betrieb hat – und bei der Arbeitnehmerüberlassung. Für die Arbeitnehmerüberlassung hat das BAG mittlerweile die strenge Zwei-Komponenten-Lehre aufgegeben und nimmt eine an der einzelnen Norm ausgerichtete Betrachtung vor.[65] Für die Frage der Zuordnung der Arbeitnehmer in der Matrix lässt sich daraus allenfalls der Schluss ziehen, dass eine betriebsverfassungsrechtliche Zugehörigkeit – auch – zu der fachlich steuernden Einheit angenommen werden kann, wenn zwischen beiden kein rechtliches Band in Form eines Arbeitsvertrags besteht.[66] Dafür erforderlich ist jedoch, dass aufgrund des fachlichen Weisungsrechts die arbeits-

[60] ErfK/Koch BetrVG § 1 Rn. 14.
[61] ErfK/Koch BetrVG § 1 Rn. 16c; Bachner NZA 2019, 134 (139).
[62] So Witschen RdA 2016, 38 (44).
[63] Dazu Steffan ArbRB 2020, 79.
[64] StRspr. vgl nur BAG 18.1.2027 – 7 ABR 60/15, NZA 2017, 865 Rn. 23.
[65] Vgl. dazu BAG 18.1.2027 – 7 ABR 60/15, NZA 2017, 865 Rn. 25 ff.
[66] Fitting BetrVG § 1 Rn. 226 c.

technischen Zwecke des Einsatzbetriebs zumindest mitverwirklicht werden.[67] Allein die bloße Unterstellung unter das fachliche Weisungsrecht eines Matrix-Managers führt nicht zu einer „Ausgliederung“ und der Zugehörigkeit zum Einsatzbetrieb.[68] So hat der 7. Senat im Falle einer Softwareentwicklung angenommen, die Softwarenentwickler seien dem Einsatzbetrieb nur dann zugehörig, wenn sie nur dort den arbeitstechnischen Zweck der Softwarenentwicklung verfolgten.[69] In diesen Fällen kommt es zu einer **doppelten Betriebszugehörigkeit** der Arbeitnehmer. Weitergehend kann eine ausschließliche Zugehörigkeit zum Einsatzbetrieb nur dann angenommen werden, wenn die Mitarbeiter dorthin auf Dauer versetzt werden,[70] etwa weil sie im Einsatzbetrieb einem eigenen arbeitstechnischen Zweck dienen, der nur dort und nicht im Hauptbetrieb verfolgt wird.[71]

340 Diese Grundsätze der Betriebszugehörigkeit in der Matrixorganisation gelten auch für Mitarbeiter in **Mobile Work.** Richtigerweise ist es für die Frage der Eingliederung nicht entscheidend, ob der Arbeitnehmer vor Ort anwesend ist.[72] Damit kommt es neben der Frage der Weisung maßgeblich darauf an, welchem Betriebszweck sie dienen. Denkbar sind folgende Konstellationen:

- Arbeiten mobile Mitarbeiter im Wesentlichen für **„zentrale Zwecke“** (etwa HR, Finance, Compliance, Legal) und werden als Business Partner für Tochterunternehmen und deren Betriebe tätig, bleibt es in aller Regel bei der Eingliederung nur im zuständigen Betrieb des Vertragsarbeitgebers (meistens Konzernobergesellschaft). Das gilt auch dann, wenn der entsprechende Business-Partner im Einzelfall den Weisungen aus dem „Einsatzbetrieb“ erhält. Grund ist, dass der Mitarbeiter nicht im Wesentlichen dem Zweck seines Einsatzbetriebs dient, sondern einem „überbetrieblichen“ Zweck.
- Dient die Tätigkeit einem Betriebszweck der jedenfalls **auch** ein eigener Betriebszweck des Einsatzbetriebs ist, der nicht Vertragsarbeitgeber ist, kommt eine doppelte Betriebszugehörigkeit in Betracht, wenn der Mitarbeiter bei seiner Tätigkeit dem fachlichen Weisungsrecht im Einsatzbetrieb untersteht. Dies dürfte häufig bei IT-Dienstleistungen der Fall sein.[73] Dies kann zu einer doppelten Einbindung etwa bei der Frage der Einstellung führen. Für die Frage der Kündigung verbleibt die Mitbestimmung nach § 102 BetrVG de lege lata wohl bei dem Betriebsrat des Vertragsarbeitgebers.[74] Findet der Einsatz betriebsübergreifend innerhalb eines Unternehmens statt, stellt sich die Frage der GBR-Zuständigkeit,[75] denen die Arbeitsgerichte jedenfalls derzeit noch zurückhaltend gegenüberstehen.[76]

---

[67] BAG 22.10.2019 – 1 ABR 13/18, NZA 2020, 61; Fitting BetrVG § 5 Rn. 226 c.
[68] BAG 26.5.2021 – 7 ABR 17/20, NZA 2021, 1494 Rn. 43; ErfK/Koch BetrVG § 1 Rn. 16b; aA wohl Fitting BetrVG § 5 Rn. 226 c.
[69] BAG 26.5.2021 – 7 ABR 17/20, NZA 2021, 1494 Rn. 35.
[70] Schubert NZA 2022, 145 (151).
[71] So BAG 26.5.2021 – 7 ABR 17/20, NZA 2021, 1494 Rn. 35.
[72] Schubert NZA 2022, 145 (151).
[73] Instruktiv LAG Köln 29.10.2021 – 9 TaBV 17/21, n. rkr., Rechtsbeschwerde unter – 1 ABR 3/22.
[74] Fitting BetrVG § 5 Rn. 226 b; Witschen RdA 2016, 38 (46f.); wohl auch Schubert NZA 2022, 145 (151).
[75] Ebenso Lingemann/Steinhauser NZA 2020, 87 (91).
[76] BAG 12.6.2019 – 1 ABR 5/18, NZA 2019, 1288 Rn. 33ff. (§ 99 BetrVG) sowie BAG 16.12.2010 – 2 AZR 576/09, NJOZ 2011, 1376 (§ 102 BetrVG).

- Nur wenn der Einsatz des mobil arbeitenden Mitarbeiters **auf Dauer** in seinem Einsatzbetrieb erfolgt, ist an eine ausschließliche Zuständigkeit des dortigen BR zu denken.[77]
- Arbeiten hingegen Arbeitnehmer über einen längeren Zeitraum an ständig wechselnden Einsatzorten, ist fraglich, ob die Eingliederung so weit reicht, dass diese Arbeitnehmer dort jeweils betriebsangehörig sind.[78] Dass gilt auch dann, wenn sie vorübergehend dem Betriebszweck des Einsatzbetriebs dienen. Hier ist wahrscheinlich eher an **Konzernleihe** zu denken.

### bb) Abgrenzung zur (verdeckten) Arbeitnehmerüberlassung

341 Der unternehmensübergreifende Einsatz in der Matrix ähnelt stark der Arbeitnehmerüberlassung (→ Rn. 334). Nach der Klarstellung in § 1 Abs. 1 S. 2 AÜG liegt Arbeitnehmerüberlassung vor, wenn die Arbeitnehmer in die Arbeitsorganisation des Entleihers eingegliedert sind und seinen Weisungen unterliegen. Die Kriterien sind damit augenscheinlich dieselben. Einer Klarstellung bzw. Abgrenzung zum Einsatz in der Matrix bedarf es schon deshalb, weil nach der AÜG-Reform 2017 nur noch die **offene** Arbeitnehmerüberlassung erlaubt ist.[79] Deshalb bestimmt § 1 Abs. 1 S. 5 AÜG, dass die beteiligten Unternehmen die Überlassung von Leiharbeitnehmern ausdrücklich als Arbeitnehmerüberlassung bezeichnen müssen. Das gilt sogar dann, wenn sie sich des Umstandes, dass sie Arbeitnehmerüberlassung betreiben, gar nicht bewusst sind. Damit soll der missbräuchliche Fremdpersonaleinsatz durch „Scheinwerkverträge" und andere Formen einer verdeckten Arbeitnehmerüberlassung bekämpft werden. Anders als früher hilft eine „Vorrats"-AÜG-Erlaubnis nicht, um beim Aufdecken eines „Scheinwerkvertrages" das Eingreifen der im AÜG vorgesehenen Rechtsfolgen zu verhindern. Wird gegen die Offenlegungspflicht verstoßen, sind die Arbeitsverträge zwischen Verleiher und Leiharbeitnehmer unwirksam (§ 9 Abs. 1 Nr. 1a AÜG). Stattdessen wird grundsätzlich ein Arbeitsverhältnis zwischen Entleiher und Leiharbeitnehmer fingiert (§ 10 Abs. 1 S. 1 AÜG). Außerdem können die beteiligten Unternehmen allein wegen der Nichtoffenlegung mit einem Bußgeld von bis zu 30.000 EUR belegt werden (§ 16 Abs. 1 Nr. 1c, Abs. 2 AÜG).

342 Nach jedenfalls noch geltender Gesetzeslage findet das **AÜG** beim Matrixeinsatz ohnehin **keine Anwendung,** wenn einer der Ausschlusstatbestände des § 1 Abs. 3 AÜG vorliegt. Zu denken ist in erster Linie an das **Konzernprivileg** des § 1 Abs. 3 Nr. 2 AÜG. Dieses findet Anwendung, wenn die Überlassung zwischen zwei Konzernunternehmen erfolgt und der Arbeitnehmer nicht zum Zweck der Überlassung eingestellt wurde. Hinsichtlich des Konzernbegriffs verweist die Vorschrift auf § 18 AktG. Danach genügt es, dass mindestens zwei rechtlich selbständige Unternehmen unter einer einheitlichen Leistung stehen. Das Privileg gilt gleichermaßen für Unter- wie für Gleichordnungskonzerne, wobei es auf die Rechtsform nicht ankommt.[80] Ob der Arbeitnehmer vom beherrschten an das abhängige Unternehmen oder umge-

---

[77] Schubert NZA 2022, 145 (151).
[78] Ebenso Schubert NZA 202, 145 (151).
[79] BGBl. I S. 258; dazu BT-Drs. 18/9232, 19.
[80] Vgl. zum Ganzen Maschmann/Fritz, Matrixorganisationen, Kapitel 3: A. Das Arbeitsverhältnis in der Matrixorganisation Rn. 58 mwN.

kehrt ausgeliehen wird oder von einem Schwesterunternehmen an ein anderes, spielt keine Rolle; es genügt, dass die Überlassung zwischen den Konzernunternehmen geschieht. Wird ein Arbeitnehmer der Muttergesellschaft in einem **Gemeinschaftsbetrieb** eingesetzt, den die Muttergesellschaft mit einer Tochtergesellschaft führt, liegt hingegen schon keine Arbeitnehmerüberlassung vor.[81]

343 Inwieweit bereits das Konzernprivileg vor den Rechtsfolgen einer verdeckten Arbeitnehmerüberlassung schützt, ist unsicher. Die wohl überwiegende Ansicht im Schrifttum hält die Regelung für **unionsrechtswidrig,** weil die Leiharbeitsrichtlinie keine Ausnahmen für die konzerninterne Arbeitnehmerüberlassung enthalte.[82] Ob dies allein allerdings zur Unanwendbarkeit der Vorschrift führt, ist fraglich.[83] Hält man die Regelung des § 1 Abs. 3 Nr. 2 AÜG für unionsrechtskonform, gilt das AÜG jedenfalls dann nicht, wenn der Matrixeinsatz zwischen zwei Konzernunternehmen im Sinne des § 18 AktG erfolgt und der Arbeitnehmer nicht zum Zweck der Überlassung eingestellt und beschäftigt wird. Allerdings könnte der Einsatz in der Matrix bereits an der letzten Voraussetzung („zum Zweck der Überlassung") scheitern, wenn man Matrixeinsatz und Überlassung gleichsetzt. In beiden Fällen bedarf es der Eingliederung in den Einsatzbetrieb. Konstitutives Element der Eingliederung ist neben dem Übergang des (zumindest fachlichen) Weisungsrechts die Frage welchem Betriebszweck der Einsatz dient (vgl. dazu insbes. oben → Rn. 336).[84] Einer sachgerechten Lösung kommt man näher, wenn das zweite Kriterium in § 1 Abs. 3 Nr. 2 AÜG gedanklich um das Wort „nur" oder „ausschließlich" ergänzt wird. In diesem Fall greift das Konzernprivileg ein, wenn der Arbeitnehmer nicht nur zum Zweck der Überlassung eingestellt wird. Das bedeutet im Ergebnis, dass der ausschließliche Zweck der Einstellung in der Überlassung liegt und der Arbeitnehmer keinen sonstigen (eigenen) Zweck des „Vertragsarbeitgebers" erfüllt. Das entspricht dem Schutzzweck des AÜG im Hinblick auf Personalführungsgesellschaften. Stellt sie selbst Arbeitnehmer ein, um sie (nur) anderen Konzernunternehmen je nach Beschäftigungsbedarf zu überlassen, liegt erlaubnispflichtige Arbeitnehmerüberlassung vor. Es handelt sich dann um konzernangehörigen Verleihunternehmen, die der Privilegierung in der Ausnahme des AÜG nicht bedürfen.[85]

344 Im Ergebnis findet bei dem Arbeitnehmer im Matrixeinsatz das AÜG **nur dann** Anwendung, wenn der Vertragsarbeitgeber ausschließlich nur den Zweck verfolgt, seinen Arbeitnehmer anderen Unternehmen zur Arbeit zur Verfügung zu stellen. Dies dürfte regelmäßig nicht der Fall sein, weil der Vertragsarbeitgeber in der Matrixorganisation stets auch eigene (Konzern-)Zwecke verfolgt, die er durch seine Gesellschaften unter Zuhilfenahme der Matrixstruktur und der Mitarbeiter in dieser Matrix erledigt.[86] Bei diesem Verständnis ist die Frage nach der Vereinbarkeit von § 1 Abs. 3 Nr. 2 AÜG mit Unionsrecht zweitrangig, weil schon keine Arbeitnehmerüberlassung

---

[81] BAG 3.12.1997 – 7 AZR 764/96, AP AÜG § 1 Nr. 24; unklar Maschmann/Fritz, Matrixorganisationen, Kapitel 3: A. Das Arbeitsverhältnis in der Matrixorganisation Rn. 58.

[82] Schaub ArbR-HdB/Koch § 120 Rn. 25; Lembke DB 2011, 414 (415f.); Lembke NZA 2011, 319 (320); Ulber AuR 2010, 1 (12); Wank RdA 2010, 193 (203).

[83] Ebenso ErfK/Roloff AÜG § 1 Rn. 75; HK-AÜG/Ulrici § 1 Rn. 156; LAG Niedersachsen 2.1.2023 – 5 Sa 212/22; im Erg. wohl auch BAG 20.1.2025 – 9 AZR 735/13, NZA 2015, 816 Rn. 21.

[84] AA insbesondere Schüren/Hamann/Hamann AÜG § 1 Rn. 253.

[85] Ausführlich Schüren/Hamann/Hamann AÜG § 1 Rn. 625ff.

[86] Ebenso Arnold/Günther/Lingemann/Chakrabarti Arbeitsrecht 4.0 Rn. 162.

vorliegt, die es zu privilegieren gilt. Dies steht auch im Einklang mit dem Schutzzweck des AÜG. Es hält Regelungen für Arbeitnehmer bereit, deren Arbeitgeber sie nur mit dem einzigen Zweck einstellt, sie an andere Unternehmen zu verleihen. Einen darüberhinausgehenden eigenen Betriebszweck gibt es nicht. § 1 Abs. 1 S. 2 AÜG dürfte dieser Sichtweise ebenfalls nicht entgegenstehen. Zwar stellt die Regelung ausdrücklich auf die Eingliederung und die Weisungen des Entleihers ab, weshalb zum Teil der Betriebszweck als untaugliches Abgrenzungsmerkmal angesehen wird.[87] Allerdings sollte die durch die AÜG-Novelle erfolgte Präzisierung weder den bisherigen Anwendungsbereich des AÜG noch die Reichweite der Erlaubnispflicht ändern. Deshalb bleibt es auch künftig bei den von der Rechtsprechung erarbeiteten Kriterien für die Abgrenzung zwischen Werkvertrag und Arbeitnehmerüberlassung. Ob ein Fall von Arbeitnehmerüberlassung gegeben ist, bestimmt sich nach wie vor anhand einer wertenden Gesamtbetrachtung sämtlicher Umstände des Einzelfalls.[88] Die Frage, welchem (Betriebs-)Zweck der Einsatz dient, kann jedoch auch zur Bestimmung eines „Scheinwerkvertrags" dienlich sein.[89]

345 Dagegen dürften **konzernweite Versetzungsklauseln** zur Lösung der Überlassungsproblematik untauglich sein. Sie sind nach richtiger Ansicht nach § 307 Abs. 1 BGB unwirksam.[90] Eine unternehmensübergreifende „Versetzung" führt regelmäßig zu einem Arbeitgeberwechsel und umgeht zwingendes Kündigungsschutzrecht. Ein Arbeitgeberwechsel bedarf der Zustimmung des Arbeitnehmers und kann nicht schon im Voraus bei Abschluss des Arbeitsvertrags mit dem ersten Arbeitgeber erteilt werden.[91] Kommt es hingegen tatsächlich zum Wechsel des Arbeitgebers, liegt weder Arbeitnehmerüberlassung vor noch ein Einsatz in der Matrix.

### cc) Lösung in gewillkürten Betriebs(rats-)strukturen?

346 In den meisten großen Unternehmen und/oder Konzernen richten sich die Betriebs- und Betriebsratsstrukturen nicht (mehr) nach dem gesetzlichen „Grundmodell" des Betriebs nach § 1 iVm § 4 BetrVG, sondern nach § 3 BetrVG. Regelmäßig sind fachlich oder regional geprägte Betriebsstrukturen Gegenstand von sog. Zuordnungs-Tarifverträgen (seltener Zuordnungs-Betriebsvereinbarungen). Dies gilt im Wesentlichen für unternehmensweite Betriebsräte, Regionalbetriebsräte oder Spartenbetriebsräte. Ihnen ist gemeinsam die nicht immer ganz leichte Aufgabe, dass dem Betriebsrat für seinen „gewillkürten" Betrieb auf Seiten des Arbeitgebers ein Ansprechpartner gegenübersteht, der die Leitung in personellen und sozialen Angelegenheiten wahrnimmt. Dies gilt insbesondere bei Regionalbetrieben, die aufgrund der Nähe des Betriebsrats zu den Arbeitnehmern mehrere Geschäftsbereiche bündeln und betreuen. Bereits hier fällt für den Betriebsrat die Suche nach „dem" Arbeitgeber teilweise schwer. Die Praxis behilft sich mit besonders geregelten Arbeitsgruppen oder Aus-

[87] Insbesondere Schüren/Hamann/Hamann AÜG § 1 Rn. 253.
[88] Maschmann/Fritz, Matrixorganisationen, Kapitel 3: A. Das Arbeitsverhältnis in der Matrixorganisation Rn. 57 mit Hinweis auf die Gesetzesbegründung in BT-Drs. 18/9232, S. 19.
[89] Vgl. dazu die Gesetzesbegründung, BT-Drs. 18/9232, 25.
[90] Schaub/Linck ArbR-HdB § 45 Rn. 61.
[91] Zutreffend Maschmann/Fritz, Matrixorganisationen, Kapitel 3: A. Das Arbeitsverhältnis in der Matrixorganisation Rn. 97.

schüssen oder „Verlagerungen" auf Gesamtbetriebsräte.[92] Dieselbe Problematik besteht bei Matrix- und/oder agilen Strukturen. An einer einheitlichen Betriebsstruktur in der Matrix oder der Agilität mangelt es, weil fachlich und mitbestimmungsrechtlich relevante Entscheidungen auseinanderfallen. In der **agilen Organisation** etwa liegen alle disziplinarischen Befugnisse beim „Chapter-Head". Dieser verfolgt jedoch keinen – für den Betriebsbegriff wesentlichen – arbeitstechnischen Zweck. Deshalb ist die agile Organisation selbst auch keine taugliche Basis für eine Sparte und einen Sparten-BR nach § 3 Abs. 1 Nr. 2 BetrVG. Allerdings dürften in der agilen Organisation die Mitarbeiter aufgrund der projektmäßig wechselnden Einsätze weniger stark im aktuellen „Einsatzbetrieb" eingegliedert sein, sodass es insgesamt bei der Zuständigkeit des Betriebsrats verbleibt, der auch für das „Chapter" zuständig ist. In der **Matrix** sieht es nur auf den ersten Blick besser aus. Jedenfalls greift die Aussage, es bedürfe aufgrund der Konzernzugehörigkeit keiner besonderen Strukturen, weil die Betreuung über den GBR oder den KBR gesichert sei,[93] zu kurz. Für die wesentlichen personellen und sozialen Angelegenheiten fehlt es nach bisheriger Sichtweise der Rechtsprechung an der Zuständigkeit dieser Gremien auch dann, wenn der Mitarbeiter in der Matrix zwei – oder mehr – Betrieben zugehörig ist. Deshalb ist die Aussage, das Betriebsverfassungsrecht sei grundsätzlich mit den gewöhnlichen Bordmitteln in der Lage, den Besonderheiten von Matrixorganisationen gerecht zu werden,[94] eher optimistisch.

347 Erfolgt der Matrixeinsatz – und/oder die agile Organisation – innerhalb eines Unternehmens und ist ein **unternehmensweiter Betriebsrat** nach § 3 Abs. 1 Ziff. 1a BetrVG eingerichtet, liegen die Dinge vergleichsweise einfach. Es gibt nur einen zuständigen Betriebsrat für alle Angelegenheiten der Arbeitnehmer; ob sie agil oder in der Matrix oder in der traditionellen Linienorganisation arbeiten, ist unerheblich. Aber so einfach liegen die Dinge meist nicht. Bei konzernweitem Einsatz reicht der unternehmensweite Betriebsrat nicht aus. Hier wird häufig die Möglichkeit des **Sparten-Betriebsrats** nach § 3 I Nr. 2 BetrVG ins Spiel gebracht.[95] Dem steht indes regelmäßig entgegen, dass zwar die Matrixmitarbeiter Funktionen wahrnehmen, aber keinen eigenen Geschäftsbereich mit eigenem Betriebszweck darstellen.[96] Die Spartenmitarbeiter dienen einem Geschäftszweck, erfüllen ihn jedoch nicht selbst. Ganz überwiegend wird vertreten, dass eine Sparte produkt- oder geschäftsbezogen sein muss, sodass reine Funktionsbereiche (Entwicklung, Vertrieb, Service, etc.) nicht darunterfallen.[97] Ob das richtig ist,[98] sei dahingestellt. Entscheidend ist vielmehr (oder besser: einmal mehr), ob innerhalb der Matrix eine kompetente Leitung vorhanden ist, die einem möglichen Sparten-Betriebsrat als Counterpart in personellen und sozialen Angelegenheiten zur Verfügung steht. Daran wird es regelmäßig mangeln. Lässt man hingegen organisierte Funktionen als Sparte iSv § 3 Abs. 1 Ziff. 2 BetrVG gelten

[92] Vgl. dazu Steffan/Welslau ArbRB 2021, 379.
[93] So Bauer/Herzberg NZA 2011, 713 (719).
[94] Witschen RdA 2016, 38 (49).
[95] Etwa Bauer/Herzberg NZA 2011, 713 (718); Witschen RdA 2016, 38 (44); ErfK/Koch BetrVG § 1 Rn. 16c.
[96] Zutreffend Bauer/Herzberg NZA 2011, 713 (718).
[97] Fitting BetrVG § 3 Rn. 39; Bauer/Herzberg NZA 2011, 713 (718); DKK/Trümner BetrVG § 3 R. 64.
[98] AA etwa GK-BetrVG/Franzen § 3 Rn. 13.

(und besteht die notwendige Leitung innerhalb der „Funktions-Sparte"), steht der Bildung eines Sparten-Betriebsrats nichts im Wege. Die dagegen dennoch ins Feld geführten Kompetenzprobleme[99] erscheinen dagegen lösbar. Der „Funktions-Sparten-Betriebsrat" ersetzt weder einen örtlichen Betriebsrat noch einen „Produktions-Sparten-Betriebsrat". Sie können vielmehr nebeneinander die Interessen der in den jeweiligen Betrieben integrierten Mitarbeiter vertreten. Keine Konkurrenzprobleme dürften mit Gesamt- und Konzernbetriebsrat bestehen; diese sind nur zuständig für Fragen, die über die Grenze des Spartenbetriebs hinausgehen. Vielleicht jedoch liegt die sachgerechte Lösung bei der Zusammenarbeit mehrerer Rechtsträger in der Bildung einer vollständig von den Organisationsvorschriften des BetrVG **abweichenden Vertretungsstruktur** nach § 3 Abs. 1 Nr. 3 BetrVG. Die Diskussion dazu steht noch am Anfang und wird häufig durch die angeblich „gebotene enge Auslegung der Generalklauseln in § 3 Abs. 1 Nr. 3 BetrVG" gebremst.[100] Mehr Vertrauen in die Praxis ist hier wünschenswert, die meist am besten beurteilen kann, ob eine Vertretungsstruktur der „zweckmäßigen Interessenvertretung der Arbeitnehmer dient". Über die mannigfaltigen Versuche einer Lösung ist anderweitig schon geschrieben worden.[101] Manch praktische Lösungen scheitern indes am Ende häufig (noch) an der rechtlichen Überprüfung.

### 3. Relevanz sonstiger Betriebsbegriffe

348 Der Betriebsbegriff ist abhängig von der jeweiligen Interessenlage und dem Schutzzweck des jeweils anwendbaren Gesetzes (→ Rn. 312).[102] Geht es darum, welcher Betriebsrat für den Arbeitnehmer zuständig ist und die Mitwirkungs- und Mitbestimmungsrechte im Sinne der Arbeitnehmer wahrnimmt, kommt es auf den betriebsverfassungsrechtlichen Betriebsbegriff an. Steht der Bestand oder der Inhalt des Arbeitsverhältnisses aus dem Spiel, ist der kündigungsschutzrechtliche Betriebsbegriff maßgeblich. Geht es innerhalb des Kündigungsschutzrechts um die Frage einer Massenentlassung, tritt neuerdings ein weiterer Begriff iSd Richtlinie 98/59/EG (Massenentlassungsrichtlinie = MERL) in den Vordergrund. Schließlich kann es für den Arbeitnehmer von Bedeutung sein, ob sein Arbeitsverhältnis von einem Betriebsübergang erfasst ist, weil damit ein Wechsel des Arbeitgebers bevorsteht. Die hier aufgeführten Betriebsbegriffe sind die für das Arbeitsverhältnis wesentlichen Begriffe. Dabei macht es vom Grundsatz her keinen Unterschied, ob der Arbeitnehmer in der Betriebsstätte arbeitet oder im Außendienst beim Kunden oder im Home-Office oder vollständig mobil. Die Unterschiede werden jedoch sichtbar, wenn es um die **Zuordnung** derjenigen Mitarbeiter geht, die nicht in der Betriebsstätte und nicht ausschließlich für „ihren" Betrieb arbeiten.

---

[99] Vgl. dazu etwa Bauer/Herzberg NZA 2011, 713 (718 f.).
[100] Vgl. Fitting BetrVG § 3 Rn. 48 mwN.
[101] Steffan/Welslau ArbRB 2021, 379.
[102] Zu den unterschiedlichen Betriebsbegriffen nach dem BetrVG, dem KSchG und der Massenentlassungsrichtlinie vgl. Jacobi/Krüger ArbRB 2023, 80 ff.

### a) Betrieb im Sinne des Kündigungsschutzrechts

349 Im Kündigungsschutzrecht wendet das BAG jedenfalls den iSv §§ 1, 4 BetrVG anerkannten betriebsverfassungsrechtlichen Betriebsbegriff weitestgehend entsprechend an.[103] Dennoch sind die unterschiedlichen Anforderungen an den Betriebsbegriff unverkennbar. Geht es in der Betriebsverfassung maßgeblich darum, wo die operativen Entscheidungen in personellen und sozialen Angelegenheiten fallen, wird man im Kündigungsschutz stärker darauf abstellen müssen, wo die **kündigungsrelevanten Entscheidungen** fallen. Dies hat Bedeutung vor allem im Bereich der – aus der Sphäre des Arbeitgebers stammenden – betriebsbedingten Kündigung. In diesem Fall ist (abgesehen von der Betriebsstilllegung) regelmäßig eine **Sozialauswahl** durchzuführen. Die Sozialauswahl ihrerseits ist betriebsbezogene, nicht unternehmensbezogen. Vom Schutzweck des KSchG her stellen sich damit bei einer betriebsbedingten Kündigung für den Arbeitnehmer im Wesentlichen die Fragen, ob er sich überhaupt im kündigungsrelevanten Umfeld befindet und ob er konkret von der Kündigung betroffen ist oder nicht vielleicht ein weniger schutzwürdiger Kollege. Entscheidend für die Lösung dieser Fragen ist die Bestimmung des Betriebs iSd KSchG. Dafür wiederum ist entscheidend, wer die Kündigung beeinflusst bzw. für sie verantwortlich ist. In der Sprache des 2. Senats des BAG: „Entscheidend ist, wo schwerpunktmäßig über Arbeitsbedingungen und Organisationsfragen entschieden wird und in welcher Weise Einstellungen, Entlassungen und Versetzungen vorgenommen werden."[104] Diese Entscheidungsebenen können – müssen aber nicht – mit den mitbestimmungsrechtlich relevanten Entscheidungen deckungsgleich sein. Dabei gilt für die „kündigungsrechtliche" Leitungsebene noch mehr als für die betriebsverfassungsrechtliche, dass räumliche Aspekte zurücktreten.[105] Es kommt nicht darauf an, wo die die arbeitsplatzgefährdende Entscheidung fällt, sondern wer sie trifft. Wenn es dabei zu unterschiedlichen Betriebsdefinitionen kommt, wird der Betrieb iSd KSchG regelmäßig weiter zu ziehen sein als der Betrieb iSd BetrVG. Verfügt etwa ein Unternehmen aus Köln über vier regional zuständige Standorte in Frankfurt, Köln, Wuppertal und Münster, wird man ohne gewillkürte Strukturen iSv § 3 BetrVG grundsätzlich von vier eigenständigen betriebsverfassungsrechtlichen Betrieben ausgehen dürfen. Kündigungsrechtlich kommt es auf die Personalbefugnis und die Entscheidungskompetenz der Betriebsleiter und deren wirtschaftliche Verantwortung an. Sind sie wirtschaftlich verantwortlich für den Erfolg ihres Betriebes und können in diesem Rahmen auch ihr Personalbudget steuern, findet im Fall eines Personalabbaus die Sozialauswahl im jeweiligen (betriebsverfassungsrechtlichen) Betrieb statt. Ist hingegen das Unternehmen streng zentralistisch gesteuert und müssen Personalveränderungen jeweils von der Unternehmens- und/oder der zentralen HR-Leitung entschieden werden, kann der kündigungsschutzrechtliche Betrieb mehrere oder alle Betriebe umfassen.

350 Zur Bestimmung des kündigungsschutzrechtlichen Betriebs **ungeeignet** ist der durch Zuordnungstarifvertrag nach **§ 3 BetrVG** gebildete Betrieb. Das gilt auch bei

[103] Etwa BAG 2.3.2017 – 2 AZR 427/16, NZA 2017, 859 Rn. 15; zum Betrieb iSd KSchG etwa Fröhlich ArbRB 2021, 126 ff.
[104] BAG 2.3.2017 – 2 AZR 427/16, NZA 2017, 859 Rn. 15.
[105] Zutreffend Fröhlich ArbRB 2021,126 (127).

agilen Organisationen.[106] Nach Ansicht des BAG handelt es sich bei der durch Tarifvertrag oder Betriebsvereinbarung gewillkürten Einheit lediglich um die nach § 3 Abs. 5 Satz 1 BetrVG ausdrücklich auf das Betriebsverfassungsgesetz begrenzte Fiktion eines Betriebs, die für das Kündigungsschutzgesetz ohne Bedeutung ist.[107] Die Richtigkeit dieser Ansicht wird bereits bei dem häufig aufgrund § 3 BetrVG gebildeten „Regionalbetriebsrat" deutlich. Er dient der effektiven Vertretung der in einer Region zusammengefassten Arbeitnehmer, die unterschiedlichen Organisationen angehören können und unterschiedliche arbeitstechnische Zwecke verfolgen. Kündigungsschutzrechtlich ist der Regionalbetrieb untauglich.

351 Bei der Frage, welchem kündigungsschutzrechtlichen Betrieb der Mitarbeiter in Mobile Work **zuzuordnen** ist, spielt der Vertragsarbeitgeber die (wohl) zentrale Rolle. Keine Fragen entstehen, wenn das Unternehmen lediglich in einem Betrieb besteht. Bei mehreren Betrieben kommt es zum einen darauf an, für welchen Betrieb der Mitarbeiter in Mobile Work eingesetzt ist. Hier ähneln sich die Zuordnungsfragen denen beim Betriebsübergang (→ Rn. 361 f.). Damit ist für die Frage der „Kündigungsbedrohung" aber noch nichts entschieden. Hinzukommt die unabhängig von der mobilen Arbeit zu entscheidende Frage, wer die maßgebliche Personalentscheidung trifft. Ähnlich liegt die Problematik in der **agilen Organisation,** die sich für mobile Arbeit häufig anbietet. Weil die Mitarbeiter in agilen Organisationen typischerweise in nach Fachlichkeiten oder anderen Parametern bestimmten „Pools", den sog. Chaptern, zugeordnet werden, stellt sich die Frage, ob der „Chapter-Head", dem die disziplinarische Weisung zukommt, auch die relevanten Entscheidungen mit Blick auf den Bestand der Arbeitsverhältnisse trifft. Sie ist regelmäßig zu verneinen. Die Entscheidung über die eingesetzte „Human Ressource" fällt nicht im Chapter, sondern in übergeordneten Führungsgremien mit Budgetverantwortung. Das Chapter ist mithin kein kündigungsschutzrechtlicher Betrieb, sodass dessen Schließung eine Sozialauswahl nicht entbehrlich macht.[108]

352 Zur Bestimmung des Betriebsbegriffs in der **konzernweiten Matrix** ist auf eine interessante Entscheidung des ArbG Bonn hinzuweisen.[109] Dort war eine führende Mitarbeiterin des Marketings zunächst bei der Konzernmutter im Ausland beschäftigt. Aufgrund eines Umzugs nach Deutschland bot die Konzernmutter der Mitarbeiterin einen Arbeitsvertrag mit der inländischen Tochter an, ohne dass sich die Aufgaben der Mitarbeiterin hierdurch änderten. Das Marketing wurde und wird zentral und konzerneinheitlich durch die Konzernmutter gesteuert und durchgeführt. Sowohl die Vorgesetzten der Mitarbeiterin als auch ihr unterstellte Designer befinden sich im Ausland. Weil die Konzernmutter beschlossen hatte, das Marketing im Rahmen eines Insourcings wieder selbst auszuführen, wurde der Mitarbeiterin wegen Wegfalls der Beschäftigungsmöglichkeit gekündigt. Gleichzeitig änderte die Konzernmutter ihre Marketingstrategie und stellte eine neue Mitarbeiterin ein. Das ArbG hielt die Kündigung für unwirksam, weil schon aufgrund der Matrixstruktur nicht erkennbar gewesen sei, dass die Mitarbeiterin bei der Tochtergesellschaft eingegliedert gewesen sei.

[106] Steffan/Welslau ArbRB 2021, 379 (380).
[107] Vgl. BAG 27.6.2019 – 2 AZR 38/19, NZA 2019, 1427 Rn. 22 = zust. Anm. Esser, ArbRB 2019, 327.
[108] Steffan/Welslau ArbRB 2021, 379 (382).
[109] ArbG Bonn 3.2.2022 – 3 Ca 1698/21.

Aufgrund der tatsächlichen Möglichkeit der Konzernmutter, die Marketing-Tätigkeiten von der Konzernmutter auf die Tochter und wieder zurück auf die Konzernmutter zu übertragen, sei eine Selbstbindung der Einheit aus Konzernmutter und Vertragsarbeitgeber entstanden mit der Folge, dass es für die Rechtfertigung der betriebsbedingten Kündigung nicht allein auf den Wegfall der Aufgaben der Klägerin bei der Beklagten ankomme, sondern auch auf die Verhältnisse bei der Konzernmutter.[110] Das ArbG entwickelt den konzernweiten Kündigungsschutz über die bisher einschlägigen Fälle weiter, in denen bereits arbeitsvertraglich ein konzernweiter Einsatz vorgesehen ist. Das Urteil liegt auf einer Linie mit der zum Teil vertretenen Selbstbindung für den Fall, dass die Konzernmutter über die Verlagerung von Arbeitsplätzen innerhalb der Konzernunternehmen autonom entscheidet, ohne dass sich inhaltlich Wesentliches ändert. Das BAG hat diese spannende Frage bisher offengelassen.[111]

### b) Betriebsbegriff in der Massenentlassung

353 Dadurch, dass die Vorschriften zur Massenentlassung in § 17ff. KSchG geregelt sind, kennt das Kündigungsschutzrecht zwei zum Teil voneinander abweichende Betriebsbegriffe. Diese auf den ersten Blick bemerkenswerte Erkenntnis relativiert sich mit Blick auf die unterschiedlichen Schutzrichtungen. Geht es bei den überwiegenden Bestimmungen des KSchG (vgl. §§ 1ff., § 23) zuvörderst um den individualrechtlichen Bestands- und Inhaltsschutz im Arbeitsverhältnis, verfolgen die §§ 17ff. KSchG darüber hinausgehende Interessen. Dabei hat sich das Verständnis des § 17 im Laufe der Zeit durchgreifend gewandelt. Nach der früheren – national geprägten – Sichtweise verfolgte die Bestimmung allein arbeitsmarktpolitische Zwecke, deren Verletzung auf die Wirksamkeit einer Kündigung keine Auswirkungen hatte.[112] Mittlerweile ist die Bestimmung ausschließlich iSd nunmehr geltenden „Massenentlassungs-" RL 98/59/EG (MERL) auszulegen, die die betroffenen Mitarbeiter auch individualrechtlich schützt.[113] Die **MERL** hat auch Auswirkungen auf den Betriebsbegriff in der Massenentlassung, der nunmehr nach der Rechtsprechung des EuGH ausschließlich unionsrechtlich auszulegen ist, losgelöst vom nationalen Begriffsverständnis des BetrVG oder KSchG.[114]

354 Auch nach der MERL liegt die primäre Bedeutung des Betriebsbegriffs bei der Beurteilung von Massenentlassungen darin, die zuständige Agentur für Arbeit für die **Erstattung der Massenentlassungsanzeige** zu ermitteln.[115] Denn (auch) nach Art. 3 Abs. 1 EGRL 98/59 hat der Arbeitgeber der „zuständigen" Behörde alle beabsichtigten Massenentlassungen schriftlich anzuzeigen. Bei unionsrechtskonformer Auslegung des § 17 Abs. 1 KSchG ist das die für den Betriebssitz örtlich zuständige Agentur für Arbeit. Der Eingang der Massenentlassungsanzeige bei einer anderen Agentur für Arbeit ohne eine rechtzeitige Weiterleitung an die örtlich zuständige

---

[110] ArbG Bonn 3.2.2022 – 3 Ca 1698/21, ArbRB 2022, 170 m. Anm. Steffan.
[111] Vgl. BAG 26.9.2002 – 2 AZR 636/01, NZA 2003, 549.
[112] ErfK/Kiel KSchG § 17 Rn. 3.
[113] BAG 21.3.2013 – 2 AZR 60/12, NZA 2013, 966 Rn. 22.
[114] BAG 14.5.2020 – 6 AZR 235/19, NZA 2020, 1092.
[115] Ebenso Jacobi/Krüger ArbRB 2023, 80 (81).

Agentur reicht für eine ordnungsgemäße Anzeige iSv § 17 Abs. 1 KSchG nicht aus. Der Schutz der Arbeitnehmer tritt reflexartig dadurch ein, dass die unter Verkennung des für eine Massenentlassung maßgeblichen Betriebsbegriffs erklärten Kündigungen sämtlich unwirksam sind. Ziel ist es, dass die Agentur für Arbeit in die Lage versetzt wird, die Folgen der Entlassung für die Betroffenen möglichst zu mildern.[116]

355 Bei einem **Betrieb** iSd **RL 98/59/EG** muss es sich um eine unterscheidbare Einheit von einer gewissen Dauerhaftigkeit und Stabilität handeln, die zur Erledigung einer oder mehrerer bestimmter Aufgaben bestimmt ist und über eine Gesamtheit von Arbeitnehmern sowie über technische Mittel und eine organisatorische Struktur zur Erfüllung dieser Aufgaben verfügt.[117] Nicht erforderlich ist, dass die Einheit rechtliche, wirtschaftliche, finanzielle, verwaltungsmäßige oder technologische Autonomie aufweist. Der Betrieb iSd MERL muss auch keine Leitung haben, die selbstständig Massenentlassungen vornehmen kann. Vielmehr reicht es aus, wenn eine Leitung besteht, die die ordnungsgemäße Durchführung der Arbeit und die Kontrolle des Gesamtbetriebs der Einrichtungen der Einheit sowie die Lösung technischer Probleme im Sinne einer Aufgabenkoordinierung sicherstellt.[118] Anders als bei dem kündigungsrechtlichen oder betriebsverfassungsrechtlichen Betriebsbegriff stellt die MERL zur Bestimmung des Betriebs keine hohen Anforderungen an die Leitungsstruktur. Diese sind vielmehr deutlich geringer.

356 Bei der Frage der **Zuordnung** der „Gesamtheit von Arbeitnehmern" zum Betrieb kommt es darauf an, dass die Einheit rein tatsächlich über die Arbeitnehmer verfügen kann und die Arbeitnehmer von der Einheit aus tätig werden. Zentrales Element ist die Verbindung zwischen Arbeitnehmer und Einheit.[119] Es reicht aus, wenn eine örtl. Leitung besteht, die die ordnungsgemäße Durchführung der Arbeit und die Kontrolle des Gesamtbetriebs der Einrichtungen der Einheit sowie die Lösung technischer Probleme iS einer Aufgabenkoordinierung sicherstellt.[120] Die MERL stellt keine hohen organisatorischen Anforderungen an die Leitungsstruktur.[121] Es ist auch unerheblich, ob der so verstandenen örtlichen Leitung disziplinarische Weisungsrechte oder sonstige eigenständige Befugnisse in Bezug auf personelle Maßnahmen zukommt.[122]

357 Soweit Mitarbeiter nach den Kriterien des BetrVG einem Betrieb zuzuordnen sind, werden regelmäßig auch die weniger strengen Anforderungen der MERL erfüllt sein. Das ist – wie meist – kein Problem, wenn ein Arbeitgeber nur einen **einheitlichen** Betrieb unterhält.[123] Dasselbe dürfte in aller Regel für **selbständige Betriebsteile** nach § 4 Abs. 1 Nr. 1 BetrVG gelten.[124] Ein gemeinsamer Betrieb mehrerer Unternehmen gilt regelmäßig auch als Betrieb iSd MERL. Bei der Prüfung der maßgeblichen Schwellenwerte ist auf alle zu entlassenden Arbeitnehmer des **Gemein-**

[116] BAG 21.3.2013 – 2 AZR 60/12, NZA 2013, 966.
[117] BAG 14.5.2020 – 6 AZR 235/19, NZA 2020, 1092 Rn. 116; BAG 8.11.2022 – 6 AZR 15/22, NZA 2023, 166.
[118] BAG 14.5.2020 – 6 AZR 235/19, NZA 2020, 1092 Rn. 116; BAG 8.11.2022 – 6 AZR 15/22, NZA 2023, 166 Rn. 46.
[119] EuGH 13.5.2015 – C-293/13, NZA 2015, 669 Rn. 47; BAG 13.2.2020 – 6 AZR 146/19, NZA 2020, 1006 Rn. 39; ErfK/Kiel KSchG § 17 Rn. 5; krit. Moll RdA 2021, 49 (52 ff.).
[120] EuGH 13.5.2015 – C-293/13, NZA 2015, 669 Rn. 50.
[121] BAG 13.2.2020 – 6 AZR 146/19, NZA 2020, 1006 Rn. 33, 49; Junker ZfA 2018, 73 (76).
[122] ErfK/Kiel KSchG § 17 Rn. 5.
[123] BAG 13.2.2020 – 6 AZR 146/19, NZA 2020, 1006 Rn. 32.
[124] Jacobi/Krüger ArbRB 2023, 80 (81 f.).

**schaftsbetriebs** im Verhältnis zu allen Beschäftigten des Gemeinschaftsbetriebs abzustellen. Unter Berücksichtigung dieser Gesamtzahlen hat jeder beteiligte Arbeitgeber für seine Vertragsarbeitnehmer eine Massenentlassungsanzeige einzureichen. Soweit sich jedoch der Betriebsbegriff iSd MERL und der Betriebsbegriff nach nationalem Verständnis nicht decken, ist allein das **unionsrechtliche Begriffsverständnis** entscheidend. Aufgrund der geringeren Anforderungen an den Betrieb iSd der MERL wird empfohlen, eine Sammelanzeige bei der Agentur für Arbeit des Hauptbetriebs zu prüfen oder alternative Anzeigen bei allen infrage kommenden Agenturen für Arbeit.

358 Die Anzeigepflicht des Arbeitgebers gelten auch **Matrix**- und/oder **agilen Organisationen.** Dabei entlastet es den Vertragsarbeitgeber im Konzern nicht, wenn die Entscheidung zur Entlassung von einem herrschenden Unternehmen getroffen wird. Der Vertragsarbeitgeber kann sich – auch bei seinen Konsultationsverpflichtungen gegenüber dem Betriebsrat – nicht darauf berufen, das verantwortliche Unternehmen habe die notwendigen Auskünfte nicht vermittelt (§ 17 Abs. 3a KSchG).

### c) Der Betrieb im Betriebsübergang

359 Ebenfalls unionsrechtlich und durch die Rechtsprechung des EuGH geprägt ist der Betriebsbegriff zum Betriebsübergang iSd § 613a BGB. Maßgeblich für die Auslegung des Betriebsbegriffs ist die „Betriebsübergangs-"Richtlinie 2001/23/EG. Danach steht die **wirtschaftliche Einheit** im Vordergrund der Betrachtung. Danach bezieht sich der Begriff der Einheit auf eine **organisatorische Gesamtheit von Personen und Sachen** zur Ausübung einer wirtschaftlichen Tätigkeit mit eigener Zielsetzung.[125] Die wirtschaftliche Einheit „Betrieb oder Betriebsteil" ist also mehr als die organisatorische Einheit aus Personen und Sachen; hinzukommen muss ein bestimmter wirtschaftlicher Zweck, der gerade mit der bestehenden Einheit verfolgt wird. Beide Kriterien (organisatorische Einheit und wirtschaftlicher Zweck) machen den Betrieb iSe wirtschaftlichen Einheit aus, dessen Identität beim Übergang auf den Erwerber erhalten bleiben muss. Die Grundvoraussetzung der Einheit aus Personen **und** Sachen kann allerdings in sog. „betriebsmittelarmen" Unternehmen auch ausschließlich aus Personen – nämlich der Belegschaft – bestehen.

360 Zentrales Kriterium für die Bestimmung eines Betriebsübergangs ist die **Identitätswahrung** einer **wirtschaftlichen Einheit.** Sofern eine beim Veräußerer vorhandene wirtschaftliche Einheit auch bei dem Erwerber im Wesentlichen unverändert fortgeführt wird, liegt danach ein Betriebsübergang vor. Zur Ermittlung dieser Identitätswahrung bedient sich die Rechtsprechung eines 7-Punkte-Katalogs, wobei die einzelnen Kriterien nur Teilaspekte einer vorzunehmenden Gesamtbewertung darstellen und deshalb nicht isoliert beurteilt werden dürfen.[126] Dasselbe gilt für die Prüfung, ob ein **Betriebsteil** übergegangen ist.[127] Ein Betriebsteil iSe wirtschaftlichen Einheit ist eine Teileinheit (Teilorganisation) des Betriebs. Wichtig ist, dass es sich um

[125] StRspr. des EuGH seit EuGH 11.3.1997 – C-13/95, NZA 1997, 433, der sich das BAG seit der Entscheidung 22.5.1997 – 8 AZR 101/96, NZA 1997, 1050, angeschlossen hat.
[126] Dazu ausführlich APS/Steffan BGB § 613a Rn. 23ff.
[127] Steffan NZA 2000, 687ff.

eine selbständig abtrennbare organisatorische Einheit handelt, die innerhalb des betrieblichen Gesamtzwecks einen Teilzweck erfüllt.[128] Ein übergangsfähiger Betriebsteil kennt keine Mindestgröße. Es ist erforderlich und ausreichend, dass eine funktionale Verknüpfung im Sinne eines Ineinandergreifens der übertragenen Betriebsmittel bestehen bleibt. Voraussetzung ist allerdings, dass schon beim Betriebs(teil)veräußerer eine abgrenzbare organisatorische wirtschaftliche Einheit vorgelegen hat, um einen Betriebsteilübergang annehmen zu können.[129] Im Ergebnis kann bereits der Übergang eines Arbeitnehmers einen Betriebsteilübergang darstellen; überwiegend bedarf es des Übergangs der kleinsten organisatorischen Einheit (Team).

361 Von dem Übergang eines Betriebs oder Betriebsteils erfasst sind die dem Betrieb oder Betriebsteil **zugeordneten** Mitarbeiter. Die Erforderlichkeit einer **festen** Zuordnung ist im Zusammenhang mit der Insolvenz der Fluglinie Air Berlin in die Diskussion geraten. Dabei ging es um die Frage des Einsatzes geleaster Flugzeuge mit wechselndem Personal **(„wet-lease").** Während der 6. Senat in diesem Fall einen Betriebsteilübergang verneinte,[130] prüfte der 8. Senat die durchaus spannende Frage, inwieweit zur Annahme einer wirtschaftlichen Einheit das Personal fest zugeordnet sein müsse oder ob auch der Einsatz wechselnden bzw. rotierenden Personals genüge. Hierbei tendierte der 8. Senat gegen die Notwendigkeit der festen Zuordnung, verwies aber darauf, dass es eine verbindliche Entscheidung durch den EuGH im Rahmen des Vorabentscheidungsverfahrens erfolgen müsse.[131]

362 Bei einer **Tätigkeit für mehrere Betriebe oder Betriebsteile** bereitet die Zuordnung keine Schwierigkeit, wenn sich alle Beteiligten (Veräußerer, Erwerber und Arbeitnehmer) einig sind, zu welchem Betrieb oder Betriebsteil der Arbeitnehmer gehört.[132] Liegt ein einvernehmlicher Wille weder ausdrücklich noch konkludent vor, erfolgt die Zuordnung nach Ansicht des BAG grundsätzlich – ausdrücklich oder konkludent – durch den Arbeitgeber aufgrund seines Direktionsrechts.[133] In Zweifelsfällen ist nach objektiven Kriterien zu entscheiden, insbesondere danach, für welchen Betrieb oder Betriebsteil die Arbeitnehmer vor dem Betriebsübergang überwiegend tätig waren.[134] Führen objektive Kriterien nicht weiter, steht den betroffenen Arbeitnehmern nach überwiegender Ansicht in Anlehnung an ihr Widerspruchsrecht (§ 613a Abs. 6 BGB) ein Wahlrecht zu, ob sie dem verbleibenden oder dem übernommenen Betrieb oder Betriebsteil zugeordnet werden wollen.[135]

363 Die Arbeitsverhältnisse der Arbeitnehmer, die in **zentralen Unternehmensbereichen** tätig waren, gehen nur dann über, wenn deren Tätigkeit ausschließlich oder wesentlich dem übergehenden Betrieb oder Betriebsteil zugutekam. Die Verbindung zwischen der Tätigkeit und dem betreffenden Betrieb oder Betriebsteil muss so eng sein, dass infolge des Betriebs(-teil)übergangs die Beschäftigungsmöglichkeit im ver-

---

[128] Instruktiv dazu LAG Rheinland-Pfalz 29.3.2021 – 7 Sa 344/19, BeckRS 2021, 21640 Rn. 93ff.
[129] BAG 13.10.2011 – 8 AZR 455/10, NZA 2012, 504 Rn. 37.
[130] BAG 14.5.2020 – 6 AZR 235/19, NZA 2020, 1092ff.
[131] BAG 27.2.2020 – 8 AZR 215/19, NZA 2020, 1303; dazu Bayreuther NZA 2020, 1505; Jacobs/Schindler RdA 2021, 45.
[132] Vgl. BAG 17.10.2013 – 8 AZR 763/12, NZA-RR 2014, 175 Rn. 24.
[133] BAG 17.10.2013 – 8 AZR 763/12, NZA-RR 2014, 175 Rn. 24; zu den Folgen Elking NZA 2014 (295).
[134] BAG 17.10.2013 – 8 AZR 763/12, NZA-RR 2014, 175 Rn. 28.
[135] Zum Streitstand APS/Steffan BGB § 613a Rn. 88.

bleibenden zentralen Unternehmensbereich des Veräußerers entfällt. Andernfalls verbleiben die Arbeitnehmer im Unternehmen des Veräußerers.[136] Das gilt auch dann, wenn der verbleibende Betrieb nicht mehr sinnvoll zu führen ist.[137] Die Arbeitsverhältnisse fallen auch im Falle der Stilllegung eines Betriebs oder Betriebsteils nicht ohne Zuordnung einem im Wege des § 613a übergehenden Betriebsteil zu.[138] Nach Ansicht des LAG Köln führt auch eine **befristete Zuordnung** von mehr als einem halben Jahr zu einem übergehenden Betrieb oder Betriebsteil zu einem Übergang des Arbeitsverhältnisses.[139]

364 Zwar besteht auch die wirtschaftliche Einheit iSd § 613a BGB aus einer organisatorischen Gesamtheit von Personen und Sachen zur Erledigung einer Aufgabe; einer zentralen Leitung bedarf es jedoch nicht. Es genügt, dass der oder die Arbeitnehmer eine abgrenzbare Aufgabe organisiert erfüllen. In diesem Fall liegt bereits ein übergangsfähiger Betriebsteil iSd § 613a BGB und der Richtlinie 2001/23/EG vor. Für die Zuordnung des Mitarbeiters zu diesem Betriebsteil ist es unerheblich, ob er die Aufgabe in der Betriebsstätte, aus dem Home-Office oder in Mobile Work erfüllt.

### d) „Betriebsbegriff" im SGB IX

365 Nach § 168 SGB IX bedarf die Kündigung eines schwerbehinderten Menschen der Zustimmung des Integrationsamtes. Für das Antragsverfahren bestimmt § 170 Abs. 1 S. 1 SGB IX, dass der Antrag bei dem für den Sitz des Betriebes oder der Dienststelle **zuständigen** Integrationsamt zu stellen ist. Satz 2 verweist sodann für die Bestimmung des Betriebsbegriffs auf das BetrVG und das BPersVG. Damit ist der Betriebsbegriff des BetrVG auch maßgeblich im Recht der schwerbehinderten Menschen. Gleichwohl gibt es in der Praxis der Integrationsämter unterschiedliche Sichtweisen über die Reichweite des Betriebs iSd BetrVG. Dabei geht es im Wesentlichen um die Frage, ob sich der Verweis auf den Betriebsbegriff nur auf den Betrieb nach §§ 1 und 4 BetrVG bezieht oder auch auf den durch Tarifvertrag oder Betriebsvereinbarung gebildeten Betrieb nach § 3 BetrVG.[140] Zwar hat im Fall der falschen Antragstellung die nicht zuständigen Behörde nach § 16 Abs. 2 S. 1 SGB I den Antrag unverzüglich an das örtlich und sachlich zuständige Integrationsamt weiterzuleiten; gleichwohl kann die mögliche Verzögerung große praktische Bedeutung für den Fall des fristgebundenen Antrags auf Zustimmung zur außerordentlichen Kündigung nach § 174 SGB IX erlangen.[141] Weil § 3 Abs. 5 BetrVG die danach gebildeten Betriebe ausdrücklich „als Betriebe im Sinne dieses Gesetzes" bestimmt, sind auch diese Betriebe für die Antragstellung nach § 170 SGB IX maßgeblich.[142]

---

[136] BAG 21.1.1999 – 8 AZR 298/98, ZInsO 1999, 361.
[137] BAG 13.11.1997 – 8 AZR 375/96, NZA 1998, 249.
[138] BAG 18.10.2012 – 6 AZR 41/11, NZA 2013, 1007 Rn. 44.
[139] LAG Köln 4.12.2018 – 4 Sa 962/17, LAGE § 613a BGB 2002 Nr. 69.
[140] Dazu Steffan ArbRB 2021, 247 (249).
[141] Dazu ausführlich Dau/Düwell/Joussen/Luik-Düwell SGB IX § 174 Rn. 12 f.; vgl. auch BAG 11.6.2020 – 2 AZR 442/19, NZA 2020, 1326.
[142] Steffan ArbRB 2021, 247 (249).

## II. Mobile Betriebsratsarbeit

### 1. Erste Einordnung

366 Mobile Work[143] erfasst nicht nur die Tätigkeiten und Dienste der Arbeitnehmerinnen und Arbeitnehmer (→ Rn. 108 ff. und → Rn. 611 ff.). Sie berührt auch die Arbeit von Interessenvertretungen wie den Betriebsrat, und zwar unabhängig von einer Freistellung einzelner Mitglieder. Dabei geht es nicht alleine um Beteiligungsrechte die mobile Arbeit betreffend (→ Rn. 458 ff. und → Rn. 541 ff.), sondern ebenso um die **Arbeitsweise des Betriebsrats** selbst. Während dieser Aspekt der Betriebsratsarbeit seit Jahren in einem Kernbereich mit der zwingenden Vorgabe einer Präsenzsitzung „stabil" war und auch die Einführung eines § 41a Abs. 2 EBRG für den Bereich der Seefahrt zwar allgemeine Diskussionen[144], aber keine Änderungen brachte, war es – auch hier – die Sicherstellung von Aufgaben unter den besonderen Bedingungen während der **Corona-Pandemie,** die einen Schub gebracht hat.

367 Mit Wirkung vom 1.3.2020 erlaubte ein neu gestalteter § 129 BetrVG aF **virtuelle Sitzungen und virtuelle Beschlussfassungen** des Betriebsrates. Diese noch bestehende Vorschrift galt (und auch nur) hinsichtlich Betriebsversammlungen und Einigungsstellensitzungen bis zum 7.4.2023; die bis zum 30.6.2021 geltende Regelung für Betriebsratssitzungen ist mittlerweile in § 30 Abs. 2 BetrVG zu finden. Das **Betriebsrätemodernisierungsgesetz** hat diesen Bereich auf neue Füße gestellt und von einem Provisorium zu einer Dauerregelung umgewandelt.[145] Die Vorgaben gelten über entsprechende Gesetzesverweise für GBR (§ 51 Abs. 1 S. 1 BetrVG), KBR (§ 59 Abs. 1 S. 1 BetrVG), die JAV (Gesamt-JAV und Konzern-JAV: §§ 65 Abs. 1, 73 Abs. 2, 73b Abs. 2 BetrVG), für Ausschüsse (§ 27 BetrVG) und Arbeitsgruppen (§ 28a BetrVG) und den Wirtschaftsausschuss (§ 108 Abs. 1, 4 und 5 BetrVG). Auch **andere Gesetze** haben dieses Konzept übernommen, für den Sprecherausschuss in den §§ 12 Abs. 5 S. 5, 6, 7, 13 Abs. 1 S. 2 Abs. 3 S. 4, 5 und 24 Abs. 2 S. 3 SprAuG und im Personalvertretungsrecht beispielsweise in § 38 Abs. 3 BPersVG. Ähnliches gilt nach der Werkstätten-Mitwirkungsverordnung, dort in §§ 33–35.

368 Was für die Betriebsratssitzung gilt, ist für die **Beschlussfassung** in § 33 Abs. 1 S. 2 BetrVG nachvollzogen worden. Auch diese Vorschrift ist Vorbild für andere Gremien (zB für den GBR § 51 Abs. 3 S. 2 BetrVG bzw. § 59 Abs. 1 BetrVG oder die JAV § 65 Abs. 1 BetrVG) und kein Solitär geblieben. § 39 Abs. 4 BPersVG erlaubt ebenfalls – sofern in der Geschäftsordnung gestattet – für den Personalrat die „elektronische" Beschlussfassung.

369 Im Übrigen berührt Mobilität auch die Arbeit des Betriebsrates außerhalb von Sitzungen und Beschlussfassungen. **Sprechstunden,** das Monatsgespräch oder Abstim-

[143] Zur Begriffsvielfalt im Bereich der Arbeit außerhalb des Betriebs vgl. Stück/Salo AuA 2021, Heft 12, (14 ff.).

[144] Kritisch hierzu Hayen AiB 2017, Nr. 9 (38 f.); Hayen mit gleicher Skepsis zu den Sonderregelungen während der Corona-Pandemie AuR 2020, 249 ff.; zur Möglichkeit einer virtuellen Betriebsratssitzung nach alter Rechtslage Boemke/Roloff/Haase NZA 2021, 827 (827).

[145] BT-Drs. 19/28899, 19 f.; Betriebsversammlungen sind mithin aktuell nicht virtuell möglich, vgl. Maußner, ArbR 2023, 37 ff. (38).

mungen mit anderen Gremien (zB § 182 SGB IX) werden von Anwesenheitszeiten und Erreichbarkeitsfragen beeinflusst.

370 Digitale Betriebsratsarbeit ist in allen Fällen nur dort möglich, wo das Betriebsverfassungsrecht ausdrücklich Regelungen vorhält oder jedenfalls keine **zwingenden formalen Vorgaben** gemacht hat. Rein tatsächlich besteht eine große Abhängigkeit des Digitalen von **technischen Gegebenheiten** im Betrieb.

### a) Allgemeiner rechtlicher Rahmen

371 Interessenvertretungen haben gewichtige Entscheidungen für den Betrieb, die dort tätigen Personen und mit dem Arbeitgeber zu treffen und auch zu verantworten. In sozialen, wirtschaftlichen und personellen Angelegenheiten bestehen teilweise starke Mitbestimmungsrechte, die bis zu Initiativrechten reichen können und die als Betriebsvereinbarung gemäß § 77 Abs. 4 BetrVG wie Gesetze wirken. Vor diesem Hintergrund ist es nachvollziehbar, dass der Gesetzgeber (neben den Regeln zur Wahl eines Betriebsrates) an diese Rechte angepasste Verfahrensregularien installiert hat. Diese gewährleisten eine rechtmäßige Entstehung von Beschlüssen und tragen so zu **Rechtssicherheit** bei bzw. schaffen Vertrauen und **Akzeptanz** in Handeln und Entscheidungen des Betriebsrats. Vor diesem Hintergrund ist es verständlich und zudem rechtlich geboten, dass das BetrVG in seinem Dritten Abschnitt die Formalia tiefgreifend regelt. Dies erfasst nunmehr auch Sitzungen und Beschlussfassungen in **digitalen Formaten,** für die aus den vorgenannten Gründen einer Legitimation **weitere** bindende spezifische **Voraussetzungen** hinzukommen (§ 30 Abs. 2 Nr. 1–3 BetrVG). Bei den Regelungen zur Beschlussfassung handelt sich um **zwingendes Recht.**[146]

372 Zutreffend wird in den **Betriebsratssitzungen** der Kern der Betriebsratsarbeit gesehen. In diesen fließen Informationen zusammen, werden Diskussionen geführt, durchaus auch Strategien für den Betrieb entwickelt, (Monats-)Gespräche mit dem Arbeitgeber (§ 74 Abs. 2 BetrVG) vorbereitet und Beschlüsse gefasst. Auch wenn das BetrVG keine Vorgaben macht, sind regelmäßige Sitzungen mehrmals im Monat angezeigt. Deren Konzeption liegt in der Hand des/der Vorsitzenden (§ 29 Abs. 2 und 3 BetrVG) und dem Betriebsrat als Kollegialorgan. Details und Termine können in einer **Geschäftsordnung** festgelegt sein, die sich ein Betriebsrat geben soll (§ 36 BetrVG). Die Sitzungen finden in der Regel während der Arbeitszeit statt, weswegen der Arbeitgeber vorab über diese zu informieren ist (§ 30 Abs. 1 S. 3 BetrVG). Auch wenn die Betriebsratstätigkeit Ehrenamt ist, ist die Teilnahme an Sitzungen als vergütete Arbeitszeit zu sehen (§ 37 Abs. 2 BetrVG). Die Kosten der Betriebsratsarbeit trägt der Arbeitgeber, für die Sitzungen hat er Infrastruktur zur Verfügung zu stellen, § 40 Abs. 1 und 2 BetrVG. Hinsichtlich der Anwesenheit an Betriebsratssitzungen ist zu unterscheiden zwischen den „geborenen" Mitgliedern wie den gewählten Betriebsratsmitgliedern, der Schwerbehindertenvertretung (§ 32 BetrVG) und die JAV (§ 67 BetrVG) und den ausdrücklich geladenen Gästen wie Gewerkschaftssekretäre (§ 31 BetrVG) oder Sachverständige. Für alle gilt die **Nicht-Öffentlichkeit** der Sitzung

[146] ErfK/Koch BetrVG § 33 Rn. 1.

(§ 30 Abs. 1 S. 4 BetrVG) sowie Geheimhaltungspflichten (§§ 79, 80 Abs. 4 BetrVG). Und: die Grundkonzeption des Gesetzes ist die **Präsenzsitzung** (§ 30 Abs. 1 S. 5 BetrVG).

### b) Neue Herausforderungen in der Betriebsratsarbeit

373 Die Corona-Pandemie der Jahre 2020 bis 2022 wandelt sich gegenwärtig in eine endemische Situation.[147] Mit Lockout-Zeiten ist daher wohl nicht mehr zu rechnen. Diese Begründung würde mithin eine Regelung wie § 30 Abs. 2 BetrVG kaum noch tragen, zumal die früheren, auch heute noch geltenden Gründe für eine Präsenzsitzung als zu bevorzugendes Format (→ Rn. 376) wieder voll aufleben. Für § 30 Abs. 2 BetrVG streitet daher eine andere Entwicklung, die es bereits vor Corona gab, durch die Pandemie aber stark beschleunigt wurde: der Wunsch nach einer größeren **Arbeitsort-Flexibilität** bei Arbeitnehmerinnen und Arbeitnehmern (aus Vereinbarkeitsgründen, work-life-balance, Fahrtkosten- und Fahrzeitersparnis, aus Gründen einer Behinderung etc.) und bei Arbeitgebern aus Einspargesichtspunkten, wenn die Arbeitsleistung nicht alleine im Betrieb stattfindet (Mietzahlungen, Energiekosten, Device-Kosten), sowie aus strukturellen Überlegungen, wenn Arbeitsaufträge mehr in „Paketen" vergeben werden oder stärker in Projekten ablaufen.[148] Mobile Arbeit trifft insofern in Teilen auf das Phänomen der Agilen Arbeit.[149] Mögen mithin die Hintergründe auch arbeitssoziologisch verschieden sein[150], die Nachfrage nach **mobiler Arbeit** bzw. **Home-Office** ist stark gewachsen. Nicht wenige Betriebsvereinbarungen enthalten Regeln hierzu und stellen Anspruchsgrundlagen zur Verfügung. Hinzu kommen die **Branchen,** in denen mobile Arbeit Gegenstand der Tätigkeit ist zB in verzweigten Produktions- oder Dienstleistungsabläufen verbunden mit Reisezeiten oder in denen unternehmensübergreifende Arbeiten in Konzernstrukturen anfallen und sich hierfür Beschäftigte verschiedener „Einheiten" (ggf. Matrix) zusammenschließen und dabei durch virtuelle Möglichkeiten Reisezeiten gerade vermeiden wollen. Andererseits gibt es Branchen, in denen mobiles Arbeiten kaum möglich ist. **Dienste am Menschen** gehören hierzu (insbesondere Pflege und Erziehung/Bildung), aber auch Dienstleistungen im Bereich der **Daseinsvorsorge** (Müllentsorgung, Wasserversorgung oder auch Wachdienste). Schließlich ist ein Trend wahrnehmbar, der geradezu gegenläufig zu den pandemiebedingten Beschränkungen in dem Wunsch nach einem **Arbeiten** im Betrieb und **in der Betriebsgemeinschaft** besteht. Betriebsräte und auch **Gewerkschaften** sind im Übrigen auf diese Betriebs-

[147] So die Einschätzung des Vorsitzenden der Ständigen Impfkommission „Stiko" Thomas Mertens, zitiert nach Tagesschau vom 28.10.2022.

[148] Vgl. als Beispiele die Studien des Bayerischen Forschungsinstituts für digitale Transformation mit den mittlerweile acht Befragungen zu Home-Office. Aktuell: Digitalisierung und Corona – Home-Office im Oktober 2022, www.bidt.digital/publikation/digitalisierung-durch-corona-Home-Office-im-oktober-2022/ (abgerufen am 3.1.2023). Nach dieser Befragung gaben zB ca. 50% an, dass finanzielle Erwägungen eine Rolle für Home-Office spielen, 52% sehen in Home-Office ein Instrument zur verbesserten Vereinbarkeit von Familie und Beruf, bei den 35–54jährigen steigt der Anteil auf 60%; vgl. auch Schrader/Kirschner AiB 2023, 27ff. (27).

[149] Hierzu Krause, Agile Arbeit und Betriebsverfassung, Gutachten HSI-Schriftenreihe Band 37, 2021; Günther/Böglmüller/Mesina NZA 2020, 77 (80).

[150] Vgl. die zahlreichen soziologischen Untersuchungen zu mobiler Arbeit und Home-Office des gesis unter www.gesis.org.

gemeinschaft und deren Erreichbarkeit/Ansprechbarkeit elementar angewiesen.[151] Bestimmte Anforderungen (vgl. §§ 75, 80 BetrVG) sind in einem mobilen Arbeitsprozess nur erschwert überwachbar.

374 Diese Entwicklung **„schwappt“** auch auf die eigentliche Betriebsratsarbeit **über.** Diese wird automatisch virtueller, weil Beschäftigte sich schlicht nicht durchweg im Betrieb aufhalten, eine persönliche Erreichbarkeit somit nicht gewährleistet werden kann. Darüber hinaus wollen auch Mitglieder des Betriebsrats selbst die Möglichkeiten mobiler Arbeit nutzen (zB im Home-Office während ihrer allgemeinen Diensttätigkeit). Dies hat allerdings Voraussetzungen (→ Rn. 387).

### c) Chancen und konzeptionelle Grenzen digitaler Betriebsratsarbeit

375 Virtuelle Betriebsratssitzungen können Verfahren **beschleunigen,** weil Ausfall- oder Verzögerungszeiten vermieden werden. Das Ansteuern und Erreichen der einzelnen Mitglieder wird **erleichtert,** bestehende Teams bleiben erhalten – während andernfalls ggf. Ersatzmitglieder hinzustoßen und zunächst in eine Thematik einzuführen sind. Denkbar ist es auch, dass sich Betriebsangehörige virtuell zuschalten lassen, um eine Beschwerde gegen den Arbeitgeber beim Betriebsrat zu adressieren (§§ 85 Abs. 1 iVm § 84 Abs. 1 BetrVG), was auch bestehende (tatsächliche oder empfundene) Hindernisse überwinden lässt. Auch **Sachverständige** sind möglicherweise digital schneller verfügbar. Gleiches gilt für den innerbetrieblichen Sachkundigen. Kostenersparnisse und Nachhaltigkeitserwägungen kommen (wenn auch nicht allein tragend) hinzu. Andererseits sind digitale Formate immer herausfordernd was **Vertraulichkeitsaspekte** angeht. Datenschutz und Geheimhaltungspflichten sind auch virtuell zu beachten. Ein direkt betriebsverfassungsrechtlicher Effekt besteht zudem: Im Rahmen von virtuellen Sitzungen dürften häufiger auch solche Betriebsratsmitglieder teilnehmen, die sonst wegen Reisetätigkeit oder anderer Gründe[152] an einer Präsenzsitzung nicht teilgenommen hätten. Als Folge kommt es zu einem selteneren Einsatz von **Ersatzmitgliedern** (§ 25 Abs. 1 S. 2 BetrVG), denen entsprechend nicht der Zugang zum Kündigungsschutz nach § 15 KSchG gelingt.[153] Liegt jedoch eine Verhinderung vor (zB Krankheit), gelten für das Ersatzmitglied alle Regelungen wie für das Vollmitglied, also zB auch die zur virtuellen Teilnahme an Betriebsratssitzungen. Voraussetzung digitaler Betriebsratsarbeit ist im Übrigen eine Zurverfügungstellung entsprechender **Programme, Schulungen** für diese sowie eine angemessen leistungsstarke mobile **Hardware.** Entstehen muss ein selbstverständlicher Umgang mit Konferenzsystemen, um sich auch im virtuellen Rahmen frei, offen und sachlich-seriös austauschen zu können (zur praktischen Anwendung → Rn. 377).

376 Virtueller Betriebsratsarbeit sind allerdings tatsächliche und rechtliche Grenzen gesetzt. Der Vorgabe in § 30 Abs. 1 S. 5 BetrVG für die Betriebsratssitzung („Sie finden als Präsenzsitzung statt.“) liegen Überlegungen zugrunde, wie eine gute und sachgerechte Kommunikation unter Menschen in der Regel abläuft. Für eine solche sind verbale, aber auch non-verbale Eindrücke wichtig. **Körpersprache, Mimik und**

---

[151] Vgl. zu digitalen Zugängen der Gewerkschaften Meyer NZA 2022, 1567ff.
[152] Vgl. die Beispiele ErfK/Koch BetrVG § 25 Rn. 4.
[153] Hierzu ErfK/Kiel KSchG § 15 Rn. 13f.

**Gestik,** Bewegungen eines Menschen überhaupt, sind ganzheitlich nur bei Anwesenheit wahrnehmbar.[154] Dies gilt auch für besondere Formen verbaler Kommunikation wie Ironie oder Sarkasmus, bei denen die Körpersprache einer gesprochenen Aussage trotz der gewählten Worte einen völlig anderen Inhalt geben kann. All dies ist in virtuellen Formaten nur eingeschränkt erlebbar. Und diese Begrenztheit kann in gewissem Maße Einfluss auf Ergebnisse (Beschlüsse) haben, wenn in der virtuellen Konstellation nicht alle Facetten einer Thematik in der gebotenen Tiefe und mit notwendigen Zwischentönen behandelt werden konnte. Deshalb „vertraut" der Gesetzgeber für den Regelfall mehr der Präsenzsitzung und unterwirft die Ausnahme besonderen Voraussetzungen (§ 30 Abs. 2 Nr. 1–3 BetrVG). Von jener erwartet sie ohne Weiteres angemessene Entscheidungen. In den Gesetzesmaterialien findet sich zudem als weiterer Aspekt, dass vor oder bei Präsenzsitzungen besser als in virtuellen Formaten **vertrauliche Einzelgespräche** geführt werden können.[155] Solche können für die Meinungsbildung wichtig sein zB, wenn Gremien groß oder in diesen verschiedene „Listen" vertreten sind oder bei solchen Gremien, die verschiedene betriebliche Einheiten erfassen wie Gesamt- oder Konzernbetriebsrat. Ein Unterschied kann auch zwischen teil-virtueller und vollständig virtueller Sitzung gemacht werden. Jener könnte man eine größere Nähe zum gesetzlichen Idealfall zubilligen und eine Stützung des Demokratieprinzips, da durch die technischen Möglichkeiten genau die von der Belegschaft gewählten Personen agieren.[156] Je nach Geschick des Vorsitzenden können sich anwesende und virtuell zugeschaltete Mitglieder wechselseitig zu einem regen Austausch anregen. Auch kann den per Videokonferenz zugeschalteten Mitgliedern ggf. häufiger **das Wort erteilt** werden.[157] Die Geschäftsordnung ist in der Lage, solche Punkte transparent zu regeln (→ Rn. 397).

### d) Exkurs: Praktische Anwendung

377 Seit der Corona-Pandemie haben sich die Möglichkeiten für **Videokonferenzen** stark verbessert. Systeme wie Zoom, Teams, Webex, Skype und weitere, teilweise unternehmensspezifische, bieten (losgelöst von datenschutzrechtlichen Fragen) ein breites Angebot an Konferenzformaten und Funktionen in diesen. Auch open-source-systeme wie Big Blue Button werden (ua von Hochschulen) genutzt. Dabei sind für die hier behandelte Thematik Vor- und Nachteile der technischen Möglichkeiten und ihrer Sitzungswirkung klar zu benennen.

378 Viele Systeme erlauben eine gute Diskussion auch über schwierige Thematiken, auch wenn man sich durch das eine Programm eher angesprochen fühlen mag als durch ein anderes. Meldezeichen (Hand heben), Zustimmungs- oder Ablehnungs-Emojis und insbesondere die **Chatfunktion** gewährleisten einen Austausch. So rege, lebendig und spontan wie eine Präsenzsitzung wird es selten gelingen, auch ist eine höhere Sitzungsdisziplin einzuhalten, ein Verlust an Inhalten ist dagegen nicht automatisch zu befürchten. Weiter ist es denkbar, sich – vergleichbar der Bildung von

[154] Vgl. auch MHdB ArbR/Krois § 294 Rn. 63b; GK-BetrVG/Raab § 30 Rn. 38.
[155] BR-Drs. 271/21, 16.
[156] Boemke/Roloff/Haase NZA 2021, 827 (830).
[157] Boemke/Roloff/Haase NZA 2021, 827 (830).

Untergruppen – in sog. **Breakout-Räumen** in kleinerer Besetzung Themen zu widmen und für die gesamte Gruppe vorzubereiten. Diese können auch für die Beteiligung von Sachverständigen genutzt werden. Mit der **Whiteboard-Funktion** können Ergebnisse und Diskussionsverläufe gut gesammelt und sogleich nach der Sitzung allen übermittelt werden (neben dem Protokoll). Gleiches gilt für Präsentationen zB der im Betrieb vertretenen Gewerkschaft. Insgesamt können Texte oder Graphiken vorab versandt, aber auch wie eine Tischvorlage in der Sitzung **„hochgeladen"** werden. Auf den sogenannten Kacheln sieht man das Gesicht und Teile des Oberkörpers. **Gestik und Mimik** der Teilnehmenden nimmt man in diesem Ausschnitt wahr. In einigen Programmen kann man den jeweilig Sprechenden groß stellen (gesamter Bildschirm), dann kann noch mehr von der Person gesehen werden. Die Präsenzsitzung ist hier gleichwohl immer noch überlegen, zumal eingefügte virtuelle Hintergründe ablenkend wirken können. Losgelöst von nicht selten vorkommenden technischen Problemen, bei denen der Veranstalter bittet, die Videofunktion anzuschalten, um Netzkapazitäten zu sparen[158] (s. zum Einfluss auf Beschlüsse → Rn. 415 ff.) oder von der Nutzung von **Raumkameras** (zB Meeting-Owl), bei denen man zwar alle Anwesende sieht, aber nicht selten nur perspektivisch verzerrt (überdies schwenkt die sog. Eule jeweils zur sprechenden Person, sodass dann auch die Raumsicht faktisch überlagert wird), ist die gesamte Ansicht eines Menschen mit seinem gesamten Verhalten (quasi dreidimensional) schon ein anderes Erleben. **Virtuelle Warteräume** erlauben den Zugang zur Videokonferenz, umgekehrt kann der **„Host"** stummschalten und aus der Konferenz ausschließen. Schwächer sind Systeme, in denen man sich zwar ebenfalls sieht, aber zB nur auf dem mobilen Telefon (Handy) mit Mini-Personenansichten. *Whatsapp* kennt solche Funktionen beispielsweise. Hier können Gestik und Mimik gar nicht erfasst werden. Schließlich nennt das Gesetz noch **Telefonkonferenzen,** bei denen nur die Stimme Basis der Kommunikation ist (s. zur Berücksichtigung dieser Defizite in der GO → Fn. 218). Auch kann nur nacheinander und über Worterteilung durch einen Moderator gesprochen werden. Technisch anspruchsvoller ist die Gewährleistung einer **geheimen Abstimmung,** wenn eine solche beispielsweise von einem Betriebsratsmitglied verlangt wird. Insbesondere hybride Sitzungen sind diesbezüglich schwierig zu organisieren. Jedenfalls bedarf es hier einer **speziellen Software** mit entsprechenden Verschlüsselungstechniken, die einerseits die Abstimmungsberechtigung feststellen kann und andererseits verhindert, dass sich die Abstimmungsäußerung auf eine Person zurückführen lässt.[159] Dies spricht übrigens nicht nur den Vorsitzenden an, sondern auch Administratoren im Betrieb, die ganz grundsätzlich Zugänge haben dürften.[160] Bei Telefonkonferenzen ist dies alles ungleich problematischer und lässt diese regelmäßig unpraktikabel erscheinen. Schließlich ist auch die Entwicklung der **Hardware** stark in der Pandemiezeit beschleunigt worden. Laptops oder Pads, Kameras, Headsets und Mikrofone werden immer besser und leistungsstär-

---

[158] DKW/Wedde § 30 Rn. 21.

[159] Zu diesem Problem ErfK/Koch BetrVG § 30 Rn. 4 und Boemke/Roloff/Haase NZA 2021, 827 (832). Software-Anbieter für das geschilderte Problem soll es mittlerweile geben. In Sozialverbänden und Gewerkschaften für zB das Tool *OpenSlides* genutzt. Von Parteien weiß man, dass sie *POLYAS* verwendet haben. Bekannt sind auch Tools wie PollUnit und Xoyondo. Schließlich sind lokale Programmierungslösungen denkbar und – bei gleicher Wirksamkeit – rechtlich zulässig.

[160] DKW/Wedde § 30 Rn. 49.

ker und ermöglichen so einen verbesserten Ablauf in der Kommunikation. Neuerungen hier lösen Fragen zur angemessenen Ausstattung und damit zum streitträchtigen Bereich der Kosten (§ 40 BetrVG) aus (→ Rn. 449).

### e) Begrifflichkeiten

379 Der Gesetzgeber verwendet an verschiedenen Stellen unterschiedliche Begriffe für eine Sitzung unter Nichtanwesenden, die er wohl synonym und technikneutral[161] verstanden wissen will. § 41a EBRG stellt auf die Instrumente ab, wenn es in Absatz 2 heißt: „mittels neuer Informations- und Kommunikationstechnologien", § 38 Abs. 3 BPersVG beschreibt das Format der Sitzung („mittels Video- oder Telefonkonferenz"), in § 39 Abs. 4 BPersVG wird vom „elektronischen Verfahren" gesprochen, und in § 30 BetrVG wird ebenfalls das Format Video- und Telefonkonferenz angesprochen, was in den Gesetzesmaterialien als **virtuelle Sitzungsformate** beschrieben wird.[162] § 129 BetrVG verwendet schließlich die Formulierung „mittels audiovisueller Einrichtungen", womit jedenfalls Telefonkonferenzen und ähnliche rein akustische Verfahren ausgeschlossen sind.

380 Werden die Begriffe auch randomisiert genutzt, zeigt sich in ihnen doch ein gewisses **Mindestniveau:** Ein verzögerter und damit teilstatischer Austausch ohne Chance auf einen adäquaten Meinungsbildungsprozess zB ausschließlich in einem Chatroom dürfte die Vorgaben nicht erfüllen.[163] **Virtuell** steht in Abgrenzung zur Präsenzsitzung, die – wie erwähnt – nach § 30 Abs. 1 S. 5 BetrVG der Regelfall der Betriebsratssitzung ist. Eine Präsenzsitzung liegt vor, wenn **alle** Betriebsratsmitglieder (ggf. Ersatzmitglieder) anwesend sind. Ist auch **nur eine Person** zugeschaltet, handelt es sich zunächst (umgangssprachlich) um eine hybride Sitzung oder teil-virtuelle Sitzung, für das Betriebsverfassungsrecht aber ist diese Sitzung bereits **in Gänze** eine virtuelle Sitzung.[164] Teil-virtuell kennt das Gesetz lediglich dort, wo es anerkennt, dass sich die anwesenden Betriebsratsmitglieder (im Sitzungsraum des Betriebsrats) einer im Übrigen hybriden Sitzung auf eine erforderliche Teilnahme **vor Ort** berufen können (§§ 30 Abs. 3, 40 BetrVG).[165] Jedenfalls bedarf es auch schon für geringe Abweichungen von dem gesetzlichen Regelmodell in einer Geschäftsordnung (→ Rn. 397) aufgenommene Gründe und Regularien. Zudem zählen zu den Sitzungen des Betriebsrats auch die **Ausschusssitzungen,** sodass virtuelle Ausschusssitzungen mit „auf die Liste" kommen und das Regel-Ausnahme-Verhältnis von Präsenzsitzung und virtuelle Sitzung beeinflussen (der Spielraum für virtuelle Formate wird mithin enger).[166]

---

[161] DKW/Wedde § 30 Rn. 29: „Soft- und Hardwareanwendungen, mittels derer Sitzungsteilnehmer in digitaler Form oder unter Nutzung elektronischer Hilfsmittel gemeinsam kommunizieren können.".
[162] BR-Drs. 271/21, 2.
[163] Für das BPersVG Beck OK BPersVG/Hedermann § 38 Rn. 40.
[164] BT-Drs 17/28899, 19; Bachner NZA 2022, 1024 (1024); Schrader/Kirschner AiB 2023, 27 ff. (28).
[165] BT-Drs. 19/28899, 20. § 30 Abs. 3 BetrVG gilt mithin nicht für rein virtuelle Sitzungen, vgl. in dieser Richtung Schiefer/Worzalla NZA 2021, 817 (820).
[166] Bachner NZA 2022, 1024 (1024); dieses Problem wegen der geringeren Bedeutung der Ausschüsse weniger gravierend bewertend, GK-BetrVG/Raab § 30 Rn. 45.

## 2. Wesentliche Vorfragen

### a) Wirksamkeit von Beschlüssen

381 Für die Möglichkeit der Abweichung von der Präsenzsitzung sind Festlegungen in einer **Geschäftsordnung** des Betriebsrates erforderlich (§§ 30 Abs. 2 Nr. 1, 36 BetrVG, → Rn. 397). Vor der Klammer ist daher als **erste Vorfrage zu betrachten,** welchen Einfluss es auf Beschlüsse des Betriebsrats hat, wenn die Regelung in der Geschäftsordnung fehlerhaft ist und deshalb der Vorrang der Präsenzsitzung nicht aufgehoben werden konnte.

382 Ganz allgemein ist umstritten, ob eine Verletzung der Geschäftsordnung sogleich zur Unwirksamkeit von Beschlüssen führt. Unterschieden wird hier allgemein zwischen **Ordnungs- und (wesentlichen) Verfahrensvorschriften.**[167] Jedenfalls für den hier untersuchten Bereich wird breit eine Unwirksamkeit von Beschlüssen dann angenommen, wenn sie unter Verstoß des § 30 Abs. 2 Nr. 1 BetrVG ergangen sind.[168] Bei der Abweichung vom gesetzlichen Regelfall (§ 30 Abs. 1 S. 5 BetrVG) handelt es sich nämlich in aller Regel um eine eben solche **wesentliche Verfahrensvorschrift.** Der Gesetzgeber knüpft in besonderer Weise an ein an sich internes Instrument an und macht dieses zur Voraussetzung für die Abweichung, gibt sogar Inhalte vor und verbindet es mit Rechtsfolgen. Insgesamt hat der Gesetzgeber deutlich gemacht, dass ohne Vorhandensein oder ohne korrekte Anwendung der Geschäftsordnungsvorschriften nur die Präsenzsitzung in der Lage ist, zu Beschlüssen zu führen, denen eine Legitimation zukommt.[169] Dahinter steht die Sicherstellung des auch im Betriebsverfassungsrecht geltenden Demokratiegrundsatzes. **Unwirksam** sind daher Beschlüsse einer virtuellen Sitzung, wenn

- es überhaupt an einer Geschäftsordnungsregelung fehlt[170] oder
- wenn diese nicht in zulässiger Weise den Vorrang der Präsenzsitzung festlegt oder
- diese keine nachvollziehbaren Gründe und Anwendungsfälle für eine virtuelle Sitzung vorgegeben hat oder
- wenn die Vorgaben der an sich zulässigen Regelung im konkreten Fall nicht eingehalten wurden.[171]

---

[167] Keinen Automatismus sieht ErfK/Koch BetrVG § 36 Rn. 1; nur eine betriebsratsinterne Regelung ohne Außenwirkung sieht allgemein Hako-BetrVG/Wolmerath § 36 Rn. 7 in einer Geschäftsordnung; anders für wesentliche Verfahrensvorschriften LAG Hessen 25.3.2004, 9 TaBV 117/03, BeckRS 2004, 30940706.

[168] Boemke/Roloff/Haase NZA 2021, 827 (833); Fitting § 30 Rn. 29, aA Bachner NZA 2022, 1024 (1026) mit Hinweis auf die Mängel der Gesetzesformulierung, dem Interesse der Rechtsordnung an Rechtssicherheit und einer anderen (geringeren) Bewertung des Vorrangs der Präsenzsitzung. Allein aus dieser Vorgabe ergäbe sich die Nichtigkeitsfolge nicht. Im Ergebnis wie Bachner aber wenig differenzierend MHdB ArbR/Krois § 294 Rn. 63j.

[169] Boemke/Roloff/Haase NZA 2021, 827 (833). Nach Luhmann: „Legitimation durch Verfahren“.

[170] GK-BetrVG/Raab § 30 Rn. 74. Sonst hat der Nichterlass einer Geschäftsordnung diese Wirkung nicht, vgl. ErfK/Koch BetrVG § 36 Rn. 1.

[171] Fitting BetrVG § 30 Rn. 29. Missverständlich dagegen ErfK/Koch BetrVG § 30 Rn. 3, der auf die Möglichkeit des (nachträglichen?) Widerspruchs verweist. Dann hinge die Wirksamkeit eines Beschlusses vom Erreichen des Quorums ab. GK-BetrVG/Raab § 30 Rn. 75 unterscheidet weiter und sieht in einem beanstandungsfreien Verhandeln die Rechtfertigung dafür, auch bei geschäftsordnungswidriger Videokonferenz Beschlüsse gelten zu lassen. Dabei wird übersehen, dass die Regelungen der Geschäftsordnung nicht nur Rechte und Interessen der einzelnen Betriebsratsmitglieder im Blick haben, sondern übergeordnet das Ziel verfolgen, „legitime“ Beschlüsse entstehen zu lassen. Daran fehlt es, wenn zulässige Geschäftsordnungsvorgaben (die den Vorrang der Präsenzsitzung absichern sollen) nicht beachtet werden.

383 Bei **Überschreitung** eines Geschäftsordnungs-Schwellenwertes für Präsenz- oder umgekehrt virtuelle Sitzungen können auf der entsprechenden Sitzung, die die Überschreitung verwirklicht, keine wirksamen Beschlüsse gefasst werden, denn die Schwellenwerte sind quasi der Beleg für den von der Geschäftsordnung gewählten Weg, den Vorrang der Präsenzsitzung abzusichern. Fehlt es an einem Schwellenwert, muss die Geschäftsordnung danach bewertet werden, ob sie mit anderen Instrumenten den Vorrang der Präsenzsitzung absichern konnte. Gelingt dies dem Grunde nach und ergibt sich dann im Nachhinein, dass ein Überwiegen der Präsenzsitzung nicht erfolgt ist, sind zumindest die Beschlüsse auf den virtuellen Sitzungen in Gefahr, die die Präsenzsitzung in den Hintergrund haben treten lassen (insbesondere bezogen auf die zweite Jahreshälfte). Einem solchen Risiko sollte man sich nicht aussetzen, zumal die Gesetzesmaterialien gerade Schwellenwerte vorschlagen.[172]

384 Die Unwirksamkeitsfolge sichert dabei den Vorrang der Präsenzsitzung ab. Andernfalls blieben virtuelle Sitzungen selbst in großer Zahl sanktionslos und der Vorrang wäre nicht geschützt. Mag im Übrigen eine andere Ansicht auch vertretbar sein, so empfiehlt es sich **für die Praxis** von einer Unwirksamkeit auszugehen, denn die Unsicherheit bis zu einer höchstrichterlichen Klärung über die Wirksamkeit von Beschlüssen (ist die Anwesenheitsfiktion des § 33 Abs. 1 S. 2 BetrVG ausgelöst worden?) kann von dieser vernünftigerweise nicht getragen werden.[173]

385 Eine Präsenzsitzung, die **anstelle** einer angedachten und zulässigen virtuellen Sitzung durchgeführt wird, ist an sich unschädlich für die gefassten Beschlüsse. Hier wirkt die Abweichung von der Geschäftsordnung nicht, da der gesetzliche und bevorzugte Regelfall zur Anwendung gelangt.[174] Die einwendungsfreie Teilnahme macht die Präsenzsitzung zu einer ordnungsgemäßen. **Unwirksam** sind in diesen Konstellationen dann aber allerdings Beschlüsse auf Sitzungen, bei denen das Recht auf virtuelle Teilnahme vom Vorsitzenden missachtet wurde bzw. ein Ersatzmitglied nicht hätte eingesetzt werden dürfen (kein Fall des § 25 Abs. 1 S. 2 BetrVG).[175] Diese Ansicht lässt sich rechtfertigen, wenn man zum einen versteht, dass die „Standardbesetzung" des Betriebsrats diejenige ist, der die höchste Legitimation zukommt, wenn kein Verhinderungsgrund beim Betriebsratsmitglied als Ausnahmeschwelle vorliegt und zum anderen die gesetzgeberische Wertung sieht, dass bei Vorliegen einer (nicht leicht zu erreichenden) zulässigen Geschäftsordnung eben doch eine Gleichwertigkeit zur Präsenzsitzung besteht.

386 Unabhängig von der Frage der Wirksamkeit der Beschlüsse haben die Betriebsratsmitglieder auch bei im Nachhinein als fehlerhaft zu bewertender Sitzung grundsätzlich die **Ansprüche** aus § 37 Abs. 2 und 3 BetrVG.[176]

[172] BT-Drs. 17/28899, 19; aA DKW/Wedde § 30 Rn. 22.
[173] Ähnlich im Ergebnis Bachner NZA 2022, 1024 (1026).
[174] Boemke/Roloff/Haase NZA 2021, 827 (833).
[175] Boemke/Roloff/Haase NZA 2021, 827 (833).
[176] BAG 16.1.2008 – 7 ABR 71/06, NZA 2008, 546 (fehlerhafte Terminierung); MHdB ArbR//Krois § 294 Rn. 63j.

### b) Ort der Betriebsratsleistung

387 Die **zweite Leitplanke** betrifft den **Ort der Betriebsratstätigkeit** oder anders herum, ob mobiles Arbeiten für Betriebsräte überhaupt möglich ist. Entsprechende Vorgaben könnten sich insgesamt als hemmend auf eine virtuelle Betriebsratsarbeit auswirken.

388 Unbeeinflusst von den Erfahrungen der Pandemie lässt sich umfangreich („ältere“) Rechtsprechung finden, die klarstellt, dass **Betriebsratstätigkeit im Betrieb stattzufinden** hat. Deutlich wird dies bei Freistellung, die nicht etwa bedeutet, dass es eine Anwesenheitspflicht im Betrieb nicht mehr gäbe.[177] Die Freistellung bezieht sich nämlich allein auf die Arbeitspflichten.[178] Sogar (freigestellte) vorherige Außendienstmitarbeiter haben als **Leistungsort** den **Sitz des Betriebsrates.**[179] Es geht hier um **Erreichbarkeit** für die Beschäftigten und den Arbeitgeber sowie um Effizienzfragen, da eine Freistellung gerade nicht dazu führen darf, dass vermehrt nicht-freigestellte Betriebsratsmitglieder vor Ort eingesetzt werden müssen, die dann nicht mehr für ihre Arbeit zur Verfügung stehen, nur weil das freigestellte Mitglied sich nicht im Betrieb aufhält. Freigestellte Betriebsratsmitglieder haben sich mithin beim Arbeitgeber grundsätzlich abzumelden, wenn sie den Betrieb in der Dienstzeit verlassen.[180] Eine Ausnahme (inzident) anerkennen könnte § 30 Abs. 2 BetrVG, der allerdings nur die Sitzung im Blick hat (bei der das Mitglied ohnehin nicht für Betriebsangehörige erreichbar sein muss), nicht aber für die gesamte Betriebsratstätigkeit herangezogen werden kann.[181] Es ist daher zu differenzieren. Mobile Arbeit von (freigestellten) Betriebsräten ist zunächst gesichert in **zwei Fällen** möglich:

- die Betriebsratsarbeit macht ein mobiles Arbeiten erforderlich (zB bei mehreren Betriebsstandorten)[182] oder
- es herrschen unzumutbare Tätigkeitsbedingungen im Betrieb (während Corona-Lock Down oder nach Brand/Wassereinbruch/Hagelschäden etc.).[183]

389 Darüber hinaus wird in der Literatur mit Bezug auf die erwähnte Rechtsprechung ein strenger Maßstab vertreten, trotz (wegen) § 78 BetrVG.[184] Dies dürfte zu weit gehen. Zwar lässt sich die Anerkennung einer weiten Möglichkeit zur mobilen Arbeit von Betriebsratsmitgliedern wohl nicht mit einer zu unterstützenden Attraktivität des Amtes begründen[185], auch wenn sich aus § 1 BetrVG durchaus eine staatliche Förderungspflicht lesen ließe, vielmehr sind es **Verhältnismäßigkeitserwägungen,** die tragend sind. Maßstab für die Betriebsratstätigkeit ist die **ordnungsgemäße Aufgabenerledigung,** die sogar der Freigestellte im Rahmen der gesetzlichen Vorgaben nach seinem Ermessen gestalten kann.[186]

---

[177] BAG 31.5.1989 – 7 AZR 277/88, NZA 1990, 313; BAG 24.2.2016 – 7 ABR 20/14, NZA 2016, 831; BAG 25.10.2017 – 7 AZR 731/15, NZA 2018, 538.
[178] ErfK/Koch BetrVG § 38 Rn. 9.
[179] BAG 13.6.2007 – 7 ABR 62/06, NZA 2007, 1301.
[180] BAG 24.2.2016 – 7 ABR 20/14, NZA 2016, 831.
[181] So auch Schönhöft/Oelze NZA 2022, 1441 (1443).
[182] BAG 24.2.2016 – 7 ABR 20/14, NZA 2016, 831 Rn. 14.
[183] Vgl. zu Corona ArbG Köln, 24.3.2021, 18 BVGa 11/21, NZA-RR 2021, 375.
[184] Schönhöft/Oelze NZA 2022, 1441 (1443); aA LAG Hessen 14.3.2022 – 16 TaBV 143/21, NZA-RR 1922, 420.
[185] Diese Rückwirkungen bestehen aber gleichwohl; vgl. ebenso Bachner NZA 2022, 1024 (1025) und 1027; Schönhöft/Oelze NZA 2022, 1441 (1445).
[186] Fitting BetrVG § 38 Rn. 78.

390 Eine wichtige Absicherung für die ordnungsgemäße Aufgabenerfüllung stellt die Anwesenheitspflicht durchaus dar. Diese alleine zu sehen, wäre allerdings überschießend. Die Rechtsprechung zielt darauf ab, erreichbar zu sein und sich für erforderliche Betriebsratsarbeiten zur Verfügung zu stellen. Die seinerzeit ergangene Rechtsprechung (1989[187]) hatte naturgemäß die mittlerweile modernen Kommunikationsmittel noch nicht im Blick. „Erreichbarkeit" und „zur Verfügung stellen" können heute zur ordnungsgemäßen Erfüllung der Pflichten auch durch diese Kommunikationsmittel gewährleistet werden. Sicher sind Anwesenheitspflichten immer noch vorrangig, aber ein nahezu totaler Ausschluss von mobiler Arbeit der Betriebsratsmitglieder entspricht nicht der (verfassungskonformen) Auslegung des Betriebsverfassungsgesetzes.[188] Insbesondere wenn im Betrieb Home-Office-Regelungen für alle bestehen, müssen solche – und wenn auch nur abgespeckt – für Betriebsratsmitglieder zur Verfügung stehen (§ 78 BetrVG), die dann beispielsweise aus dem Home-Office heraus ihre Betriebsratsarbeit digital verrichten können.[189] Denkbar ist zB hierbei, dass anstelle einer zweimaligen Home-Office-Möglichkeit für Betriebsratsmitglieder, wie sie die übrigen Arbeitnehmer nutzen können, diese jedenfalls einmal in der Woche zur Verfügung steht, kombiniert mit der Regelung, dass anstelle einer Präsenzsprechstunde zwei pro Woche vom Betriebsrat angeboten werden. Getragen wird diese Überlegung auch von der Rechtsprechung zur Gleitzeit. Existiert in einem Betrieb eine Regelung hierzu, kann auch das freigestellte Mitglied diese nutzen. Zwar geht es hier um die Arbeitszeiterfassung, dahintersteht aber das Interesse an der Dokumentation und Nutzung der – flexiblen – Arbeitszeit.[190] Dies lässt sich – mindestens in Teilen – auf Betriebsräte und mobile Arbeit übertragen, wenn es hierzu betriebsweite Regelungen gibt.[191]

391 Ob die Freistellung von der Arbeitsleistung wegen der Betriebsratstätigkeit einer Regelung entgegensteht, die sich (nun gerade) auf andere Formen der Arbeitsleistung (bezogen auf den Arbeitsort – Home-Office) beziehen, erscheint doch etwas konstruiert.[192] Die „Arbeit" der Betriebsratsmitglieder ist die Betriebsratstätigkeit, die – auch aus Demokratieerwägungen heraus – wichtig für den Betrieb ist und deshalb, trotz Ehrenamt vergütet wird (Arbeitsvertrag iVm § 611a BGB und § 37 Abs. 2, 3 BetrVG). Das BAG spricht nicht umsonst vom „Leistungsort". Es kann daher auch bei (freigestellten) Betriebsratsmitgliedern mobile Arbeit geben, wenn auch möglicherweise nicht im gleichen Umfang wie für die übrige Belegschaft.[193] Auch können in einer Betriebsvereinbarung zur mobilen Arbeit aller Beschäftigter in Einzelvorschriften *Besonderheiten für (freigestellte) Betriebsräte* aufgenommen werden, wobei die

[187] BAG 31.5.1989 – 7 AZR 277/88, NZA 1990, 313.

[188] Dem Verfasser sind aus der Praxis nicht wenige Beispiele mit Home-Office-Regelungen für freigestellte Betriebsratsmitglieder berichtet worden.

[189] AA Schönhöft/Oelze NZA 2022, 1441 (1444).

[190] BAG 28.9.2016 – 7 AZR 248/14, NZA 2017, 335; ErfK/Koch BetrVG § 38 Rn. 9.

[191] Betriebsvereinbarungen gelten auch für Betriebsratsmitglieder, BAG 10.7.2013 – 7 ABR 22/12, NZA 2013, 1221; BAG 28.9.2016 – 7 AZR 248/14, NZA 2017, 335.

[192] So aber Schönhöft/Oelze NZA 2022, 1441 (1444).

[193] Dies wird jedenfalls auch von Schönhöft/Oelze NZA 2022, 1441 (1444) nicht gänzlich ausgeschlossen. Mobile Arbeit von Betriebsratsmitgliedern voraussetzend Boemke/Roloff/Haase NZA 2021, 827 (833); hierfür gilt auch LAG Köln 24.6.2022 – 9 TaBV 52/21, BeckRS 2022, 35627.

scharfen Grenzen „Verbot der Begünstigung" und „ordnungsgemäße Aufgabenerledigung"[194] zu beachten sind.[195]

392 Aus einer so geregelten mobilen Arbeit können dann passende Betriebsratsangebote erfolgen (→ Rn. 440). Dies dürfte auch den Erforderlichkeiten in Betrieben mit „New Work" entsprechen. Für Mitarbeiter im Home-Office ist es für einen Kontakt mit dem Betriebsrat völlig unbeachtlich, von welchem Ort aus eine Erreichbarkeit mit dem Betriebsrat ermöglicht wird (soweit nur Vertraulichkeit gewährleistet wird). Eine Grenze besteht freilich dann, wenn im Betrieb geeignete Kommunikationsmittel und entsprechende Software fehlen. Die **technische Absicherung** der Betriebsratsarbeit aus mobiler Arbeit heraus muss mithin gesichert sein.[196] Die Möglichkeit zur mobilen Arbeit hat allerdings keine direkten **Rückwirkungen** auf den möglichen Inhalt einer Geschäftsordnung iSv § 30 Abs. 2 Nr. 1 BetrVG. Ist einem Betriebsratsmitglied mobile Arbeit im beschriebenen Rahmen möglich, erwächst dadurch nicht sogleich ein Anspruch, dass dieser automatisch an diesem Tage auch virtuell an einer Betriebsratssitzung teilnehmen darf.[197] Der Vorrang der Präsenzsitzung kann nicht durch allgemeine Regelungen zur mobilen Arbeit ausgehebelt werden, was (noch einmal) dämpfend auf die Möglichkeiten zur mobilen Arbeit für Betriebsratsmitglieder wirkt.[198]

### 3. Digitale Betriebsratssitzungen

393 § 30 Abs. 1 S. 5 BetrVG bestimmt als Regelfall der Betriebsratssitzung die Präsenzsitzung. Die Vorteile dieser wurden unter → Rn. 375 f.) beschrieben. Dem persönlichen Eindruck während einer Sitzung wird vom Gesetzgeber eine besondere Bedeutung beigemessen. Von einer Präsenzsitzung wird regelmäßig eher angenommen, zu angemessenen Ergebnissen (Beschlüssen) zu gelangen, die damit eine höhere Legitimation und Akzeptanz beanspruchen können. Unter dem Eindruck der Corona-Pandemie und deren Auswirkungen auf das Arbeitsleben sowie der generellen Diskussionen zu Arbeitsformen (→ Rn. 373) hat der Gesetzgeber gleichzeitig in § 30 Abs. 2 BetrVG eine Ausnahme formuliert und sie besonderen Voraussetzungen unterworfen. Grundsätzlich gleichgesetzt, obwohl technisch und in ihren Möglichkeiten gänzlich verschieden, hat der Gesetzgeber Videokonferenzen mit Telefonkonferenzen.

394 Die vom Gesetz angebotene Ausnahme gilt nicht nur für Betriebsratssitzungen, sondern auch für Sitzungen des GBR, des KBR, der JAV, von Ausschüssen und Arbeitsgruppen und des Wirtschaftsausschusses. Die Vorschrift kann dagegen nicht auf Einigungsstellensitzungen oder Betriebsversammlungen angewendet werden. Hier gilt, jedenfalls bis zum 7.4.2023, § 129 BetrVG.[199] Eine weitere **Sonderregelung** existiert

---

194 Andernfalls könnte eine Vereinbarung eine solche zum Nachteil Dritter (Belegschaft) im Hinblick auf die betriebsverfassungsrechtlichen Rechte des einzelnen Betriebsangehörigen sein und damit unwirksam.

195 Schönhöft/Oelze NZA 2022, 1441 (1444) sehen dies als nicht möglich an, akzeptieren aber Sonderabsprachen für einzelne Betriebsräte; vgl. auch Witt NZA 2023, 1157 ff. (1159).

196 Wie hier Schönhoff/Oelze NZA 2022, 1441 (1444).

197 Bachner NZA 2022, 1024 (1025); LAG Hessen 8.2.2021 – 16 TaBV 185/20, ArbRB 2021, 142.

198 So auch Bachner NZA 2022, 1024 (1025).

199 Für die Einigungsstelle gibt § 129 Abs. 2 BetrVG nicht nur die Möglichkeit der Videokonferenz für die Sitzung, sondern auch für eine Beschlussfassung in dieser.

für den Wahlvorstand. Im Ergebnis wird aber auch diesem gestattet, unter Voraussetzungen Video- und Telefonkonferenzen abzuhalten, § 1 Abs. 4, 5 WO BetrVG.[200]

### a) Voraussetzungen für eine Video- bzw. Telefonkonferenz

- **Übersicht** 395

| § 30 Abs. 2, 3 BetrVG | Aus § 1 WO BetrVG |
|---|---|
| (...)<br>2) Abweichend von Absatz 1 Satz 5 kann die Teilnahme an einer Betriebsratssitzung mittels Video- und Telefonkonferenz erfolgen, wenn<br>1. die Voraussetzungen für eine solche Teilnahme in der Geschäftsordnung unter Sicherung des Vorrangs der Präsenzsitzung festgelegt sind,<br>2. nicht mindestens ein Viertel der Mitglieder des Betriebsrats binnen einer von dem Vorsitzenden zu bestimmenden Frist diesem gegenüber widerspricht und<br>3. sichergestellt ist, dass Dritte vom Inhalt der Sitzung keine Kenntnis nehmen können.<br>Eine Aufzeichnung der Sitzung ist unzulässig.<br>(3) Erfolgt die Betriebsratssitzung mit der zusätzlichen Möglichkeit der Teilnahme mittels Video- und Telefonkonferenz, gilt auch eine Teilnahme vor Ort als erforderlich. | (...)<br>4) Abweichend von Absatz 3 Satz 2 kann der Wahlvorstand beschließen, dass die Teilnahme an einer nicht öffentlichen Sitzung des Wahlvorstands mittels Video- und Telefonkonferenz erfolgen kann. Dies gilt nicht für Sitzungen des Wahlvorstands<br>1. im Rahmen einer Wahlversammlung nach § 14a Absatz 1 Satz 2 des Gesetzes,<br>2. zur Prüfung eingereichter Vorschlagslisten nach § 7 Absatz 2 Satz 2,<br>3. zur Durchführung eines Losverfahrens nach § 10 Absatz 1.<br>Es muss sichergestellt sein, dass Dritte vom Inhalt der Sitzung keine Kenntnis nehmen können. Eine Aufzeichnung der Sitzung ist unzulässig. Die mittels Video- und Telefonkonferenz Teilnehmenden bestätigen ihre Teilnahme gegenüber der oder dem Vorsitzenden in Textform. Die Bestätigung ist der Niederschrift nach Absatz 3 beizufügen.<br>(5) Erfolgt die Sitzung des Wahlvorstands mit der zusätzlichen Möglichkeit der Teilnahme mittels Video- und Telefonkonferenz, gilt auch eine Teilnahme vor Ort als erforderlich. |

396 Ob der Betriebsrat die Voraussetzungen für die Ausnahmeregelung schafft, ist ihm überlassen.[201] Der **Arbeitgeber** kann die Durchführung einer Betriebsratssitzung als Video- oder Telefonkonferenz, etwa aus Kostengesichtspunkten, **nicht verlangen.**[202]

[200] Für die Beschlussfassung ist Abs. 3 des § 1 WO hinzuzuziehen.
[201] BT-Drs. 19/28899, 19.
[202] BR-Drs 271/21, 16.

In der **Verhinderung oder Störung** von (zulässigen) Videokonferenz kann in Extremfällen ein Fall des § 119 Abs. 1 Nr. 2 BetrVG gesehen werden.[203] Für die digitale Betriebsratssitzung gilt allerdings – wie für die Präsenzsitzung, dass sie verschoben werden muss, wenn zwingende **betriebliche Notwendigkeiten** hierfür bestehen (§ 30 Abs. 1 S. 2 BetrVG).[204] Gleichwohl durchgeführte Sitzung berühren die Wirksamkeit von Beschlüssen nicht.[205] Die in § 30 Abs. 2 S. 1 BetrVG genannten Bedingungen sind im Übrigen kumulativ zu verstehen.[206]

### aa) Festlegung der Voraussetzungen in der Geschäftsordnung des Betriebsrats

397 Nach § 36 BetrVG soll sich der Betriebsrat eine Geschäftsordnung geben. Will er für seine Sitzungen die Option der Videokonferenz haben, **muss** er eine Geschäftsordnung haben, ansonsten darf der Vorsitzende nur zu einer Präsenzsitzung einladen, auch wenn es im konkreten Fall gute Gründe zB für eine Videokonferenz gäbe.[207] Für den Wahlvorstand, der sich auch eine Geschäftsordnung geben kann (§ 1 Abs. 2 S. 1 WO), ist eine Geschäftsordnungsregelung keine Vorgabe. Dafür hat der Gesetzgeber drei Sachverhalte konkret von der Möglichkeit einer virtuellen Sitzung ausgenommen (Abs. 4 S. 2 Nr. 1–3).

398 Die Geschäftsordnung im Sinne des Absatzes 2 Nr. 1 hat zwingend die **Voraussetzungen** (meint Anlässe und Form) einer Videokonferenz festzulegen und muss dabei die Vorgabe erfüllen, den **Vorrang der Präsenzsitzung** sicherzustellen. Hieran wird Kritik geübt.[208] Jedenfalls zwingen die Unsicherheiten im Hinblick auf Gegenstände (keine Regelbeispiele im Gesetz), Inhaltstiefe und Rechtsfolgen der Regelungen einer Geschäftsordnung dazu, **mit größter Sorgfalt** eine solche abzufassen und lieber genauer als oberflächlich zu regeln. Zwischen der vollständig virtuellen Sitzung und dem „Zuschalten" einzelner Mitglieder ist **zu unterscheiden.** Folgendes lässt sich in den Gesetzesmaterialien und in der Literatur finden und ist stimmig zum Gesetzeszweck:[209]

399 • Grundregeln:

*„Die Sitzungen des Betriebsrates finden grundsätzlich in Präsenz aller Betriebsratsmitglieder im Sitzungssaal des Betriebsrates statt.*

Var.: *„Eine Sitzung [zwei Sitzungen[210]] pro Monat muss [müssen] in Präsenz stattfinden."*[211]

---

[203] Vgl. Amtsgericht Passau, 5.6.1985, 9 Js 1262/85, AiB 1992, 42.

[204] GK-BetrVG/Raab § 30 Rn. 59 f.: keine reinen Zweckmäßigkeitserwägungen und auch nicht „Telefonkonferenz vor Videokonferenz", weil dies kostengünstiger wäre. Im Übrigen darf mit betrieblichen Notwendigkeiten nicht das alleinige Entscheidungsrecht des Betriebsrats hinsichtlich des Typus' der Sitzung angegriffen werden, BT-Drs. 19/28899, 19.

[205] ErfK/Koch BetrVG § 30 Rn. 1.

[206] Stück/Salo AuA 2021, Heft 12,14 (18).

[207] ErfK/Koch BetrVG § 30 Rn. 3.

[208] Bachner NZA 2022, 1024 (1024); ErfK/Koch BetrVG § 30 Rn. 3; Richardi BetrVG/Thüsing BetrVG § 30 Rn. 17b; Schiefer/Worzalla NZA 2021, 817 (820).

[209] Ua Bachner NZA 2022, 1024 (1025); ErfK/Koch BetrVG § 30 Rn. 3; Boemke/Roloff/Haase NZA 2021, 827 (833); BT-Drs. 19/28899, 19.

[210] Dies hängt von der Häufigkeit der regelmäßigen Sitzungen ab. Tagt der Betriebsrat beispielsweise all zwei Wochen, so sind bereits nach der Grundregel zwei Sitzungen mindestens Präsenzsitzungen.

[211] Die Quartalsbetrachtung bei Boemke/Roloff/Haase NZA 2021, 827 (833) erscheint, je nach Häufigkeit der Sitzungen des Betriebsrats, möglicherweise als zu gering, den grundsätzlichen Vorrang der Präsenzsitzung abzusichern. Mindestens eine Präsenzsitzung mehr als die virtuellen: Schrader/Kirschner AiB 2023, 27 ff. (28).

Var.: *„Mindestens 2/3 [3/4[212]] aller ordentlichen Sitzungen[213] des Gremiums einschließlich der Sitzungen seiner Ausschüsse[214] müssen in Präsenz aller Mitglieder stattfinden."*[215]

Var.: *„Maximal eine Sitzung pro Monat darf als Video- oder Telefonkonferenz stattfinden."*

Var.: *„Nach einer Sitzung in Form einer Video- oder Telefonkonferenz müssen die nachfolgenden zwei Sitzungen in Präsenz erfolgen."*[216]

Var.: *Sitzungen in Form einer Video- oder Telefonkonferenz sind nur bei folgenden Themen zulässig:*[217]

*„Video- oder Telefonkonferenzen nach den folgenden Regelungen sind nur zulässig soweit die technischen Voraussetzungen bei jedem Betriebsratsmitglied gegeben und entsprechende Einführungen in die verwendeten Softwaresysteme erfolgt sind.[218] Die Teilnahme an Betriebsratssitzungen in Form einer Telefonkonferenz ist nur zulässig, wenn eine Teilnahme an der virtuellen Sitzung per Videokonferenz unzumutbar ist.[219] Treten im Verlauf einer Videokonferenz technische Probleme bei einem Betriebsratsmitglied auf, ist das entsprechende Mitglied zur telefonischen Zuschaltung berechtigt. Bei größeren technischen Problemen ist die Sitzung zu unterbrechen und nach deren Behebung fortzusetzen.[220] Die vollständige Betriebsratssitzung als Video- oder Telefonkonferenz ist nur in den hier genannten Ausnahmefällen möglich; sie sind zu vermeiden. Eine Video- oder Telefonkonferenz scheidet generell aus bei Klausurtagungen des Gremiums, in Fällen einer außerordentlichen Kündigung eines Beschäftigten, bei Betriebsänderungen, Massenentlassungen und insolvenzrechtlichen Fragestellungen.[221] Der Vorsitzende ist im Übrigen berechtigt, eine Präsenzsitzung trotz der Möglichkeit zu einer virtuellen Sitzung anzuberaumen, wenn es um Beratungsgegenstände geht, die eine Vielzahl der Arbeitnehmerinnen und Arbeitnehmer im Betrieb betreffen oder bei Betriebsübergängen oder in Fällen des § 23 BetrVG.[222] Auch die virtuelle Sitzung wird vom Vorsitzenden geleitet. Sachverständige können auch in Präsenzsitzungen digital zugeschaltet werden."*

- Virtuelle Teilnahme einzelner Mitglieder an Betriebsratssitzung[223]: 400

*„Jedes Betriebsratsmitglied ist grundsätzlich verpflichtet, durch geeignete Planungen eine persönliche Teilnahme vor Ort an Präsenzsitzungen des Gremiums zu ermöglichen. Ausnahmsweise kann ein Betriebs-*

---

[212] Dies kann auch von der Größe des Gremiums oder der Anzahl der Freistellungen abhängen. Der Anteil muss sichtbar über 50% liegen, um den Vorrang der Präsenzsitzung deutlich zu unterstreichen. 2/3 und 3/4 sind etablierte Größenwerte, um eine besondere Gewichtigkeit zu unterlegen.

[213] Nach der Jahresplanung. Für außerordentliche Sitzungen gelten die übrigen Bestimmungen, die eine Präsenzsitzung absichern. Generell nach dem festzulegenden Zeitraum fragend Schrader/Kirschner AiB 2023, 27 ff. (28). „Tricksereien" bei der Wahl des maßgeblichen Zeitraums wird die Rechtsprechung sicherlich nicht zulassen.

[214] Bachner NZA 2022, 1024 (1024).

[215] Boemke/Roloff/Haase NZA 2021, 827 (831) empfehlen auch eine Mindestzahl von Präsenzsitzungen (unter Anknüpfung an § 43 Abs. 1 S. 1 BetrVG), nicht aber die Angabe einer Höchstzahl der virtuellen Sitzungen, so jedoch BT-Drs. 19/28899, 19. Dabei setzen Quoten immer eine genaue Dokumentation der bisherigen Sitzungen voraus und bedingen die mögliche Konsequenz, dass zum Jahresende virtuelle Sitzungen „verbraucht sind".

[216] DKW/Wedde BetrVG § 30 Rn. 36.

[217] Schrader/Kirschner AiB 2023, 27 ff.; LAG Hessen 14.3.2022 – 16 TaBV 143/21, BeckRS 2022, 10344 zur Begründung Gesundheitsschutz für eine virtuelle Sitzung.

[218] DKW/Wedde BetrVG § 30 Rn. 17, 53 f.; GK-BetrVG/Raab § 30 Rn. 61.

[219] Auch Boemke/Roloff/Haase NZA 2021, 827 (833) schlagen einen Vorrang der Videokonferenz in die Geschäftsordnung vor. Ein Totalausschluss (der empfehlenswert wäre) ist wohl wegen der gesetzgeberischen Einordnung der Telefonkonferenz in Bezug zur Videokonferenz (nämlich als gleichwertig) nicht möglich und könnte als Benachteiligung einzelner Betriebsratsmitglieder gesehen werden. Kritisch wie hier Richardi BetrVG/Thüsing BetrVG § 30 Rn. 17b. Die Telefonkonferenz für ausschließbar halten Fitting BetrVG, 31. Aufl., § 30 Rn. 25 und GK-BetrVG/Raab § 30 Rn. 57. Wegen der Nichtanwendung des Alphabets (V vor T) sieht DKW/Wedde § 30 Rn. 31 einen Vorrang für Videokonferenzen. Wie hier DGB, Betriebliche Mitbestimmung für das 21. Jahrhundert, zu § 30 Abs. 4 BetrVG-E.

[220] Däubler/Klebe NZA 2020, 545 (548).

[221] Hier sind weitere, betriebsspezifische Aufzählungspunkte möglich. Auch diese Ausnahmen stützen den Vorrang der Präsenzsitzung; BT-Drs. 19/28899, 19.

[222] Vgl. Bachner NZA 2022, 1024 (1026).

[223] Hier sei nochmals daran erinnert, dass die Sitzung dann insgesamt zu einer virtuellen wird.

*ratsmitglied mittels Video- oder Telefonkonferenz an einer Sitzung des Betriebsrates teilnehmen, wenn es ihm aufgrund einer Dienstreise, seiner Arbeit im Home-Office (→ Rn. 390) oder aus Betreuungsverpflichtungen (gegenüber Angehörigen iSv § 7 Abs. 3 PflegeZG)*[224] *oder wegen einer Behinderung (§ 2 SGB IX)*[225] *unmöglich oder unzumutbar ist, zur Sitzung anzureisen.*[226] *Gleiches gilt, wenn die Teilnahme an der Präsenzsitzung zu einem nicht unerheblichen Gesundheitsrisiko führen könnte. Unzumutbar ist eine Anreise insbesondere dann, wenn sie die übliche einfache Fahrzeit des Betriebsratsmitglieds zum Betrieb um mehr als 60 Minuten übersteigt.*[227] *Teilzeitbeschäftigte, die zum Zeitpunkt der Sitzung nicht arbeiten, können ebenfalls ausnahmsweise per Video- oder Telefonkonferenz teilnehmen. Der jeweilige Grund ist dem Vorsitzende rechtzeitig bekannt zu machen.*[228] *Den virtuell teilnehmenden Betriebsratsmitgliedern ist zu jedem Tagesordnungspunkt auch ohne Meldung mindestens einmal das Wort zu erteilen. Mit der Ermöglichung der Teilnahme per Video- oder Telefonkonferenz bleibt die Teilnahme vor Ort im Sitzungssaal des Betriebsrats erforderlich (§ 30 Abs. 3 BetrVG).“*

Var.: *„Virtuelle Teilnahmen an Betriebsratssitzungen sind so gering wie möglich zu halten. Pro Quartal ist eine virtuelle Teilnahme jedem Mitglied nur zweimal möglich* [und auch nur, wenn die genannten Gründe vorliegen]. “

401 • Vollständige Betriebsratssitzung in virtueller Form:

*„Eine vollständig als Video- oder Telefonkonferenz durchgeführte Betriebsratssitzung ist ausnahmsweise zulässig, wenn dies zum Schutz der Gesundheit der Mitglieder geboten ist, in dringenden und fristgebundenen Fällen sowie dann, wenn absehbar auf der Sitzung keine Beschlüsse gefasst werden sollen (Sitzung allein zur Unterrichtung der Mitglieder).“*[229] *In dem letzten Fall sind auch Telefonkonferenzen zulässig. In der Ladung hat der Vorsitzende auf den jeweiligen Grund hinzuweisen. Gleiches gilt, wenn er trotz der Möglichkeit zur vollständigen virtuellen Sitzung zu einer Präsenzsitzung einlädt. Die Möglichkeit zur digitalen Teilnahme einzelner Mitglieder bleibt dabei unberührt.*

Damit zusammenhängend, sind noch gesetzlich vorgegebene **Teilnahmerechte** anderer Interessenvertretungen abzusichern:

402 • Teilnahmerechte anderer Interessenvertretungen:

*„Das Recht zur innerbetrieblichen (zum Beispiel §§ 32, 52, 59a BetrVG für die jeweilige Schwerbehindertenvertretung oder § 67 BetrVG für die Jugend- und Auszubildendenvertretung) wie außerbetrieblichen (zum Beispiel Gewerkschaftsmitglieder nach § 31 BetrVG) Teilnahme bleibt unberührt und ist auch für eine Teilnahme mittels Video- oder Telefonkonferenz sicherzustellen.“*[230]

### bb) Kein fristgemäßer Widerspruch eines Viertels der Betriebsratsmitglieder

403 Auch wenn eine Geschäftsordnung ordnungsgemäß Video- und Telefonkonferenzen geregelt hat und die dortigen Voraussetzungen in der konkreten Situation gegeben

---

[224] Vgl. Richardi BetrVG/Thüsing BetrVG § 30 Rn. 17b.
[225] Vgl. § 4 BGG.
[226] Vgl. DKW/Wedde § 30 Rn. 28; Schrader/Kirschner AiB 2023, 27 ff. (30).
[227] Hier überzeugt der Vorschlag von Bachner NZA 2022, 1024 1025, da er Unsicherheiten vermeiden hilft, die eine Anknüpfen an § 4 Abs. 1 S. 1 Nr. 1 BetrVG (vgl. ErfK/Koch BetrVG § 4 Rn. 4) mit sich brächten. Zudem wird hierdurch der Vorrang der Präsenzsitzung gestärkt; aA Boemke/Roloff/Haase NZA 2021, 827 (833).
[228] Problematisch sind spontane Zuschaltungen wegen der (bis dahin nicht relevanten) Widerspruchsmöglichkeit, vgl. GK-BetrVG/Raab § 30 Rn. 58, der aber nicht grundsätzlich ein solches Zuschalten ablehnt.
[229] Boemke/Roloff/Haase NZA 2021, 827 (831); Schrader/Kirschner AiB 2023, 27 ff. (31) (Fälle des § 2 S. 2 BetrVG oder bei konkreten Überstunden). Denkbar ist es, dass bei allen Mitgliedern (unterschiedliche) Gründe, für ein digitales Zuschalten gegeben sind. Dann wird aus einer teil-virtuellen Sitzung eine vollständig virtuelle.
[230] Wörtlich aus BT-Drs. 19/28899, 20.

sind, können gemäß § 30 Abs. 2 S. 1 Nr. 2 BetrVG **ein Viertel** des Gremiums[231] einer virtuellen Sitzung widersprechen und damit eine Präsenzsitzung durchsetzen.[232] Dies gilt unabhängig davon, ob der Vorsitzende in der Ladung auf eine vollständige virtuelle Sitzung oder darauf hingewiesen hat, dass sich Einzelne per Video- oder Telefonkonferenz zuschalten können. Der Widerspruch ist auch unabhängig von der Existenz einer Regelung in der Geschäftsordnung (anders § 108 Abs. 4 AktG). Der (formlose) Widerspruch bedarf keiner Begründung. **Nur Mitglieder** können widersprechen, also nicht andere teilnahmeberechtigte Personen. Da die Nr. 2 keine Dispositionsmöglichkeit durch die Geschäftsordnung vorsieht, kann in einer solchen nur Wiederholendes bzw. Klarstellendes enthalten sein.[233] Das Widerspruchsrecht ist **zwingendes Recht.** Veränderungen des Quorums sind nicht möglich. Der Widerspruch ist gegenüber dem Vorsitzenden zu erklären, und zwar innerhalb einer **angemessenen Frist,** die dieser im jeweiligen Einzelfall üblicherweise in der Ladung[234] zuvor festgelegt hat.[235] Dabei ist wegen des im Gesetz genannten Quorums (keine Einstimmigkeit) für die Berechnung schon zu berücksichtigen, dass sich die Mitglieder zur Erreichung dieses abstimmen können müssen und dies auch ein wenig Zeit in Anspruch nimmt.[236] Die Frist sollte ferner nicht in einem Rückwärtsrechnen vom Sitzungstermin bestehen („… bis zwei Tage vor der Sitzung.“).

404 Für Planungen der Mitglieder besser ist es, die Widerspruchsfrist gleich mit dem Zugang der Ladung laufen zu lassen. Hat es der Vorsitzende unterlassen, in der Ladung eine Frist zu setzen, ist der Widerspruch aus Gründen der Rechtssicherheit und einem störungsfreien Ablauf bis zum Beginn der Sitzung, nicht aber bis zur Beschlussfassung möglich.[237] Taktische Spielchen und Manipulationsmöglichkeiten wären sonst bei Letzterem denkbar. Nach anderer Ansicht sollen ohne Fristsetzung virtuelle Sitzungen und dortige Beschlussfassungen generell nicht möglich sein.[238] Jedenfalls dann, wenn in einer Geschäftsordnung die Regeln des § 30 Abs. 2 Nr. 2 BetrVG – wiederholend – aufgeführt wurden und damit bekannt sind, kann auch ohne Fristsetzung bei beanstandungsloser Teilnahme an einer (teil-)virtuellen Sitzung von einem konkludenten Einverständnis ausgegangen werden.[239] Beschlüsse können hier wirksam gefasst werden. Wurde dagegen in der Frist das Quorum erreicht und sind gleichwohl zB in einer „durchgedrückten“ Videokonferenz Beschlüsse gefasst worden, so sind diese unwirksam, da hier der Vorrang der Präsenzsitzung stärker durchbrochen wurde.[240]

---

[231] Für die Berechnung des Quorums gilt das zu § 29 Abs. 3 BetrVG Entwickelte.

[232] Die Regelung dient dem Minderheitenschutz, MHdB ArbR/Krois § 294 Rn. 63k; Fitting BetrVG § 30 Rn. 30. Die teil-virtuelle Sitzung ist nicht etwa ein Minus zur voll-virtuellen Sitzung. Deshalb kann der Vorsitzende auch nicht auf einen Widerspruch zu einer virtuellen Sitzung mit einer Präsenzsitzung mit Zuschaltmöglichkeit reagieren. Die Konsequenz des gültigen Widerspruches kann nur die Präsenzsitzung sein, Fitting BetrVG § 30 Rn. 32.

[233] AA GK-BetrVG/Raab § 30 Rn. 49.

[234] Es geht aber auch gesondert, vgl. GK-BetrVG/Raab § 30 Rn. 47.

[235] Die Frist kann kürzer bemessen sein als es zu § 29 Abs. 2 S. 3 BetrVG „rechtzeitig“ erarbeitet wurde. Dort geht es um eine Möglichkeit zur Vorbereitung auf die Sitzung, beim Widerspruch allein um die Einstellung zur Frage einer virtuellen Sitzung.

[236] DKW/Wedde BetrVG § 30 Rn. 44.

[237] Fitting BetrVG § 30 Rn. 31; GK-BetrVG/Raab § 30 Abs. 47.

[238] DKW/Wedde BetrVG § 30 Rn. 44.

[239] Vgl. GK-BetrVG/Raab § 30 Rn. 47.

[240] GK-BetrVG/Raab § 30 Rn. 76.

405 In einer **Geschäftsordnung** kann mithin **nur** geregelt sein:

*„Der Vorsitzende weist mit der Einberufung einer Betriebsratssitzung (Ladung: § 29 BetrVG) darauf hin, dass und in welcher Weise die Durchführung einer Video- oder Telefonkonferenz beabsichtigt ist bzw. sich mittels digitaler Kommunikationsmittel an der Sitzung beteiligt werden kann* [mit Verweis auf die entsprechenden Regeln der Geschäftsordnung]. *Mit einer solchen Einberufung setzt der Vorsitzende eine angemessene Frist für einen Widerspruch hiergegen. Diese bestimmt sich nach den Gegenständen der Sitzung ausweislich der Tagesordnung und Aspekten der Dringlichkeit. Eine Widerspruchsfrist von weniger als einem Arbeitstag*[241] *ist in der Regel unangemessen. Der Widerspruch ist formlos möglich*[242]*; er ist gegenüber dem Vorsitzenden zu erklären und kann sich auf die virtuelle Sitzung als auch auf die virtuelle Teilnahmemöglichkeit beziehen. Der Vorsitzende beruft eine Präsenzsitzung ein, wenn ein Viertel der Mitglieder widersprochen hat.“*[243]

406 Ergänzend zur Ladung:

*„Der Versand von Einladungen und Unterlagen ist unter Nutzung des Tools XXX möglich.“*[244]

### cc) Keine Möglichkeit der Kenntnisnahme vom Inhalt der Sitzung durch Dritte/Nichtöffentlichkeit

407 § 30 Abs. 2 S. 1 Nr. 3 BetrVG sieht vor, dass eine virtuelle Sitzung trotz Geschäftsordnungsregelung und auch bei fehlendem Widerspruchsquorum ausscheidet, wenn nicht sichergestellt werden kann, dass Dritte Kenntnis vom Inhalt der Sitzung erhalten. Dies korrespondiert mit § 30 Abs. 1 S. 4 BetrVG, der Nicht-Öffentlichkeit. In der Geschäftsordnung sind mithin Regularien einzupflegen, die es so weit es geht sicherstellen, dass die Sitzung **vertraulich** ist.[245] Flankiert wird dieser Bereich durch § 34 Abs. 1 BetrVG, der bestimmt: „Nimmt ein Betriebsratsmitglied mittels Video- und Telefonkonferenz an der Sitzung teil, so hat es seine Teilnahme gegenüber dem Vorsitzenden in Textform zu bestätigen. Die Bestätigung ist der Niederschrift beizufügen.“ Ein absoluter Schutz wird dabei allerdings nicht verlangt.[246]

408 **Beschlüsse,** die unter Verstoß der Nichtöffentlichkeit getroffen wurden, sind dann unwirksam, wenn diese anders bei Einhaltung dieses Grundsatzes getroffen worden wären.[247] Ein Anzeichen hierfür ist, wenn ein Betriebsratsmitglied die Nichtöffentlichkeit beanstandet bzw. grobe Mängel bei den technischen Einrichtung nachvollziehbar vorgetragen hat, eine Abhilfe aber nicht erfolgte.[248] Von Anfang an ungeeignet sind öffentliche Räume wie Lokale oder ein Zugabteil.[249]

---

[241] ErfK/Koch BetrVG § 30 Rn. 4. Wenige Stunden in besonderen Situationen für denkbar hält DKW/Wedde BetrVG § 30 Rn. 45; in der Regel drei Tage sehen Boemke/Roloff/Haase NZA 2021, 827 (828).
[242] Auch per SMS, NK-GA/Wolmerath BetrVG § 30 Rn. 15.
[243] Boemke/Roloff/Haase NZA 2021, 827 (829, 833); vgl. auch Winzer/Baeck/Hilgers NZA 2021, 620 (622); vgl. auch BT-Drs. 19/28899, 19f.
[244] Das Tool hat Datenschutzbelange zu beachten. Die Übermittlung auf private Endgeräte ist zu vermeiden, in jedem Falle nur zulässig, wenn auch dort die notwenigen Sicherheitsstandards eingehalten werden können (Verschlüsselungssysteme) und das Mitglied mit der Verwendung der privaten Email-Adresse einverstanden ist. Eine dauerhafte Speicherung der Betriebsratsunterlagen auf dem privaten Endgerät ist unzulässig, vgl. DKW/Wedde § 30 Rn. 24, 55.
[245] BT-Drs. 19/28899, 20.
[246] GK-BetrVG/Raab § 30 Rn. 51.
[247] BAG 24.3.1977 – 2 AZR 289/76, NJW 1978, 122.
[248] Fitting BetrVG § 30 Rn. 34.
[249] So auch DKW/Wedde § 30 Rn. 59.

409 In der Geschäftsordnung könnte es heißen:

*„Sitzungen des Betriebsrates sind unabhängig von deren Format für ihre gesamte Dauer vertraulich und nichtöffentlich. Für virtuelle Sitzungen nutzt der Betriebsrat das Tool …,*[250] *mit dem nur kennwortgeschützt ein Zugang zur Sitzung möglich ist. Jedes Mitglied, das virtuell teilnimmt, versichert vor der Sitzung schriftlich per eMail (Textform, § 126b BGB) dem Vorsitzenden seine Anwesenheit*[251] *sowie, dass in seinen Räumlichkeiten Nicht-Öffentlichkeit gewahrt ist und dass es unverzüglich darüber informiert, wenn ggf. nicht teilnahmeberechtigte Personen diese Räumlichkeiten betreten oder wenn es die virtuelle Sitzung verlässt. Nach Beendigung der Sitzung bestätigten die virtuell Teilnehmenden ihre jeweiligen Anwesenheitszeiten dem Vorsitzenden per eMail (Textform). Die Erklärungen werden dem Protokoll beigefügt."*[252]

### dd) Keine Aufzeichnung der Sitzung

410 § 30 Abs. 2 S. 2 BetrVG verbietet die Aufzeichnung der Sitzung. Hier genügt ein entsprechender Satz in der Geschäftsordnung:

*„Eine Aufzeichnung der Sitzung ist unzulässig. Dies gilt sowohl für Bild- wie für Tonaufnahmen."*

411 In der Vorschrift werden Datenschutzrechte und Persönlichkeitsrechte verwirklicht. Verstöße hiergegen haben keinen Einfluss auf Beschlüsse[253], können aber andere Konsequenzen nach sich ziehen (Strafrecht, Schadensersatz).

### ee) Rolle des Betriebsratsvorsitzenden

412 Umstritten ist bei alledem, ob der Vorsitzende nach seinem **Ermessen** eine virtuelle Sitzung einberufen kann (wenn die Voraussetzungen der Geschäftsordnung gegeben sind) oder ob das einzelne Betriebsratsmitglied bei Vorliegen dieser einen **Anspruch** auf virtuelle Sitzungsteilnahme hat. Ersteres findet man in einigen im Internet eingestellten Mustertexten.[254] Diese beruhen wohl auf § 129 BetrVG aF, zu dem das LAG Hessen vertreten hat, dass dem Vorsitzenden ein Ermessen über den Typus der Sitzung zusteht.[255] Dieser Norm fehlte allerdings der jetzt in § 30 BetrVG zu findende Geschäftsordnungs-Vorbehalt. Vor diesem Hintergrund sind die Auffassungen zutreffend, die kein Ermessen beim Vorsitzenden sehen. Dieser hat nach den Vorgaben der Geschäftsordnung zu entscheiden und kann allenfalls einen Beurteilungsspielraum hinsichtlich der dortigen Tatbestandsmerkmale beanspruchen.[256] Er muss in diesen Fällen also den virtuellen Zugang zur Sitzung ermöglichen.

413 Besondere Sorgfalt hat der Vorsitzende bei der **Ladung** (§ 29 BetrVG) anzuwenden. Die ordnungsgemäße Ladung ist eine Voraussetzung dafür, dass wirksame Beschlüsse gefasst werden können. Was der Tagungsort für die Präsenzsitzung ist, ist für

[250] Für solche technischen Fragen kann der Betriebsrat Sachverständige hinzuziehen (§ 80 Abs. 3 BetrVG).
[251] BT-Drs. 19/28899, 20. Speicherbare Chateintragungen sind auch denkbar.
[252] Eine virtuelle Sitzungsteilnahme in einem Raum, in dem sich auch andere Personen aufhalten, erscheint trotz Headset und Blickschutzfolie für den PC kaum denkbar, da auch schon durch die Fragen und Bemerkungen eines Mitglieds Rückschlüsse auf Themen und Personen gezogen werden können, aA wohl Boemke/Roloff/Haase NZA 2021, 827 (833); allgemein DKW/Wedde § 30 Rn. 57.
[253] Anderes Ergebnis, wenn die Aufzeichnung bemerkt und gemeldet wurde, aber fortgeführt wurde. Dann wird die Willensbildung beeinträchtigt, Fitting BetrVG § 30 Rn. 35.
[254] Auch MHdB ArbR/Krois § 294 Rn. 63g.
[255] LAG Hessen 8.2.2021 – 16 TaBV 185/20, ArbRB 2021, 142 Rn. 29.
[256] Boemke/Roloff/Haase NZA 2021, 827 (829); Bachner, NZA 2022, 1024 (1025). Abhängig von der Auslegung der Geschäftsordnung vgl. GK-BetrVG/Raab § 30 Rn. 57; wohl auch Schrader/Kirschner AiB 2023, 27 ff. (29).

virtuelle Sitzungen der Hinweis auf die vollständige virtuelle Sitzung bzw. die Möglichkeit der Teilnahme mittels Video- und Telefonkonferenz.[257]

### b) Hybride Sitzungen und Erforderlichkeit

414 (Allein) für teil-virtuelle bzw. hybride Sitzungen trifft § 30 Abs. 3 BetrVG für die vor Ort anwesenden Betriebsratsmitglieder die Regelung, dass deren dortige Teilnahme **erforderlich im Sinne von § 40 BetrVG** ist. Ohne eine solche Regelung hätte es diesbezüglich Auseinandersetzungen um die Kosten mit dem Arbeitgeber geben können. Betriebsratsmitglieder können also – wie bisher auch – vor Ort teilnehmen, unabhängig davon, ob sie auch Gründe für eine virtuelle Teilnahme haben oder nicht.[258] Diese Vorschrift kann nicht durch Geschäftsordnung, Betriebsvereinbarung oder Tarifvertrag abgeändert werden.

### c) Beschlussfassung/gremieninterne Wahlen

415 **Aus § 33 BetrVG**

**(1) Die Beschlüsse des Betriebsrats werden, soweit in diesem Gesetz nichts anderes bestimmt ist, mit der Mehrheit der Stimmen der anwesenden Mitglieder gefasst. Betriebsratsmitglieder, die mittels Video- und Telefonkonferenz an der Beschlussfassung teilnehmen, gelten als anwesend. Bei Stimmengleichheit ist ein Antrag abgelehnt.**

416 § 33 Abs. 1 S. 2 BetrVG enthält für die Beschlussfassung eine **Anwesenheitsfiktion,** die ausgelöst wird, wenn die Vorgaben des § 30 BetrVG bezüglich einer Video- oder Telefonkonferenz ob voll-virtuell oder teil-virtuell eingehalten wurden.

417 Für die Wirksamkeit von Beschlüssen sind folgende Fallkonstellationen zu unterscheiden:

- Beschlussfassung durch offene Abstimmung
- Beschlussfassung durch geheime Abstimmung
- Wahlen durch offene Abstimmung
- Geheime Wahlen

418 Der einfachste Fall besteht in der Beschlussfassung durch **offene Abstimmung.** Hier empfiehlt es sich, in virtuellen Formaten jedes Mitglied – anwesende wie zugeschaltete – einzelnen um das Votum zu bitten (namentlicher Aufruf), um eine Protokollierbarkeit sicherzustellen. Bei voll-virtuellen Sitzungen kann auch die Funktion „Hand heben“ genutzt werden. Hier hat der Vorsitzende nur darauf zu achten, dass eine Hand nicht noch deshalb sichtbar ist, weil sich ein Mitglied zuvor in der Diskussion zu Wort gemeldet hatte und vergessen hat, „Hand senken“ zu drücken. Die Schwäche des Chats besteht allerdings darin, dass man sich zuvor auf ein Zeichen für „Enthaltung“ geeinigt haben muss. Gegenfalls sind schlicht **ja, nein, Enthaltung** in den Chat zu schreiben. Für konkludente Abstimmungen ist in virtuellen Formaten kaum Raum.[259]

---

[257] Fitting BetrVG § 30 Rn. 31.
[258] BT-Drs. 19/28899, 20.
[259] Ansonsten LAG Hamm 17.10.1997 – 4 Sa 1516/95, BeckRS 1996, 30907635.

419 Jedes Betriebsratsmitglied kann **geheime Abstimmung** verlangen. Geheim bedeutet in der virtuellen Realität, dass nicht nur das Abstimmungsverhalten des Einzelnen im Gremium nicht bekannt wird, sondern auch, dass es **keine Rückschlüsse** auf das individuelle Abstimmungsverhalten beim Vorsitzenden (Sitzungsleiter) oder dem Administrator geben darf. Technische Lösungen müssen beides sicherstellen. Ist nur eine (allgemeine) Anonymisierung möglich, ist es auch nicht ausreichend, den Vorsitzenden in der Geschäftsordnung zur Verschwiegenheit zu verpflichten.[260] In solchen Fällen bedeutet das Verlangen einer geheimen Abstimmung, dass hierfür eine Präsenzsitzung anzuberaumen ist.

420 **Wahlen** sind in § 33 Abs. 1 S. 2 BetrVG nicht ausdrücklich erwähnt worden. Die §§ 30, 33 BetrVG machen aber aus einer (teil-)virtuellen Sitzung, wenn alle Voraussetzungen gegeben sind, eine vollwertige im Sinne des BetrVG.[261] Damit sind Wahlen nicht per se wegen der Nichtnennung im Gesetz ausgeschlossen[262], **offene Wahlen** mithin möglich.[263] Ohne diese generelle technische Offenheit würde man sich wesentlicher digitaler Möglichkeiten berauben, die gerade durch § 30 Abs. 2 BetrVG losgelöst von Pandemiebedingungen perpetuiert werden sollten und die einen Beitrag zur Zukunftsfestigkeit der Betriebsverfassung leisten.[264] Für geheim abzuhaltende Wahlen, wie zB in § 27 Abs. 1 S. 3 BetrVG vorgesehen, gilt das zu geheimen Abstimmungen Gesagte. Nur dann, wenn eine technische Lösung nachweislich Anonymität herstellt und Rückschlüsse auf Personen verhindert (also diesen Wahlgrundsatz sicherstellt), sind **geheime Wahlen** möglich.[265] Fehlt dies, sind solche Wahlen nur in Präsenzsitzungen möglich.

421 In allen Fällen ist vor der Beschlussfassung (nochmals) die Anwesenheit durch namentlichen Aufruf festzustellen, um die **Beschlussfähigkeit** zum Zeitpunkt des Beschlusses nachweisbar zu erhalten.

422 Um das Risiko einer Nichtigkeit von Beschlüssen zu minimieren, sollte in einer **Geschäftsordnung** formuliert werden:

*„Wird die Betriebsratssitzung (teil-)virtuell abgehalten, stellt der Vorsitzende vor jeder Abstimmung die Beschlussfähigkeit durch namentlichen Aufruf fest.*[266] *Für die Beschlussfassung befragt der Vorsitzende die Betriebsratsmitglieder der Reihe nach in alphabetischer Reihenfolge, ob sie zustimmen, ablehnen oder sich enthalten. Gleiches gilt für betriebsratsinterne Wahlen, die nicht geheim vollzogen werden müssen. Der Vorsitzende ermittelt das Ergebnis der Abstimmung ggf. auch durch Sichtung der Handzeichen der anwesenden Mitglieder sowie der Äußerungen im Chat. Geheime Abstimmungen sowie geheime Wahlen müssen in Präsenzsitzungen vollzogen werden. Umlaufbeschlüsse sind unzulässig. Beschlussvorschlägen kann nicht wirksam allein per eMail zugestimmt werden.“*[267]

Var.: *„Für geheime Abstimmungen, die jedes Betriebsratsmitglied verlangen kann, und Wahlen, die nach dem Gesetz geheim abgehalten werden müssen, nutzt der Betriebsrat das Tool XXX. Dieses stellt nach-*

[260] Wie hier DKW/Wedde BetrVG § 33 Rn. 12; Boemke/Roloff/Haase NZA 2021, 827 (832).
[261] Boemke/Roloff/Haase NZA 2021, 827 (832); Hagedorn NZA 2021, 158 (160).
[262] AA Fitting BetrVG § 30 Rn. 28. Wie hier GK-BetrVG/Raab § 30 Rn. 70.
[263] So dann doch Fitting BetrVG § 30 Rn. 28 aE; HWK/Reichold BetrVG § 30 Rn. 8.
[264] Vgl. BT-Drs. 19/28899, 12.
[265] Boemke/Roloff/Haase NZA 2021, 827 (832).
[266] Digitale Anwesenheitsanzeigen sind ebenfalls denkbar, DKW/Wedde § 30 Rn. 26.
[267] Hier fehlt der Meinungsaustausch und die Nichtöffentlichkeit kann gar nicht überprüft werden; Däubler/Klebe NZA 2020. 545 (546); ErfK/Koch BetrVG § 33 Rn. 3 alle mit Verweis auf BAG 4.8.1975 – 2 AZR 266/75, AP BetrVG 1972 § 102 Nr. 4.

*weislich der Bewertung des Sachverständigen XXX die Anonymität der Abstimmung, die Unmöglichkeit von Rückschlüssen darauf, wer abgestimmt hat bzw. insgesamt die Einhaltung einer geheimen Wahl sicher. Auf die Abläufe bei der Verwendung des Tools XXX weist der Vorsitzende vor jeder Beschlussfassung bzw. Wahl gesondert hin.“*

Var.: *„Die Nutzung privater Endgeräte ist in diesen Fällen unzulässig.“*

### d) Größenfragen

423 § 30 BetrVG gilt **unabhängig von der Größe** des Betriebsrats. Auch bei einem Drei-Personen-Betriebsrat (§ 9 BetrVG) gilt der Vorrang der Präsenzsitzung. Auch dieser hat sich – will er ebenfalls virtuell tagen – eine entsprechende Geschäftsordnung zu geben. Ganz generell enthält das Gesetz hier keine Differenzierungen für kleine oder besonders große Gremien. Es unterscheidet auch nicht, ob weitere Interessenvertretungen im Betrieb existieren oder nicht.

424 Die Größe des Gremiums kann allerdings bei der Frage der technischen Einrichtungen und der Tools von Bedeutung sein, wenn es um deren **Leistungsfähigkeit** geht. Auch dürfte es wahrscheinlicher sein, dass bei größeren Gremien häufiger ein Fall für ein berechtigtes digitales Zuschalten gegeben ist. Hier ist darauf zu achten, dass sich das Gesamtgremium gleichwohl in der Mehrzahl in einer Präsenzsitzung zusammenfindet. Dies verlangt § 30 Abs. 2 S. 1 Nr. 1 BetrVG.

425 **Freigestellte** Betriebsratsmitglieder sind – wie erwähnt (→ Rn. 387 ff.) – nicht von einer gelegentlichen virtuellen Betriebsratssitzungsteilnahme ausgeschlossen, Leistungsort für sie ist aber grundsätzlich der Betrieb.

### e) Geltung für andere Gremien und Ausschüsse

426 Die beschriebenen Regularien gelten über die §§ 51 Abs. 1 S. 1, 59 Abs. 1 S. 1 BetrVG auch für Gesamt- und Konzernbetriebsträte, die sich aber jeweils **eigene** Geschäftsordnungen zu geben haben. Gleiches gilt für Auszubildendenvertretungen.[268]

427 Hinsichtlich der **Ausschüsse** ist zu differenzieren. Grundsätzlich gehören Ausschusssitzungen zu den Sitzungen des Betriebsrats. Regelungen in der Geschäftsordnung des Betriebsrates, die virtuelle Sitzungen ermöglichen sollen (§ 30 Abs. 2 S. 1 Nr. 1 BetrVG), müssen also für den Vorrang der Präsenzsitzung die Ausschusssitzungen berücksichtigen.[269] Dortige Regeln, die die Ausschüsse miterfassen sollen, haben **Vorrang** vor ggf. anderweitigen Geschäftsordnungsregeln der Ausschüsse.[270] Denkbar ist es aber ebenso, dass die Geschäftsordnung des Betriebsrats virtuelle Sitzungen ungeregelt lässt und damit ausschließt, die Geschäftsordnung eines Ausschusses aber solche erlaubt. Dies ist zulässig und könnte sogar mit der Bedeutung des Gesamtgremiums begründet werden. Sind Frequenzen und Intervalle von virtuellen Sitzungen unterschiedlich für das Gremium und den Ausschuss in Geschäftsordnungen geregelt worden, ist der Vorrang der Präsenzsitzung insgesamt im Blick zu behalten und für jede Geschäftsordnung gesondert zu prüfen, ob sie den Vorgaben des § 30 BetrVG

[268] BT-Drs. 19/28899, 20.
[269] Bachner NZA 2022, 1024 (1024).
[270] ErfK/Koch BetrVG § 36 Rn. 1.

entspricht. Zu den Ausschüssen gehört auch der **Wirtschaftsausschuss** nach §§ 106 ff. BetrVG. Sollen dort auch virtuelle Sitzungen stattfinden, ist wegen der in § 106 Abs. 3 BetrVG geregelten wirtschaftlich sensiblen Bereiche bei den Maßnahmen zur Sicherstellung Vertraulichkeit in digitalen Formaten besonders sorgfältig vorzugehen.

#### f) Exkurs BPersVG/kirchliche Mitbestimmungsregelungen

- **Übersicht 1** 428

| **Personalvertretungsrecht (BPersVG)** |
|---|
| § 38 (…)<br>(3) Die Sitzungen des Personalrats finden in der Regel als Präsenzsitzung in Anwesenheit seiner Mitglieder vor Ort statt. Die Sitzung kann vollständig oder unter Zuschaltung einzelner Personalratsmitglieder mittels Video- oder Telefonkonferenz durchgeführt werden, wenn<br>1. vorhandene Einrichtungen genutzt werden, die durch die Dienststelle zur dienstlichen Nutzung freigegeben sind,<br>2. nicht mindestens ein Viertel der Mitglieder oder die Mehrheit der Vertreterinnen und Vertreter einer Gruppe des Personalrats binnen einer von der oder dem Vorsitzenden zu bestimmenden Frist gegenüber der oder dem Vorsitzenden widerspricht und<br>3. der Personalrat geeignete organisatorische Maßnahmen trifft, um sicherzustellen, dass Dritte vom Inhalt der Sitzung keine Kenntnis nehmen können.<br>Eine Aufzeichnung ist unzulässig. Personalratsmitglieder, die mittels Video- oder Telefonkonferenz an Sitzungen teilnehmen, gelten als anwesend im Sinne des § 39 Absatz 1 Satz 1. § 43 Absatz 1 Satz 3 findet mit der Maßgabe Anwendung, dass die oder der Vorsitzende vor Beginn der Beratung die zugeschalteten Personalratsmitglieder feststellt und in die Anwesenheitsliste einträgt. Das Recht eines Personalratsmitglieds auf Teilnahme an der Sitzung vor Ort bleibt durch die Durchführung der Sitzung mittels Video- oder Telefonkonferenz unberührt.<br>§ 39 (…)<br>(4) In der Geschäftsordnung kann die Beschlussfassung im elektronischen Verfahren vorgesehen werden. § 38 Absatz 3 Satz 2 Nummer 1 und 3 gilt entsprechend. Die Beschlussfassung im elektronischen Verfahren ist unzulässig, wenn ein Mitglied des Personalrats oder eine nach § 37 teilnahmeberechtigte Person binnen einer von der oder dem Vorsitzenden zu bestimmenden Frist gegenüber der oder dem Vorsitzenden widerspricht. Die oder der Vorsitzende gibt das Ergebnis der Beschlussfassung im elektronischen Verfahren spätestens in der nächsten Sitzung des Personalrats bekannt. |

429 Für die Arbeit von **Personalräten** wurden zu virtuellen Sitzungen (im weitesten Sinne) vergleichbare Diskussionen geführt wie im Betriebsverfassungsrecht,[271] und auch hier haben die Corona-Pandemie und die fortschreitende Digitalisierung wie auch Entwicklungen in der Arbeitswelt Veränderungen gebracht. Ergebnis sind § 38

[271] Vgl. Beck OK BPersVG/Hedermann § 38 Rn. 37 ff.; Vogelsang PersV 2014, 251 ff.

für Personalratssitzungen sowie für Beschlüsse § 39 BPersVG für Dienststellen auf Bundesebene,[272] die, wie § 30 BetrVG, Regelungen enthalten, die zeitlich nicht beschränkt wurden.[273] Die Möglichkeit der Beschlussfassung im elektronischen Verfahren soll nach der Gesetzesbegründung die Arbeits- und Handlungsfähigkeit der Personalvertretungen stärken, den Zeitaufwand senken und zur Vereinbarkeit von Beruf und Familie beitragen.[274] Damit hat der Gesetzgeber bei den Gründen etwas weitergehender konturiert (insbesondere „Zeitaufwand") als beim BetrVG.[275]

430 Der Gesetzgeber hat, anders als die §§ 30, 33 BetrVG, in den §§ 38, 39 BPersVG Betriebsratssitzung und eine dortige Beschlussfassung **„auseinandergezogen"** und **verschiedenen Voraussetzungen** unterworfen.

431 Zwar hält der Gesetzgeber nach § 38 Abs. 3 S. 1 BPersVG was die Personalratssitzung angeht eine Präsenzsitzung für vorzugswürdig, allerdings nicht mit gleicher Stärke wie er es in § 30 Abs. 1 S. 5 BetrVG vornimmt. Während dort der Vorrang der Präsenzsitzung zunächst ohne Vorbehalt genannt wird, enthält § 38 Abs. 3 S. 1 BPersVG bereits den Zusatz „in der Regel". Auch ist der Einsatz von Video- oder Telefonkonferenzsystemen dort nicht abhängig von einer gesetzlichen Regelung in einer Geschäftsordnung, die Voraussetzungen aufführt und den Vorrang der Präsenzsitzung absichert. Das BPersVG kennt ebenfalls das Institut der Geschäftsordnung (§ 44 BPersVG), der Gesetzgeber hat es aber hier nicht genutzt (anders: § 39 BPersVG) und damit insgesamt die **Hürden niedriger gesetzt.**[276] So können voll- und teil-virtuelle Sitzungen im Vergleich mit dem BetrVG häufiger stattfinden, da die „in der Regel"-Bestimmung nach ihrem Telos nur eine Mehrzahl von Präsenzsitzungen in einem gewissen Zeitraum verlangt, nicht aber ein deutliches Übergewicht dieser (zB mit konkreter Festlegung der Anzahl von virtuellen Sitzungen). Im Übrigen gilt das oben zum BetrVG Erwähnte: auch unter dem Regime des BPersVG bestimmt allein der Personalrat über die Art der Durchführung der Sitzung; die Dienststellenleitung hat keinen Einfluss hierauf.[277] Bei hybriden Sitzungen gilt auch die Anwesenheit vor Ort als erforderlich (§ 38 Abs. 3 S. 6 BPersVG), umgekehrt wird die Anwesenheitsfiktion dort durch Satz 4 geregelt und das Gesetz gibt nicht vor, von wo man sich zuschaltet. Auch Orte außerhalb der Dienststelle sind möglich, es müssen nur die entsprechenden technischen und datenschutzrechtlichen Bedingungen erfüllt sein.[278]

432 Voraussetzungen der virtuellen Sitzung sind, dass

1. vorhandene Einrichtungen genutzt werden, die durch die Dienststelle zur dienstlichen Nutzung freigegeben sind,
2. nicht mindestens ein Viertel der Mitglieder oder die Mehrheit der Vertreterinnen und Vertreter einer Gruppe des Personalrats binnen einer von der oder dem Vorsitzenden zu bestimmenden Frist gegenüber der oder dem Vorsitzenden widerspricht und

[272] Personalvertretungsgesetze der Länder können ggf. abweichende Regelungen enthalten vgl. Altvater BPersVG/Kröll § 38 Rn. 58ff. und § 39 Rn. 35ff.
[273] BT-Drs. 19/28839, 9f.
[274] BT-Drs. 19/28839, 9f.
[275] Altvater BPersVG/Kröll § 38 Rn. 18.
[276] Wohl auch Altvater BPersVG/Kröll § 38 Rn. 19.
[277] BT-Drs. 19/28839, 10.
[278] Beck OK BPersVG/Hedermann § 38 Rn. 43.

3. der Personalrat geeignete organisatorische Maßnahmen trifft, um sicherzustellen, dass Dritte vom Inhalt der Sitzung keine Kenntnis nehmen können.

433 Ziffer 1 des § 38 Abs. 3 S. 2 BPersVG enthält die besondere Vorgabe, dass nur solche technischen Einrichtungen genutzt werden, die von der Dienststelle zur dienstlichen (personalvertretungsgemäßen) Nutzung **freigegeben** worden sind. Das können auch Angebote externer Dienstleister sein.[279]

434 Die Regelung soll nach den (älteren) Materialien ein hohes Sicherheitsniveau gewährleisten.[280] Sie ist **in der Praxis** sicherlich **zweischneidig:** Einerseits kann sie Anlass für Streitigkeiten über die Geeignetheit von technischen Systemen sein, die der Personalrat möglicherweise bevorzugt. Auch sind mit dieser Regelung (anders als bei § 30 BetrVG) private Zugänge ausnahmslos ausgeschlossen.[281] Andererseits ist hiernach das Equipment schlicht zur Verfügung zu stellen, die Dienststelle hat von sich aus die technische Brauchbarkeit der Systeme zu gewährleisten und der Personalrat kann sich zudem darauf verlassen, dass die erforderlichen Sicherheitsstandards von der Dienststelle als erfüllt angesehen werden, was sich der Personalrat von der Dienststelle bestätigen lassen kann.[282] Die weiteren Ziffern 2 und 3 sind mit den Regelungen in § 30 BetrVG vergleichbar, weswegen zunächst auf die dortigen Ausführungen (→ Rn. 393 ff.) verwiesen werden kann. Soweit in Ziffer 3 der Personalrat direkt angesprochen wird, verlangt der Gesetzgeber darüber hinaus nichts Unmögliches, sondern spricht nur solche Bereiche an, auf die er überhaupt Einfluss nehmen kann.[283] Ferner ist die personalvertretungsrechtliche Besonderheit der **Gruppen** zu erwähnen. Nicht nur ein Viertel der Mitglieder kann einer virtuellen Sitzung widersprechen, sondern auch die Mehrheit der Vertreter einer Gruppe (§§ 5, 17 BPersVG), was zahlenmäßig geringer sein kann.[284] Im Übrigen ist auch hier die **Aufzeichnung** der Sitzung **unzulässig,** § 38 Abs. 3 S. 3 BPersVG.

435 Für die **Beschlussfassung** überträgt der Gesetzgeber nicht gänzlich die Vorgaben des § 38 BPersVG. Einer elektronischen Beschlussfassung kann nämlich bereits **ein Mitglied widersprechen.**[285] Und sogar die übrigen teilnahmeberechtigten Personen (§ 37 BPersVG) haben dieses Widerspruchsrecht, § 39 Abs. 4 S. 3 BPersVG[286], im Falle des § 37 Abs. 3 BPersVG überdies der Dienststellenleiter. Erfolgt ein Widerspruch, kann die Beschlussfassung nur noch in einer Präsenzsitzung erfolgen. Hiergegen getroffenen Beschlüsse sind unwirksam, ebenso wie solche, die ohne eine entsprechende Regelung in der Geschäftsordnung ergangen sind. Anders als für die Sitzung (in § 38 BPersVG) verlangt nämlich § 39 Abs. 4 S. 1 BPersVG eine **Regelung zur Beschlussfassung in einer Geschäftsordnung.** Dort sollen die Beschlussgegenstände und die Einzelheiten des Verfahrens vorab festgelegt werden.[287] Das Ergebnis der Be-

[279] Beck OK BPersVG/Hedermann § 38 Rn. 44.
[280] BT-Drs. 19/26820, 100.
[281] BT-Drs. 19/28839, 10.
[282] Beck OK BPersVG/Hedermann § 38 Rn. 45.
[283] BT-Drs. 19/28839, 10.
[284] Vgl. BT-Drs. 19/28839, 10.
[285] Das entspricht der Konzeption in Österreich in § 68 Abs. 4 ArbVG, wo es im Übrigen (bislang) keine speziellen Regelungen zu virtuellen Sitzungen gibt, aus dem Schweigen des Gesetzgebers zur Form der Sitzung die Möglichkeit des virtuellen Formats aber angenommen wird, vgl. Auer-Meyer DRdA 2022, 138 (141).
[286] BT-Drs. 19/28839, 10: „konsensbasiert"; Altvater BPersVG/Kröll § 39 Rn. 21 ff.
[287] BT-Drs. 19/28839, 10.

schlussfassung im elektronischen Verfahren ist spätestens in der nächsten Sitzung des Personalrats bekannt zu geben; dies soll der Transparenz dienen.[288] Im Übrigen gelten die Vorgaben des § 38 Abs. 3 S. 2 Nr. 1 und 3 BPersVG entsprechend. Hinzukommt im Unterschied zum BetrVG noch die Möglichkeit der virtuellen Beschlussfassung in der **Einigungsstelle.** § 74 Abs. 5 BPersVG erlaubt mithin die Verhandlung und Beschlussfassung in der Einigungsstelle mittels Video- oder Telefonkonferenz, etwas, das die §§ 76, 129 BetrVG nicht bzw. nicht mehr vorsehen. Dort wird ergänzend auf § 38 Abs. 3 S. 1, 2 Nr. 1 und 3 sowie Satz 3 BPersVG Bezug genommen; auch hier genügt also der Widerspruch eines Mitglieds der Einigungsstelle, um eine Präsenzsitzung zu erzwingen.

436 • **Übersicht 2**

| **Aus § 26 MVG-EKD idF v. 9.11.2022** | **Die katholische Rahmen-MAVO** stammt aus dem Jahre 2017, einzelne Gliederungen besitzen aber bereits neuere Regelungen, die vergleichbar mit § 30 BetrVG ist, **zB:** |
|---|---|
| (2) Die Mitarbeitervertretung fasst ihre Beschlüsse mit der Mehrheit der bei der Abstimmung anwesenden Mitglieder. Bei Stimmengleichheit ist ein Antrag abgelehnt. Die Mitarbeitervertretung kann in ihrer Geschäftsordnung bestimmen, dass Beschlüsse im Umlaufverfahren gefasst werden können, sofern dabei Einstimmigkeit erzielt wird. Beschlüsse nach Satz 3 sind spätestens in der Niederschrift der nächsten Sitzung im Wortlaut festzuhalten. Die Teilnahme einzelner oder aller Mitglieder an Sitzungen der Mitarbeitervertretung kann im Ausnahmefall auch mittels Video- und Telefonkonferenzen erfolgen, wenn kein Mitglied der Mitarbeitervertretung unverzüglich nach Bekanntgabe der Absicht zur Durchführung der Sitzung mittels Video- oder Telefonkonferenz diesem Verfahren widerspricht. Es ist sicherzustellen, dass Dritte vom Inhalt der Sitzung keine Kenntnis nehmen können. Eine Aufzeichnung der Sitzung ist unzulässig. Mitglieder der Mitarbeitervertretung, die mittels Video- oder Telefonkonferenz teilnehmen, gelten als an- | **MAVO Erzdiözese Freiburg v. 10.2.2022**<br>§ 14<br>…<br>(4) Die Sitzungen der Mitarbeitervertretung sind nicht öffentlich. Sie finden in der Regel während der Arbeitszeit in der Einrichtung statt. Bei Anberaumung und Dauer der Sitzung ist auf die dienstlichen Erfordernisse Rücksicht zu nehmen. Kann die Sitzung der Mitarbeitervertretung wegen eines unabwendbaren Ereignisses nicht durch die körperliche Anwesenheit eines oder mehrerer Mitglieder durchgeführt werden, kann die Teilnahme einzelner oder aller Mitglieder an der Sitzung auch mittels neuer Informations- und Kommunikationstechnologien erfolgen, wenn sichergestellt ist, dass Dritte vom Inhalt der Sitzung keine Kenntnis nehmen können. Im Hinblick auf die Beschlussfähigkeit gelten die an der virtuellen Sitzung teilnehmenden Mitglieder als anwesend im Sinne des Absatz 5 S. 1. |

[288] § 39 Abs. 4 S. 4 BPersVG, BT-Drs. 19/28839, 10.

| wesend im Sinne des Absatzes 1 Satz 1. Vor Beginn der Sitzung hat der oder die Vorsitzende die Identität der zugeschalteten Mitglieder festzustellen und deren Namen in die Anwesenheitsliste einzutragen. § 25 gilt für Sitzungen mittels Video- oder Telefonkonferenzen entsprechend. | [Die Regelung tritt am 31.3.2024 außer Kraft.] |
|---|---|

437 **Die Kirchen** können im Rahmen der Artikel 137 Abs. 3 WRV iVm 140 GG sowie Art. 4 GG eigene Regularien auch im kollektiven Arbeitsrecht treffen.[289] Hiervon hat die Kirche sowohl für die verfasste Kirche als auch für die Einrichtungen Diakonie und Caritas mit ihren weit über weit 1 Mio. Beschäftigten Gebrauch gemacht. Im Bereich der evangelischen Kirche gilt grundsätzlich das Mitarbeitervertretungsgesetz der EKD **(MVG-EKD),** für die katholische Kirche ist die Rahmen-Mitarbeitervertretungsordnung **(Rahmen-MAVO)** Ausgangspunkt, bestimmte Gliederungen können abweichende Regelungen treffen, auf die im Einzelfall zurückzugreifen ist.

438 Vergleicht man zB die Regelung in **§ 26 MVG-EKD** mit den §§ 30/33 BetrVG oder §§ 38/39 BPersVG sieht man ähnliche Regelungstechniken, wenngleich hier die Beschlussbestimmung auf die Sitzung (§ 25 MVG-EKD) übertragen wird und nicht umgekehrt. Eine Geschäftsordnung (die möglich ist), ist für den Beschluss nicht konstitutiv. Sie empfiehlt sich aber, um das Erfordernis des „Ausnahmefalls" (§ 26 Abs. 2 S. 5 MVG-EKD) zu spezifizieren. Der Widerspruch ist jedem einzelnen Mitglied möglich, von einem Vorsitzenden muss hierfür keine Frist gesetzt worden sein. Angeknüpft wird an die Bekanntgabe der Absicht zur Durchführung einer (teil-)virtuellen Sitzung; der Widerspruch muss dann unverzüglich (§ 121 BGB) hiernach erfolgen, um wirksam zu sein.

439 Im **katholischen Bereich** ist eine größere Zersplitterung gegeben mit unterschiedlichen Aktualisierungsständen.[290] Die vorgestellte, recht aktuelle Regelung der Erzdiözese Freiburg ist für die hier untersuchte Thematik recht schmal gehalten. Angeknüpft wird an den unbestimmten Rechtsbegriff des „unabwendbaren Ereignisses", der sich sowohl auf äußere Bedingungen (zB Quarantänebestimmungen) als auch auf persönliche Gründe beziehen dürfte. Die Beispiele aus dem Bereich Betriebs- und Personalrat können herangezogen werden, auch deshalb, weil das kirchliche Mitarbeitervertretungsrecht insgesamt auch sonst weite Anleihen am weltlichen Recht nimmt. Die Mitarbeitervertretung kann neue Informations- und Kommunikationstechnologien beanspruchen (dort § 14 Abs. 4 S. 4).

[289] Kritisch hierzu Stein, HSI-Schriftenreihe Nr. 47: Das kirchliche Selbstbestimmungsrecht im Arbeitsrecht und seine Grenzen, 2023.
[290] Vgl. Baumann-Czichon/Feuerhahn, Die RechtsSammlung, Staatliches und kirchliches Arbeitsrecht für Mitarbeitervertretungen in Diakonie, Kirche und Caritas, 2023.

### 4. Andere digitale Aufgabenerfüllung des Betriebsrats

440 Die Aufgaben einer Interessenvertretung erschöpfen sich nicht in den Betriebsratssitzungen und den dort gefassten Beschlüssen. Fragen der mobilen Arbeit stellen sich darüber hinaus.

#### a) Sprechstunden

441 Zum Vergleich: § 45 Abs. 3 BPersVG erlaubt mittlerweile **Online-Sprechstunden.** Zwar stellt die Begründung auf räumlich weit entfernte Dienststellen ab, Beschäftigte die mobil tätig oder im Home-Office sind, können diese aber auch nutzen, geht es der Regelung doch um eine bessere Erreichbarkeit.[291] Gleichzeitig verbietet die Regelung nicht, dass Personalratsmitglieder, seien sie freigestellt oder nicht, ihrerseits die Online-Sprechstunde aus dem Home-Office durchführen. Grenzen bestimmen sich nur nach den allgemeinen Regeln. Hinsichtlich der technischen Vorgaben wird auf § 38 BPersVG verwiesen.

442 Das **Betriebsverfassungsgesetz** enthält eine solche konkrete Regelung in § 39 BetrVG nicht. Dem Betriebsrat ist es aber nicht per se verboten, Onlineformate anzubieten, denn der Betriebsrat **bestimmt** nach pflichtgemäßem Ermessen **über Art und Weise** der Durchführung der Sprechstunde.[292] Darüber hinaus kann er, ggf. mit Hilfe der Einigungsstelle, Regelungen zu **Zeit und Ort** der Sprechstunde vereinbaren (§ 39 Abs. 1 S. 2–4 BetrVG). Dabei wird eine Rolle spielen, wie „mobil" die Belegschaft ist und welche Rahmenbedingungen im Betrieb, der Branche oder dem Tätigkeitsfeld bestehen. Auch technische Möglichkeiten sind relevant, geht es doch nicht selten um vertraulich zu behandelnde Themen, erst recht mit dem Inkrafttreten des **Hinweisgeberschutzgesetzes.** Eine Erreichbarkeit alleine auf dem virtuellen Wege ist ohnehin unzulässig. Dies würde gegen den Grundsatz, dass Betriebsratsarbeit grundsätzlich ihren **Leistungsort im Betrieb** hat, verstoßen (→ Rn. 387).

#### b) Monatsgespräch

443 Als Konkretisierung des Grundsatzes der vertrauensvollen Zusammenarbeit bestimmt § 74 Abs. 1 BetrVG, dass mindestens einmal im Monat ein Gespräch zwischen Arbeitgeber und Betriebsrat stattfinden soll. Aus dem Wort **„zusammentreten"** ergibt sich kein zwingendes Format des Monatsgesprächs.[293] Auch Online-Formate sind denkbar.

[291] BT-Drs. 19/28839, 10.
[292] Fitting BetrVG § 39 Rn. 8; GK-BetrVG/Weber § 39 Rn. 17; Günther/Böglmüller/Mesina NZA 2020, 77 (78); allg. ErfK/Koch BetrVG § 39 Rn. 1.
[293] Fitting BetrVG § 74 Rn. 6.

### c) Kommunikation

#### aa) Im Betriebsratsgremium

444 Wie der Betriebsrat intern kommuniziert, bestimmt dieser **autonom.** Einen Rahmen hierfür kann er in der Geschäftsordnung festlegen. Digitale Kommunikation kann dabei weit vereinbart werden. Sofern dabei technisches Equipment erforderlich ist, hat sich dies hinsichtlich der Kosten allerdings einer Erforderlichkeitsprüfung zu unterwerfen (§ 40 Abs. 2 BetrVG). Einerseits bedingt eine Geschäftsordnung die Erforderlichkeit nicht automatisch durch sich heraus, andererseits muss der Betriebsrat aber für seine Arbeitsfähigkeit Technik vorfinden, mit der man auch digital beweglich sein kann.[294] Hierbei hat der Betriebsrat einen Beurteilungsspielraum.[295] Der Einzelfall hängt von Besonderheiten des Betriebs ab.

445 Eine **formalisierte Kommunikation** erfolgt in Sitzungen und Verhandlungen des Betriebsrats. Ergebnisse aus diesen Sitzungen sind regelmäßig zu dokumentieren. Im Falle einer virtuellen Sitzung ist zu unterscheiden:

- **gesetzlich vorgegebene Schriftformerfordernisse** sind unabhängig vom Format einer Sitzung einzuhalten. Schriftform im Sinne § 126 BGB (und § 126a BGB)[296] schreibt beispielsweise § 27 Abs. 2 S. 3 BetrVG vor.[297]
- Für die **Ladung** nach § 29 BetrVG ist keine Formvorgabe im Gesetz enthalten, digitale Formate sind damit zulässig.[298]
- Die **Niederschrift** nach § 34 BetrVG ist auch nach virtuellen Sitzungen anzufertigen. Üblicherweise erfolgt sie in Papierform. Dies unterstützt ihren Beweiswert und erleichtert die Unterschriftsleistung nach § 34 Abs. 1 S. 2 BetrVG sowie Einsichtsrechte. § 126a BGB (elektronische Form) ist aber denkbar.[299] Bezüglich der **Anwesenheitsliste,** die Bestandteil der Niederschrift ist, gilt für virtuelle Formate § 34 Abs. 1 S. 4 BetrVG. Die entsprechende digitale Teilnahme ist dem Vorsitzenden in Textform (§ 126b BGB) zu bestätigen. Die Bestätigung ist der Niederschrift beizufügen.

#### bb) Mit der Belegschaft und anderen Gremien

446 Der Betriebsrat ist frei darin, wie er sich – auch unter Nutzung der im Betrieb vorhandenen **Kommunikationswege** – an die Belegschaft wendet. Bis zur Grenze des Datenschutzes kann er Beschäftigte informieren, auch über das Intranet, per Massen-E-Mail in „Townhall meetings"[300] oder über Videokonferenzen und Videobotschaften.[301] Auch Einzelgespräche sind virtuell möglich (vgl. § 192 Abs. 2 S. 4 BetrVG). Für **Betriebsversammlungen** galt § 129 Abs. 1 BetrVG. Diese konnten hiernach auch mittels audiovisueller Einrichtungen durchgeführt werden, wenn sichergestellt

---

[294] Günther/Böglmüller/Mesina NZA 2020, 77 (77, 79).
[295] ErfK/Koch BetrVG § 40 Rn. 1.
[296] Poguntke/von Villiez NZA 2019, 1097 (1102).
[297] Fitting BetrVG § 27 Rn. 82f.
[298] Fitting BetrVG § 29 Rn. 44.
[299] Poguntke/von Villiez NZA 2019, 1097 (1102). Die dort in Fußnote 77 geäußerten Einschränkungen (alle Mitglieder müssten wegen der Anwesenheitsvorgaben digital unterzeichnen) dürften sich aber deutlich wegen § 34 Abs. 1 S. 4 BetrVG verringert haben.
[300] Maußner AbR 2023, 37ff. (39).
[301] Vgl. Günther/Böglmüller/Mesina NZA 2020, 77 (78).

war, dass nur teilnahmeberechtigte Personen Kenntnis von dem Inhalt der Versammlung nehmen können. Eine Aufzeichnung war auch hier unzulässig. Das Gesetz gestattet zudem hybride Betriebsversammlungen.[302] All dies ist nicht mehr möglich. § 129 BetrVG ist insofern abgelaufen.

447 Bezüglich einer „(Mit-)Information" der Belegschaft durch Äußerungen über öffentliche Kanäle/**Social Media** (der Vorsitzende bedient aus seinem Home-Office einen Twitter-Account und benennt und bewertet Betriebsthemen) ist Zurückhaltung geboten. Hiergegen stehen grundsätzlich, auch unter Abwägung mit Art. 5 GG das Gebot der vertrauensvollen Zusammenarbeit, Geheimhaltungspflichten und die Pflichten des § 74 Abs. 2 BetrVG.[303] Etwas anderes kann sich dann ergeben, wenn sich der Arbeitgeber zunächst selbst solcher Kanäle bedient hat und dabei die Betriebsratsarbeit mit anspricht. Zur Kommunikation mit der Belegschaft gehören schließlich auch Fälle der Hinzuziehung von BR-Mitgliedern nach den §§ 81–83 BetrVG. Arbeitet der betroffene Arbeitnehmer mobil, muss der Betriebsrat zu einer entsprechenden virtuellen Sitzung zugeschaltet werden. § 83 BetrVG ist dann relevant, wenn eine digitale Personalakte gilt.

448 Mit **anderen Vertretungen,** wie der Schwerbehindertenvertretung, der JAV oder dem Sprecherausschuss[304], können frei alle Kommunikationsformen genutzt werden. Vorgaben gibt es hier keine. Im Rahmen der **Betriebsratssitzungen** (vgl. § 178 Abs. 4 SGB IX oder § 2 Abs. 2 SprAuG) sind die genannten Regeln (→ Rn. 393 ff.) auch für die weiteren teilnehmenden Vertreter maßgeblich und einzuhalten. Einwendungen gegen eine Sitzungsniederschrift nach § 34 Abs. 2 S. 2 BetrVG können auch sie erheben.[305]

## 5. Kostenfragen

### a) § 40 BetrVG

449 Mobile Betriebsratsarbeit löst Kosten aus, Kosten, die zu denen für „analoge" Betriebsratsarbeit hinzukommen können. Mit Regelungen wie § 30 Abs. 2 BetrVG hat der Gesetzgeber allerdings virtuelle Formate dauerhaft etabliert, was Rückwirkungen auf § 40 Abs. 2 BetrVG hat. **Der Arbeitgeber trägt** grundsätzlich auch die **Kosten virtueller Betriebsratsarbeit.** Zwar ist dies beschränkt durch das Erforderlichkeits-Tatbestandsmerkmal sowie bei digitalen Betriebsratssitzungen durch die Einschätzung in den Materialien, dass die Kosten dieser auch weiterhin verhältnismäßig zu sein haben,[306] die für die Durchführung virtueller Sitzungen notwendige Technik (Hard- und Software) sowie die technischen Sicherungsmaßnahmen[307] gehören aber allesamt

[302] Fitting BetrVG § 129 Rn. 6.
[303] Günther/Lenz NZA 2019, 1241 ff.; Fitting BetrVG § 74 Rn. 34; Göpfert/Dachner NZA 2022, 1503 (1504 f.).
[304] Dessen Sitzungen können nach den Maßgaben des § 12 Abs. 6 SprAuG ebenfalls virtuell ablaufen.
[305] ErfK/Koch BetrVG § 34 Rn. 1.
[306] BT-Drs. 19/28899, 20.
[307] BT-Drs. 19/28899, 20; grds. Schiefer, FS 190 Jahre Betriebsversammlung, S. 653 ff., 665.

zu § 40 Abs. 2 BetrVG.[308] Hybride Formate sind zudem kostenmäßig angesprochen in § 30 Abs. 3 BetrVG. Bewegt sich der Betriebsrat hier im Rahmen der gesetzlichen Vorgaben, sind die Kosten erforderlich bzw. sind Kosteneinsparerwägungen des Arbeitgebers („Telefonkonferenz vor Videokonferenz") unzulässig.[309]

450 Unabhängig davon ist auch für die weitere Betriebsratsarbeit eine **digitale Grundausstattung** erforderlich, die sich mit fortschreitender Digitalisierung und den Erwartungen an die Erreichbarkeit des Betriebsrats wandelt und die im Einzelfall abhängig ist von den Gegebenheiten im Betrieb sowie von den Regularien zur mobilen Arbeit und zum Home-Office. Äußere Grenzen sind einerseits das High-End-Gerät, mit Funktionen, die für die Betriebsratsarbeit nicht nötig oder überdimensioniert sind („Gadgets") und andererseits das allein zur Verfügung gestellte Telefon anstelle eines entsprechend leistungsstarken PC mit gutem Internetzugang. Im Übrigen wird auch die Größe des Gremiums sowie Anzahl und Entfernung von Betriebsstandorten eine Rolle spielen.[310] Vom Einzelfall abhängen, dürften auch Rückwirkungen zwischen digital und „klassisch". Wird sehr viel der Betriebsratsarbeit digital organisiert, bedarf es möglicherweise **weniger „haptischer" Betriebsmittel.** So kann ein online-Zugang zu einem Rechtskommentar für die Betriebsratsmitglieder der Anschaffung des gleichen Kommentars in Buchform entgegenstehen. Hinsichtlich des weiteren **unterstützenden Personals** ist dagegen mindestens solange Zurückhaltung geboten, wie das Gesetz virtuelle Formate immer noch als Ausnahme ansieht (vgl. § 30 Abs. 1 S. 5) oder andere Überlegungen entgegenstehen. Eine vertrauensvolle Zusammenarbeit, Verhandlungen für Betriebsvereinbarungen zu komplexen Gegenständen, Verhandlungen bei Betriebsänderungen und ein von Vertrauen getragener zwischenmenschlicher Kontakt mit der Belegschaft können nicht allein virtuell aufgebaut und geführt werden. Für all dies ist auch Administration erforderlich, die jedenfalls in ihrem anspruchsvollen Kern weiterhin von Menschen zu betreuen ist.[311]

### b) § 37 Abs. 2, 3 BetrVG

451 Kosten sind ferner auch direkt bei den Mitgliedern des Betriebsrats anfallende **Personalkosten.** Nimmt ein Betriebsrat beispielsweise (virtuell) an einer Betriebsversammlung teil, so ergibt sich sein Anspruch auf Arbeitsentgelt aus § 611a BGB iVm § 37 Abs. 2 BetrVG. Erfolgt die Teilnahme ohne Bezug zum Betriebsratsamt gilt § 44 Abs. 1 S. 2 iVm § 129 BetrVG. § 37 Absätze 2 und 3 BetrVG finden mithin auch bei virtuellen Formaten uneingeschränkt Anwendung (erforderliche Betriebsratsarbeit im Home-Office, ggf. auch nach der individuellen Arbeitszeit, oder virtuelle Teilnahme an Betriebsratssitzung)[312]. Wenn das BAG aussagt, dass die Teilnahme an Betriebsrats-

[308] LAG BB 14.4.2021 – 15 TaBVGa 401/21, ArbR 2021, 335; LAG Hessen 21.5.2021 – 16 TaBVGa 79/21; Däubler/Klebe NZA 2020, 545 (548).
[309] Fitting BetrVG § 129 Rn. 12; Kosten für Tablet oder Notebook LAG Hessen 14.3.2022 – 16 TaBV 143/21, NZA-RR 2022, 420; LAG Köln 24.6.2022 – 9 TaBV 52/21.
[310] Vgl. Günther/Böglmüller/Mesina NZA 2020, 77 (80).
[311] AA teilw. Jordan/Heitfeld/Löw DB 2019, 2690 ff.
[312] Dabei können Fälle des Absatzes 2 mit Absatz 3 zusammenkommen, vgl. ErfK/Koch BetrVG § 37 Rn. 4 mit Verweis auf BAG 18.1.2017 – 7 AZR 225/15, NZA 2017, 791 und BAG 15.5.2019 – 7 AZR 396/17, NZA 2019, 1497.

sitzungen regelmäßig als erforderlich anzusehen ist[313], gilt dies mithin gleichsam für virtuelle Formate. Ob durch virtuelle Formate Fälle des § 37 Abs. 3 BetrVG (Betriebsratstätigkeit außerhalb der Arbeitszeit) seltener werden, bleibt abzuwarten. Jedenfalls können bei Vorliegen betriebsbedingter Gründe, Betriebsratssitzungen auch außerhalb der Arbeitszeit liegen, dies ist sogar in § 30 Abs. 1 S. 2 BetrVG angelegt.[314]

452 Eine Sonderthematik besteht bei **Dienstreisen.** Diese sind arbeitszeitrechtlich nicht leicht einzuordnen, insbesondere nach veränderten Ansätzen des EuGH im Arbeitszeitrecht insgesamt.[315] Seit jeher, und auch jüngst vom EuGH bestätigt[316], ist davon aber das Vergütungsregime zu trennen, also die Frage, wie Arbeitszeit in seinen unterschiedlichen Ausprägungen zu vergüten ist. Dies wird bei Betriebsräten von § 37 Abs. 2 und 3 BetrVG überlagert. Befindet sich ein Betriebsratsmitglied während seiner individuellen Arbeitszeit ordnungsgemäß abgemeldet auf einer Reise zu einem Ort, an dem nachweislich erforderliche Betriebsratsarbeit anfällt, gilt § 37 Abs. 2 BetrVG (= Arbeitsbefreiung, hinsichtlich des Arbeitsentgeltes Lohnausfallprinzip).[317] Diese Reisezeit ist also als Arbeitszeit zu entgelten.[318] Unabhängig von der Frage, ob auf der Reise Betriebsratsarbeit erledigt wird, ist diese auch arbeitszeitrechtlich Arbeitszeit (mit Auswirkungen auf die Ruhezeit), denn sie ist dienstlich (hier betriebsverfassungsrechtlich) veranlasst.[319] Auf erfolgte oder nichterfolgte Weisungen während der Dienstreise kann es jedenfalls bei Betriebsräten nicht ankommen.[320] Liegt die Dienstreise **außerhalb der individuellen Arbeitszeit** und steht sie im unmittelbaren Zusammenhang mit der Betriebsratstätigkeit, ist sie auszugleichen, ggf. abzugelten (§ 37 Abs. 3 BetrVG), wenn für solche Fälle im Betrieb allgemein gültige Regelungen bestehen, nach denen alle Beschäftigten Dienstreisen vergütet erhalten (§ 78 BetrVG).[321] Nutzt das Betriebsratsmitglied die Reise für auch außerhalb der individuellen Arbeitszeit erforderliche Betriebsratsarbeiten, kommt es auf einen Vergleich mit den übrigen Beschäftigten nicht an.[322] Für teilzeitbeschäftigte Betriebsratsmitglieder gilt § 37 Abs. 3 S. 2 BetrVG.[323] Auf der Dienstreise dürfen digitale Arbeiten für den Betriebsrat erfolgen (aber keine Teilnahme an der Betriebsratssitzung), wenn Vertraulichkeit gewahrt werden kann (Sichtschutz am Laptop, freies Abteil im Zug). Für die Reisekosten gilt § 40 Abs. 1 BetrVG.[324]

---

[313] BAG 16.1.2008 – 7 ABR 71/06, NZA 2008, 546.
[314] Vgl. Fitting BetrVG § 37 Rn. 79.
[315] Zu (Ruf-)Bereitschaftszeiten vgl. EuGH 11.11.2021 – C-214/20, NZA 2021, 1699 (Rn. 42), Dublin City Council; EuGH 9.9.2021 – C-107/19, NZA 2021, 1395 Rn. 34f., Dopravní podnik hl. m. Prahy; EuGH 9.3.2021 – C-344/19, NZA 2021, 485 Rn. 35, Radiotelevizija Slovenija; EuGH 9.3.2021 – C-580/19, NZA 2021, 489 Rn. 36, Stadt Offenbach. Für eine grundsätzliche Übertragbarkeit dieser Rechtsprechung auf Dienstreisen Lunk NZA 2022, 881ff.
[316] EuGH 9.3.2021 – C-344/19, NZA 2021, 485 (Radiotelevizija Slovenija) Rn. 57f.
[317] HaKo-BetrVG/Wolmerath § 37 Rn. 13; Fitting BetrVG § 37 Rn. 42.
[318] BAG 11.7.1978 – 6 AZR 387/75, DB 1978, 2177.
[319] Vgl. DKW/Wedde § 37 Rn. 41.
[320] Für Dienstreisen von Beschäftigten vertritt dies Lunk NZA 2022, 881 (887).
[321] BAG 27.7.2016 – 7 AZR 255/14, NZA 2016, 1418; Fitting BetrVG § 37 Rn. 77.
[322] Vgl. BAG 3.9.1997 – 5 AZR 428/96, NZA 1998, 540.
[323] Fitting BetrVG § 37 Rn. 91.
[324] Vgl. zB BAG 16.1.2008 – 7 ABR 71/06, NZA 2008, 546.

### c) § 80 Abs. 3 BetrVG

453 Schließlich können durch den Einsatz digitaler Betriebsmittel **Sachverständigenkosten** anfallen (§ 80 Abs. 3 BetrVG). Der Informationsbedarf dürfte hier – insbesondere bei der Einführung von Videokonferenztechnik – nicht durch allgemeine Informationsquellen befriedigt werden können, sodass die Hinzuziehung regelmäßig erforderlich ist. Überschreitet die Konferenz- und Kommunikationstechnik die Schwelle von einer Anwendungstechnik zu einer Form **Künstlicher Intelligenz** (KI), ist der Einsatz eines Sachverständigen stets erforderlich (§ 80 Abs. 3 S. 2 BetrVG). Wann dies der Fall ist, muss im (aktuell wohl noch seltenen) Einzelfall bewertet werden. Dabei liegt ein Erschwernis darin, dass es an einer gesetzlichen Definition von KI bislang fehlt und auch das EU-Recht eine solche (noch) nicht vorhält.[325]

## 6. Regelung durch Tarifvertrag?

454 Das Tarifvertragsgesetz erkennt in § 1 TVG als tarifliche Normen auch **betriebsverfassungsrechtliche** Normen an. Damit sind Gestaltungen des Betriebsverfassungsrechts grundsätzlich möglich[326], wegen des oftmals bestehenden zwingenden Charakters der gesetzlichen Vorgaben aber nur eingeschränkt denkbar. Problemlos anzunehmen ist dies, wenn das Gesetz selbst Öffnungen gestattet zB zur Erweiterung von Beteiligungsrechten. Auch im Bereich der Organisation der Betriebsratsarbeit finden sich solche Öffnungen, wenn auch seltener (zB § 3 BetrVG, Zusammensetzung von GBR und KBR, Anzahl der freigestellten Betriebsratsmitglieder). Die Regelungen zur Beschlussfassung, zum Widerspruch gegen virtuelle Sitzungen oder zur Nichtöffentlichkeit sind allesamt höherrangiges zwingendes Gesetzesrecht.[327] Auch kann ein Tarifvertrag nicht den Vorrang der Präsenzsitzung aushebeln oder Rechtsfolgen beeinflussen (etwa... *gilt der Beschluss als nicht unzulässig* ...). Wegen der eindeutigen Verortung in einer Geschäftsordnung des Betriebsrats kann diese auch nicht durch einen Tarifvertrag ersetzt werden, zumal der Arbeitgeber hierüber keine Regelungskompetenz hat. Allenfalls möglich sind dagegen **unterstützende Maßnahmen** im Vorfeld. In einem Tarifvertrag könnten besondere Schulungsangebote für Betriebsratsmitglieder bezüglich spezieller Tools festgeschrieben werden, die gerade die professionelle Nutzung von Videokonferenzen gewährleisten helfen sollen (Durchführungsregelung zu § 37 Abs. 6 BetrVG[328]).

455 Im BPersVG gilt dagegen generell eine **Tarifsperre** (§ 3 BPersVG).

[325] Vgl. Verordnungsvorschlag der EU-Kommission, COM(2021), 206 final vom 21.4.2021 und dort der wenig ergiebige Artikel 3 Nr. 1.
[326] Kempen/Zachert TVG/Wendeling-Schröder § 1 Rn. 801 f.
[327] NK-TVG/Däubler § 1 Rn. 969.
[328] Solche Durchführungsregelungen sind tariflich möglich, vgl. Fitting BetrVG § 37 Rn. 4.

### 7. Weiterentwicklung

456 Neben technischen Entwicklungen wird eine digitale Arbeitsweise des Betriebsrats auch politisch begleitet. Im Koalitionsvertrag der „Ampel" zur 20. Legislaturperiode heißt es:

*„Die Mitbestimmung werden wir weiterentwickeln.* ***Betriebsräte sollen selbstbestimmt entscheiden, ob sie analog oder digital arbeiten.*** *Im Rahmen der verfassungsrechtlich gebotenen Maßstäbe werden wir Online-Betriebsratswahlen in einem Pilotprojekt erproben. Wir schaffen ein zeitgemäßes Recht für Gewerkschaften auf digitalen Zugang in die Betriebe, das ihren analogen Rechten entspricht. Die sozial-ökologische Transformation und die Digitalisierung kann nur mit den Arbeitnehmerinnen und Arbeitnehmern wirksam gestaltet werden. Hinsichtlich dieser Fragen werden wir das* ***Betriebsrätemodernisierungsgesetz evaluieren.*** *"*

457 Derzeit liegt noch kein Referenten- oder gar Gesetzesentwurf zur Umsetzung des zweiten Satzes aus dem Zitat vor.[329] Will man dem Betriebsrat generell mehr Möglichkeiten zur digitalen Arbeit geben („selbstbestimmt"), bietet es sich an, § 36 BetrVG hinsichtlich der Geschäftsordnung anzupassen und die offenen Fragen zu §§ 30, 33 BetrVG zu klären. Klarstellungen müssten auch bei §§ 37 und 40 BetrVG erfolgen, damit nicht Kostenfragen an sich gewährten Möglichkeiten im Wege stehen. Schließlich könnte man § 129 BetrVG wieder entfallen lassen, um virtuelle Betriebsversammlungen zu ermöglichen. Andernfalls besteht das Risiko, dass die Telenetze an diesen jedenfalls in bestimmten mobil arbeitenden Branchen abnimmt.

## III. Beteiligungsrechte des Betriebsrats und Mobile Work

### 1. Vorüberlegung

458 Vor noch nicht allzu langer Zeit löste der Begriff „Mobile Arbeit" bei Betriebsräten eher Assoziationen mit dem klassischen Außendienstmitarbeiter oder Montagemitarbeiter aus. Im Zuge des zunehmenden Einsatzes moderner Kommunikationsmittel begannen langsam die Einsatzmöglichkeiten für Beschäftigte, die außerhalb des Betriebes arbeiten wollten oder sollten, zu steigen.

459 Erste Betriebsvereinbarungen, meist unter der Überschrift „Alternierende Telearbeit", wurden abgeschlossen, zunächst mit dem Fokus auf die Überlassung von Gerätschaften durch den Arbeitgeber und häufig mit einem pauschalierten Kostenersatz, sofern das häusliche Arbeitszimmer für betriebliche Zwecke genutzt werden sollte.

460 In Folge der immer stärkeren Nutzung der Möglichkeiten kamen auch die mit der mobilen Arbeit verbundenen Problemstellungen zum Vorschein. Die Betriebsparteien begannen sich mit Fragen der Arbeitszeit, des Datenschutzes, des Gesundheitsschutzes, des Schutzes vor Überforderung zu befassen. Aus der euphorischen Stimmung, dass Beschäftigte künftig *„egal wann und egal wo"* arbeiten könnten, erwuchs bei Be-

[329] Stand der Abfrage 12.1.2023.

triebsräten schnell die Befürchtung, dass bei Führungskräften die Erwartung entstehen könnte, Beschäftigte müssten *„immer und überall"* arbeiten. Dies veranlasste die Betriebsparteien, zunehmend Kontrollmechanismen einzuführen oder aber zu einer bestimmten Zeit des Tages die Zugangsmöglichkeiten zu den Kommunikationsmitteln zu beschränken.

461 Erst diese Ausweitung der Nutzung von Mobiler Arbeit ermöglichte es, über völlig neue Arbeitskonzepte nachzudenken, wie etwa Desk-Sharing. Mit zunehmender Anzahl von Beschäftigten, die sich aufgrund der Nutzung Mobiler Arbeit nicht im Betrieb befinden, können im Betrieb physisch vorhandene Arbeitsplätze reduziert werden.

462 Die Betriebsparteien bewältigten die Regelung der komplexen Sachverhalte mit den zur Verfügung stehenden rechtlichen Möglichkeiten. Mit dem Inkrafttreten des Betriebsrätemodernisierungsgesetzes am 1.6.2021 schuf der Gesetzgeber mit dem neuen § 87 Abs. 1 Nr. 14 BetrVG sowie mit der Novellierung des BPersVG in § 80 Abs. 1 Nr. 5 BPersVG zusätzlich Vorschriften, die Betriebs- bzw. Personalräten ein speziell auf Mobile Arbeit bezogenes Mitbestimmungsrecht einräumten.

## 2. Betriebsverfassungsrechtliche Aufgabenstellungen für den Betriebsrat im Rahmen von Mobiler Arbeit

463 Der Betriebsrat bewegt sich bei der Ausübung seiner Beteiligungsrechte nicht im regelungsfreien Raum. Er kann mithin bei der Ausübung der Beteiligungsrechte nicht völlig frei entscheiden.[330] Überdies treffen ihn gesetzlich normierte Pflichten und Aufgaben, die er auch bei der Ausübung seiner Beteiligungsrechte und damit auch in der Wahrnehmung der Pflichten, die aus dem Ehrenamt folgen, zu beachten hat.[331] Es lohnt sich daher, diese Rechte und Pflichten mit Bezug auf Mobile Arbeit einzuordnen.

### a) Überwachungspflicht aus § 80 Abs. 1 BetrVG

464 Der Gesetzgeber hat dem Betriebsrat gemäß § 80 Abs. 1 Nr. 1 BetrVG die Pflicht zugewiesen, darüber zu wachen, dass die zugunsten der Arbeitnehmer geltenden Gesetze, Verordnungen, Unfallverhütungsvorschriften, Tarifverträge und Betriebsvereinbarungen durchgeführt werden. Auf die Wahrnehmung dieser Überwachungsaufgabe kann der Betriebsrat nicht verzichten.[332] Aus dieser Pflicht, die letztlich auch eine übertragene Kontrollfunktion ist,[333] folgt gleichermaßen, dass auch der Betriebsrat bei der Ausübung seiner Mitbestimmungsrechte insbesondere an die Vorschriften, die er zu überwachen hat, gebunden ist. Zudem haben die Betriebsparteien bei jeglicher Tätigkeit darauf zu achten, dass die Betriebsangehörigen, die von mobiler Arbeit be-

[330] Vgl. etwa nur die Verpflichtung aus § 75 BetrVG.
[331] Fitting BetrVG § 80 Rn. 4.
[332] BAG 19.2.2008 – 1 ABR 84/06, NZA 2008, 1078.
[333] BAG 16.11.2005 – 7 ABR 12/05, NZA 2006, 553.

troffen sind, gemäß § 75 BetrVG nach den Grundsätzen von Recht und Billigkeit behandelt werden.

465 Der Betriebsrat hat deshalb bezogen auf Mobile Arbeit insbesondere darauf zu achten, dass grundlegende Fragen des Arbeitsschutzes Beachtung finden. Hierzu zählen auch mit Blick auf § 5 Abs. 3 Nr. 4 ArbSchG die Gefährdungen bei Mobiler Arbeit, die sowohl aus der Gestaltung von Arbeitsverfahren, Arbeitsabläufen und Arbeitszeit und deren Zusammenwirken entstehen. In diesem Kontext sind auch Regelungen zu sehen, die notwendig sind, um den Gefährdungen entgegenzuwirken, die etwa aus einer ständigen Erreichbarkeit resultieren und die zu psychischen Fehlbelastungen führen können. Daneben stehen sicherlich die Fragen des Datenschutzes im Fokus der Aufmerksamkeit der Betriebsräte, ebenso wie das Arbeitszeitrecht. Da die eingesetzte Technik häufig weitreichende Kontrollmöglichkeiten zulässt, darf der Schutz der allgemeinen Persönlichkeitsrechte der Beschäftigten nicht unbeachtet bleiben.

466 Da aus § 80 Abs. 1 Nr. 1 BetrVG jedoch keine Handlungs- oder Unterlassungsansprüche durch den Betriebsrat abgeleitet werden können,[334] muss der Betriebsrat bei der Ausgestaltung etwaiger Betriebsvereinbarungen streng darauf achten, dass die Regelungen ihrerseits rechtskonform sind und schon bei der Konzeption der Mobilen Arbeit im Betrieb die Voraussetzungen für ein gesetzeskonformes Handeln geschaffen werden.

### b) Besondere Förderungspflichten des Betriebsrats aus § 80 Abs. 1 BetrVG

467 Das Betriebsverfassungsgesetz gibt dem Betriebsrat zudem allgemeine Aufgaben, die mit Handlungsaufträgen für den Betriebsrat versehen sind. Wie sich aus der Formulierung des Gesetzes ergibt, kann der Betriebsrat nicht frei entscheiden, ob er diese Aufgaben wahrnehmen will oder nicht. Er ist verpflichtet, diesen Aufgaben Rechnung zu tragen.[335]

468 Auch bei der Regelung von Mobiler Arbeit dürfen diese Aufgabenstellungen nicht vernachlässigt werden. Bezogen auf Mobile Arbeit können insbesondere folgende allgemeine Aufgaben eine besondere Rolle spielen:

#### aa) Berücksichtigung der Belange schwerbehinderter Menschen

469 Gemäß § 80 Abs. 1 Nr. 4 BetrVG hat der Betriebsrat die Eingliederung schwerbehinderter und sonstiger besonders schutzbedürftiger Personen zu fördern. Der Betriebsrat soll hier eng mit der Schwerbehindertenvertretung zusammenwirken. Gerade für diese Personengruppen kann eine geforderte Mobilität entweder besondere Belastungen mit sich bringen oder aber die Einräumung der Möglichkeit, mobil zu arbeiten, einen besonderen Vorteil darstellen.[336] Der Betriebsrat hat zusammen mit der Schwerbehindertenvertretung dies abzuwägen und im Rahmen seiner Beteiligungsrechte zielgerichtet zu berücksichtigen. Geht die Mobilität mit Schaffung neuer Raumkonzepte einher, sind hier die Interessen der Schwerbehinderten besonders zu berücksichtigen.

[334] BAG 28.5.2002 – 1 ABR 40/01, NZA 2003, 1352.
[335] Fitting BetrVG § 80 Rn. 4.
[336] Gaul/Rindone ArbRB 2021, 208.

#### bb) Förderung der Beschäftigung älterer Arbeitnehmer

470 Gemäß § 80 Abs. 1 Nr. 6 BetrVG hat der Betriebsrat zudem die Beschäftigung älterer Arbeitnehmer im Betrieb zu fördern. Hieraus folgt in Zusammenhang mit den Grundsätzen für die Behandlung von Betriebsangehörigen aus § 75 Abs. 1 BetrVG, dass Benachteiligungen wegen des Alters nicht nur zu vermeiden sind, sondern dass gerade eine altersgemäße Beschäftigung geschaffen werden muss.[337] Schließlich beinhaltet Nr. 6 eine Förderungspflicht. Bei der Ausgestaltung von Mobiler Arbeit sind also die besonderen Bedürfnisse dieser älteren Arbeitnehmer zu berücksichtigen. So müssen hier gegebenenfalls gesonderte Qualifizierungsmaßnahmen angeboten werden, um die Möglichkeiten der Mobilen Arbeit effektiv nutzen zu können und andererseits Überbelastungen, die die Mobile Arbeit möglicherweise mit sich bringt, altersgerecht zu minimieren.

#### cc) Förderung der Vereinbarkeit von Familie und Erwerbstätigkeit

471 Ein besonderes Augenmerk liegt im Rahmen der Mobilen Arbeit auf § 80 Abs. 1 Nr. 2b BetrVG, wonach der Betriebsrat die allgemeine Aufgabe hat, die Vereinbarkeit von Familie und Erwerbstätigkeit zu fördern. Dieser Aspekt hat gerade bei der Option, Arbeit von zu Hause aus erledigen zu können und hier möglichst flexibel auf die familiären Belange[338] reagieren zu können, große Bedeutung. Diese allgemeine Aufgabe macht deutlich, dass es bei der Gestaltung der Mobilen Arbeit nicht nur darum geht, den betrieblichen Interessen Rechnung zu tragen, sondern auch den Interessen der Beschäftigten.

#### dd) Förderung des betrieblichen Umweltschutzes

472 Gemäß § 80 Abs. 1 Nr. 9 BetrVG hat der Betriebsrat ferner den betrieblichen Umweltschutz zu fördern. Im Kontext der Mobilen Arbeit kann es hier um Fragen gehen, wie viel Mobile Arbeit, insbesondere zur Vermeidung von unnötigen Wege- und Reisezeiten, eingeräumt wird. Auch die Emissionen, die die Beschäftigten durch den Weg zur Arbeit oder aber im Rahmen von Dienstreisen erzeugen, unterliegen der betrieblichen Gestaltungsmacht. Durch die Förderungsaufgabe aus Nr. 9 hat der Betriebsrat sich dafür einzusetzen, dass die Möglichkeiten der Mobilen Arbeit auch dazu eingesetzt werden, einen umweltschützenden Effekt zu erzielen.

### 3. Informations- und Beratungsrechte aus § 90 Abs. 1 BetrVG

#### a) Information und Beratung

473 Gemäß § 90 Abs. 1 Nr. 3 BetrVG hat der Arbeitgeber den Betriebsrat über die Planung von Arbeitsverfahren und Arbeitsabläufen einschließlich des Einsatzes von Künstliche Intelligenz rechtzeitig unter Vorlage der erforderlichen Unterlagen zu un-

[337] Fitting BetrVG § 80 Rn. 31.
[338] Fitting BetrVG § 80 Rn. 40.

terrichten. Gleiches gilt für die Planung von Arbeitsplätzen gemäß § 90 Abs. 1 Nr. 4 BetrVG. Die Einführung Mobiler Arbeit ist hierbei sowohl dem Begriff der Arbeitsabläufe als auch der Arbeitsplätze zuzuordnen. Unter Arbeitsablauf ist insoweit die räumliche und zeitliche Folge des Zusammenwirkens von Mensch, Arbeitsmittel, Stoff, Energie und Information in einem Arbeitssystem zu verstehen.[339] Mobile Arbeit stellt eine besondere Form der räumlichen und zeitlichen Gestaltung der Arbeitsprozesse dar, in deren Rahmen die Arbeitsaufgabe zu erfüllen ist. Die sich daraus ergebenden Besonderheiten betreffen somit die Arbeitsabläufe. Das Informationsrecht hinsichtlich der Arbeitsplätze bezieht sich auf die Ausgestaltung der einzelnen Arbeitsplätze, insbesondere die räumliche Anordnung und Gestaltung der Maschinen und Werkzeuge sowie die Anbringung sonstiger Arbeitsmittel und die Arbeitsumgebung des Arbeitsplatzes.[340] Da Mobile Arbeit gerade diese räumliche Komponente des Arbeitsplatzes betrifft, ist auch dieses Tatbestandsmerkmal erfüllt.

474 Der Umfang der Unterrichtung bezieht sich sowohl auf die generelle Planung des Einsatzes von Mobiler Arbeit auf Betriebsebene als auch die Detailplanung, mithin sämtliche Fragen der Planung der Arbeitsabläufe und der Zusammenarbeit, die sich aus dem Einsatz von Mobiler Arbeit ergeben können.[341] Dabei ist der Betriebsrat umfassend hinsichtlich des Gegenstands, des Ziels sowie der Durchführung der vom Arbeitgeber geplanten Maßnahmen zu unterrichten. Im Mittelpunkt hat hierbei die Auswirkung der Maßnahme auf die Art der Arbeit, die der Arbeitnehmer zu erbringen haben die sich daraus ergebenden gegebenenfalls veränderten Anforderungen und die zum Einsatz kommenden Mittel zu stehen.[342]

475 Zur ordnungsgemäßen Unterrichtung gehört auch die Vorlage der erforderlichen Unterlagen. Aus der Gesetzesbegründung folgt, dass der Arbeitgeber von sich aus alle diejenigen Unterlagen vorliegen muss, die notwendig sind, damit sich der Betriebsrat ein möglichst genaues Bild von Umfang und Auswirkungen der geplanten Maßnahme machen kann.[343]

476 Ist der Betriebsrat umfassend informiert, hat der Arbeitgeber die mit der Einführung von Mobiler Arbeit im Zusammenhang stehenden Maßnahmen und die Auswirkungen auf die Arbeitnehmer mit dem Betriebsrat zu beraten. Der Begriff der Beratung ist hierbei weit zu verstehen. So kann der Betriebsrat hier hinterfragen, ob die Planung des Arbeitgebers wirtschaftlich sinnvoll und praktikabel ist. Gerade bei der Einführung von Mobiler Arbeit wird auch unabhängig von den Mitbestimmungsrechten die Frage der Qualifikation und der Arbeitsbedingungen[344] ein wesentlicher Beratungsgegenstand sein.

[339] LAG Hamm 3.12.1976 – 3 TaBV 68/76.
[340] Fitting BetrVG § 90 Rn. 30.
[341] Vgl. Fitting BetrVG § 90 Rn. 8a.
[342] Richardi BetrVG/Annuß BetrVG § 90 Rn. 20.
[343] BT-Drs. 11/2503, 35.
[344] MHdB ArbR/Oberthür § 332 Rn. 11.

### b) Zeitpunkt der Information und Beratung

477 Wie sich schon aus dem Wortlaut ergibt, soll der Betriebsrat bereits im Planungsstadium einer Maßnahme eingebunden werden.[345] Plant der Arbeitgeber also, Mobile Arbeit im Betrieb einzusetzen, ist der Betriebsrat über diese Planungen zu unterrichten, nicht nur bevor diese umgesetzt werden, sondern bereits so frühzeitig, dass er durch die Beratung noch Einfluss auf die Pläne nehmen kann. Tritt also der Arbeitgeber in konkrete Überlegungen[346] ein, ob und wie er Mobile Arbeit im Betrieb zum Einsatz bringen möchte, wird hiermit die Pflicht zur Unterrichtung und Beratung ausgelöst.

478 § 90 BetrVG beinhaltet jedoch lediglich ein Mitwirkungsrecht, kein Mitbestimmungsrecht des Betriebsrats.[347] Geben sich also nicht zusätzlich echte Mitbestimmungsrechte, kann der Arbeitgeber nach erfolgter Beratung seine geplante Maßnahme umsetzen, auch wenn der Betriebsrat anderer Meinung sein sollte. Bei der Einführung von Mobiler Arbeit werden sich in der Umsetzung die Mitbestimmungsrechte jedoch aus weiteren Tatbeständen, wie nachstehend beschrieben, ergeben.

### c) Berücksichtigung gesicherter arbeitswissenschaftlicher Erkenntnisse

479 § 90 Abs. 2 S. 2 BetrVG verpflichtet die Betriebsparteien bei ihrer Beratung der gesicherten arbeitswissenschaftliche Erkenntnisse über die menschengerechte Gestaltung der Arbeit zu berücksichtigen.

## 4. Mitbestimmungsrechte aus § 87 BetrVG

480 Aus § 87 BetrVG ergeben sich für den Betriebsrat echte Mitbestimmungsrechte bei der Einführung Mobiler Arbeit, die im Folgenden näher dargestellt werden. Voraussetzung für die Ausübung der Mitbestimmung aus § 87 Abs. 1 BetrVG ist zunächst, dass den Betriebsparteien überhaupt noch ein Regelungsspielraum zukommt,[348] dass also keine abschließende gesetzliche oder tarifliche Regelung besteht (Gesetzes- oder Tarifvorbehalt).

481 Soweit ersichtlich, gibt es hinsichtlich der Ausgestaltung des mobilen Arbeitens kaum abschließende gesetzliche Regulierungen. Selbst die bestehenden arbeitsschutzrechtlichen Gesetze und hier erlassenen Verordnungen, die die Mobile Arbeit betreffen könnten, lassen einen Gestaltungsspielraum zu. Zu beachten ist aber, dass künftig Mobile Arbeit zunehmend auch tariflich geregelt werden wird.[349] Sofern die dann einschlägigen Tarifverträge abschließende Regelungen zur Mobilen Arbeit enthalten, sind in diesem Regelungskontext die Mitbestimmungsrechte ausgeschlossen.

482 Regelt der Tarifvertrag den Komplex der Mobilen Arbeit jedoch nicht abschließend und umfassend, sondern lässt er den Betriebsparteien Gestaltungsspielraum oder

[345] Fitting BetrVG § 90 Rn. 1.
[346] Richardi BetrVG/Annuß BetrVG § 90 Rn. 21.
[347] BAG 1.7.2003 – 1 ABR 22/02, NZA 2003, 1209.
[348] BAG 24.2.1987 – 1 ABR 73/84, NZA 1987, 674.
[349] Beispiel: Tarifvertrag Mobiles Arbeiten für die Beschäftigten der Metall- und Elektroindustrie in Baden-Württemberg – gültig seit 1.1.2022.

werden bestimmte Themenkomplexe, etwa der Einsatz der Technik, nicht abschließend geregelt, ist gleichwohl der Einhaltung der Mitbestimmungsrechte zu beachten.

483 Voraussetzung für das Bestehen eines Mitbestimmungsrechtes aus § 87 Abs. 1 Nr. 1 BetrVG ist nach der hL stets auch das Vorliegen eines kollektiven Tatbestandes.[350] Aufgrund der hierzu entwickelten Grundsätze in der Rechtsprechung dürfte ein kollektiver Tatbestand wohl stets gegeben sein. Lediglich in dem wohl kaum denkbaren Fall, dass in einem Betrieb oder Unternehmen nur einem einzelnen Arbeitnehmer die Möglichkeit zur Mobilen Arbeit eingeräumt wird und dies zusätzlich noch aufgrund besonderer Umstände erfolgt, die in der Person dieses Arbeitnehmers liegen, könnte ein Mitbestimmungsrecht ausscheiden.[351] Sobald die Mobile Arbeit folglich den gesamten Betrieb, Teile hiervon oder auch nur mehrere Arbeitnehmer betrifft, ist vom Vorliegen eines kollektiven Tatbestands auszugehen. Auf die Anzahl der betroffenen Arbeitnehmer kommt es hierbei nicht an.[352]

### a) Ausgestaltung von Mobiler Arbeit, die mittels Informations- und Kommunikationstechnik erbracht wird, § 87 Abs. 1 Nr. 14 BetrVG

#### aa) Allgemeines

484 Erst geraume Zeit, nachdem Mobile Arbeit in die betriebliche Wirklichkeit Einzug gefunden hat, vor allem auch beschleunigt durch die Nutzung der Arbeit von zu Hause aus während der Corona-Pandemie, hat sich der Gesetzgeber veranlasst gesehen, mit Art. 1 Nr. 16 Betriebsrätemodernisierungsgesetz (BRModG) den Katalogtatbeständen der Mitbestimmung in sozialen Angelegenheiten aus § 87 Abs. 1 BetrVG einen neuen Mitbestimmungstatbestand hinzuzufügen. Betriebsräte haben nunmehr auch ein Mitbestimmungsrecht bei der Ausgestaltung von Mobiler Arbeit, zumindest soweit diese mittels Informations- und Kommunikationstechnik erbracht wird.

485 Der Gesetzgeber verfolgte damit das Ziel, die Möglichkeiten der betrieblichen Mitbestimmung sowohl bei regelmäßiger als auch bei anlassbezogener Mobiler Arbeit zu verbessern mit dem Ziel, einheitliche und verbindliche Regelungen für den konkreten Betrieb zu schaffen. Dies liege im Interesse der Beschäftigten, da durch die Mitwirkung des Betriebsrates den Gefährdungen, die Mobile Arbeit mit sich bringen könne, welche etwa in der Entgrenzung von privater Zeit und Arbeitszeit gesehen werde, entgegengewirkt werden könne.[353]

486 Dabei war es erklärtes Ziel des Gesetzgebers, mit der Schaffung dieses neuen Katalogtatbestandes nicht die übrigen Mitbestimmungsrechte des Betriebsrates zu verdrängen. Diese bestehen nach wie vor. Auch alle übrigen Beteiligungsrechte, die dem Betriebsrat aus dem Betriebsverfassungsgesetz zustehen und die bei Mobiler Arbeit in Betracht kommen könnten, bleiben unberührt.[354] Nr. 14 stellt damit mehr einen Auffangtatbestand dar.[355] Gerade die zunehmende Digitalisierung der Arbeitswelt wird dazu führen, dass künftig noch in weit größerem Umfang und in möglicherwei-

[350] Vgl. etwa Fitting BetrVG § 87 Rn. 14.
[351] Müller ArbRAktuell 2021, 408.
[352] Fitting BetrVG § 87 Rn. 15.
[353] Vgl. Begründung des Regierungsentwurfes, BT-Drs. 271/21, 11.
[354] Richardi BetrVG/Maschmann BetrVG § 87, Rn. 989b.
[355] Fitting BetrVG § 87 Rn. 581.

se heute noch nicht vorstellbaren Arbeitsformen Mobile Arbeit erbracht wird. Der Auffangtatbestand kann dazu beitragen, auch solche völlig neuen Formen einer betrieblichen Regelung im Interesse der Beschäftigten und des Betriebes zuzuführen.

### bb) Begriff „Mobile Arbeit" im Sinne von Nr. 14

487 Der Begriff „Mobile Arbeit" ist schillernd und wird je nach Kontext sehr unterschiedlich gebraucht und meint unterschiedliche Sachverhalte. Das Betriebsverfassungsgesetz selbst enthält keine Definition des betriebsverfassungsrechtlichen Begriffs der „Mobilen Arbeit". Der Gesetzgeber hat in der Begründung zum Regierungsentwurf Hinweise gegeben, welcher Begriff der „Mobilen Arbeit" von Nr. 14 erfasst sein soll.

488 Demnach ist ausschlaggebend, ob Beschäftigte die geschuldete Arbeitsleistung unter Verwendung von Informations- und Kommunikationstechnik außerhalb der Betriebsstätte erbringen. Dabei können sie von einem Ort oder von Orten ihrer Wahl aus arbeiten. Jedoch soll „Mobile Arbeit" im Sinne der Vorschrift nicht vorliegen, wenn die geschuldete Arbeitsleistung bereits an sich aufgrund ihrer Eigenart ortsgebunden erfolgen muss.[356]

489 Das Mitbestimmungsrecht bezieht sich daher nicht auf einzelne Arbeitsbedingungen oder bestimmte Maßnahmen des Arbeitgebers, sondern erfasst eine gesamte Arbeitsform.[357] Damit fallen Botentätigkeiten, Fahrtätigkeiten und sonstige Tätigkeiten, die üblicherweise fern des Betriebes erbracht werden, zum Beispiel Reinigungsarbeiten in stets wechselnden Objekten, nicht unter den Begriff der Mobilen Arbeit.[358] Auch die Tätigkeiten von Monteuren, Servicetechnikern, Vertriebsmitarbeitern, Kundenbetreuern etc., die im Außendienst tätig sind, werden nicht erfasst, selbst wenn hier eine enge Anbindung mittels Informations- und Kommunikationstechnologie an den Betrieb besteht, da hier schon die Eigenart der Tätigkeit die geschuldete Mobilität mit sich bringt.[359]

490 Umgekehrt fallen alle Tätigkeiten darunter, bei denen durch die Nutzung von Informations- und Kommunikationstechnologie eine an sich stationäre Tätigkeit an Orten, die außerhalb der Betriebsstätte liegen, erbracht wird. Mithin ist der Begriff „Mobile Arbeit" irreführend. Wie vorstehend skizziert, wird nämlich die echte Mobilität eines Fahrers nicht erfasst, während die sitzende Tätigkeit eines Mitarbeiters, der außerhalb des Betriebes arbeitet und durch eine Datenleitung fest verbunden ist, als mobil bezeichnet wird. Eine bessere Wortwahl wäre möglicherweise „ortsungebundene Arbeit" gewesen.

491 Ausgehend vom Zweck des Gesetzes, dass moderne Arbeitsformen einer innerbetrieblichen einheitlichen Regelung zugeführt werden sollen, ist somit der Begriff „Mobile Arbeit" eher weit im Hinblick auf die Vielfalt der entstehenden modernen Arbeitsformen auszulegen.

---

[356] BT-Drs. 19/28899.
[357] Fitting BetrVG § 87 Rn. 582.
[358] In der Gesetzesbegründung eher unklar formuliert. Die dortigen Beispiele, Boten etc., fallen bereits deshalb nicht unter den Anwendungsbereich, da hier die Mobilität Teil der geschuldeten Arbeitsleistung ist.
[359] Vgl. Bayreuther NZA 2021, 839.

492 Nr. 14 erfasst damit all jene Fälle, in denen Beschäftigte den Ort, von dem aus sie arbeiten wollen, entweder völlig frei wählen können oder einen bzw. mehrere Orte mit dem Arbeitgeber fest vereinbart sind. Dabei kann es sich um das klassische „Homeoffice" handeln, das sich in der Wohnung befindet, als auch um die eingeräumte Möglichkeit, an verschiedenen Orten zu arbeiten, sei es in Verkehrsmitteln, Hotellobbys, Co-Working-Spaces und Ähnlichem, sei es an einem Zweitwohnsitz, in einem gemieteten Ferienhaus etc. Mobile Arbeit liegt selbst dann vor, wenn Beschäftigten die Möglichkeit eingeräumt wird, ihre Tätigkeit in vollem Umfang von ihrer Wohnung aus zu verrichten. Auch solche „Telearbeitsplätze", die von § 2 Abs. 7 Arbeitsstättenverordnung (ArbStättV) erfasst werden, sind vom Begriff der „mobilen Arbeit" erfasst. Auch hier liegt der Fall vor, dass die Arbeit außerhalb der Betriebsstätte geleistet wird. Ausgehend von der gesetzgeberischen Zielsetzung, den Gefahren, die mit der Entgrenzung von privater Zeit und Arbeitszeit einhergehen, entgegenzuwirken, besteht hier ebenso betrieblicher Regelungsbedarf wie bei der an vielen verschiedenen Orten erbrachten Arbeit.

### cc) Nutzung von Informations- und Kommunikationstechnologie als Voraussetzung

493 Aufgrund der Tatbestandseinschränkung, dass die Mobile Arbeit mittels Informations- und Kommunikationstechnologie erbracht werden muss, fallen Tätigkeiten, die zwar mobil, jedoch ohne diesen Technikeinsatz erbracht werden, nicht darunter.

494 Durch den einschränkenden Zusatz, wird zudem deutlich, dass Fälle erfasst werden sollten, bei denen eine an sich, in einer analogen Welt, im Betrieb zu erbringende Arbeitsleistung durch die Nutzung von Technik ortsungebunden erledigt werden kann.

495 Im Fokus der Regelung stehen somit vor allem die entstehenden modernen Arbeitsformen, die die Digitalisierung erst möglich macht. Es sollte so wohl einer Erosion der betrieblichen Strukturen als auch einer damit einhergehenden Verschlechterung der Arbeitsbedingungen vorgebeugt werden. Bedauerlicherweise werden jedoch Tätigkeiten, die in einer analogen Welt ortsungebunden erbracht werden, durch die Anknüpfung an die Nutzung digitaler Technik ausgenommen. Tatsächlich könnten sich hier jedoch dieselben Schutzbedürfnisse ergeben, wie sie sich bei den vom Geltungsbereich erfassten Arbeitsformen ergeben würden.[360]

496 Andererseits aber unterliegen Beschäftigte, die ortsungebunden ohne digitale Anbindung an den Betrieb arbeiten, auch einem völlig anderen Arbeitsregime, als dies bei Beschäftigten der Fall ist, die durch eine „digitale Nabelschnur" mit dem Betrieb, den Vorgesetzten und den Kollegen so verbunden sind, als ob sie vor Ort arbeiten würden. An die dem Mitbestimmungsrecht unterworfene „Ausgestaltung" dieser mobilen Arbeit sind wohl wesentlich höhere Anforderungen zu stellen. Zudem werden in absehbarer Zeit immer weniger Tätigkeiten vorhanden sein, bei denen Informations- und Kommunikationstechnik nicht zum Einsatz kommt.

497 Der Begriff der Informations- und Kommunikationstechnik ist dem Betriebsverfassungsgesetz nicht fremd, wie ein Blick in § 40 BetrVG zeigt. Mit Blick auf die für

[360] Vgl. hierzu etwa Oberthür ArbRB 2021, 276; oder Grambow NJW 2021, 2074.

den dort aufgestellten Anspruch des Betriebsrats auf Überlassung von Sachmitteln ist eine weite Auslegung des Begriffs angezeigt. Letztlich fällt darunter jegliche moderne Technik, die in der heutigen Büroorganisation anzutreffen ist bzw. künftig anzutreffen sein wird.[361]

498 Da sich der Wortlaut nicht einschränkend äußert, kommt es nicht darauf an, ob die ortsungebundene Tätigkeit mit Technik erledigt wird, die durch den Arbeitgeber gestellt wird und die in seinem Eigentum steht, oder ob hierfür auch Technik genutzt werden darf, die im Eigentum der Beschäftigten oder eines Dritten steht.[362]

## dd) Zeitliche Aspekte

499 Unerheblich für die Eröffnung des Anwendungsbereiches ist es, ob die Mobile Arbeit im vorstehenden Sinne regelmäßig oder lediglich anlassbezogen erbracht wird. Es kommt also nicht darauf an, ob Beschäftigte jeden Tag in vollem Umfang an einem betriebsfernen Ort arbeiten, oder ob dies nur tage- oder stundenweise der Fall ist.[363] Gerade in agilen Arbeitsformen und in sogenannten „modernen Arbeitswelten" kann aus der Formulierung in der Gesetzesbegründung, dass regelmäßige mobile Arbeit erfasst sei, nicht auf eine rhythmisierende und in gleichen Abständen wiederkommende mobile Arbeit geschlossen werden.[364]

500 Eine zeitliche Anknüpfung als Voraussetzung für die Anwendung des Mitbestimmungstatbestandes enthält der Wortlaut der Nr. 14 gerade nicht. Es genügt die Einräumung der Möglichkeit, außerhalb des Betriebes die Arbeitsleistung mittels Informations- und Kommunikationstechnik zu erbringen. Die zeitliche Dimension ist nicht ausschlaggebend.

## ee) Anknüpfungspunkt der Mitbestimmung

501 § 87 Abs. 1 Nr. 14 BetrVG setzt bei der Ausgestaltung der Mobilen Arbeit an. Es ist deshalb zunächst davon auszugehen, dass das Mitbestimmungsrecht des Betriebsrates lediglich das „wie" des Einsatzes Mobiler Arbeit im Betrieb bzw. Unternehmen betrifft. Die Frage, „ob" der Arbeitgeber Mobile Arbeit im Sinne der Vorschrift ermöglichen will oder nicht, obliegt seiner alleinigen Entscheidungsbefugnis und soll der Mitbestimmung entzogen sein.[365] Damit obliegt die mitbestimmungsfreie Initiative dem Arbeitgeber. Ebenso kann er mitbestimmungsfrei die Entscheidung treffen, dass es künftig im Betrieb bzw. Unternehmen keine Mobile Arbeit im vorgenannten Sinne mehr geben soll.[366] Entscheidet sich der Arbeitgeber aber für die Ermöglichung und Nutzung Mobiler Arbeit, kann der Betriebsrat die Ausgestaltung derselben aufgrund seines Mitbestimmungsrechtes fordern.

[361] Fitting BetrVG § 87 Rn. 587.
[362] Müller ArbRAktuell 2021, 409f.
[363] Bayreuther NZA 2021, 839f.
[364] AA Ansicht wohl Reinartz NZA-RR 2021, 547.
[365] BT-Drs. 19/28899, 23.
[366] Hierbei dürfte es sich im Hinblick auf die prognostizierten Entwicklungen moderner Arbeitsformen eher um eine theoretische Frage handeln.

502 Zu beachten ist jedoch, dass die Einführung zwar nicht der Mitbestimmung unterliegt, dass den Arbeitgeber jedoch bereits vor der Einführung umfassende Informations- und Beratungspflichten, etwa aus § 90 BetrVG, treffen.

503 Außerdem müssen, um Mobile Arbeit nutzen zu können, zunächst die technischen Voraussetzungen geschaffen werden. Die zum Einsatz kommende Technik wird in aller Regel dem Anwendungsbereich von § 87 Abs. 1 Nr. 6 BetrVG unterfallen. Somit ist zwar die generelle Entscheidung über das „ob" der mobilen Arbeit mitbestimmungsfrei, gleichwohl können auch schon vorbereitende Handlungen der Mitbestimmung nach Nr. 6 unterliegen, da dort ausdrücklich die „Einführung" technischer Einrichtungen genannt ist (→ Rn. 518 ff.).

504 Unbenommen bleibt freilich die Möglichkeit der Betriebsparteien, freiwillige Betriebsvereinbarungen über die Einführung von Mobiler Arbeit abzuschließen.[367]

#### ff) Umfang des Mitbestimmungsrechtes

505 Besonders schwer fällt die Abgrenzung zwischen mitbestimmungsfreien Entscheidungen und Anordnungen des Arbeitgebers und der mitbestimmungspflichtigen Ausgestaltung der Mobilen Arbeit. Entsprechend dem Grundgedanken, wonach das „ob" der Mobilen Arbeit der Mitbestimmung nach Nr. 14 entzogen sein soll, könnten etwa folgende Entscheidungen mitbestimmungsfrei sein:

- Festlegung eines zeitlichen Kontingents an Mobiler Arbeit je Woche
- Festlegung von Orten, an denen mobil gearbeitet werden kann
- Umfang und Qualität der technischen Ausstattung zur Ermöglichung der Mobilen Arbeit[368]

506 Als Teil der Ausgestaltung unterfallen zB folgende Themenkomplexe sowohl nach Nr. 14 als auch anderer Katalog-Tatbestände des § 87 BetrVG in die Mitbestimmung des Betriebsrates:

- Regelungen zum Arbeitsschutz bei mobiler Arbeit
- Verhaltensanweisungen zum Datenschutz
- Regelungen zu Beginn und Ende der Arbeitszeit, arbeitsfreie Zeiten und Zeiterfassung
- Vereinbarungen zur eingesetzten Technik und deren Nutzung

507 Ein Initiativrecht des Betriebsrats folgt aus dem Mitbestimmungsrecht des § 87 Abs. 1 Nr. 14 BetrVG nicht. Begründet wird dies unter anderem damit, dass die Einführung Mobiler Arbeit dem Arbeitsverhalten zuzurechnen wäre, welches auch nach § 87 Abs. 1 Nr. 1 BetrVG Mitbestimmung frei ist.[369] Folglich kann der Betriebsrat die Einführung von Mobiler Arbeit nicht erzwingen.

### b) Ordnung im Betrieb, § 87 Abs. 1 Nr. 1 BetrVG

508 § 87 Abs. 1 Nr. 1 BetrVG gibt dem Betriebsrat ein Mitbestimmungsrecht bei Fragen der Ordnung des Betriebs und des Verhaltens der Arbeitnehmer im Betrieb. Auch

---

[367] Oberthür ArbRB 2021, 276.

[368] Da es sich hierbei um Arbeitsmittel handelt, die der Arbeitgeber zu stellen hat, liegt auch der Umfang, welche Arbeitsmittel er zur Verfügung stellt, in seinem Ermessen und ist der Mitbestimmung entzogen.

[369] Bayreuther NZA 2021, 839 f.

Arbeitnehmer, die außerhalb des Betriebes arbeiten und mobile Arbeit erbringen, unterliegen den Anordnungen des Arbeitgebers zur Ordnung des Betriebes. Der Begriff des Betriebes ist insofern funktional zu verstehen, nicht räumlich.[370] Gleiches gilt für Verhaltensanweisungen, die Beschäftigte betreffen, die ihre Arbeitsleistung ortsungebunden erbringen.

509 Hinsichtlich des Verhaltens der Arbeitnehmer im Betrieb ist zu unterscheiden zwischen dem Arbeitsverhalten und dem sogenannten Ordnungsverhalten.[371] Während das Arbeitsverhalten unmittelbar die Arbeitsleistung betrifft und insofern nicht der Mitbestimmung des Betriebsrates unterliegt, ist das Ordnungsverhalten, das für das Zusammenleben der Beschäftigten im Betrieb maßgeblich ist, der Mitbestimmung unterworfen. Demnach sind alle Weisungen, die der Arbeitgeber erteilt, bzw. Maßnahmen, die er ergreift, die das Arbeitsverhalten betreffen, der Mitbestimmung entzogen. Mitbestimmungsfrei kann daher der Arbeitgeber Anordnungen zum sorgsamen Umgang mit Arbeitsmitteln, die den Beschäftigten für die Mobile Arbeit überlassen worden sind, treffen. Als mitbestimmungsfrei wird auch das Verbot der Privatnutzung der Informations- und Kommunikationstechnologie angesehen.

510 Ebenfalls nicht der Mitbestimmung unterliegen Anweisungen zur Dokumentation der Arbeit, die außerhalb der Betriebsstätte erbracht wird. Hierbei ist jedoch zu beachten, dass an dieser Stelle das Mitbestimmungsrecht aus § 87 Abs. 1 Nr. 6 BetrVG greifen kann, wenn zur Kontrolle der Tätigkeiten technische Systeme zum Einsatz kommen. Mitbestimmungsfrei wären in dem Zusammenhang auch alle Anweisungen, die der Arbeitgeber als technische und organisatorische Maßnahmen begreift, um den Datenschutz bei der Arbeit außerhalb des Betriebes zu gewährleisten, also die Verwendung von Blickschutzfolien, die Verpflichtung zum Sperren des Notebooks beim vorübergehenden Verlassen des Arbeitsplatzes, Verhaltensregeln zur Vermeidung von Diebstählen und sonstigem Datenverlust.

511 Im Übrigen sind Mitbestimmungsrechte denkbar bei der Anordnung des Tragens von Business-Kleidung auch bei Mobiler Arbeit, um ein einheitliches Erscheinungsbild zu gewährleisten, der Erlass von Verhaltensregeln bei der Nutzung von Co-Working-Spaces, gesonderte Regelungen hinsichtlich der An- und Abmeldung beim vorübergehenden Verlassen des Arbeitsplatzes, besondere Regelungen hinsichtlich der Anzeigepflicht und Nachweispflicht im Krankheitsfall und ähnlich gelagerten Fällen.

### c) Arbeitszeit, § 87 Abs. 1 Nr. 2, 3 BetrVG

512 Ein wesentlicher Aspekt bei Mobiler Arbeit stellt die Gestaltung der Arbeitszeit dar. Wie § 5 Abs. 3 ArbSchG vermutet, können sich aus der Gestaltung von Arbeits- und Fertigungsverfahren, Arbeitsabläufen und Arbeitszeit und deren Zusammenwirken Gefährdungen für die Gesundheit der Beschäftigten ergeben. Für Beschäftigte, die ortsungebunden arbeiten, besteht daher aus Sicht der Betriebsräte ein besonderer Regelungsbedarf hinsichtlich der Lage der Arbeitszeit und auch hinsichtlich der Leistung von Überstunden.

---

[370] BAG 27.1.2004 – 1 ABR 7/03, NZA 2004, 556.
[371] BAG 18.4.2000 – 1 ABR 22/99, NZA 2000, 1176.

513 Gemäß § 87 Abs. 1 Nr. 2 BetrVG hat der Betriebsrat ein umfassendes Mitbestimmungsrecht hinsichtlich der Lage der täglichen Arbeitszeit und der Pausen einschließlich der Verteilung der Arbeitszeit auf die einzelnen Wochentage. § 87 Abs. 1 Nr. 3 BetrVG gibt ihm zudem ein Mitbestimmungsrecht hinsichtlich der vorübergehenden Verlängerung oder Verkürzung der betriebsüblichen Arbeitszeit. Lediglich die individuelle Dauer der Arbeitszeit ist der Mitbestimmung entzogen.[372] Somit unterliegen, da auch hier vom funktionalen und nicht vom räumlichen Betriebsbegriff auszugehen ist, auch die Beschäftigten, die ihre Arbeitsleistung außerhalb des Betriebes in Mobiler Arbeit erbringen, den betrieblichen Arbeitszeitregelungen.

514 Ebenso gut können die Betriebsparteien jedoch für die Beschäftigten in Mobiler Arbeit gesonderte Arbeitszeitsysteme entwickeln, die den Bedürfnissen einerseits dieser Beschäftigtengruppe und andererseits den betrieblichen Belangen besonders entgegenkommen. Will der Arbeitgeber etwa Zeiten, in denen die Beschäftigten in Mobiler Arbeit verbindlich ansprechbar sein müssen, festlegen, so unterfällt dies der Mitbestimmung, da hier eine Festlegung der Arbeitszeitlage erfolgt. Auch wenn der Arbeitgeber den Beschäftigten in Mobiler Arbeit größere zeitliche Souveränität einräumen möchte, als dies den Beschäftigten im Betrieb möglich ist, bedarf es hierzu der Zustimmung des Betriebsrates, da auch Beginn und Ende der täglichen Arbeitszeit der Mitbestimmung unterliegen.

515 Erst recht gilt dies, wenn für diese Gruppe von Beschäftigten vollständige Zeitsouveränität im Sinne einer Vertrauensarbeitszeit eingeführt werden soll. Auch hierfür ist die vorherige Zustimmung des Betriebsrates und der Abschluss einer Betriebsvereinbarung notwendig.[373]

516 **Hinweis:**

Um der völligen Entgrenzung der Arbeitszeit vorzubeugen, empfiehlt es sich, zumindest folgende „Leitplanken“ in der Gestaltung der Arbeitszeit einzuführen:
- Verbot von Sonn- und Feiertagsarbeit
- Festlegung eines verbindlichen Arbeitszeitrahmens, der für Mobile Arbeit zur Verfügung steht (frühestmöglicher Beginn und spätestmögliches Ende der Arbeitszeit)
- Unterwerfung von Samstagsarbeit unter die vorherige Mitbestimmung des Betriebsrates und Zustimmung der Führungskraft

517 Vor dem Hintergrund der Entscheidung des Europäischen Gerichtshofes in der Rechtssache CCOO[374] und des Bundesarbeitsgerichts vom 13.9.2022[375] werden die Weichen hinsichtlich der Zeiterfassung generell und somit auch bei Mobiler Arbeit neu gestellt werden müssen. Ein Referentenentwurf liegt zwischenzeitlich vor. Die weitere Entwicklung wird zu beachten sein. In jedem Falle empfiehlt es sich, für den Bereich der mobilen Arbeit technische Zeiterfassungssysteme zu etablieren, um dem Grundgedanken der Rechtsprechung Rechnung zu tragen.

---

[372] BAG 22.7.2003 – 1 ABR 28/02, NZA 2004, 507.
[373] Fitting BetrVG § 87 Rn. 116.
[374] EuGH 14.5.2019 – C-55/18, NZA 2019, 683 – CCOO.
[375] BAG 13.9.2022 – 1 ABR 22/21, NZA 2022, 1616.

### d) Mitbestimmung bei technischen Überwachungseinrichtungen, § 87 Abs. 1 Nr. 6 BetrVG

518 Wird die vom Betrieb unabhängige Arbeit mithilfe von Informations- und Kommunikationstechnik ermöglicht oder kommen in diesem Zusammenhang andere technische Einrichtungen zur Anwendung, die geeignet sind, Leistung und Verhalten von Arbeitnehmern zu kontrollieren, ist der Anwendungsbereich des § 87 Abs. 1 Nr. 6 BetrVG auch bei Mobiler Arbeit eröffnet.

519 Das Bundearbeitsgericht geht insoweit, anders als der Wortlaut der Vorschrift vermuten lässt, davon aus, dass die objektive Eignung der Einrichtung zur Überwachung ausreicht, um die Mitbestimmung auszulösen.[376] Zudem ist der Ausnahmefall zu beachten, dass bereits die Überwachung eines einzelnen Mitarbeiters, ohne dass ein kollektiver Bezug vorliegt, das Mitbestimmungsrecht auslöst.[377] Da nahezu jede technische Einrichtung, die dazu genutzt wird, Mobile Arbeit zu ermöglichen, personenbezogene Leistungs- und Verhaltensdaten erfasst und verarbeitet, ist davon auszugehen, dass die gesamte Peripherie, die Mobile Arbeit erst ermöglicht, diesem Mitbestimmungsrecht unterliegt. Erst recht gilt dies für technische Einrichtungen, insbesondere Software, die konkret auch dazu bestimmt ist, die Leistung und das Verhalten der Beschäftigten zu kontrollieren oder zu steuern, etwa technische Systeme, mit denen das Arbeitsgut den Beschäftigten zugesteuert wird, Telefonanlagen, die die Dauer von Telefongesprächen messen, oder Systeme, die die Geschwindigkeit der Arbeitserledigung protokollieren.

520 Die Beteiligung des Betriebsrats muss bei § 87 Abs. 1 Nr. 6 BetrVG vor der Einführung der technischen Einrichtung erfolgen und die Zustimmung vor Inbetriebnahme vorliegen.[378] Anders als in § 87 Abs. 1 Nr. 14 BetrVG bezieht sich das Mitbestimmungsrecht hier sowohl auf das „ob“ der technischen Einrichtung als auch auf den Betrieb, mithin das „wie“.

### e) Mitbestimmung bei Regelungen des Arbeitsschutzes, § 87 Abs. 1 Nr. 7 BetrVG

521 Gemäß § 87 Abs. 1 BetrVG unterliegen auch Maßnahmen des Arbeitgebers, die in Ausfüllung gesetzlicher Rahmenvorschriften[379] zur Verhütung von Arbeitsunfällen und Berufskrankheiten sowie des betrieblichen Gesundheitsschutzes erfolgen, der Mitbestimmung.

522 Die Tatsache, dass Mobile Arbeit außerhalb des Betriebes erbracht wird ändert nichts an den Grundpflichten des Arbeitgebers aus § 3 ArbSchG.[380] Gerade bei Tätigkeiten, die außerhalb der unmittelbaren betrieblichen Einflusssphäre erbracht werden, sind die Betriebsparteien gefordert, unter Beachtung der Mitbestimmungsrechte die gesetzlichen Rahmenvorschriften mit Leben zu füllen um Gefährdungen für die Beschäftigten in Mobiler Arbeit zu reduzieren.

---

[376] BAG 13.12.2016 – 1 ABR 7/15, NZA 2017, 657.
[377] Richardi BetrVG/Maschmann BetrVG § 87 Rn. 529.
[378] Fitting BetrVG § 87 Rn. 254f.
[379] BAG 18.7.2017 – 1 ABR 59/15, NZA 2017, 1615.
[380] Wiebauer NZA 2016, 1430.

523 Der Mitbestimmung unterliegen hierbei etwa die Durchführung einer Gefährdungsbeurteilung, die gemäß § 5 ArbSchG erforderlich ist,[381] sowie Art, Umfang und Inhalt der Unterweisung der Beschäftigten nach § 12 ArbSchG.[382]

524 Unterlässt der Arbeitgeber die Durchführung einer Gefährdungsbeurteilung, kann dem Betriebsrat ein Initiativrecht[383] zur Durchführung von Gefährdungsbeurteilungen und zum Abschluss einer Regelung, die einen verbindlichen Rahmen für die Durchführung der Gefährdungsbeurteilung vorgibt, etwa die Festlegung von Beurteilungsmethoden und des generellen Vorgehens, zustehen. Wird die Mobile Arbeit ausschließlich aus dem Homeoffice heraus erbracht, sind zudem die Konkretisierungen durch § 3 ArbStättV zu beachten.

525 **Hinweis:**

Der Arbeitgeber sollte Beschäftigten, die in Mobiler Arbeit tätig sind, Hinweise für gesundheitsförderndes Verhalten während der Mobilen Arbeit an die Hand geben, um gesundheitsschädliche Fehlbelastungen zu vermeiden. Die größte Akzeptanz genießen derartige Maßnahmen, wenn die betriebliche Interessenvertretung frühzeitig mit eingebunden wird.

## 5. Mitbestimmung bei Betriebsänderungen, § 111 BetrVG

526 Meist wird die Einführung von Mobiler Arbeit im Betrieb für sich genommen keine so grundlegende Änderung darstellen, dass vom Vorliegen einer Betriebsänderung auszugehen sein wird. Voraussetzung wäre gemäß § 111 S. 3 Nr. 4 BetrVG, dass entweder eine grundlegende Änderung der Betriebsorganisation, des Betriebszwecks oder der Betriebsanlagen erfolgt, oder im Sinne von § 111 S. 3 Nr. 5 BetrVG grundlegend neue Arbeitsmethoden und Fertigungsverfahren eingeführt werden.

527 Beide Katalogtatbestände des § 111 BetrVG setzen eine grundlegende Änderung voraus. Ob eine Betriebsänderung vorliegt und damit die Beteiligungsrechte des Betriebsrates aus § 111 BetrVG ff. ausgelöst werden, ist danach zu beurteilen, welchen Umfang die Mobile Arbeit im Betrieb einnehmen wird und ob hierdurch eine grundlegende Änderung stattfindet.

528 Ist die Einführung Mobiler Arbeit noch eingebettet in weitere Änderungen der betrieblichen Organisation, etwa Wegfall von stationären Arbeitsplätzen im Betrieb im Zuge eines Desk-Sharing-Konzeptes, und damit einhergehender Veränderungen der Führungskultur, der betrieblichen Abläufe und der Zusammenarbeit zwischen den Beschäftigten, liegt es nahe, von einer mitbestimmungspflichtigen Betriebsänderung auszugehen.

---

[381] BAG 13.8.2019 – 1 ABR 6/18, NZA 2019, 1717.
[382] BAG 8.11.2011 – 1 ABR 42/10, AP BetrVG 1972 § 87 Gesundheitsschutz Nr. 18.
[383] Richardi BetrVG/Richardi BetrVG § 87 Rn. 578.

529

**Hinweis:**

Unabhängig vom Vorliegen einer Betriebsänderung ist der Arbeitgeber ohnehin verpflichtet, gemäß § 90 BetrVG (→ Rn. 473 f.) den Betriebsrat über jegliche Änderung von Arbeitsverfahren und Arbeitsabläufen zu informieren. Durch diese Information wird der Betriebsrat in die Lage versetzt, zu prüfen, ob eine Betriebsänderung vorliegt. Da solche Änderungen häufig mit einer Änderung der Firmenkultur einhergehen müssen, ist eine hohe Akzeptanz in der Belegschaft erforderlich. Die Betriebsparteien sind daher gut beraten, frühzeitig in Gespräche einzutreten, um konstruktive Lösungen im Vereinbarungswege zu entwickeln.

## 6. Mitbestimmung bei Qualifizierungsmaßnahmen, §§ 96, 97 BetrVG

530 Mobile Arbeit ist mit anderen Anforderungen verbunden als die Arbeit im Betrieb vor Ort. Es empfiehlt sich daher, vor der Aufnahme der Mobilen Arbeit die Beschäftigten entsprechend zu qualifizieren.

531 Beispiele für Qualifizierungen sind:

- Anforderungen des Datenschutzes und zu ergreifende Maßnahmen
- Reichweite des Geheimnisschutzes
- Arbeits- und Gesundheitsschutz bei Mobiler Arbeit
- Qualifizierung hinsichtlich der zum Einsatz kommenden Technik

532 Hierbei ist das Mitbestimmungsrecht des Betriebsrates nach §§ 96, 97 BetrVG zu beachten. Über die dort aufgestellten Informations-, Vorschlags- und Beratungsrechte sowie über die Mitbestimmung bei betrieblichen Bildungsmaßnahmen gemäß § 98 BetrVG sind etwaige Qualifizierungskonzepte für die Mobile Arbeit mit dem Betriebsrat abzustimmen.

533

**Hinweis:**

Wird Desk-Sharing im Betrieb etabliert und werden dadurch Beschäftigte, die ansonsten stationär vor Ort arbeiten würden, gezwungen, mobil zu arbeiten, kann sich auch ein Initiativrecht des Betriebsrates aus § 97 Abs. 2 BetrVG ergeben, wenn die zusätzlichen Anforderungen durch die mobile Arbeit dazu führen, dass die Kenntnisse und Fähigkeiten der Arbeitnehmer zur Erfüllung ihrer geänderten Aufgaben nicht mehr ausreichen. Etwaige Qualifizierungsmaßnahmen können dann durch den Betriebsrat auch in der Einigungsstelle erzwungen werden.

## 7. Mitbestimmung bei personellen Einzelmaßnahmen gemäß § 99 BetrVG in Zusammenhang mit Mobiler Arbeit

534 Die für Mobile Arbeit prägende Tätigkeit außerhalb des Betriebes führt nicht dazu, dass die Beteiligungsrechte des Betriebsrates gemäß § 99 BetrVG wegfallen.

### a) Einstellung

535 Gemäß § 99 BetrVG bedarf jede Einstellung der vorherigen Anhörung des Betriebsrates und dessen vorheriger Zustimmung. Unter Einstellung in diesem Sinne ist zunächst die Eingliederung in den Betrieb zu verstehen.[384] Eine derartige Eingliederung in den Betrieb liegt jedoch auch dann vor, wenn der Beschäftigte seine Tätigkeit entweder teilweise in Mobiler Arbeit oder vielleicht sogar vollständig außerhalb des Betriebes in Mobiler Arbeit erbringt.[385] Maßgeblich ist lediglich, ob der Beschäftigte dergestalt in die betrieblichen Abläufe eingegliedert ist, dass er weisungsgebundene Tätigkeit verrichtet und an der Erreichung des Betriebszwecks mitwirkt.

536 **Hinweis:**

Für die Frage, welcher Betriebsrat in einem Unternehmen mit mehreren Betriebsräten bzw. Betrieben zu beteiligen ist, kommt es auf die funktionale Zuordnung des Beschäftigen zum jeweiligen Betrieb an, nicht auf die räumliche Nähe etwa des Home-Office zur nächstgelegenen Betriebsstätte.

537 Für die Frage der Eingliederung kommt es nicht darauf an, ob der Beschäftigte tatsächlich auch körperlich den Betrieb jemals betritt.[386]

### b) Versetzung

538 Weist der Arbeitgeber Beschäftigte, die bisher stationär vor Ort im Betrieb ihre Arbeitsleistung erbracht haben, an, künftig entweder ganz oder teilweise mobil zu arbeiten und ihre Tätigkeit außerhalb der Betriebsstätte zu erbringen, sofern dies einzelvertraglich möglich ist, kann dies als mitbestimmungspflichtige Versetzung angesehen werden.[387] Zum einen geht mit dieser Anweisung stets eine Änderung des Arbeitsortes einher. Häufig wird damit auch eine Änderung des Arbeitsbereiches verbunden sein. Eine mitbestimmungspflichtige Versetzung liegt nach § 95 Abs. 3 S. 1 BetrVG dann vor, wenn die Änderung entweder länger als einen Monat dauern wird oder aber sich durch die Änderung die Umstände, unter denen die Arbeitsleistung zu erbringen ist, wesentlich ändern werden.

539 Umgekehrt kann nach derselben Maßgabe die Versetzung eines bisher in Mobiler Arbeit tätigen Beschäftigten an eine stationäre Arbeit im Betrieb eine mitbestimmungspflichtige Versetzung darstellen.[388]

### c) Verfahren

540 Sind die tatbestandlichen Voraussetzungen für eine Einstellung oder eine Versetzung gegeben, kann der Betriebsrat bei Vorliegen eines Zustimmungsverweigerungsgrundes (§ 99 Abs. 2 BetrVG) gemäß § 99 Abs. 3 S. 1 BetrVG unter Angabe von Gründen

---

[384] BAG 12.6.2019 – 1 ABR 5/18, NZA 2019, 1288.
[385] Fitting BetrVG § 99 Rn. 36.
[386] LAG Schleswig-Holstein 18.1.2022 – 2 TaBV 25/21, BeckRS 2022, 3585.
[387] LAG München 31.7.2018 – 7 TaBV 19/18, BeckRS 2018, 34031.
[388] BAG 20.10.2021 – 7 ABR 34/20, NZA 2022, 494.

innerhalb einer Woche seine Zustimmung verweigern. Der Arbeitgeber ist dann verpflichtet, wenn er seine personelle Maßnahme umsetzen möchte, ein arbeitsgerichtliches Zustimmungsersetzungsverfahren gemäß § 99 Abs. 4 BetrVG einzuleiten. Ist bei einer mitbestimmungspflichtigen Versetzung der Beschäftigte mit der Zuweisung des anderen Arbeitsortes oder des anderen Arbeitsbereiches bzw. dem Wechsel von stationärer zu Mobiler Arbeit einverstanden, entfällt jedoch die Möglichkeit des Betriebsrates, die Zustimmung mit der Begründung zu verweigern, dass die personelle Einzelmaßnahme Nachteile für den Beschäftigten mit sich bringen würde.

## IV. Mitbestimmung des Personalrats bei Arbeitsformen außerhalb der Dienststelle, § 80 Abs. 1 Nr. 5 BPersVG

541 Auch im Bereich des öffentlichen Dienstes kann die Nutzung von Mobiler Arbeit nicht ohne Beteiligung des Personalrates erfolgen. In Anbetracht der teilweise in Nuancen unterschiedlichen Regelungen der Landespersonalvertretungsgesetze beschränkt sich die nachstehende Übersicht auf die Darstellung der aktuellen Regelungen im Bundespersonalvertretungsgesetz (BPersVG).

542 Mit der Novellierung des Bundespersonalvertretungsgesetzes wurde erstmals mit § 80 Abs. 1 Nr. 5 BPersVG dem Personalrat eine Mitbestimmung bei Einführung, Änderung und Aufhebung von Arbeitsformen außerhalb der Dienststelle eingeräumt. Ausweislich der Begründung zum Gesetzesentwurf soll damit der gestiegenen Bedeutung flexibler und mobiler Arbeitsformen außerhalb der Dienststelle Rechnung getragen werden, da diese mittlerweile weit verbreitet seien und für viele Beschäftigte unerlässliche Voraussetzung für die Vereinbarkeit von Familie, Pflege und Beruf sei. Zudem unterstütze der Mitbestimmungstatbestand die dem Personalrat nach § 62 Nr. 6 BPersVG übertragene allgemeine Aufgabe, die Familienfreundlichkeit und die Vereinbarkeit von Familie, Pflege und Beruf zu fördern.[389]

543 Hierbei ist zu beachten, dass dem Personalrat gemäß § 80 Abs. 1 BPersVG nur dann ein Mitbestimmungsrecht eingeräumt wird, soweit eine gesetzliche oder tarifliche Regelung nicht besteht. Eine solche die Mitbestimmung ausschließende gesetzliche oder tarifliche Regelung liegt nur dann vor, wenn mit ihr ein Sachverhalt vollständig, umfassend und erschöpfend geregelt wird und es zum Vollzug der Maßnahme keines Ausführungsaktes mehr bedarf, mithin für die Dienststellenleitung kein Gestaltungsspielraum mehr besteht.[390] Da der Bereich der mobilen Arbeit jedoch weder gesetzlich noch tariflich abschließend geregelt ist, greift der Gesetzes- und Tarifvorbehalt nicht.

544 Das Mitbestimmungsrecht erfasst jedoch ausschließlich kollektive Maßnahmen.[391] Werden also mit einzelnen Beschäftigten Vereinbarungen zur mobilen Arbeit oder zum Homeoffice geschlossen, ist das Mitbestimmungsrecht nicht berührt, solange es sich tatsächlich um Einzelfälle handelt. Von derartigen Einzelfällen wird auszugehen

[389] Begründung zum Gesetzesentwurf vom 19.2.2021, BT-Drs. 19/26820, 123.
[390] BVerwG 18.5.2004 – 6 P 13/03, NZA-RR 2005, 163; PersV 2004, 386.
[391] Lorenzen/Rehak, Bundespersonalvertretungsgesetz, Rn. 103.

sein, wenn die jeweilige Situation des individuellen Beschäftigten bei der Entscheidung über die Ermöglichung von Mobiler Arbeit eine wesentliche Rolle spielt.[392]

545 Bereits ohne die gesetzliche Neuregelung wurde die Einrichtung von Telearbeitsplätzen außerhalb der Dienststelle als mitbestimmungspflichtig gemäß § 75 Abs. 3 Nr. 1 und Nr. 16 BPersVG aF angesehen. Anknüpfungspunkt war hierbei die damit oft verbundene Entscheidung über die Zeiten notwendiger Anwesenheit der Beschäftigten in der Dienststelle oder Festlegung von Zeiten der Erreichbarkeit am Telearbeitsplatz zu Hause.[393]

546 Das Mitbestimmungsrecht aus § 80 Abs. 1 Nr. 5 BPersVG reicht weiter als die dem Betriebsrat eingeräumte Mitbestimmung aus § 87 Abs. 1 Nr. 14 BetrVG. Während der Betriebsrat nur über die „Ausgestaltung" der mobilen Arbeit mitzubestimmen hat, erstreckt sich das Mitbestimmungsrecht des Personalrates auch auf die Einführung, Änderung und Aufhebung. Damit ist die Reichweite des Mitbestimmungsrechtes deutlich größer. Zudem wird jede außerhalb der Dienststelle erbrachte Arbeit erfasst, wohingegen § 87 Abs. 1 Nr. 14 BetrVG sich auf mobile Arbeit beschränkt, die mittels Informations- und Kommunikationstechnik erbracht wird.

547 Auch wenn der Wortlaut von § 80 Abs. 1 Nr. 5 BPersVG nahelegt, dass dem Personalrat ein Mitbestimmungsrecht bei der Einführung zusteht, also ein Initiativrecht bestehen könnte, ist die Rechtsstellung des Personalrates gleichwohl beschränkt. Anders als im Betriebsverfassungsgesetz ist das Initiativrecht des Personalrates durch § 77 BPersVG ausgestaltet.

548 Bezogen auf die Einführung von mobiler Arbeit bedeutet dies, dass der Personalrat gemäß § 77 Abs. 1 BPersVG diese beantragen kann. Hierzu hat er einen ausformulierten Vorschlag zu unterbreiten, in dem auch die Rahmenbedingungen der mobilen Arbeit dargelegt sind. Dieser Vorschlag ist dem Leiter oder der Leiterin der Dienststelle schriftlich oder elektronisch zu unterbreiten und auch zu begründen. Ist dies erfolgt, soll die Dienstellenleitung innerhalb von sechs Wochen unter Angabe von Gründen entscheiden, oder, wenn die Einhaltung der Frist nicht möglich ist, einen Sachstandshinweis erteilen.

549 Wird dem Antrag nicht oder nicht in vollem Umfang entsprochen, wird lediglich das Stufenverfahren gemäß § 71 BPersVG angesetzt. Kommt auch hier eine Einigung nicht zustande, sieht § 77 Abs. 1 S. 2 Nr. 2 BPersVG ausdrücklich vor, dass die endgültige Entscheidung bei der obersten Dienstbehörde liegt. Letztlich bleibt es daher trotz anderen Wortlauts bei der grundsätzlichen Konzeption, dass über das „ob" der Einräumung mobiler Arbeit im Zuständigkeitsbereich des Personalrates gleichwohl die Dienststelle entscheidet.

550 Wird jedoch im Rahmen einer kollektiven Maßnahme mobile Arbeit als Arbeitsform außerhalb der Dienststelle ermöglicht, so kann der Personalrat seine Mitbestimmungsrechte ausüben. Ohne die Zustimmung des Personalrates kann die Einführung, Änderung oder Aufhebung von Arbeitsformen außerhalb der Dienststelle gemäß § 70 Abs. 1 BPersVG nicht erfolgen. Bemerkenswert ist, dass hierbei auch die Aufhebung von Arbeitsformen außerhalb der Dienststelle der Mitbestimmung unterliegt.

[392] Däubler PersR 2022, S. 8 ff.
[393] Wedde ZfPR 1998, 18.

551 Anders als im Betriebsverfassungsgesetz unterliegt bereits die Einführung der Mitbestimmung. Entscheidet sich die Dienststelle also, Arbeitsformen außerhalb der Dienststelle einzuführen, mithin mobile Arbeit zu ermöglichen, so unterliegen sämtliche Gestaltungsfragen rund um die mobile Arbeit der Mitbestimmung. Da anders als im Betriebsverfassungsgesetz, bei dem alle Fragen, die mit dem „ob" der Ermöglichung mobiler Arbeit verbunden sind, dem Mitbestimmungsrecht entzogen sein sollen, können hier auch der zeitliche Umfang der mobilen Arbeit und die Rahmenbedingungen der Mitbestimmung unterliegen.

552 Können sich Dienststellenleitung und Personalrat nicht einigen, muss zunächst das Stufenverfahren gemäß § 71 BPersVG durchlaufen werden. Auch wenn dieses keine Einigung mit sich bringt, kann die Einigungsstelle angerufen werden. Die Entscheidung der Einigungsstelle, die durch Beschluss ergeht, bindet sodann die Beteiligten.

# D. Datenschutz, IT Sicherheit und Geschäftsgeheimnisschutz

## Übersicht



## I. Herausforderungen bei Mobiler Arbeit, Datenschutz und Informationstechnologie

**553** Laptops, Tablets und Smartphones ermöglichen es heute, von jedem beliebigen Ort im In- oder Ausland aus zu arbeiten, und zwar zu jeder Zeit. Seit der globalen Corona Pandemie Anfang 2020 und den zu deren Eindämmung ergriffenen Maßnahmen (zB Lockdowns, Bewegungs- und Kontaktbeschränkungen, Home-Office-Pflichten) hat sich die Mobile Arbeit rasant ausgebreitet und bewährt, die zuvor eher ein Schattendasein führte.[1] Damit sind in datenschutzrechtlicher Hinsicht verschiedene Gefahren verbunden, insbesondere aufgrund des Arbeitens außer Sichtweite des Arbeitgebers oder der Vorgesetzten, geringerer Kontrollmöglichkeiten des Arbeitgebers oder seiner Beauftragten, einer möglichen „Vermischung" dienstlicher und privater IT- sowie Kommunikationsmittel[2] und der Gefahr des Zugriffs durch unberechtigte Dritte oder Familienangehörige.[3] Damit sind nicht nur arbeitsrechtliche Fragen verbunden, sondern auch solche des Datenschutzes bzw. der IT-Sicherheit nach DSGVO und BDSG, des Geschäftsgeheimnisschutzes[4], die häufig zu wenig Beachtung finden. Sie sind aber angesichts möglicher Rechtsfolgen nicht zu vernachlässigen, da sich einer-

[1] Vgl. Stück CCZ 11/2022, 357; Stück/Salo AuA 12/2021, 14; Stück CCZ 2020, 205.
[2] LAG Baden-Württemberg 27.1.2023 – 12 Sa 56/21, CCZ 2023, 239.
[3] LAG München 26.8.2021 – 3 SaGa 13/21, NZA-RR 2021, 629: Ehepartner beim Wettbewerber.
[4] Gesetz zum Schutz von Geschäftsgeheimnissen vom 18.4.2019, BGBl. I 2019, S. 466.

seits durch Einführung der DSGVO die möglichen Sanktionen deutlich verschärft haben, andererseits die Mobile Arbeit[5] erheblich zugenommen hat. Daten sind rechtskonform zu verarbeiten und wirksam zu schützen. Hierzu gehören nicht nur die **schutzwerten Geschäftsunterlagen** des Arbeitgebers, sondern auch die **Personaldaten** der Arbeitnehmer.

## II. Rechtliche Grundlagen

554 Im Zusammenhang mit Mobiler Arbeit stellen sich Fragen des Datenschutzes, wenn personenbezogene Daten vorliegen, maßgeblich die Frage, ob für deren Verarbeitung eine Rechts- oder Erlaubnisgrundlage besteht und ob die Datenverarbeitung verhältnismäßig ist. Es stellen sich Fragen des Geschäftsgeheimnisschutzes, wenn geheimhaltungsbedürftige Geschäftsdaten vorliegen, maßgeblich die Frage, ob zu deren Schutz angemessene Maßnahmen tatsächlich getroffen wurden.

### 1. Anforderungen des Datenschutzrechts

555 Zunächst stellt sich die Frage, was **personenbezogene Daten** sind. Nur auf diese Daten ist die DSGVO gemäß Art. 2 DSGVO anwendbar, sofern die Daten nicht anonymisiert[6] sind. Personenbezogene Daten sind gemäß Art. 4 Nr. 1 DSGVO alle Informationen, die sich auf eine identifizierbare oder identifizierte natürliche Person beziehen. Mithin fallen Daten zur Identifizierung von Unternehmen bereits aus dem Anwendungsbereich der DSGVO heraus. Ob nur die für die Datenverarbeitung verantwortliche Person oder ein Dritter die Person identifizieren können muss, ist unerheblich. Erfasst werden unter anderem E-Mail-Adressen, Telefonnummern, Sozialversicherungsnummern, Kontodaten, Anschriften, Standortdaten, aber auch dynamische IP-Adressen.[7] Ob die Daten automatisiert oder analog vorliegen, ist im Beschäftigungskontext wegen § 26 Abs. 7 BDSG unerheblich.

556 Die Vorschriften der DSGVO regeln insbesondere die **Verarbeitung** personenbezogener Daten. Der Begriff der Verarbeitung ist in Art. 4 Nr. 2 DSGVO definiert. Danach ist die Verarbeitung jeder Umgang mit personenbezogenen Daten, von der Erhebung bzw. Erfassung bis zu deren Löschung. Das Erheben sowie das Erfassen von personenbezogenen Daten setzen ein aktives Tun voraus. Mithin beurteilt sich die zufällige Kenntnisnahme personenbezogener Daten grundsätzlich nicht nach der DSGVO. Werden zufällig erworbene Daten jedoch verwendet, richtet sich die Rechtmäßigkeit der Verwendung erneut nach den Vorschriften der DSGVO. Jede einzelne Verarbeitungsphase steht unter dem allgemeinen **Verbot mit Erlaubnisvorbehalt** und bedarf deshalb einer Erlaubnis (Art. 6 Abs. 1 DSGVO).[8] Zusätzlich wer-

[5] Zur Definition Mobiler Arbeit vgl. Teil A.I.1.
[6] Erwägungsgrund (EG) 26 DSGVO.
[7] EuGH 19.10.2016 – C-582/14, NJW 2016, 3579; BGH 16.5.2017 – VI ZR 135/13, NJW 2017, 2416.
[8] Gola/Heckmann/Schulz DS-GVO Art. 6 Rn. 2; Kühling/Buchner/Kühling/Raab Einführung Rn. 53.

den in der DSGVO einzelne Verarbeitungsschritte eigenständig geregelt, etwa die Übermittlung von personenbezogenen Daten in Drittländer (Art. 44 ff. DSGVO) oder das Löschen von Daten (Art. 17 DSGVO). Besonderheiten für Mobile Arbeit bestehen in diesem Zusammenhang nicht.

557 Als mögliche **Erlaubnistatbestände** kommen im **Arbeitsverhältnis** insbesondere die Folgenden in Betracht:

- Art. 6 Abs. 1 lit. f DSGVO: Die Verarbeitung ist zur Wahrung der berechtigten Interessen des Verantwortlichen oder eines Dritten erforderlich, sofern nicht die Interessen oder Grundrechte und Grundfreiheiten der betroffenen Person, die den Schutz personenbezogener Daten erfordern, überwiegen. Die Frage, welche Anforderungen an ein berechtigtes Interesse iSv Art. 6 Abs. 1 lit. f DSGVO zu stellen sind, insbesondere ob ausschließlich gesetzlich festgelegte Interessen erfasst sind oder auch andere Interessen, sofern sie nicht gesetzwidrig sind, einschließlich rein kommerzieller Interessen, ist derzeit Gegenstand einer Vorlage an den EuGH.[9]
- § 26 Abs. 1 S. 1 BDSG iVm Art. 6 Abs. 1 lit. b, 88 DSGVO: Personenbezogene Daten von Beschäftigten dürfen für Zwecke des Beschäftigungsverhältnisses verarbeitet werden, wenn dies für die Entscheidung über die Begründung eines Beschäftigungsverhältnisses oder nach Begründung des Beschäftigungsverhältnisses für dessen Durchführung oder Beendigung oder zur Ausübung oder Erfüllung der sich aus einem Gesetz oder einem Tarifvertrag, einer Betriebs- oder Dienstvereinbarung (Kollektivvereinbarung) ergebenden Rechte und Pflichten der Interessenvertretung der Beschäftigten erforderlich ist. Nach den Schlussanträgen des Generalanwalts in einem Vorabentscheidungsverfahren des VG Frankfurt ist mangels spezifischer Schutzmechanismen zwar zweifelhaft, ob § 26 BDSG den Anforderungen des Art. 88 DSGVO genügt.[10] Der EuGH hat sich dem angeschlossen;[11] die Öffnungsklausel des Art. 88 DSGVO lasse nur im Vergleich zur DSGVO „spezifischere Vorschriften" zu, aber gerade keine bloße Wiederholung der Bestimmungen der DSGVO wie § 26 Abs. 1 S. 1 BDSG. Es muss daher auf die Erlaubnistatbestände des Art. 6 Abs. 1 DSGVO oder eine wirksame Kollektivvereinbarung zurückgegriffen werden, bis der nationale Gesetzgeber die Vorschrift neu gefasst hat, etwa im Zuge eines eigenständigen Beschäftigtendatenschutzgesetzes.[12] Arbeitgeber müssen nun die Rechtsgrundlagen in Datenschutzhinweisen und Verarbeitungsverzeichnissen austauschen bzw. aktualisieren.[13]
- § 26 Abs. 1 S. 2 BDSG: Zur Aufdeckung von Straftaten dürfen personenbezogene Daten von Beschäftigten verarbeitet werden, wenn zu dokumentierende tatsächliche Anhaltspunkte den Verdacht begründen, dass die betroffene Person im Beschäftigungsverhältnis eine Straftat begangen hat, die Verarbeitung zur Aufdeckung erforderlich ist und das schutzwürdige Interesse der oder des Beschäftigten an dem

[9] Rechtkant Amsterdam 22.9.2022 – C-621/22.
[10] Zu der § 26 BDSG entsprechenden Vorschrift des § 23 HDSIG vgl. Schlussanträge v. 22.9.2022 – C-34/21, ZD 2022, 664.
[11] EuGH 30.3.2023 – C-34/21 = NZA 2023, 487 = ZD 2023, 391.
[12] Vgl. zum früher gescheiterten Entwurf in § 32a ff BDSG aF: Straube/Klagges ArbRAktuell 2012, 81; Beckschulze/Natzel BB 2010, 2368; Tinnefeld/Petri/Brink MMR 2010, 727.
[13] Vgl. BAG 29.6.2023 – 2 AZR 296, 22, BeckRS 2023, 15327. Keine Berufung mehr auf § 26 Abs. 1 S. 1 BDSG.

Ausschluss der Verarbeitung nicht überwiegt, insbesondere Art und Ausmaß im Hinblick auf den Anlass nicht unverhältnismäßig sind. Die Vorschrift hat keine Sperrwirkung und schließt bei „nur" schwerer Vertragsverletzung unterhalb der Strafbarkeitsschwelle die Anwendbarkeit des § 26 Abs. 1 S. 1 BDSG nicht aus.[14] Dieser besondere Erlaubnistatbestand kommt insbesondere zum Tragen bei Compliance-Fällen, etwa bei Arbeitszeit- oder Abrechnungsbetrug in Mobiler Arbeit.

- Art. 6 Abs. 1 lit. c, 88 DSGVO iVm § 26 Abs. 3, 4 BDSG: Die Datenverarbeitung kann auf die Grundlage von Kollektivvereinbarungen wie Tarifverträgen (§ 4 Abs. 1 TVG), Betriebsvereinbarungen (§ 77 Abs. 1 BetrVG)[15] oder Sprecherausschussvereinbarungen (§ 28 SprAuG) gestützt werden, die der Arbeitgeber umzusetzen hat und die unmittelbar und zwingend – also normativ – wirken. Regelungsabreden zwischen Arbeitgeber und Arbeitnehmervertretung genügen indessen nicht, weil sie den Arbeitnehmern keine eigenen Rechte einräumen, sondern nur schuldrechtliche Ansprüche der Arbeitnehmervertretung begründen.[16] Da der Auffangtatbestand des § 87 Abs. 1 Nr. 14 BetrVG bei kollektiven Tatbeständen die Ausgestaltung der Mobilen Arbeit der Mitbestimmung des Betriebsrats unterwirft,[17] ist für die Ausgestaltung der Mobilen Arbeit ohnehin eine Betriebsvereinbarung erforderlich, die gleichzeitig einen selbständigen datenschutzrechtlichen Erlaubnistatbestand darstellen kann.
- Art. 6 Abs. 1 lit. a, 7 DSGVO iVm § 26 Abs. 2 BDSG: Da das Recht auf informationelle Selbstbestimmung ein höchstpersönliches Recht ist, kann der Betroffene die Verarbeitung seiner personenbezogenen Daten durch seine Einwilligung rechtfertigen. Die Einwilligung muss in Kenntnis der konkreten Verarbeitungszwecke (informiert) und freiwillig erteilt werden. Sie muss schriftlich (§ 126 BGB) oder elektronisch (etwa per E-Mail oder durch aktives Anklicken)[18] erteilt werden; bloßes Stillschweigen und Dulden genügt nicht.[19] Auf ihre Erteilung hat der Arbeitgeber keinen Anspruch, der Arbeitnehmer ist nicht zur Erteilung verpflichtet und ihre Verweigerung oder der spätere Widerruf dürfen nicht sanktioniert werden. Entgegen der Ansicht einiger Datenschutzbehörden[20] kann die Einwilligung auch im Arbeitsverhältnis als Ausübung des freien Rechts auf informationelle Selbstbestimmung freiwillig sein.[21] Eine nachträgliche Zustimmung der betroffenen Person hat allerdings keine die bereits erfolgte Datenverarbeitung legalisierende Wirkung.[22] § 26 Abs. 2 S. 2 BDSG stellt klar, dass Freiwilligkeit insbesondere dann vorliegen kann, wenn durch die Datenverarbeitung für die beschäftigte Person ein rechtlicher oder wirtschaftlicher Vorteil erreicht wird oder Arbeitgeber und beschäftigte Person gleichgelagerte Interessen verfolgen. Die arbeitgeberseitige Gestattung Mobiler Ar-

[14] BAG 29.6.2017 – 2 AZR 597/16, NZA 2017, 1179.
[15] Vgl. dazu Stück, ZD 2019, 256 mwN.
[16] Kühling/Buchner/Maschmann, DS-GVO Art. 88 Rn. 27 sowie BDSG § 26 Rn. 65f.
[17] ErfK/Kania BetrVG § 87 Rn. 136ff.; Bayreuther NZA 2021, 839.
[18] Vgl. Erwägungsgrund (EG) 32 Satz 2 DSGVO.
[19] BAG 27.7.2017 – 2 AZR 681/16, NZA 2017, 1327: Angekündigte, widerspruchslose Keylogger Kontrolle.
[20] So etwa die Leitlinien der Artikel 29 – Datenschutzgruppe zur Einwilligung v. 10.4.2018, abrufbar unter: https://www.datenschutz-bayern.de/datenschutzreform2018/wp259rev01_de.pdf (21.3.2023); weitere Nachweise bei Brink/Schmidt MMR 2010, 593.
[21] BAG 11.12.2014 – 8 AZR 1010/13, NJW 2015, 2140; enger: Auer-Reinsdorff/Conrad/Conrad/Treeger, Handbuch IT- und Datenschutzrecht § 34 Rn. 477.
[22] Auer-Reinsdorff/Conrad/Conrad/Treeger, Handbuch IT- und Datenschutzrecht, § 34 Rn. 338.

beit wird regelmäßig einen wirtschaftlichen oder rechtlichen Vorteil iSd § 26 Abs. 2 S. 2 BDSG für den Arbeitnehmer darstellen, der die Datenverarbeitung zu deren Durchführung rechtfertigen kann. Zu beachten ist, dass die Einwilligung mit Wirkung für die Zukunft jederzeit widerrufen werden kann, so dass es dann eines anderen Erlaubnistatbestandes für die weitere Datenverarbeitung bedarf.

558 Zum Schutz personenbezogener Daten muss der Arbeitgeber darüber hinaus gem. Art. 24, 32 DSGVO angemessene technisch-organisatorische Maßnahmen („TOM") treffen und dabei die besonderen Gefahren der Tätigkeit in Mobiler Arbeit berücksichtigen. Zu diesen Maßnahmen zählen solche, die den Zutritt zu den Datenverarbeitungsanlagen, die Nutzung der Datenverarbeitungssysteme und den Zugriff auf personenbezogene Daten im System durch unbefugte Dritte verhindern[23] (→ Rn. 576 ff.). Dabei ergeben sich keine Besonderheiten, wenn die Mobile Arbeit aus dem Ausland erbracht wird; es kommt nicht darauf an, wo sich der Arbeitnehmer befindet, sondern wo der verantwortliche Arbeitgeber ansässig ist.

## 2. Anforderungen des Geschäftsgeheimnisschutzes

559 Werden geschäftliche Daten (bspw. wirtschaftliche Kennzahlen, Strategien, neue Entwicklungen, Preise/Kalkulationen) in Mobiler Arbeit außerhalb der geschützten Betriebsräume verarbeitet, besteht die erhöhte Gefahr, dass unbefugte Dritte durch Einsicht oder Zuhören Kenntnis von diesen Informationen erhalten können. Für den Schutz dieser Daten gilt seit dem 26.4.2019 das Gesetz zum Schutz von Geschäftsgeheimnissen (GeschGehG) als **abschließende Spezialregelung.**

560 Nach § 2 Abs. 1 GeschGehG wird ein **Geschäftsgeheimnis** durch fünf Voraussetzungen definiert:

1. das Vorliegen einer Information,
2. die weder insgesamt noch in der genauen Anordnung und Zusammensetzung ihrer Bestandteile den Personen in den Kreisen, die üblicherweise mit dieser Art von Informationen umgehen, allgemein bekannt oder ohne Weiteres zugänglich ist („Geheimnis"),
3. daher von wirtschaftlichem Wert ist,
4. die Gegenstand von den Umständen nach angemessenen Geheimhaltungsmaßnahmen durch ihren rechtmäßigen Inhaber ist, und
5. bei der ein berechtigtes Interesse an der Geheimhaltung besteht.

561 Typische **Beispiele** für Geschäftsgeheimnisse sind Herstellungsverfahren, Prototypen, Formeln und Rezepte, aber auch Kunden- und Lieferantenlisten, Kosten- und Kalkulationsinformationen, Geschäftsstrategien, Unternehmensdaten und Marktanalysen. Dabei hat der Arbeitgeber die Geschäftsgeheimnisse nicht nur als solche zu bezeichnen, sondern muss auch **angemessene tatsächliche Schutzmaßnahmen** (technische-organisatorische Maßnahmen, sog „TOM") zu deren Schutz ergreifen (bspw. Verschwiegenheitsverpflichtungen und Verhaltensvorgaben wie die Nutzung von Passwörtern, Bildschirmschutzfolien, verschließbaren Möbeln etc.), diese in ei-

[23] Kramer IT-ArbR/Hoppe, § 2 Rn. 644.

nem Schutzkonzept dokumentieren und die Arbeitnehmer auf deren Einhaltung verpflichten.[24] Nur wenn der Arbeitgeber angemessene Geheimnisschutzmaßnahmen **tatsächlich ergreift,** kommen die Regelungen des GeschGehG zur Anwendung.[25] Zu den Schutzmaßnahmen kann etwa gehören, dass der Arbeitgeber die Mobile Arbeit untersagt und kraft Weisungsrecht nach billigen Ermessen wieder Arbeit im Betrieb verlangt, wenn Familienangehörige des Haushalts bei einem Wettbewerber tätig sind.[26]

### 3. Vorgaben des anwaltlichen Berufsrechts

562 Mobile Arbeit, die von Geheimnisträgern wahrgenommen wird, erfordert besondere Schutzmaßnahmen zur Wahrung der Berufsgeheimnisse. **Rechtsanwälte** bspw. haben nicht nur die allgemeinen datenschutzrechtlichen Organisationspflichten zu wahren, sondern auch die besonderen Pflichten zum Schutz des **Mandatsgeheimnisses** gem. § 43a Abs. 2 BRAO iVm § 22 BORA und § 203 StGB. Die Einhaltung der berufsrechtlichen Vorgaben wird durch die Anwaltskammern überwacht.[27]

## III. Datenschutzrechtliche Verantwortung

563 Die datenschutzrechtlichen Schutz- und Organisationspflichten im Verarbeitungskontext begründen auch bei Mobiler Arbeit unterschiedliche Pflichtenlagen; aufgrund der geringeren Einflussmöglichkeiten gewinnt die Delegation von Pflichten auf die Beschäftigten besondere Bedeutung.

### 1. Verantwortung des Arbeitgebers

564 Für die Einhaltung der von der DSGVO aufgestellten Grundsätze ist in der Regel der **Arbeitgeber** als Verantwortlicher iSv **Art. 4 Nr. 7 DSGVO** zuständig. Er hat sicherzustellen, dass die personenbezogenen Daten rechtskonform verarbeitet werden. Datenschutzrechtlich relevante Handlungen der Arbeitnehmer oder Betriebsratsmitglieder[28] werden grundsätzlich dem Unternehmen zugerechnet.[29] Die Datenschutzkonferenz hat in einer Entschließung vom 3.4.2019[30] betont, dass Unternehmen im

---

[24] Reiserer DStR 2021, 1053; Weigert NZA 2020, 209; Naber/Peukert/Seeger NZA 2019, 583; Fuhlrott ArbRAktuell 2020, 79; Jansen/Hofmann BB 2020, 259; Partsch/Rump NJW 2020, 118; ArbG Aachen 13.1.2022 – 8 Ca 1229/20, NZA-RR 2022, 178.
[25] ArbG Aachen 13.1.2022 – 8 Ca 1229/20, NZA-RR 2022, 178; LAG Köln 2.12.2019 – 2 SaGa 20/19, BeckRS 2019, 44850; Baade/Reiserer DStR 2022, 890.
[26] LAG München 26.8.2021 – 3 SaGa 13/21, ArbRAktuell 2021, 555.
[27] Schmidt/Roschek NJW 2021, 367; Schmidt NJW 2018, 1448.
[28] Kühling/Buchner/Hartung DSGVO Art. 4 Nr. 7 Rn. 11 A; Lücke NZA 2019, 660; Stück ZD 2019, 258.
[29] EuArbRK/Franzen EU (VO) 2016/679 Art. 4, Rn. 12/12a.
[30] Abrufbar unter: https://www.datenschutzkonferenz-online.de/media/en/20190405_Entschliessung_Unternehmenshaftung.pdf. (21.3.2023).

Rahmen von Art. 83 DSGVO für schuldhafte Datenschutzverstöße ihrer Beschäftigten haften. Anders ist dies, wenn Arbeitnehmer ausschließlich privat handeln oder ihre beruflichen Befugnisse in ganz erheblichem Maße überschreiten („Mitarbeiterexzess")[31]. Verarbeiten Arbeitnehmer daher in Mobiler Arbeit bei Erbringung der Arbeitsleistung personenbezogene Daten, so handeln sie dabei für den *Arbeitgeber als datenschutzrechtlich Verantwortlichen* im Sinne von Art. 4 Nr. 7 DSGVO. Es ist deshalb sicherzustellen, dass auch bei Mobiler Arbeit die datenschutzrechtlichen Anforderungen eingehalten werden.[32]

565 Die Verantwortung zur Einhaltung datenschutzrechtlicher Vorschriften kann der *Arbeitgeber* nicht auf die Arbeitnehmer **delegieren.** Er bleibt *stets selbst verantwortlich* nach Art. 4 Nr. 7 DSGVO und muss sich aus diesem Grund Kontrollmöglichkeiten vorbehalten, die auch Kontrollmöglichkeiten des betrieblichen Datenschutzbeauftragten beinhalten können. Der **Datenschutzbeauftragte** hat nach Art. 39 Abs. 1 lit. b DSGVO sowohl die umfassende *Einhaltung des Datenschutzrechts als auch die Einhaltung der Datenschutz-Strategien,* die die ihn benennende Stelle entwickelt hat, zu überwachen.[33] Für den Arbeitgeber ist es ungeachtet des Spannungsfelds mit der *grundgesetzlich über Art. 13 GG garantierten Unverletzlichkeit der Wohnung* des Arbeitnehmers sinnvoll, sich vertraglich ein **Zugangsrecht** zu dem **Home-Office-Arbeitsplatz** vorzubehalten, damit die Einhaltung der datenschutzrechtlichen Vorschriften, für die der Arbeitgeber einzustehen hat, von ihm angemessen überprüft werden kann.[34] Ein gesetzliches Zutrittsrecht zu dem Arbeitsplatz im Home-Office steht zur Überwachung arbeitsschutzrechtlicher Vorgaben über § 22 Abs. 2 ArbSchG lediglich Vertretern der zuständigen Arbeitsschutzbehörde sowie über § 19 Abs. 2 SGB VII der Berufsgenossenschaft zu.

566

**Regelungsmuster**

**§ 1 Datenschutz und Informationssicherheit**

*(1) Auf den Schutz von Daten und Informationen gegenüber Dritten ist bei Mobiler Arbeit besonders zu achten. Daten und Informationen sowie Passwörter sind so zu schützen, dass Dritte einschließlich naher Familienangehöriger weder Einsicht (Bildschirmschutzfolie), Gehör noch Zugriff nehmen können.*

*(2) Der Beschäftigte ist verpflichtet, die gesetzlichen und unternehmensinternen Regelungen zur Umsetzung des Datenschutzes und der Datensicherheit, insbesondere die internen Informationssicherheits-Richtlinien, die Datenschutzerklärung, die Verpflichtung auf das Daten- und Fernmeldegeheimnis sowie die Verpflichtung zur Wahrung von Geschäfts- und Dienstgeheimnissen zu beachten. Für Rückfragen steht der interne Datenschutzbeauftragte zur Verfügung.*

*(3) Die Übermittlung personenbezogener Daten und vertraulicher betrieblicher Daten darf nur mittels der technischen Einrichtungen des Arbeitgebers erfolgen, die über eine hinreichend sichere Verschlüsselung verfügen (bspw. Virtual Private Network*

[31] Ambrock ZD 2020, 492; Auer-Reinsdorff/Conrad/Conrad, Handbuch IT- und Datenschutzrecht, § 34 Rn. 691.
[32] Kramer IT-ArbR/Hoppe § 2 Rn. 642; Bonnani/Kamps ArbRB 2014, 83; Erwägungsgrund 78.
[33] Kühling/Buchner/Bergt DS-GVO Art. 39 Rn. 13.
[34] Bonnani/Kamps ArbRB 2014, 86; Preis, Arbeitsvertrag-HdB, II. T. 20 Rn. 64.

*(VPN), Public Key Infrastruktur Karte (PKI)). Die Nutzung privater Informations- und Telekommunikations-Technik (IKT) sowie privater Hard- und Software ist untersagt.*

*(4) Der Beschäftigte hat alle Schriftstücke, Datenträger und sonstigen Unterlagen, einschließlich eigener Unterlagen, die seine dienstliche Tätigkeit betreffen, als ihm von der Arbeitgeberin anvertrautes Eigentum sorgfältig zu verwahren, vor Verlust und Entwendung sowie vor jeder Einsichtnahme durch Dritte zu schützen und auf Verlangen jederzeit an die Arbeitgeberin zu übergeben. Ein Zurückbehaltungsrecht steht dem Beschäftigten nicht zu.*

**§ 2 Zutrittsrecht zum häuslichen Arbeitsplatz**

*(1) Der Beschäftigte verpflichtet sich, den von der Arbeitgeberin beauftragten Personen (bspw. Fachkraft für Arbeitssicherheit, Beauftragter für Informationssicherheit, Datenschutzbeauftragter, Betriebsarzt), dem Betriebsrat sowie staatlichen Aufsichtsbehörden (bspw. Vertretern der Gewerbeaufsicht (§ 22 Abs. 2 ArbSchG) oder der Berufsgenossenschaft (§ 19 Abs. 2 SGV VII)), Zutritt zu dem Mobilen Arbeitsplatz zu gewähren.*

*(2) Der Zutritt erfolgt nach rechtzeitiger Terminabstimmung mit dem Beschäftigten. Staatlichen Aufsichtsbehörden ist der Zutritt auf deren Verlangen auch ohne vorherige Ankündigung zu ermöglichen (§ 22 Abs. 2 ArbSchG; § 19 Abs. 2 SGV VII).*

*(3) Der Beschäftigte gewährleistet, dass die mit ihm in häuslicher Gemeinschaft lebenden Personen die vorstehenden Regelungen einhalten werden.*

*(4) Wird der Zutritt ohne sachlichen Grund verweigert, kann die Arbeitgeberin die Mobile Arbeit einseitig ohne Einhaltung einer Frist beenden.*

## 2. Verantwortung des Betriebsrats

567 Das Betriebsverfassungsgesetz begründet kein Mitbestimmungsrecht des Betriebsrats in datenschutzrechtlichen Angelegenheiten. Zu den **überwachungsfähigen Vorschriften** nach **§ 80 Abs. 1 Nr. 1 BetrVG** zählen allerdings auch die Vorschriften der **DGSVO** sowie des **BDSG,** soweit es sich um zugunsten von Arbeitnehmern geltende Vorschriften handelt.[35] Die Betriebsparteien haben auch nicht die Regelungsmacht, ein kollektivrechtliches, konstitutives Beweisverwertungsverbot zu regeln.[36]

568 Die Betriebsratsmitglieder haben nicht nur über Betriebs- und Geschäftsgeheimnisse, sondern nach **§ 99 Abs. 1 Satz 3 und § 102 Abs. 2 Satz 5 BetrVG** Stillschweigen zu wahren über *„persönliche Geheimnisse" von Arbeitnehmern* und Bewerbern, die ihnen im Rahmen von personellen Einzelmaßnahmen bekannt geworden sind.[37] Auch diese Verschwiegenheitspflicht ist strafbewehrt (§ 120 Abs. 2 BetrVG). *Persönliche Geheimnisse* in diesem Sinne sind persönliche Verhältnisse und Angelegenheiten des Arbeitnehmers, die ihrer Bedeutung oder ihrem Inhalt nach einer vertraulichen Behandlung bedürfen.

[35] BAG 23.3.2021 – 1 ABR 31/18, NZA 2021, 959.
[36] BAG 29.6.2023 – 2 AZR 296/22, BeckRS 2023, 1537.
[37] BAG 12.8.2009 – 7 ABR 15/08, NZA 2009, 1218.

569 Auch beim Umgang mit **personenbezogenen Daten** ist der Betriebsrat nicht frei von Verantwortung. Als Teil der verantwortlichen Stelle ist der Betriebsrat dem **Datenschutz verpflichtet** und hat diesen auch unter Geltung der DSGVO und des BDSG einzuhalten, zu **sichern** und nicht selbst zu verletzen.[38] Unter Beachtung des Strukturprinzips der Unabhängigkeit in der Betriebsverfassung hat der Betriebsrat **eigenständig** über angemessene Maßnahmen zu beschließen, um einem Missbrauch der Daten innerhalb seines Verantwortungsbereichs zu begegnen und ein eigenes Datenschutzkonzept zu entwickeln.[39] Dabei wird der Betriebsrat von dem **Datenschutzbeauftragten beraten** und nach verbreiteter Auffassung auch **kontrolliert,** weil es im Geltungsbereich der DSGVO keine kontrollfreien Räume mehr gibt.[40] Hierfür spricht auch die Abgrenzung der Verantwortungsbereiche in § 79a BetrVG.[41] Nach dieser Regelung ist der Betriebsrat, wie dies das BAG vor Inkrafttreten der DSGVO angenommen hat,[42] Teil der datenschutzrechtlich verantwortlichen Stelle, allerdings nicht selbst die verantwortliche Stelle. Diese Frage war nach Einführung der DSGVO in der Literatur umstritten,[43] das BAG hat sie bislang offengelassen.[44] Nach § 79a BetrVG soll der **Arbeitgeber datenschutzrechtlicher Verantwortlicher** sein, wobei allerdings die konkrete Abgrenzung bislang unklar erscheint, insbesondere ist die Frage einer Haftung des Arbeitgebers für Bußgelder und Entschädigungen wegen amtsbezogener Datenschutzverstöße von Mandatsträgern noch nicht abschließend geklärt.[45]

570 Dem Betriebsrat und seinen Mitgliedern sowie den bei der Datenverarbeitung beschäftigten Personen ist es deshalb untersagt, personenbezogene Daten zu einem anderen als dem zu der jeweiligen Aufgabenerfüllung gehörenden rechtmäßigen Zweck, insbesondere zur Wahrnehmung seiner gesetzlichen Mitbestimmungsrechte zu nutzen.[46] Die Geltung des **BDSG** auch für **Betriebsratsmitglieder** führt dadurch nicht zu einer Einschränkung der Betriebsratsarbeit. Art. 6 Abs. 1 lit. c, 88 DSGVO iVm § 26 Abs. 1 S. 1 BDSG stellen ausdrücklich klar, dass personenbezogene Daten von Beschäftigten für Zwecke des Beschäftigungsverhältnisses verarbeitet werden dürfen, wenn und solange dies zur Ausübung oder Erfüllung der sich aus einem Gesetz, Tarifvertrag oder Betriebsvereinbarung ergebenden Rechten und Pflichten der Interessenvertretung der Beschäftigten erforderlich ist.[47]

---

[38] BAG 12.8.2009 – 7 ABR 15/08, NZA 2009, 1218; BAG 9.4.2019 – 1 ABR 51/17, NZA 2019, 1055; BAG 7.5.2019 – 1 ABR 53/17, NZA 2019, 1218; Stück ZD 2019, 258.
[39] BAG 9.4.2019 – 1 ABR 51/17, NZA 2019, 1055; BAG 7.5.2019 – 1 ABR 53/17, NZA 2019, 1218; Heuer/Sorber ArbRAktuell 2022, 445.
[40] Stück ZD 2019, 259; Baumgartner/Hansch ZD 2019, 201; Simitis/Drewes Art. 39 DSGVO Rz 27.
[41] Brink/Joos NZA 2021, 1442; Maschmann NZA 2021, 836; Fitting BetrVG § 79a Rn. 54.
[42] BAG 7.2.2012 – 1 ABR 46/10, NZA 2012, 744.
[43] Kühling/Buchner/Maschmann BDSG § 26 Rn. 16a; Stück ZD 2019, 259; Kleinebrink DB 2018, 2566; Maschmann NZA 2020, 1207.
[44] BAG 9.4.2019 – 1 ABR 51/17, NZA 2019, 1055; BAG 7.5.2019 – 1 ABR 53/17, NZA 2019, 1218.
[45] Maschmann NZA 2021, 834; Grambow NJW 2021, 2074; Brink/Joos NZA 2021, 1440; Stück ZD 2019, 261.
[46] BAG 9.4.2019 – 1 ABR 51/17, NZA 2019, 1055; BAG 7.5.2019 – 1 ABR 53/17, NZA 2019, 1218.
[47] BAG 9.4.2019 – 1 ABR 51/17, NZA 2019, 1055; BAG 7.5.2019 – 1 ABR 53/17, NZA 2019, 1218; Fitting BetrVG § 79 Rn. 37.

### 3. Verantwortung der Arbeitnehmer

571 Eine datenschutzrechtliche Verpflichtung für Arbeitnehmer ergibt sich aus der DSGVO nicht. Eine Verantwortung zur Beachtung des Daten-, Informations- und Geschäftsgeheimnisschutzes kann sich jedoch aus der **arbeitsvertraglichen Pflichtenstellung** ergeben (§§ 611a; 241 Abs. 2 BGB). Die Erbringung der Arbeitsleistung im Rahmen des rechtmäßig ausgeübten Direktionsrechts – wozu auch Arbeitsanweisungen zum Datenschutz gehören – stellt eine Hauptleistungspflicht des Arbeitnehmers dar. Verstöße sind demzufolge nicht dem Bereich der Nebenpflichtverletzungen zuzuordnen und davon unabhängig, ob ein konkreter Schaden eingetreten ist.[48]

572 Auch einseitige arbeitgeberseitige **Anweisungen** oder interne **Richtlinien** (§ 106 GewO, § 315 BGB) können Vorgaben zum Datenschutz machen. Die Erteilung einer Arbeitsanweisung an die Arbeitnehmer, im Falle einer „Datenpanne" einen bestimmten Meldeweg (nur per Mail) zur Feststellung und Behebung der Verletzung des Datenschutzes nach der DSGVO einzuhalten, und die Verpflichtung, sich während des Prozesses der Feststellung der Datenpanne kurzfristig erreichbar zu halten, unterliegen der **Mitbestimmung** des Betriebsrats nach § 87 Abs. 1 Nr. 1 BetrVG, da es sich um betriebliches Ordnungsverhalten handelt, das den Arbeitgeber in der Lage versetzen soll, seinen Verpflichtungen nach Art. 33 DSGVO nachzukommen.[49] Diese Bewertung orientiert sich an der Rechtsprechung des BAG zur Gestaltung von Compliance-Meldungen.[50] Beim Einsatz von Software-Lösungen, zB für die Meldung von Datenpannen, kommt auch ein Mitbestimmungsrecht nach § 87 Abs. 1 Nr. 6 BetrVG in Betracht. Entsprechende Meldeprozesse sind regelmäßig Teil eines weitergehenden Datenschutz-Management-Systems.[51] **Mitbestimmungsfrei** sind dagegen Maßnahmen, die das unmittelbare Arbeitsverhalten oder den Umgang mit Arbeitsmitteln regeln. Darum handelt es sich, wenn der Arbeitgeber kraft seines arbeitsvertraglichen Weisungsrechts näher bestimmt, welche Arbeiten auszuführen sind und in welcher Weise das geschehen soll. Mitbestimmungsfrei sind deshalb Anordnungen, bei denen lediglich die vertragliche Arbeitspflicht konkretisiert wird,[52] etwa Vorgaben zur Verwendung einer Bildschirmschutzfolie, zum Einsatz von Verschlüsselungstechnik, zum Verbot der Privatnutzung der dienstlichen Informations- und Telekommunkationstechnologie,[53] zum Aufräumen des Arbeitsplatzes[54] bei Mobiler Arbeit und Desk-Sharing im Betrieb (*„clean desk policy"*)[55]. Der Gesetzesvorrang des § 87 Abs. 1, 1. HS BetrVG kommt bei betrieblichen Anordnungen zum Datenschutz regelmäßig nicht zum Tragen. Zwar geben die DSGVO, das BDSG und das GeschGehG eine Vielzahl von Verhaltenspflichten für datenverarbeitende Unternehmen vor, doch sind diese zumeist sehr allgemein gefasst, so dass sie einer betrieblichen Ausgestaltung bzw. Kon-

[48] LAG Sachsen 7.4.2022 – 9 Sa 250/21, CCZ 2022, 411: Verstoß gegen Clean Desk Policy.
[49] LAG Schleswig-Holstein 6.8.2019 – 2 TaBV 9/19, NZA-RR 2019, 647.
[50] BAG 22.7.2008 – 1 ABR 40/07, NZA 2008, 1248; Reinhard NZA 2016, 1235; Fitting BetrVG § 87 Rn. 72.
[51] Ausführlich Lubba CCZ 2019, 240.
[52] BAG 10.3.2009 – 1 ABR 87/07, NZA 2010, 180: Verschwiegenheitserklärung.
[53] LAG Hamm 7.4.2006 – 10 TaBV 1/06, NZA-RR 2007, 20.
[54] LAG Nürnberg 14.12.2016 – 4 TaBV 38/16, BeckRS 2016, 131668: Clean Desk/Desksharing.
[55] Zum Desk-Sharing: Fuhlrott/Oltmanns NZA 2018, 1225; Stück ArbRAktuell 2018, 409; Kramer/Fuhlrott IT-Arbeitsrecht B I 3b, Rn. 26ff.; Stück/Salo AuA 04/2023, 14 mit Muster BV.

kretisierung bedürfen.[56] In vielen Fällen haben Unternehmen einen weiten Entscheidungsspielraum, *wie* sie datenschutzrechtlichen Vorgaben konkret intern umsetzen.

## 4. Praktische Umsetzung

Die praktische Umsetzung der datenschutzrechtlichen Vorgaben erfordert neben den herkömmlichen Maßnahmen die Berücksichtigung der Besonderheiten Mobiler Arbeit, die zum einen häufig ortsunabhängig, zum anderen regelmäßig digital erbracht wird. 573

### a) Technisch-organisatorische Maßnahmen

Technisch-organisatorische Maßnahmen müssen die Schutzziele des Art. 32 DSGVO gewährleisten und sicherstellen, dass personenbezogene Daten (auch) bei Mobiler Arbeit 574

- nicht abhandenkommen **(Verfügbarkeit),**
- nicht verfälscht werden **(Integrität),**
- und nur von denjenigen wahrgenommen und verarbeitet werden, die dazu befugt sind **(Vertraulichkeit).**

Dementsprechende Maßnahmen müssen unter Berücksichtigung des Stands der Technik, der Kosten, der Art und Zwecke der Verarbeitung sowie des Risikos eines Schadenseintritts und des Schädigungspotenzials für die von einem Datenschutzverstoß betroffenen Personen angemessen sein. Dabei sind die Standards des Bundesamtes für Sicherheit in der Informationstechnik **(„BSI-Standards“)** ein grundlegender Bestandteil der IT-Grundschutz-Methodik. Sie enthalten Empfehlungen zu Methoden, Prozessen und Verfahren sowie Vorgehensweisen und Maßnahmen zu unterschiedlichen Aspekten der Informationssicherheit. Gleiches gilt für die internationale Norm **ISO/IEC 27001,** die die Anforderungen für Einrichtung, Umsetzung, Aufrechterhaltung und fortlaufende Verbesserung eines dokumentierten Informationssicherheits- und -Managementsystems unter Berücksichtigung des Kontexts einer Organisation spezifiziert. 575

**Verbreitete** technisch-organisatorische **Maßnahmen,** die die Datensicherheit verbessern, sind unter anderem:[57] 576

- Verschlüsselung und Passwortschutz für das WLAN
- Verbindung über Virtual Private Network (VPN) bzw. Verschlüsselung bei Nutzung öffentlicher Netzwerkzugänge
- Datenspeicherung unmittelbar auf dem Server oder in der Cloud des Unternehmens unter Vermeidung lokaler Speicherorte. Im Hinblick auf das Urteil des Europäischen Gerichtshofs in der Rechtssache Schrems II[58], das den Datentransfer in die USA mittels Privacy Shields untersagt hat, können datenschutzkonform in diesem

[56] Vgl. zB zu Datenschutzgrundsätzen in Art. 5 DSGVO: Roßnagel ZD 2018, 339.
[57] Vgl. Schmidt/Roschek NJW 2021, 367; Bertram/Falder ArbRAktuell 2021, 96.
[58] EuGH 16.7.2020 – C-311/18, NJW 2020, 2613.

Zusammenhang nur noch Dienstleister mit Sitz und Rechenzentren in Europa oder einem durch Angemessenheitsbeschluss der EU-Kommission als gleichwertig eingestuften Land eingesetzt werden[59]
- Transportverschlüsselung digitaler Kommunikation (Ende-zu-Ende)
- Schutz der Hardware (Virenschutz und Firewall)
- Verschlüsselung von auf Endgeräten (Notebooks, Smartphones, USB-Sticks, externe Festplatten) gespeicherter Daten
- Passwortschutz und automatische Bildschirmsperre, sichere Verwahrung von Passwörtern
- Verbot der Nutzung privater Endgeräte („bring your own device", BYOD)[60]
- Verbot der privaten Nutzung dienstlich bereitgestellter Endgeräte und Software[61]
- angemessene Beaufsichtigung von Hardware und Datenträgern bei Mobiler Arbeit
- physische Sicherung von Endgeräten und Unterlagen (abschließbare Möbel im Home-Office, Notebookschloss)
- Maßnahmen gegen das Einsehen von Bildschirmen (Sichtschutzfolie, Ausrichtung des Geräts)
- Zerstörung von Akten und Notizen in der Datentonne des Unternehmens oder Entsorgung nach Zerstörung entsprechend DIN 66399 (BSI-konforme Datenlöschung)
- Maßnahmen gegen das Mithören durch Dritte (Schließen der Bürotür oder des Fensters im Home-Office, Entfernung von Sprachassistenten im Raum (Alexa, Siri), Vermeidung von Telefonaten im öffentlichen Raum (zB Zügen)
- Nutzung datenschutzkonformer Konferenzsysteme unter Vermeidung US-amerikanischer Anbieter (Zoom, Teams, Cisco Webex[62])[63]

577 Arbeitnehmer sollten zu dem datenschutzkonformen Umgang mit den ihnen anvertrauten Daten regelmäßig geschult[64] und ein **IT-Sicherheitsdienst** – je nach Unternehmensgröße – eingerichtet oder beauftragt werden. Gerade im Bereich der Cybersicherheit ist es wichtig, Arbeitnehmer regelmäßig auf neue Bedrohungen hinzuweisen, etwa auf regelmäßig sich verändernde Phishing-Tricks, um ein ausreichendes Problembewusstsein zu begründen.[65] Auch sollten Arbeitnehmer angewiesen werden, jede datenschutzrelevante Störung bei der IT-Nutzung unverzüglich zu melden.[66]

---

[59] Seit 10.7.2023 besteht mit dem EU-US Data Privacy Framework ein neuer Angemessenheitsbeschluss, vgl. ZD 2023, 517.

[60] Zur privaten ITK bzw. Bring your own Device (BYOD): Kapitel B II 1 c; Zöll/Kielkowski BB 2012, 2625; Wisskirchen/Schiller DB 2015, 1163; Auer-Reinsdorff/Conrad/Conrad, Handbuch IT- und Datenschutzrecht, § 37 Rn. 339 ff.

[61] Mitbestimmungsfrei möglich LAG Hamm 7.4.2006 – 10 TaBV 1/06, NZA-RR 2007, 20.

[62] LAG Köln 25.6.2021 – 9 TaBV 7/21, MMR 2021, 926: Webex Einigungsstellenspruch per Videokonferenz.

[63] Vgl. Kuntz ZD-Aktuell 2023, 01070; Schellhas-Mende/Wiedemann/Blum DuD 2022, 291; DSK Orientierungshilfe Videokonferenzsysteme v. 23.10.2020.

[64] Bertram/Falder ArbRAktuell 2021, 97.

[65] Zu CEO Fraud/Fake President Trick: Raif/Swidersky ArbRAktuell 2018, 173.

[66] Zur Mitbestimmung: LAG Schleswig-Holstein 6.8.2019 – 2 TaBV 9/19, NZA-RR 2019, 647.

### b) Festlegung rechtlicher Rahmenbedingungen

578 Die technisch-organisatorischen Maßnahmen müssen durch das Festlegen rechtlicher Rahmenbedingungen gesichert werden. Stellt der Arbeitgeber Verhaltensregeln nach Art. 40 DSGVO zur Daten-informationssicherheit auf und trägt er konsequent für die Überwachung ihrer Einhaltung Sorge (Art. 41 f. DSGVO), so erleichtert dies den Nachweis der Erfüllung der Pflichten zur Errichtung von technischen und organisatorischen Maßnahmen aus Art. 32 DSGVO erheblich.

579 Inhaltlich sollten die rechtlichen Vorgaben unabhängig von der gewählten Gestaltungsform festlegen, wie Arbeitnehmer sich im **Umgang mit Geschäftsdaten** zu verhalten haben und etwaige **Konsequenzen** aus einem möglichen Fehlverhalten darstellen. Dadurch kann das Unternehmen das Risiko der Annahme eines Organisationsverschuldens (§§ 130, 30 OWiG) verringern.[67] Ob darüber hinausgehend eine verschuldensunabhängige Gefährdungshaftung nach Art. 83 DSGVO besteht, ist Gegenstand eines am Europäischen Gerichtshof anhängigen Vorlageverfahrens.[68]

580 Verstöße gegen Vorgaben zum Datenschutz können arbeitsrechtliche **Sanktionen** nach sich ziehen. Darüber hinaus besteht die Möglichkeit, die Einhaltung der Vorgaben durch die arbeitsvertragliche Vereinbarung einer **Vertragsstrafe** abzusichern. Abreden über Vertragsstrafen sind allerdings der *Inhaltskontrolle* nach § 307 zu unterziehen. Die Angemessenheit einer Vertragsstrafenvereinbarung wird man nur dann bejahen können, wenn ein berechtigtes Interesse des Arbeitgebers daran besteht, die in der Klausel konkret zu bezeichnenden Verhaltensweisen des Arbeitnehmers zu sanktionieren. Die Höhe der Vertragsstrafe darf zudem nicht unverhältnismäßig sein.[69] Der Vorteil einer Vertragsstrafe liegt nicht nur darin, dass es keines tatsächlichen Nachweises eines Schadens bedarf; vielmehr kann die drohende Vertragsstrafe präventiv wirken, indem sie Arbeitnehmer zu besonderer Sorgfalt anhält.

581 Einer besonderen Anweisung, dass die Arbeitnehmer dazu verpflichtet sind, die **Geschäfts- und Betriebsgeheimnisse** des Unternehmens zu wahren, bedarf es nicht. Dies ergibt sich bereits aus § 241 Abs. 2 BGB als Nebenpflicht des Arbeitnehmers.[70] Dennoch sind entsprechende Regelungen standardmäßig in den meisten Arbeitsverträgen enthalten.

### c) Dokumentation und Kontrollpflichten

582 Compliance-Anforderungen gebieten die regelmäßige Durchführung einer **Risikoanalyse,** die zu dokumentieren und erforderlichenfalls nachzuweisen ist.[71] Fehlt eine regelmäßige Durchführung von Audits und Compliance-Maßnahmen im Datenschutzumfeld eines Unternehmens, wirkt sich dies, wenn es zu einer Datenschutzverletzung kommt, strafverschärfend aus. Umgekehrt kann ein Unternehmen nachweis-

[67] BGH 9.5.2017 – 1 StR 265/16, NJW 2017, 3798 Rn. 118: CMS bußgeldmindernd.
[68] Vorlagebeschluss des KG Berlin 6.12.2021 – 3 WS 250/21-161 AR 84/21, ZD 2022, 156; anhängig EuGH – C-807/21 „Deutsche Wohnen“, dazu Wybitul ZD 2023, 187.
[69] ErfK/Preis BGB § 310 Rn. 98.
[70] Schaub ArbR-HdB/Linck § 53 Rn. 46; Fuhlrott/Hiéramente DB 2019, 970.
[71] Auer-Reinsdorff/Conrad/Conrad, Handbuch IT- und Datenschutzrecht § 33 Rn. 211.

lich durchgeführte Compliance-Maßnahmen **strafmildernd** geltend machen, Art. 83 Abs. 2 S. 1 lit. c DSGVO.[72]

583 Da Verstöße gegen die DSGVO bußgeldbewehrt und entschädigungspflichtig sind und damit sehr kostenintensiv werden können (Art. 82, 83 DSGVO), sollten Unternehmen im Rahmen ihrer **Aufsichts- und Überwachungspflicht** (§ 43 GmbHG; § 93 AktG) auf deren Einhaltung achten, Arbeitnehmer dazu unterweisen und zumindest gelegentlich Stichprobenkontrollen durchführen (lassen), um den Vorwurf eines Organisationsverschuldens und die damit verbundene Haftung zu vermeiden (§§ 130, 30 OWiG)[73].

## IV. Zulässigkeit und Grenzen der Überwachung von Arbeitnehmern in Mobiler Arbeit

584 Die neuen dezentralen und digitalen Arbeitsformen lassen die Arbeitnehmer aus dem unmittelbaren Blick und der persönlichen Wahrnehmung und Beobachtung der Führungskräfte verschwinden; sie stellen neue Anforderungen an „virtuelle Führung" und Arbeitskultur, die es im Rahmen der Personal- und Organisationsentwicklung zu vermitteln und einzuüben gilt (→ Rn. 22ff.).[74] Unternehmen könnten daher versucht sein, die Leistung ihrer Arbeitnehmer in Mobiler Arbeit zu kontrollieren und zu überwachen, insbesondere wenn sie eine nachlassende Produktivität oder schlechte Erreichbarkeit feststellen, etwa einen Umsatzrückgang bei einem mobil tätigen Außendienstmitarbeiter.[75] Kontrollmöglichkeiten unterliegen allerdings engen rechtlichen Vorgaben.[76]

585 Mitarbeiterkontrollen, die personenbezogene Daten erfassen, dürfen nicht anlasslos ins Blaue hinein erfolgen, sondern erfordern nach § 26 Abs. 1 S. 1 und 2 BDSG als Erlaubnisgrundlage stets einen **hinreichenden,** zu **dokumentierenden Anfangsverdacht** einer Straftat oder einer erheblichen Vertragspflichtverletzung,[77] etwa eines Arbeitszeit- oder Abrechnungsbetruges[78] oder einer unerlaubten Konkurrenztätigkeit. Dieser Verdacht muss sich in Bezug auf eine konkrete strafbare Handlung oder andere schwere Pflichtverletzung zu Lasten des Arbeitgebers gegen einen räumlich und funktional zumindest abgrenzbaren Kreis von Arbeitnehmern richten. Er darf sich nicht auf die allgemeine Mutmaßung beschränken, es könnten Straftaten oder Vertragsverletzungen begangen werden. Ein „dringender" Tatverdacht, der einen hohen Grad an Wahrscheinlichkeit für die Begehung von Straftaten voraussetzt, ist nach dem Gesetzeswortlaut nicht erforderlich. Allein ein von dem in Mobiler Arbeit beschäftigten Arbeitnehmer zu verantwortender **Umsatzrückgang** reicht allerdings nicht aus, um

---

[72] BGH 9.5.2017 – 1 StR 265/16, NJW 2017, 3798 Rn. 118: CMS bußgeldmindernd.
[73] Vgl. Müko GmbHG/Fleischer § 43 Rn. 139; Petri, Arbeitsstrafrecht B Rn. 98.
[74] Vgl. Müller, Virtuelle Führung: Erfolgreiche Strategien und Tools für Teams in der digitalen Arbeitswelt, 2018; Landes/Wittmann/Steiner/Utz, Führung von Mitarbeitenden im Home Office, 2020.
[75] Anschaulich LAG Berlin-Brandenburg 11.9.2020 – 9 Sa 584/20, ZD 2021, 170.
[76] Ausführlich: Byers, Mitarbeiterkontrollen, 2021; Stück GmbHR 2019, 158ff. sowie CCZ 2020, 77.
[77] BAG 20.10.2016 – 2 AZR 395/15, NZA 2017, 443.
[78] Vgl. BAG 29.6.2023 – 2 AZR 296/22, BeckRS 2023, 1537 (Arbeitszeitbetrug); LAG Niedersachsen 29.3.2023 – 2 Sa 313/22, BeckRS 2023, 18889 (Tankbetrug).

den für weitergehende Überwachungsmaßnahmen erforderlichen Verdacht einer schwerwiegenden Pflichtverletzung zu begründen. Das bloße Informationsinteresse bezüglich des Verhaltens eines Arbeitnehmers in Mobiler Arbeit oder nicht näher begründete Zweifel, ob jemand auch außerhalb des Betriebes so gut wie möglich arbeitet, kann eine Überwachung nicht rechtfertigen.[79]

586 Auch eine anlasslose, technische **Rundumüberwachung** bzw. Dauerüberwachung des Arbeitnehmers in Mobiler Arbeit wäre zwar technisch in der Regel möglich, datenschutzrechtlich ohne Anfangsverdacht für eine Vertragsverletzung oder Straftat allerdings unzulässig und unverhältnismäßig.[80] Eine **punktuelle, präventive,** stichprobenartige **Überwachung** der Arbeit in bestimmten Systemen, etwa durch die Protokollierung von Zugriffen, kann aber auf § 26 Abs. 1 S. 1 BDSG bzw. Art. 6 Abs. 1 lit. f DSGVO gestützt werden,[81] sollte jedoch mit dem Datenschutzbeauftragten, der Compliance-Abteilung und dem Betriebsrat abgestimmt werden. Die Kontrolle von Nutzungs- oder Metadaten, etwa bei der Auswertung eines Internetbrowsers zur **Überwachung** der Einhaltung eines **Internet-Nutzungsverbots zu privaten Zwecken,** sollte ebenfalls nur stichprobenartig in Bezug auf Nutzungszeiten, Nutzungsdauer und Nutzungsart erfolgen.[82]

587 **Überwachungsmaßnahmen,** seien sie technisch und deshalb mitbestimmt nach § 87 Abs. 1 Nr. 6 BetrVG[83] oder persönlich (etwa durch Führungskräfte, Detektive) und deshalb mitbestimmungsfrei,[84] müssen zudem stets im Einzelfall verhältnismäßig sein, dh

1. **geeignet** an sich zur Zweckerreichung,
2. **erforderlich,** dh es gibt kein vorrangiges, milderes, gleich geeignetes Mittel zur Zweckerreichung,
3. **angemessen** im Sinne einer Güterabwägung zwischen den Persönlichkeitsrechten des Arbeitnehmers und den Aufklärungs- und Sanktionsinteressen des Arbeitgebers,[85]

588 Von der umfassenden Überwachung oder der Aufzeichnung von Arbeitsleistungen im IT-System[86] oder einer Überwachung durch Privatdetektive dürfte wegen der Rechtsfolgen eines rechtswidrigen Exzesses abzuraten sein, diese jedenfalls nur als *ultima ratio* in Betracht kommen, falls nicht der begründete Verdacht einer schwerwiegenden Pflichtverletzung besteht.[87] Studienergebnisse zeigen darüber hinaus: Je engmaschiger Beschäftigte kontrolliert werden, desto eher neigen sie zum Regelbruch

---

[79] LAG Berlin-Brandenburg 11.9.2020 – 9 Sa 584/20, ZD 2021, 170.
[80] BAG 27.7.2017 – 2 AZR 681/16, NZA 2017, 1327: Keylogger Kontrolle.
[81] Auer-Reinsdorff/Conrad/Conrad/Treeger, Handbuch IT- und Datenschutzrecht § 34 Rn. 224.
[82] Stück ArbRAktuell 2019, 216; BAG 27.7.2017 – 2 AZR 681/16, NZA 2017, 1327 Rn. 31; LAG Berlin-Brandenburg 14.1.2016 – 5 Sa 657/15, BB 2016, 891; Kühling/Buchner/Maschmann, BDSG § 26 Rn. 48a. Stück ArbRAktuell 2019, 216; BAG 27.7.2017 – 2 AZR 681/16, NZA 2017, 1327 Rn. 31; LAG Berlin-Brandenburg 14.1.2016 – 5 Sa 657/15, BB 2016, 891; Kühling/Buchner/Maschmann BDSG § 26 Rn. 48a.
[83] Keylogger: BAG 27.7.2017 – 2 AZR 681/16, NZA 2017, 1327; IT Forensik: BAG 23.3.2021 – 1 ABR 31/19, NZA 2021, 959; Log Files/E-Mail: BAG 31.1.2019 – 2 AZR 426/18, NZA 2019, 893, Video: BAG 23.8.2018 – 2 AZR 133/18, NZA 2018, 1329 (offene Videoüberwachung) bzw. BAG 22.9.2016 – 2 AZR 848/15, MDR 2017, 344 (heimlich/versteckte Videoüberwachung).
[84] BAG 26.3.1991 1 ABR 26/90, AP BetrVG 1972 § 87 Überwachung Nr. 21.
[85] Stück GmbHR 2019, 149; Stück AuA 01/2018, 24; Stück AuA 09/2019, 520.
[86] BAG 27.7.2017 – 2 AZR 681/16, NZA 2017, 1327: Permanenter Keylogger.
[87] Suwelack ZD 2020, 565; Stück CCZ 2018, 89; Suwelack ZD 2021, 171.

oder zu unerlaubten Verhaltensweisen, um sich der Kontrolle zu entziehen. Überzogene Kontrollen führen zu Verunsicherung und ineffizienten Handlungen und können das Betriebs- oder Abteilungsklima nachteilig beeinträchtigen.

589 **Unternehmensinterne Untersuchungen** und **Anhörungen,** die Wirksamkeitserfordernis einer **Verdachtskündigung** sind („Reinigungsgespräch")[88], werden bei Mobiler Arbeit zunehmend als **„Remote Investigation"** durchgeführt und sollten die Regelungen des § 17 Abs. 5 VerbandSanktionenG-E[89] an ein faires Verfahren antizipierend berücksichtigen[90].

590 **Praxistipp:**

Zu prüfen und beachten sind die **Mitbestimmungsrechte** des Betriebsrats, insbesondere nach § 87 Abs. 1 Nr. 1, 6 BetrVG[91], da bei deren Verletzung
- Unterlassungs- und Beseitigungsansprüche des Betriebsrats bestehen,[92] und
- Beschäftigte nicht verpflichtet sind, mitbestimmungswidrig eingeführte Kontrolleinrichtungen zu nutzen, so dass im Weigerungsfall eine Sanktionierung ausscheidet.[93]

591 Bei **datenschutzrechtswidriger Kontrolle** drohen darüber hinaus Sachvortrags- und Beweisverwertungsverbote im Prozess[94] sowie Entschädigungsansprüche nach Art. 82 DSGVO[95] und Bußgelder nach Art. 83 DSGVO, wie sie in den Leitlinien der Deutschen Datenschutz Konferenz (DSK) bzw. des European Data Protection Board (EDPB) näher dargestellt werden.[96]

## V. Datenübermittlung ins Ausland

592 Unter dem Begriff **„workation"**, der begrifflichen Verbindung von work & vacation, sowie **„bleisure"**, der Verbindung von business trip & leisure,[97] werden Modelle der Mobilen Arbeit aus dem bzw. im Ausland verstanden, indem etwa vor (wegen § 8 BUrlG) oder nach einem Urlaub Arbeitsleistungen im Ausland erbracht werden. Diese Möglichkeit wird von Arbeitnehmern zunehmend nachgefragt, dient mithin auch zur Personalgewinnung und -bindung. Im Hinblick auf § 2 Abs. 2 NachweisG

---

[88] Klinkhammer ArbRAktuell 2020, 7; Eylert NZA-RR 2014, 393; Dzida NZA 2013, 412; Dzida NZA 2014, 809; BAG 25.4.2018 – 2 AZR 611/17, NZA 2018, 1405.
[89] Entwurf eines Gesetzes zur Stärkung der Integrität in der Wirtschaft vom 16.6.2020, abrufbar unter: https://www.bmj.de/SharedDocs/Gesetzgebungsverfahren/Dokumente/RegE_Staerkung_Integritaet_Wirtschaft.pdf?__blob=publicationFile&v=2 (19.3.2023).
[90] Stück AuA 09/2020, 518; Kainer/Feinauer NZA 2020, 363; Wybitul/Grützner/Klaas CCZ 2020, 199; Naber/Ahrens CB 12/2020, 465 (Remote Investigation).
[91] LAG Köln 21.5.2021 – 9 TaBV 28/20, NZA-RR 2021, 519: Microsoft Office 365; LAG Nürnberg 21.2.2017 – 7 Sa 441/16, NZA-RR 2017, 302: Outlook Kalender.
[92] BAG 23.3.2021 – 1 ABR 31/19, NZA 2021, 959.
[93] Fitting, § 87 BetrVG Rn. 256; LAG Nürnberg 21.2.2017 – 7 Sa 441/16, NZA-RR 2017, 302.
[94] LAG Berlin-Brandenburg 11.9.2020 – 9 Sa 584/20, ZD 2021, 170; LAG Niedersachsen 6.7.2022 – 8 Sa 1150/20; LAG Baden-Württemberg 27.1.2023 – 12 Sa 56/21, NZA-RR 2023, 348.
[95] LAG Rheinland-Pfalz 27.4.2017 – 5 Sa 449/16, ArbRAktuell 2017, 367: 10.000 EUR.
[96] Zur Verteidigung: Wybitul/Venn ZD 2021, 343; Adelberg/Spittka/Zapf CB 2021, 96 mwN.
[97] Steinau-Steinrück NJW-Spezial 2021, 626; Klachin/Kaderka AuA 11/2022, 24; Klein/Adam/Herda AuA 07/2022, 14.

„sowie § 95 Abs. 3 BetrVG“ gewähren Unternehmen eine solche workcation-Option aus bestimmten EU/EWR-Ländern häufig bis zu 20 Tagen.

593 Ein Arbeitnehmer hat grundsätzlich **keinen Anspruch** auf Gestattung **Mobiler Arbeit** aus dem **Ausland.**[98] Wird die Arbeit aus dem Ausland jedoch gestattet, sind datenschutzrechtliche Besonderheiten zu beachten, sofern dadurch personenbezogene Daten länderübergreifend verarbeitet werden. **Art. 44 ff. DSGVO** enthalten für die **Auslandsübermittlung** besondere Bestimmungen, die in Abstimmung mit dem betrieblichen Datenschutzbeauftragten unter Berücksichtigung des Landes, in dem gearbeitet werden soll, eingehalten werden müssen.[99] Auch bei einer Übermittlung personenbezogener Daten in ein Drittland ist die Wahrung des hohen **Datenschutzniveaus** zu gewährleisten, das die Unionsrechtsordnung bietet. Dies ist der Fall, wenn das Schutzniveau im Ausland „der Sache nach **gleichwertig**“ („essentially equivalent“) ist.[100]

594 Innerhalb der **EU** gilt mit der DSGVO ein einheitlicher, verbindlicher Rechtsrahmen, so dass sich nach Art. 44 DSGVO keine Probleme bei Datenübermittlungen in bzw. zwischen **EU-Staaten** ergeben. Gleiches gilt für die **EWR Staaten;**[101] hier bleibt es bei den allgemeinen datenschutzrechtlichen *Erlaubnistatbeständen der DSGVO.*

595 Zu den **sicheren Drittstaaten,** in die eine Datenübermittlung nach einem **Angemessenheitsbeschluss** der EU gemäß Art. 45 DSGVO gestattet ist, gehören Länder, die über ein von der Europäischen Kommission als **angemessen anerkanntes Schutzniveau** verfügen. Dies sind derzeit Andorra, Argentinien, Kanada (nur kommerzielle Organisationen), Färöer-Inseln, Guernsey, Israel, Isle of Man, Jersey, Neuseeland, Schweiz, Uruguay, Japan, das Vereinigte Königreich (nach dem Brexit bis 2025) und Südkorea.[102]

596 Alle anderen Länder gehören zu den sog. **unsicheren Drittstaaten** (bspw. USA, Indien und China), in die eine Datenübermittelung nur möglich ist, wenn der Verantwortliche (Art. 4 Nr. 7 DSGVO) bzw. der Auftragsverarbeiter (Art. 4 Nr. 8 DSGVO) geeignete Garantien zur Sicherung des Datenschutzes vorsieht und den betroffenen Personen durchsetzbare Rechte und wirksame Rechtsbehelfe zur Verfügung stehen. Zu diesen geeigneten **Garantien** zählen im Wesentlichen:

1. von der Europäischen Kommission veröffentlichte Vertragswerke (**Standarddatenschutzklauseln,** britische Standard Contractual Clauses (SSC)), die auch nach der Rechtsprechung des EuGH in der Rechtssache Schrems II[103] zulässig sind,
2. **verbindliche unternehmensinterne Datenschutzvorschriften** iSd Art. 47 DSGVO (sog. Binding Corporate Rules (BCR)),
3. **Verhaltenskodizes** iSd Art. 40 DSGVO, zertifizierte Garantien nach Art. 42 DSGVO oder selbst entwickelte Verträge oder Verwaltungsvereinbarungen.

---

[98] ArbG München 27.8.2021 – 12 Ga 62/21, CCZ 2022, 414.
[99] Vgl. Wybitul/Ströbel/Ruess ZD 2017, 503; DSK Kurzpapier Nr. 4: Datenübermittlung in Drittländer.
[100] Simitis/Hornung/Spiecker gen. Döhmann DSGVO Art. 44 Rn. 9; EuGH 6.10.2015 – C-362/14 NJW 2015, 3151 – Schrems I.
[101] Vgl. Kühling/Buchner/Schröder, DS-GVO Art. 44 Rn. 17; Auer-Reinsdorff/Conrad/Dovas/Grapentin, Handbuch IT- und Datenschutzrecht § 35 Rn. 17.
[102] Auer-Reinsdorff/Conrad/Dovas/Grapentin, Handbuch IT- und Datenschutzrecht, § 35 Rn. 24 mwN.
[103] EuGH 16.7.2020 – C-311/18, ZD 2020, 511 – Privacy Shield.

597 Die EU-Kommission hat sich im Dezember 2022 mit den USA im Rahmen des sog. **Trans-Atlantik Data Privacy Framework (TADPF)**[104], dem Nachfolger des Privacy-Shield-Abkommens, das der Überprüfung durch den EuGH nicht standgehalten hat (Schrems II)[105] und des bereits vorher für unwirksam erachteten Safe-Harbor-Abkommens (Schrems I),[106] auf neue Prozesse geeinigt.[107] Ob dieses einer Überprüfung durch den EuGH standhalten wird, ist derzeit ungewiss und risikobehaftet.

598 Da es bei Mobiler Arbeit regelmäßig zur Verarbeitung personenbezogener Daten kommt, ist die Gestaltung Mobiler Arbeit im Ausland zwingend datenschutzkonform auszugestalten. In Anbetracht der erheblichen Rechtsfolgen einer unerlaubten Datenverarbeitung – insbesondere Bußgelder und Schadensersatzansprüche (Art. 82, 83 DSGVO) – sollte das „ob“ und „wie“ von Datenübermittlungen in andere Länder, insbesondere in unsichere Drittstaaten, vorab genau geprüft und dokumentiert werden (Datenschutzfolgeabschätzung nach Art. 35 DSGVO,[108] Verarbeitungsverzeichnis nach Art. 30 DSGVO)[109]. Bei Mitnahme von IT-Hard- und Software ins Ausland ist darüber hinaus **lokales IT-Security Recht**[110] zu berücksichtigen, da einige Länder bspw. die Einführung und Anwendung von Verschlüsselungsprogrammen untersagen, die nicht auf Aufforderung des Zolls entschlüsselt werden können, was Probleme aufwerfen kann.

## VI. Haftung und Sanktionen

599 Die datenschutzrechtliche Sensibilität Mobiler Arbeit unter Verwendung von portabler Informations- und Kommunikationstechnologie erfordert die Berücksichtigung sanktions- und haftungsrechtlicher Folgen von möglichen Datenschutzverstößen.

### 1. Verantwortung der Arbeitnehmer

600 Verstößt ein Arbeitnehmer in Ausübung seiner Arbeit objektiv gegen wirksame und bekannte Datenschutz-, Informationssicherheits-, oder Geschäftsgeheimnisschutzbestimmungen oder gegen entsprechende Weisungen des Arbeitgebers, kann dies arbeitsvertragliche Rechtsfolgen haben. Der Arbeitgeber kann die Pflichtverletzung mit einer **Abmahnung** sanktionieren, auch ohne dass ein konkreter Schaden eingetreten ist oder gedroht hat.[111] Eine **verhaltensbedingte Kündigung** kann gerechtfertigt sein, wenn etwa Arbeitnehmer wiederholt und trotz einschlägiger Abmahnungen gegen eine Richtlinie zur Informationssicherheit am Arbeitsplatz (sog. „Clean Desk

[104] Glocker ZD 2023, 189; Voigt/von dem Bussche/Schmalenberger DS Berater 2022, 140; Dehmel/Ossmann-Magiera/Weiß MMR 2023, MMR 2023, 17; Roßnagel ZD 2022, 305.
[105] EuGH 16.7.2020 – C-311/18, NJW 2020, 2613.
[106] EuGH 6.10.2015 – C-362/14, NZA 2015, 1371.
[107] Seit 10.7.2023 gibt es mit dem EU-US Data Privacy Framework einen neuen Angemessenheitsbeschluss.
[108] Auer-Reinsdorff/Conrad/Conrad, Handbuch IT- und Datenschutzrecht, § 34 Rn. 527 ff.
[109] Auer-Reinsdorff/Conrad/Conrad, Handbuch IT- und Datenschutzrecht, § 34 Rn. 515 ff.
[110] Hornung NJW 2021, 1985 zum IT SicherheitsG.
[111] LAG Sachsen 7.4.2022 – 9 Sa 250/21, CCZ 2022, 411.

Policy") verstoßen. Das Liegenlassen von Akten sowie die fehlende Entsorgung von Datenabfall kann jeweils für sich genommen eine erhebliche Pflichtverletzung der „Clean Desk Policy" darstellen.[112] Auch können **Schadensersatzansprüche** nach §§ 280 Abs. 1, 249 ff. BGB bei nachgewiesener schuldhafter Vertragsverletzung nach den anerkannten Grundsätzen der beschränkten Arbeitnehmerhaftung in Betracht kommen; dabei haftet ein Arbeitnehmer bei Vorsatz und grober Fahrlässigkeit voll, bei mittlerer Fahrlässigkeit anteilig und bei leichter Fahrlässigkeit nicht. Zu dem ersatzfähigen Schaden können auch notwendige Kosten externer Experten einer Compliance-Untersuchung wie externe Anwälte, IT-Forensiker oder Detektive gehören.[113] Datenschutzrechtliche Sanktionen treffen allerdings nicht den Arbeitnehmer, sondern den Arbeitgeber, dem das Verhalten des Arbeitnehmers ggf. zugerechnet wird und der im Innenverhältnis Regress beim Arbeitnehmer nehmen kann.[114]

## 2. Verantwortung des Arbeitgebers

601 Datenschutzrechtswidriges Verhalten des Arbeitgebers als verantwortliche Stelle kann **Entschädigungs- und Schmerzensgeldansprüche** nach Art. 82 DSGVO nach sich ziehen, deren Höhe nach bisheriger Rechtsprechung je nach Dauer und Intensität der Verletzung auf Beträge zwischen 1.000–10.000 EUR festgesetzt wurden.[115] Dabei soll bereits die Verletzung der DSGVO an sich einen auszugleichenden immateriellen Schaden begründen.[116] Ob entgegen dieser Auffassung über die reine Datenschutzverletzung hinaus auch ein spürbarer immaterieller Nachteil jenseits von bloßem Ärger oder Unwohlsein über den Datenschutzverstoß zur Begründung eines Ersatzanspruchs vorliegen muss, wie Generalanwalt Campos Sánchez-Bordona in seinen Schlussanträgen vorgeschlagen hat,[117] bleibt letztlich der Entscheidung des EuGH vorbehalten, der entschieden hat, dass der bloße DSGVO Verstoß keinen immateriellen Schadenszusatz auslöst.[118]

602 Datenschutzverstöße können weiterhin hohe, unter anderem von der Höhe des Unternehmensumsatzes abhängige **Bußgelder** gemäß Art. 83 DSGVO nach sich ziehen. Für die Höhe der Bußgelder können die Leitlinien der Datenschutzkonferenz (DSK) vom 14.10.2019 bzw. die neueren Leitlinien des Europäischen Datenschutzausschusses (EDSA) vom 12.5.2022[119] herangezogen werden.[120] Beim EuGH ist darüber hinaus ein deutsches Verfahren anhängig, in dem es um die Frage geht, ob die

[112] LAG Sachsen 7.4.2022 – 9 Sa 250/21, CCZ 2022, 411.
[113] BAG 29.4.2021 – 8 AZR 276/20, NZA 2021, 1465.
[114] Vgl. zur Haftung für Kartellbußen: BAG 29.6.2017 – 8 AZR 189/15, NZA 2018, 121; OLG Düsseldorf 27.5.2023 – VI 6 U 1/22, NZG 2023, 1006.
[115] LAG Rheinland-Pfalz 27.4.2017 – 5 Sa 449/16: 10.000 EUR bei intensiver, anlassloser Detektivüberwachung eines Betriebsratsvorsitzenden; ArbG Oldenburg 9.2.2023 – 3 Ca 150/21; Übersichten bei Wybitul/Leibold ZD 2022, 207; Leibold ZD 2022, 18.
[116] LAG Schleswig-Holstein 1.6.2022 – 6 Ta 49/22, ZD 2022, 571: 2.000 EUR.
[117] Schlussanträge 6.10.2022 – C-300/21, ZD 2023, 34.
[118] EuGH 4.5.2023 – C 300, 21, NZA 2023, 606.
[119] Vgl. Wybitul/König ZD 2022, 422; Etteldorf ZD-Aktuell 2022, 01246; eine Tabelle der EU-weit verhängten Bußgelder ist abrufbar unter: https://enforcementtracker.com (letzter Abruf 3.4.2023).
[120] Wybitul/Venn ZD 2021, 343; Adelberg/Spittka/Zapf CB 2021, 96 mwN.

Bußgeldhaftung *verschuldensunabhängig ist, mithin* eine datenschutzrechtliche Gefährdungshaftung besteht.[121]

603 Die betroffene Person kann nach überwiegender Auffassung auch zivilrechtliche **Unterlassungsansprüche** gemäß § 1004 Abs. 1 iVm § 823 Abs. 1 BGB geltend machen, die nicht durch Art. 79 Abs. 1 DSGVO gesperrt sein sollen.[122] Dem kann allerdings entgegenhalten werden, dass die DSGVO als lex specialis derartige Ansprüche nicht ausdrücklich vorsieht, eine Ableitung aus Art. 17, 79 DSGVO indes zu weit ginge. Das Recht an den eigenen Daten stellt kein absolutes Recht dar und unterfällt daher nicht dem Schutz des § 1004 BGB.[123]

604 Die Frage, ob eine Datenschutzverletzung auch **wettbewerbsrechtliche Unterlassungsansprüche** begründen kann, etwa gemäß § 8 Abs. 1 UWG iVm §§ 3, 3a UWG und Art. 13 DSGVO, oder ob demgegenüber den Bestimmungen der DSGVO der Marktbezug insgesamt abgesprochen werden muss, ist bislang ebenfalls umstritten; ein hierauf bezogenes Vorabentscheidungsverfahren ist derzeit am EuGH anhängig.[124]

605 Praxistipp:

Neben präventiven Maßnahmen, die Datenschutzverstöße von vornherein verhindern sollen, wird deshalb zunehmend auch die Etablierung von Prozessen zu einem effektiven Umgang mit dem Krisenfall eines Datenschutzverstoßes eine entscheidende Rolle spielen. Unternehmen werden es sich zukünftig nicht mehr leisten können, leichtfertig mit den Anforderungen des Datenschutzrechts umzugehen oder Datenschutzverstöße und Ermittlungsmaßnahmen „auf die leichte Schulter" zu nehmen. Ein Kriseninterventionsteam, bestehend aus Forensikern, Prozesstaktikern, Datenschutz- und Rechtsexperten und Vertretern der IT-Sicherheit, ggf. ergänzt um Kommunikationsexperten, kann hierzu geeignete Maßnahmen ergreifen.[125]

606 Eine Sanktion in Form prozessualer Nachteile kann sich schließlich daraus ergeben, dass Datenschutzverstöße prozessuale **Sachvortrags- und Beweisverwertungsverbote** begründen können, rechtswidrig erlangte Informationen mithin im Prozess nicht verwertet werden können,[126] wenn durch die gerichtliche Verwertung der datenschutzwidrig erlangten Erkenntnisse die Persönlichkeitsrechtsverletzung der betroffenen Person perpetuiert würde.[127] Da denn regelmäßig die Darlegungs- und Beweislast nicht erfüllt werden kann, droht ein Prozessverlust. Allein die Verletzung von Mitbestimmungsrechten des Betriebsrats führt demgegenüber nicht zu einem Verwer-

[121] EuGH – C-807/21 – Deutsche Wohnen (anhängig), dazu Wybitul ZD 2023, 187; Kühn/Sembritzki ZD-Aktuell 2023, 01082; LG Berlin 18.2.2021 – 212 Js-OWi 1/20, ZD 2021, 270.

[122] Leibold/Laoutoumai ZD-Aktuell 2021, 05583; OLG Frankfurt 14.4.2022 – 3 U 21/20, NJW-RR 2022, 1608.

[123] LG Wiesbaden 20.1.2022 – 10 O 14/21, MMR 2022, 313.

[124] OLG Stuttgart 27.2.2020 – 2 U 257/19, MDR 2020, 684; BGH 12.1.2023 – I ZR 223/19, GRUR 2023, 264; EuGH, C-21/23 – Lindenapotheke (anhängig).

[125] Behr/Tannen CCZ 2020, 126.

[126] LAG Berlin-Brandenburg 11.9.2020 – 9 Sa 584/20, ZD 2021, 170; LAG Niedersachsen 6.7.2022 – 8 Sa 1150/20; LAG Baden-Württemberg 21.7.2023 – 12 Sa 56/21, CCZ 2023, 289.

[127] BAG 23.8.2018 – 2 AZR 133/18, NZA 2018, 1329; BAG 28.3.2019 – 8 AZR 421/17, NZA 2019, 1212; BAG 27.7.2017 – 2 AZR 681/16, NZA 2017, 1327.

tungsverbot[128] und die Betriebsparteien können kein wirksames konstitutives Beweisverwertungsverbot aufstellen.[129]

### 3. Verantwortung des Betriebsrats

607 Angesichts der eigenen datenschutzrechtlichen Verantwortung des Betriebsrats (→ Rn. 569 ff.) sowie der Tatsache, dass der Betriebsrat als „weisungs- und kontrollfreie Zone" auch nicht Anweisungen oder Kontrollen des Arbeitgebers unterliegt, ist es nicht statthaft, eine Haftung des Arbeitgebers für Datenschutzverstöße des Betriebsrats bei der Amtsausübung anzunehmen und diesen für Ansprüche auf Schadensersatz (Art. 82 DSGVO) oder für Bußgelder (Art. 83 DSGVO) in die Pflicht zu nehmen. Auch der Vorwurf eines Mitverschuldens oder Organisationsverschuldens gegen den Arbeitgeber geht ins Leere, da ihm selbst taugliche Kontroll- oder Abhilfemöglichkeiten gegenüber dem Betriebsrat nicht zur Verfügung stehen.[130] Auch wenn unter dem Regime der DSGVO der Datenschutzbeauftragte den Betriebsrat nunmehr datenschutzrechtlich beraten und beaufsichtigen darf, so darf ihm der Arbeitgeber keine Anweisungen erteilen (Art. 38 Abs. 3 DSGVO) oder ihn insoweit kontrollieren; der Datenschutzbeauftragte seinerseits ist zur Verschwiegenheit verpflichtet. So wie der Arbeitgeber nicht für unerlaubte Handlungen des Betriebsratsgremiums haftet,[131] treffen ihn daher nicht die Sanktionen bei Datenschutzverstößen des Betriebsrats.

608 Der Betriebsrat als Gremium ist nicht selbst **vermögens- oder deliktsfähig.**[132] Haftungsfolgen können daher nur das jeweils handelnde Betriebsratsmitglied selbst treffen. Dabei ist hinsichtlich der Rechtsfolgen nach dem Rechtskreis zu differenzieren, innerhalb dessen der Datenschutzverstoß erfolgt ist. Erfolgt der Verstoß bei Erbringung der **arbeitsvertraglich geschuldeten Arbeitstätigkeit,** so kann dies nach allgemeinen Grundsätzen mit Abmahnung oder Kündigung – wie bei jedem anderen Beschäftigten – sanktioniert werden.[133] Ein Datenschutzverstoß im Rahmen der **Mandatsausübung** kann, entgegen der überwiegenden Auffassung,[134] mit einer betriebsverfassungsrechtlichen Abmahnung belegt werden.[135] Denkbar ist auch ein Antrag auf **Ausschluss** aus dem **Betriebsrat** wegen grober Pflichtverletzungen (§ 23 Abs. 1 BetrVG), wenn etwa der Betriebsratsvorsitzende heimlich und unbefugt in großem Umfang und über einen längeren Zeitraum auf elektronisch geführte Personalakten zugreift.[136]

609 Gegenüber der betroffenen Person kann sich das handelnde Betriebsratsmitglied gemäß § 823 Abs. 1, 2 BGB iVm Art. 1, 2 Abs. 1 GG, § 83 Abs. 1 und 3 BDSG

[128] BAG 22.9.2016 – 2 AZR 848/15, NZA 2017, 112; BAG 20.10.2016 – 2 AZR 395/15, NZA 2017, 443.
[129] BAG 23.6.2023 – 2 AZR 286/22, BeckRS 2023, 1537.
[130] Stück ZD 2019, 261 mwN.
[131] Fitting BetrVG § 1 Rn. 320.
[132] Fitting BetrVG § 1 Rn. 308.
[133] BAG 15.7.1992 – 7 AZR 466/91, NZA 1993, 220.
[134] Fitting BetrVG § 23 Rn. 17a.; LAG Baden-Württemberg 3.7.2020 – 8 TaBV 3/19, BeckRS 2020, 27176.
[135] Stück ZD 2019, 261 mwN.
[136] LAG Berlin-Brandenburg 12.11.2012 – 17 TaBV 1318/12, NZA-RR 2013, 293; Stück ZD 2019, 260.

sowie §§ 75 Abs. 1, 99 Abs. 1 S. 3; 102 Abs. 2 S. 5 BetrVG schadensersatzpflichtig machen.[137] Die gesetzlichen Verschwiegenheitspflichten sind Schutzgesetze iSd § 823 Abs. 2 BGB.[138] Dabei können – wie bei der Haftung des internen Datenschutzbeauftragten[139] – bei betrieblicher oder amtsbezogener Aufgabenwahrnehmung die Grundsätze der beschränkten Arbeitnehmerhaftung[140] zur Anwendung kommen.

610 Die Verletzung des informationellen Selbstbestimmungsrechts begründet darüber hinaus auch gegenüber Betriebsratsmitgliedern **Unterlassungsansprüche** (Art. 1, 2 Abs. 1 GG, §§ 823 Abs. 1, 1004 BGB) und **Löschungsansprüche** (Art. 17 Abs. 1 lit. a, d, 6 Abs. 1 lit. f DSGVO bzw. §§ 823 Abs. 1, 1004 BGB iVm Art. 1, 2 Abs. 1 GG)[141]. Diese Ansprüche sind im Beschäftigungskontext vor dem **Arbeitsgericht** zu verfolgen, selbst wenn ein Arbeitsverhältnis bereits beendet ist, die Verletzung aber während dessen Bestehens und in dessen Zusammenhang stattgefunden hat.[142]

---

[137] Fitting BetrVG § 1 Rn. 315.
[138] Fitting BetrVG § 1 Rn. 316.
[139] Simits/Drewes Datenschutzrecht Art. 39 Rn. 45.
[140] BAG 15.11.2012 – 8 AZR 705/11, NZA 2013, 640; BAG 27.9.1994 – GS 1/89 (A), NJW 1995, 210.
[141] OLG Frankfurt/Main 6.9.2018 – 16 U 193/17, CCZ 2019, 98.
[142] LAG Rheinland-Pfalz 10.10.2022 – 8 Ta 94/22, BeckRS 2022, 38234.

# E. Arbeitszeitrecht

## Übersicht



## I. Herausforderungen durch Entgrenzung und Begrenzung der Arbeitszeit sowie ständige Erreichbarkeit

611 Ein wesentlicher Aspekt der mobilen Arbeit ist regelmäßig die **zeitliche Flexibilität** des Arbeitnehmers. Eine Bindung an feste Bürozeiten oder generell an herkömmliche Arbeitszeiten besteht typischerweise nicht, vielmehr wird dem Arbeitnehmer Vertrauensarbeitszeit gewährt. Für viele Arbeitnehmer erscheint das attraktiv, da sie selbst

über ihre Arbeitszeiten, deren Lage sowie deren Verteilung entscheiden können.[1] Die Kehrseite ist, dass die Grenzen zwischen Arbeitszeit und Freizeit verschwimmen.[2] Das wirft verschiedene Rechtsfragen im Zusammenhang mit dem Arbeitszeitrecht auf und wird unter dem Stichwort „Entgrenzung" der Arbeitszeit diskutiert.

### 1. Entgrenzung der Arbeitszeit

612 Ist die Pflicht des Arbeitnehmers zur Arbeitsleistung nicht an feste Zeitfenster (Arbeitstag, Arbeitswoche) gebunden und faktisch (abgesehen von etwaigen Projekt- oder Abgabeterminen) zu jeder Zeit, also auch während der üblichen *Frei*zeit (Spätabends, an Wochenenden oder Feiertagen), möglich, spricht man von Entgrenzung der Arbeitszeit. In der rechtswissenschaftlichen Literatur wird zwischen innerer und äußerer Entgrenzung differenziert, wobei die äußeren Grenzen am Gegensatz von Arbeitszeit und Freizeit festzumachen sind, während die inneren Grenzen die Ruhepausen betreffen.[3] In beiden Fällen gehen Erholungs- und Arbeitsphasen ineinander über, eine klare **Trennung zwischen Privat- und Arbeitsleben** wird aufgegeben.[4] Im Besonderen ist an die kurzzeitige Arbeitsaufnahme, beispielsweise das Lesen oder Schreiben einer E-Mail nach Feierabend oder am Wochenende, zu denken. Auch der Umstand, dass Arbeitnehmer umgekehrt ihre arbeitsvertragliche Tätigkeit für private Angelegenheiten unterbrechen (können) (zB um online eine Bestellung zu tätigen, in sozialen Netzwerken aktiv zu sein, private Nachrichten zu schreiben oder kleinere Arbeiten im Haushalt zu erledigen), trägt zur Entgrenzung bei.[5]

### 2. Ständige Erreichbarkeit

613 Mit der Entgrenzung eng verbunden bzw. vielfach als deren (Haupt-)Auslöser verstanden ist die ständige (oder jedenfalls erweiterte)[6] Erreichbarkeit des Arbeitnehmers. Bildhaft lässt sich diese mit einem „Stand-by-Modus"[7] des Arbeitnehmers vergleichen, durch welchen er auch **außerhalb üblicher Arbeitszeiten** zur Arbeit herangezogen werden kann. Dabei beruht die ständige Verfügbarkeit des Arbeitnehmers auf der tatsächlich bestehenden Erreichbarkeit mittels mobiler Endgeräte auch während der Abendstunden, dem Wochenende oder dem Erholungsurlaub.[8] Hieraus kann eine gewisse Erwartungshaltung des Arbeitgebers, der Kollegen, Kunden oder Geschäftspartner, jedenfalls aber eine niedrigere Hemmschwelle resultieren, den Arbeit-

[1] Küttner Personalbuch 2022/Röller Mobiles Arbeiten Rn. 8; s. auch Kanzenbach ARP 2021, 336.
[2] Arnold/Günther ArbR 4.0-HdB/Arnold/Winzer § 3 Rn. 3.
[3] Arnold/Günther ArbR 4.0-HdB/Arnold/Winzer § 3 Rn. 3.
[4] EuArbRK/Gallner RL 2003/88/EG Art. 2 Rn. 18.
[5] Fröhlich ArbRB 2017, 61.
[6] Arnold/Günther ArbR 4.0-HdB/Arnold/Winzer § 3 Rn. 3.
[7] S. auch Schuchart AuR 2016, 341 (342).
[8] Fröhlich ArbRB 2017, 61.

nehmer auf den mobilen Geräten zu kontaktieren, ohne dass Rufbereitschaft angeordnet ist.[9]

614 Der Anforderungsdruck, die Unterbrechung von Pausen- oder Ruhezeiten und nicht zuletzt das Gefühl, ständig „on" zu sein, können zu **gesundheitlichen Problemen** führen.[10] Expertenbefragungen haben ergeben, dass insbesondere die Erholungsfähigkeit unter der ständigen Erreichbarkeit leide.[11] In der Praxis wurde diesen Gefahren teilweise durch Serverabschaltungen in den Abend- und Nachtstunden oder der Einrichtung von bestimmten Erreichbarkeitszeiten begegnet,[12] im rechtswissenschaftlichen und öffentlichen Diskurs wurden auf nationaler und europäischer Ebene Forderungen nach einem **Recht auf Nichterreichbarkeit** laut.[13]

615 Daneben birgt die erweiterte Erreichbarkeit das Risiko von **Verstößen gegen das Arbeitszeitgesetz,** welche für den Arbeitgeber bußgeld- bzw. strafbewährt sind (§§ 22f. ArbZG). Es stellt sich insbesondere die Frage, ob ständige Erreichbarkeit und Entgrenzung der Arbeitszeit mit den Vorgaben über Höchstarbeitszeiten und Ruhezeiten vereinbar sind und ob bzw. in welcher Form eine Arbeitszeiterfassung bei mobiler Arbeit erfolgen muss.

## II. Definitionen der Arbeitszeit und Ruhezeit bei mobiler Arbeit im nationalen Recht sowie im Unionsrecht

616 Für eine Beurteilung der Vertragsgestaltungsmöglichkeiten im Hinblick auf die Konformität mit den Vorgaben des Arbeitszeitgesetzes ist entscheidend, wie mobile Arbeit oder die Arbeit im Home-Office und die damit verbundenen Aspekte der Entgrenzung der Arbeit und der ständigen Erreichbarkeit arbeitszeitrechtlich zu qualifizieren sind.

### 1. Arbeitszeit und Ruhezeit

617 Das nationale wie auch das Unionsrecht unterscheiden zwischen Arbeitszeit und Ruhezeit. Arbeitszeit ist nach § 2 Abs. 1 S. 1 Hs. 1 ArbZG die **Zeit von Beginn bis zum Ende der Arbeit** ohne die Ruhepausen. Die Arbeitszeitrichtlinie[14] definiert den Begriff der Arbeitszeit in Art. 2 Nr. 1 RL 2003/88/EG als jede Zeitspanne, während

[9] Wank RdA 2014, 285 (289f.); Küttner Personalbuch 2022/Röller Mobiles Arbeiten Rn. 11.
[10] Fröhlich ArbRB 2017, 61.
[11] iga.Report 23, abrufbar unter https://aok-bv.de/imperia/md/aokbv/verbraucher/gesundheitstipps/iga-report_23_teil1.pdf (Abruf v. 29.8.2023), S. 16f.
[12] Spiegel online vom 17.2.2014, abrufbar unter https://www.spiegel.de/karriere/erreichbar-nach-dienstschluss-massnahmen-der-konzerne-a-954029.html (Abruf v. 29.8.2023).
[13] S. zur Diskussion Däubler AuR 2016, 325 (333); Göpfert/Schöberle ZIP 2016, 1817; Oetker JZ 2016, 817 (819); Schuchart AuR 2016, 341 (343); Krause NZA-Beilage 2017, 53 (57); Giesen/Kersten DB 2017, 2865; Waas FS Preis, 2021, 1427; Dohrmann BB 2022, 2228; ablehnend auch BMAS Weißbuch „Arbeiten 4.0", 2017, 119; zum französischen Arbeitsrecht Durlach/Renaud AuR 2017, 196; auf europäischer Ebene Entschließung des Europäischen Parlaments vom 21.1.2021 mit Empfehlungen an die Kommission zum Recht auf Nichterreichbarkeit (2019/2181(INL)), P9_TA(2021)0021.
[14] Richtlinie 2003/88/EG des Europäischen Parlaments und des Rates vom 4.11.2003 über bestimmte Aspekte der Arbeitszeitgestaltung, ABl L 299/9.

der ein Arbeitnehmer gemäß den einzelstaatlichen Rechtsvorschriften und/oder Gepflogenheiten arbeitet, dem Arbeitgeber zur Verfügung steht und seine Tätigkeit ausübt oder Aufgaben wahrnimmt. Ruhezeit ist nach Art. 2 Nr. 2 RL 2003/88/EG jede **Zeitspanne außerhalb der Arbeitszeit.** Im nationalen deutschen Recht findet sich keine Definition der Ruhezeit. Daraus ist zu schließen, dass all diejenige Zeit, die nicht zur Arbeitszeit zählt, Ruhezeit ist.[15] Das entspricht der unionsrechtlichen Zweiteilung.

## 2. Bereitschaftszeiten

618 Als weitere Erscheinungsformen von Arbeits- bzw. Ruhezeiten kennt das deutsche Arbeitszeitrecht die Bereitschaftszeiten.[16] Abgestuft nach der **Intensität der Inanspruchnahme** des Arbeitnehmers sind die Arbeitsbereitschaft, der Bereitschaftsdienst und die Rufbereitschaft zu nennen.[17] Bereitschaftszeiten stehen zwischen der Voll- und der Nichtarbeit und sind im Hinblick auf den Zweck des Arbeitszeitgesetzes, die Gesundheit des Arbeitnehmers zu schützen (§ 1 Nr. 1 ArbZG), entweder als Arbeits- oder als Ruhezeit zu werten.[18] Eine andere Möglichkeit der Einordnung (etwa „Arbeitszeit-light")[19] mit geringeren Vorgaben und schwächerer Rechtsfolgenanordnung sieht das Arbeitszeitrecht nicht vor, auch wenn beispielsweise nach § 7 ArbZG Sondervorschriften für abweichende kollektive Regelungen für Bereitschaftszeiten bestehen. Auch kann sich die Unterscheidung in der **Vergütung** niederschlagen, wobei zu berücksichtigen ist, dass das Arbeitszeitgesetz für die arbeitgeberseitige Hauptleistungspflicht nicht maßgeblich ist und daher die zu vergütende Arbeitszeit nicht zwangsläufig mit dem arbeitszeitrechtlich geschützten Zeitraum übereinstimmt (Beispiel: Abgeltung von Überstunden mit dem Grundgehalt).[20]

619 Die Arbeitszeitrichtlinie kennt den Begriff der Bereitschaftszeiten nicht.[21] Gleichwohl hat sich der EuGH mehrfach mit der arbeitszeitrechtlichen Qualifikation von Bereitschaftsdienst auseinandergesetzt.[22] Er orientiert sich hierbei im Ergebnis an der **Einschränkung** des Arbeitnehmers **in seiner Freizeitgestaltung:** Je stärker diese aufgrund der arbeitgeberseitigen Vorgaben ist, umso eher ist von einer Einordnung der Bereitschaftszeit als Arbeitszeit auszugehen.[23] Welche Bezeichnung der EuGH für den Bereitschaftsdienst verwendet,[24] ist dabei für die rechtliche Behandlung nicht entscheidend.

[15] S. auch Buschmann/Ulber/Buschmann ArbZG § 5 Rn. 4; Schliemann ArbZG § 5 Rn. 4.
[16] S. Wank RdA 2014, 285 (287f.); Schliemann ArbZG § 5 Rn. 8ff.
[17] Anzinger/Koberski ArbZG § 2 Rn. 30f.; Franzen ZFA 2022, 455 (466f.).
[18] HK-ArbZeitR/Spengler ArbZG § 2 Rn. 5ff.; Anzinger/Koberski ArbZG § 2 Rn. 40ff.
[19] Zum Begriff Schuchart AuR 2016, 341 (342).
[20] S. hierzu Neumann/Biebl ArbZG § 7 Rn. 13; Buschmann/Ulber/Buschmann ArbZG § 2 Rn. 3; s. auch Franzen ZFA 2022, 455 (461ff.); Caspers ZFA 2022, 488 (500f.); zum Beispiel der Überstundenvergütung BAG 22.2.2012 – 5 AZR 765/10, NZA 2012, 861.
[21] Kritisch Franzen ZFA 2022, 455 (475f.) (479f.).
[22] EuGH 3.10.2000 – C 303/98, NZA 2000, 1227 – SIMAP; EuGH 9.9.2003 – C-151/02, NZA 2003, 1019 – Jaeger; EuGH 21.2.2018 – C-518/15, NJW 2018, 1073 – Matzak; EuGH 9.3.2021 – C-344/19, NZA 2021, 485 – Radiotelevizija Slovenija; EuGH 9.3.2021 – C-580/19, NZA 2021, 489 – Offenbach.
[23] S. hierzu Freyler EuZA 2018, 463 (468ff.); Freyler EuZA 2021, 336 (339ff.).
[24] S. zB EuGH 9.3.2021 – C-344/19, NZA 2021, 485 – Radiotelevizija Slovenija („Rufbereitschaft"); s. auch EuGH 9.9.2021 – C-107/19, NZA 2021, 1395 – Dopravní podnik hl.m. Prahy („Rufbereitschaft").

620 Im deutschen Arbeitszeitrecht ist die Einordnung zumindest bislang terminologisch verknüpft. Die Arbeitsbereitschaft sowie der Bereitschaftsdienst zählen einschließlich der inaktiven Zeiten zur Arbeitszeit, während die Rufbereitschaft als Ruhezeit qualifiziert wird mit der Folge, dass es sich nur bei der aktiven Phase um Arbeitsleistung im arbeitszeitrechtlichen Sinne handelt.[25] Die Pflicht zur Unionsrechtskonformität lässt aber auch im nationalen Recht die Bedeutung der begrifflichen Einteilung verblassen und rückt die **Ausrichtung am Telos** in den Vordergrund.[26]

## 3. Mobile Work

### a) Arbeitszeit und Ruhezeit bei ortsunabhängiger Arbeit

621 Kein Zweifel besteht daran, dass Arbeitnehmer auch im Home-Office oder bei mobiler Arbeit regelmäßig **Vollarbeit** leisten.[27] Befassen sie sich zuhause, im Coworking Space oder der Bahn mit arbeitsvertraglich versprochenen Tätigkeiten, ist das Arbeitszeit. Die räumliche Entfernung vom Betrieb führt hier zu keiner abweichenden Beurteilung. Der **Ort der Arbeitsleistung** ist kein arbeitszeitrechtlich relevantes Kriterium.[28] Stellt der Arbeitnehmer die Tätigkeit für den Arbeitgeber ein und fährt Laptop und Diensthandy herunter, befindet er sich in der Ruhezeit. Auch das ist parallel zum klassischen Feierabend zu behandeln. Weniger eindeutig ist die rechtliche Bewertung der mit zeitlich flexibler Arbeit verbundenen Phänomene der kurzzeitigen Arbeitsaufnahme und der ständigen Erreichbarkeit.

### b) Kurzzeitige Arbeitsaufnahme als Arbeitszeit

622 Erbringt der Arbeitnehmer lediglich für einen kurzen Zeitraum eine Arbeitsleistung, stellt sich die Frage, ob diese zur Arbeitszeit zählt, oder ob eine Geringfügigkeitsgrenze besteht. Typische Beispiele im Rahmen von Mobile Work sind ein **schnelles Telefonat** und ein **kurzer Schriftverkehr per E-Mail.** Der Arbeitnehmer erbringt hierbei eine Tätigkeit im Rahmen des Arbeitsverhältnisses, mithin eine als Arbeit zu qualifizierende Leistung.[29] Diese fällt unter die Begriffsbestimmung des § 2 Abs. 1 S. 1 ArbZG. Aufgrund des geringen zeitlichen Aufwands lässt sich aber überlegen, ob hiervon der Schutzzweck des Arbeitszeitgesetzes berührt ist, oder ob es einer Ein-

[25] HK-ArbZeitR/Spengler ArbZG § 2 Rn. 5ff.
[26] S. auch Gräf EuZA 2022, 494 (502).
[27] Falder NZA 2010, 1150 (1151); Göpfert/Wilke NZA 2012, 765 (768); Wank RdA 2014, 285 (289); Jacobs NZA 2016, 733 (735); Krause NZA 2016, 1004 (1005); Müller Homeoffice Rn. 401.
[28] Baeck/Deutsch/Winzer ArbZG § 2 Rn. 26; Neumann/Biebl ArbZG § 2 Rn. 11; Anzinger/Koberski ArbZG § 2 Rn. 1; vgl. die frühere ausdrückliche Regelung in § 2 Abs. 3 S. 1 AZO: „Arbeitszeit ist auch die Zeit, während der ein im übrigen im Betriebe Beschäftigter in seiner eigenen Wohnung oder Werkstätte oder sonst außerhalb des Betriebes beschäftigt wird." S. auch die Begründung des Gesetzgebers zur obsoleten Klarstellung BT-Drs. 3/317, 20f.; zum anwendbaren Recht bei mobiler Arbeit im Ausland Bayer ArbRAktuell 2022, 165; s. auch Wiebauer EuZA 2012, 485; Herfs-Röttgen NZA 2017, 873.
[29] Zum Begriff der Arbeit BAG 8.3.1961 – 4 AZR 71/59, BAGE 11, 23 (26); BAG 25.4.1962 – 4 AZR 213/61, DB 1962, 874 (875); BAG 16.1.2002 – 5 AZR 303/00, NZA 2002, 1163; zurückgehend auf Hueck/Nipperdey, Lehrbuch des Arbeitsrechts, Band 1, § 9 III 1 Fn. 6; s. auch Rudkowski ZFA 2022, 510 (513).

schränkung des Wortlauts bedarf. Die Frage wird häufig im Zusammenhang mit der Unterbrechung der Ruhezeit diskutiert.[30] Gegenstand höchstrichterlicher Rechtsprechung war sie (noch) nicht. Richtigerweise handelt es sich um ein Abgrenzungsproblem von arbeitszeitrechtlich relevanter Arbeit und Nichtarbeit, das losgelöst von einer etwaigen Ruhezeitunterbrechung behandelt werden muss. Ausgehend von einer Dichotomie zwischen Arbeits- und Ruhezeit kann die Problematik der Ruhezeitunterbrechung nur betroffen sein, wenn es sich bei der kurzzeitigen Tätigkeitsaufnahme um arbeitszeitrechtlich relevante Arbeitsleistung handelt. Andernfalls liegt eine dem Telos des Arbeitszeitgesetzes zuwiderlaufende Unterbrechung der Ruhezeit nicht vor. **Reine Freizeittätigkeit** (zB der Austausch von privaten Fotos in einer Messenger-Gruppe unter Arbeitskollegen) hat keine arbeitszeitrechtliche Relevanz.

623 In der Literatur wird eine **Geringfügigkeitsgrenze** mitunter damit begründet, dass es sich bei den typischen Fällen kurzzeitiger Arbeitsaufnahme um die Erfüllung einer bloßen Nebenpflicht des Arbeitsvertrages handle.[31] Es soll außerdem ein entsprechender Ermessensspielraum bestehen.[32] Beides kann nicht überzeugen. Welche rechtliche Qualität die der Arbeitsleistung zugrundeliegende Verpflichtung (Haupt- oder Nebenleistung) hat, ist unerheblich für den arbeitszeitrechtlichen Schutz. Die Vorschriften des Arbeitszeitrechts sind zwingend,[33] ein Wertungsspielraum außerhalb der Grenzen der Gesetzesauslegung und der richterlichen Rechtsfortbildung besteht nicht. Das Gesetz kennt weder eine inhaltliche noch eine zeitliche Geringfügigkeitsgrenze, unterhalb derer Tätigkeiten arbeitszeitrechtlich nicht zu erfassen sind.[34] Solche lassen sich allenfalls durch teleologische Erwägungen im Wege der Auslegung oder Rechtsfortbildung begründen. Insofern können die Bedenken, ob der Gesetzeszweck die Erfassung von Arbeit unterhalb einer Geringfügigkeitsschwelle gebietet,[35] geteilt werden. Das Gegenargument, wonach auch eine kurzzeitige Tätigkeit zu erheblichem Stress führen kann,[36] lässt unberücksichtigt, dass der Umfang der Arbeitsleistung rein nach der Dauer und nicht nach der mit ihr verbundenen Belastung bemessen wird.[37]

624 Eine generelle Ausnahme kurzzeitiger Tätigkeiten vom Arbeitszeitbegriff hätte aber weitreichende Konsequenzen für den arbeitszeitrechtlichen Schutz, die über die Norm des § 2 Abs. 1 S. 1 ArbZG hinausgehen. Anders als bei der Diskussion, ob eine kurzzeitige Arbeitsaufnahme die Ruhezeit des § 5 ArbZG unterbricht, ist nicht lediglich eine einzelne Rechtsfolge betroffen. Der Arbeitszeitbegriff wird in § 2 Abs. 1 S. 1 Hs. 1 ArbZG grundlegend definiert und gilt umfassend für das Arbeitszeitrecht als Gesamtheit der Normen, die an den Arbeitszeitbegriff anknüpfen. Für jede dieser Normen ist gesondert zu prüfen, ob eine Geringfügigkeitsschwelle und eine damit einhergehende Einschränkung der Rechtsfolgen mit dem Zweck des Gesetzes vereinbar sind. Das kann beispielsweise für die Höchstarbeitszeit und die Unterbrechung der

---

[30] So etwa Schlegel NZA-Beil. 2014, 16 (19f.); Wank RdA 2014, 285 (289); Anzinger/Koberski ArbZG § 5 Rn. 3b.
[31] Neumann/Biebl ArbZG § 7 Rn. 13b.
[32] Reinhard ArbRB 2012, 186 (187f.).
[33] Neumann/Biebl ArbZG § 1 Rn. 10.
[34] S. auch Karthaus AuR 2017, 154.
[35] Zu § 5 ArbZG Günther/Böglmüller NZA 2015, 1025 (1028); Jacobs NZA 2016, 733 (736); Baeck/Deutsch/Winzer ArbZG § 5 Rn. 14.
[36] Hanau EuZA 2019, 423 (429).
[37] S. EuGH 1.12.2005 – C-14/04, NZA 2006, 89 (90f.) – Dellas.

Ruhezeit unterschiedlich zu beantworten sein. **Differenzierende Ergebnisse** wären dabei nicht systemwidrig,[38] sondern tragen dem Umstand Rechnung, dass sich der Schutzzweck des Arbeitszeitgesetzes in den verschiedenen Regelungen unterschiedlich niederschlägt. Eine generelle Ausnahme würde den Gesundheitsschutz unzumutbar verkürzen. Im Ergebnis ist es daher abzulehnen, die kurzzeitige Arbeitsaufnahme vom Begriff der Arbeitszeit auszunehmen.[39]

625 Dies deckt sich mit dem Unionsrecht. Der Wortlaut des Art. 2 Nr. 1 RL 2003/88/EG bezieht ausdrücklich **jede Zeitspanne,** in der ein Arbeitnehmer arbeitet, in den Begriff der Arbeitszeit ein. Dabei darf die Berücksichtigung von Arbeitszeiten keinen Bedingungen oder Beschränkungen unterliegen,[40] worunter eine Geringfügigkeitsgrenze zu fassen wäre. Zudem ist die Intensität der Arbeit nach der Rechtsprechung des EuGH nicht entscheidend.[41]

626 Zusammenfassend handelt es sich bei einer kurzzeitigen Arbeitsaufnahme um **Arbeitszeit.** Erfolgt sie nach Feierabend, kommt es zu einer Unterbrechung der Ruhezeit. Ob diese kurze Unterbrechung die Rechtsfolge des Neubeginns der Ruhezeit auslöst, ist eine Folgefrage, die im Rahmen der Gestaltungsmöglichkeiten zu klären ist.[42]

### c) Ständige Erreichbarkeit als Faktum oder Rufbereitschaft

627 Anlass einer kurzzeitigen Arbeitsaufnahme nach Feierabend sind häufig Nachrichten oder Anrufe, die den Arbeitnehmer auf seinen (dienstlichen) Mobile Devices erreichen. Die ständige Erreichbarkeit ist im Grunde eine **inaktive Phase** des Arbeitnehmers, welche durch Arbeitsaufnahme (kurzzeitig oder ggf. auch länger) in eine aktive Phase übergeht. In der inaktiven Phase ist der Arbeitnehmer auf mobilen Kommunikationsgeräten (faktisch) erreichbar, in der aktiven Phase führt er beispielsweise Telefonate oder erledigt elektronischen Schriftverkehr.[43] Insofern erinnert die ständige Erreichbarkeit an Bereitschaftszeiten, in welchen sich der Arbeitnehmer zur Arbeitsaufnahme bereithält. In der aktiven Phase leistet der Arbeitnehmer Vollarbeit, auch wenn er die Tätigkeit nur kurzzeitig aufnimmt.[44] Wie die inaktive Phase arbeitszeitrechtlich zu bewerten ist, ist umstritten. Diskutiert wird in der Literatur insbesondere, ob es sich bei der ständigen oder erweiterten Erreichbarkeit um Rufbereitschaft handelt.[45] Dabei ist entscheidend, ob der Arbeitnehmer formal verpflichtet ist, erreichbar zu sein, oder ob die Erreichbarkeit rein faktisch besteht.[46] Aber auch die Frage der Ortsgebundenheit soll eine Rolle spielen.[47]

---

[38] So aber Falder NZA 2010, 1150 (1152).
[39] Ausführlich Freyler, Arbeitszeit- und Urlaubsrecht im Mobile Office, 2018, S. 109 ff.
[40] EuGH 9.9.2003 – C-151/02, NZA 2003, 1019, (1022) Rn. 59 – Jaeger; EuGH 1.12.2005 – C-14/04, NZA 2006, 89 (90) Rn. 45 – Dellas.
[41] EuGH 1.12.2005 – C-14/04, NZA 2006, 89 (90 f.) Rn. 43, 58 – Dellas.
[42] S. unten → Rn. 640 ff.
[43] Maier DB 2016, 2723 (2724 f.).
[44] S. oben → Rn. 650 ff.
[45] Bissels/Domke/Wisskirchen DB 2010, 2052 (2053); Falder NZA 2010, 1150; Maier DB 2016, 2723 (2725); s. auch Hanau EuZA 2019, 423 (429 f.); Rudkowski ZFA 2022, 510 (520 ff.).
[46] Falder NZA 2010, 1150 (1151); Arnold/Günther ArbR 4.0-HdB/Arnold/Winzer § 3 Rn. 36.
[47] Bissels/Domke/Wisskirchen DB 2010, 2052 (2053); s. aber Maier DB 2016, 2723 (2725).

628 Höchstrichterliche Rechtsprechung existiert im Zusammenhang mit dieser Fragestellung nur für die **angeordnete Erreichbarkeit** mittels mobiler Geräte zu im Voraus festgelegten Zeiten.[48] In diesem Fall ist es nach Ansicht des BAG für eine Einordnung als Rufbereitschaft unschädlich, dass der Arbeitnehmer die Tätigkeit an jedem Ort aufnehmen kann und nicht in den Betrieb des Arbeitgebers zurückkehren oder einen bestimmten Einsatzort aufsuchen muss.[49] Bei **ortsunabhängiger Erreichbarkeit** bestehe auch keine Notwendigkeit zum Aufenthalt an einem bestimmten (selbstgewählten) Ort und kein Interesse des Arbeitgebers, über den Aufenthaltsort informiert zu werden.[50] Ungeklärt ist bislang, ob rein faktische Erreichbarkeit denselben Grundsätzen unterliegt.

629 Rein faktische Erreichbarkeit unterscheidet sich von dem Fall des BAG aus dem Jahr 2000[51] dadurch, dass regelmäßig **keine „echte" arbeitsvertragliche Pflicht** zur Erreichbarkeit besteht. Die Erreichbarkeit beruht vielmehr auf der rein tatsächlichen Möglichkeit, den Arbeitnehmer außerhalb üblicher Arbeitszeiten auf den mobilen Kommunikationsgeräten kontaktieren zu können, was häufig mit einer gewissen Erwartungshaltung verbunden ist.[52] Der wesentliche Unterschied liegt in der rechtlichen Bedeutung einer Verpflichtung zur Erreichbarkeit im Vergleich zur **bloßen Erwartungshaltung.** Ist der Arbeitnehmer trotz Pflicht zur Erreichbarkeit nicht erreichbar, verletzt er den Arbeitsvertrag und muss mit Konsequenzen, insbesondere in Form einer Abmahnung, rechnen. Besteht hingegen keine Pflicht, sondern lediglich faktische Erreichbarkeit, wird der Arbeitgeber zwar nicht erfreut sein, den Arbeitnehmer entgegen seiner Erwartungen nicht zu erreichen, hat aber jedenfalls keinen arbeitsvertraglichen Anspruch hierauf und keine rechtliche Möglichkeit zur Durchsetzung. Rein tatsächlich mag auch dieser Fall für den Arbeitnehmer nicht ohne Konsequenzen bleiben, wenn beispielsweise seine Reputation im Betrieb darunter leidet, dass seine mobile Erreichbarkeit nicht der Erwartung entspricht, und ihm dadurch die Chance einer Beförderung oder Gehaltserhöhung entgeht.[53] Schutz verspricht das Maßregelungsverbot aus § 612a BGB, wobei die Beweislast für den Kausalzusammenhang zwischen der Ausübung des arbeitnehmerseitigen „Rechts auf Nichterreichbarkeit" außerhalb der Arbeitszeit und der Benachteiligung durch den Arbeitgeber beim Arbeitnehmer liegt.[54]

630 Zudem darf die Anwendbarkeit des Arbeitszeitrechts als zwingendes Arbeitnehmerschutzrecht nicht dadurch umgangen werden, dass man auf eine formale Vereinbarung verzichtet, beide Seiten aber stillschweigend von der Erreichbarkeit des Arbeitnehmers ausgehen. Daher sind Fälle, in denen die Erreichbarkeit des Arbeitnehmers zu bestimmten Zeiten auch ohne entsprechende Klausel im Arbeitsvertrag vorausgesetzt wird, mit dem vom BAG im Jahr 2000[55] entschiedenen Sachverhalt vergleichbar. Die Willensübereinstimmung führt in diesem Fall zu einer **konkludenten Vereinba-**

[48] BAG 29.6.2000 – 6 AZR 900/98, BAGE 95, 210 = NZA 2001, 165.
[49] BAG 29.6.2000 – 6 AZR 900/98, BAGE 95, 210 (214) = NZA 2001, 165 (166).
[50] BAG 29.6.2000 – 6 AZR 900/98, BAGE 95, 210 (214) = NZA 2001, 165 (166).
[51] BAG 29.6.2000 – 6 AZR 900/98, BAGE 95, 210 = NZA 2001, 165.
[52] S. zur Differenzierung auch Müller Homeoffice Rn. 402.
[53] Weitere Beispiele möglicher negativer Konsequenzen Maier DB 2016, 2723 (2725).
[54] Benecke NZA 2011, 481 (484); zum Anscheinsbeweis MüKoBGB/Müller-Glöge BGB § 612a Rn. 24; Staudinger/Fischinger (2022) BGB § 612a Rn. 38.
[55] BAG 29.6.2000 – 6 AZR 900/98, BAGE 95, 210 = NZA 2001, 165.

**rung.** Als auf einen bestimmten Zeitraum konkretisierte erweiterte Erreichbarkeit sind diese Fälle aber von denen einer faktischen ständigen Erreichbarkeit zu unterscheiden.[56] Bei rein faktischer Erreichbarkeit, die sich nicht auf einen bestimmten Zeitraum bezieht, handelt es sich **nicht** um **Rufbereitschaft.**[57] Entscheidend ist, wie auch jüngere Entscheidungen des EuGH zeigen,[58] die Einschränkung in der Freizeitgestaltung, die der Arbeitnehmer durch den Bereitschaftsdienst erleidet. Der Arbeitnehmer hat in Fällen rein faktischer ständiger Erreichbarkeit, in denen ein mit den herkömmlichen Fällen von Rufbereitschaft vergleichbares zeitnahes Tätigwerden nicht durchsetzbar erwartet werden kann, keine oder kaum spürbare Einschränkungen in der Freizeitgestaltung. Diese Einschränkungen erreichen nicht das für die Rufbereitschaft erforderliche Niveau.[59]

631 Maßgeblich ist, ob sich die Erwartungshaltung zu einem stillschweigenden Übereinkommen verdichtet und auf einen bestimmten Zeitraum konkretisiert hat und ob eine Erreichbarkeit während dieses Zeitraums mit der Erwartung bzw. konkludenten Verpflichtung eines zeitnahen Tätigwerdens verbunden ist. Auch die (zu erwartende) **Häufigkeit der Kontaktaufnahme** ist bei der Ermittlung der Belastung zu berücksichtigen.[60]

## III. Rechtsrahmen und Möglichkeiten der Rechtsentwicklung

632 Das nationale wie auch das Unionsrecht schränken den Gestaltungsspielraum der Arbeitsvertragsparteien bezogen auf die Arbeitszeit in zweierlei Hinsicht ein. Zum einen bestehen arbeitszeitrechtliche Beschränkungen hinsichtlich des Umfangs der Arbeitszeit, zum anderen müssen Vorgaben zur Lage der Arbeitszeit berücksichtigt werden. Die Bezugspunkte im nationalen Recht unterscheiden sich dabei teilweise von denen des Unionsrechts.

### 1. Umfang der Arbeitszeit

#### a) Tägliche Höchstarbeitszeit

633 Den äußeren Rahmen hinsichtlich des Umfangs der Arbeitszeit setzt § 3 ArbZG. Grundsätzlich darf eine Höchstarbeitszeit von acht Stunden täglich nicht überschritten werden (§ 3 S. 1 ArbZG). Ausnahmen von zusätzlich maximal zwei Stunden je Werktag sind möglich, wenn ein entsprechender Ausgleich nach § 3 S. 2 ArbZG stattfindet, sodass sich im Durchschnitt wiederum ein **Acht-Stunden-Tag** ergibt.

[56] Ausführlich zur Abgrenzung Freyler, Arbeitszeit- und Urlaubsrecht im Mobile Office, 2018, S. 99ff.
[57] Neumann/Biebl ArbZG § 2 Rn. 12, § 7 Rn. 13a f.; v. Steinau-Steinrück NJW-Spezial 2012, 178 (178f.); aA Wank RdA 2014, 285 (288f.); Kohte NZA 2015, 1417 (1423); Wiebauer NZA 2016, 1430 (1433).
[58] S. EuGH 21.2.2018 – C-518/15, NJW 2018, 1073 – Matzak; EuGH 9.3.2021 – C-344/19, NZA 2021, 485 – Radiotelevizija Slovenija; EuGH 9.3.2021 – C-580/19, NZA 2021, 489 – Offenbach; s. hierzu auch Freyler EuZA 2018, 463 (468ff.); Freyler EuZA 2021, 336 (339ff.).
[59] So auch Rudkowski ZFA 2022, 510 (521f.).
[60] S. Müller Homeoffice Rn. 404.

Bezugspunkt für die Begrenzung des Umfangs der Arbeitszeit ist dabei der (Werk-) Tag; das Arbeitszeitgesetz geht von einer täglichen Höchstarbeitszeit aus. Werktage sind grundsätzlich alle Tage mit Ausnahme von Sonn- und Feiertagen.[61] An Sonn- und Feiertagen dürfen Arbeitnehmer nicht beschäftigt werden, § 9 Abs. 1 ArbZG. Regelmäßig hat eine Woche sechs Werktage, auch wenn üblicherweise im konkreten Betrieb nur an fünf Tagen gearbeitet wird.[62] Es stünde daher (jedenfalls aus arbeitszeitrechtlicher Sicht) nichts entgegen, wenn der Arbeitnehmer an einem Tag, der in seinem Betrieb arbeitsfrei ist (beispielsweise der Samstag) im Home-Office tätig wird.[63] Der Werktag muss nicht mit dem Kalendertag übereinstimmen, sondern ist individuell für den Arbeitnehmer zu bestimmen.[64] Er beginnt mit Aufnahme der Tätigkeit und endet nach vierundzwanzig Stunden.[65] Konflikte können bei Mobile Work entstehen, wenn der Arbeitnehmer über die tägliche Höchstarbeitszeit hinaus tätig wird. Auch bei einer kurzzeitigen Arbeitsaufnahme außerhalb der zulässigen acht bzw. zehn Stunden liegt ein Verstoß gegen § 3 ArbZG vor.[66] Insgesamt ist das nationale Arbeitszeitrecht in diesem Punkt wenig flexibel.

### b) Wöchentliche Höchstarbeitszeit

634 Die Arbeitszeitrichtlinie RL 2003/88/EG stellt hingegen grundsätzlich auf die Arbeitswoche als Bezugspunkt zur Begrenzung des Umfangs der Arbeitszeit ab und sieht eine wöchentliche Höchstarbeitszeit vor. Nach Art. 6 lit. b RL 2003/88/EG darf eine durchschnittliche Arbeitszeit von **48 Stunden pro Siebentageszeitraum** nicht überschritten werden. Die tägliche Arbeitszeit ist jedoch auch vor dem Unionsrecht nicht bedeutungslos, denn indirekt ergibt sich eine tägliche Höchstarbeitszeit daraus, dass Art. 3 RL 2003/88/EG eine tägliche Ruhezeit von elf Stunden vorsieht.[67] Der Rahmen, der sich aus dem Zusammenspiel von Art. 3 und Art. 6 RL 2003/88/EG ergibt, ist aber deutlich weiter als im nationalen Recht, da eine tägliche Arbeitszeit von dreizehn Stunden zulässig wäre.[68] Bezogen auf den Referenzzeitraum der Arbeitswoche stimmen das Arbeitszeitgesetz und die Richtlinie bei einem maximalen Umfang der Arbeitszeit von 48 Stunden (bzw. 6 x 8 Stunden = 48 Stunden)[69] überein. Der Spielraum des Referenzzeitraums des Arbeitstages ist vor dem Unionsrecht größer; die Arbeitszeitrichtlinie bietet mehr Flexibilität beim täglichen Umfang der Arbeitszeit als die nationale Umsetzung der Vorgaben.

### c) Abschaffung des Acht-Stunden-Tages

635 Nicht verwunderlich ist es daher, dass die Abschaffung des Acht-Stunden-Tages und die Ausnutzung der unionsrechtlichen Spielräume im Hinblick auf den Umfang der

[61] Anzinger/Koberski ArbZG § 3 Rn. 10.
[62] Baeck/Deutsch/Winzer ArbZG § 3 Rn. 14.
[63] S. auch Bissels/Meyer-Michaelis DB 2015, 2331 (2333f.).
[64] ErfK/Roloff ArbZG § 3 Rn. 2; Baeck/Deutsch/Winzer ArbZG § 3 Rn. 16.
[65] Anzinger/Koberski ArbZG § 3 Rn. 10; ErfK/Roloff ArbZG § 3 Rn. 2.
[66] → Rn. 622.
[67] Arnold/Günther ArbR 4.0-HdB/Arnold/Winzer § 3 Rn. 10.
[68] So auch Rudkowski ZFA 2022, 510 (524).
[69] Anzinger/Koberski ArbZG § 3 Rn. 19.

Arbeitszeit gefordert wird.[70] Der deutsche Gesetzgeber hätte die Möglichkeit, das Arbeitszeitrecht auf eine wöchentliche Höchstarbeitszeit umzustellen, ohne dass der Arbeitnehmer dabei in Summe mehr belastet würde.[71] Begründet werden die Anpassungsvorschläge mit der besseren **Vereinbarkeit von Beruf und Familie** durch eine individuellere Verteilung der wöchentlichen Arbeitszeit,[72] der gewonnenen **Flexibilität** bei kurzfristig höherem Arbeitsanfall (insbesondere bei Projektarbeit)[73] und dem gleichwohl bestehenden Gesundheitsschutz.[74] Dem wird entgegengehalten, dass es sich beim Acht-Stunden-Tag um eine sozialhistorische Errungenschaft handelt, bereits heute ein Kontrolldefizit hinsichtlich der Höchstarbeitszeit besteht und die angestrebte Flexibilisierung zur Erhöhung des Arbeitspensums missbraucht werden kann.[75] Auch das Bundesministerium für Arbeit und Soziales (BMAS) sieht Probleme beim Arbeitsschutz und hält an einer täglichen Höchstarbeitszeit von acht Stunden fest.[76]

## 2. Lage der Arbeitszeit

636 Hinsichtlich der Lage der Arbeitszeit scheint das Arbeitszeitgesetz auf den ersten Blick keine Einschränkungen vorzusehen.[77] Beginn und Ende der Arbeitszeit können von den Arbeitsvertragsparteien festgelegt werden.[78] Ist im Arbeitsvertrag nichts Näheres bestimmt, unterliegt die Lage der Arbeitszeit dem **Direktionsrecht des Arbeitgebers** nach § 106 S. 1 GewO.[79] Möglich ist auch, dass dem Arbeitnehmer eingeräumt wird, selbst zu bestimmen, an welchen Tagen und zu welcher Tageszeit er arbeitet (sog. Vertrauensarbeitszeit).

637 Mittelbar wird die Gestaltung der Lage der Arbeitszeit durch das Verbot der Sonn- und Feiertagsarbeit, die Pflicht, Ruhepausen einzuhalten, das Verbot der Unterbrechung der Ruhezeit sowie die Sondervorschriften zur Nachtarbeit beeinflusst.

### a) Sonn- und Feiertagsarbeit

638 § 9 Abs. 1 ArbZG untersagt die Beschäftigung des Arbeitnehmers an Sonn- und Feiertagen. Ausnahmen bestehen nach §§ 10ff. ArbZG beispielsweise für den Rettungsdienst (§ 10 Abs. 1 Nr. 1 ArbZG), für Krankenhäuser und Pflegeeinrichtungen (§ 10 Abs. 1 Nr. 3 ArbZG), für das Gaststättengewerbe (§ 10 Abs. 1 Nr. 4 ArbZG) oder für Rundfunkbetriebe (§ 10 Abs. 1 Nr. 8 ArbZG). Regelungsziel ist der Schutz des

[70] Günther/Böglmüller NZA 2015, 1025 (1028); Bissels/Krings NJW 2016, 3418 (3420); Hanau NJW 2016, 2613 (2617); Arnold/Günther ArbR 4.0-HdB/Arnold/Winzer § 3 Rn. 10; aA Däubler AuR 2016, 325 (332); Krause NZA-Beil. 2017, 53 (57).
[71] Jacobs NZA 2016, 733 (736); s. auch Hanau RdA 2023, 115 (123).
[72] Bissels/Krings NJW 2016, 3418 (3420).
[73] Steffan NZA 2015, 1409 (1415); Jacobs NZA 2016, 733 (136).
[74] Jacobs NZA 2016, 733 (736).
[75] Däubler AuR 2016, 325 (332).
[76] BMAS Weißbuch Arbeiten 4.0, 2017, S. 124.
[77] Arnold/Günther ArbR 4.0-HdB/Arnold/Winzer § 3 Rn. 7.
[78] Arnold/Günther ArbR 4.0-HdB/Arnold/Winzer § 3 Rn. 7.
[79] BAG 23.9.2004 – 6 AZR 567/03, BAGE 112, 80 = NZA 2005, 359; BAG 18.4.2012 – 5 AZR 195/11, NZA 2012, 796 (797) Rn. 20; Caspers ZFA 2022, 488 (489); ErfK/Preis GewO § 106 Rn. 31; HK-ArbZeitR/Schaumberg GewO § 106 Rn. 6, 8.

Sonntags und der staatlich anerkannten Feiertage als Tage der Arbeitsruhe und der seelischen Erhebung des Arbeitnehmers, § 1 Nr. 2 ArbZG. Dem liegt die institutionelle Garantie über Art. 139 WRV iVm Art. 140 GG zugrunde.[80] Das **Verbot** der Sonn- und Feiertagsarbeit gilt umfassend und unabhängig von Art und Ort der Arbeitsleistung[81] und damit **auch für nichtstörende Tätigkeiten** im Home-Office und bei mobiler Arbeit.[82] Darüber hinaus sind vom weiten Begriff der Beschäftigung, den § 9 Abs. 1 ArbZG anstelle des Begriffs der Arbeit verwendet, auch Bereitschaftsdienste erfasst, die nicht zur Arbeitszeit im Sinne des § 2 S. 1 ArbZG zählen.[83] Daher ist auch die erweiterte Erreichbarkeit, sofern sie aufgrund entsprechender Konkretisierung Rufbereitschaft darstellt, an Sonn- und Feiertagen verboten.[84] Außerdem ist zu beachten, dass an nicht bundeseinheitlichen Feiertagen auf den **Ort der Arbeitsleistung** abzustellen ist,[85] sodass möglicherweise die Arbeit im Home-Office anders als die Arbeit im in einem anderen Bundesland ansässigen Betrieb dem Beschäftigungsverbot an Feiertagen unterliegt.[86] Umgekehrt hindert ein Feiertag am Ort des Betriebs nicht die mobile Tätigkeit in einem anderen Bundesland.[87] Nach anderer Auffassung ist im Falle wechselnder Arbeitsorte auf den Ort abzustellen, an welchem der Arbeitnehmer regelmäßig bzw. schwerpunktmäßig tätig ist.[88] Ist das der Ort des Betriebs, würde ein Feiertag am Wohnsitz einer Beschäftigung im Home-Office nicht entgegenstehen; andererseits dürfte der Arbeitnehmer auch dann nicht im Home-Office arbeiten, wenn nur der Ort des Betriebs dem Beschäftigungsverbot an Feiertagen unterfällt. Die zuletzt genannte Auffassung findet keine Stütze im unabdingbaren Gesetz und läuft dem Zweck der Wahrung der allgemeinen Feiertagsruhe zuwider, die sich allein auf den konkreten und nicht den regelmäßigen Ort der Tätigkeit bezieht.

639 Auch bezüglich des Verbots der Sonn- und Feiertagsarbeit wird für eine Flexibilisierung plädiert.[89] Diese wäre unionsrechtlich möglich, denn die Arbeitszeitrichtlinie sieht zwar einen **wöchentlichen Ruhetag** vor, der Richtliniengeber legt sich in Art. 5 RL 2003/88/EG aber nicht auf einen bestimmten Tag fest.[90] Nach Ansicht des EuGH können die Mitgliedsstaaten aus kulturellen oder religiösen Erwägungen hierfür den Sonntag bestimmen, ein Zusammenhang mit dem Gesundheitsschutz bestehe aber nicht.[91] Auch die sonntägliche Ruhe der Allgemeinheit wird von Arbeiten im Home-Office anders als von belebten Betriebsstätten und werktäglicher Betriebsam-

[80] BVerwG 15.3.1988 – 1 C 25/84, BVerwGE 79, 118 = NJW 1988, 2252; Leinemann NZA 1988, 337 (342); Richardi/Annuß NZA 1999, 953.
[81] Anzinger/Koberski ArbZG § 9 Rn. 4; Buschmann PersR 2011, 247 (249).
[82] Falder NZA 2010, 1150 (1153); v. Steinau-Steinrück NJW-Spezial 2012, 178 (179); Müller BB 2022, 1460 (1460f.).
[83] Falder NZA 2010, 1150 (1153); v. Steinau-Steinrück NJW-Spezial 2012, 178 (179).
[84] S. auch Krause, Verhandlungen des 71 DJT, Bd. I, 2016, S. B 48; nicht so die bloße potentielle Erreichbarkeit Müller BB 2022, 1460.
[85] Wiebauer EuZA 2012, 485 (489); Baeck/Deusch/Winzer ArbZG § 9 Rn. 10; Anzinger/Koberski ArbZG § 9 Rn. 18; s. auch BAG 9.5.1959 – 2 AZR 474/58, BAGE 7, 357 = NJW 1959, 1702.
[86] Ausführlich Freyler, Arbeitszeit- und Urlaubsrecht im Mobile Office, 2018, S. 176f.
[87] Wiebauer EuZA 2012, 485 (489).
[88] BeckOK ArbR/Kock ArbZG § 9 Rn. 5; Müller BB 2022, 1460 (1462).
[89] Bissels/Meyer-Michaelis DB 2015, 2331 (2334); Arnold/Günther ArbR 4.0-HdB/Arnold/Winzer § 3 Rn. 26.
[90] Arnold/Günther ArbR 4.0-HdB/Arnold/Winzer § 3 Rn. 26.
[91] EuGH 12.11.1996 – C-84/94, NZA 1997, 23 (26) Rn. 37.

keit nicht gestört,[92] sodass auch aus diesem Aspekt der Einführung eines individuellen Ruhetages nichts entgegenstünde.

### b) Unterbrechung der Ruhezeit

640 Während eine Individualisierung des wöchentlichen Ruhetages nur wenig diskutiert wird, liegt der Schwerpunkt der Kontroverse zur Vereinbarkeit mobilen Arbeitens mit den arbeitszeitrechtlichen Vorgaben auf der Unterbrechung der Ruhezeit durch eine **kurzzeitige Arbeitsaufnahme.** Beantwortet der Arbeitnehmer in seiner werktäglichen Ruhezeit von elf Stunden eine E-Mail oder führt ein kurzes Telefonat, stellt sich die Frage, welche arbeitszeitrechtlichen Folgen das mit sich bringt. Das Meinungsspektrum reicht von einer Unbeachtlichkeit kurzzeitiger Unterbrechungen de lege lata,[93] über die Forderung einer entsprechenden Gesetzesänderung,[94] bis zu einer Verteidigung des Instituts der ungestörten Ruhezeit durch wortlautgetreue Auslegung.[95] Von der Rechtsprechung wurde die Frage noch nicht entschieden.

641 Nach § 5 Abs. 1 ArbZG müssen Arbeitnehmer nach Beendigung der täglichen Arbeitszeit eine **ununterbrochene Ruhezeit von mindestens elf Stunden** einhalten. Die elf Stunden sind zusammenhängend zu gewähren und dürfen sich nicht aus mehreren Zeitabschnitten zusammensetzen.[96] Erbringt der Arbeitnehmer während der Ruhezeit eine Arbeitsleistung, verstößt das gegen § 5 Abs. 1 ArbZG mit der Folge, dass erneut die volle Ruhezeit von elf Stunden gewährt werden muss.[97] Aufgrund des zwingenden Charakters der Vorschrift gilt das auch für freiwillige Arbeitsleistungen.[98] Diskutiert wird aber, ob für die kurzzeitige Arbeitsaufnahme im Rahmen von Mobile Work eine Ausnahme gemacht werden kann.[99]

642 Der Wortlaut ist zunächst eindeutig: Die Ruhezeit muss ununterbrochen sein.[100] Auch eine kurzzeitige Arbeitsaufnahme stellt an sich eine Unterbrechung dar. Vor dem Hintergrund des Schutzzwecks der Norm ist aber zu fragen, ob es in diesem Fall eines Neuanlaufens der Ruhezeit bedarf oder ob die Rechtsfolge eingeschränkt werden kann. Eine abweichende Beurteilung ist möglich, wenn die Gesundheit und die Erholung des Arbeitnehmers durch eine kurze Unterbrechung der Ruhezeit nicht gefährdet werden.[101] Dafür spricht, dass die Belastung durch eine Arbeitsaufnahme im Betrieb, wie sie vor den Zeiten von Home-Office und mobiler Arbeit in der Regel das zugrundeliegende Szenario war, allein aufgrund des Ortswechsels und des damit

[92] Günther/Böglmüller NZA 2015, 1025 (1028); Jacobs NZA 2016, 733 (737); Hanau NJW 2016, 2613 (2617); Arnold/Günther ArbR 4.0-HdB/Arnold/Winzer § 3 Rn. 26.
[93] Bissels/Domke/Wisskirchen DB 2010, 2052 (2054); v. Steinau-Steinrück NJW-Spezial 2012, 178 (179); Jacobs NZA 2016, 733 (736 f.); Baeck/Deutsch/Winzer ArbZG § 5 Rn. 14; Anzinger/Koberski ArbZG § 5 Rn. 13; ablehnend Rudkowski ZFA 2022, 510 (512 ff.) (516).
[94] Krause NZA 2016, 1004 (1005); aus Klarstellungsgründen Jacobs NZA 2016, 733 (737); an der Europarechtskonformität zweifelnd Wank RdA 2014, 285 (289).
[95] Falder NZA 2010, 1150 (1152); Kohte NZA 2015, 1417 (1423); Rudkowski ZFA 2022, 510 (516); Buschmann/Ulber/Buschmann ArbZG § 5 Rn. 14 f.
[96] ErfK/Roloff ArbZG § 5 Rn. 3; HK-ArbZeitR/Jerchel ArbZG § 5 Rn. 17.
[97] Neumann/Biebl ArbZG § 5 Rn. 4; ErfK/Roloff ArbZG § 5 Rn. 3; Anzinger/Koberski ArbZG § 5 Rn. 12.
[98] HK-ArbZR/Jerchel ArbZG § 5 Rn. 17; Anzinger/Koberski ArbZG § 5 Rn. 12.
[99] S. jeweils mwN Baeck/Deutsch/Winzer ArbZG § 5 Rn. 14 f.; Buschmann/Ulber/Buschmann ArbZG § 5 Rn. 14 ff.
[100] Zum Begriff der ununterbrochenen Ruhezeit Buschmann/Ulber/Buschmann ArbZG § 5 Rn. 13.
[101] Baeck/Deutsch/Winzer ArbZG § 5 Rn. 14.

verbundenen Aufwands der Anfahrt deutlich höher ist, als bei einem kurzen Telefonat an Ort und Stelle.[102] Ein Vergleich kann außerdem zu einer Entscheidung aus dem Jahr 1989 gezogen werden, bei der das BAG die Ruhezeit eines Hausmeisters durch kleinere Tätigkeiten, wie das Abschließen von Türen oder Löschen von Lichtern, nicht gestört sah.[103] § 5 ArbZG kann daher einer **teleologischen Reduktion** unterzogen werden, wonach eine kurzzeitige Arbeitsaufnahme, die keine den Erholungszweck gefährdende Belastung körperlicher oder geistiger Art mit sich bringt, nicht zu einem Neubeginn der elfstündigen Ruhezeit führt.[104] Folge ist, dass die Ruhezeit vor und nach der kurzen Unterbrechung **ausnahmsweise zusammengerechnet** werden kann.

643 Zum Schutz des Arbeitnehmers ist eine klare Abgrenzung erforderlich. Diese ist zeitlich zu ziehen, aber auch im Hinblick auf die Häufigkeit der Unterbrechungen. Dauert eine Unterbrechung **mehr als zehn Minuten** an, handelt es sich in der Regel nicht um eine kurzzeitige Arbeitsaufnahme.[105] Die Erholungsphase wird spürbar unterbrochen, § 5 ArbZG muss uneingeschränkt zur Anwendung kommen. **Wiederholt** sich die kurzzeitige Arbeitsaufnahme während der Ruhezeit, erhöht das ebenfalls die Belastung für den Arbeitnehmer, sodass der Schutzzweck der Norm einen Neubeginn der Ruhezeit gebietet.

644 Dieses Ergebnis ist **richtlinienkonform.**[106] Zwar schreibt Art. 3 RL 2003/88/EG eine Mindestruhezeit von elf zusammenhängenden Stunden vor, doch erlaubt Erwägungsgrund 15 zugleich Flexibilität bei der Anwendung einzelner Bestimmungen der Arbeitszeitrichtlinie, wenn dabei die Grundsätze des Schutzes der Sicherheit und der Gesundheit der Arbeitnehmer beachtet werden. Das gilt insbesondere nach Art. 17 Abs. 1 RL 2003/88/EG für Arbeitnehmer, die ihre Arbeitszeit selbst festlegen können. In diesem Fall wird der Schutzzweck der Ruhezeitregelung durch eine kurzzeitige Arbeitsaufnahme während der Ruhezeit nicht konterkariert.

### c) Einhaltung von Ruhepausen

645 Von der Ruhezeit des § 5 ArbZG zu unterscheiden sind die Ruhepausen. Ruhepausen dienen der Erholung während eines Arbeitstages, Ruhezeiten der Regeneration zwischen zwei Arbeitstagen.[107] Daraus folgt, dass die Ruhepause nicht am Beginn oder Ende der täglichen Arbeitszeit liegen darf.[108] Nach § 4 ArbZG ist die Arbeit durch im Voraus feststehende Ruhepausen von mindestens 30 Minuten bei einer Arbeitszeit von mehr als sechs bis zu neun Stunden und 45 Minuten bei einer Arbeitszeit von mehr als neun Stunden insgesamt zu unterbrechen. Die Ruhepausen können in Zeitabschnitte von jeweils mindestens 15 Minuten aufgeteilt werden. Kürzere Pausen sind nicht zulässig, außer ein Kollektivvertrag sieht nach § 7 Abs. 1 Nr. 2 ArbZG

---

[102] So auch Bissels/Domke/Wisskirchen DB 2010, 2052 (2054).
[103] BAG 5.3.1985 – 6 AZR 566/86, BeckRS 1989, 30729613; eine Vergleichbarkeit ablehnend Rudkowski ZFA 2022, 510 (513f.).
[104] Ausführlich Freyler, Arbeitszeit- und Urlaubsrecht im Mobile Office, 2018, S. 158ff.
[105] Für einen Zeitraum von bis zu 15 Minuten Wirtz BB 2014, 1397 (1401).
[106] Jacobs NZA 2016, 733 (737); ausführlich Freyler, Arbeitszeit- und Urlaubsrecht im Mobile Office, 2018, S. 163f.; aA Buschmann/Ulber/Buschmann ArbZG § 5 Rn. 16.
[107] Zu Zweck und Verhältnis ErfK/Roloff ArbZG § 4 Rn. 1; Schliemann ArbZG § 4 Rn. 8.
[108] Arnold/Günther ArbR 4.0-HdB/Arnold/Winzer § 3 Rn. 16.

Kurzpausen vor.[109] Die Mindestpausenzeit von 15 Minuten darf nicht unterbrochen werden, sondern muss am Stück gewährt werden und darf sich nicht aus kürzeren Zeitabschnitten zusammensetzen.[110] Eine abweichende Beurteilung für eine kurzzeitige Arbeitsaufnahme während der Ruhepause ist anders als bei der elfstündigen Ruhezeit des § 5 ArbZG angesichts der Kürze des Erholungszeitraums und des damit verbundenen Schutzzwecks nicht möglich. Wird eine Ruhepause beispielsweise durch einen Anruf unterbrochen, ist sie daher **vollständig erneut zu gewähren.** Insgesamt dürfen Arbeitnehmer nach § 4 S. 3 ArbZG länger als sechs Stunden hintereinander nicht ohne Ruhepause beschäftigt werden.

646 Ruhepausen sind **auch im Home-Office** oder **bei mobiler Arbeit** einzuhalten. Bei der Bestimmung der Lage der Arbeitszeit sind sie stets zu beachten, selbst wenn der Arbeitnehmer Vertrauensarbeit leistet.[111] Gerade in diesem Fall sollte er entsprechend angeleitet und arbeitsvertraglich verpflichtet werden, ausreichend Ruhepausen einzuplanen.[112] Wie der Arbeitnehmer die Pausenzeit nutzt und ob er dafür das Home-Office verlässt (zB für einen kurzen Spaziergang), steht grundsätzlich in seinem Ermessen, soweit hierdurch der Erholungszweck nicht gefährdet wird.[113] Jegliche Tätigkeit für den Arbeitgeber während der Ruhepause, auch auf mobilen Geräten, führt aber dazu, dass Arbeitszeit vorliegt und die Ruhepause erneut gewährt werden muss. Das gilt nach der Rechtsprechung des BAG sogar für inaktive Phasen des Bereitschaftsdienstes, da dieser zur Arbeitszeit zählt.[114] Rufbereitschaft steht der Ruhepause hingegen nicht entgegen,[115] so dass weder die faktische Erreichbarkeit auf mobilen Kommunikationsgeräten während der Pausenzeit noch die auf einer entsprechenden Pflicht beruhende schädlich ist.[116] Dabei kommt es nicht auf die Bezeichnung des Bereitschaftsdienstes, sondern die tatsächliche Ausgestaltung der arbeitnehmerseitigen Pflicht an.[117] Ist der Arbeitnehmer beispielsweise verpflichtet, innerhalb kürzester Zeit (etwa zwei Minuten) seine Ruhepause zu unterbrechen, um die erforderliche Tätigkeit aufzunehmen, kann dies nicht als für die Ruhepause unbeachtliche Rufbereitschaft qualifiziert werden.[118]

### d) Nachtarbeit

647 Im Rahmen von Mobile Work sind Arbeitnehmer darüber hinaus oftmals (jedenfalls faktisch) in der Lage, auch zu Zeiten zu arbeiten, die nach § 2 Abs. 3 ArbZG als Nachtzeit gelten. Auch Geschäftskontakte mit dem Ausland können aufgrund der Zeitverschiebung eine Tätigkeit (beispielsweise die Teilnahmen an einer Telefonkonferenz oder einem Webmeeting) zwischen 23 und 6 Uhr erforderlich machen. Um

---

[109] Baeck/Deutsch/Winzer ArbZG § 4 Rn. 3.
[110] Schlegel NZA-Beilage 2014, 16 (18); Schliemann ArbZG ArbZG § 4 Rn. 25; Baeck/Deutsch/Winzer ArbZG § 4 Rn. 20; Buschmann/Ulber/Buschmann ArbZG § 4 Rn. 10; Neumann/Biebl ArbZG § 4 Rn. 4.
[111] Zur Verantwortlichkeit des Arbeitgebers Baeck/Deutsch/Winzer ArbZG § 4 Rn. 32.
[112] Arnold/Günther ArbR 4.0-HdB/Arnold/Winzer § 3 Rn. 17; zur Einplanung „im Voraus" Müller Homeoffice Rn. 411 ff., 416.
[113] Müller Homeoffice Rn. 415; allgemein ErfK/Roloff ArbZG § 4 Rn. 7.
[114] BAG 16.12.2009 – 5 AZR 157/09, NZA 2010, 505 (506) Rn. 10.
[115] Neumann/Biebl ArbZG § 4 Rn. 2; Baeck/Deutsch/Winzer ArbZG § 4 Rn. 11; aA Buschmann/Ulber/Buschmann ArbZG § 4 Rn. 4.
[116] Arnold/Günther ArbR 4.0-HdB/Arnold/Winzer § 3 Rn. 16.
[117] S. auch Gräf EuZA 2022, 494 (502); Franzen ZFA 2022, 455 (479 f.).
[118] Hierzu EuGH 9.9.2021 – C-107/19, NZA 2021, 1395.

Nachtarbeit im Sinne des § 2 Abs. 4 ArbZG handelt es sich aber nur, wenn die Arbeit **zur Nachtzeit mehr als zwei Stunden** umfasst. Da Nachtarbeit als für den Arbeitnehmer besonders belastend eingestuft wird,[119] bestehen nach § 6 ArbZG besondere Regelungen. Diese setzen voraus, dass der Arbeitnehmer Nachtarbeitnehmer ist, das heißt, nicht nur einmal Nachtarbeit leistet,[120] sondern normalerweise in Wechselschicht (§ 2 Abs. 5 Nr. 1 ArbZG) oder an mindestens 48 Tagen im Kalenderjahr (§ 2 Abs. 5 Nr. 2 ArbZG). **Kurzeitige und/oder nur gelegentlich** stattfindende Nachtarbeit soll ausweislich der Gesetzesbegründung **nicht** zu besonderen Rechten und Pflichten aus § 6 ArbZG führen.[121] In diesen Fällen findet der Arbeitnehmer noch ausreichende Erholungs- und Schlafzeiten.[122] Für bloß gelegentliche mobile Tätigkeiten während der Nachtzeit oder die kurzzeitige Arbeitsaufnahme im Home-Office nach 23 Uhr sind daher keine Sonderregelungen zu beachten.

### 3. Zwingender Charakter und umfassende Geltung

648 Die Vorschriften des Arbeitszeitrechts sind auch bei mobiler Arbeit einzuhalten. Darauf sollte der Arbeitgeber den Arbeitnehmer bei Vereinbarung von Home-Office oder Mobile Work ausdrücklich hinweisen.[123] Selbst ein einvernehmliches Abweichen von den Vorgaben ist nicht möglich, da der Arbeitnehmer angesichts des in § 1 Nr. 1 ArbZG normierten Zwecks, die Sicherheit und den Gesundheitsschutz der Arbeitnehmer zu gewährleisten, **nicht** auf deren Geltung **verzichten** kann.[124] Der Anwendungsbereich des ArbZG ist nicht auf die Betriebsstätte beschränkt, sondern erfasst **ortsunabhängig** alle Tätigkeiten, die nach dem oben dargestellten Verständnis die Kriterien des Arbeitszeitbegriffs erfüllen.[125] Auch hinsichtlich der Lage der Arbeitszeit besteht die Bindung an die Vorgaben des Arbeitszeitgesetzes. Der Arbeitnehmer darf beispielsweise nicht entgegen dem Beschäftigungsverbot des § 9 Abs. 1 ArbZG freiwillig an einem Sonntag im Home-Office arbeiten.[126]

### 4. Verantwortlichkeit für Verstöße

#### a) Strafbarkeit des Arbeitgebers

649 Verantwortlich für Verstöße gegen das Arbeitszeitgesetz ist der Arbeitgeber,[127] selbst wenn sich der Arbeitnehmer arbeitsvertraglich gegenüber dem Arbeitgeber zur Einhal-

[119] ErfK/Roloff ArbZG § 2 Rn. 27.
[120] ErfK/Roloff ArbZG § 2 Rn. 29.
[121] BT-Drs. 12/5888, 24.
[122] Baeck/Deutsch/Winzer ArbZG § 2 Rn. 105; Anzinger/Koberski ArbZG § 2 Rn. 85; Neumann/Biebl ArbZG § 2 Rn. 25.
[123] Müller Homeoffice Rn. 222.
[124] Arnold/Günther ArbR 4.0-HdB/Arnold/Winzer § 3 Rn. 4.
[125] Rieble/Picker ZFA 2013, 383 (392); Küttner Personalbuch 2022/Röller Mobiles Arbeiten Rn. 9.
[126] Müller BB 2022, 1460 (1461).
[127] Neumann/Biebl ArbZG § 22 Rn. 5; Anzinger/Koberski ArbZG § 5 Rn. 3a; zur Verantwortlichkeit im Arbeitsschutzrecht Schorn BB 2010, 1345.

tung von Höchstarbeits- und Mindestruhezeiten verpflichtet hat.[128] Bei Vorsatz oder Fahrlässigkeit drohen nach § 22 Abs. 2 ArbZG **Bußgelder** von bis zu 30.000 EUR bzw. 50.000 EUR. Wiederholt sich eine Verletzung der arbeitszeitrechtlichen Vorgaben beharrlich oder wird die Gesundheit oder Arbeitskraft des Arbeitnehmers gefährdet, macht sich der Arbeitgeber strafbar (§ 23 ArbZG). Die Strafandrohung unterscheidet nach vorsätzlicher und fahrlässiger Begehung (Freiheitsstrafe bis zu einem Jahr oder Geldstrafe bei Vorsatz bzw. Freiheitsstrafe bis zu sechs Monaten oder Geldstrafe bis zu 180 Tagessätzen bei Fahrlässigkeit).

### b) Vertrauensarbeitszeit

650 Der Arbeitgeber kann sich nicht darauf berufen, der Verstoß gegen die arbeitszeitrechtlichen Vorschriften gehe vom Arbeitnehmer aus. Auch bei hoher Eigenverantwortung des Arbeitnehmers und weitgehend freier Bestimmung der Lage der Arbeitszeit verbleibt die Verantwortlichkeit nach dem Arbeitszeitgesetz beim Arbeitgeber.[129] Relevant werden die Thematik und Fragen möglicher Prävention insbesondere bei Vertrauensarbeitszeit und „freiwilliger" Tätigkeit des Arbeitnehmers außerhalb der regelmäßigen Arbeitszeit. Unter Vertrauensarbeitszeit versteht man die Einräumung **arbeitnehmerseitiger Arbeitszeitsouveränität,** die sowohl die Einteilung als auch die Verteilung der Arbeitszeit betrifft.[130] Die Arbeitszeitplanung obliegt dem Arbeitnehmer und wird nicht vom Arbeitgeber vorgegeben.[131] Der Arbeitgeber vertraut darauf, dass der Arbeitnehmer insbesondere bei mobiler Tätigkeit oder im Home-Office seiner arbeitsvertraglichen Leistungspflicht nachkommt, und kontrolliert nicht, ob der Arbeitsvertrag im Hinblick auf den vereinbarten Umfang der Arbeitszeit erfüllt wird.[132] Vertrauensarbeit zeichnet sich dadurch aus, dass sie ergebnisorientiert ist.[133] Der Vorteil für beide Arbeitsvertragsparteien besteht in der Flexibilität und der Möglichkeit bedarfsorientierter Einteilung.[134] In Kombination von Vertrauensarbeit und Mobile Work profitiert der Arbeitgeber außerdem regelmäßig von niedrigeren Kosten.[135]

651 Das Vertrauen des Arbeitgebers erstreckt sich auch darauf, dass die Arbeitszeitplanung des Arbeitnehmers konform mit den Vorgaben des Arbeitszeitgesetzes ist. Vertrauensarbeitszeit befreit den Arbeitgeber nicht von den Pflichten des Arbeitsschutzes, weder gegenüber dem Staat noch gegenüber dem Arbeitnehmer.[136] Im Hinblick auf die eigene Verantwortlichkeit sind unter Einschränkung der Flexibilität gegebenenfalls Rahmenregelungen zu treffen, die **Verstöße gegen das Arbeitszeitgesetz verhindern.**[137] Der Arbeitgeber ist verpflichtet, seinen Betrieb so zu organisieren, dass sämtliche Vorgaben eingehalten werden.[138]

---

[128] Müller Homeoffice Rn. 222, 394.
[129] Grunewald, Grundlagen und Grenzen der Vertrauensarbeitszeit, 2005, S. 169.
[130] Compensis NJW 2007, 3089.
[131] Reinhard NZA 2019, 1313 (1318); MHdB ArbR/Schüren § 48 Rn. 26f.
[132] Schlottfeldt/Hoff NZA 2001, 530.
[133] Arnold/Günther ArbR 4.0-HdB/Arnold/Winzer § 3 Rn. 48f.
[134] MHdB ArbR/Schüren § 48 Rn. 26.
[135] Compensis NJW 2007, 3089 (3090); Arnold/Günther ArbR 4.0-HdB/Arnold/Winzer § 3 Rn. 48.
[136] S. auch Ulber NZA 2019, 677 (679); zur Doppelnatur des Arbeitszeitschutzes Anzinger/Koberski ArbZG § 1 Rn. 20ff.; s. auch ErfK/Roloff BGB § 618 Rn. 4.
[137] Zur betrieblichen Mitbestimmung MHdB ArbR/Schüren § 48 Rn. 28.
[138] BAG 6.5.2003 – 1 ABR 13/02, BAGE 106, 111 – NZA 2003, 1348 (1352).

### c) Freiwillige Arbeitsleistungen

652 Auch freiwillige Arbeitsleistungen fallen unter den **Arbeitszeitbegriff.**[139] Arbeit liegt zwar nur bei Tätigkeiten vor, die fremde Bedürfnisse befriedigen,[140] doch schließt das nicht aus, dass der Arbeitnehmer hierbei aus eigenem Antrieb tätig wird. Der Begriff ist zweckgerichtet und unabhängig von der Veranlassungssphäre. Anders ist dies, wenn der Arbeitgeber die Tätigkeit ausdrücklich untersagt hat und die Arbeitsleistung zurückweist, ohne in Annahmeverzug zu geraten.[141]

653 Ein Verzicht des Arbeitnehmers auf den Schutz durch das Arbeitszeitrecht ist nicht möglich.[142] Räumt der Arbeitgeber dem Arbeitnehmer Souveränität bei der Erbringung seiner arbeitsvertraglichen Pflichten ein, kann er sich nicht darauf berufen, dass die unter Verstoß gegen das Arbeitszeitgesetz erbrachte Arbeitsleistung nicht von ihm veranlasst, sondern freiwillig erbracht wurde. Einer **Aufforderung zur Arbeitserbringung** seitens des Arbeitgebers bedarf es gerade nicht.[143] Sind die Kriterien des Arbeitsbegriffs erfüllt, muss der Arbeitgeber sich die Tätigkeit zurechnen lassen und trägt die arbeitszeitrechtliche Verantwortung. Auf eine Kenntnis des Arbeitgebers oder ein Kennenmüssen der Verstöße kommt es nicht an.[144] Bei fehlendem Fahrlässigkeitsvorwurf liegen die Voraussetzungen der Bußgeld- und Strafvorschriften aber nicht vor.[145]

## IV. Arbeitszeiterfassung

654 Eng verbunden mit der Einhaltung arbeitszeitrechtlicher Vorgaben ist die Arbeitszeiterfassung. Gerade bei Mobile Work und Vertrauensarbeit besteht indes ein Interessenskonflikt zu umfassenden Dokumentationspflichten.

### 1. Rechtliche Vorgaben und unionsrechtliche Implikationen

#### a) Aufzeichnungspflicht nach § 16 Abs. 2 ArbZG

655 Nach § 16 Abs. 2 ArbZG besteht die gesetzliche Pflicht des Arbeitgebers, die Arbeitszeit der Arbeitnehmer aufzuzeichnen, die über die werktägliche Arbeitszeit des § 3 S. 1 ArbZG hinausgeht. Das betrifft zum einen die **Überschreitung der täglichen Höchstarbeitszeit** von acht Stunden, zum anderen die **Arbeit an Sonn- und Fei-**

[139] Falder NZA 2010, 1150 (1151 f.); Giesen/Kersten DB 2017, 2865; Rudkowski ZFA 2022, 510 (515 f.); aA Neumann/Biebl ArbZG § 7 Rn. 13a; ausführlich Freyler, Arbeitszeit- und Urlaubsrecht im Mobile Office, 2018, S. 118 ff.

[140] Hueck/Nipperdey, Lehrbuch des Arbeitsrechts, Band 1, 7. Aufl. 1963, S. 35; BAG 8.3.1961 – 4 AZR 71/59, BAGE 11, 23 (26) = DB 1961, 778; BAG 16.1.2002 – 5 AZR 303/00, NZA 2002, 1163.

[141] Wiebauer NZA 2016, 1430 (1433); Giesen/Kersten DB 2017, 2865; Rudkowski ZFA 2022, 510 (516) Müller Homeoffice Rn. 401; s. aber Falder NZA 2010, 1150 (1152).

[142] Falder NZA 2010, 1150 (1151 f.); Neumann/Biebl ArbZG § 1 Rn. 3.

[143] S. aber Bissels/Domke/Wisskirchen DB 2010, 2052 (2053); Neumann/Biebl ArbZG § 7 Rn. 13a.; Müller Homeoffice Rn. 394.

[144] AA Rieble/Picker ZFA 2013, 383 (420); Müller Homeoffice Rn. 394.

[145] Zum Sorgfaltsmaßstab bei der Arbeit am häuslichen Arbeitsplatz Rieble/Picker ZFA 2013, 383 (424).

**ertagen.**[146] Auch diese ist als über die werktägliche Arbeitszeit des § 3 S. 1 ArbZG hinausgehende Arbeitszeit aufzuzeichnen.[147] Dabei ist unerheblich, ob die Arbeitszeit im Betrieb oder an einem anderen Ort, insbesondere im Home-Office, angefallen ist. Neben § 16 Abs. 2 ArbZG bestehen Sondervorschriften zum Arbeitszeitnachweis beispielsweise in § 21a Abs. 7 S. 1 ArbZG, § 10 Abs. 1 BinSchArbZV und § 17c Abs. 1 AÜG. Diese gehen über die Regelung des § 16 Abs. 2 ArbZG hinaus. § 17 Abs. 1 S. 1 MiLoG ordnet etwa an, dass Beginn, Ende und Dauer der täglichen Arbeitszeit aufzuzeichnen sind. Eine allgemeine Pflicht, die gesamte Arbeitszeit der Arbeitnehmer zu erfassen, findet sich (ausdrücklich) weder im Arbeitszeitgesetz noch in der Arbeitszeitrichtlinie.[148]

### b) „Stechuhr-Urteil" des EuGH

656 Für großes Aufsehen hat daher die als „Stechuhr-Urteil" betitelte[149] Entscheidung des EuGH in der **Rechtssache CCOO** gesorgt. In seinem Urteil vom 14.5.2019 legt der EuGH Art. 3, 5 und 6 der RL 2003/88/EG im Lichte des Art. 31 Abs. 2 GRC und der Art. 4 Abs. 1, 11 Abs. 3 und 16 Abs. 3 RL 89/391/EWG (Arbeitsschutz-Rahmenrichtlinie)[150] dahingehend aus, dass die Mitgliedstaaten eine Regelung vorsehen müssen, wonach der Arbeitgeber verpflichtet ist, ein System einzurichten, mit dem die von einem jeden Arbeitnehmer geleistete Arbeitszeit gemessen werden kann.[151] Rechtsmethodisch ist dieses Ergebnis fragwürdig, da es mangels normativer Regelung der Arbeitszeiterfassung schon der Grundlage der Gesetzesauslegung entbehrt.[152] Die Pflicht entspringt allein der Rechtsfortbildung oder vielmehr Rechtsschöpfung durch den EuGH.[153]

657 Dieser nimmt an, die Erfassung der Arbeitszeit sei erforderlich, um die Wirksamkeit der RL 2003/88/EG sicherzustellen.[154] Die Mitgliedstaaten hätten zwar einen gewissen Spielraum, welche Maßnahmen hierfür erforderlich sind, für den schwächeren Arbeitnehmer sei eine Durchsetzung seiner Rechte aber ohne **Arbeitszeiterfassungssystem** äußerst schwierig oder gar unmöglich.[155] Anderen (Beweis-)Mitteln, insbesondere dem auf Überstunden beschränkten Nachweis, wird ein vergleichbarer Effekt abgesprochen, sodass sich die denkbaren Umsetzungsmaßnahmen auf die Einrichtung eines Systems der Arbeitszeiterfassung reduzieren und den Mitgliedstaaten lediglich die Möglichkeit verbleibt, die Modalitäten auszugestalten.[156]

---

[146] HK-ArbZeitR/Sitzenfrei ArbZG § 16 Rn. 17, 20; Baeck/Deutsch/Winzer ArbZG§ 16 Rn. 21, 23.
[147] Baeck/Deutsch/Winzer ArbZG § 16 Rn. 23.
[148] S. auch Bayreuther EuZW 2019, 446 (446f.); anders noch § 24 Abs. 1 Nr. 3 AZO.
[149] S. Fuhlrott/Garden ArbRAktuell 2019, 263; Pellenz/Schwartzer ArbRAktuell 2022, 496; Stück CCZ 2022, 323.
[150] Richtlinie 89/391/EWG des Rates vom 12.6.1989 über die Durchführung von Maßnahmen zur Verbesserung der Sicherheit und des Gesundheitsschutzes der Arbeitnehmer bei der Arbeit, ABl L 183/1.
[151] EuGH 14.5.2019 – C-55/18, NZA 2019, 683 – CCOO.
[152] Bayreuther EuZW 2019, 446 (446f.).
[153] Bayreuther EuZW 2019, 446 (446f.); Franzen ZFA 2022, 455 (482).
[154] EuGH 14.5.2019 – C-55/18, NZA 2019, 683 (685) Rn. 40ff. – CCOO.
[155] EuGH 14.5.2019 – C-55/18, NZA 2019, 683 (685) Rn. 41, 45, 47f. – CCOO; kritisch Thüsing/Bleckmann BB 2023, 52.
[156] EuGH 14.5.2019 – C-55/18, NZA 2019, 683 (686f.) Rn. 52, 60, 63 – CCOO.

658 In der Literatur wird teilweise mit Hinweis auf die Wortwahl des EuGH bezweifelt, dass er eine Pflicht zur Dokumentation der Arbeitszeit schaffen wollte.[157] Die Arbeitszeit müsse nur gemessen, nicht aber dokumentiert werden und das System müsse die Messung lediglich ermöglichen (Einrichtung eines Systems, „[…] mit dem die von einem jeden Arbeitnehmer geleistete tägliche Arbeitszeit *gemessen* werden *kann* […]"[158]).[159] Gerade im Hinblick darauf, dass der EuGH seine Entscheidung im Wesentlichen zweckorientiert mit der **Durchsetzbarkeit der Rechte** der Arbeitnehmer und der **Kontrollmöglichkeiten der Behörden** begründet, kann dem nicht gefolgt werden.[160] Der EuGH hat im „Stechuhr-Urteil" eine **umfassende Aufzeichnungspflicht** kreiert.

### c) Umsetzung der unionsrechtlichen Vorgaben durch das BAG

659 Da das Urteil des EuGH keine unmittelbare Wirkung für private Arbeitgeber der Mitgliedsstaaten entfaltet, ist der nationale Gesetzgeber veranlasst, die durch die Rechtsprechung konkretisierten unionsrechtlichen Vorgaben im innerstaatlichen Recht umzusetzen.[161] Dem Tätigwerden des deutschen Gesetzgebers hat das BAG mit Beschluss vom 13.9.2022[162] vorgegriffen und eine **Pflicht zur Erfassung der gesamten Arbeitszeit** im Wege der richtlinienkonformen Rechtsfortbildung begründet. Die Entscheidung war in den Medien sehr präsent[163] und es wurde kontrovers diskutiert, ob damit das „Aus" flexibler Arbeitszeitmodelle, vor allem der Vertrauensarbeitszeit, verbunden ist.[164] Diese Gefahr besteht nicht,[165] zumal auch zuvor die Einhaltung der arbeitszeitrechtlichen Vorgaben durch den Arbeitgeber sicherzustellen war. Höchstarbeitszeiten und Ruhezeiten gelten nicht erst aufgrund einer Dokumentationspflicht, sondern unabhängig von dieser.[166] Gleichwohl ist eine umfassende Arbeitszeiterfassungspflicht in einer modernen Arbeitswelt nicht unkritisch zu sehen, da sie zu **Einschnitten bei der Vertrauensarbeit** führt. Die Aufzeichnung hat zwar den Vorteil, dass Verstöße sichtbar werden,[167] doch sehen sich auch Arbeitnehmer, die im Rahmen des Zulässigen die Möglichkeiten „echter" Vertrauensarbeit ausschöpfen, ei-

---

[157] Hanau ZFA 2020, 129 (131 ff.); ders. RdA 2023, 115 (117 f.); s. auch die ausführliche Auseinandersetzung, im Ergebnis aber offen Thüsing/Flink/Jänsch ZFA 2019, 456 (468 ff.); aA Bayreuther RdA 2022, 290 (292).
[158] EuGH 14.5.2019 – C-55/18, NZA 2019, 683 (686) Rn. 60 – CCOO (Hervorhebungen durch Autorin).
[159] Hanau ZFA 2020, 129 (131 ff.); aA Bayreuther RdA 2022, 290 (292).
[160] So auch Bayreuther RdA 2022, 290 (292).
[161] Fuhlrott NZA-RR 2019, 343; Kössel DB 2019, 1958 (1962); Reinhard NZA 2019, 1313 (1314); Gallner SR 2020, 45 (48); Brors NZA 2020, 1685; Baeck/Deutsch/Winzer ArbZG § 16 Rn. 22; Müller Homeoffice Rn. 406 Fn. 553; aA Schrader NZA 2019, 1035 (1036).
[162] BAG 13.9.2022 – 1 ABR 22/21, NZA 2022, 1616.
[163] S. etwa https://www.tagesschau.de/wirtschaft/zeiterfassung-bag-urteil-folgen-arbeitnehmer-101.html (Abruf v. 29.8.2023); https://www.haufe.de/personal/arbeitsrecht/bag-urteil-sorgt-fuer-handlungsbedarf-bei-zeiterfassung_76_575932.html (Abruf v. 29.8.2023); https://www.focus.de/finanzen/recht/urteilsbegruendung-veroeffentlicht-welche-stechuhr-regeln-arbeitnehmer-und-chefs-ab-sofort-einhalten-muessen_id_180428010.html (Abruf v. 29.8.2023).
[164] S. Fuhlrott NZA-RR 2019, 343; Kössel DB 2019, 1958 (1962); zur Rechtswidrigkeit bislang praktizierter Formen von Vertrauensarbeit Ulber NZA 2019, 677 (679 f.); s. zur Entscheidung des EuGH in der Rechtssache CCOO Thüsing/Flink/Jänsch ZFA 2019, 456 (463 f.); Caspers ZFA 2022, 488 (505 ff.).
[165] So auch Bayreuther EuZW 2019, 446 (448); Heuschmid NJW 2019, 1853 (1853 f.); Christ/Jeck DStR 2022, 2012.
[166] Ähnlich Ulber NZA 2019, 677 (679); Gallner SR 2020, 45 (50).
[167] Ulber NZA 2019, 677 (681).

ner potentiell freiheitseinschränkenden Überwachung ausgesetzt.[168] Ferner kann eine umfassende Aufzeichnungspflicht nicht darüber hinwegtäuschen, dass faktische Möglichkeiten der Umgehung gerade im Home-Office oder bei mobiler Arbeit existieren (beispielsweise das Weiterarbeiten nach dem Ausloggen aus dem Arbeitszeiterfassungssystem[169] oder das Einloggen, ohne tatsächlich zu arbeiten). Eine umfassende Arbeitszeiterfassungspflicht ist keine Garantie für die Einhaltung von Höchstarbeits- und Mindestruhezeiten.[170]

660 Vordergründig geht es in der Entscheidung des BAG um das **Initiativrecht des Betriebsrats** zur Einführung eines elektronischen Systems zur Arbeitszeiterfassung.[171] Der Erste Senat nutzt die Gelegenheit, um das Urteil des EuGH in der Rechtssache CCOO in nationales Recht zu übertragen und eine Pflicht zur Erfassung der gesamten Arbeitszeit zu etablieren,[172] denn der Betriebsrat hat nach § 87 Abs. 1 BetrVG nur ein Mitbestimmungsrecht, soweit nicht bereits eine gesetzliche Regelung besteht.[173]

661 Das BAG räumt ein, dass weder § 16 Abs. 2 ArbZG (in direkter oder analoger Anwendung)[174] noch § 17 Abs. 4 ArbZG[175] taugliche Rechtsgrundlagen für eine Pflicht des Arbeitgebers zur Arbeitszeiterfassung sind und auch Art. 31 Abs. 2 GRC keine Direktwirkung entfaltet[176] und zieht stattdessen **§ 3 Abs. 2 Nr. 1 ArbSchG** heran.[177] Hieraus soll sich bei **unionsrechtskonformer Auslegung** eine Pflicht des Arbeitgebers ergeben, Beginn und Ende der täglichen Arbeitszeit der Arbeitnehmer zu erfassen.[178]

662 Bei § 3 ArbSchG handelt es sich nicht um eine spezifisch arbeitszeitrechtliche Bestimmung, sondern um eine Vorschrift des **allgemeinen Arbeitsschutzes,** die die Grundpflichten des Arbeitgebers zur Sicherheit und dem Gesundheitsschutz der Arbeitnehmer festlegt. Nach § 3 Abs. 2 Nr. 1 ArbSchG hat der Arbeitgeber zur Planung und Durchführung der Maßnahmen nach § 3 Abs. 1 ArbSchG unter Berücksichtigung der Art der Tätigkeit und der Zahl der Beschäftigten für eine geeignete Organisation zu sorgen und die erforderlichen Mittel bereitzustellen. § 3 Abs. 1 S. 1 ArbSchG enthält eine **Generalklausel,**[179] die den Arbeitgeber verpflichtet, die erforderlichen Maßnahmen des Arbeitsschutzes unter Berücksichtigung der Umstände zu treffen, die Sicherheit und Gesundheit der Beschäftigten bei der Arbeit beeinflussen. Die arbeitsschutzrechtliche Norm ist ein Auffangtatbestand, der durch spezialgesetzliche Bestimmungen konkretisiert wird.[180]

---

[168] Bayreuther EuZW 2019, 446 (448); s. auch Gallner SR 2020, 45 (50).
[169] Zur Pflicht des Arbeitgebers, ein solches Verhalten zu unterbinden Heuschmid NJW 2019, 1853.
[170] Latzel EuZA 2019, 469 (475); zuversichtlich aber Ulber NZA 2019, 677 (681).
[171] BAG 13.9.2022 – 1 ABR 22/21, NZA 2022, 1616 (1617) Rn. 16.
[172] BAG 13.9.2022 – 1 ABR 22/21, NZA 2022, 1616 (1620ff.) Rn. 42ff.
[173] BAG 13.9.2022 – 1 ABR 22/21, NZA 2022, 1616 (1617) Rn. 17.
[174] So auch Höpfner/Schneck NZA 2023, 1 (2); kritisch auch Ulber NZA 2019, 677 (680); aA Hanau ZFA 2020, 129 (136f.); Schrader NZA 2019, 1035 (1036).
[175] S. aber Thüsing/Flink/Jänsch ZFA 2019, 456 (476ff.).
[176] So auch Caspers ZFA 2022, 488 (503f.); aA Schlussanträge des GA Pitruzzella BeckRS 2019, 667 (Rn. 96) – CCOO; ArbG Emden 20.2.2020 – 2 Ca 94/19, BeckRS 2020, 5213 Rn. 21ff. (s. aber nachfolgende Instanzen LAG Niedersachsen 6.5.2021 – 5 Sa 1292/20, BeckRS 2021, 10275 Rn. 22ff. und BAG 4.5.2022 – 5 AZR 359/21, NZA 2022, 1267 [1269] Rn. 22ff.); Brors NZA 2019, 1176 (1179); Heuschmid NJW 2019, 1853 (1854).
[177] BAG 13.9.2022 – 1 ABR 22/21, NZA 2022, 1616 (1618ff.) Rn. 20ff.
[178] BAG 13.9.2022 – 1 ABR 22/21, NZA 2022, 1616 (1620) Rn. 43.
[179] Kollmer/Klindt/Schucht/Kohte ArbSchG § 3 Rn. 2; ErfK/Roloff ArbSchG § 3 Rn. 1.
[180] Kollmer/Klindt/Schucht/Kohte ArbSchG § 3 Rn. 2; ErfK/Roloff ArbSchG § 3 Rn. 1.

663 In der Begründung des Beschlusses setzt sich das BAG mit den kritischen Stellungnahmen der Literatur zur Entscheidung des EuGH und deren Auswirkungen im nationalen Recht auseinander, kommt jedoch zu dem (aus rechtssystematischer Sicht recht überraschenden und wenig überzeugenden)[181] Ergebnis, dass die als solche bezeichnete Rahmenvorschrift des § 3 Abs. 2 Nr. 1 ArbSchG bei unionsrechtskonformem Verständnis eine über § 16 Abs. 2 ArbZG hinausgehende Aufzeichnungspflicht enthalte.[182] Dies lasse der weite Wortlaut der Vorschrift sowie die lediglich generalisierende Bezugnahme auf die Generalklausel des § 3 Abs. 1 S. 1 ArbZG zu.[183] Außerdem vertritt das BAG die Ansicht, dass diese Auslegung dem Willen des Gesetzgebers entspricht, der nicht von den Vorgaben des Unionsrechts abweichen wollte.[184] Der Erste Senat legt dar, warum auch aus systematischen Gesichtspunkten keine Bedenken gegen eine entsprechende Auslegung des § 3 Abs. 2 Nr. 1 ArbSchG bestünden.[185] Die Arbeitszeit sei als wichtiger Aspekt des Arbeitsschutzes durch die Regelung im Arbeitszeitgesetz nicht dem Anwendungsbereich des Arbeitsschutzgesetzes entzogen.[186] Auch im Unionsrecht stünden die Arbeitszeitrichtlinie und die Arbeitsschutz-Rahmenrichtlinie nebeneinander.[187] Die Aufzeichnungspflicht des § 16 Abs. 2 ArbZG und weitere spezielle Aufzeichnungspflichten stehen einer Pflicht zur Arbeitszeiterfassung aus § 3 Abs. 2 Nr. 1 ArbSchG nicht entgegen.[188] Das BAG kommt damit zu dem Ergebnis, dass auch ohne Tätigwerden des Gesetzgebers eine **gesetzliche Handlungspflicht des Arbeitgebers** besteht.[189] Er ist verpflichtet, über § 16 Abs. 2 ArbZG hinaus die gesamte Arbeitszeit der Arbeitnehmer zu erfassen.[190]

664 Richtigerweise bestehen gravierende Bedenken gegen die Systemkonformität dieser richterlichen Rechtsfortbildung.[191] Der Zweck (auch wenn er nach der Rechtsprechung des EuGH unionsrechtlich vorgegeben und seine Verfolgung zweifelsohne berechtigt ist) heiligt bei Weitem doch nicht alle Mittel.[192] Der Aspekt des Arbeitszeitschutzes wird im Arbeitszeitgesetz geregelt. Als Teil des Arbeitsschutzes sind die Regelungen des Arbeitszeitrechts **leges speciales** zu den allgemeinen Vorschriften des Arbeitsschutzgesetzes.[193] In § 16 Abs. 2 ArbZG hat der Gesetzgeber ausdrücklich festgelegt, unter welchen Voraussetzungen und in welchen Fällen eine Aufzeichnung der Arbeitszeit der Arbeitnehmer erfolgen muss, und den Gegenstand der Arbeitszeiterfassung damit (von weiteren Sondervorschriften, die wiederum hierzu im Spezialitätsverhältnis stehen, abgesehen) abschließend geregelt. Methodisch ist es nicht vorgesehen, aus einer allgemein gehaltenen Generalklausel eine darüberhinausgehende

---

181 S. auch Höpfner/Schneck NZA 2023, 1 (1f.); Thüsing/Bleckmann BB 2023, 52 (53).

182 BAG 13.9.2022 – 1 ABR 22/21, NZA 2022, 1616 (1618ff.) Rn. 20ff.; ablehnend Höpfner/Schneck NZA 2023, 1 (3ff.).

183 BAG 13.9.2022 – 1 ABR 22/21, NZA 2022, 1616 (1620) Rn. 45f.

184 BAG 13.9.2022 – 1 ABR 22/21, NZA 2022, 1616 (1620) Rn. 47; mit treffender Begründung ablehnend Höpfner/Schneck NZA 2023, 1 (3f.) (5f.); Thüsing/Bleckmann BB 2023, 52 (53).

185 BAG 13.9.2022 – 1 ABR 22/21, NZA 2022, 1616 (1620f.) Rn. 48ff.

186 BAG 13.9.2022 – 1 ABR 22/21, NZA 2022, 1616 (1620) Rn. 49.

187 BAG 13.9.2022 – 1 ABR 22/21, NZA 2022, 1616 (1621) Rn. 50.

188 BAG 13.9.2022 – 1 ABR 22/21, NZA 2022, 1616 (1621) Rn. 51ff.

189 BAG 13.9.2022 – 1 ABR 22/21, NZA 2022, 1616 (1622) Rn. 63.

190 BAG 13.9.2022 – 1 ABR 22/21, NZA 2022, 1616 (1620) Rn. 42.

191 „[…] in rechtssystematischer Hinsicht zumindest ungewöhnlich […]" Müller InTeR 2022, 141; s. auch Hanau RdA 2023, 115 (120ff.).

192 S. zur Entscheidung des EuGH in der Rechtssache CCOO Latzel EuZA 2019, 469 (471).

193 Kollmer/Klindt/Schucht/N. Kollmer ArbSchG § 1 Rn. 80; Hanau RdA 2023, 115 (121).

Pflicht abzuleiten,[194] die den beschränkten Anwendungsbereich auf sämtliche Fälle von Arbeitszeit ausweitet und damit die speziellere Norm leerlaufen lässt. § 16 Abs. 2 ArbZG wird durch die Rechtsprechung des BAG überflüssig, da auch die über die werktägliche Arbeitszeit hinausgehende Arbeitszeit bereits von der Aufzeichnungspflicht des § 3 Abs. 2 Nr. 1 ArbSchG erfasst ist.[195] Es gibt aber mit § 16 Abs. 2 ArbZG bereits eine **Konkretisierung der Rahmenpflicht.** Wenn diese nicht den unionsrechtlichen Vorgaben entspricht und eine Konformität nicht mittels Auslegung hergestellt werden kann, ist es Aufgabe des Gesetzgebers, durch Änderung der Regelung eine gesetzliche Grundlage zu schaffen.

665 Darüber hinaus führt die Rechtsprechung des BAG zu Umsetzungsproblemen in der Praxis. Aus dem Beschluss des Ersten Senats geht nicht eindeutig hervor, welche Arbeitnehmer von der Arbeitszeiterfassung betroffen sind. In den Entscheidungsgründen heißt es zwar, die Verpflichtung des Arbeitgebers zur Einführung eines Arbeitszeiterfassungssystems beziehe sich auf alle Arbeitnehmer im Sinne des § 5 Abs. 1 S. 1 BetrVG.[196] Es ist jedoch davon auszugehen, dass dieser Hinweis dem mitbestimmungsrechtlichen Ausgangspunkt der Entscheidung geschuldet ist. Nicht zu erwarten ist, dass das BAG den betriebsverfassungsrechtlichen Arbeitnehmerbegriff zu dem für arbeitsschutzrechtliche Fragen maßgeblichen **Arbeitnehmerbegriff** erheben will. Offen bleibt dennoch, ob für eine Arbeitszeiterfassung auf Grundlage des § 3 Abs. 2 Nr. 1 ArbSchG der persönliche Anwendungsbereich des Arbeitszeitgesetzes oder des Arbeitsschutzgesetzes gelten soll.[197] Der Anwendbarkeit der §§ 18 ff. ArbZG, die insbesondere leitende Angestellte vom Arbeitszeitgesetz ausnehmen, erteilt das BAG jedenfalls eine Absage. Die Vorschriften sollen nicht einschlägig sein.[198] Konsequenterweise müsste für eine aus dem Arbeitsschutzrecht abgeleitete Arbeitszeiterfassungspflicht auf den weiten Beschäftigtenbegriff des § 2 Abs. 2 ArbSchG zurückgegriffen werden, der auch Beamte, arbeitnehmerähnliche Personen, leitende Angestellte und Fremdgeschäftsführer[199] erfasst. Das scheint im Hinblick darauf, dass der EuGH die Grundlage der Arbeitszeiterfassungspflicht in der Arbeitszeitrichtlinie sieht[200] und den personellen Schutzbereich hiernach bestimmt, eine überschießende (rechtsfortbildende) Umsetzung zu sein. Sachrichtiger, wenn auch systematisch inkonsequent, ist es, sich auf den Anwendungsbereich des Arbeitszeitgesetzes zu stützen, da die Aufzeichnungspflicht der Durchsetzung des Arbeitszeitschutzes dient. Nur hinsichtlich der Personen, die den Höchstarbeits- und Mindestruhezeiten unterfallen, kann der Zweck der Arbeitszeiterfassung erreicht werden.

666 Ob die **Besonderheiten des Arbeitszeitrechts** für die Auslegung des Arbeitsschutzgesetzes herangezogen werden dürfen, ist eine Grundsatzfrage mit großer praktischer Bedeutung, die nicht nur den persönlichen Anwendungsbereich betrifft, sondern auch die Modalitäten der Aufzeichnung, die Verwahrungsfrist oder die Folgen

[194] S. auch Müller InTeR 2022, 141; Höpfner/Schneck NZA 2023, 1 (4).
[195] Ähnlich Hanau RdA 2023, 115 (122).
[196] BAG 13.9.2022 – 1 ABR 22/21, NZA 2022, 1616 (1621) Rn. 55.
[197] S. zum Konflikt im Hinblick auf den persönlichen Anwendungsbereich auch Höpfner/Schneck NZA 2023, 1 (3) (5).
[198] BAG 13.9.2022 – 1 ABR 22/21, NZA 2022, 1616 (1621) Rn. 57.
[199] ErfK/Roloff ArbSchG § 2 Rn. 2.
[200] Höpfner/Schneck NZA 2023, 1 (3).

von Verstößen. Diesbezüglich besteht dringender Klärungsbedarf für die Rechtsanwendung.

#### d) Gesetzesinitiative des BMAS

667 Trotz der Entscheidung des BAG beschäftigt sich die Bundesregierung weiterhin mit der Frage der Arbeitszeiterfassung. Das BMAS weist auf seiner Homepage darauf hin, dass die **Entscheidung des BAG verbindlich** ist und Arbeitgeber bereits heute verpflichtet sind, ein System zur Erfassung der gesamten Arbeitszeit einzuführen und zu nutzen.[201] Es dürfe nicht abgewartet werden, bis das Arbeitszeitgesetz an die Rechtsprechung angepasst ist.[202] Eine inhaltliche Konkretisierung der Pflicht stehe aber noch aus.[203] Im April 2023 hat das BMAS einen ersten Entwurf zur Änderung des Arbeitszeitgesetzes vorgelegt. § 16 Abs. 2 des **Referentenentwurfs** sieht vor, dass Beginn, Ende und Dauer der täglichen Arbeitszeit jeweils am Tag der Arbeitsleistung **elektronisch aufzuzeichnen** sind. Weitere Modalitäten, wie die Delegation der Aufzeichnung, die Aufbewahrungsdauer, kollektivvertragliche Abweichungsspielräume und Ausnahmen für kleine Unternehmen, finden sich in den Absätzen 3 bis 8. Der Entwurf ist im Bundestag auf harsche Kritik gestoßen.[204] Bemängelt wird vor allem der hohe bürokratische Aufwand und die negativen Auswirkungen auf die Vertrauensarbeitszeit.[205] In welchem zeitlichen Rahmen mit einer gesetzlichen Umsetzung zu rechnen ist, bleibt offen. Es ist dringend zu hoffen, dass der Gesetzgeber trotz der Rechtsfortbildung des BAG aktiv wird, um eine für die Rechtsanwender im Hinblick auf die Rechtssicherheit ähnlich unbefriedigende Situation wie im Urlaubsrecht zu vermeiden. Auch der Koalitionsvertrag sieht jedenfalls eine Prüfung des Anpassungsbedarfs des Arbeitszeitrechts im Hinblick auf die Rechtsprechung des EuGH vor und sichert dabei den Erhalt flexibler Arbeitszeitmodelle, wie Vertrauensarbeitszeit, zu.[206]

### 2. Arbeitszeiterfassung bei Mobile Work

#### a) Anforderungen an das System: Objektiv, zugänglich, verlässlich

668 Die Anforderungen, die das Unionsrecht an das System der Arbeitszeiterfassung stellt, werden vom EuGH mit den Begriffen objektiv, verlässlich und zugänglich beschrieben.[207] Nur ein System, das diesen Attributen entspricht, ist nach Auffassung des

---

[201] https://www.bmas.de/DE/Arbeit/Arbeitsrecht/Arbeitnehmerrechte/Arbeitszeitschutz/Fragen-und-Antworten/faq-arbeitszeiterfassung.html (Abruf v. 29.8.2023).
[202] https://www.bmas.de/DE/Arbeit/Arbeitsrecht/Arbeitnehmerrechte/Arbeitszeitschutz/Fragen-und-Antworten/faq-arbeitszeiterfassung.html (Abruf v. 29.8.2023).
[203] https://www.bmas.de/DE/Arbeit/Arbeitsrecht/Arbeitnehmerrechte/Arbeitszeitschutz/Fragen-und-Antworten/faq-arbeitszeiterfassung.html (Abruf v. 29.8.2023).
[204] BT-Drs. 20/6909, 1.
[205] BT-Drs. 20/6909, 1.
[206] Koalitionsvertrag 2021–2025 zwischen der Sozialdemokratischen Partei Deutschlands (SPD), BÜNDNIS 90/DIE GRÜNEN und den Freien Demokraten (FDP), S. 68.
[207] EuGH 14.5.2019 – C-55/18, NZA 2019, 683 (686) Rn. 60 – CCOO.

EuGH geeignet, die **praktische Wirksamkeit der Arbeitszeitrichtlinie** und des Grundrechts auf Begrenzung der Höchstarbeitszeit sowie auf tägliche und wöchentliche Ruhezeiten aus Art. 31 Abs. 2 GRC zu gewährleisten.[208]

669 Die Pflicht, die der EuGH in der Rechtssache CCOO begründet hat, beinhaltet nach Ansicht des BAG nicht nur die **Erhebung** der Arbeitszeit, sondern auch die **Erfassung** und **Aufzeichnung.**[209] Andernfalls sei eine Überprüfung nicht möglich.[210] Das System darf auch nicht lediglich bestehen bzw. zur Selbstaufzeichnung durch die Arbeitnehmer zur Verfügung gestellt werden, sondern muss tatsächlich Verwendung finden.[211]

670 Weder das BAG noch der EuGH gehen im Detail darauf ein, unter welchen Voraussetzungen ein System objektiv, zugänglich und verlässlich ist. Ob ein System diesen Anforderungen entspricht, ist daher anhand des zugrundeliegenden Zwecks zu ermitteln, der darin besteht, eine Möglichkeit zur Überprüfung der Lage der täglichen Arbeitszeit sowie der täglichen und wöchentlichen Höchstarbeitszeit zu schaffen[212]. Die zuständige Aufsichtsbehörde soll dies anhand der erfassten Daten kontrollieren können.[213] Damit geht es im Kern um die **Durchsetzbarkeit des Arbeitszeitschutzes.**[214]

671 Nicht **objektiv und verlässlich** und daher nicht zum Arbeitszeitnachweis geeignet sind nach Ansicht des EuGH Beweismittel, aus denen sich lediglich mittelbar oder nur unter Schwierigkeiten ergibt, zu welchen Zeiten und wie lange ein Arbeitnehmer gearbeitet hat.[215] Hierzu zählen Zeugenaussagen, E-Mails, Mobiltelefon- oder PC-Daten.[216] Die Ungeeignetheit des Zeugenbeweises wird mit der Furcht der Arbeitnehmer vor Repressalien begründet, während bei anderen Mitteln der Nachweis nicht einfach genug zu führen ist.[217] Die Aufzeichnung der Arbeitszeit soll verglichen damit ein **simples, aber wirksames Mittel** zur Durchsetzung der Rechte des Arbeitnehmers sein.[218] Schwierigkeiten bei der behördlichen Kontrolle dürfen sich nicht zulasten des Arbeitnehmers auswirken.[219]

672 **Objektiv** bedeutet außerdem, dass die Arbeitszeit präzise zu erfassen ist und **nicht bloß geschätzt** oder pauschalisiert werden darf.[220] Voraussetzung dafür ist, dass feststeht, welche Tätigkeiten des Arbeitnehmers zur Arbeitszeit zählen (Stich-

[208] EuGH 14.5.2019 – C-55/18 (CCOO), NZA 2019, 683 (686) Rn. 60 – CCOO.
[209] BAG 13.9.2022 – 1 ABR 22/21, NZA 2022, 1616 (1618) Rn. 23; aA Hanau ZFA 2020, 129 (131 ff.); ders. RdA 2023, 115 (117 f.).
[210] BAG 13.9.2022 – 1 ABR 22/21, NZA 2022, 1616 (1618) Rn. 23.
[211] BAG 13.9.2022 – 1 ABR 22/21, NZA 2022, 1616 (1618) Rn. 23; s. auch Rieble/Vielmeier, Gutachten zur Umsetzung des EuGH-Urteils (EuGH 14.5.2019 – C-55/18) in das deutsche Arbeitszeitrecht vom 22.7.2019, Rn. 35.
[212] BAG 13.9.2022 – 1 ABR 22/21, NZA 2022, 1616 (1618) Rn. 23; s. auch EuGH 14.5.2019 – C-55/18, NZA 2019, 683 (685) Rn. 47, 49 – CCOO.
[213] BAG 13.9.2022 – 1 ABR 22/21, NZA 2022, 1616 (1618) Rn. 23; EuGH 14.5.2019 – C-55/18, NZA 2019, 683 (686) Rn. 57 – CCOO.
[214] Rieble/Vielmeier, Gutachten zur Umsetzung des EuGH-Urteils (EuGH 14.5.2019 – C-55/18) in das deutsche Arbeitszeitrecht vom 22.7.2019, Rn. 14.
[215] EuGH 14.5.2019 – C-55/18, NZA 2019, 683 (686) Rn. 53 f. – CCOO.
[216] EuGH 14.5.2019 – C-55/18, NZA 2019, 683 (686) Rn. 53 – CCOO.
[217] EuGH 14.5.2019 – C-55/18, NZA 2019, 683 (686) Rn. 55 f. – CCOO.
[218] EuGH 14.5.2019 – C-55/18, NZA 2019, 683 (686) Rn. 56 – CCOO.
[219] EuGH 14.5.2019 – C-55/18, NZA 2019, 683 (686) Rn. 57 – CCOO.
[220] Latzel EuZA 2019, 469 (478).

wort: kurzzeitige Arbeitsaufnahme während der Ruhezeit,[221] aber umgekehrt auch Toilettengänge oder Raucherpausen während der Arbeitszeit[222]).[223] Arbeitnehmer und Arbeitgeber müssen die Aufzeichnung kontrollieren können.[224]

673 **Verlässlichkeit** der Arbeitszeiterfassung kann insbesondere bei tätigkeitsbezogener Aufzeichnung, wie etwa dem Fahrtenschreiber zur Erfassung von Lenkzeiten eines Lastkraftwagenfahrers, gewährleistet werden.[225] Da es sich hierbei aber um besonders geregelte Anforderungen an die Arbeitszeiterfassung handelt, kann dies nicht der Systemstandard für eine allgemeine Pflicht sein.[226] Je freier der Arbeitnehmer in der Gestaltung seiner Arbeitszeit ist und je weniger er unter dem wachsamen Auge des Arbeitgebers tätig wird, desto größer sind die Herausforderungen einer verlässlichen Arbeitszeiterfassung. Gerade im Home-Office oder bei mobiler Arbeit wäre für eine absolute Verlässlichkeit eine **Totalüberwachung** erforderlich, die sowohl auf europäischer als auch auf nationaler Ebene am Persönlichkeits- und Datenschutz scheitert.[227] Damit die Aufzeichnung verlässlich im Sinne von nachvollziehbar ist, muss sie zudem in einem **nahen zeitlichen Zusammenhang** zu Beginn und Ende der Arbeitszeit erfolgen.[228]

674 Ein **zugängliches** System ermöglicht eine Aufzeichnung zu jeder potentiellen Arbeitszeit und beispielsweise nicht nur zu den allgemein gewöhnlichen Bürozeiten.[229] Zugänglich bedeutet zudem, dass der Arbeitnehmer, der seine Arbeitszeit selbst erfasst, Zugriff auf das konkrete System erhält, auch wenn er im Home-Office oder mobil arbeitet.[230] Außerdem muss die bereits erfolgte Dokumentation zugänglich sein, das heißt, Arbeitnehmer und Arbeitgeber müssen sie **ohne großen Aufwand einsehen** können und sie der zuständigen Aufsichtsbehörde zur Verfügung stellen können.[231] Für seine Überwachungsaufgabe nach § 80 Abs. 1 Nr. 1 BetrVG ist zudem dem Betriebsrat Zugang einzuräumen.[232]

675 Zusammengefasst muss das System eine exakte Aufzeichnung weitgehend frei von (insbesondere arbeitgeberseitiger) Beeinflussung[233] und Manipulationen[234] ermöglichen (= objektiv und verlässlich) und allen Beteiligten, also den Arbeitnehmern sowie den Arbeitgebern, den Aufsichtsbehörden, aber auch der Arbeitnehmervertretung,[235] einen unkomplizierten Zugriff bieten (= zugänglich), damit der verfolgte Zweck erreicht werden kann. Im Zweifel kann die **Aufsichtsbehörde Anordnun-**

---

[221] S. oben → Rn. 640.
[222] Heuschmid NJW 2019, 1853 (1854).
[223] Latzel EuZA 2019, 469 (478).
[224] Thüsing/Flink/Jänsch ZFA 2019, 456 (465f.).
[225] Latzel EuZA 2019, 469 (479).
[226] Rieble/Vielmeier, Gutachten zur Umsetzung des EuGH-Urteils (EuGH 14.5.2019 – C-55/18) in das deutsche Arbeitszeitrecht vom 22.7.2019, Rn. 17ff.
[227] Latzel EuZA 2019, 469 (479); s. auch Hanau RdA 2023, 115 (120).
[228] Thüsing/Flink/Jänsch ZFA 2019, 456 (466f.).
[229] Zum Kriterium der Verlässlichkeit Thüsing/Flink/Jänsch ZFA 2019, 456 (466).
[230] Ulber NZA 2019, 677 (678).
[231] Thüsing/Flink/Jänsch ZFA 2019, 456 (467f.).
[232] S. bereits BAG 6.5.2003 – 1 ABR 13/02, NZA 2003, 1348; zum Kriterium der Zugänglichkeit Latzel EuZA 2019, 469 (479); Arnold/Günther ArbR 4.0-HdB/Benecke § 7 Rn. 162.
[233] Thüsing/Flink/Jänsch ZFA 2019, 456 (465f.).
[234] Kössel DB 2019, 1958 (1962); Hanau ZFA 2020, 129 (133); s. zum Einsatz manipulationssicherer biometrischer Arbeitszeiterfassungssysteme und den datenschutzrechtlichen Grenzen LAG Berlin-Brandenburg 4.6.2020 – 10 Sa 2130/19, NZA-RR 2020, 457 (460) Rn. 69ff.
[235] Latzel EuZA 2019, 469 (479); Arnold/Günther ArbR 4.0-HdB/Benecke § 7 Rn. 162.

**gen** hierzu nach § 22 Abs. 3 Nr. 1 ArbSchG bzw. § 17 Abs. 2 ArbZG (analog) treffen, wenn das vom Arbeitgeber etablierte System die Anforderungen nicht erfüllt.

676 Offengelassen wurde durch das BAG, aber auch durch den EuGH,[236] wie lange die Arbeitszeitnachweise aufzubewahren sind. Da derselbe Zweck zugrunde liegt, kann man sich an der mindestens **zweijährigen Aufbewahrungsfrist** des § 16 Abs. 2 S. 2 ArbZG orientieren. Auch § 17 Abs. 1 S. 1 MiLoG oder § 17c Abs. 1 AÜG sehen vor, dass die Aufzeichnungen zwei Jahre aufzubewahren sind.

### b) Technische Umsetzung zwischen Mitarbeiterüberwachung und Selbstaufzeichnung

677 Das BAG trifft in seiner Entscheidung einige wenige Aussagen zur technischen Umsetzung der Arbeitszeiterfassungspflicht.[237] Die Vorgaben sind allgemeiner Art und gewähren den **Arbeitgebern Spielraum** und die Möglichkeit der sachgerechten Ausgestaltung. Die Wahl der Form des Arbeitszeiterfassungssystems obliegt grundsätzlich dem Arbeitgeber, solange der Gesetzgeber nichts Näheres festgelegt hat.[238] Es soll auch Raum für die Mitbestimmung des Betriebsrats bestehen.[239] Als maßgeblich im Hinblick auf das „Wie" der Arbeitszeiterfassung erachtet das BAG den Tätigkeitsbereich der Arbeitnehmer sowie die Eigenheiten des Unternehmens, insbesondere dessen Größe,[240] und lehnt sich dabei an die Rechtsprechung des EuGH,[241] aber auch an § 3 Abs. 2 ArbSchG an, wonach die Maßnahmen des Arbeitsschutzes unter Berücksichtigung der Art der Tätigkeit und der Zahl der Beschäftigten zu treffen sind.

678 Es ist nicht zwingend erforderlich (wenn auch in vielen Unternehmen naheliegend)[242], dass die Erfassung **elektronisch** erfolgt.[243] Ein Arbeitszeitnachweis **in Papierform** kann im Einzelfall genügen.[244] Außerdem ist es weiterhin möglich, dass der Arbeitgeber die Aufzeichnung **an die Arbeitnehmer delegiert.**[245] Entscheidend ist nach Ansicht des BAG die Wahrung der Sicherheit und des Gesundheitsschutzes, während wirtschaftliche Belange bei der Ausgestaltung des Systems keine vorrangige Rolle spielen dürfen.[246] Bei der Objektivität, der Verlässlichkeit und der Zugänglichkeit des Systems dürfen (allein) aus Kostengründen keine Abstriche gemacht werden.[247]

[236] Rieble/Vielmeier, Gutachten zur Umsetzung des EuGH-Urteils (EuGH 14.5.2019 – C-55/18) in das deutsche Arbeitszeitrecht vom 22.7.2019, Rn. 41.
[237] BAG 13.9.2022 – 1 ABR 22/21, NZA 2022, 1616 (1622) Rn. 65.
[238] BAG 13.9.2022 – 1 ABR 22/21, NZA 2022, 1616 (1622) Rn. 65.
[239] BAG 13.9.2022 – 1 ABR 22/21, NZA 2022, 1616 (1622) Rn. 64; s. hierzu auch Arnold/Günther ArbR 4.0-HdB/Benecke § 7 Rn. 159f.
[240] BAG 13.9.2022 – 1 ABR 22/21, NZA 2022, 1616 (1622) Rn. 65.
[241] EuGH 14.5.2019 – C-55/18, NZA 2019, 683 (687) Rn. 63f. – CCOO.
[242] Müller InTeR 2022, 141.
[243] BAG 13.9.2022 – 1 ABR 22/21, NZA 2022, 1616 (1622) Rn. 65; s. auch Rieble/Vielmeier, Gutachten zur Umsetzung des EuGH-Urteils vom 14.5.2019 (C-55/18) in das deutsche Arbeitszeitrecht vom 22.7.2019, Rn. 26.
[244] BAG 13.9.2022 – 1 ABR 22/21, NZA 2022, 1616 (1622) Rn. 65; so auch Latzel EuZA 2019, 469 (478); ohne Einschränkung auch Hanau RdA 2023, 115 (123); zurückhaltend Ulber NZA 2019, 677 (678).
[245] BAG 13.9.2022 – 1 ABR 22/21, NZA 2022, 1616 (1622) Rn. 65; zurückhaltend aber Ulber NZA 2019, 677 (679).
[246] BAG 13.9.2022 – 1 ABR 22/21, NZA 2022, 1616 (1622) Rn. 65.
[247] Ulber NZA 2019, 677 (678).

679 Im Ergebnis ist festzuhalten, dass sich der Umfang der Arbeitszeiterfassung angesichts einer aus § 3 Abs. 2 Nr. 1 ArbSchG abgeleiteten allgemeinen Pflicht zwar verändert, jedoch im Hinblick auf den Zweck nichts dagegen spricht, sich bei der praktischen Umsetzung der Pflicht an den technischen Modalitäten anderer Arbeitszeiterfassungspflichten zu orientieren. So bestehen weder für eine Aufzeichnung der Arbeitszeit nach § 16 Abs. 2 ArbZG noch nach § 17 Abs. 1 S. 1 MiLoG besondere Formvorgaben.[248] Möglich ist insbesondere, dass der Arbeitgeber ein EDV-System zur Verfügung stellt, in welches die Arbeitnehmer ihre Arbeitszeit selbst eintragen.[249] Es existiert kein Schriftformerfordernis und umgekehrt ist eine elektronische Datenerfassung und Speicherung nicht vorgeschrieben.[250] Daher sind sowohl **Stundenzettel**[251] als auch **Stempeluhren** oder **softwarebasierte Lösungen** (beispielsweise in Form von mobilen Apps) zur Arbeitszeitaufzeichnung geeignet,[252] soweit der Zweck, eine Kontrolle und Überwachung der Arbeitszeiten durch den Arbeitgeber sowie durch die Aufsichtsbehörde zu ermöglichen, gewahrt wird. Elektronische Aufzeichnungen müssen, um die Anforderung der Zugänglichkeit des Arbeitszeiterfassungssystems zu erfüllen, jederzeit ausgedruckt, über einen Datenträger oder im Wege der elektronischen Datenübermittlung der Aufsichtsbehörde zur Verfügung gestellt werden können.[253]

680 **Grenzen** der Umsetzung der umfassenden Arbeitszeiterfassungspflicht setzt das **Persönlichkeitsrecht** der Arbeitnehmer sowie das **Datenschutzrecht.**[254] Die Entscheidungen des EuGH und des BAG führen zwar zu einem berechtigten Interesse des Arbeitgebers an der Datenerhebung und stellen einen hinreichenden Rechtfertigungsgrund für die Erfassung, Verarbeitung und Weitergabe der Daten an die zuständige Aufsichtsbehörde dar.[255] Doch stößt eine automatische Arbeitszeiterfassung über Keylogger oder anhand der Bewegungsdaten mobiler Geräte im Hinblick auf die Erforderlichkeit und Verhältnismäßigkeit der Erfassung personenbezogener Daten auf Bedenken.[256] Eine solche Dauerüberwachung ist datenschutzrechtlich nicht zulässig.[257] Hohe Anforderungen sind darüber hinaus an biometrische Zeiterfassungssysteme zu stellen.[258]

681 Delegiert der Arbeitgeber die Erhebung der Arbeitszeiten an den Arbeitnehmer, wird er hierdurch nicht von seiner Verantwortlichkeit für den Arbeitszeitnachweis und für die Einhaltung der Höchstarbeits- und Ruhezeiten frei.[259] Er muss die Ar-

---

[248] Zu § 17 Abs. 1 S. 1 MiLoG MüKoBGB/Müller-Glöge MiLoG § 17 Rn. 1; HWK/Sittard MiLoG § 17 Rn. 4; zu § 16 Abs. 2 ArbZG ErfK/Roloff ArbZG § 16 Rn. 4.

[249] Küttner Personalbuch 2022/Röller Mobiles Arbeiten Rn. 9.

[250] Zu § 16 Abs. 2 ArbZG ErfK/Roloff ArbZG § 16 Rn. 4.

[251] Latzel EuZA 2019, 469 (478); zu § 24 ArbZO aF OLG Hamm 25.11.1958 – 3 Ss 955/58, BB 1959, 38; aA Ulber NZA 2019, 677 (678).

[252] Zu § 16 Abs. 2 ArbZG Erasmy NZA 1994, 1105 (1111); Anzinger/Koberski ArbZG § 16 Rn. 12a; zum datenschutzrechtlichen Erfordernis der Einwilligung des Arbeitnehmers bei Arbeitszeiterfassung mittels Fingerprint ArbG Berlin 16.10.2019 – 29 Ca 5451/19, BB 2020, 115.

[253] Zu § 16 Abs. 2 ArbZG Baeck/Deutsch/Winzer ArbZG § 16 Rn. 26.

[254] Bayreuther NZA 2020, 1 (6).

[255] EuGH 30.5.2013 – C-342/12, NZA 2013, 723; Bayreuther NZA 2020, 1 (6); ErfK/Roloff ArbZG § 16 Rn. 7.

[256] Bayreuther NZA 2020, 1 (6); ErfK/Roloff ArbZG § 16 Rn. 7.

[257] Latzel EuZA 2019, 469 (479); Bayreuther NZA 2020, 1 (6); ErfK/Roloff ArbZG § 16 Rn. 7.

[258] Zur fehlenden Erforderlichkeit einer Zeiterfassung mittels Fingerabdrucks LAG Berlin-Brandenburg 4.6.2020 – 10 Sa 2130/19, NZA-RR 2020, 457.

[259] Zu § 16 Abs. 2 ArbZG Anzinger/Koberski ArbZG § 16 Rn. 12; zu den Pflichten aus dem ArbSchG Arnold/Günther ArbR 4.0-HdB/Günther/Böglmüller § 4 Rn. 27.

beitnehmer entsprechend anleiten.[260] Auch empfiehlt sich zumindest eine **stichprobenartige regelmäßige Kontrolle** der Aufzeichnungen.[261] Stellt der Arbeitgeber fest, dass ein Arbeitnehmer sich bei der Arbeitszeiterfassung als unzuverlässig erweist, muss er, um der Anforderung der Verlässlichkeit gerecht zu werden, die Aufzeichnung selbst vornehmen.[262] Außerdem müssen sich die Art der Tätigkeit und die Umstände der Arbeitsleistung zu einer Delegation der Arbeitszeiterfassung eignen.[263] Da die Pflicht zur umfassenden Arbeitszeiterfassung vom BAG aus dem Arbeitsschutzgesetz abgeleitet wird, sind neben dem Arbeitgeber die in § 13 ArbSchG genannten Personen für die Aufzeichnung verantwortlich. Hierzu zählen beispielsweise Betriebs-, Werks- oder Filialleiter (§ 13 Abs. 1 Nr. 4 ArbSchG), wobei hierfür nicht die Bezeichnung, sondern die Funktion der Person maßgeblich ist.[264] Führungskräfte auf mittlerer oder unterer Leitungsebene (zB Meister, Bereichsleiter) sind keine nach § 13 Abs. 1 Nr. 4 ArbSchG verantwortlichen Personen.[265] Sie können aber vom Arbeitgeber zur Wahrnehmung des Arbeitsschutzes nach § 13 Abs. 2 ArbSchG beauftragt werden.[266]

682 Anders als bei Verstößen gegen die Höchstarbeits- und Mindestruhezeit droht Arbeitgebern, die ihrer von EuGH und BAG begründeten Pflicht zur Erfassung der gesamten Arbeitszeit nicht nachkommen, aber **nicht unmittelbar ein Bußgeld.**[267] Erst eine vollziehbare Anordnung der zuständigen Behörde im Einzelfall, ein Arbeitszeiterfassungssystem einzurichten und tatsächlich zu nutzen, führt dazu, dass ein Verstoß bußgeldbewährt ist (§§ 22 Abs. 3 S. 1 Nr. 1, 25 Abs. 1 Nr. 2 lit. a ArbSchG). Nach § 25 Abs. 2 ArbSchG kann die Ordnungswidrigkeit mit einem Bußgeld von bis zu 30.000 Euro geahndet werden. Sanktionen drohen nach aktuellem Stand nur, wenn eine solche Anordnung erlassen wurde oder zugleich ein Verstoß gegen die Vorgaben des Arbeitszeitgesetzes vorliegt.

683 Die Aufzeichnungspflicht gilt auch im Rahmen von Mobile Work. Zu erfassen sind Beginn und Ende der täglichen Arbeitszeit, mithin alle Zeiten, die Arbeitszeit im Sinne des § 2 Abs. 1 S. 1 ArbZG sind, nicht aber Zeiten erweiterter Erreichbarkeit. Auch die **kurzzeitige Arbeitsaufnahme** als arbeitszeitrechtlich relevante Arbeitszeit unterliegt der Pflicht zur Arbeitszeiterfassung. Es wäre nicht frei von Widersprüchen und dem mit der Aufzeichnung bezweckten Schutzzielen gegenläufig, diese Zeiten zwar als Arbeitszeit einzuordnen, sie aber einer Erfassung zu entziehen.

Bei Home-Office oder mobiler Arbeit außerhalb der faktischen (Einfluss-)Sphäre des Arbeitgebers bietet es sich besonders an, die Aufzeichnung von den Arbeitnehmern durchführen zu lassen. Anwendungssoftwares oder automatische Registrierungssysteme auf mobilen Geräten erleichtern dabei die Arbeitszeiterfassung. Allerdings ist gerade hier die Gefahr besonders groß, dass der Arbeitszeitnachweis zu einer

---

[260] Bayreuther EuZW 2019, 446 (449).
[261] Bayreuther EuZW 2019, 446 (449); Kössel DB 2019, 1958 (1962); nur bei Indizien für einen Verstoß gegen das ArbZG Hanau RdA 2023, 115 (123).
[262] Thüsing/Flink/Jänsch ZFA 2019, 456 (472).
[263] Thüsing/Flink/Jänsch ZFA 2019, 456 (472).
[264] Kollmer/Klindt/Schucht/Klindt ArbSchG § 13 Rn. 41 f.; ErfK/Roloff ArbSchG § 13 Rn. 1.
[265] MHdB ArbR/Kohte § 174 Rn. 44; Kollmer/Klindt/Schucht/Klindt ArbSchG § 13 Rn. 42.
[266] MHdB ArbR/Kohte § 174 Rn. 46; s. auch BAG 18.3.2014 – 1 ABR 73/12, NZA 2014, 855.
[267] S. auch Winzer ArbRAktuell 2022, 518; Christ/Jeck DStR 2022, 2012 (2013); Höpfner/Schneck NZA 2023, 1 (5).

umfassenden Überwachung der Arbeitnehmer ausartet, die nicht nur, wie bereits dargelegt, datenschutzrechtlich bedenklich ist.[268] Auch entspricht sie möglicherweise nicht den Vorstellungen der zu schützenden Arbeitnehmer von flexibler Arbeit auf Vertrauensbasis.

[268] S. auch Bayreuther EuZW 2019, 446 (448 f.).

# F. Arbeitsschutz und Arbeitssicherheit

## Übersicht



## I. Der gesetzliche Arbeitsschutz im Überblick

### 1. Staatliches Arbeitsschutzrecht

#### a) Arbeitgeberverantwortung

684 Das moderne Arbeitsschutzrecht ist ganz überwiegend unionsrechtlich geprägt. Die wesentlichen Vorgaben gehen auf die europäische Arbeitsschutz-Rahmenrichtlinie 89/391/EWG vom 12.6.1989 zurück, die durch zahlreiche gefährdungsspezifische Einzelrichtlinien ergänzt wird.[1] Auf nationaler Ebene bildet das ArbSchG als Rahmengesetz die zentrale Grundlage des gesamten betrieblichen Arbeitsschutzes. Danach ist Arbeitgeber verpflichtet, die erforderlichen Maßnahmen zu treffen, um Sicherheit

[1] Etwa zur Sicherheit von Arbeitsstätten, Arbeitsmitteln oder zum Schutz vor Gefahrstoffen bei der Arbeit; siehe die Übersicht bei Landmann/Rohmer/Wiebauer Rn. 8 vor § 1 ArbSchG.

und Gesundheit der Beschäftigten bei der Arbeit zu gewährleisten (§ 3 Abs. 1 S. 1 ArbSchG). Dazu gehört es auch, die Durchführung des betrieblichen Arbeitsschutzes zu organisieren (§ 3 Abs. 2 ArbSchG). Die hierbei entstehenden Kosten weist das Gesetz ausdrücklich dem Arbeitgeber zu (§ 3 Abs. 3 ArbSchG). § 4 ArbSchG formuliert allgemeine Grundsätze, die den gesetzlichen Arbeitsschutz bestimmen, etwa das Minimierungsgebot (Nr. 1), das Gebot der Gefahrbekämpfung an der Quelle (Nr. 2) oder die Pflicht, den Stand von Technik, Arbeitsmedizin und Hygiene sowie sonstige gesicherte arbeitsmedizinische Erkenntnisse bei der Planung und Durchführung der Arbeitsschutzmaßnahmen zu berücksichtigen. Nach § 13 Abs. 1 ArbSchG sind leitende Personen im Betrieb neben dem Arbeitgeber für den Arbeitsschutz verantwortlich; § 13 Abs. 2 ArbSchG erlaubt dem Arbeitgeber zudem, einzelne Aufgaben auf beauftragte Personen zu übertragen – ohne hierdurch selbst aus der eigenen Verantwortung entlassen zu werden.[2]

### b) Gefährdungsbeurteilung

685 Zentraler Anknüpfungspunkt des staatlichen Arbeitsschutzrechts ist die Gefährdungsbeurteilung nach § 5 ArbSchG. Danach ist der Arbeitgeber verpflichtet, für jede Tätigkeit, die seine Beschäftigten ausführen, die auftretenden Gefährdungen zu ermitteln und daraus die erforderlichen Schutzmaßnahmen abzuleiten (§ 5 Abs. 1, Abs. 2 S. 1 ArbSchG). Der Begriff der Gefährdung ist dabei weit gefasst und bezeichnet im Unterschied zur Gefahr die Möglichkeit eines Schadens oder einer gesundheitlichen Beeinträchtigung ohne bestimmte Anforderungen an ihr Ausmaß oder ihre Eintrittswahrscheinlichkeit.[3]

Die Gefährdungsbeurteilung ist keine einmalige Angelegenheit, sondern eine Daueraufgabe, weil die Schutzmaßnahmen im Betrieb immer der aktuellen Gefährdungslage genügen müssen. Sie umfasst im Einzelnen die folgenden Schritte:[4]

1. Abgrenzen (festlegen) der zu beurteilenden Arbeitsbereiche und Tätigkeiten
2. Ermitteln der Gefährdungen
3. Beurteilen der Gefährdungen (Risikobeurteilung)
4. Festlegen konkreter Arbeitsschutzmaßnahmen nach dem Stand der Technik
5. Durchführen der Maßnahmen
6. Überprüfen der Wirksamkeit der Maßnahmen
7. Fortschreiben der Gefährdungsbeurteilung einschließlich Anpassung an veränderte Gegebenheiten

686 Bei gleichartigen Arbeitsbedingungen ist nach § 5 Abs. 2 S. 2 ArbSchG die Beurteilung eines Arbeitsplatzes bzw. einer Tätigkeit ausreichend. Nach § 6 ArbSchG ist das Ergebnis der Gefährdungsbeurteilung zu dokumentieren.

---

[2] Zu den Einzelheiten Landmann/Rohmer/Wiebauer § 13 ArbSchG Rn. 81 ff.; Kollmer/Klindt/Schucht/Klindt § 13 Rn. 63.

[3] BAG 1.6.2022 – 5 AZR 28/22, NZA 2022, 1387 Rn. 22; 12.8.2009 – 9 AZR 1117/06, NZA 2009, 102 Rn. 21.

[4] Siehe etwa Länderausschuss für Arbeitsschutz und Sicherheitstechnik (LASI, Hrsg.), Handlungsanleitung zur Überprüfung der Gefährdungsbeurteilung – LV 59, Anhang 3, abrufbar unter https://lasi-info.com/publikationen/lasi-veroeffentlichungen.

### c) Weitere Arbeitgeberpflichten nach dem ArbSchG

687 Nach § 7 ArbSchG muss der Arbeitgeber, wenn er Arbeit zuweist, darauf achten, dass die betreffenden Beschäftigten die erforderlichen Arbeitsschutzmaßnahmen einhalten können. § 8 ArbSchG regelt bei der Zusammenarbeit mehrerer Arbeitgeber deren Abstimmung untereinander in Sachen Arbeitsschutz. Nach § 9 ArbSchG muss der Arbeitgeber den Zugang zu besonders gefährlichen Arbeitsbereichen speziell regeln und Vorkehrungen zum Schutz der Beschäftigten im Falle unmittelbarer erheblicher Gefahren im Einzelfall treffen. § 10 ArbSchG macht die Erste Hilfe im Betrieb zur Arbeitgeberpflicht, § 11 ArbSchG gewährleistet ein Recht der Beschäftigten auf arbeitsmedizinische Vorsorge. Die Unterweisung nach § 12 ArbSchG ist ein zentraler Baustein des betrieblichen Arbeitsschutzes. Sie dient dazu, die Beschäftigten in die Lage zu versetzen, sich sicherheitsgerecht zu verhalten. Nur wer weiß, welche Gefährdungen bei der Arbeit auftreten können und wie er durch sein Verhalten dazu beitragen kann, diese zu vermeiden bzw. minimieren, ist in der Lage, sich selbst und andere bei der Arbeit zu schützen. Ergänzt wird die Pflicht zur Unterweisung durch die Unterrichtungspflicht nach § 81 Abs. 1 S. 2 BetrVG bzw. – im öffentlichen Dienst – § 14 ArbSchG.

### d) Untergesetzliche Konkretisierung des Arbeitsschutzes nach ArbSchG

688 Das ArbSchG selbst regelt als Rahmengesetz nur die zentralen Grundsätze des Arbeitsschutzes. Um sie praktisch handhabbar zu machen, müssen diese Grundsätze konkretisiert werden; hierauf ist das ArbSchG ausweislich der Verordnungsermächtigungen in § 18 und § 19 ausgelegt. Auf der Grundlage dieser Ermächtigungen hat die Bundesregierung eine ganze Reihe von Arbeitsschutzverordnungen erlassen, welche die allgemeinen Vorgaben des ArbSchG gefährdungsspezifisch ergänzen. Dabei handelt es sich insbesondere um

- die Verordnung über Arbeitsstätten (Arbeitsstättenverordnung – ArbStättV) vom 12.8.2004,[5]
- die Verordnung über Sicherheit und Gesundheitsschutz bei der Verwendung von Arbeitsmitteln (Betriebssicherheitsverordnung – BetrSichV) vom 3.2.2015,[6]
- die Verordnung zum Schutz vor Gefahrstoffen (Gefahrstoffverordnung – GefStoffV) vom 26.11.2010,[7]
- die Verordnung über Sicherheit und Gesundheitsschutz bei der manuellen Handhabung von Lasten bei der Arbeit (Lastenhandhabungsverordnung – LasthandhabV) vom 4.12.1996,[8]
- die Verordnung über Sicherheit und Gesundheitsschutz bei Benutzung persönlicher Schutzausrüstungen bei der Arbeit (PSA-Benutzungsverordnung – PSA-BV) vom 4.12.1996,[9]

[5] BGBl. I S. 2179.
[6] BGBl. I S. 49.
[7] BGBl. I S. 1643.
[8] BGBl. I S. 1841.
[9] BGBl. I S. 1841.

- die Verordnung über Sicherheit und Gesundheitsschutz bei Tätigkeiten mit biologischen Arbeitsstoffen (Biostoffverordnung – BiostoffV) vom 15.7.2013,[10]
- die Verordnung über Sicherheit und Gesundheitsschutz auf Baustellen (Baustellenverordnung – BaustellV) vom 10.6.1998,[11]
- die Verordnung zum Schutz der Beschäftigten vor Gefährdungen durch Lärm und Vibrationen (Lärm- und Vibrations-Arbeitsschutzverordnung – LärmVibrations-ArbSchV) vom 6.3.2007,[12]
- die Verordnung zum Schutz der Beschäftigten vor Gefährdungen durch künstliche optische Strahlung (Arbeitsschutzverordnung zu künstlicher optischer Strahlung – OStrV) vom 19.7.2010,[13] sowie
- die Verordnung zum Schutz der Beschäftigten vor Gefährdungen durch elektromagnetische Felder (EMFV) vom 15.11.2016.[14]

689 Für die betriebliche Umsetzung werden die Rechtsvorschriften der Arbeitsschutzverordnungen[15] zusätzlich ergänzt durch Technische Regeln, welche von eigens hierfür errichteten Arbeitsschutzausschüssen[16] unter maßgeblicher Mitwirkung von Experten im jeweiligen Bereich formuliert werden. Diese grundsätzlich unverbindlichen[17] Regeln geben als solche regelmäßig den Stand der Technik, Arbeitsmedizin und Hygiene sowie gesicherte arbeitswissenschaftliche Erkenntnisse wieder und enthalten Empfehlungen, mit welchen Maßnahmen die Anforderungen der einzelnen Arbeitsschutzverordnungen einzuhalten sind. Entscheidet sich das zuständige Bundesministerium, eine Technische Regel amtlich bekannt zu geben, wird sie insofern verrechtlicht, als Arbeitgeber verpflichtet sind, diese bekannt gemachten Regeln im Rahmen der Gefährdungsbeurteilung zu berücksichtigen.[18]

### e) Spezialgesetze zum Arbeitsschutz

690 Neben dem ArbSchG bestehen historisch bedingt weitere Gesetze betreffend den Arbeitsschutz mit weitgehend eigenständigen Vollzugsvorschriften, die aber in der Sache ebenfalls in den allgemeinen Rahmen des ArbSchG einbezogen sind. So regelt das Arbeitszeitgesetz (ArbZG) den Arbeitszeitschutz speziell,[19] wobei die Arbeitszeitgestaltung als Gefährdungsfaktor auch Gegenstand der Gefährdungsbeurteilung nach dem ArbZG ist (vgl. § 5 Abs. 3 Nr. 4 ArbSchG). Die Arbeitsschutzorganisation (§ 3 Abs. 2 ArbSchG) konkretisiert in Teilen das Gesetz über Betriebsärzte, Sicherheitsingenieure und andere Fachkräfte für Arbeitssicherheit (ASiG). Den besonderen Bedürfnissen besonders schutzbedürftiger Beschäftigtengruppen (vgl. § 4 Nr. 6 ArbSchG) tragen vor

[10] BGBl. I S. 2514.
[11] BGBl. I S. 1283.
[12] BGBl. I S. 261.
[13] BGBl. I S. 960.
[14] BGBl. I S. 2531.
[15] Seit 2021 sieht § 24a Abs. 3 S. 1 ArbSchG auch eine Konkretisierung der Vorgaben des ArbSchG durch Technische Regeln vor.
[16] Zu den bestehenden Ausschüssen und deren Zuständigkeitsbereich siehe Landmann/Rohmer/Wiebauer § 18 ArbSchG Rn. 37f.
[17] Vgl. BVerwG 31.1.1997 – 1 C 20/95 – NZA 1997, 482.
[18] Siehe etwa § 24a Abs. 4 S. 2 ArbSchG, § 4 Abs. 3 S. 1 BetrSichV, § 3a Abs. 1 S. 2 ArbStättV.
[19] Siehe hierzu Kapitel E → Rn. 611ff.

allem die Arbeitsschutzbestimmungen des Mutterschutzgesetzes (MuSchG) und des Jugendarbeitsschutzgesetzes (JArbSchG) Rechnung.

### f) Arbeitsschutzpflichten der Beschäftigten

691 Weil Arbeitsschutz ohne Mitwirkung der Beschäftigten nicht funktioniert, regelt das ArbSchG in den §§ 15 und 16 deren Pflichten speziell. § 16 Abs. 2 S. 1 ArbSchG verpflichtet sie, den Arbeitgeber bei der Erfüllung seiner Arbeitsschutzpflichten zu unterstützen. Dazu gehört es, festgestellte Gefahren und Mängel zu melden (§ 16 Abs. 1, Abs. 2 S. 2 ArbSchG), nach den Weisungen des Arbeitgebers und entsprechend der Unterweisung nach § 12 ArbSchG im Rahmen ihrer Möglichkeiten für ihren Eigenschutz und den Schutz der Personen Sorge zu tragen, die von ihren Handlungen und Unterlassungen bei der Arbeit betroffen sind (§ 15 Abs. 1 ArbSchG). Diesem Ziel dient auch die Verpflichtung, überlassene Arbeitsmittel und Schutzvorrichtungen einschließlich der persönlichen Schutzausrüstung bestimmungsgemäß zu verwenden (§ 15 Abs. 2 ArbSchG).

### g) Durchsetzung der Arbeitsschutzpflichten

692 Die Überwachung des staatlichen Arbeitsschutzrechts obliegt den Arbeitsschutzbehörden der Länder (§ 21 Abs. 1 ArbSchG). Gestützt auf ihre Befugnisse nach § 22 ArbSchG kontrollieren sie die Betriebe und können Anordnungen erlassen, um den arbeitsschutzrechtlichen Vorgaben Geltung zu verschaffen (§ 22 Abs. 3 ArbSchG). § 25 ArbSchG ermöglicht die Verhängung von Bußgeldern, wenn solche Anordnungen missachtet oder die konkreten Vorgaben einer Arbeitsschutzverordnung nicht eingehalten werden. Im Ausnahmefall – bei beharrlicher Wiederholung des Verstoßes oder bei Eintritt einer Gefahr für Leben und Gesundheit eines Beschäftigten – sind solche Arbeitsschutzverstöße nach § 26 ArbSchG auch strafbewehrt.

## 2. Regelwerke der Unfallversicherung

693 Historisch bedingt[20] steht der betriebliche Arbeitsschutz in Deutschland auf zwei Säulen. Neben dem staatlichen Arbeitsschutzrecht gelten die Regeln der Träger der gesetzlichen Unfallversicherung zur Prävention nach § 14 SGB VII. Diese sind nach § 15 SGB VII ermächtigt, eigene Unfallverhütungsvorschriften zu erlassen. Unternehmer, die Versicherte iSd §§ 2 ff. SGB VII beschäftigen, müssen dafür sorgen, dass diese Vorschriften bei der Arbeit in ihrem Unternehmen eingehalten werden (§ 21 Abs. 1 SGB VII). Die hoheitliche Aufsicht hierüber führen die Unfallversicherungsträger nach §§ 17 ff. SGB VII mit eigenem Aufsichtspersonal, das Anordnungen erlassen und Verstöße gemäß § 209 Abs. 1 Nr. 1 iVm § 210 SGB VII mit Bußgeldern ahnden kann.

[20] Zur Geschichte Krasney NZS 1993, 89.

694 Inhaltlich verweisen die Unfallverhütungsvorschriften auf das staatliche Arbeitsschutzrecht und ergänzen es. Nach § 2 Abs. 1 der zentralen Unfallverhütungsvorschrift DGUV-Vorschrift 1 sind die vom Unternehmer zu treffenden Maßnahmen unter anderem den staatlichen Arbeitsschutzvorschriften zu entnehmen. Im Rahmen der Gemeinsamen Deutschen Arbeitsschutzstrategie (GDA, § 20 SGB VII und § 20a ArbSchG) arbeiten staatliche Behörden und Unfallversicherungsträger bei der Aufsicht zusammen und stimmen sich im Interesse eines möglichst effizienten Einsatzes der personellen Ressourcen ab.

### 3. Privatrechtlicher Arbeitsschutz

695 Nach § 241 Abs. 2 BGB kann das Schuldverhältnis beide Seiten zur Rücksicht auf die Rechtsgüter des anderen Teils verpflichten. Für den Arbeitsschutz konkretisiert § 618 BGB die angesprochene Rücksichtnahmepflicht des Arbeitgebers und transformiert die öffentlich-rechtlichen Arbeitsschutzpflichten ins Privatrecht.[21] Das öffentlich-rechtliche Arbeitsschutzrecht entfaltet hierdurch eine Doppelwirkung. Einerseits bildet es die Grundlage behördlicher Aufsicht nach §§ 21 ff. ArbSchG bzw. §§ 17 ff. SGB VII, zum anderen fixiert es zugleich unabdingbare privatrechtliche Pflichten des Arbeitgebers im Sinne eines einzuhaltenden Mindeststandards.[22] Dies gilt sowohl für die Vorschriften des staatlichen Arbeitsschutzrechts[23] als auch für das autonome Unfallverhütungsrecht der Träger der gesetzlichen Unfallversicherung.[24] Voraussetzung ist, dass die betreffenden Arbeitsschutznormen überhaupt geeignet sind, Gegenstand einer arbeitsvertraglichen Verpflichtung zu bilden.[25]

696 Infolge der Transformation begrenzen die öffentlich-rechtlichen Arbeitsschutzvorschriften das Direktionsrecht des Arbeitgebers aus § 106 GewO[26] und können – ihre grundsätzliche Eignung hierzu vorausgesetzt[27] – vertragliche Ansprüche des Arbeitnehmers gegen den Arbeitgeber begründen.[28] Zu den Einzelheiten siehe unten → Rn. 749 f.

### 4. Mitbestimmung im Arbeitsschutz

697 Nach § 87 Abs. 1 Nr. 7 BetrVG hat der Betriebsrat bei betrieblichen Regelungen über den Gesundheitsschutz mitzubestimmen. Das Mitbestimmungsrecht besteht, wenn das Gesetzgeber vom Arbeitgeber ein Tätigwerden zum Schutz der Arbeitneh-

[21] BAG 10.8.2022 – 5 AZR 154/22, NZA 2022, 1395 Rn. 43; 10.3.1976 – 5 AZR 34/75, AP BGB § 618 Nr. 17; BeckOK ArbR/Joussen BGB § 618 Rn. 2 mwN.
[22] BAG 19.5.2009 – 9 AZR 241/08, NZA 2009, 775 Rn. 25; ErfK/Roloff BGB § 618 Rn. 2; Landmann/Rohmer/Wiebauer Vorbem. zu § 15 Rn. 17 ff.
[23] BAG 1.6.2022 – 5 AZR 28/22, NZA 2022, 1387 Rn. 22; 12.8.2009 – 9 AZR 1117/06 – NZA 2009, 102 Rn. 14 ff.
[24] BAG 21.8.1985 – 7 AZR 199/83, NZA 1986, 324.
[25] BAG 12.8.2009 – 9 AZR 1117/06 – NZA 2009, 102 Rn. 16; MüKoBGB/Henssler § 618 Rn. 11.
[26] BAG 18.11.2008 – 9 AZR 737/07, NZA-RR 2009, 354 Rn. 18.
[27] BAG 12.8.2009 – 9 AZR 1117/06 – NZA 2009, 102 Rn. 15 ff.
[28] BAG 10.3.1976 – 5 AZR 34/75, AP BGB § 618 Nr. 17; ErfK/Roloff BGB § 618 Rn. 15.

mer verlangt, aber keine konkreten Maßnahmen vorgibt, um das vorgegebene Ziel des Arbeits- und Gesundheitsschutzes zu erreichen. Unerheblich ist, ob die Rahmenvorschriften dem Gesundheitsschutz mittelbar oder unmittelbar dienen.[29]

698 Sowohl § 5 als auch § 3 Abs. 1 S. 1 und S. 2 ArbSchG stellen ausfüllungsbedürftige Rahmenvorschriften in diesem Sinne dar. Systematisch baut die Regelung in § 3 Abs. 1 ArbSchG auf § 5 ArbSchG auf. Welche Schutzmaßnahmen angemessen und geeignet sind, lässt sich erst beurteilen, wenn im Rahmen der Gefährdungsbeurteilung das von der Arbeit für die Beschäftigten ausgehende Gefährdungspotential festgestellt und bewertet wurde.[30] Im ersten Schritt obliegt es den Betriebsparteien, die Vorgaben für die nach § 5 Abs. 1 ArbSchG vom Arbeitgeber durchzuführende Beurteilung der Arbeitsbedingungen festzulegen. Das Mitbestimmungsrecht des Betriebsrats nach § 87 Abs. 1 Nr. 7 BetrVG umfasst dabei zunächst die Klärung, inwieweit die Arbeitsbedingungen mehrerer Beschäftigter gleichartig sind und deshalb die Beurteilung eines Arbeitsplatzes oder einer Tätigkeit ausreicht (§ 5 Abs. 2 S. 2 ArbSchG). Zudem müssen die Betriebsparteien regeln, mit welchen Methoden und Verfahren das Vorliegen und der Grad einer solchen Gefährdung – also ihre Schwere und das Risiko ihrer Realisierung –, die grundsätzliche Erforderlichkeit von Schutzmaßnahmen und die Dringlichkeit eines möglichen Handlungsbedarfs festgestellt werden sollen.[31] Weiter unterliegen der Mitbestimmung nach der Rechtsprechung des BAG die Fragen, in welchen Zeitabständen die Gefährdungsbeurteilung zu wiederholen ist[32] und wie die Ergebnisse der Gefährdungsbeurteilung nach § 6 ArbSchG dokumentiert werden sollen.[33] Im Streitfall entscheidet über all diese Fragen nach § 87 Abs. 2 BetrVG die Einigungsstelle.[34]

699 Die Durchführung der Gefährdungsbeurteilung nach diesen mitbestimmten Regeln allerdings ist allein Aufgabe des Arbeitgebers.[35] Dem Betriebsrat kommt insoweit also kein Mitbeurteilungsrecht zu. Deshalb kann die Durchführung der Gefährdungsbeurteilung auch nicht der Einigungsstelle übertragen werden.[36]

700 In aller Regel ergibt die Gefährdungsbeurteilung, dass Schutzmaßnahmen erforderlich sind. Der Arbeitgeber ist nach § 3 Abs. 1 S. 1 ArbSchG verpflichtet, diese Maßnahmen festzulegen und umzusetzen. Weil einer Gefährdung aber regelmäßig mittels unterschiedlicher Schutzmaßnahmen begegnet werden kann, besteht bei der Auswahl der „richtigen" Maßnahmen ein Mitbestimmungsrecht des Betriebsrats nach § 87 Abs. 1 Nr. 7 BetrVG.[37] Die Mitbestimmung umfasst auch die Ausgestaltung der Wirksamkeitskontrolle nach § 3 Abs. 1 S. 2 ArbSchG. Arbeitgeber und Betriebsrat müssen zeitliche und ggf. methodische Vorgaben für deren Durchführung festlegen.[38]

---

[29] BAG 28.3.2017 – 1 ABR 25/15, NZA 2017, 1132 Rn. 18; zu den Einzelheiten der Mitbestimmung Ahrendt JbArbR 57, 21 ff.; Wiebauer RdA 2019, 41 ff.
[30] BAG 19.11.2019 – 1 ABR 22/18, NZA 2020, 266 Rn. 28 f.
[31] BAG 19.11.2019 – 1 ABR 22/18, NZA 2020, 266 Rn. 32.
[32] BAG 13.8.2019 – 1 ABR 6/18, NZA 2019, 1717 Rn. 63.
[33] BAG 13.8.2019 – 1 ABR 6/18, NZA 2019, 1717 Rn. 31.
[34] BAG 7.12.2021 – 1 ABR 25/20, NZA 2022, 504 Rn. 29.
[35] BAG 28.3.2017 – 1 ABR 25/15, NZA 2017, 1132 Rn. 27; ausführlich hierzu Wiebauer RdA 2019, 41, 44 f.
[36] BAG 7.12.2021 – 1 ABR 25/20, NZA 2022, 504 Rn. 31.
[37] BAG 19.11.2019 – 1 ABR 22/18, NZA 2020, 266 Rn. 29.
[38] BAG 13.8.2019 – 1 ABR 6/18, NZA 2019, 1717 Rn. 39.

Wiederum entscheidet nach § 87 Abs. 2 BetrVG die Einigungsstelle, wenn Arbeitgeber und Betriebsrat keine Einigung erzielen.[39]

## II. Die Geltung des Arbeitsschutzrechts für mobile Arbeit

### 1. Umfassende Geltung

701 Das ArbSchG gilt nach seinem § 1 Abs. 1 S. 2 umfassend. Es unterscheidet grundsätzlich weder nach der Art des Beschäftigungsverhältnisses[40] noch nach der Art der Arbeit oder nach dem Tätigkeitsort. Lediglich Hausangestellte in privaten Haushalten sind nach § 1 Abs. 2 S. 1 ArbSchG vollständig aus dem Geltungsbereich ausgenommen; für Beschäftigte auf Seeschiffen und im Bergbau gilt das Gesetz nur subsidiär (§ 1 Abs. 2 S. 2 ArbSchG). Für Beschäftigte in Heimarbeit ergibt sich die Unanwendbarkeit des ArbSchG daraus, dass sie nicht nach § 2 Abs. 2 Nr. 3 ArbSchG nicht zu den Beschäftigten im Sinne des Gesetzes zählen. Außerhalb dieser eng gefassten Bereichsausnahmen muss der Arbeitgeber in allen erfassten Beschäftigungsverhältnissen den Arbeitsschutz gewährleisten – namentlich in allen Arbeitsverhältnissen (§ 2 Abs. 2 Nr. 2 ArbSchG). Das gilt im Grundsatz unstreitig auch für Mobile Arbeit im Home-Office oder an anderen Orten. Ob Arbeitnehmer in der Betriebsstätte tätig sind oder nicht, ist insoweit nicht maßgeblich.[41] Insbesondere ist die Ausnahme der Heimarbeit iSd HAG aus dem Geltungsbereich des ArbSchG schon wegen des eindeutigen Gesetzeswortlauts nicht auf Arbeitnehmer im Home-Office übertragbar.[42]

### 2. Herausforderungen

#### a) Arbeitgeberverantwortung

702 Die umfassende Verantwortung des Arbeitgebers für den Arbeitsschutz der für ihn tätigen Beschäftigten nach § 3 Abs. 1 S. 1 ArbSchG beruht auf der Überlegung, dass er es ist, der die wesentlichen Arbeitsbedingungen bestimmt. Er hat die tatsächliche Gewalt über die Betriebsstätte und entscheidet über deren Gestaltung, er richtet die Arbeitsplätze ein und stellt die Arbeitsmittel, weist die Arbeiten zu und organisiert die Arbeit. Kraft seines Hausrechts, seiner vertraglichen Stellung als Gläubiger der Arbeitsleistung und seines arbeitsvertraglichen Direktionsrechts gemäß § 106 GewO kann er zudem rechtlich die Einhaltung der Arbeitsschutzvorgaben im Betrieb überwachen und durchsetzen.

---

[39] BAG 7.12.2021 – 1 ABR 25/20, NZA 2022, 504 Rn. 30.
[40] Zum weit gefassten Beschäftigtenbegriff des Arbeitsschutzrechts siehe § 2 Abs. 2 ArbSchG.
[41] Oberthür MDR 2021, 969, 973; Picker NZA-Beilage 2021, 4 (9); Hidalgo NZA 2019, 1449, 1450; Rieble/Picker ZfA 2013, 383, 386 ff.; Kollmer/Klindt/Schucht/Kollmer § 1 Rn. 79a ff.; Landmann/Rohmer/Wiebauer ArbSchG § 1 Rn. 51.
[42] Rieble/Picker ZfA 2013, 383, 389 ff.

### b) Außerbetriebliche Tätigkeit

703 Für Arbeiten außerhalb der eigentlichen Betriebsstätte treffen diese Grundannahmen – in unterschiedlicher Ausprägung – nicht zu. Zum einen kann die außerbetriebliche Tätigkeit gerade Inhalt der geschuldeten Arbeitsleistung sein (insoweit handelt es sich also nicht um Mobile Work im hier behandelten Sinne)[43]. Für Leiharbeitnehmer nimmt § 11 Abs. 6 S. 1 Hs. 2 AÜG als lex specialis den Entleiher neben dem Verleiher in die Pflicht. Diese Sonderregelung gilt hingegen nicht für Arbeitnehmer, die im Betrieb eines fremden Unternehmers auf der Grundlage eines zwischen ihrem Arbeitgeber und dem Betriebsinhaber geschlossenen Werkvertrag tätig werden, etwa als Regaleinräumer im Supermarkt, als Reinigungspersonal im Bürogebäude oder im Chemiebetrieb, oder als LKW-Fahrer bei der Entladung im Kundenbetrieb. Hier verlangt § 8 ArbSchG vor allem eine Abstimmung der beteiligten Arbeitgeber in punkto Arbeitsschutz.[44] In den Fällen des „klassischen" Außendienstes, etwa als Servicetechniker beim (gewerblichen oder privaten) Kunden oder als Vertriebsmitarbeiter, der vor Ort neue Aufträge akquiriert, kann nur der Arbeitgeber den Arbeitsschutz im Rahmen seiner Rechtsbeziehungen mit den Kunden gewährleisten.[45]

### c) Mobile Work

704 Für die modernen Erscheinungsformen Mobiler Arbeit stellt sich ein vergleichbares Problem. Im Home-Office ist es in erster Linie der Arbeitnehmer, der über die Gestaltung des Arbeitsplatzes entscheidet. Bei mobiler Arbeit außerhalb des Home-Office hängen die äußeren Bedingungen entscheidend davon ab, wo gearbeitet wird (Hotel, Bahn, Café, Parkbank, etc.). Der Arbeitgeber, der dennoch den Arbeitsschutz gewährleisten soll, sieht sich im Rahmen der Gefährdungsbeurteilung mit einem Informationsdefizit konfrontiert: Er kann die bestehenden Gefährdungen und die notwendigen Schutzmaßnahmen nur ermitteln, wenn er die tatsächlichen Arbeitsbedingungen kennt. Außerhalb seines unmittelbaren Einflussbereichs kann er sich die hierzu notwendigen Informationen im Gegensatz zur Arbeit in seiner eigenen Arbeitsstätte aber nicht immer selbst beschaffen. Hinzu tritt ein Befugnisproblem: Außerhalb des eigenen Herrschaftsbereichs kann er die notwendigen Arbeitsschutzmaßnahmen nicht selbst treffen bzw. anordnen und durchsetzen. Im Home-Office setzt ihm das Grundrecht der Unverletzlichkeit der Wohnung (Art. 13 Abs. 1 GG) zusätzlich enge Grenzen. Er ist infolgedessen stärker als in der eigenen Arbeitsstätte auf die Mitwirkung v. a. der Beschäftigten angewiesen.

---

[43] Oberthür MDR 2021, 969 (970).
[44] Ausführlich hierzu Wiebauer ZfA 2014, 29, 33 ff.
[45] Zu denkbaren Arbeitsschutzmaßnahmen siehe Bundesanstalt für Arbeitsschutz und Arbeitsmedizin – BAuA (Hrsg.), Orts- und zeitflexibel Arbeiten, 2020, S. 9 ff.; Landmann/Rohmer/Wiebauer ArbSchG § 1 Rn. 82 ff.

## III. Praktische Umsetzung und rechtliche Pflichten

705 Auch im Arbeitsschutz gilt der allgemeine Grundsatz, dass rechtlich niemand verpflichtet ist, Unmögliches zu leisten (vgl. § 275 Abs. 1 BGB). Daraus folgt, dass der Arbeitgeber den Arbeitsschutz nur gewährleisten kann, soweit er die Arbeitsbedingungen seiner Kontrolle unterliegen. Damit scheiden Arbeiten außerhalb der Betriebsstätte keineswegs pauschal aus. Der besonderen Situation mobiler Arbeit ist arbeitsschutzrechtlich daher durch eine Begrenzung der Arbeitsschutzpflichten des Arbeitgebers im Einzelfall Rechnung zu tragen: Von ihm können nur diejenigen Schutzmaßnahmen verlangt werden, die in seinem Machtbereich liegen.[46] Was das im Einzelnen bedeutet, hängt von der konkreten Ausgestaltung der mobilen Arbeit ab. Viele Arbeitsschutzmaßnahmen setzen keine tatsächliche Gewalt über den konkreten Arbeitsplatz voraus – das gilt namentlich für organisatorische (zB Sicherheitsanweisungen) und persönliche Schutzmaßnahmen (zB persönliche Schutzausrüstung). Sozusagen den Grundfall der mobilen Arbeit stellt in arbeitsschutzrechtlicher Hinsicht das Home-Office dar (dazu sogleich → Rn. 706 ff.). Für die Durchführung des Arbeitsschutzrechts bei mobiler Arbeit außerhalb des Home-Office gelten grundsätzlich die selben Maßgaben, allerdings ergeben sich aufgrund des nicht festgelegten Arbeitsorts Abweichungen (unten → Rn. 745 ff.).

### 1. Home-Office

#### a) Streitpunkt Zutrittsrecht

#### aa) Rechtsgrundlage

706 Viele Probleme des Arbeitsschutzes im Home-Office ließen sich durch ein Recht des Arbeitgebers lösen, den häuslichen Arbeitsplatz zumindest bei dessen erstmaliger Einrichtung in Augenschein zu nehmen, seine hierdurch erworbene Kenntnis der konkreten Gegebenheiten in die Gefährdungsbeurteilung mit einzubeziehen und entsprechend die erforderlichen Schutzmaßnahmen festzulegen. Ein Recht auf regelmäßigen Zutritt würde es ihm zudem ermöglichen zu überprüfen, ob die getroffenen Schutzmaßnahmen wirksam sind, Anpassungsbedarf festzustellen und zu kontrollieren, ob der Arbeitnehmer die erteilten Anweisungen zum Arbeitsschutz einhält.

707 Das ArbSchG regelt ein solches Zutrittsrecht ebenso wenig wie die hierzu ergangenen Arbeitsschutzverordnungen,[47] das SGB VII oder das autonome Unfallverhütungsrecht. Eine Einräumung durch Betriebsvereinbarung scheidet von vornherein aus, weil das Hausrecht des Arbeitnehmers nicht der Disposition der Betriebsparteien unterliegt.[48] Der Arbeitnehmer räumt ein Zutrittsrecht auch nicht stillschweigend durch

[46] Picker NZA-Beilage 2021, 4 (9); Rieble/Picker ZfA 2013, 383, 397 f.; Hidalgo NZA 2019, 1449, 1452; Landmann/Rohmer/Wiebauer ArbSchG § 1 Rn. 68.
[47] Zu den Anforderungen der ArbStättV an häusliche Telearbeitsplätze siehe unten → Rn. 729 ff.
[48] Rieble/Picker ZfA 2013, 383 (403); Wiese RdA 2009, 344 (350); Schaub ArbR-HdB/Vogelsang § 164 Rn. 36.

seine Zustimmung zur Arbeit im Home-Office ein – das Einverständnis zu einer so weitgehenden Beeinträchtigung seiner Privatsphäre kann ihm ohne konkrete Anhaltspunkte nicht unterstellt werden.[49] Dementsprechend wird in der Literatur vielfach die Aufnahme eines Zutrittsrechts des Arbeitgebers in eine Home-Office-Vereinbarung empfohlen.[50] Teilweise wird die Vereinbarung eines solchen Zutrittsrechts gar als Folge der Arbeitsschutzverantwortung des Arbeitgebers für erforderlich gehalten.[51] Dem ist aus verfassungsrechtlichen Gründen zu widersprechen:

### bb) Verfassungsrechtlicher Maßstab: Unverletzlichkeit der Wohnung

708 Ein Zutrittsrecht des Arbeitgebers zur Wohnung des Arbeitnehmers, um dort dessen Sicherheit und Gesundheitsschutz bei der Arbeit zu gewährleisten, also sein Leben und seine körperliche Unversehrtheit (Art. 2 Abs. 2 S. 1 GG) zu schützen, gerät unmittelbar mit dem Grundrecht der Unverletzlichkeit der Wohnung (Art. 13 Abs. 1 GG) in Konflikt. Schutzgut dieses Grundrechts ist die räumliche Sphäre, in der sich das Privatleben entfaltet. Geschützt ist auch der häusliche Arbeitsplatz.[52] Art. 13 Abs. 1 GG gewährleistet das Recht, in den geschützten Räumen in Ruhe gelassen zu werden, und verbürgt dem Einzelnen mit Blick auf die Menschenwürde sowie im Interesse der Entfaltung der Persönlichkeit einen elementaren Lebensraum, in den nur unter den Voraussetzungen des Art. 13 Abs. 2 bis 7 GG eingegriffen werden darf. Art. 13 GG enthält insbesondere das grundsätzliche Verbot, gegen den Willen des Wohnungsinhabers in die Wohnung einzudringen oder darin zu verweilen.[53] Eingriffe und Beschränkungen (jenseits technischer Überwachungsmaßnahmen nach Abs. 2–6) lässt Art. 13 Abs. 7 GG nur zur Abwehr einer gemeinen Gefahr oder einer Lebensgefahr für einzelne Personen, auf Grund eines Gesetzes auch zur Verhütung dringender Gefahren für die öffentliche Sicherheit und Ordnung, insbesondere zur Behebung der Raumnot, zur Bekämpfung von Seuchengefahr oder zum Schutze gefährdeter Jugendlicher zu.

709 Dieser strenge Maßstab steht einer Ableitung des Zutrittsrechts aus dem Gesetz, etwa aus § 618 BGB von vornherein entgegen. Der Staat als unmittelbarer Adressat der Grundrechte kann einen solchen Eingriff nicht wirksam anordnen, weil die Eingriffsvoraussetzungen des Art. 13 Abs. 7 GG nicht erfüllt sind und der Eingriff jedenfalls als unverhältnismäßig zu bewerten wäre.[54]

710 Art. 13 GG schützt die Unverletzlichkeit der Wohnung aber nicht nur als Abwehrrecht gegen staatliche Eingriffe, sondern entfaltet als Auslegungsmaßstab insbesondere im Rahmen der zivilrechtlichen Generalklauseln auch mittelbare Drittwirkung unter

---

[49] Nebeling/Bulut ARP 2022, 329, 336; Rieble/Picker ZfA 2013, 383 (401 f.); Wiese RdA 2009, 344 (349); Körner NZA 1999, 1190 (1191); aA Peter DB 1998, 573 (575).

[50] Richter ArbRAktuell 2023, 83 (85); Meyer ZAT 2020, 62 (64); Benkert NJW-Spezial 2019, 306 (307); Aligbe ArbRAktuell 2016, 132 (135); Schwiering/Zurel ZD 2016, 17 (20); siehe etwa das Muster bei Hümmerich/Lücke/Mauer/Lücke Arbeitsrecht § 2 Rn. 381.

[51] Bissels/Meyer-Michaelis DB 2015, 2331 (2335); Wiese RdA 2009, 344 (349); Boemke BB 2000, 147 (151); Boemke/Ankersen BB 2000, 1570; Wedde Telearbeit Rn. 421; in diese Richtung auch Bongers/Hoppe AuA 2014, 148 (150); Schaub ArbR-HdB/Vogelsang § 164 Rn. 36; HK-ArbSchR/Faber/Feldhoff ArbStättV Rn. 183.

[52] Rieble/Picker ZfA 2013, 383 (401 f.) mwN.

[53] BVerfG 26.5.1993 – 1 BvR 208/93, BVerfGE 89, 1 zu C II der Gründe.

[54] Rieble/Picker ZfA 2013, 383 (399 f.).

Privaten.[55] Dementsprechend gewährleisten insbesondere die §§ 854 ff. BGB das Hausrecht des Wohnungsinhabers. Dieses rigide ausgestaltete Hausrecht[56] setzt einem Zutrittsrecht des Arbeitgebers Grenzen – letztlich ist der Zugang zum häuslichen Arbeitsplatz nur mit Einwilligung nicht nur des Arbeitnehmers, sondern auch der weiteren Bewohner der Wohnung möglich.

### cc) Vereinbarung des Zutrittsrechts

711 **(1) Keine Vereinbarungspflicht.** Kern der Zutritts-Problematik ist damit die Frage, ob der Arbeitgeber arbeitsschutzrechtlich verpflichtet ist, sich vom Arbeitnehmer als Voraussetzung des Home-Office ein Zutrittsrecht zum häuslichen Arbeitsplatz einräumen zu lassen.[57] Als Ausprägung vertraglicher Rücksichtnahmepflichten (§ 241 Abs. 2 BGB) könnte der Arbeitnehmer dann verpflichtet sein, eine solche Vereinbarung zu schließen.[58] Zur Rücksicht unter den Vertragspartnern gehört auch, dem anderen im Rahmen des Zumutbaren die Erfüllung seiner gesetzlichen Pflichten bei der Vertragsabwicklung zu ermöglichen. Eine solche Vereinbarungspflicht des Arbeitgebers lässt sich dem Arbeitsschutzrecht aber gerade nicht entnehmen. Eine derart weitgehende Auslegung seiner Arbeitsschutzverantwortung nach § 3 Abs. 1 ArbSchG wäre mit der verfassungsrechtlichen Garantie der Unverletzlichkeit der Wohnung nicht vereinbar. Der Staat kann die engen Eingriffsschranken des Art. 13 Abs. 7 GG nicht dadurch umgehen, dass er statt Aufsichtsbeamter den Arbeitgeber zur Kontrolle ins Home-Office schickt.[59] Von einem freiwilligen Einverständnis – und nur eine solches legitimiert das Betreten der geschützten Wohnung[60] – kann keine Rede sein, wenn dieses gesetzlich gefordert wird[61].

Ohnehin könnte eine Vereinbarung zwischen Arbeitgeber und Arbeitnehmer den Zutritt zur Wohnung häufig nicht abschließend sicherstellen, weil Mitbewohner (seien es Familienmitglieder des Arbeitnehmers oder andere Mitnutzer der Wohnung) ihrerseits unter Berufung auf ihr Hausrecht und Art. 13 GG den Arbeitgeber abweisen könnten.[62] Der Arbeitnehmer kann deren – jederzeit widerrufliches – Einverständnis auch bei entsprechender Vereinbarung[63] nicht garantieren.[64] Dem Arbeitgeber bliebe dann nur der Widerruf der Home-Office-Vereinbarung, sofern ein solches Recht vorab vereinbart wurde.[65]

---

[55] BVerfG 26.5.1993 – 1 BvR 208/93, BVerfGE 89, 1 zu C II der Gründe.

[56] § 859 BGB gewährleistet schließlich ein Recht des Besitzers zur Selbsthilfe auch unter Einsatz von Gewalt.

[57] Siehe für diese Auffassung die Nachweise Fn. 51.

[58] So Wiese RdA 2009, 344 (349).

[59] Rieble/Picker ZfA 2013, 383 (405 f.).

[60] Vgl. BVerfG 23.3.2011 – 2 BvR 882/09, NJW 2011, 2113 Rn. 41; 25.10.2011 – 2 BvR 979/10, BeckRS 2011, 55884 Rn. 21; BeckOK GG/Kluckert Art. 13 Rn. 11.

[61] Ähnlich Rieble/Picker ZfA 2013, 383 (402 ff.) und dem folgend Hidalgo NZA 2019, 1449, 1452, die vor allem darauf abstellen, die vertragliche Vereinbarung des Zutrittsrechts wäre infolge der fehlenden Freiwilligkeit sittenwidrig und daher nichtig.

[62] Vgl. BVerfG 3.3.2004 – 1 BvR 2378/98, BVerfGE 109, 279, zu C II 1 b der Gründe; Rieble/Picker ZfA 2013, 383 (403); Wiese RdA 2009, 344 (349); Schaub ArbR-HdB/Vogelsang § 164 Rn. 36.

[63] Vgl. Nägele ArbRB 2002, 313.

[64] Rieble/Picker ZfA 2013, 383 (403).

[65] Zu einem solchen Vorbehalt Benkert NJW-Spezial 2019, 306 (307); abratend Bayreuther NZA 2021, 1593 (1596); siehe auch oben → Rn. 308 ff.

**(2) Vereinbarung als Bedingung des Arbeitgebers.** Ob der Arbeitgeber dessen ungeachtet seine Zustimmung zum Home-Office davon abhängig machen kann, dass ihm ein Zutrittsrecht zum häuslichen Arbeitsplatz eingeräumt wird, hängt davon ab, ob er sich insoweit auf ein legitimes Interesse stützen kann. Regelmäßig wird der Arbeitgeber freilich gar kein Interesse an einem solchen Zutrittsrecht haben, das für ihn letztlich nur eine Ausweitung der Arbeitsschutzpflichten mit sich brächte.[66] Nicht ohne Grund war dieser Aspekt ein wesentlicher Beweggrund des Widerstands der Arbeitgeberverbände gegen eine Einbeziehung der Telearbeitsplätze in die ArbStättV.[67] 712

Nachdem der Arbeitsschutz als Rechtfertigung ausscheidet, dürften in erster Linie datenschutzrechtliche Gründe zur Rechtfertigung des Zutrittsrechts in Betracht kommen.[68] Ohne sachliche Rechtfertigung wäre ein vereinbartes Zutrittsrecht hingegen als sittenwidrig und damit nach § 138 Abs. 1 BGB nichtig zu bewerten,[69] jedenfalls aber hielte es bei Vorformulierung durch den Arbeitgeber als unangemessene Benachteiligung der Inhaltskontrolle nach § 307 Abs. 1 S. 1 BGB nicht stand. Nichts anderes gilt für einen Widerrufsvorbehalt zugunsten des Arbeitgebers für den Fall, dass der Arbeitnehmer sein vorab erteiltes Einverständnis zum Betreten seiner Wohnung später widerruft. Erst recht scheiden arbeitsrechtliche Sanktionen in diesem Fall schon aufgrund des Maßregelungsverbot des § 612a BGB aus.[70] 713

## b) Durchführung der Gefährdungsbeurteilung

### aa) Arbeitgeberpflicht

Um seiner Pflicht aus § 5 ArbSchG nachzukommen, muss der Arbeitgeber den häuslichen Arbeitsplatz in seine Gefährdungsbeurteilung mit einbeziehen.[71] Er muss also die dort auftretenden Gefährdungen ermitteln und die erforderlichen Schutzmaßnahmen festlegen. Das ArbSchG unterscheidet insoweit nicht zwischen Arbeitsplätzen innerhalb und außerhalb der Betriebsstätte. Unvereinbar mit den gesetzlichen Anforderungen sowohl der europäischen Arbeitsschutz-Rahmenrichtlinie als auch des ArbSchG ist daher die vereinzelt vertretene Auffassung, bei einer Tätigkeit von bis zu zwei Tagen pro Woche im Home-Office sei der Arbeitgeber nicht verpflichtet, eine Gefährdungsbeurteilung für den häuslichen Arbeitsplatz durchzuführen.[72] Es mag sein, dass bei einer zeitlich untergeordneten Tätigkeit im Home-Office die spezifisch dort auftretenden Gefährdungen weniger gravierende Auswirkungen zeigen – dies zu bewerten ist aber gerade die Aufgabe des Arbeitgebers im Rahmen der Gefährdungsbeurteilung. 714

[66] So auch Krieger/Rudnik/Povedano Peramato NZA 2020, 473 (479).
[67] Dazu Wiebauer NZA 2017, 220, (222).
[68] Rieble/Picker ZfA 2013, 383 (404).
[69] Rieble/Picker ZfA 2013, 383 (403 f.); Hidalgo NZA 2019, 1449 (1453).
[70] Rieble/Picker ZfA 2013, 383 (404).
[71] Zum grundsätzlichen Ablauf der Gefährdungsbeurteilung oben → Rn. 685.
[72] So aber ohne rechtliche Begründung Hidalgo NZA 2019, 1449, 1455; Köhler/Schürgers BB 2020, 2613 (2615); Nebeling/Bulut ARP 2022, 329 (337).

### bb) Ermittlung und Beurteilung der Gefährdungen

715 **(1) Erhebung der erforderlichen Informationen.** Sein Informationsdefizit hinsichtlich der Arbeitsbedingungen im Home-Office kann der Arbeitgeber auf zweierlei Arten ausgleichen: Entweder der Arbeitnehmer stimmt – unabhängig von den Regelungen der Home-Office-Vereinbarung (→ Rn. 711 ff.) – freiwillig einer Besichtigung des häuslichen Arbeitsplatzes zu,[73] oder aber er liefert seinerseits die benötigten Informationen. Denkbar ist auch eine Informationsgewinnung auf digitalem Wege, also eine Inaugenscheinnahme des häuslichen Arbeitsplatzes mittels Webcam und Videotelefonie.[74]

Letztlich entscheidet der Arbeitgeber (ggf. gemeinsam mit dem Betriebsrat, oben → Rn. 698) unter Achtung der Einschränkungen durch Art. 13 GG darüber, wie er sich die erforderlichen Informationen beschafft. Seiner Ermittlungspflicht aus § 5 Abs. 1 ArbSchG wird er gerecht, wenn er beim Arbeitnehmer nachfragt und die von diesem gelieferten Informationen in seine Beurteilung einstellt. Das gilt allerdings nur, wenn er alle erforderlichen Angaben konkret erfragt. Hinsichtlich des Umfangs der Gefährdungsermittlung gilt insoweit kein Unterschied zur Beurteilung von Arbeitsplätzen im Betrieb. Lediglich die Methode unterscheidet sich, weil eine persönliche Begehung durch den Arbeitgeber oder seine Beauftragten regelmäßig ausscheidet. Zur Durchführung der Ermittlungen bieten sich standardisierte und ggf. mit dem Betriebsrat abzustimmende Fragebögen an.[75] Auf die Richtigkeit dieser Informationen darf er mangels Kontrollmöglichkeiten vertrauen, sofern sie nicht offensichtlich unrichtig oder widersprüchlich sind.[76] Demgegenüber genügt es nicht, wenn der Arbeitgeber sich vom Beschäftigten schriftlich bestätigen lässt, dass die Arbeitsschutzbedingungen eingehalten werden, weil dies auf eine mit § 3 Abs. 1 S. 1 ArbSchG unvereinbare pauschale Abwälzung der Arbeitsschutzpflichten hinausliefe.

716 Fehlende Auskünfte erzwingen muss der Arbeitgeber grundsätzlich nicht. Es ist Sache des Arbeitnehmers, im Rahmen seiner Pflicht zum Eigenschutz nach § 15 Abs. 1 S. 1 ArbSchG und seiner Mitwirkungspflicht nach § 16 Abs. 2 S. 1 ArbSchG, die benötigten Informationen zu liefern. Kommt er dieser Pflicht trotz Aufforderung nur unzureichend nach, verletzt er seine arbeitsvertragliche Rücksichtnahmepflicht und riskiert eine Abmahnung oder Kündigung,[77] zumindest aber die berechtigte Ablehnung des Home-Office durch den Arbeitgeber.[78] Umgekehrt lässt sich daraus keine Pflichtverletzung des Arbeitgebers ableiten. Sind allerdings die Informationen über den häuslichen Arbeitsplatz so unzureichend, dass damit die Gefährdungen überhaupt nicht zu beurteilen sind, kann der Arbeitgeber infolge seiner Arbeitsschutzverantwortung verpflichtet sein, die Arbeit im Home-Office nicht (mehr) zu gestatten.

---

[73] Vgl. Rieble/Picker ZfA 2013, 383 (416).
[74] Nebeling/Bulut ARP 2022, 329, 336 f. mwN.
[75] Schwede ArbRAktuell 2016, 82 ff.; Holthausen ZAP 2022, 635, 647 mwN; als Anhaltspunkt für die erforderlichen Ermittlungen siehe etwa DGUV (Hrsg.), Check-up Homeoffice, 2022, erhältlich unter www.dguv.de/publikationen.
[76] Ebenso Nebeling/Bulut ARP 2020, 329 mwN; Isenhardt DB 2016, 1499, 1500.
[77] Vgl. BAG 16.9.1982 – 2 AZR 266/80, zu II 3 b der Gründe.
[78] Ausführlich zur Durchsetzung der Arbeitnehmerpflichten im Arbeitsschutz Landmann/Rohmer/Wiebauer Vorbem. zu § 15 ArbSchG Rn. 7 ff. mwN.

717 Wenn umgekehrt der Arbeitnehmer selbst eine Besichtigung seines häuslichen Arbeitsplatzes wünscht, so ist der Arbeitgeber hierzu auch verpflichtet.[79] Das gilt jedenfalls für die erstmalige Erfassung der konkreten Arbeitsbedingungen. Ist eine Begehung einmal erfolgt und liegen infolgedessen die für die Gefährdungsbeurteilung benötigten Informationen vor, so dürfte eine erneute Besichtigung auch auf Bitte des Arbeitnehmers zur Vorbereitung der Gefährdungsbeurteilung nur bei erheblicher Änderung dieser Bedingungen erforderlich sein. Davon zu trennen ist die Unterweisung als Schutzmaßnahme, auf welche der Arbeitnehmer nach § 618 Abs. 1 BGB iVm § 12 Abs. 1 ArbSchG Anspruch hat. Im Einzelfall kann diese zwingend vor Ort vorzunehmen sein, etwa wenn die Funktion technischer Schutzmaßnahmen demonstriert werden muss – was im Falle des Home-Office freilich eher abwegig ist.

718 **(2) Zu prüfende Gefährdungsfaktoren.** In der Gefährdungsbeurteilung sind alle Gefährdungen berücksichtigen, mit denen bei der Arbeit im Home-Office vernünftigerweise zu rechnen ist. § 5 Abs. 3 ArbSchG enthält eine nicht abschließende Auflistung möglicher Gefährdungsfaktoren. In der Praxis hat sich ein etwas stärker ausdifferenzierter Katalog bewährt.[80] Anhaltspunkte bieten Handlungshilfen zur Gefährdungsbeurteilung für Bürotätigkeiten, die in weiten Teilen entsprechend auf die vergleichbare Tätigkeit im Home-Office angewendet werden können.[81]

719 Allerdings unterscheidet sich die Gefährdungsbeurteilung für den häuslichen Arbeitsplatz in einigen Punkten zwangsläufig von der eines vergleichbaren Büroarbeitsplatzes im Betrieb. Manche Gefährdungen treten gerade im Home-Office auf. Damit sind in erster Linie psychische Belastungen (§ 4 Nr. 1, § 5 Abs. 3 Nr. 6 ArbSchG) angesprochen:

- Ohne klare Abgrenzung drohen die Grenzen von Arbeitszeit und Freizeit zu verschwimmen. Die Vorteile des häuslichen Arbeitsplatzes (kein Arbeitsweg, schneller Wechsel zwischen Arbeit und Freizeit möglich) können so zum Problem werden. Diese Fragen sind durch das ArbZG nicht etwa abschließend geregelt, vielmehr ist die Arbeitszeitgestaltung als Gefährdungsfaktor gemäß § 5 Abs. 3 Nr. 4 ArbSchG ausdrücklich in der Gefährdungsbeurteilung zu berücksichtigen.[82]
- Wer nicht im Betrieb anwesend ist, dem fehlt vielfach die soziale Anbindung an das betriebliche Geschehen. Kontakt zu Vorgesetzten, Kollegen und Kunden besteht nur per Telekommunikation; es fehlt häufig der private Austausch in der Kaffeepause, erst recht fehlen im Home-Office die persönlichen Begegnungen von Angesicht zu Angesicht. Die daraus resultierenden psychischen Belastungen müssen in der Gefährdungsbeurteilung gemäß § 5 Abs. 3 Nr. 6 ArbSchG berücksichtigt werden.[83]
- Nicht nur die fehlende soziale Anbindung kann sich als psychische Belastung negativ auf die Gesundheit auswirken, auch die abweichende Arbeitsorganisation. Der

[79] Rieble/Picker ZfA 2013, 383, 416.
[80] Siehe etwa LASI LV 59 (Fn. 4) Anhang 2.
[81] Siehe insbesondere DGUV-Regel 115-401 – Branche Bürobetriebe, Ausgabe Mai 2018 und DGUV-Information 215-410 – Bildschirm- und Büroarbeitsplätze – Leitfaden für die Gestaltung, Ausgabe Juli 2019, die jeweils auch konkrete Empfehlungen für mobile Arbeit enthalten.
[82] Hierzu ausführlich Wiebauer NZA 2016, 1430, 1435 f.
[83] Oberthür NZA 2013, 246, 247 f.

Vorgesetzte ist nicht vor Ort und nicht so leicht erreichbar wie persönlich in seinem Büro im Betrieb. Arbeitsanweisungen erteilt er per E-Mail statt im Gespräch, der Arbeitnehmer muss sich stärker selbst organisieren und seinen Arbeitsalltag eigenverantwortlich planen, um sein Arbeitspensum „unbeaufsichtigt" zu erledigen. Zeitdruck und ständige Erreichbarkeit führen zu Stress. Auch diese Gefährdungen sind Home-Office-typisch.

720 Im Überblick sollten zumindest die folgenden Bereiche in die Gefährdungsbeurteilung mit einbezogen werden:[84]

- Arbeitsplatz (v.a. Minimierung störender Reflexionen, ergonomische Gestaltung und Einrichtung von Tisch und Stuhl, Größe und Beleuchtung der Arbeitsfläche)
- Arbeitsumgebung (v.a. ausreichend Platz und Licht, keine Stolperfallen, arbeitsverträgliches Raumklima)
- Arbeitsmittel (v.a. Auswahl geeigneter Bildschirme und Eingabegeräte, richtige Einstellung der Geräte, richtige Einrichtung von Internetzugang und Software)
- Arbeitsorganisation (v.a. Trennung von Arbeit und Privatleben, Pausenregelung, gesundheitsverträgliche Regelung der Erreichbarkeit, Zugang zur betrieblichen Kommunikation, ausreichendes Feedback vom Vorgesetzten, fachlicher und sozialer Austausch mit den Kollegen)
- Arbeitsaufgabe (v.a. Eignung für die Erledigung im Home-Office, klare Definition der Vorgaben und Ziele sowie des eigenen Entscheidungsspielraums)

721 **(3) Durchführung der Beurteilung.** Zum konkreten Verfahren der Gefährdungsbeurteilung macht das ArbSchG kaum konkrete Vorgaben. Zu berücksichtigen ist allerdings, dass die Arbeitsschutzverordnungen[85] die allgemeinen Vorgaben des § 5 ArbSchG teilweise ausführlich konkretisieren.[86] Für die Mobile Arbeit relevant ist jedenfalls die Regelung des § 3 BetrSichV bezüglich der Beurteilung der eingesetzten Arbeitsmittel (Computer, Büromaterial usw.).

722 Der Handlungsbedarf des Arbeitgebers ergibt sich aus den ermittelten Gesundheitsrisiken. Zu deren Beurteilung bietet sich eine sog. Risikomatrix an, anhand der sich als Produkt aus Eintrittswahrscheinlichkeit und Schwere eines drohenden Schadens die Dringlichkeit der Schutzmaßnahmen ableiten lässt.[87]

723 In der Praxis sorgt insbesondere die Erfassung und Beurteilung psychischer Belastungen gemäß § 5 Abs. 3 Nr. 6 ArbSchG für Probleme. Im Home-Office dürfte eine Erfassung in erster Linie in Form eines Fragebogens in Betracht kommen.[88]

### cc) Festlegung und Durchführung der Schutzmaßnahmen

724 **(1) Organisatorische Maßnahmen. (a) Unterweisung.** Von besonderer Bedeutung sind im Home-Office organisatorische Schutzmaßnahmen, vor allem die Unter-

---

[84] Vgl. DGUV (Hrsg.), Check-up Homeoffice, 2022, erhältlich unter www.dguv.de/publikationen.
[85] → Rn. 688.
[86] Siehe die Übersicht in LASI LV 59 (Fn. 4) Anhang 8, die allerdings in der 1. überarbeiteten Auflage von 2017 nicht mehr ganz den aktuellen Stand wiedergibt.
[87] Siehe zB DGUV-Information 205-021, S. 15; Landmann/Rohmer/Wiebauer ArbSchG § 5 Rn. 17ff.
[88] Zum Verfahren der Beurteilung psychischer Belastungen bei der Arbeit siehe etwa Lützeler BB 2014, 309ff.; Sasse/Schönfeld RdA 2016, 346, 347ff.; Dahl/Oppolzer BB 2022, 628ff.; Landmann/Rohmer/Wiebauer ArbSchG § 4 Rn. 19ff.; Kollmer/Klindt/Schucht/Balikcioglu ArbSchG SystDarst C Rn. 1ff.

weisung nach § 12 Abs. 1 ArbSchG. Der Arbeitgeber muss den Arbeitnehmer auf Gefährdungen hinweisen, die er selbst in dessen Wohnung nicht kontrollieren kann. Die Unterweisung umfasst Anweisungen und Erläuterungen, die eigens auf den Arbeitsplatz oder den Aufgabenbereich des jeweiligen Arbeitnehmers ausgerichtet sind. Damit wird klargestellt, dass die Unterweisung sich nicht in allgemeinen Fragestellungen des Arbeitsschutzes erschöpfen darf, sondern gerade die konkreten Gefährdungen zum Gegenstand haben muss, welchen die Arbeitnehmer an den jeweiligen Arbeitsplätzen im Einzelnen ausgesetzt sind.[89] Jeder Arbeitnehmer muss aus seiner Unterweisung ein auf seine konkrete Arbeitsplatzsituation bezogenes eindeutig bestimmbares Verhalten ableiten können.[90] Je geringer die Gefährdung, desto knapper kann die Unterweisung ausfallen.[91] Über ihre Ausgestaltung hat der Betriebsrat nach § 87 Abs. 1 Nr. 7 BetrVG mitzubestimmen.[92] Allgemein gefasste praktische Hilfen zur Durchführung der Unterweisung bietet die DGUV-Information 211-005.[93]

725 Weil die Aufnahme der Tätigkeit im Home-Office als Veränderung im Aufgabenbereich zwingender Anlass für eine Unterweisung ist, muss diese vor erstmaliger Arbeit am häuslichen Arbeitsplatz erfolgen (§ 12 Abs. 1 S. 3 ArbSchG). Wenn die Gefährdungsbeurteilung eine Veränderung der Gefahrenlage ergibt oder die Tätigkeit sich wesentlich ändert, muss sie wiederholt werden (§ 12 Abs. 1 S. 4 ArbSchG); § 4 Abs. 1 S. 2 DGUV-Vorschrift 1[94] verlangt darüber hinaus eine mindestens jährliche Wiederholung der Unterweisung.[95]

726 **(b) Sonstige organisatorische Schutzmaßnahmen.** Ein wesentlicher Baustein des Arbeitsschutzes im Home-Office ist die Anweisung des Arbeitgebers, festgestellte Gefährdungen unverzüglich zu melden, um dem Arbeitgeber Gelegenheit zu geben, die erforderlichen Schutzmaßnahmen zu treffen (vgl. § 16 Abs. 1 ArbSchG). Regelmäßig sind auch eindeutige Anweisungen zur Arbeitsorganisation erforderlich, um eine klare Abgrenzung von Arbeit und Freizeit zu ermöglichen[96]. Die Schulung nicht nur der Arbeitnehmer, sondern auch der Führungskräfte, welche die Arbeit im Home-Office mit ihren Weisungen steuern, kann einen Beitrag dazu leisten, psychische Belastungen zu reduzieren.[97]

727 **(2) Einrichtung des Arbeitsplatzes.** Hinsichtlich der Anforderungen an die Gestaltung des häuslichen Arbeitsplatzes ist danach zu unterscheiden, ob diese – unter den eng gefassten Voraussetzungen von § 1 Abs. 4 und § 2 Abs. 7 ArbStättV – der ArbStättV unterfallen oder nicht.

[89] BAG 11.1.2011 – 1 ABR 104/09, NZA 2011, 651 Rn. 17; 14.12.2006 – 8 AZR 628/05, NZA 2007, 262 Rn. 14.
[90] LAG Hamm 11.9.1197 – 12 Sa 964/97, BeckRS 1997, 30770753 zu I 3 der Gründe.
[91] Wilrich in Nöthlichs Arbeitsschutz und Arbeitssicherheit (Loseblatt) 4010 § 12 Anm. 7.4.
[92] BAG 30.9.2014 – 1 ABR 106/12, NZA 2015, 314 Rn. 13 mwN.
[93] Berufsgenossenschaft Holz und Metall (Hrsg.), Unterweisung – Bestandteil des betrieblichen Arbeitsschutzes, DGUV-Information 211-005, Stand Juli 2012, aktuell in Überarbeitung.
[94] → Rn. 694.
[95] Zur regelmäßigen Wiederholung der Unterweisung im Einzelnen Landmann/Rohmer/Wiebauer § 12 ArbSchG Rn. 17 ff.
[96] Zu den Einzelheiten Wiebauer NZA 2016, 1430, 1435 f.
[97] Hidalgo NZA 2019, 1449, 1457.

728 **(a) Anwendung der ArbStättV auf Telearbeitsplätze.** Telearbeitsplätze iSd § 2 Abs. 7 ArbStättV sind vom Arbeitgeber fest eingerichtete Bildschirmarbeitsplätze im Privatbereich der Beschäftigten, für die der Arbeitgeber eine mit den Beschäftigten vereinbarte wöchentliche Arbeitszeit und die Dauer der Einrichtung festgelegt hat. Ein Telearbeitsplatz gilt nach § 2 Abs. 7 S. 2 ArbStättV allerdings erst dann als vom Arbeitgeber eingerichtet, wenn Arbeitgeber und Beschäftigte die Bedingungen der Telearbeit arbeitsvertraglich oder im Rahmen einer Vereinbarung festgelegt haben und die benötigte Ausstattung des Telearbeitsplatzes mit Mobiliar, Arbeitsmitteln einschließlich der Kommunikationseinrichtungen durch den Arbeitgeber oder eine von ihm beauftragte Person im Privatbereich des Beschäftigten bereitgestellt und installiert ist. Zu den Voraussetzungen im Einzelnen siehe oben Kapitel B → Rn. 198ff.

729 **(b) Besondere Vorgaben nach der ArbStättV.** Liegen ausnahmsweise die engen Voraussetzungen eines Telearbeitsplatzes iSd § 2 Abs. 7 ArbStättV vor, so finden nach der verunglückten[98] Regelung des § 1 Abs. 4 S. 1 ArbStättV die Vorschriften des § 3 ArbStättV für die erstmalige Gefährdungsbeurteilung, sowie des § 6 ArbStättV über die Unterweisung und des Anhangs Nr. 6 zur Gestaltung von Bildschirmarbeitsplätzen Anwendung. Dabei ist jeweils die Eigenart von Telearbeitsplätzen zu berücksichtigen (§ 1 Abs. 4 S. 2 ArbStättV).

730 **(c) Gefährdungsbeurteilung.** § 3 ArbStättV konkretisiert in immer noch recht allgemeiner Form die Vorgaben des § 5 ArbSchG an die Vorbereitung und Durchführung der Gefährdungsbeurteilung. Ausdrücklich nennt § 3 Abs. 1 S. 3 ArbStättV insbesondere Belastung der Augen bzw. die Gefährdung des Sehvermögens als zu berücksichtigenden Gefährdungsfaktor bei der Bildschirmarbeit. Die Gefährdungsbeurteilung muss ausdrücklich fachkundig durchgeführt werden, also von einer Person, welche über die hierfür erforderlichen Fachkenntnisse verfügt (§ 3 Abs. 2 S. 1, § 2 Abs. 13 ArbStättV). Kann der Arbeitgeber die auftretenden Gefährdungen nicht kompetent selbst einschätzen, muss er sich fachkundig beraten lassen (§ 3 Abs. 2 S. 2 ArbStättV). § 5 ArbSchG enthält diese Anforderung nicht – die Verantwortung des Arbeitgebers für das Ergebnis der Gefährdungsbeurteilung dürfte eine nicht fachkundige Durchführung der Beurteilung aber ohnehin nicht erlauben. Die Gefährdungsbeurteilung ist – wie bereits nach § 6 ArbSchG vorgesehen – zu dokumentieren (§ 3 Abs. 3 ArbStättV). Für die Praxis konkretisiert die Technische Regel ASR V3[99] die Anforderungen des § 3 ArbStättV und gibt Hilfestellungen für die Durchführung.

731 Dass § 3 ArbStättV für Telearbeitsplätze iSd § 2 Abs. 7 ArbStättV nur bei der *erstmaligen* Gefährdungsbeurteilung Anwendung finden soll (§ 2 Abs. 4 S. 1 Nr. 1 ArbStättV), ist letztlich ohne Bedeutung, eben weil die Vorschrift keine über § 5 ArbSchG hinausgehenden Anforderungen aufstellt. Die Gefährdungsbeurteilung ist eine Daueraufgabe (→ Rn. 685). § 3 Abs. 1 S. 2 ArbSchG verlangt nach der erstmaligen Vornahme ihre Fortschreibung. Diese erfolgt im Falle der Telearbeitsplätze zwar nicht

---

[98] Zur Kritik eingehend Landmann/Rohmer/Wiebauer § 1 ArbStättV Rn. 25ff., § 2 Rn. 65ff. mwN.
[99] Ausgabe Juli 2017, GMBl. 2017, 390.

mehr nach § 3 ArbStättV – und damit ohne Unterstützung durch die ASR V3[100] – als fachkundige Empfehlung kann diese aber dennoch herangezogen werden.

732 **(d) Unterweisung.** Ergänzend zu den allgemeinen Vorgaben des § 12 ArbSchG (→ Rn. 724f.) regelt § 6 ArbStättV die Unterweisung der Beschäftigten bezogen auf arbeitsstättenspezifische Gefährdungen. Anders als § 3 ArbStättV sind die sehr konkret gefassten Vorgaben des § 6 ArbStättV gegenüber der Regelung des ArbSchG durchaus von eigenständiger Bedeutung. § 6 Abs. 1 bis 3 ArbStättV benennen verbindlich konkrete Mindestinhalte der Unterweisung. § 6 Abs. 4 S. 2 ArbStättV sieht zwingend eine jährliche Wiederholung vor.[101] Für Telearbeitsplätze ist die Bedeutung des § 6 ArbStättV dennoch begrenzt, weil die Anwendung der Vorschrift nach § 1 Abs. 4 S. 2 ArbStättV die Eigenart von Telearbeitsplätzen berücksichtigen muss. Nachdem – über die unmittelbare Ausstattung des häuslichen Arbeitsplatzes hinaus – der Arbeitnehmer und nicht der Arbeitgeber die räumlichen Gegebenheiten kontrolliert, sind die in § 6 Abs. 1 bis 3 ArbStättV genannten Inhalte schlicht nicht anwendbar. Insbesondere muss der Arbeitgeber nicht über das bestimmungsgemäße Betreiben der Arbeitsstätte (Abs. 1 Nr. 1) informieren, sondern allenfalls über die bestimmungsgemäße Verwendung der zur Verfügung gestellten Ausstattung. Maßnahmen über die Erste Hilfe und sonstige Maßnahmen im Gefahrenfall (Abs. 2) sind ebenso wenig sinnvoll wie Belehrungen über Fluchtwege (Abs. 3).[102] Damit bleibt es im Ergebnis auch hinsichtlich der Unterweisung weitestgehend bei den oben unter → Rn. 724 genannten allgemeinen Anforderungen.

733 **(e) Bildschirmarbeitsplätze.** Von erheblicher Bedeutung sind die Vorgaben unter Nr. 6 des Anhangs zur ArbStättV, die sich mit der Gestaltung von Bildschirmarbeitsplätzen beschäftigen und nach § 1 Abs. 4 S. 1 Nr. 2 ArbStättV auch für Telearbeitsplätze gelten. In europarechtskonformer Auslegung gelten dies Vorgaben entgegen dem auch insoweit missglückten Wortlaut des § 1 Abs. 1 S. 1 ArbStättV nicht nur, soweit der häusliche Arbeitsplatz von dem im Betrieb abweicht, sondern auch soweit diese übereinstimmen.[103] Andernfalls bliebe ein vom Gesetzgeber ausweislich der Verordnungsbegründung[104] nicht beabsichtigtes Umsetzungsdefizit hinsichtlich der europäischen Richtlinie 90/270/EWG für Bildschirmarbeitsplätze.

734 Die Gestaltung, Einrichtung und den Betrieb solcher Bildschirmarbeitsplätze regelt Nr. 6 des Anhangs zur ArbStättV im Detail.[105] Definitionsgemäß ist jeder Telearbeitsplatz iSd § 2 Abs. 7 ArbStättV ein Bildschirmarbeitsplatz. Technische Regeln des Ausschusses für Arbeitsstätten, wie die Anforderungen des Anhangs konkret umgesetzt werden können, gibt es bislang nicht. Hinweise für die Praxis bieten aber unter anderem:

[100] Nebeling/Bulut ARP 2022, 329, 335; Schucht CCZ 2017, 123; Wiebauer NZA 2017, 220 (223).
[101] Nach § 4 Abs. 1 S. 2 DGUV-Vorschrift 1 gilt diese Vorgabe allerdings ohnehin allgemein.
[102] Nebeling/Bulut ARP 2022, 329, 335.
[103] Ausführlich Landmann/Rohmer/Wiebauer ArbStättV § 1 Rn. 28.
[104] BR-Drs. 506/16, 34.
[105] Siehe hierzu Hidalgo NZA 2019, 1449, 1456.

- DGUV-Regel 115-401 – Branche Bürobetriebe, Ausgabe Mai 2018 S. 27ff.
- DGUV-Information 215-410 – Bildschirm- und Büroarbeitsplätze – Leitfaden für die Gestaltung, Ausgabe Juli 2019, S. 27ff., 90ff.
- DGUV-Information 215-450, Ausgabe April 2021

735 **(f) Home-Office-Arbeitsplätze im Übrigen.** Keine Anwendung finden § 3 und § 6 ArbStättV auf häusliche Arbeitsplätze, die nicht die engen Voraussetzungen des § 2 Abs. 7 ArbStättV erfüllen – insbesondere weil sie nicht vollständig allein vom Arbeitgeber eingerichtet sind. Ob das auch für die Anforderungen des Anhangs zu ArbStättV Nr. 6 (Maßnahmen zur Gestaltung von Bildschirmarbeitsplätzen) gilt, ist trotz der restriktiven Fassung der ArbStättV fraglich. Die Vorgaben der Bildschirmarbeitsrichtlinie 90/270/EWG, welche diesen Regelungen zugrunde liegt, gelten für jede Arbeit an einem Bildschirmgerät. Eine darüber hinausgehende Einrichtung des Arbeitsplatzes (wie in § 2 Abs. 7 ArbStättV gefordert) ist nach der Definition in Art. 2 Buchst. b der Richtlinie möglich, aber nicht Voraussetzung für eine Anwendbarkeit der Regelungen.[106] Vor diesem Hintergrund bedürfte die einschränkende Definition des § 2 Abs. 7 ArbStättV einer europarechtskonformen Auslegung. Ob eine solche Anwendung gegen den klaren Wortlaut der Verordnung möglich ist, scheint fraglich.[107] In jedem Fall ist aufgrund der insoweit bestehenden Rechtsunsicherheit jeder Arbeitgeber gut beraten, in seiner Gefährdungsbeurteilung für häusliche Bildschirmarbeitsplätze die Vorgaben des Anhangs Nr. 6 ArbStättV auch dann zu berücksichtigen, wenn er diese nicht vollständig eingerichtet hat. Bei den zu treffenden Schutzmaßnahmen sind dessen ungeachtet Abweichungen gegenüber Telearbeitsplätzen iSd § 2 Abs. 7 ArbStättV möglich. Stellt der Arbeitgeber etwa nur das Bildschirmgerät (zum Begriff siehe § 2 Abs. 6 ArbStättV), also zB den Laptop, während der Arbeitnehmer sein Home-Office im Übrigen selbst einrichtet, so kann der Arbeitgeber etwa weder für reflexionsarme Arbeitsflächen (Anhang Nr. 6.1 Abs. 5 ArbStättV) oder für eine passende Beleuchtung (Anhang Nr. 6.1 Abs. 8 ArbStättV) sorgen. Insoweit kommt wiederum die Unterweisung nach § 12 ArbSchG als primäres Mittel des Arbeitsschutzes im Home-Office zum Tragen.[108]

736 **(3) Arbeitsmittel (BetrSichV).** Ein wesentlicher Punkt der Gefährdungsbeurteilung ist die Sicherheit der verwendeten Arbeitsmittel – dies gilt im Betrieb wie im Home-Office gleichermaßen. Konkrete Sicherheitsanforderungen in dieser Hinsicht regelt die Betriebssicherheitsverordnung (BetrSichV). Zu den Arbeitsmitteln in diesem Sinne gehören gemäß § 2 Abs. 1 BetrSichV v.a. Werkzeuge, Geräte, Maschinen und Anlagen, die für die Arbeit verwendet werden. Der Begriff des Arbeitsmittels ist also denkbar weit und reicht – in den Worten der Bundesregierung – vom Kugelschreiber bis zur komplexen Fertigungsstraße.[109]

737 Die BetrSichV konkretisiert die allgemeine Arbeitgeberverantwortung nach § 3 Abs. 1 ArbSchG hinsichtlich aller von den Beschäftigten bei der Arbeit verwendeten

[106] Calle Lambach/Prümper, RdA 2014, 345 (347).
[107] Ausführlich Wiebauer NZA 2017 220, 222; ebenso Hidalgo NZA 2019, 1449, 1451; Pils CB 2017, 170, 172; für eine europarechtskonforme Auslegung Kollmer NJW 2023, 473, 477.
[108] Hierzu Hidalgo NZA 2019, 1449, 1451.
[109] BR-Drs. 301/02 S. 82 zur BetrSichV aF.

Arbeitsmittel. Sie enthält in § 3 konkrete und ausführliche Vorgaben zur Durchführung der Gefährdungsbeurteilung, regelt in § 4 Grundpflichten des Arbeitgebers, in § 5 Anforderungen an die zur Verfügung gestellten Arbeitsmittel, in den §§ 6–9 und 11 allgemeine und speziellere Schutzmaßnahmen, verpflichtet den Arbeitgeber in § 10 zur Instandhaltung der Arbeitsmittel und unter bestimmten Voraussetzungen nach § 14 zu ihrer regelmäßigen Prüfung regelt, in § 12 die arbeitsmittelbezogene Unterweisung und in § 13 die Zusammenarbeit mehrerer Arbeitgeber.[110]

738 Leitbild der BetrSichV ist erkennbar die Arbeit im Betrieb mit den vom Arbeitgeber gestellten Arbeitsmitteln. Der Arbeitgeber darf nur solche Arbeitsmittel zur Verfügung stellen oder verwenden lassen, die den geltenden Rechtsvorschriften entsprechen und unter Berücksichtigung der vorgesehenen Einsatzbedingungen bei der Verwendung sicher sind (§ 5 Abs. 1 bis 3 BetrSichV). Arbeitsmittel dürfen erst verwendet werden, nachdem der Arbeitgeber eine Gefährdungsbeurteilung durchgeführt, die erforderlichen Schutzmaßnahmen getroffen und festgestellt hat, dass die Verwendung der Arbeitsmittel nach dem Stand der Technik sicher ist (§ 4 Abs. 1 BetrSichV). In der Gefährdungsbeurteilung ist neben den Arbeitsmitteln selbst auch die Arbeitsumgebung einzubeziehen (§ 3 Abs. 2 S. 1 Nr. 1 und 2 BetrSichV).

739 Hinsichtlich der vom Arbeitgeber gestellten Arbeitsmittel, welche die Arbeitnehmer im Home-Office verwenden, lassen sich diese Vorgaben einigermaßen leicht umsetzen. Die Wechselwirkungen mit der Arbeitsumgebung kann der Arbeitgeber einbeziehen, soweit er sich darüber Informationen beschaffen konnte (→ Rn. 715 ff.). Bisher erstaunlich wenig Beachtung gefunden hat die Vorschrift des § 5 Abs. 4 BetrSichV, die im Ergebnis dem Arbeitgeber die Verantwortung für die Sicherheit auch der eigenen Arbeitsmittel des Arbeitnehmers zuschreibt, die letzterer im Home-Office verwendet.[111] Demnach muss der Arbeitgeber dafür sorgen, dass Beschäftigte nur die Arbeitsmittel verwenden, die er ihnen zur Verfügung gestellt hat oder deren Verwendung er ihnen ausdrücklich gestattet hat. Für in den Betrieb mitgebrachte Arbeitsmittel mag das ohne größeren Aufwand umsetzbar sein.[112] Das Home-Office ist aber gerade darauf ausgerichtet, dass der Arbeitnehmer dort auch mit eigenen Arbeitsmitteln arbeitet. Das Problem wird dadurch entschärft, dass der Arbeitgeber im Regelfall keinen direkten Zugriff auf den häuslichen Arbeitsplatz hat. Er kann also die dort vorhandenen eigenen Arbeitsmittel des Arbeitnehmers nicht in Augenschein nehmen und prüfen; folglich ist er dazu auch nicht verpflichtet (siehe oben → Rn. 705, 711). Er darf sich darauf beschränken, vom Arbeitnehmer abzufragen, welche Arbeitsmittel zum Einsatz kommen sollen und diesen auf die Anforderungen hinzuweisen zum einen an die Sicherheit der Arbeitsmittel selbst (Produktsicherheit),[113] zum anderen an die sichere Verwendung (Betriebssicherheit).[114] Auch insoweit erweist sich die Unterweisung auf der Grundlage der pflichtgemäß ermittelten Informationen als primäre Arbeitsschutzmaßnahme im Home-Office.

[110] Ein detaillierter Überblick über die Vorschriften der BetrSichV findet sich ua bei Schucht NZA 2015, 333 ff.; Wilrich DB 2015, 981 ff.; Wiebauer ArbRAktuell 2015, 198 ff. und 243 ff.

[111] Diese Arbeitgeberverantwortung für sämtliche bei der Arbeit verwendeten Arbeitsmittel war ausdrückliches Ziel der Bundesregierung, siehe BR-Drs. 400/14, 83.

[112] Dazu etwa Schucht NZA 2015, 333 (337); Kohte NZA 2015, 1417 (1421 f.).

[113] Hierzu Wilrich DB 2015, 981 (982 f.).

[114] Hierzu Wilrich DB 2015, 981 (983 f.).

740 **(4) Psychische Belastungen.** Im Gegensatz zur Arbeitsplatzgestaltung und zur Arbeitsmittelsicherheit ist der Umgang mit psychischen Belastungen bei der Arbeit nicht durch eine Arbeitsschutzverordnung geregelt.[115] Sowohl die Ermittlung und Beurteilung der auftretenden Gefährdungen als auch die Festlegung geeigneter Schutzmaßnahmen erfolgt allein auf der Grundlage der allgemeinen Vorgaben des ArbSchG.[116] Schutzmaßnahmen dürften in aller Regel wiederum vor allem organisatorischer Art sein.[117]

741 **(5) Sonstige Gefährdungen.** Auch jenseits der Gestaltung des Arbeitsplatzes, der Sicherheit der eingesetzten Arbeitsmittel und der Arbeitsorganisation gilt für das Home-Office im Ausgangspunkt kein geringerer Schutzstandard als im Betrieb. So muss der Arbeitgeber ebenso eine arbeitsmedizinische Vorsorge nach § 11 ArbSchG iVm der ArbMedVV gewährleisten,[118] was insbesondere die Angebotsvorsorge nach § 5 iVm Anhang Teil 4 Abs. 2 Nr. 1 ArbMedVV bei Tätigkeiten an Bildschirmgeräten umfasst.

742 Sonstigen Gefährdungen muss begegnet werden, soweit sie im Einzelfall im Rahmen der Gefährdungsbeurteilung ermittelt wurden. Was die immer wieder diskutierten Emissionen von Laserdruckern und Kopiergeräten angeht, so unterschreiten diese nach einer Bewertung der Bundesanstalt für Arbeitsschutz und Arbeitssicherheit (BAuA) bei weitem die nach der GefStoffV bzw. den dazu formulierten Technischen Regeln maßgeblichen Staubgrenzwerte.[119] Die Exposition gegenüber elektromagnetischen Feldern durch übliche häusliche Kommunikationsmittel (WLAN, DECT usw.) wiederum liegt nach Einschätzung der BAuA weit unterhalb der nach der Arbeitsschutzverordnung zu elektromagnetischen Feldern – EMFV maßgeblichen Expositionsgrenzwerte.[120]

### dd) Wirksamkeitsüberprüfung

743 Hat der Arbeitgeber alle Schutzmaßnahmen getroffen, die nach dem Ergebnis der Gefährdungsbeurteilung erforderlich und ihm nach den Umständen möglich sind, und hat er die nötigen Anweisungen erteilt, darf er davon ausgehen, dass der Arbeitsschutz am häuslichen Arbeitsplatz gewährleistet ist. Insbesondere besteht aufgrund der verfassungsrechtlichen Vorgaben keine Kontrollpflicht vor Ort, wenn nicht der Arbeitnehmer um eine Arbeitsplatzbegehung bittet (→ Rn. 717). Lediglich bei konkreten Anhaltspunkten für Arbeitsschutzverstöße, die der Arbeitgeber nicht selbst abstellen kann und die der Arbeitnehmer, obwohl er es könnte, nicht abstellt, muss der

---

[115] Eine diesbezügliche Bundesratsinitiative im Jahr 2013 (BR-Drs. 315/13) blieb erfolglos.
[116] Zur Durchführung der Gefährdungsbeurteilung siehe etwa Lützeler BB 2014, 309ff.; Sasse/Schönfeld RdA 2016, 346, 347ff.; Dahl/Oppolzer BB 2022, 628ff.; Landmann/Rohmer/Wiebauer ArbSchG § 4 Rn. 19ff.; Kollmer/Klindt/Schucht/Balikcioglu ArbSchG SystDarst C Rn. 1ff.
[117] Lützeler BB 2014, 309, 314; s.a. die Empfehlungen in DGUV (Hrsg.), Check-up Homeoffice, 2022 S. 5.
[118] Kollmer NJW 2023, 473 (477).
[119] BAuA (Hrsg.), Merkblatt Tonerstaub und Emissionen von Druckern und Kopierern am Arbeitsplatz, Stand Juli 2015, www.baua.de/dok/674028.
[120] https://www.baua.de/DE/Themen/Arbeitsgestaltung-im-Betrieb/Gefaehrdungsbeurteilung/Expertenwissen/Physikalische-Einwirkungen/Elektromagnetische-Felder/Elektromagnetische-Felder_node.html, aufgerufen am 8.4.2023.

Arbeitgeber eine Beendigung des Home-Office als ultimative Schutzmaßnahme prüfen.[121]

744 Dessen ungeachtet gilt auch für den häuslichen Arbeitsplatz die Vorgabe des § 3 Abs. 1 S. 2 ArbSchG, dass die getroffenen Schutzmaßnahmen regelmäßig auf ihre Wirksamkeit überprüft werden und an sich ändernde Gegebenheiten angepasst werden müssen. In regelmäßigen Abständen muss der Arbeitgeber folglich zumindest beim Arbeitnehmer nachfragen, ob sich Veränderungen ergeben haben. Starre Fristen für die Regel-Überprüfung kennt das Arbeitsschutzrecht insoweit nicht. Die absolute Obergrenze dürfte aber bei drei Jahren liegen.[122]

## 2. Mobile Arbeit außerhalb des Home-Office

745 Arbeitet der Arbeitnehmer im Rahmen der mobilen Arbeit nicht nur an einem vorab feststehenden häuslichen Arbeitsplatz, sondern kann den Ort der Arbeitsleistung frei wählen, so stellen sich im Wesentlichen die gleichen Probleme wie im Home-Office, allerdings in verschärfter Form:

746 Das Verfahren der Gefährdungsbeurteilung ist grundsätzlich das gleiche wie für den häuslichen Arbeitsplatz. Allerdings muss eine Vielzahl unterschiedlicher Arbeitsbedingungen berücksichtigt werden, die weder der Arbeitgeber noch der Arbeitnehmer bestimmen (zB auf Reisen die Einrichtung des Arbeitsplatzes im Zug oder im Hotel). Der Arbeitgeber kann nur die typischerweise zu erwartenden Bedingungen zu Grunde legen,[123] gänzlich unwahrscheinliche Konstellationen dürfen außen vor bleiben. Auch insoweit muss er aber versuchen, die relevanten Umstände durch Nachfragen zu erhalten – in erster Linie beim Arbeitnehmer, der seine Arbeitsbedingungen aus eigener Erfahrung kennt.

747 Hinsichtlich der erforderlichen Schutzmaßnahmen gilt grundsätzlich ebenfalls das zum Home-Office Gesagte. Die ArbStättV findet mangels Einrichtung des Arbeitsplatzes durch den Arbeitgeber in keinem Fall Anwendung (kein Telearbeitsplatz iSd § 2 Abs. 7 ArbStättV). Den Anforderungen des Anhangs Nr. 6 ArbStättV zur Bildschirmarbeit sollte auch im Mobile Office Rechnung getragen werden[124] – europarechtlich gelten diese Anforderungen jedenfalls (siehe oben → Rn. 733). Gefährdungen durch eine ergonomisch unzureichende Arbeitsplatzgestaltung dürften einerseits vielfach noch bedeutender sein als im Home-Office, weil kein fest eingerichteter Arbeitsplatz besteht, andererseits ist infolgedessen auch die Auswahl an zur Verfügung stehenden Schutzmaßnahmen stark eingeschränkt. Hinsichtlich der Arbeitsmittel gelten vollumfänglich die Anforderungen der BetrSichV (→ Rn. 736 ff.). Die psychischen Belastungen (→ Rn. 719 f. und → Rn. 740) überschneiden sich vielfach mit denen im Home-Office, sind aber spezifisch auf die Art der jeweiligen Tätigkeit abgestimmt zu erfassen. Vollständig mobile Arbeit bedeutet eine räumliche Entgrenzung, stellt regelmäßig noch höhere Anforderungen an die Selbstorganisation der Ar-

[121] Rieble/Picker ZfA 2013, 383 (418).
[122] Vgl. Kollmer/Klindt/Schucht/Kohte § 3 Rn. 30 mwN.
[123] Nebeling/Bulut ARP 2022, 329 (337 f.); Günther/Böglmüller ArbRAktuell 2020, 186 (188).
[124] Noch zur Vorgängerregelung der BildschArbV Oberthür NZA 2013, 246 (248).

beitnehmer als das Home-Office und birgt dementsprechend ein mindestens ebenso hohes Stresspotential. Herausragende Bedeutung kommt den organisatorischen Arbeitsschutzmaßnahmen des Arbeitgebers zu. Die Unterweisung muss den Arbeitnehmer in die Lage versetzen, seine Arbeit unter den jeweiligen Umgebungsbedingungen am Arbeitsort sicher zu gestalten und auftretende Gefährdungen zu vermeiden.

748 Damit einher gehen höhere Anforderungen an die Aktualität der Gefährdungsbeurteilung. Die Schutzmaßnahmen bei mobiler Arbeit (also vor allem die Anweisungen zum Arbeitsschutz) können ihre Funktion nur dann erfüllen, wenn sie an die wechselnden Bedingungen angepasst werden. Die Höchstfrist von drei Jahren für die regelmäßige Überprüfung der Gefährdungsbeurteilung (→ Rn. 744) dürfte hier kaum je angemessen sein, wenn nicht die Arbeit so gestaltet ist, dass sie zwar an wechselnden Orten, aber immer unter in allen wesentlichen Punkten vergleichbaren Bedingungen geleistet wird.

## IV. Rechtsfolgen

### 1. Vertragsrechtliche Folgen

749 Jeder Arbeitnehmer hat einen durch § 618 BGB vermittelten arbeitsvertraglichen Anspruch gegen den Arbeitgeber auf Erfüllung der öffentlich-rechtlich geregelten Arbeitsschutzpflichten.[125] Dieser arbeitsschutzrechtliche Erfüllungsanspruch ist akzessorischer Bestandteil des arbeitsvertraglichen Beschäftigungsanspruchs, denn dahinter versteckt sich nichts anderes als ein Anspruch auf Beschäftigung zu den geschuldeten Arbeitsbedingungen.[126] Infolgedessen kann ein Arbeitnehmer seine Arbeitsleistung nach § 273 BGB verweigern, so lange der Arbeitgeber seine Arbeitsschutzpflichten nicht erfüllt[127] – es sei denn, es handelt sich lediglich um geringfügige Verstöße (Verhältnismäßigkeit).[128]

750 Weil das öffentliche Arbeitsschutzrecht dem Arbeitgeber allerdings regelmäßig Gestaltungsspielräume belässt und diese der Mitbestimmung des Betriebsrats unterliegen, können die Arbeitnehmer allerdings regelmäßig keine konkreten Schutzmaßnahmen verlangen, sondern lediglich ein Tätigwerden des Arbeitgebers entsprechend der einschlägigen Arbeitsschutzvorschriften.[129]

[125] BAG 17.2.1998 – 9 AZR 130/97, NZA 1993, 33 zu I 3 der Gründe; 12.8.2008 – 9 AZR 1117/06, NZA 2009, 102 Rn. 13 ff.
[126] MüKoBGB/Henssler § 618 Rn. 90 mwN.
[127] BAG 17.2.1998 – 9 AZR 130/97, NZA 1993, 33 zu I 3 der Gründe.
[128] MüKoBGB/Henssler § 618 Rn. 95 mwN.
[129] BAG 12.8.2008 – 9 AZR 1117/06, NZA 2009, 102 Rn. 28 ff.

## 2. Haftung des Arbeitgebers

751 Erleidet ein Arbeitnehmer infolge eines Arbeitsschutzverstoßes des Arbeitgebers Verletzungen oder andere Gesundheitsschäden, so können sowohl vertragliche Schadensersatzansprüche (§ 280 Abs. 1 BGB) wegen Verletzung der vertraglichen Schutzpflichten als auch deliktische Ansprüche bestehen. Letztere können sich sowohl aus der Verletzung der absolut geschützten Rechtsgüter Körper und Gesundheit (§ 823 Abs. 1 BGB) als auch aus einem Verstoß gegen ein Schutzgesetz (§ 823 Abs. 2 BGB iVm der verletzten Arbeitsschutzvorschrift) ergeben. Die Vorschriften des staatlichen Arbeitsschutzrechts und die Unfallverhütungsvorschriften sind Schutzgesetze in diesem Sinne, sofern die jeweilige Regelung dazu dient, den einzelnen Arbeitnehmer individuell vor Gesundheitsschäden zu bewahren.[130] Sowohl hinsichtlich des Vertretenmüssens des Arbeitgebers als auch hinsichtlich der Kausalität kommen dem Arbeitnehmer nach hM Beweiserleichterungen zugute.[131] Zu berücksichtigen ist allerdings nach § 254 BGB ein eventuelles Mitverschulden des Arbeitnehmers, vor allem wenn dieser seine eigenen Mitwirkungspflichten nach den §§ 15 und 16 ArbSchG verletzt hat. Im Ergebnis scheitern Schadensersatzansprüche wegen Arbeitsschutzverletzungen dessen ungeachtet regelmäßig an der Haftungsbeschränkung für Arbeitsunfälle nach den §§ 104ff. SGB VII.[132]

## 3. Öffentlich-rechtliche Durchsetzung

752 Nach § 22 Abs. 3 ArbSchG kann die Arbeitsschutzbehörde Anordnungen zur Durchsetzung der gesetzlichen Arbeitsschutzvorschriften gegen den Arbeitgeber oder die neben ihm verantwortlichen Personen (§ 13 ArbSchG) erlassen. Eine entsprechende Anordnungsbefugnis gewährt § 19 Abs. 1 SGB VII auch dem Aufsichtspersonal der gesetzlichen Unfallversicherung. Möglich sind solche Anordnungen sowohl zur Durchsetzung der Vorgaben des ArbSchG als auch der jeweils einschlägigen Arbeitsschutzverordnungen[133] bzw. der Pflichten, die sich aus den Unfallverhütungsvorschriften nach § 15 SGB VII ergeben. Regelmäßig wird die Behörde vorab im Wege eines sog. Revisionsschreibens festgestellte Mängel auflisten und dem Arbeitgeber die Möglichkeit geben, diese freiwillig abzustellen. Kommt der Arbeitgeber hingegen über einen längeren Zeitraum einer Anordnung zum Arbeitsschutz nicht nach, kann die Aufsicht nach § 22 Abs. 3 S. 3 ArbSchG sogar die betroffenen Arbeiten untersagen. Möglich sind nach § 22 Abs. 3 S. 1 Nr. 1 ArbSchG darüber hinaus Anordnungen gegen Arbeitnehmer, die ihre Mitwirkungspflichten nach § 15f. ArbSchG nicht erfüllen.

753 Nach § 22 Abs. 1 ArbSchG kann die Arbeitsschutzaufsicht vom Arbeitgeber und den verantwortlichen Personen insbesondere die erforderlichen Auskünfte verlangen,

[130] Staudinger/Oetker § 618 Rn. 317ff. mwN.
[131] MüKoBGB/Henssler § 618 Rn. 108 mwN.
[132] Hierzu Staudinger/Oetker § 618 Rn. 324ff.
[133] Dazu im Einzelnen Wiebauer NVwZ 2017, 1653ff.

um die Einhaltung der staatlichen Arbeitsschutzvorschriften zu überwachen (zur entsprechenden Befugnis der Aufsichtspersonen der gesetzlichen Unfallversicherung siehe § 19 Abs. 2 SGB VII). Ein Betretungsrecht (§ 22 Abs. 2 ArbSchG) steht der Aufsichtsbehörde aber nur gegenüber dem Arbeitgeber zu bzw. gegenüber Dritten, soweit diese ausnahmsweise Arbeitsschutzpflichten zu erfüllen haben.[134] Kein Betretungsrecht besteht insbesondere für das Home-Office eines Arbeitnehmers.[135]

## 4. Sanktionen

754 Arbeitsschutzverstöße sind gemäß § 25 ArbSchG bußgeldbewehrt. Während eine Ahndung nach § 25 Abs. 1 Nr. 2 ArbSchG eine vorherige vollziehbare Anordnung durch die Aufsichtsbehörde voraussetzt, ermöglicht § 25 Abs. 1 Nr. 1 ArbSchG die Verhängung eines Bußgeldes bei Verstößen gegen eine einschlägige Arbeitsschutzverordnung, sofern diese – wie inzwischen regelmäßig – entsprechende Bußgeldtatbestände enthält.[136] Im Recht der gesetzlichen Unfallversicherung bedroht § 209 Abs. 1 SGB VII in vergleichbarer Weise Verstöße gegen Unfallverhütungsvorschriften oder gegen vollziehbare Anordnungen mit Bußgeld. In gravierenden Fällen – insbesondere wenn Arbeitnehmer zu Schaden kommen, können Arbeitsschutzverstöße auch zu einem Strafverfahren führen (§ 26 ArbSchG, § 222 oder § 229 StGB).[137]

[134] Dazu Wiebauer ARP 2021, 271, 274.
[135] Picker NZA-Beilage 2021, 4 (9); Wiese RdA 2009, 344 (352); Rieble/Picker ZfA 2013, 383 (408); Aligbe ArbRAktuell 2016, 132 (135).
[136] Siehe den Überblick bei Wiebauer ArbRAktuell 2017, 534 ff.
[137] Siehe den Überblick bei Wiebauer ArbRAktuell 2017, 562 ff.

# G. Unfallversicherung bei Mobile Work

## Übersicht



## I. Interessenlage

755 Die Tätigkeit im Home-Office oder im Rahmen sonstiger mobiler Arbeit bietet den Beschäftigten Flexibilität; die damit verbundene Entgrenzung der Arbeit in zeitlicher und räumlicher Hinsicht[1] bringt aber gerade im Bereich der gesetzlichen Unfallversicherung erhebliche **Abgrenzungsprobleme** mit sich. Dabei geht es zum einen um die materiellrechtliche Frage nach der Reichweite des Begriffs des Arbeitsunfalls; die Novellierung des § 8 SGB VII zum 18.6.2021 hat insofern zu einer nicht unerheblichen Ausweitung des Versicherungsschutzes geführt (→ Rn. 764 ff.). Zum anderen ist auf beweisrechtlicher Ebene mit dem praktischen Problem umzugehen, dass gerade bei Unfällen innerhalb der privaten Sphäre des Beschäftigen häufig keine objektiven Beweismittel zur Verfügung stehen, anhand derer sich die für den Unfallversicherungsschutz erforderliche betriebliche Veranlassung der zugrundeliegenden Tätigkeit im Unfallzeitpunkt zuverlässig feststellen lässt. Dies gilt erst recht dann, wenn – wie es

[1] Mühlheims SozSich 2017, 372; Cusumano/Gemünd/Krauss-Hoffmann/Mühlheims/Windemuth Sozialer Fortschritt 71 (2022), 175 (189); näher zu Chancen und Risiken Ch. Picker ZFA 2019, 269 (271 ff.).

im Home-Office geradezu typisch ist – zu „ungewöhnlichen“ Zeiten (zB spät am Abend) gearbeitet wird. Diese Beweisproblematik und das damit verbundene Missbrauchsrisiko haben sich durch die Gesetzesnovellierung noch einmal erheblich verschärft[2] (→ Rn. 809 ff.).

756 Diese Fragen müssen vor dem Hintergrund **kollidierender Interessen** beantwortet werden: Einerseits sind Beschäftigte im Rahmen mobiler Arbeit grundsätzlich in gleicher Weise schutzwürdig wie im Rahmen klassischer betriebsstättengebundener Arbeit. Andererseits stehen den Arbeitgebern, die im Rahmen der gesetzlichen Unfallversicherung allein beitragspflichtig sind (§ 150 Abs. 1 S. 1 SGB VII), außerhalb der Betriebsstätte kaum effektive Präventions- und Kontrollmöglichkeiten zur Verfügung[3], sei es aus tatsächlichen oder – speziell in Bezug auf Home-Office-Tätigkeit – aus rechtlichen Gründen (vgl. Art. 13 GG und § 19 Abs. 2 S. 3 SGB VII)[4]; insofern gilt ähnliches wie im Arbeitsschutzrecht (→ Rn. 705 ff.).

## II. Zugehörigkeit zum versicherten Personenkreis

757 Allerdings kann auch schon die vorgelagerte Frage nach der Zugehörigkeit zum versicherten Personenkreis Probleme bereiten. Mobile Work kann sowohl in abhängiger als auch in selbständiger Beschäftigung geleistet werden.[5] Der Umstand, dass ein Arbeitnehmer im Home-Office oder sonst mobil arbeitet, spricht für sich genommen nicht gegen die Einordnung als Beschäftigter iSd § 2 Abs. 1 Nr. 1 SGB VII iVm § 7 Abs. 1 SGB IV.[6] Vielmehr erfolgt die Abgrenzung im Wege einer **einzelfallbezogenen Prüfung,** bei der die Besonderheiten mobiler Arbeit zu berücksichtigen sind (vgl. bereits zum Arbeitnehmerbegriff iSd Arbeitsrechts → Rn. 93 ff.).

758 So kommt es für das Vorliegen nichtselbständiger Arbeit zwar nach § 7 Abs. 1 S. 2 SGB IV auf die **Eingliederung in die Arbeitsorganisation** des Weisungsgebers an. Eine *räumliche* Eingliederung in die Betriebsstätte ist hierfür in Zeiten der Digitalisierung aber nicht zwingend erforderlich; eine *funktionale* bzw. *„virtuelle“* Eingliederung – etwa mittels Einbindung in das unternehmerische IT-Netzwerk – kann genügen.[7] Wie auch sonst[8] steht bei der Abgrenzung ohnehin das Kriterium

---

[2] Krit. zur Neuregelung daher Spellbrink/Karmanski SGb 2021, 461 (472, Fn. 135).

[3] Vgl. Schlegel in: Schlegel/Meßling/Bockholdt, COVID-19, § 18 Rn. 58 f., der die alleinige Beitragspflicht der Arbeitgeber daher rechtspolitisch in Zweifel zieht.

[4] Danach dürfen die Aufsichtspersonen der Unfallversicherungsträger die Wohnräume des Versicherten nur zur Abwehr „dringender Gefahren“ (vgl. Art. 13 Abs. 7 GG) betreten; vgl. dazu BSG 5.7.2016 – B 2 U 5/15 R, NZS 2016, 948, Rn. 28.

[5] Chandna-Hoppe in: Dobreva/Hack-Leoni/Holenstein/Koller/Nedi, Neue Arbeitsformen und ihre Herausforderungen im Arbeits- und Sozialversicherungsrecht, 2019, S. 123 (127); Wank NZA 1999, 225 (230).

[6] Vgl. zur Einordnung als Beschäftigte nur BSG 27.11.2018 – B 2 U 28/17 R, BeckRS 2018, 40346, Rn. 16; LSG Nordrhein-Westfalen 9.11.2020 – L 17 U 487/19, BeckRS 2020, 38654, Rn. 23; 15.5.2023 – L 8 BA 32/23 B ER, BeckRS 2023, 13057, Rn. 11 ff.; LSG Berlin-Brandenburg 6.4.2023 – L 28 BA 12/23 B ER, BeckRS 2023, 11798, Rn. 19 ff.; vgl. auch für das Arbeitsrecht Ch. Picker ZfA 2019, 269 (271).

[7] Vgl. LSG Hamburg 26.1.2021 – L 3 BA 25/19, BeckRS 2021, 4415, Rn. 32 f.; LSG Nordrhein-Westfalen 15.5.2023 – L 8 BA 32/23 B ER, BeckRS 2023, 13057, Rn. 11; vgl. für das Arbeitsrecht Chandna-Hoppe in: Dobreva/Hack-Leoni/Holenstein/Koller/Nedi, Neue Arbeitsformen und ihre Herausforderungen im Arbeits- und Sozialversicherungsrecht, 2019, S. 123 (127 f.); Faas in: Taeger/Pohle, ComputerR-HdB, 70.5 Rn. 12; Ch. Picker ZfA 2019, 269 (271); Wank NZA 1999, 225 (231).

[8] Vgl. etwa BSG 29.8.2012 – B 12 KR 25/10 R, NZS 2013, 181, Rn. 15 f. mwN.

der **Weisungsabhängigkeit** im Vordergrund. Zwar zeichnet sich mobiles Arbeiten durch räumliche und zeitliche Flexibilität[9] aus. Aber weil es sich dabei gerade um eine *Eigenart* des mobilen Arbeitens handelt, können im Rahmen der typologischen Abgrenzung[10] nicht dieselben Maßstäbe gelten wie bei betriebsstättengebundener Arbeit.[11] So bedarf es im Kontext mobiler Arbeit nicht der Bindung an einen konkreten Zeitplan, solange ein zeitlicher Rahmen vorgegeben ist.[12] Im Übrigen steht die Prüfung der inhaltlichen bzw. fachlichen Weisungsabhängigkeit im Vordergrund.[13] Und auch hier gilt ein flexibler Maßstab: Je qualifizierter eine Tätigkeit ihrer Art nach ist, umso schwächer kann der Grad der inhaltlichen Weisungsgebundenheit ausgestaltet sein, ohne dass dadurch der Beschäftigtenstatus in Frage gestellt wird.[14]

759 Selbst wenn es im Einzelfall an einer persönlichen Abhängigkeit fehlen sollte, wenn also Selbständigkeit vorliegt, wird es sich bei den betroffenen Personen häufig zumindest um **Heimarbeiter** iSd § 12 Abs. 2 Hs. 1 SGB IV handeln.[15] Diese sind aufgrund der Fiktion des § 12 Abs. 2 Hs. 2 SGB IV ebenfalls über § 2 Abs. 1 Nr. 1 SGB VII in der gesetzlichen Unfallversicherung pflichtversichert. Die im Arbeitsrecht vieldiskutierte[16] Abgrenzung zwischen (Tele-)Arbeitnehmern und (Tele-)Heimarbeitern (vgl. § 2 Abs. 1 HAG; s. dazu → Rn. 105) hat daher im Sozialversicherungsrecht keine praktische Bedeutung.[17]

## III. Reichweite des Versicherungsschutzes bei Mobile Work

### 1. Die Voraussetzungen eines Arbeitsunfalls nach § 8 SGB VII

#### a) Überblick

760 § 8 Abs. 1 S. 1 SGB VII definiert Arbeitsunfälle als Unfälle von Versicherten infolge einer den Versicherungsschutz nach §§ 2, 3 oder 6 SGB VII begründenden Tätigkeit (versicherte Tätigkeit). Voraussetzung ist dabei nach ständiger Rechtsprechung des BSG, „dass die Verrichtung zur Zeit des Unfalls der versicherten Tätigkeit zuzurechnen ist (innerer oder sachlicher Zusammenhang), sie zu dem zeitlich begrenzten, von außen auf den Körper einwirkenden Ereignis – dem Unfallereignis – geführt und dass das Unfallereignis einen Gesundheitserstschaden oder den Tod des Versicherten ob-

[9] Häufig wird sog. Vertrauensarbeitszeit vereinbart; vgl. Arnold/Winzer in: Arnold/Günther, Arbeitsrecht 4.0, § 3 Rn. 48 ff.; Ch. Picker ZfA 2019, 269 (271 f.).
[10] Allg. hierzu Uffmann NZA-Beilage 2016, 5 (10) mwN.
[11] Vgl. Reinecke NZA-RR 2016, 393 (396).
[12] Vgl. LSG Niedersachsen–Bremen 17.3.2023 – L 2 BA 38/22, BeckRS 2023, 8055, Rn. 65; vgl. im Hinblick auf den Arbeitnehmerbegriff Ch. Picker ZfA 2019, 269 (271); Reinecke NZA-RR 2016, 393 (396).
[13] Brose NZS 2017, 1 (11).
[14] S. nur Ruland NZS 2019, 681 (684 f.).
[15] S. etwa – im Hinblick auf die arbeitsrechtliche Qualifikation eines von zu Hause arbeitenden Softwareentwicklers – BAG 14.6.2016 – 9 AZR 305/15, NZA 2016, 1453, Rn. 15 ff.
[16] Vgl. etwa Deinert RdA 2018, 359 (360 f.); Faas in: Taeger/Pohle, ComputerR-HdB, 70.5 Rn. 13.
[17] Vgl. Waltermann RdA 2019, 94 (96).

jektiv und rechtlich wesentlich verursacht hat (Unfallkausalität und haftungsbegründende Kausalität)".[18]

### b) Innerer Zusammenhang und „gespaltene Handlungstendenz"

761 Von zentraler Bedeutung für die Reichweite des Versicherungsschutzes ist im Rahmen von Home-Office-Tätigkeit und sonstiger mobiler Arbeit das Erfordernis des **inneren** bzw. **sachlichen Zusammenhangs** zwischen dem Unfallgeschehen und der grundsätzlich versicherten Tätigkeit. Hier ist zu prüfen, ob die konkrete Verhaltensweise (die „kleinste beobachtbare Handlungssequenz"[19]), die zum Unfall geführt hat, überhaupt der grundsätzlich versicherten Tätigkeit zugerechnet werden kann oder im privaten Bereich liegt, also eine sog. eigenwirtschaftliche Tätigkeit darstellt. In Grenzfällen stellt das BSG allgemein, also auch außerhalb von Mobile-Work-Konstellationen, zunehmend auf die sog. **objektivierte Handlungstendenz** des Versicherten ab. Dabei handelt es sich grundsätzlich um ein subjektiv-finales Kriterium: Die konkret unfallursächliche Verrichtung muss der grundsätzlich versicherten Tätigkeit „dienen". Die subjektive Handlungstendenz muss allerdings in objektiven, von den Gerichten feststellbaren Umständen zum Ausdruck kommen, also „beobachtbar" sein.[20] Zur beweisrechtlichen Dimension → Rn. 809 ff.; zu (möglichen) Besonderheiten bei Tätigkeiten im Ausland → Rn. 845 f.

762 Aufgrund der Verflechtung der betrieblichen und der privaten Sphäre spielt bei der Tätigkeit im Home-Office und bei sonstiger mobiler Arbeit das Problem der **gespaltenen Handlungstendenz** („gemischte Motivationslage"[21]) eine große Rolle.[22] Damit sind Konstellationen gemeint, in denen der Versicherte im Unfallzeitpunkt eine einheitliche Tätigkeit verrichtet, die sowohl ein betriebliches als auch ein privates Ziel verfolgt.[23] Ein innerer Zusammenhang wird in solchen Fällen angenommen, „wenn die konkrete Verrichtung hypothetisch auch dann vorgenommen worden wäre, wenn die private Motivation des Handelns entfallen wäre […], wenn also die Verrichtung nach den objektiven Umständen in ihrer konkreten, tatsächlichen Ausgestaltung ihren Grund in der betrieblichen Handlungstendenz findet".[24] Ausgehend von diesem Grundsatz wurde der innere Zusammenhang zB in einem Fall bejaht, in dem der Versicherte auf dem Weg zum Öffnen der Haustür stürzte, ohne dabei gewusst zu haben, ob es sich um einen dienstlichen oder privaten Besuch handelt.[25] Verneint

---

[18] S. etwa BSG 30.1.2020 – B 2 U 19/18 R, BeckRS 2020, 1741, Rn. 13 mwN.
[19] Spellbrink NZS 2016, 527 (528).
[20] S. nur BSG 20.12.2016 – B 2 U 16/15 R, DAR 2017, 346, Rn. 15 mwN.
[21] Beide Begriffe werden in der Rspr. verwendet, s. Nachw. bei Bieresborn WzS 2022, 3 (5).
[22] Ausf. Aumann, Arbeitsunfall 4.0, 2019, S. 151 ff.
[23] Davon zu unterscheiden sind „gemischte Tätigkeiten", bei denen der Versicherte gleichzeitig mindestens zwei voneinander trennbare Tätigkeiten verrichtet, die nur teilweise die Voraussetzung einer versicherten Tätigkeit erfüllten; letztere sind ein Problem der Unfallkausalität (BeckOK-SozR/Wietfeld § 8 SGB VII Rn. 18 f.), dazu sogleich → Rn. 763.
[24] StRspr. des BSG, s. stv. BSG 18.6.2013 – B 2 U 7/12 R, NJOZ 2014, 311, Rn. 15 f.
[25] Vgl. LSG Sachsen-Anhalt 21.6.2018 – L 6 U 106/16, BeckRS 2018, 28689; zust. etwa Hauck/Noftz/Keller K § 8 Rn. 43 f. mwN; aA (Weg zum Telefon in Unkenntnis des Anrufers) LSG Baden-Württemberg 23.11.2006 – L 10 U 3788/06, BeckRS 2007, 40042. S. als weiteres Bsp. aus der Rspr. auch LSG Bayern 12.5.2021 – L 3 U 373/18, BeckRS 2021, 19772, Rn. 37 (Rev. anhängig unter Az. B 2 U 14/21 R): versicherungsbezogene Handlungstendenz bejaht bei Unfall im Rahmen der Bedienung der Heizungsanlage im Keller, da diese „durch das betriebliche Erfordernis bestimmt [war], die unternehmerische Tätigkeit im

wurde er hingegen vom BSG im Fall eines Versicherten, der in einem Restaurant zu betrieblichen Zwecken eine Rede geschrieben und ein Telefongespräch geführt hatte und auf dem Rückweg in das Home-Office bei einem Raubüberfall verletzt wurde; der Weg sei vorrangig durch die private Essensaufnahme motiviert gewesen.[26]

### c) Unfallkausalität

763 Besondere Abgrenzungsprobleme können sich bei mobiler Arbeit zudem im Bereich der **Unfallkausalität** ergeben,[27] insbesondere im Zusammenhang mit **„gemischten Tätigkeiten“**,[28] mit vom Versicherten **„eingebrachten Gefahren“**[29] oder bei Realisierung **„spezifischer Umgebungsrisiken“** im häuslichen Bereich[30]. So wurde in der Rechtsprechung auf Basis des § 8 Abs. 1 SGB VII aF die Unfallkausalität bei einer Verletzung verneint, die sich der Versicherte bei der Bedienung der Heizungsanlage im Keller eines Privathauses zugezogen hatte. Er hatte während der Arbeit im häuslichen Arbeitszimmer festgestellt, dass der Heizkörper nicht funktionierte, und wollte diese wieder in Gang bringen. Der Unfall war in den Augen des Gerichts „nicht etwa durch einen – auf betriebsbedingte Eile o. ä. – zurückzuführenden Bedienungsfehler des Klägers, sondern entscheidend dadurch bedingt, dass allein durch die defekte, im Privateigentum des Klägers stehende Heizungsanlage die schadensverursachende Verpuffung überhaupt möglich war“.[31] Zur Beurteilung nach neuer Rechtslage noch → Rn. 766.

## 2. Die Novellierung des § 8 SGB VII

764 Die vor dem 18.6.2021 geltende Fassung des § 8 SGB VII führte in der Rechtsprechung des BSG in verschiedenen Konstellationen zu einer Benachteiligung mobiler gegenüber betriebsstättengebundener Arbeit. Dabei ging es vor allem um Wege zur Nahrungsaufnahme und zur Toilette (näher → Rn. 788 ff.) sowie um Wege zum Ort der Kinderbetreuung (näher → Rn. 798 ff.). Diese Benachteiligungen hat der Gesetzgeber inzwischen durch die Einführung von **§ 8 Abs. 1 S. 3 und Abs. 2 Nr. 2a SGB II nF** beseitigt. Diese Neuregelungen waren bereits in den beiden Referenten-

---

Home-Office bei angenehmer Raumtemperatur weiterführen zu können“ (abl. Hauck/Noftz/Keller K § 8 Rn. 43 f.; zur Frage der Unfallkausalität in diesem Fall unten noch → Rn. 763, 766).

[26] BSG 18.6.2013 – B 2 U 7/12 R, NJOZ 2014, 311, Rn. 15 f. Im Schrifttum wird teilweise davon ausgegangen, dass die Entscheidung auf Grundlage des § 8 Abs. 1 S. 3 SGB VII nF anders ausfallen müsste, so – jdf. in der Tendenz – Mühlheims NZS 2022, 5 (9) mit weiteren Beispielen.

[27] Hier gilt die sog. Theorie der wesentlichen Bedingung; hierzu und zur zweistufigen Prüfung BeckOK-SozR/Wietfeld § 8 SGB VII Rn. 112 ff.

[28] S. hierzu bereits Fn. 23; s. das Bsp. bei Bieresborn WzS 2022, 3 (7): keine Unfallkausalität bei Sturz auf dem Rückweg aus dem Keller, wenn der Versicherte gleichzeitig Druckerpapier für die betriebliche Tätigkeit und Rotwein für das spätere Abendessen holt und sich an den Scherben verletzt.

[29] Hierzu speziell im Home-Office-Kontext Bieresborn WzS 2022, 3 (9 ff.); Hauck/Noftz/Keller K § 8 Rn. 43i.

[30] Hierzu Mühlheims NZS 2022, 5 (10); s. auch – unter dem Gesichtspunkt der „besonderen Betriebsgefahren“ – Bieresborn WzS 2022, 3 (9 ff.).

[31] LSG Bayern 12.5.2021 – L 3 U 373/18, BeckRS 2021, 19772, Rn. 44 (Rev. anhängig unter Az. B 2 U 14/21 R).

entwürfen zum „Mobile-Arbeit-Gesetz"[32] vorgesehen. Da dieses Gesetzgebungsvorhaben nicht weiterverfolgt wurde, hat man den unfallversicherungsrechtlichen Teil des Mobile-Arbeit-Gesetzes in den Entwurf zum Betriebsrätemodernisierungsgesetz überführt;[33] mit diesem ist die Novellierung des § 8 SGB VII zum **18.6.2021 in Kraft getreten.**[34]

### a) Inhalt und Reichweite der Neuregelungen

765 Der **neue § 8 Abs. 1 S. 3 SGB VII** enthält ein abstraktes **Gleichstellungsgebot**[35] mit folgendem Wortlaut: „Wird die versicherte Tätigkeit im Haushalt der Versicherten oder an einem anderen Ort ausgeübt, besteht Versicherungsschutz in gleichem Umfang wie bei Ausübung der Tätigkeit auf der Unternehmensstätte." § 8 Abs. 1 S. 3 SGB VII nF ist erklärtermaßen auf die Schließung von Versicherungslücken in den vorgenannten Konstellationen – Wege zu und von der Nahrungsaufnahme bzw. Toilette – zugeschnitten.[36] Noch ungeklärt ist, ob und ggf. inwieweit sie darüber hinausgeht:

766 • Die systematische Stellung der Neuregelung spricht für eine Beschränkung auf Unfälle, die unter § 8 *Abs. 1* SGB VII fallen. Das BSG subsumiert Wege zur Nahrungsaufnahme, die aus der Betriebsstätte heraus führen, jenseits der Außentür allerdings unter *Abs. 2 Nr. 1* (→ Rn. 789). Eine Gleichstellung ist – nicht zuletzt verfassungsrechtlich im Hinblick auf Art. 3 Abs. 1 GG[37] – auch insofern geboten. Ein gesetzgeberischer Wille, gerade diese Konstellation (Wege zur Nahrungsaufnahme, die aus dem Home-Office herausführen) von der Gleichstellungsanordnung des § 8 Abs. 1 S. 3 SGB VII auszunehmen, ist nicht festzustellen.[38] Entgegen der hM[39] ist § 8 Abs. 1 S. 3 SGB VII nF daher **auf Abs. 2 Nr. 1 zu erstrecken**[40] (s. auch noch → Rn. 791).

• Klärungsbedürftig ist zudem die Frage, ob sich § 8 Abs. 1 S. 3 SGB VII nF auf eine Gleichstellung im Rahmen des Merkmals des inneren Zusammenhangs zwischen

---

[32] RefE BMAS – Entwurf eines Gesetzes zur mobilen Arbeit (Mobile Arbeit-Gesetz – MAG) v. 4.12.2020 und v. 14.1.2021. S. zur Vorgeschichte und zum pandemiebedingten Hintergrund Mühlheims NZS 2022, 5 (6f.).

[33] Beschlussempfehlung und Bericht des Ausschusses für Arbeit und Soziales vom 19.5.2021, BT-Drs. 19/29819, S. 8f., S. 17f.

[34] Art. 5 des Gesetzes zur Förderung der Betriebsratswahlen und der Betriebsratsarbeit in einer digitalen Arbeitswelt v. 14.6.2021, BGBl. I S. 1762. S. auch zu der vergleichbaren Neuregelung in Österreich Auer-Mayer JAS 2022, 183ff.; Resch/Hekimler ZESAR 2021, 203 (209).

[35] Zur Flexibilität und Funktionalität des Regelungskonzepts sowie zu seiner dogmatischen Deutung als sog. unvollständiger Rechtssatz Gräf VSSAR 2021, 253 (295ff.); s. auch Mühlheims NZS 2022, 5 (7).

[36] BT-Drs. 19/29819, S. 17f.

[37] Zu entsprechenden Erwägungen des BSG noch → Rn. 789; ausf. in Bezug auf Nahrungsaufnahmewege Gräf VSSAR 2021, 253 (291ff.); aA Bieresborn WzS 2022, 3 (7f.).

[38] Das Gegenargument, dass die Entwurfsbegründung (BT-Drs. 19/29819, 17f.) nur „Wege im eigenen Haushalt" erwähnt (Keller SGb 2021, 738 [742]), kann nicht überzeugen, zum einen, weil diese Konstellation erkennbar nur als Beispiel genannt wird, zum anderen, weil sich die Einbeziehung von Nahrungsaufnahmewegen ausdr. auch auf mobile Arbeit außerhalb der eigenen Wohnung beziehen soll.

[39] SG Würzburg 27.3.2023 – S 5 U 6/23, BeckRS 2023, 7121, Rn. 39ff.; Keller SGb 2021, 738 (742f.); BeckOGK/Ricke SGB VII § 8 Rn. 199; Schlaeger jurisPR-SozR 13/2021, Anm. 4 (unter C. 2. c.); Schlaeger SGb 2022, 495 (499); s. auch Bieresborn WzS 2022, 3 (8): Versicherungsschutz nur in Ausnahmefällen (mit Bsp.).

[40] S. bereits Gräf VSSAR 2021, 253 (298); im Erg. wie hier schon auf Basis des § 8 SGB VII aF Aumann, Arbeitsunfall 4.0, 2019, S. 182ff.; Mühlheims SozSich 2017, 372 (373ff.); wohl auch LSG Niedersachsen–Bremen 16.3.2023 – L 14 U 29/22, BeckRS 2023, 10759, Rn. 33 (Rev. zugelassen).

dem Unfallgeschehen und der grundsätzlich versicherten Tätigkeit (→ Rn. 761 f.) beschränkt – hieran scheiterte nämlich nach bisheriger Rechtsprechung die Einbeziehung von Nahrungsaufnahme- und Toilettenwegen, auf welche die Entwurfsbegründung abzielt – oder sich auf die Voraussetzung der **Unfallkausalität erstreckt.** Im Schrifttum wird teilweise Letzteres befürwortet und angenommen, dass Konstellationen wie der oben erwähnte „Heizkörper-Fall" (→ Rn. 763) zukünftig eher zugunsten des Versicherten zu entscheiden sind.[41] Zwar bedarf es einer Gleichbehandlung in der Tat im Hinblick auf *sämtliche* Voraussetzungen des Arbeitsunfalls – dies folgt schon aus Art. 3 Abs. 1 GG. Ob dies tatsächlich zu merklichen Veränderungen in der Home-Office-Rechtsprechung im Hinblick auf die Unfallkausalität führen wird, bleibt allerdings abzuwarten. Eine vollständige Einbeziehung „eingebrachter Gefahren" bzw. von „Umgebungsgefahren", insbesondere solcher, die keine Entsprechung im Bereich betriebsstättengebundener Arbeit finden (zB die Verletzung durch den eigenen Hund des Versicherten)[42], ist jedenfalls nicht geboten.

767 Zweitens wurde zum 18.6.2021 die Wegeunfallversicherung **in § 8 Abs. 2 SGB VII** um einen neuen Katalogtatbestand ergänzt, und zwar um **Nr. 2a** („das Zurücklegen des unmittelbaren Weges nach und von dem Ort, an dem Kinder von Versicherten nach Nummer 2 Buchstabe a fremder Obhut anvertraut werden, wenn die versicherte Tätigkeit an dem Ort des gemeinsamen Haushalts ausgeübt wird"). Näher zu den Voraussetzungen des § 8 Abs. 2 Nr. 2a SGB VII unten → Rn. 803 ff.

### b) Der Begriff des mobilen Arbeitens im Rahmen des § 8 SGB VII nF

768 Anders als die Gesetzesbegründung zu § 87 Abs. 1 Nr. 14 BetrVG nF[43] und Art. 2.2 der inzwischen außer Kraft getretenen SARS-CoV-2-Arbeitsschutzregel enthalten weder § 8 SGB VII nF noch die Materialien zum Betriebsrätemodernisierungsgesetz eine Definition des Begriffs der **mobilen Arbeit.** Er ist daher durch Auslegung zu ermitteln.

769 Im Ausgangspunkt gilt **§ 8 Abs. 1 S. 3 SGB VII nF** für **sämtliche Formen mobiler Arbeit,** also nicht nur für Tätigkeiten in der eigenen Wohnung. Ausgeklammert sind freilich Konstellationen, in denen der Beschäftigte seine Tätigkeit aufgrund der Eigenart der Arbeitsleistung zwingend außerhalb der Betriebsstätte verrichten muss[44] (zB Fernfahrer); hier greift ohne Weiteres bereits § 8 Abs. 1 S. 1 SGB VII. Demgegenüber ist **§ 8 Abs. 2 Nr. 2a SGB VII nF** auf **Home-Office-Konstellationen** („Tätigkeit an dem Ort des gemeinsamen Haushalts") beschränkt.[45] Letzteres erklärt sich dadurch, dass im Rahmen von mobiler Arbeit außerhalb der eigenen

[41] So Mühlheims NZS 2022, 5 (9 f.) mit weiteren Beispielen (Versicherungsschutz im häuslichen Bereich zB auch bei Sturz auf defekter oder nasser Treppe, die der Versicherte zuvor selbst geputzt hat); vgl. auch Hauck/Noftz/Keller K § 8 Rn. 43i, der im „Heizkörper-Fall" aber die betriebsbezogene Handlungstendenz des Versicherten verneint (Rn. 43 f.); vgl. demgegenüber Bieresborn WzS 2022, 3 (11).

[42] Bieresborn WzS 2022, 3 (10); BeckOGK/Ricke SGB VII § 8 Rn. 217.

[43] BT-Drs. 19/28899, 23.

[44] S. zu § 87 Abs. 1 Nr. 14 BetrVG nF BT-Drs. 19/28899, 23.

[45] Krit. hierzu Buhr NZS 2021, 825 (827).

Wohnung schon der bereits bestehende Umwegetatbestand (§ 8 Abs. 2 Nr. 2 lit. a SGB VII) zur Verfügung steht.[46]

770 Beide Regelungen – § 8 Abs. 1 S. 3 und Abs. 2 Nr. 2a SGB VII nF – greifen nach ihrem Normzweck unabhängig davon, ob der Versicherte **elektronische** oder **nicht-elektronische** Arbeitsmittel einsetzt.[47] Erst recht kommt es nicht auf das Vorliegen eines vom Arbeitgeber fest eingerichteten Bildschirmarbeitsplatzes iSd § 2 Abs. 7 ArbStättV („Telearbeitsplatz") an.

771 Die Regelungen sehen zudem keine Beschränkung auf Versicherte vor, die **regelmäßig** am Ort des (gemeinsamen) Haushalts oder an einem anderen Ort die versicherte Tätigkeit ausüben.[48] Der Versicherungsschutz soll also offenbar **auch** bei **anlassbezogener** mobiler Arbeit bestehen. Hierfür sprechen der Schutzzweck des Unfallversicherungsrechts und in systematischer Hinsicht der Umstand, dass auch § 87 Abs. 1 Nr. 14 BetrVG nF anlassbezogene mobile Arbeit miteinschließt[49]. In diesem Punkt gehen § 8 Abs. 1 S. 3 und Abs. 2 Nr. 2a SGB VII nF über die vom BSG in seiner unfallversicherungsrechtlichen Judikatur bisher verwendete Home-Office-Definition hinaus; danach war erforderlich, dass der Versicherte „regelmäßig (dauerhaft oder alternierend)" im häuslichen Bereich arbeitet[50] (dazu noch → Rn. 782).

772 Ausreichend, aber auch erforderlich ist, dass die Tätigkeit **im Einverständnis mit dem Arbeitgeber** und nicht lediglich eigeninitiativ im Mobile- bzw. Home-Office ausgeübt wird.[51] Dies galt schon nach der gerade erwähnten Home-Office-Definition des BSG. Dass dieses Merkmal in § 8 Abs. 1 S. 3 SGB VII nF keine explizite Normierung erfahren hat, ist unschädlich; es lässt sich bereits aus dem allgemeinen Erfordernis eines sachlichen Zusammenhangs zwischen der unfallursächlichen Tätigkeit und der grundsätzlich versicherten Tätigkeit ableiten. Insofern gilt nichts anderes als bei Gemeinschaftsveranstaltungen (Betriebsausflüge, Weihnachtsfeiern etc.): Dort wird für den Versicherungsschutz gefordert, dass die Veranstaltung „nicht aus eigenem Antrieb und freier Entschließung", sondern „im Einvernehmen" mit dem Arbeitgeber erfolgt ist; ausreichend, aber auch erforderlich ist danach, dass dieser die Veranstaltung „billigt und fördert".[52] Dies muss auch im Kontext mobiler Arbeit gelten. Entsprechend der bisherigen Home-Office-Rechtsprechung des BSG kommen dabei sowohl

---

[46] Mühlheims NZS 2022, 5 (10, Fn. 76).

[47] Vgl. auch 2.2 der außer Kraft getretenen SARS-CoV-2-Arbeitsschutzregel; demgegenüber setzt § 87 Abs. 1 Nr. 14 BetrVG die Verwendung von „Informations- und Kommunikationstechnik" voraus.

[48] Wohl auch Keller SGb 2021, 738.

[49] BT-Drs. 19/28899, 23.

[50] BSG 27.11.2018 – B 2 U 28/17 R, BeckRS 2018, 40346, Rn. 19: „‚Arbeitsstätten' im häuslichen Bereich sind […] nur solche Arbeitsräume, in denen Arbeitsplätze aufgrund arbeitsvertraglicher (Individual-)Vereinbarungen innerhalb von Gebäuden dauerhaft eingerichtet sind und in denen Beschäftigte im Rahmen ihrer Arbeit regelmäßig (ausschließlich oder alternierend) tätig werden (‚Home-Office'). Liegt der arbeitsvertraglich vereinbarte Erfüllungsort (§ 269 BGB) für die Arbeitsleistung (Arbeitsort) dagegen außerhalb des Wohnhauses des Beschäftigten und erledigt er seine Arbeit (ggf. eigeninitiativ außerhalb der Arbeitszeit) zu Hause, ohne dies arbeitsvertraglich vereinbart zu haben oder dazu aufgrund einer (Einzel-)Weisung des Arbeitgebers angehalten worden zu sein, scheidet eine ‚Home-Office'-Konstellation regelmäßig aus." Vgl. zur Abgrenzung bereits BSG 18.6.2013 – B 2 U 7/12 R, NJOZ 2014, 311, Rn. 19; s. zuletzt auch BSG 8.12.2021 – B 2 U 4/21 R, NJW 2022, 3029, Rn. 18.

[51] AA (Einwilligung des Unternehmers nicht erforderlich) unter Berufung auf den Wortlaut Keller SGb 2021, 738 (738, 743 f.).

[52] StRspr., s. nur BSG 5.7.2016 – B 2 U 19/14 R, NJW 2017, 506, Rn. 14 mwN; zuletzt etwa LSG Bayern 20.1.2022 – L 17 U 65/20, BeckRS 2022, 10129, Rn. 4 (Segway-Parcours als Team-Building-Maßnahme i.R. einer Tagung); aus der Lit. BeckOK-SozR/Wietfeld § 8 SGB VII Rn. 46.

individual- als auch kollektivvertragliche Vereinbarungen sowie Weisungen des Arbeitgebers in Betracht;[53] auch ein konkludent erteiltes Einverständnis des Arbeitgebers genügt[54]. Nicht erforderlich ist, dass der **konkrete Ort** der Tätigkeit mit dem Arbeitnehmer vereinbart ist; es genügt, wenn dem Versicherten vom Arbeitgeber insofern **Wahlfreiheit** eingeräumt wird.[55]

### c) Behandlung von Alt-Fällen

773 Nicht abschließend geklärt ist, wie mit Alt-Unfällen umzugehen ist, also mit solchen, die sich bereits **vor dem Inkrafttreten der Novelle am 18.6.2021** ereignet haben. Die Frage ist von erheblicher praktischer Bedeutung; denn in diesen Zeitraum fallen die ersten drei Wellen der COVID-19-Pandemie, also die „Hochphase" des Home- und Mobile-Office – und damit vermutlich auch eine ganz erhebliche Zahl potenzieller Arbeitsunfälle im häuslichen Bereich, die in den nächsten Jahren noch ober- und höchstgerichtlich aufzuarbeiten sein werden.

774 Die Neuregelungen in § 8 Abs. 1 S. 3 und Abs. 2 Nr. 2a SGB VII nF als solche entfaltet **keine Rückwirkung;**[56] es gilt das Versicherungsfallprinzip (vgl. §§ 212ff. SGB VII)[57]. Eine Rückwirkung hätte der Gesetzgeber anordnen müssen; darauf hat er im Betriebsrätemodernisierungsgesetz aber verzichtet. Damit sind sämtliche Unfälle, die sich vor dem 18.6.2021 ereignet haben, noch auf Grundlage des § 8 SGB VII aF zu bewerten.

775 Allerdings erscheint denkbar, dass das BSG die Novellierung des § 8 SGB VII zum Anlass nimmt, seine **frühere** – im Hinblick auf Art. 3 Abs. 1 GG bedenkliche[58] – **Rechtsprechung** auch in Bezug auf Alt-Fälle **zu korrigieren.** Hinsichtlich Unfällen auf Wegen zum und vom Ort der Kinderbetreuung bedürfte es dafür einer analogen Anwendung des § 8 Abs. 2 Nr. 2 lit. a SGB VII, die das BSG bisher ablehnt (dazu → Rn. 800ff.). Dass nach dem Bekunden des Gesetzgebers mit § 8 SGB VII nF „eine Versicherungslücke geschlossen" werden sollte, die „nach geltendem Recht" im Home-Office und bei sonstiger mobiler Arbeit besteht, bzw. dass der Versicherungsschutz von im Home-Office tätigen Personen auf Wege „erstreckt" werden sollte, die sie wegen ihrer beruflichen Tätigkeit zur außerhäuslichen Betreuung ihrer Kinder zurücklegen,[59] steht einer Rechtsprechungsänderung nicht entgegen. Damit wird nicht etwa die frühere Judikatur des BSG legislativ versteinert; vielmehr lässt sich die Äußerung ebenso gut dahingehend deuten, dass eine für unzureichend befundene richterliche Gesetzesauslegung jedenfalls für die Zukunft korrigiert werden sollte.[60]

---

[53] Vgl. Fn. 50.
[54] Vgl. BSG 8.12.2021 – B 2 U 4/21 R, NJW 2022, 3029, Rn. 18 mit ausdr. Hinweis auf die Formfreiheit.
[55] Vgl. BeckOGK/Ricke, SGB VII § 8 Rn. 129, 224.
[56] Gräf VSSAR 2021, 253 (255f.); Greiner NZS 2022, 740 (741); Mühlheims NZS 2022, 5 (7); offen gelassen durch BSG 8.12.2021 – B 2 U 4/21 R, NJW 2022, 3029, Rn. 14.
[57] LSG Bayern 12.5.2021 – L 3 U 373/18, BeckRS 2021, 19772, Rn. 45 (Rev. anhängig unter Az. B 2 U 14/21 R); Keller SGb 2021, 738 (739).
[58] Ausf. – auch im Hinblick auf unionsrechtliche Diskriminierungsverbote – Gräf VSSAR 2021, 253 (269ff., 291ff.); s. auch Buhr NZS 2021, 825 (826): „grober Missstand"; aA Bieresborn WzS 2022, 3 (7).
[59] BT-Drs. 19/29819, 17f.
[60] S. bereits Gräf VSSAR 2021, 253 (292). § 8 Abs. 1 S. 3 SGB VII hat danach nur deklaratorischen Charakter, s. Gräf VSSAR 2021, 253 (295); offen gelassen von Mühlheims NZS 2022, 5 (7).

### d) Exkurs: Neuregelungen im Beamtenversorgungsrecht

776 Eine mit § 8 Abs. 1 S. 3 SGB VII nF vergleichbare Regelung fehlt bislang im Beamtenversorgungsrecht. Der Trend zur Verlagerung der Tätigkeit ins Home-Office oder allgemein an Orte außerhalb der Dienststelle macht aber auch vor Beamten nicht Halt[61] und wurde auch hier durch die Corona-Krise verstärkt[62]. Parallel zum Arbeitsunfall (§ 8 SGB VII) ist in § 31 BeamtVG und den entsprechenden Beamtenversorgungsgesetzen der Länder der Dienstunfall geregelt. Was die Anerkennung von Dienstunfällen in Home-Office-Konstellationen betrifft, ist in der Rechtsprechung allerdings eine (noch) **zurückhaltendere Tendenz** als in der bisherigen Judikatur der Sozialgerichte zu erkennen,[63] da die Verwaltungsgerichte von einem streng an Dienstort und Dienstzeit gebundenen Ansatz ausgehen[64].

777 Im Beamtenversorgungsrecht gab es bislang auch keine explizite Regelung zu Unfällen auf Wegen, die ein Beamter zwischen dem Home-Office und einer Kinderbetreuungseinrichtung zurücklegt. Zwar wurde in der verwaltungsgerichtlichen Instanzrechtsprechung bereits eine analoge Anwendung des § 31 Abs. 2 S. 2 BeamtVG aF[65] in Home-Office-Konstellationen bejaht;[66] höchst- bzw. obergerichtlich geklärt wurde die Frage allerdings – soweit ersichtlich – nicht. Inzwischen hat der Gesetzgeber – fast zeitgleich mit dem Betriebsrätemodernisierungsgesetz – im BeamtVG eine § 8 Abs. 2 Nr. 2a SGB VII nF vergleichbare Neuregelung eingeführt:[67] Nach **§ 31 Abs. 2 S. 3 Nr. 2 BeamtVG nF** gilt der Zusammenhang eines Weges mit dem Dienst, der für das Vorliegen eines Dienstunfalls erforderlich ist, „als nicht unterbrochen, wenn der Beamte […] in seiner Wohnung Dienst leistet und Wege zurücklegt, um ein Kind im Sinne des Satzes 3 Nummer 1 Buchstabe a in fremde Obhut zu geben oder aus fremder Obhut abzuholen“. Ähnliche Regelungen haben in der Folge auch einige Länder für ihre **Landesbeamten** erlassen.[68]

## 3. Einzelne Konstellationen

778 Anhand der skizzierten Grundsätze lässt sich die Reichweite des Versicherungsschutzes in verschiedenen Konstellationen bewerten, in denen es im Kontext von Home-Office und sonstiger mobiler Arbeit typischerweise – insbesondere im Hinblick auf

[61] G. Giesen, Arbeitsunfall und Dienstunfall, 2017, S. 62f.

[62] Vgl. Baßlsperger in: Schmidt, COVID-19, § 19 Rn. 41ff.; vgl. zur Rechtmäßigkeit der Anordnung von Home-Office-Dienst durch den Dienstvorgesetzten VG Berlin 14.4.2020 – VG 28 L 119/20, NVwZ-RR 2020, 696.

[63] S. etwa BVerwG 31.1.2008 – 2 C 23/06 (Sturz im häuslichen Arbeitszimmer); zuletzt etwa VG Leipzig 16.2.2021 – 8 K 1099/20, juris (Toilettengang im Home-Office); ausf. Rechtsprechungsübersicht bei G. Giesen, Arbeitsunfall und Dienstunfall, 2017, S. 63ff.

[64] Vgl. nur BVerwG 25.2.2010 – 2 C 81/08, NVwZ 708; 17.11.2016 – 2 C 17.16, NVwZ-RR 2017, 425.

[65] Jetzt: § 31 Abs. 2 S. 3 Nr. 1 BeamtVG nF. Die Vorschrift enthält parallel zu § 8 Abs. 2 Nr. 2a SGB VII einen Abweichungstatbestand.

[66] VG Halle 25.6.2014 – 5 A 136/11, BeckRS 2014, 55053.

[67] Art. 6 des Gesetzes zur Regelung des Erscheinungsbilds von Beamtinnen und Beamten sowie zur Änderung weiterer dienstrechtlicher Vorschriften v. 28.6.2021, BGBl. I S. 2250ff.

[68] S. zB § 46 Abs. 2 S. 2 Nr. 2 LBeamtVGBW nF (in Kraft seit 1.12.2022); Art. 46 Abs. 2 S. 2 BayBeamtVG nF (in Kraft seit 1.1.2022); s. zuvor noch VGH München 16.11.2021 – 3 ZB 21.1907, NVwZ 2022, 258.

das Erfordernis des inneren Zusammenhangs zwischen dem Unfallgeschehen und der grundsätzlich versicherten Tätigkeit – zu Abgrenzungsproblemen kommt.

### a) Arbeitsunfälle im Rahmen der eigentlichen versicherten Tätigkeit

779 Vergleichsweise unproblematisch sind Unfälle im Rahmen der **versicherten Tätigkeit selbst.** Die für mobile Arbeit typische räumliche bzw. zeitliche Verwobenheit zwischen der grundsätzlich versicherten Tätigkeit und der privaten Sphäre des Beschäftigten wirkt sich hier weniger aus als bei Wege-Unfällen. Verletzt sich der Versicherte zB beim Zusammentackern dienstlicher Dokumente oder infolge der Explosion eines Laptop-Akkus beim Schreiben einer dienstlichen E-Mail, so ist die konkrete Tätigkeit nach der Handlungstendenz des Versicherten unzweifelhaft dem Bereich der grundsätzlich versicherten Tätigkeit zuzuordnen, auch wenn er sie in der eigenen Wohnung oder im Rahmen sonstiger mobiler Arbeit verrichtet;[69] ein „Wohnungsbann" existiert nicht.[70] Umgekehrt sind typische **privatwirtschaftliche Tätigkeiten** (die Nahrungsaufnahme *selbst,* die Verrichtung der Notdurft *selbst* etc.) in der eigenen Wohnung oder in sonstigen Mobile-Work-Konstellationen grundsätzlich genauso versicherungsfrei wie an der Betriebsstätte[71] (zu Nahrungsaufnahme- und Toiletten*wegen* → Rn. 788 ff.). Zu Tätigkeiten mit **gespaltener Handlungstendenz** → Rn. 762.

### b) Betriebswege (insbesondere innerhalb des Home-Office)

780 **Betriebswege** sind nach ständiger Rechtsprechung des BSG „Wege, die in Ausführung der versicherten Tätigkeit zurückgelegt werden, Teil der versicherten Tätigkeit sind und damit der Betriebsarbeit gleichstehen". Im Unterschied zu Wegen nach oder vom Ort der Tätigkeit iSd § 8 Abs. 2 Nr. 1 SGB VII (dazu → Rn. 796 ff.) gehen diese der versicherten Tätigkeit nicht lediglich voraus oder schließen sich an diese an, sondern werden „im unmittelbaren Betriebsinteresse unternommen".[72]

#### aa) Keine Geltung des „Außentürprinzips"

781 Auch hier zeigt sich im Rahmen der Grundsätze, die von der Rechtsprechung zu § 8 SGB VII aF aufgestellt wurden, zunächst keine grundlegende Benachteiligung mobiler Arbeit. So betont das BSG in ständiger Rechtsprechung, dass versicherte Betriebswege nicht auf das Betriebsgelände beschränkt sind, sondern auch außerhalb der Betriebsstätte vorliegen können.[73]

---

[69] Bsp. nach Aumann, Arbeitsunfall 4.0, 2019, S. 147 f.; s. auch Greiner NZS 2022, 740; Spellbrink NZS 2016, 527 (528 f.); Spellbrink MedSach 2018, 162 (166).

[70] Bieresborn WzS 2022, 3 (5).

[71] Vgl. zur Nahrungsaufnahme als grundsätzlich privatwirtschaftliche Tätigkeit sowie zu den eng umgrenzten Ausnahmefällen zusammenf. BSG 18.6.2013 – B 2 U 7/12 R, NJOZ 2014, 311, Rn. 17 mwN; zur Verrichtung der Notdurft SG München 4.7.2019 – S 40 U 227/18, NZA-RR 2019, 616, Rn. 28 mwN.

[72] S. etwa BSG 5.7.2016 – B 2 U 5/15 R, NZS 2016, 948, Rn. 20; 31.8.2017 – B 2 U 9/16 R, NJW 2018, 1207, Rn. 10; 27.11.2018 – B 2 U 28/17 R, BeckRS 2018, 40346, Rn. 17 – jeweils mwN.

[73] BSG 28.2.1990 – 2 RU 34/89, SozR 3–2200 § 539 RVO Nr. 1 (S. 2); 31.8.2017 – B 2 U 9/16 R, NJW 2018, 1207, Rn. 10; 27.11.2018 – B 2 U 28/17 R, BeckRS 2018, 40346, Rn. 17; 30.1.2020 – B 2 U 19/18 R, BeckRS 2020, 1741, Rn. 15.

782 Was in der eigenen Wohnung zurückgelegte Wege betrifft, folgt das BSG zwar grundsätzlich dem sog. **Außentürprinzip:** Der Versicherungsschutz beginnt bzw. endet danach mit dem Durchschreiten der Außentür des Gebäudes (Mehr- oder Einfamilienhaus), in dem sich die Wohnung des Versicherten befindet; der Bereich innerhalb der Außentür wird aus Gründen der Rechtssicherheit pauschal dem unversicherten privaten Lebensbereich zugeordnet.[74] Von dieser starren Grenze hat das BSG aber schon auf Basis des § 8 Abs. 1 SGB VII aF zwei **Ausnahmen** gemacht: zum einen bei versicherten Selbständigen, wenn sich die Arbeitsstätte und die Privatwohnung im selben Gebäude befinden,[75] zum anderen bei Beschäftigten in Home-Office-Konstellationen, wenn der Weg in Ausführung der versicherten Tätigkeit zurückgelegt wird.[76] Was das BSG dabei unter einer Home-Office-Konstellation versteht, hat es – in dem erkennbaren Bemühen, diese Ausnahme nicht ausufern zu lassen – in seiner „Treppensturz-Entscheidung" vom 27.11.2018 präzisiert.[77] Diese Definition erfährt unter der Geltung des § 8 Abs. 1 S. 3 SGB VII nF eine punktuelle Erweiterung (→ Rn. 771).

783 Liegt im konkreten Fall eine Home-Office-Konstellation in diesem Sinne vor und geschieht ein Unfall innerhalb des räumlichen Bereichs des Home-Office, ist ein Versicherungsfall also nicht schon aufgrund des Außentürprinzips ausgeschlossen. Für sonstige Fälle mobiler Arbeit (zB bei der Arbeit in einem Ferienhaus) gilt Entsprechendes.

### bb) Maßgeblichkeit der „objektivierten Handlungstendenz"

784 Daran schließt sich eine **Einzelfallprüfung** an, mittels derer ein konkreter Weg innerhalb des Home-Office als versichert oder nicht versichert einzuordnen ist. An diesem Punkt hat sich die Rechtsprechung des BSG in den letzten Jahren grundlegend gewandelt:

785 Lange Zeit hat das BSG entscheidend auf die **Widmung des konkreten Unfallorts** bzw. die **objektive Nutzungshäufigkeit** abgestellt, also darauf, ob der konkrete Unfallort (zB die betroffene Treppe oder der betroffene Raum) quantitativ überwiegend privat oder zu Betriebszwecken genutzt wird.[78] Auf den Zweck des zurückgelegten Wegs sollte es ausdrücklich nicht ankommen.[79] Danach bestand bei Unfällen im Home-Office häufig kein Versicherungsschutz (zB wenn der Weg zum Drucker über einen überwiegend privat genutzten Flur führt und der Versicherte hier stürzt)[80]. Da die meisten Bereiche der Wohnung überwiegend privat genutzt wer-

[74] StRspr. des BSG, s. zuletzt etwa BSG 31.8.2017 – B 2 U 2/16 R, NJW 2018, 1198, Rn. 16 mwN.
[75] BSG 31.8.2017 – B 2 U 9/16 R, NJW 2018, 1207, Rn. 11.
[76] S. nur BSG 27.11.2018 – B 2 U 28/17 R, BeckRS 2018, 40346, Rn. 18f. mwN; zuletzt BSG 8.12.2021 – B 2 U 4/21 R, NJW 2022, 3029, Rn. 20.
[77] S. oben Fn. 50.
[78] S. insbes. BSG 25.2.1993 – 2 RU 12/92, NJW 1993, 2070; 12.12.2006 – B 2 U 1/06 R, BeckRS 2007, 41860.
[79] Deutlich BSG 25.2.1993 – 2 RU 12/92, NJW 1993, 2070.
[80] Vgl. in ähnlichen Konstellationen auf Basis der bisherigen BSG-Rspr. LSG Bayern 5.4.2017 – L 2 U 101/14, BeckRS 2017, 124371; LSG Rheinland-Pfalz 11.1.2017 – L 4 U 174/15, juris. Beide Entscheidungen wurden vom BSG im Anschluss an seine kurz darauf erfolgte Rspr.-Änderung (dazu sogleich bei Fn. 84) aufgehoben, s. Nachw. in Fn. 85.

den,[81] lag in der Regel „kein Sturz im *office,* sondern [ein] Sturz im *home*“[82] vor. Entsprechend hätte das BSG konsequenterweise auch bei sonstigen Formen mobiler Arbeit entscheiden müssen. Von dieser strukturellen Benachteiligung mobiler Arbeit hat das BSG allerdings in seiner neueren Rechtsprechung schon vor der Novellierung des § 8 SGB VII Abstand genommen. Spätestens[83] seit seiner „Frisörmeisterin-Entscheidung“ vom 31.8.2017 stellt das BSG auch bei der Einordnung von Wegen in der häuslichen Sphäre auf das allgemeine Kriterium der **objektivierten Handlungstendenz** ab, also darauf, „welche konkrete Verrichtung [der Versicherte] mit welchem Zweck […] in dem Moment des Unfalls ausübte“[84] (zu Fällen mit gespaltener Handlungstendenz → Rn. 762).

786 Auf dieser Grundlage haben die Sozialgerichte seither bei dienstlich motivierten Wegen innerhalb des häuslichen Bereichs einen Versicherungsschutz bereits auf Grundlage des § 8 SGB VII aF bejaht, so insbesondere das BSG in einer Entscheidung vom 28.11.2018: Die regelmäßig im Home-Office tätige Versicherte stürzte auf einer (überwiegend privat genutzten) Treppe innerhalb des Wohnhauses. Sie befand sich – von einem dienstlichen Termin kommend – auf dem Weg in ihren für betriebliche Zwecke eingerichteten Büroraum, um dort ein Online-Telefonat mit dem Geschäftsführer der Arbeitgeberin zu führen. Das BSG stellte auf die objektivierte Handlungstendenz ab, die hier eindeutig auf eine dienstliche Tätigkeit gerichtet war, und gab der Klägerin Recht.[85] Durch § 8 Abs. 1 S. 3 SGB VII nF hat sich in dieser Konstellation also nichts geändert.

787 Allerdings hat der konkrete Unfallort eine nicht zu unterschätzende Relevanz auf **beweisrechtlicher Ebene.** So soll „zum Zwecke der Objektivierung auch der konkrete Ort und Zeitpunkt des Unfallgeschehens sowie dessen objektive Zweckbestimmung als Indiz für das […] entscheidende Kriterium der objektivierten Handlungstendenz Berücksichtigung finden können“[86] (näher → Rn. 811).

### cc) Wege zu und von der Nahrungs-/Getränkeaufnahme oder Toilette

788 Vom allgemeinen Kriterium der objektivierten Handlungstendenz hat sich das BSG in seiner bisherigen Home-Office-Rechtsprechung jedoch teilweise gelöst, soweit es um Wege von der oder zur **Nahrungs- oder Getränkeaufnahme**[87] (zum Erhalt der Arbeitsfähigkeit) ging. Solche Wege sieht das BSG dann, wenn sie im Zusammen-

[81] S. zur damaligen wechselvollen, teils widersprüchlichen Kasuistik zum „Überwiegen“ der betrieblichen Nutzung den Überblick bei Köhler VSSAR 2019, 1 (21f., 26).
[82] Ricke WzS 2017, 9 (10).
[83] Rspr.-Änderung bereits angedeutet in BSG 5.7.2016 – B 2 U 5/15 R, NZS 2016, 948, Rn. 24.
[84] BSG 31.8.2017 – B 2 U 9/16 R, NJW 2018, 1207, Rn. 12ff. (für versicherte Selbständige, wenn sich die Arbeitsstätte und die Privatwohnung im selben Gebäude befinden); s. zuletzt auch LSG Bayern 12.5.2021 – L 3 U 373/18, BeckRS 2021, 19772, Rn. 25 (Rev. anhängig unter Az. B 2 U 14/21 R); zur Problematik der „gespaltenen Handlungstendenz“ in dieser Entscheidung Fn. 25; diesem neuen Ansatz folgt nun auch die Rspr. in Österreich, s. OGH 27.4.2021 – 10 ObS 15/21k, JAS 2022, 179; hierzu Brodil ZAS Öst 2022, 172.
[85] BSG 27.11.2018 – B 2 U 28/17 R, BeckRS 2018, 40346, Rn. 21ff.; s. auch BSG 27.11.2018 – B 2 U 8/17 R, BeckRS 2018, 37285 (Sturz auf einer überwiegend privat genutzten Treppe beim Weg von einem Serverraum im Kellergeschoss zum Büro im 1. OG zur Durchführung eines dienstlich veranlassten Software-Updates); SG München 4.7.2019 – S 40 U 227/18, NZA-RR 2019, 616, Rn. 32.
[86] BSG 8.12.2021 – B 2 U 4/21 R, NJW 2022, 3029, Rn. 19 mwN.
[87] Gleich zu behandeln sind Wege, um sich Nahrung oder Getränke zum sofortigen Konsum zu holen (vgl. 5.7.2016 – B 2 U 5/15 R, NZS 2016, 948, Rn. 30; Müller NZS 2019, 177 [180f.]).

hang mit einer Tätigkeit innerhalb der *Betriebsstätte* zurückgelegt werden (zB Gang zur Kantine), grundsätzlich als versichert an,[88] obwohl das Gericht die Nahrungsaufnahme selbst nach der Handlungstendenz als unversicherte privatwirtschaftliche Tätigkeit qualifiziert (→ Rn. 779). Dem unversicherten privatwirtschaftlichen Bereich ordnet das BSG auch Wege am Ort der Nahrungsaufnahme selbst zu,[89] also etwa innerhalb des Kantinenraums;[90] maßgebliche Grenze ist die Außentür der Kantine.[91] Demgegenüber hat das BSG bei Unfällen, die sich während einer Arbeitspause im *Home-Office* auf dem Weg zur Nahrungs- bzw. Getränkeaufnahme ereignen, auf Basis des **§ 8 SGB VII aF** einen Versicherungsschutz grundsätzlich abgelehnt. In diesem Sinne entschied das BSG am 5.7.2016 im Fall einer Versicherten, die sich auf dem Weg vom häuslichen Arbeitszimmer zur Küche befand, um sich dort Wasser zu holen, und dabei auf der Treppe stürzte.[92] Einen maßgeblichen Unterschied im Vergleich zur Tätigkeit in der Betriebsstätte sah das Gericht ua darin, dass die Versicherte im Home-Office „hinsichtlich der beabsichtigten Flüssigkeitszufuhr keinen betrieblichen Vorgaben oder Zwängen“ unterlag.[93]

789 Noch nicht mit letzter Sicherheit geklärt ist auf Basis des § 8 SGB VII aF die Situation bei Wegen zur Nahrungsaufnahme, die in den **öffentlichen Verkehrsraum** führen. Werden solche Wege *aus der Betriebsstätte heraus* unternommen, ist der Versicherte nach der Rechtsprechung innerhalb des Betriebsgeländes nach § 8 Abs. 1 S. 1 und 2 SGB VII (Betriebsweg) geschützt, mit dem Durchschreiten des Außentors sodann nach § 8 Abs. 2 Nr. 1 SGB VII (bis zur Außentür des Restaurants oder – falls er sich zum Essen nach Hause begibt – bis zur Außentür des Wohnhauses).[94] In Bezug auf Nahrungsaufnahmewege, die *aus dem Home-Office heraus* führen, dh bei denen der Versicherte die Außentür des Wohnhauses durchschreitet, lehnt das BSG einen Versicherungsschutz nach **§ 8 SGB VII aF** grundsätzlich aus denselben Gründen ab wie innerhalb des Wohnhauses. In einer Entscheidung vom 16.8.2013 hat es aber obiter die Frage aufgeworfen, ob dann, wenn der Versicherte „in Vollzeit als Heim- oder Telearbeiter“ tätig ist, „möglicherweise aus Gleichheitsgründen [...] jedenfalls *ein* Weg täglich zur Nahrungsaufnahme bzw zur Versorgung mit Nahrungsmitteln unter Versicherungsschutz stehen muss“.[95] Gemeint sind damit offenbar nur Wege außerhalb der Außentür. In der bereits erwähnten Entscheidung des BSG vom 5.7.2016 hat das

---

[88] StRspr., s. nur BSG 2.7.1996 – 2 RU 34/95, NZS 1997, 85 (86); 2.12.2008 – B 2 U 17/07 R, BeckRS 2009, 52091, Rn. 30; 18.6.2013 – B 2 U 7/12 R, NJOZ 2014, 311, Rn. 20f.; 5.7.2016 – B 2 U 5/15 R, NZS 2016, 948, Rn. 30 mwN.

[89] BSG 26.4.1973 – 2 RU 213/71, BeckRS 2014, 66105; 24.6.2003 – B 2 U 24/02 R, BeckRS 2003, 41242 mwN.

[90] BSG 24.2.2000 – B 2 U 20/99 R, NZS 2000, 566 (567).

[91] So explizit LSG Baden-Württemberg 16.6.2015 – L 9 U 1534/14, BeckRS 2015, 69961; vgl. auch LSG Baden-Württemberg 13.2.2013 – L 8 U 1506/13, BeckRS 2014, 65065.

[92] BSG 5.7.2016 – B 2 U 5/15 R, NZS 2016, 948; vgl. auch den etwas besonders gelagerten Fall BSG 18.6.2013 – B 2 U 7/12 R, NJOZ 2014, 311 (Verletzung infolge eines Raubüberfalls, den der Versicherte auf dem Rückweg von einer Pizzeria in sein Home-Office erlitten hat).

[93] BSG 5.7.2016 – B 2 U 5/15 R, NZS 2016, 948, Rn. 31; vgl. auch schon BSG 18.6.2013 – B 2 U 7/12 R, NJOZ 2014, 311, Rn. 21f.; zur fehlenden Tragfähigkeit dieser Argumentation schon auf Grundlage des § 8 SGB VII aF Gräf VSSAR 2021, 253 (272ff.); s. zum Meinungsstand in der Lit. auch Mühlheims NZS 2022, 5 (6).

[94] BSG 26.4.1973 – 2 RU 213/71, BeckRS 2014, 66105; 2.7.1996 – 2 RU 34/95, NZS 1997, 85 (86); 24.6.2003 – B 2 U 24/02 R, BeckRS 2003, 41242; 27.4.2010 – B 2 U 23/09 R, BeckRS 2010, 71174.

[95] BSG 18.6.2013 – B 2 U 7/12 R, NJOZ 2014, 311, Rn. 22 – Hervorh. durch Verf.

BSG dann einen Verstoß gegen Art. 3 Abs. 1 GG explizit verneint.[96] Auch wenn es in dieser späteren Entscheidung um einen Weg innerhalb der Wohnung ging, deutet die allgemein gehaltene Argumentation darauf hin, dass sich damit auch der am 16.8.2013 für außerhäusige Wege geäußerte Vorbehalt erledigt hat;[97] ausdrücklich klargestellt hat das BSG dies aber nicht.

790 Parallel zu Nahrungsaufnahmewegen entscheidet die Rechtsprechung in Bezug auf Unfälle beim Gang zu oder zurück von der **Toilette.** In der *Betriebsstätte* qualifiziert das BSG diese Wege als versicherte Betriebswege,[98] obwohl die Verrichtung der Notdurft selbst – auch nach Ansicht des BSG – eine unversicherte privatwirtschaftliche Tätigkeit darstellt (→ Rn. 779). Der Versicherungsschutz endet danach, analog zur Kantinentür, erst an der Tür der betrieblichen Toilettenanlage.[99] Demgegenüber hat die Rechtsprechung einen Versicherungsschutz bei Toilettenwegen während der Arbeit im *Home-Office* auf Grundlage des **§ 8 SGB VII aF** abgelehnt, so zuletzt das SG München bei einem Treppensturz auf dem Rückweg von der Toilette zum häuslichen Arbeitszimmer.[100]

791 In den genannten Home-Office-Konstellationen liegt daher – was die bisherige Rechtsprechung zu § 8 SGB VII aF betrifft – eine klare Benachteiligung gegenüber in der Betriebsstätte tätigen Versicherten vor. Für Unfälle, die sich nach dem 17.6.2021 ereignet haben oder ereignen werden[101], wird diese durch **§ 8 Abs. 1 S. 3 SGB VII nF** beseitigt.[102] Entsprechend den vergleichbaren Konstellationen bei betriebsstättengebundener Arbeit endet der Versicherungsschutz jeweils an der Küchen- bzw. Toilettentür. Diffizile Abgrenzungsschwierigkeiten drohen im Hinblick auf die Frage, wann die erforderliche (zumindest mittelbare) betriebliche Bedingtheit der Nahrungsaufnahme[103] noch gegeben ist.[104] Auf den Konsum von Genussmitteln wie Kaffee gerichtete Wege erfüllen diese Voraussetzung jedenfalls nicht.[105] Gleiches gilt für Wege, die erst kurz vor Arbeitsende unternommen werden.[106] Soweit Nahrungsaufnahmewege, die in den öffentlichen Verkehrsraum führen, unter § 8 *Abs. 2 Nr. 1* SGB VII subsumiert werden (→ Rn. 789), müssen entgegen der hM auch diese vom Gleichstellungsgebot erfasst sein (s. bereits → Rn. 766). Zur beweisrechtlichen Ebene → Rn. 809 ff.

[96] BSG 5.7.2016 – B 2 U 5/15 R, NZS 2016, 948, Rn. 31 ff.
[97] So auch Ricke WzS 2017, 9 (14); aA wohl Spellbrink NZS 2016, 527 (530). S. zuletzt LSG Niedersachsen–Bremen 16.3.2023 – L 14 U 29/22, BeckRS 2023, 10759, Rn. 33: zumindest ein Weg pro Arbeitstag versichert (Rev. zugelassen).
[98] BSG 23.6.1982 – 9b/8 RU 8/81, BeckRS 1982, 05967, Rn. 21; 30.3.2017 – B 2 U 15/15 R, NJW 2017, 2858, Rn. 17.
[99] BeckOK-SozR/Wietfeld § 8 SGB VII, Rn. 65.
[100] SG München 4.7.2019 – S 40 U 227/18, NZA-RR 2019, 616 (in Anknüpfung an die Argumentation des BSG in Bezug auf Nahrungsaufnahmewege).
[101] Da die Benachteiligung von im Home-Office oder sonst mobil arbeitenden Versicherten auch im Hinblick auf Art. 3 Abs. 1 GG nicht zur rechtfertigen ist, sollte die Rechtsprechung auch für die noch auf Basis des § 8 SGB VII aF zu entscheidenden Alt-Fälle korrigiert werden (vgl. bereits → Rn. 775).
[102] Hierauf zielt § 8 Abs. 1 S. 3 SGB VII primär ab, s. BT-Drs. 19/29819, S. 17 f. und oben → Rn. 765.
[103] Vgl. BSG 25.11.1992 – 2 RU 1/92, juris, Rn. 18: Es sei abzuwägen, „ob die konkrete Verrichtung des Essens oder Trinkens und des damit verbundenen Weges zumindest mittelbar dem Betrieb bzw. dem Unternehmen der Klägerin dienen konnte".
[104] Näher dazu und zur einschlägigen Rspr. Schlaeger jurisPR-SozR 13/2021, Anm. 4 (unter C. 2. b.).
[105] Vgl. BSG 25.11.1992 – 2 RU 1/92, BeckRS 1992, 30407229; anders zur Einordnung von Kaffeekonsum LSG Hessen 7.2.2023 – L 3 U 202/21, BeckRS 2023, 2174.
[106] Keller SGb 2021, 738 (741); Schlaeger jurisPR-SozR 13/2021, Anm. 4 (unter C. 2. b. cc.).

792 Noch keine Entscheidung liegt – soweit ersichtlich – zu vergleichbaren Unfällen in **sonstigen** Konstellationen **mobiler Arbeit** jenseits des Home-Office vor. Auf Basis des § 8 SGB VII aF würde das BSG möglicherweise – im Hinblick auf die oben (→ Rn. 788 aE) wiedergegebene Argumentation – darauf abstellen, ob „betriebliche Umstände den Versicherten [...] veranlassten, seine Mahlzeit an einem bestimmten Ort einzunehmen".[107] Etwaige Versicherungslücken wären jedenfalls nach neuer Rechtslage auch in Bezug auf sonstige Formen mobiler Arbeit (zum Begriff → Rn. 768 ff.) durch § 8 Abs. 1 S. 3 SGB VII nF geschlossen; das soeben Gesagte (→ Rn. 791) gilt entsprechend.

#### dd) Sonstige Pausenwege

793 Ebenfalls geschützt sind – jedenfalls nach § 8 Abs. 1 SGB VII nF – **sonstige Pausenwege** von im Home-Office oder sonst mobil tätigen Versicherten,[108] allerdings wiederum nur bis zum Erreichen des entsprechenden Pausenraums.[109] Praktische Probleme dürfte hier die Abgrenzung zwischen **„echten Pausen"** und **Unterbrechungen** der Arbeit (zB zur Erledigung von Haushaltstätigkeit) bereiten. Unterbrechungen und die zugehörigen Wege werden im Schrifttum als unversichert angesehen.[110] Ob das BSG dies – was die Wege zu Beginn und am Ende der Unterbrechung betrifft – ebenso sehen würde, ist allerdings zweifelhaft; denn solche Unterbrechungswege können nicht anders beurteilt werden als Wege zur erstmaligen Aufnahme bzw. nach Beendigung der Tätigkeit, die nach der (kritikwürdigen) Rechtsprechung des BSG versichert sein können (→ Rn. 796).[111]

### c) Wege zur erstmaligen Aufnahme oder nach Beendigung der Tätigkeit

794 Bei den bisher behandelten Fällen ging es um Wege, die während der Arbeitszeit bzw. in Arbeitspausen unternommen werden. Hiervon zu unterscheiden sind Konstellationen, in denen der Versicherte innerhalb seiner häuslichen Sphäre[112] einen Weg zurücklegt, um seine Tätigkeit im Home-Office **erst aufzunehmen,** bzw. in denen er einen entsprechenden Weg **nach Beendigung** der Tätigkeit unternimmt.

795 Mit dieser Konstellation hatte sich das **BSG** in einer Entscheidung vom **8.12.2021**[113] zu befassen, die einen noch auf Basis des § 8 SGB VII aF zu beurteilenden Unfall betraf: Der Versicherte hatte sich am Unfalltag um 7:10 Uhr aus seinen Wohnräumen (4. Etage) zu seinem dienstlich genutzten Büro (3. Etage) begeben, um dort seine Arbeit aufzunehmen, und war dabei auf der Treppe innerhalb des Wohnhauses gestürzt. Die Entscheidung des BSG führt zu einer erheblichen Ausweitung des Unfallversicherungsschutzes in Home-Office-Konstellationen:

---

[107] So BSG 18.6.2013 – B 2 U 7/12 R, NJOZ 2014, 311, Rn. 17 zur Nahrungsaufnahme selbst.
[108] Insofern auch BeckOGK/Ricke SGB VII § 8 Rn. 131, 197.
[109] Mühlheims NZS 2022, 5 (8).
[110] S. nur BeckOGK/Ricke SGB VII § 8 Rn. 312.
[111] Vgl. Keller SGb 2021, 738 (741).
[112] Zu Unfällen auf dem Weg von einem „dritten Ort" zurück ins Home-Office, um dort die Arbeit aufzunehmen, Bieresborn WzS 2022, 31 (32).
[113] BSG 8.12.2021 – B 2 U 4/21 R, NJW 2022, 3029; s. im Anschluss daran auch SG Schwerin 13.12.2022 – S 16 U 49/22, BeckRS 2022, 37222.

796

- Zwar verneinte das BSG einen Fall der **Wegeunfallversicherung nach § 8 Abs. 2 Nr. 1 SGB VII** – gestützt auf das „Außentürprinzip" und seine diesbezügliche bisherige Rechtsprechung: Nach alter Rechtslage hatte das BSG eine Ausnahme vom „Außentürprinzip" in Home-Office-Konstellationen iRd § 8 *Abs. 2 Nr. 1* SGB VII gerade *nicht* anerkannt.[114] Daran möchte das Gericht auf Basis des § 8 SBG VII nF offenbar festhalten.[115] Dies ist sowohl im Hinblick auf Art. 3 Abs. 1 GG als auch – was Neu-Unfälle ab dem 18.6.2021 betrifft – im Hinblick auf § 8 Abs. 1 S. 3 SGB VII nF unbedenklich[116]; denn zu einer Benachteiligung von im Home-Office Tätigen gegenüber in der Betriebsstätte Tätigen kommt es dadurch in der Regel nicht: Beide sind von der Wegeunfallversicherung nach § 8 Abs. 2 Nr. 1 SGB VII nicht erfasst, wenn sich der Unfall diesseits der heimischen Außentür ereignet.[117]
- Allerdings ordnete das BSG den Sturz in der oben genannten Entscheidung überraschend als Unfall im Rahmen eines **Betriebswegs iSd § 8 Abs. 1 SGB VII** ein – und zwar schon auf Grundlage des § 8 SGB VII aF. Zur Begründung beschränkte sich das BSG auf die Feststellung, dass eine unternehmensdienliche objektivierte Handlungstendenz des Versicherten zu bejahen war.[118] Auf dieser Grundlage konnte das BSG – insoweit konsequent – dann auch auf seine neuere Rechtsprechung rekurrieren, wonach bei Betriebswegen das „Außentürprinzip" nicht mehr gilt (→ Rn. 782 f.).[119] Im Ergebnis ist dem BSG allerdings nicht zuzustimmen: Das Gericht ignoriert zum einen in systematischer Hinsicht, dass nach allgemeinen Grundsätzen Betriebswege iSd § 8 *Abs. 1* SGB VII nur Wege „in Ausübung" der versicherten Tätigkeit erfassen, nicht aber vorgelagerte Wege zum Ort der erst noch aufzunehmenden Tätigkeit; letztere konnten nach zutreffender bisheriger Rechtsprechung nur über § 8 *Abs. 2 Nr. 1* SGB VII versichert sein (→ Rn. 780).[120] Vor allem aber führt der neue Standpunkt des BSG zu einer im Hinblick auf Art. 3 Abs. 1 GG nicht zu rechtfertigenden Benachteiligung von in der Betriebsstätte Beschäftigten; denn Unfälle auf dem Weg zur Arbeitsaufnahme, die sich noch innerhalb der Wohnung bis zur Außentür ereignen, sind bei Wegen zur außerhäusigen Betriebsstätte nicht erfasst.[121]

---

[114] Vgl. BSG 27.11.2018 – B 2 U 28/17 R, BeckRS 2018, 40346, Rn. 18; vgl. auch schon BSG 12.12.2006 – B 2 U 1/06 R, BeckRS 2007, 41860, Rn. 18; 5.7.2016 – B 2 U 5/15 R, NZS 2016, 948, Rn. 21.

[115] BSG 8.12.2021 – B 2 U 4/21 R, NJW 2022, 3029, Rn. 16.

[116] AA Mühlheims NZS 2022, 5 (8): streitgegenständlicher Weg wäre wegen § 8 Abs. 1 S. 3 SGB VII nF als Betriebsweg geschützt.

[117] Näher Gräf VSSAR 2021, 253 (265 f.).

[118] BSG 8.12.2021 – B 2 U 4/21 R, NJW 2022, 3029, Rn. 17, 20 f. – mit dem Hinweis, dass nach den Grundsätzen der gespaltenen Handlungstendenz („gemischte Motivationslage") anders zu entscheiden gewesen wäre, wenn der Versicherte vorgehabt hätte, in der unteren Etage vor Arbeitsbeginn zunächst zu frühstücken oder einen Kaffee zu trinken.

[119] BSG 8.12.2021 – B 2 U 4/21 R, NJW 2022, 3029, Rn. 17 f.

[120] So auch noch zutr. in der Vorinstanz LSG Nordrhein-Westfalen 9.11.2020 – L 17 U 487/19, BeckRS 2020, 38654, Rn. 32 ff.; s. auch SG München 4.7.2019 – S 40 U 227/18, NZA-RR 2019, 616, Rn. 33; vgl. demgegenüber allerdings Greiner NZS 2022, 740 (741) mit dem Hinweis, dass auch bei betriebsstättengebundener Arbeit der Weg auf dem Betriebsgelände zum Arbeitsplatz als Betriebsweg einzuordnen sei.

[121] So zutr. LSG Nordrhein-Westfalen 9.11.2020 – L 17 U 487/19, BeckRS 2020, 38654, Rn. 35; zust. Gräf VSSAR 2021, 253 (266); Schlaeger SGb 2022, 495 (498 f.); s. auch Greiner NZS 2022, 740 (741 f.); aA – mit nur rudimentärer Begründung – BSG 8.12.2021 – B 2 U 4/21 R, NJW 2022, 3029, Rn. 22; im Anschluss daran SG Schwerin 13.12.2022 – S 16 U 49/22, BeckRS 2022, 37222, Rn. 28: kein Gleichheitsverstoß, da bei einem Unfall auf der Treppe der Betriebsstätte Versicherungsschutz bestanden hätte.

797 Dass das BSG diesen überschießenden Schutz von im Home-Office Tätigen in zukünftigen Entscheidungen wieder zurücknimmt, erscheint allerdings unwahrscheinlich. Umgekehrt ist eher vorstellbar, dass das Gericht das „Außentürprinzip" mittelfristig insgesamt – auch für Unfälle im häuslichen Bereich auf dem Weg zur Arbeitsaufnahme in der Betriebsstätte – aufgibt. Dafür würde sprechen, dass die Überlegungen, auf die das Außentürprinzip ursprünglich gestützt worden war (die Zuordnung der Gefahrenquellen im häuslichen Bereich zur Risikosphäre des Versicherten und die Probleme beim Nachweis der Handlungstendenz), durch die bereits anerkannten und nunmehr gesetzgeberisch durch § 8 Abs. 1 S. 3 SGB VII nF ausgeweiteten Ausnahmen ohnehin kaum mehr durchgreifen.[122]

### d) Wege zum und vom Ort der Kinderbetreuung

798 Die bisher betrachteten Konstellationen betrafen insbesondere Unfälle im räumlichen Bereich des Home-Office bzw. auf dem Weg zur Arbeitsaufnahme. Hiervon zu unterscheiden sind Unfälle des Versicherten auf dem Weg vom Home-Office zu Kinderbetreuungseinrichtungen bzw. auf dem Rückweg. Insofern ist zwischen Unfällen vor dem 18.6.2021 und solchen, auf die bereits § 8 Abs. 2 Nr. 2a SGB VII nF Anwendung findet (→ Rn. 773 f.), zu unterscheiden.

#### aa) Alt-Fälle: Schutz nach § 8 Abs. 2 Nr. 2 lit. a SGB VII analog?

799 Über einen Alt-Fall, der noch auf Grundlage des **§ 8 SGB VII aF** zu behandeln war, hat das BSG am 30.1.2020[123] entschieden: Die im Home-Office tätige Versicherte hatte am Morgen vor Aufnahme der Arbeit ihre Tochter zum Kindergarten gebracht; auf dem Rückweg war sie gestürzt und hatte sich das Ellenbogengelenk gebrochen. Der Weg zwischen Kindergarten und Home-Office ist nach allgemeinen Grundsätzen kein Betriebsweg iSd § 8 Abs. 1 S. 1 SGB VII, da hierzu nicht der Weg zur ersten Arbeitsaufnahme gehört (→ Rn. 780, 796). Auch handelte es sich nicht um einen Wegeunfall iSd § 8 Abs. 2 Nr. 1 SGB VII; denn die Vorschrift ist nur einschlägig, wenn der Ort des privaten Aufenthalts und der Ort der versicherten Tätigkeit auseinanderfallen.[124]

800 Der Kern des Problems liegt auf Basis der bisherigen Rechtslage bei der Frage, ob in solchen Fällen ein Unfallversicherungsschutz nach **§ 8 Abs. 2 Nr. 2 lit. a SGB VII** besteht. Das BSG hat die Frage verneint. Einer extensiven Auslegung stehen in der Tat Wortlaut und Systematik des § 8 Abs. 2 Nr. 2 lit. a SGB VII entgegen: Wenn nur ein vom unmittelbaren Weg nach und von dem Ort der Tätigkeit „abweichender" Weg zu einer Kinderbetreuungseinrichtung erfasst ist, wird damit an die Wegeunfallversicherung nach Nr. 1 angeknüpft und vorausgesetzt, dass sich der Versicherte überhaupt auf einem von Nr. 1 versicherten Weg befunden hat.[125] Allerdings

[122] Vgl. Greiner NZS 2022, 740 (742): mögliche „Breitenwirkung" der BSG-Entscheidung vom 8.12.2021; in der Tendenz auch Bieresborn WzS 2022, 31 (32).
[123] BSG 30.1.2020 – B 2 U 19/18 R, BeckRS 2020, 1741.
[124] So zutr. BSG 30.1.2020 – B 2 U 19/18 R, BeckRS 2020, 1741, Rn. 15 ff.
[125] Zutr. BSG 30.1.2020 – B 2 U 19/18 R, BeckRS 2020, 1741, Rn. 24 ff.

kommt eine **analoge Anwendung** des § 8 Abs. 2 Nr. 2 lit. a SGB VII in Betracht. Das **BSG lehnt** diese **ab**[126]; die Literatur ist gespalten[127].

801 Die besseren Gründe sprechen für eine Analogie.[128] Eine vergleichbare Interessenlage ist kaum zu leugnen: Der entscheidende betriebliche Bezug, der den Versicherungsschutz nach § 8 Abs. 2 Nr. 2 lit. a SGB VII begründet, ist das Interesse des Arbeitgebers an der Kinderbetreuung, die den Beschäftigten die Aufnahme und Durchführung der versicherten Tätigkeit für das Unternehmen ermöglicht.[129] Dieses Interesse ist unabhängig davon gegeben, an welchem Ort der Beschäftigte tätig ist.[130] Auch eine planwidrige Regelungslücke lässt sich bejahen, selbst wenn man mit dem BSG annimmt, dass dem Gesetzgeber beim Erlass der Vorgängernorm (§ 550 S. 2 RVO) im Jahr 1971 „die Konstellation, dass ein […] Versicherter mit Arbeitsstätte im privaten Wohnbereich seine Kinder in fremde Obhut gibt, nicht bewusst gewesen sein könnte"[131]. Denn bei den damals diskutierten Fällen häuslicher Tätigkeit handelte es sich um Spezialkonstellationen, die sich auf ausnahmsweise versicherte Selbständige beschränkten; solche Sonderfälle sind nicht mit dem heutigen Massenphänomen „Home-Office" vergleichbar, das sich erst in den letzten Jahrzehnten als Teil eines grundlegenden Strukturwandels der Arbeitswelt im Zuge des damals noch nicht absehbaren „Mega-Trends" der Digitalisierung entwickelt hat.[132] Es handelt sich daher jedenfalls um den Fall eines erheblichen „Wandels der Rechtstatsachen",[133] die vom Gesetzgeber noch nicht bewertet werden konnten und die daher jedenfalls eine sog. nachträgliche unbewusste Lücke[134] begründen. Für den Zeitraum, in dem infolge der COVID-19-Pandemie eine gesetzliche Home-Office-Pflicht galt[135] (→ Rn. 154f.), ergibt sich die nachträgliche Lückenhaftigkeit zusätzlich aus einem „Wandel des Normenumfelds".[136]

802 Die Frage nach der analogen Anwendbarkeit des § 8 Abs. 2 Nr. 2 lit. a SGB VII aF scheint zwar für die Praxis geklärt zu sein. Jedoch ist nicht ausgeschlossen, dass das BSG die Novelle des § 8 SGB VII zum Anlass nimmt, seine – im Hinblick auf Art. 3 Abs. 1 GG zweifelhafte – Rechtsprechung zu überdenken (vgl. → Rn. 775).

---

[126] BSG 30.1.2020 – B 2 U 19/18 R, BeckRS 2020, 1741, Rn. 28ff.

[127] Gegen eine analoge Anwendbarkeit (mangels planwidriger Regelungslücke) Aumann, Arbeitsunfall 4.0, 2019, S. 195; Köhler VSSAR 2019, 1 (34); BeckOGK/Ricke SGB VII § 8 Rn. 355; wohl auch KKW/Holtstraeter § 8 SGB VII Rn. 127; für eine Analogie demgegenüber BeckOK-SozR/Wietfeld, 61. Edition (1.6.2021), § 8 SGB VII, Rn. 215.1; in der Sache wohl auch Leube NZV 2015, 275 (280); in der Tendenz auch Müller NZS 2019, 177 (180): jedenfalls vergleichbare Interessenlage; Kainz NZA-RR 2019, 112 (117): Analogie „vertretbar"; eine Analogie immerhin erwägend Spellbrink NZS 2016, 527 (531).

[128] Ausf. Gräf VSSAR 2021, 253 (282ff., 292ff.).

[129] Vgl. zur Vorgängernorm in § 550 RVO: BT-Drs. VI/1333, 5.

[130] Zutr. Müller NZS 2019, 177 (180); BeckOK SozR/Wietfeld, 61. Ed. 1.6.2021, SGB VII § 8 Rn. 215.1; so auch im Hinblick auf die Parallelregelung im Beamtenrecht VG Halle 25.6.2014 – 5 A 136/11, BeckRS 2014, 55053.

[131] BSG 30.1.2020 – B 2 U 19/18 R, BeckRS 2020, 1741, Rn. 32; krit. Gräf VSSAR 2021, 253 (293).

[132] Vgl. auch BeckOK SozR/Wietfeld, 61. Ed. 1.6.2021, SGB VII § 8, Rn. 215.1; Mühlheims SozSich 2017, 372 (373); Siefert NZS 2019, 121 (126).

[133] Vgl. Wank/Maties, Die Auslegung von Gesetzen, S. 85; vgl. auch Rüthers/Fischer/Birk, Rechtstheorie, Rn. 861.

[134] Vgl. hierzu Wank/Maties, Die Auslegung von Gesetzen, S. 85; Rüthers/Fischer/Birk, Rechtstheorie, Rn. 861 sprechen von einer „sekundären" Regelungslücke.

[135] S. § 28b Abs. 7 IfSG (in Kraft vom 23.4. bis zum 30.6.2021), s. zuvor schon § 2 Abs. 4 Corona-ArbSchV.

[136] Vgl. zur Methodik Wank/Maties, Die Auslegung von Gesetzen, S. 85; ausf. hierzu F. Bydlinski, Juristische Methodenlehre und Rechtsbegriff, S. 585ff.

### bb) Neu-Fälle: § 8 Abs. 2 Nr. 2a SGB VII nF

803 Für Neu-Fälle – also Unfälle, die sich nach dem 17.6.2021 ereignet haben oder ereignen werden – hat der Gesetzgeber die Schutzlücke jedenfalls durch **§ 8 Abs. 2 Nr. 2a SGB VII nF** geschlossen. Die Neuregelung gilt allerdings **nur** für die Tätigkeit im **Home-Office;** im Rahmen sonstiger Formen mobiler Arbeit kommt § 8 Abs. 2 Nr. 2 lit. a SGB VII zum Zuge (vgl. bereits → Rn. 769).

804 Wie bereits dargelegt greift die Regelung nicht nur bei regelmäßiger (dauernder oder alternierender), sondern **auch** bei **anlassbezogener** Tätigkeit im Home-Office. Ausreichend, aber auch erforderlich ist dabei, dass die Tätigkeit im Home-Office auf einer (zumindest konkludenten) individual- oder kollektivrechtlichen **Vereinbarung mit dem Arbeitgeber** beruht (näher → Rn. 771 f.).

805 Die übrigen Anforderungen des § 8 Abs. 2 Nr. 2a SGB VII nF entsprechen im Wesentlichen denen des Umwegetatbestands (Nr. 2 lit. a), im Verhältnis zu dem eine Gleichstellung bewirkt werden soll: Es ist nur der Transport von **Kindern des Versicherten** (§ 56 des Ersten Buches) erfasst, die mit ihm in einem **gemeinsamen Haushalt** leben. Die Beförderung von Obhutspersonen wird demgegenüber – wie bei Nr. 2 lit. a[137] – nicht erfasst.[138] Darüber hinaus muss eine **Obhutsnotwendigkeit** („wegen ihrer, ihrer Ehegatten oder ihrer Lebenspartner beruflichen Tätigkeit") vorliegen. Der Umstand, dass Home-Office-Tätigkeit gerade deshalb ausgeübt wird, um eine bessere Vereinbarkeit von Beruf und Familie zu ermöglichen, rechtfertigt keinen strengeren Prüfungsmaßstab; es gilt auch hier der Grundsatz der Entscheidungsfreiheit, das Kind fremder Obhut anzuvertrauen oder nicht.[139]

806 Weiterhin ist § 8 Abs. 2 Nr. 2a SGB VII nF auf den **„unmittelbaren" Weg** nach und von dem Ort der Kinderbetreuung beschränkt. Das Merkmal „unmittelbar" wurde offenkundig aus Nr. 1 übernommen. Im Umwegetatbestand nach Nr. 2 lit. a steckt das Unmittelbarkeitskriterium im Begriff des „abweichenden" Wegs.[140]

807 Auch sonst verlangt § 8 Abs. 2 Nr. 2a SGB VII nF einen Versicherungsschutz von im Home-Office Beschäftigten nur in dem Umfang, wie er nach § 8 Abs. 2 Nr. 2 lit. a SGB VII bei in der Betriebsstätte Beschäftigten besteht, damit es nicht umgekehrt zu einer Benachteiligung betriebsstättengebundener Arbeit kommt. Zu fordern ist daher als ungeschriebenes Tatbestandsmerkmal weiterhin, dass es sich bei den geschützten Kinderbetreuungswegen um solche handelt, die **mit der versicherten Tätigkeit zeitlich zusammenhängen.**[141] Versicherungsschutz besteht daher nicht, wenn der im Home-Office Beschäftigte am Morgen nach der Rückkehr vom Kindergarten in seiner Wohnung zunächst (nicht nur unerheblichen) privaten Tätigkeiten

[137] BSG 28.4.2004 – B 2 U 20/03 R, NZS 2005, 216.

[138] Mühlheims NZS 2022, 5 (10 f.).

[139] Keller SGb 2021, 738 (744); Mühlheims NZS 2022, 5 (10).

[140] Vgl. BSG 15.6.1983 – 9 b/8 RU 56/81, NJW 1983, 2959, 2960: Durch die Regelung für Kindergartenumwege habe der Gesetzgeber den Versicherungsschutz nur auf den „dazu notwendigen Weg" erweitert.

[141] Dieses Merkmal findet sich zwar nur in Nr. 1 („Zurücklegen des mit der versicherten Tätigkeit zusammenhängenden Wegs"). Im Umwegetatbestand des Nr. 2 lit. a, zu dem Nr. 2a eine Gleichstellung bewirken soll, ist dieses Kriterium aber nur deshalb nicht ausdrücklich erwähnt, weil Nr. 2 lit. a die Wegeunfallversicherung in Nr. 1 lediglich erweitert und damit denselben Anforderungen unterliegt. So iE auch (gestützt auf eine verfassungskonforme Auslegung im Hinblick auf Art. 3 Abs. 1 GG) Keller SGb 2021, 738 (744); demgegenüber hält Ricke (BeckOGK/Ricke SGB VII § 8 Rn. 375) iRd § 8 Abs. 2 Nr. 2a SGB VII nF einen engen Zusammenhang mit der Arbeit tendenziell für verzichtbar; zweifelnd Bieresborn WzS 2022, 31 (33).

nachgehen möchte, bevor er seine versicherte Tätigkeit aufnimmt.[142] Solche „selbständigen Obhutswege" werden auch von § 8 Abs. 2 Nr. 2 lit. a SGB VII nicht erfasst (zB Verbringen des Kindes zur Betreuungseinrichtung und Rückkehr in die Wohnung, bevor der Weg zur Betriebsstätte angetreten wird).[143] An arbeitsfreien Tagen scheidet eine Anwendung des § 8 Abs. 2 Nr. 2a SGB VII nF ganz aus.[144] Weiterhin fordert § 8 Abs. 2 Nr. 2a SGB VII nF auch dann **keinen** Wegeversicherungsschutz, wenn der Versicherte seine **Arbeit** oder einen **Betriebsweg unterbricht,** um sein Kind in Obhut zu geben oder von dort abzuholen. Denn entsprechende Konstellationen sind nach Ansicht des BSG auch von § 8 Abs. 2 Nr. 2 lit. a BSG (direkt oder analog) nicht erfasst.[145] Freilich entstehen durch solche Differenzierungen besondere Abgrenzungs- und Beweisprobleme[146] (vgl. zum Beweisrecht → Rn. 809 ff.).

808 Wie im Rahmen des § 8 Abs. 2 Nr. 2 lit. a SGB VII[147] beginnt und endet der Versicherungsschutz der Nr. 2a an der **Außentür des Obhutsorts.**[148]

## 4. Beweisfragen

809 Den Problemen auf beweisrechtlicher Ebene, die sich aus der Gleichstellung von Home-Office- und sonstigen Mobile-Arbeit-Konstellationen mit der Tätigkeit in der Betriebsstätte ergeben, ist auf Grundlage des vorhandenen beweisrechtlichen Instrumentariums zu begegnen.

810 Wie auch sonst lautet die Grundregel, dass der **Versicherte** die **Beweislast** für die Tatsachen trägt, aus denen er den Versicherungsfall nach § 8 SGB VII (und die daran anknüpfenden Versicherungsleistungen) für sich herleiten will.[149] Ist der Vollbeweis für eine solche Tatsache nach richterlicher Überzeugung nicht geführt, geht dies zu Lasten des Versicherten. Dies gilt auch für den erforderlichen „sachlichen Zusammenhang" zwischen dem Unfallgeschehen und der grundsätzlich versicherten Tätigkeit.[150] Was etwa den Versicherungsschutz bei Nahrungsaufnahme- und Toilettenwegen im Home-Office betrifft, geht es konkret um den Nachweis der Tatsache, dass der Weg während der Arbeitszeit zurückgelegt wurde, dass der Versicherte also *zuvor seiner arbeitsvertraglich (als Haupt- oder Nebenpflicht) geschuldeten Tätigkeit nachgegangen* ist *(Haupt-*

[142] BeckOK SozR/Wietfeld SGB VII § 8 Rn. 215.1; anders Keller SGb 2021, 738 (744): zeitlicher Zusammenhang bei Fahrt um 7:30 Uhr und beabsichtigter Arbeitsaufnahme um 14:00 Uhr noch gegeben.
[143] BeckOGK/Ricke SGB VII § 8 Rn. 356.
[144] Keller SGb 2021, 738 (744); BeckOK SozR/Wietfeld SGB VII § 8 Rn. 213; zweifelnd Bieresborn WzS 2022, 31 (33).
[145] BSG 20.3.2007 – B 2 U 19/06, NZS 2008, 154, Rn. 6 ff.; 12.1.2010 – B 2 U 35/08 R, NZS 2011, 66, Rn. 19 ff.; anders teilw. die Lit., s. zur Unterbrechung von Betriebswegen nur BeckOK SozR/Wietfeld SGB VII § 8 Rn. 214 mwN.
[146] Vgl. das Bsp. bei BeckOK SozR/Wietfeld SGB VII § 8 Rn. 215.1: Ausziehen der Schuhe nach Ankunft zu Hause als nicht ausreichender Grund für eine Versagung des Versicherungsschutzes.
[147] So noch zur Vorgängerregelung (§ 550 Abs. 1 Nr. 1 RVO) BSG 21.12.1977 – 2 RU 49/77, SozR 2200 § 550 Nr. 36; ebenso die hL, s. nur BeckOK SozR/Wietfeld SGB VII § 8 Rn. 216; aA Leube NZV 2015, 275 (278): Versicherungsschutz bis zur Übergabe des Kindes.
[148] Keller SGb 2021, 738 (744).
[149] StRspr. des BSG, s. nur BSG 20.12.2016 – B 2 U 16/15 R, DAR 2017, 346, Rn. 23 f., 6.10.2020 – B 2 U 9/19 R, NJW 2021, 1485, Rn. 29 ff. mwN.; s. aus der Lit. zuletzt Ricke SGb 2021, 333 (336 f.).
[150] Vgl. BSG 17.12.2015 – B 2 U 8/14 R, NJOZ 2016, 1269, Rn. 12 ff.; 6.10.2020 – B 2 U 9/19 R, NJW 2021, 1485, Rn. 29 ff.

*tatsache 1)* und er *anschließend wieder (nicht nur kurzfristig) eine versicherte Tätigkeit verrichten wollte (Haupttatsache 2).*[151] Weiterhin erforderlich ist der Nachweis, dass der *Weg tatsächlich der Nahrungsaufnahme, Verrichtung der Notdurft etc. diente,* nicht etwa dem Zigarettenkonsum[152] *(Haupttatsache 3)* – vgl. → Rn. 791.

811 In Bezug auf Haupttatsache 2 und 3 stellt sich das Problem, dass es sich um subjektive Merkmale handelt („innere Haupttatsachen")[153], eben – in der Diktion des BSG – um die **Handlungstendenz** des Versicherten. Bei der vom BSG geforderten „Objektivierung" der Handlungstendenz geht es darum, den Nachweis für die Handlungstendenz anhand **objektiver Indizien** („Hilfstatsachen")[154] zu erbringen[155] (sog. Indizienbeweis)[156]. Das BSG betont zurecht die Bedeutung des konkreten Orts und Zeitpunkts des Unfallgeschehens.[157] Dafür, dass sich der Unfall während der Arbeitszeit des Versicherten ereignet hat (vgl. Haupttatsachen 1 und 2), kann unter Umständen auf (Meta-)Daten zurückgegriffen werden, die aufgrund der „virtuellen Eingliederung" des Versicherten (→ Rn. 758) zur Verfügung stehen (zB Datum und Uhrzeit externer Zugriffe auf den Unternehmensserver, ausgehender Dienst-E-Mails, von Speichervorgängen; Bearbeitungsverlauf bei dienstlichen Dokumenten; Anruflisten auf dem Smartphone). Hilfsweise lassen sich möglicherweise Daten von anderen Tagen heranziehen, die auf eine typische Verteilung der Arbeitszeit durch den Versicherten deuten; sie können ein Indiz dafür begründen, dass der Versicherte auch am Unfalltag zu der betroffenen Zeit seiner versicherten Tätigkeit nachgegangen ist. Die Feststellung solcher Indizien obliegt dem Gericht im Rahmen des **Amtsermittlungsgrundsatzes (§ 103 SGG).**

812 Gleichwohl werden in Home-Office- und sonstigen Mobile-Konstellationen häufig weniger nachweisbare Indizien[158] zur Verfügung stehen als bei Unfällen in Betriebsstätten.[159] Dabei ist allerdings zu berücksichtigen, dass dieser Umstand typischerweise nicht auf ein persönliches Verschulden des Versicherten zurückzuführen ist, sondern ein strukturelles Problem mobiler Arbeit darstellt. Der Richter darf daher nicht vorschnell eine *Non-liquet*-Situation annehmen und sich auf die objektive Beweislastregel zu Lasten des Versicherten zurückziehen.[160] Ansonsten drohte das materiell-rechtliche Gebot zur Gleichbehandlung mobil tätiger Beschäftigter (Art. 3 Abs. 1 GG und § 8 Abs. 1 S. 3 SGB VII nF) auf beweisrechtlicher Ebene unterlaufen zu werden. Vielmehr sind im Rahmen des Grundsatzes der **freien richterlichen Beweiswürdigung (§ 128 Abs. 1 SGG)** die Besonderheiten mobiler Arbeit zu berück-

---

[151] Vgl. BSG 30.3.2017 – B 2 U 15/15 R, NJW 2017, 2858, Rn. 17 f.
[152] Vgl. SG Karlsruhe 27.10.2015 – S 4 U 1189/15, BeckRS 2015, 73421.
[153] Vgl. BSG 27.11.2018 – B 2 U 8/17 R, BeckRS 2018, 37285, Rn. 13 f.
[154] BSG 27.11.2018 – B 2 U 8/17 R, BeckRS 2018, 37285, Rn. 13 f.; LSG Bayern 12.5.2021 – L 3 U 373/18, BeckRS 2021, 19772, Rn. 24.
[155] Köhler BG 2002, 184 (190).
[156] Ausf. Köhler BG 2002, 184 (189 ff.); Kopp/Schmidt JR 2015, 51.
[157] BSG 8.12.2021 – B 2 U 4/21 R, NJW 2022, 3029, Rn. 19 mwN; s. auch BSG 27.11.2018 – B 2 U 28/17 R, BeckRS 2018, 40346, Rn. 23 mwN; vgl. zu Nahrungsaufnahmewegen zwischen Home-Office und Ort außerhalb der Wohnung BSG 18.6.2013 – B 2 U 7/12 R, NJOZ 2014, 311, Rn. 13: Maßgeblichkeit ua von Ziel, Streckenführung und ggf. dem gewählten Verkehrsmittel.
[158] Die Indiztatsachen bedürfen ihrerseits – wie die Haupttatsache – des Beweises, s. nur Musielak/Voit/Foerste ZPO § 284 Rn. 7.
[159] Vgl. Mühlheims NZS 2022, 5 (6): „einsame Unfälle".
[160] Allg. zum Vorrang der Beweiswürdigung vor der Beweislast Ricke SGb 2021, 333 (334 f.).

sichtigen.[161] Liegen nur wenige oder sehr mittelbare Indizien vor, die das Vorbringen des Versicherten unterstützen, so kann der Richter gleichwohl von dessen Wahrheit überzeugt sein, wenn der Vortrag des Versicherten plausibel, detailliert und widerspruchsfrei ist, wenn umgekehrt keine Indizien vorliegen, die das Vorbringen in Zweifel ziehen[162], und wenn unter den gegebenen Umständen erkennbar alle Möglichkeiten der Indiziengewinnung ausgeschöpft wurden.[163]

## IV. Haftungsprivileg des Arbeitgebers

813 Das Unfallversicherungsrecht modifiziert die zivilrechtliche Haftung des Arbeitgebers für Schäden, die ein Beschäftigter infolge eines Arbeitsunfalls erleidet.

814 Eine Haftung droht insbesondere dann, wenn der Arbeitgeber seiner Verpflichtung zur Einhaltung der Vorgaben aus dem **Arbeitsschutzrecht** oder von Unfallverhütungsvorschriften (ausf. Kapitel F → Rn. 684 ff.) nicht nachkommt. Diese Pflichten werden über § 618 BGB in das Arbeitsvertragsrecht transformiert; sie können Schadensersatzansprüche des Beschäftigten nach § 280 Abs. 1 BGB sowie – unter dem Gesichtspunkt der Verkehrs(sicherungs)pflichten – nach Deliktsrecht auslösen.[164] Der Arbeitgeber wird jedoch – im Gegenzug für seine Pflicht zur alleinigen Beitragstragung (§ 150 Abs. 1 S. 1 SGB VII) – in dem in **§ 104 Abs. 1 und 2 SGB VII** geregelten Umfang von der Haftung gegenüber seinen Beschäftigten[165] befreit, wenn dieser einen Versicherungsfall (→ Rn. 760 ff.) erleidet; der Beschäftigte erhält anstelle zivilrechtlicher Ansprüche gegen den Arbeitgeber Leistungen aus der gesetzlichen Unfallversicherung (Prinzip der Haftungsablösung durch Versicherungsschutz).[166] Vom Haftungsprivileg erfasst sind auch Schmerzensgeldansprüche nach § 253 Abs. 2 BGB, obwohl das Unfallversicherungsrecht keine kongruenten Leistungen vorsieht.[167]

815 Die Haftung des Arbeitgebers im Rahmen von **Wegeunfällen** iSd § 8 Abs. 2 SGB VII bleibt nach § 104 Abs. 1 S. 1 SGB VII hingegen unberührt;[168] insofern erlangt die umstrittene Abgrenzung zwischen Betriebswegen iSd § 8 Abs. 1 SGB VII und der Wegeunfallversicherung nach § 8 Abs. 2 Nr. 1 SGB VII (→ Rn. 796) Bedeutung.[169] Auch bei **Vorsatz** scheidet eine Haftungsprivilegierung des Arbeitgebers aus. Solche Fälle dürften im Rahmen mobiler Arbeit aufgrund der begrenzten Einflussmöglichkeit des Arbeitgebers (→ Rn. 756) allerdings selten sein.[170]

[161] Näher hierzu Gräf VSSAR 2021, 253 (301 ff.). Allg. zu den Grundsätzen der Amtsermittlung und der freien richterlichen Beweiswürdigung in Home-Office-Konstellationen BSG 8.12.2021 – B 2 U 4/21 R, NJW 2022, 3029, Rn. 20.
[162] Vgl. BSG 27.11.2018 – B 2 U 28/17 R, BeckRS 2018, 40346, Rn. 23.
[163] In der Tendenz wohl restriktiver Greiner NZS 2022, 740 (741), der sich „bei nicht klar belegbar[er] arbeitsorientierter Handlungstendenz" für eine „Vermutung einer privaten Handlungstendenz" ausspricht.
[164] Ausf. BeckOGK/Witschen, BGB, § 618 Rn. 74 ff., 154 ff.
[165] Ebenfalls erfasst sind dessen Angehörige und Hinterbliebene; zur Einbeziehung des Hinterbliebenengelds nach § 844 Abs. 3 BGB BGH 8.2.2022 – VI ZR 3/21, NJW 2022, 1526.
[166] Hierzu und zu den weiteren Normzwecken BeckOGK/Ricke SGB VII § 104 Rn. 2 ff.
[167] Das BVerfG hat dies wiederholt als verfassungskonform gebilligt, s. BVerfG 7.11.1972 – 1 BvL 4 u. 17/71, 1 BvR 355/71, NJW 1973, 502; 8.2.1995 – 1 BvR 753/94, NJW 1995, 1607.
[168] Hierzu Oberthür NZA 2013, 246 (248 f.).
[169] Greiner NZS 2022, 740.
[170] Bertram/Walk/Falder, Arbeiten im Home Office in Zeiten von Corona, S. 29.

816 Bei **grober Fahrlässigkeit** wird der Arbeitgeber zwar gegenüber dem Arbeitnehmer von der Haftung freigestellt, allerdings kann der Unfallversicherungsträger bei ihm nach **§ 110 Abs. 1 SGB VII Regress** nehmen. Ob dem Arbeitgeber grobe Fahrlässigkeit vorgeworfen werden und ob überhaupt eine Pflichtwidrigkeit bejaht werden kann, hängt davon ab, welcher Grad an Präventions- und Kontrollmöglichkeiten für ihn im Einzelfall bestanden hat.[171]

## V. Besonderheiten bei Unfällen im Ausland

817 Mobile Arbeit kann nicht nur in Deutschland, sondern auch im Ausland geleistet werden. Zunehmende Verbreitung finden die Phänomene des sog. **Workation,** also die Verbindung von Arbeit (work) und Urlaub (vacation),[172] oder der längerfristigen Tätigkeit im **„Auslands-Home-Office".** Aber auch im Home-Office arbeitende **Grenzgänger** haben in den letzten Jahren erhebliche praktische Bedeutung erlangt,[173] nicht zuletzt im Zuge der Covid-19-Pandemie.[174]

### 1. Anwendbarkeit des deutschen Sozialversicherungsrechts

818 In solchen Fällen stellt sich zunächst die Frage, ob der Beschäftigte im Rahmen solcher Tätigkeit weiterhin dem deutschen Sozialversicherungsrecht unterliegt.[175] Sie richtet sich nach dem **Internationalen Sozialrecht (ISR)**, wobei hier nur diejenigen Kollisionsnormen interessieren, die sich auf das Sozial*versicherungs*recht beziehen (s. hierzu auch → Rn. 866 ff.).

819 Die Frage nach dem anwendbaren Sozialversicherungsrecht ist nicht nur für den **Versicherungsschutz** des Beschäftigten, der in der Regel den deutschen Sozialversicherungsschutz mit seinen im internationalen Vergleich hohen Standards behalten möchte, sondern auch aus Sicht des Arbeitgebers für die Frage der **Beitragspflicht**[176] relevant: Besteht Sozialversicherungspflicht im Ausland, drohen dem Arbeitgeber bei unterlassener Beitragsabführung nach dortigem Recht Bußgelder oder gar strafrechtli-

---

[171] Ausf. zum reduzierten Pflichtenprogramm des Arbeitgebers bei häuslicher Telearbeit („Relativität" des Arbeitsschutzes) und zu den haftungsrechtlichen Konsequenzen Rieble/Ch. Picker ZFA 2013, 383 (410 ff., 420); s. auch Bertram/Walk/Falder, Arbeiten im Home-Office in Zeiten von Corona, S. 29 f.; Bieresborn WzS 2022, 3 (4).

[172] S. v. Steinau-Steinrück NJW-Spezial 2021, 626 – auch zum sog. Bleisure Travel (Kombination von Dienstreise mit Urlaub oder Freizeit).

[173] S. hierzu die Informationen des BMAS zum „Homeoffice bei Grenzgänger:innen" v. Juni 2023, https://www.bmas.de/SharedDocs/Downloads/DE/Internationales/info-home-office-grenzgaenger.html (letzter Abruf: 18.9.2023).

[174] S. zur besonderen, pandemiebedingten Handhabung der EU-Kollisionsregeln, die Informationen der Kommission für Grenzgänger und entsandte Arbeitnehmer, die von den Beschränkungen der Freizügigkeit betroffen sind, v. 30.3.2020, https://europa.eu/youreurope/citizens/files/Covid_FrontierPostedWorkers_de.pdf (letzter Abruf: 18.9.2023). Zum neuen multilateralen Rahmenabkommen, an dem auch Deutschland beteiligt ist, → Rn. 888.

[175] S. dazu auch die praktischen Hinweise in den FAQs des GKV-Spitzenverbands, https://www.dvka.de/de/arbeitgeber_arbeitnehmer/faq_1/faq_1.html (letzter Abruf: 18.9.2023).

[176] S. zur Möglichkeit, die Pflicht zur Abführung der Sozialversicherungsbeiträge auf den Beschäftigten zu übertragen, Art. 21 Abs. 2 VO (EG) Nr. 987/2009 und hierzu Geulen SPA 2021, 149 (150).

che Konsequenzen.[177] Auch die Geltung des **Haftungsprivilegs** nach § 104 SGB VII (→ Rn. 813ff.) richtet sich grundsätzlich nach den Regeln des Internationalen Sozialrechts.[178]

820 Regelungen zum Internationalen Sozialrecht finden sich auf drei Ebenen: im nationalen deutschen Recht, im Unionsrecht und im zwischenstaatlichen Völkerrecht. Daher müssen zunächst die einschlägigen Kollisionsnormen bestimmt werden, anhand deren dann das anwendbare nationale Recht ermittelt werden kann. Dabei ist nach dem Ort der Tätigkeit zunächst zwischen folgenden **Fallgruppen** zu unterscheiden:

### a) Mobile Tätigkeit in einem EU-/EWR-Mitgliedstaat oder in der Schweiz

821 Wird der Beschäftigte (auch) in anderem andern **EU-Mitgliedstaat** tätig, kommen die Kollisionsregelungen der Art. 11ff. VO (EG) Nr. 883/2004 (sog. Grundverordnung) sowie die Durchführungsbestimmungen der VO (EG) Nr. 987/2009 (sog. Durchführungsverordnung) zur Anwendung.[179] Gleiches gilt bei einer Tätigkeit in einem sonstigen Staat des **Europäischen Wirtschaftsraums** (derzeit Island, Liechtenstein, Norwegen)[180] oder in der **Schweiz;**[181] auch diese Staaten gelten als „Mitgliedstaaten“ iSd Verordnungen.[182]

822 Im Anwendungsbereich der genannten Verordnungen[183] ist sodann die **einschlägige Kollisionsregel** zu ermitteln, anhand derer dann das anwendbare Sozialrechtsstatut zu bestimmen ist[184] (s. dazu auch → Rn. 872ff.). Sämtliche Kollisionsregeln folgen nach Art. 11 Abs. 1 VO (EG) 883/2004 dem Prinzip der Einheitlichkeit des Sozialrechtsstatuts; dh es werden einerseits Schutzlücken infolge „Normenmangels“ und andererseits doppelte Beitragspflichten infolge „Normenhäufung“ vermieden.[185] Die Frage, welche Kollisionsregel zum Zuge kommt, hängt insbesondere von Dauer und Umfang der Auslandstätigkeit ab:

#### aa) Beschäftigungslandprinzip

823 Grundsätzlich gilt nach **Art. 11 Abs. 3 lit. a VO (EG) Nr. 883/2004** das **Beschäftigungslandprinzip.** Wird der Beschäftigte eines in Deutschland ansässigen Unternehmens in einem anderen Mitgliedstaat tätig, ist dessen Sozialversicherungsrecht an-

[177] Geulen SPA 2021, 149 (150).
[178] Allerdings werden die §§ 104ff. SGB VII zum ordre public gezählt; näher BeckOGK/Ricke SGB VII § 104 Rn. 18f.
[179] Nicht näher eingegangen werden soll hier auf die Koordinierungsregeln (Art. 36ff. VO [EG] Nr. 883/2004, Art. 33ff. VO [EG] 987/09), die v.a. Art und Umfang der Leistungserbringung betreffen, s. hierzu etwa Baumeister in: Schlachter/Heinig, EnzEuR, Bd. 7, § 24.
[180] Vgl. Art. 20 iVm Anhang VI des Abkommens über den Europäischen Wirtschaftsraum v. 2.5.1992, ABl. EG 1994 L 1, S. 3; Beschluss des Gemeinsamen EWR-Ausschusses Nr. 76/2011 v. 1.7.2011, ABl. EU L 262, S. 33.
[181] Vgl. Art. 8 iVm Anhang II des Freizügigkeits-Abkommens EG/CH v. 30.4.2002, ABl. EG L 114, S. 6; Beschluss 2012/195/EU v. 31.3.2012, ABl. EU L 103, S. 51.
[182] Zur Schweiz EuGH 15.9.2022 – C-58/21 (FK), NJW 2022, 3407 (Rn. 38).
[183] Näher zum persönlichen und sachlichen Anwendungsbereich der Verordnungen Mauer, in: Mauer Personaleinsatz im Ausland, Rn. 802ff.
[184] S. hierzu den Praktischen Leitfaden der Verwaltungskommission für die Koordinierung der Systeme der sozialen Sicherheit, Dezember 2013, https://www.dvka.de/media/dokumente/verschiedene/Praktischer_Leitfaden.pdf (letzter Abruf: 18.9.2023); s. auch Hidalgo/Ceelen NZA 2021, 19.
[185] Vgl. BeckOK-SozR/Leopold Art. 11 VO (EG) Nr. 883/2004 Rn. 19.

wendbar, wenn nicht eine der im Folgenden (→ Rn. 824 ff.) skizzierten Ausnahmen greift. Beim Beschäftigungslandprinzip bleibt es etwa dann, wenn der Beschäftigte (nahezu) ausschließlich und dauerhaft an seinem in dem anderen Mitgliedstaat gelegenen Wohnsitz im Home-Office arbeitet.[186]

### bb) Entsendung

824 Eine erste Ausnahme enthält **Art. 12 Abs. 1 VO (EG) Nr. 883/2004.** Danach gilt das bestehende Sozialrechtsstatut bei einer **Entsendung** des Beschäftigten fort, wenn diese nur **vorübergehend** erfolgt; dazu muss die Dauer der Entsendung von Beginn an auf maximal 24 Monate befristet sein.[187]

825 In **Workation-Fällen** wird der Beschäftigte typischerweise auf seinen **eigenen Wunsch** im Ausland tätig, sodass sich hier die Frage stellt, ob noch von einer „Entsendung" iSd Norm gesprochen werden kann: Die überwiegende Auffassung in der Literatur geht davon aus, dass der Entsendungs-Begriff eine Auslandstätigkeit auf Weisung und im Interesse des Arbeitgebers voraussetzt.[188] Auf Grundlage dieser Ansicht bliebe es also – wenn nicht eine Ausnahme nach Art. 13 oder Art. 16 VO (EG) Nr. 883/2004 (→ Rn. 826 ff.) greift – beim Beschäftigungslandprinzip und es bestünde eine Versicherungspflicht nach dem Sozialversicherungsrecht des Urlaubslands; der Beschäftigte müsste in Deutschland ab- und wieder angemeldet werden.[189] Demgegenüber schließt nach Ansicht des GKV-Spitzenverbands der Umstand, dass die Auslandstätigkeit auf Initiative des Beschäftigten erfolgt, eine „Entsendung" nicht aus, solange er weiterhin dem Weisungsrecht des deutschen Arbeitgebers unterliegt. Letzteres soll dann zu bejahen sein, „wenn der Arbeitgeber mit der vorübergehenden Auslandstätigkeit einverstanden ist, er die von seiner Mitarbeiterin bzw. seinem Mitarbeiter erbrachte Leistung entgegennimmt und er sie durch Fortzahlung des vereinbarten Gehalts vergütet". Der GKV-Spitzenverband empfiehlt Arbeitgebern allerdings auch in solchen Situationen, vor Beginn der Auslandstätigkeit eine A1-Bescheinigung (dazu noch → Rn. 831 f.) zu beantragen.[190] Vgl. hierzu auch ausf. → Rn. 877 ff.; zur Parallelproblematik im Rahmen des § 4 Abs. 1 SGB IV („Ausstrahlung") → Rn. 841 und im Rahmen der Entsende-RL (in Bezug auf Mindestarbeitsbedingungen) → Rn. 861 f.

### cc) Gewöhnliche Mehrfachtätigkeit

826 Eine weitere – insbesondere für **Grenzgänger** relevante – Ausnahme vom Beschäftigungslandprinzip sieht Art. 13 Abs. 1 VO (EG) Nr. 883/2004 vor. Sie greift ein, wenn der Beschäftigte *gewöhnlich* in *mehreren* Mitgliedstaaten tätig ist **(„gewöhnliche Mehrfachtätigkeit"),** wenn er also zB sowohl im Home-Office in seinem Wohnmitgliedsstaat als auch in der Betriebsstätte in einem anderen Mitgliedstaat arbeitet.

---

[186] Vgl. Hördt/Riesenkampff ArbRAktuell 2020, 485.
[187] Näher hierzu und zu den weiteren Voraussetzungen der sozialversicherungsrechtlichen Entsendung iSd Art. 12 Abs. 1 VO (EG) Nr. 883/2004 BeckOK-SozR/Utz Art. 12 VO (EG) 883/2004 Rn. 4 ff.
[188] S. etwa KKW/Fuchs VO (EG) 883/2004 Art. 1–91 Rn. 70; Hamann/Rathmann EuZA 2022, 280 (285 f.); Hidalgo/Ceelen NZA 2021, 19 f.; BeckOK SozR/Utz VO (EG) 883/2004 Art. 12 Rn. 9.
[189] Hidalgo/Ceelen NZA 2021, 19 (20).
[190] S. Rundschreiben 2021/485 v. 7.7.2021, https://www.hkk.de/fileadmin/dateien/firmenservice/rundschreiben/2021/rs_2021-485.pdf (letzter Abruf: 18.9.2023).

Für die Anwendbarkeit des Art. 13 Abs. 1 VO (EG) Nr. 883/2004 kommt es ua darauf an, dass in mindestens zwei unterschiedlichen Mitgliedstaaten ein bestimmter Mindestanteil der Gesamttätigkeit geleistet wird; hierfür setzt die Verwaltungskommission einen Schwellenwert von 5% der Gesamtarbeitszeit und -vergütung an.[191]

827 Liegen die Anwendungsvoraussetzungen vor, kommt das Sozialversicherungsrecht des **Wohnmitgliedsstaats** zur Anwendung, wenn der Beschäftigte dort den „wesentlichen Teil" seiner Tätigkeit ausübt (Art. 13 Abs. 1 lit. a VO [EG] Nr. 883/2004), ansonsten das Recht des Mitgliedstaats, an dem der **Arbeitgeber seinen Sitz**[192] hat (Art. 13 Abs. 1 lit. b sublit. I VO [EG] Nr. 883/2004).[193] Was unter einem „wesentlichen Teil" zu verstehen ist, definiert Art. 14 Abs. 8 VO (EG) 987/2009; danach bedarf es einer Gesamtbetrachtung unter anderem anhand quantitativer Kriterien wie Arbeitszeit und -entgelt. Wird im Rahmen der Gesamtbewertung ein Anteil von weniger als 25% erreicht, so indiziert dies, dass ein wesentlicher Teil der Tätigkeit nicht im Wohnmitgliedstaat ausgeübt wird.[194] Faustformelartig ist daher davon auszugehen, dass ein in Vollzeit beschäftigter Grenzgänger bereits dann dem Sozialversicherungsrecht seines Wohnstaates unterliegt, wenn er dort regelmäßig mehr als einen Tag pro Woche (im Home-Office) arbeitet.[195] S. dazu auch → Rn. 873ff. S. allerdings zum multilateralen Rahmenabkommen über die Anwendung des Art. 16 Abs. 1 VO (EG) 883/2004 bei gewöhnlicher grenzüberschreitender Telearbeit → Rn. 888.

### dd) Ausnahmevereinbarung

828 Liegen die Voraussetzungen der vorgenannten Ausnahmeregelungen nicht vor, kann die Anwendung ausländischen Sozialversicherungsrechts nach dem Beschäftigungslandprinzip nur durch Abschluss einer **Ausnahmevereinbarung** zwischen den beteiligten Mitgliedstaaten gemäß **Art. 16 Abs. 1 VO (EG) Nr. 883/2004** verhindert werden.

829 Auf deutscher Seite ist für den Abschluss einer solchen Vereinbarung der GKV-Spitzenverband (Deutsche Verbindungsstelle Krankenversicherung – Ausland, **„DVKA"**) zuständig. Er wird auf Antrag des Arbeitgebers oder des Arbeitnehmers tätig und hat sich im Rahmen pflichtgemäßen Ermessens mit der zuständigen ausländischen Stelle auf eine Regelung zu einigen.[196]

830 Durch eine solche Ausnahmevereinbarung lässt sich die Fortgeltung des deutschen Sozialversicherungsrechts insbesondere in Konstellationen bewirken, in denen der **Entsendungstatbestand zu eng und unflexibel** erscheint. Sie haben zudem für

---

[191] S. im Hinblick auf die Schwelle der „marginalen Tätigkeiten" iSd Art. 14 Abs. 5b VO [EG]) 987/2009) Verwaltungskommission, Praktischer Leitfaden (Fn. 184), S. 30. S. zum Anwendungsbereich des Art. 13 VO (EG) Nr. 883/2004 weiterhin Art. 14 Abs. 5 und 7 VO (EG) 987/2009 und zum Ganzen BeckOGK/Schreiber VO (EG) 883/2004 Art. 13 Rn. 6ff.

[192] Zum Begriff Art. 14 Abs. 5a VO (EG) 987/2009.

[193] Art. 13 Abs. 1 lit. b sublit. i bis iv VO (EG) Nr. 883/2004 regeln Fälle, in denen der Beschäftigte bei mehreren Unternehmen tätig ist.

[194] Näher zur Bestimmung des „wesentlichen Teils" BeckOGK/Schreiber VO (EG) 883/2004 Art. 13 Rn. 9ff.

[195] Vgl. Informationen des BMAS (Fn. 173), S. 2; s. auch – mit rechtspolitischer Kritik – BDA-Positionspapier „Mobile Arbeit" v. 16.12.2022, S. 3f. Zur besonderen Handhabung bei pandemiebedingten Freizügigkeitseinschränkungen Fn. 174.

[196] Zum Verfahren: Art. 18ff. VO (EG) 987/2009; s. dazu die praktischen Hinweise des GKV-Spitzenverbands (Fn. 175).

Berufsgruppen Bedeutung, deren Tätigkeit durch besondere Mobilität mit kurzzeitigen Aufenthalten in unterschiedlichen Staaten gekennzeichnet ist (zB im Bereich der Forschung).[197] Für Grenzgänger dürfte zukünftig das seit Juli 2023 in Kraft befindliche multilaterale Rahmenabkommen über die Anwendung des Art. 16 Abs. 1 VO (EG) 883/2004 bei gewöhnlicher grenzüberschreitender Telearbeit erhebliche praktische Bedeutung erlangen; hierzu → Rn. 888.

#### ee) A1-Bescheinigung

831 Sowohl in den Entsendefällen des Art. 12 Abs. 1 VO (EG) Nr. 883/2004 als auch bei „gewöhnlicher Mehrfachtätigkeit" iSd Art. 13 Abs. 1 VO (EG) Nr. 883/2004[198] hat der Arbeitgeber eine A1-Bescheinigung zu beantragen.[199] Zuständig ist in Deutschland im ersten Fall die **gesetzliche Krankenkasse,** bei welcher der Beschäftigte versichert ist, im zweiten Fall der GKV-Spitzenverband **(„DVKA").**[200]

832 Die A1-Bescheinigung kann nach der Rechtsprechung des EuGH grundsätzlich auch nachträglich und mit Rückwirkung erteilt werden.[201] Laut BMAS kann es „bei nicht-regelmäßigen kurzfristig anberaumten und/oder kurzzeitigen Geschäftsreisen und bei anderen **sehr kurzen Entsendezeiträumen bis zu einer Woche** […] daher zweckmäßig sein, auf einen Antrag auf Ausstellung der Bescheinigung A 1 zu verzichten". Allerdings weist das BMAS zugleich darauf hin, dass einzelne Mitgliedstaaten aufgrund zuletzt verschärfter nationaler Schwarzarbeitsbekämpfungsvorschriften die Vorlage einer A1-Bescheinigung vor Beginn der jeweiligen Tätigkeit verlangen.[202] Auch bei kurzfristigen Tätigkeiten im Ausland ist daher im Zweifel eine **vorherige Beantragung zu empfehlen.**[203] S. auch die praktischen Empfehlungen unter → Rn. 889f.

### b) Mobile Tätigkeit in einem Drittstaat

833 Übt der Beschäftigte eine Tätigkeit **außerhalb des EU-/EWR-Gebiets** bzw. der **Schweiz** aus, ist die rechtliche Situation deutlich komplizierter und – auch bei kurzfristiger mobiler Tätigkeit – im Zweifel beratungsbedürftig.[204]

834 In dieser Konstellation kommt nur **ausnahmsweise** das **Kollisionsrecht der VO (EG) Nr. 883/2004** zur Anwendung, nämlich dann, wenn eine hinreichend enge

[197] BeckOK-SozR/Wolf Art. 16 VO (EG) 883/2004 Rn. 2, 2b.
[198] Str., teilweise wird die Erfüllung der Mitteilungspflicht gem. Art. 16 VO (EG) 987/2009 für ausreichend gehalten, so Hidalgo/Ceelen NZA 2021, 19 (21) mwN.
[199] Vgl. § 106 Abs. 1 S. 1, Abs. 4 SGB IV, Art. 19 Abs. 2 VO [EG] 987/2009.
[200] Zur Zuständigkeit und dem Verfahren siehe die ausf. Praxis-Hinweise des GKV-Spitzenverbands (Fn. 175); s. auch https://www.dvka.de/de/arbeitgeber_arbeitnehmer/antraege_finden/elektronisches_antragsverfahren.html (letzter Abruf: 18.9.2023).
[201] EuGH 30.3.2000 – C-178/97 (Banks), ECLI:EU:C:2000:169, Rn. 49ff.; 8.9.2018 – C-527/16, ECLI:EU:C:2018:669 (Alpenrind), Rn. 70ff.
[202] BMAS Referat VIa3, Handhabung der Bescheinigung A 1 bei kurzfristig anberaumten und kurzzeitigen Tätigkeiten im EU-Ausland, den EWR-Staaten Island, Liechtenstein und Norwegen sowie der Schweiz, Juni 2019, https://www.bmas.de/SharedDocs/Downloads/DE/Internationales/handhabung-bescheinigung-a1.pdf?__blob=publicationFile&v=1 (letzter Abruf: 18.9.2023) – Hervorh. durch Verf.
[203] Schlegel, in: Küttner, Personalbuch, A1-Bescheinigung Rn. 21; s. auch Mauer, in: Mauer, Personaleinsatz im Ausland, Rn. 939.
[204] Geulen SPA 2021, 149 (150).

Verknüpfung zum Territorium oder dem System sozialer Sicherheit eines Mitgliedstaats besteht.[205]

835 Im Übrigen ist zu unterscheiden, ob mit dem betroffenen Drittstaat ein **Sozialversicherungsabkommen besteht** oder **nicht.** Im ersten Fall sind die Kollisionsregeln des jeweiligen Abkommen anzuwenden, im zweiten Fall die nationalen Kollisionsregeln (vgl. § 6 SGB IV). Es existieren sowohl zweiseitig (bilaterale) als auch mit mehreren Staaten abgeschlossene (multilaterale) Sozialversicherungsabkommen.[206]

### aa) Drittstaat mit Sozialversicherungsabkommen

836 Bei einer Auslandstätigkeit in Drittstaaten **mit Sozialversicherungsabkommen** ist zu beachten, dass viele Abkommen nur für bestimmte Zweige der Sozialversicherung gelten;[207] das Unfallversicherungsrecht ist also nicht zwangsläufig erfasst.

837 Sozialversicherungsabkommen enthalten in der Regel auch **Entsendevorschriften,** die eine Fortgeltung des deutschen Sozialversicherungsrechts ohne Statutenwechsel ermöglichen. Die Voraussetzungen der Entsendung sind idR ähnlich denen des deutschen Rechts (§ 4 Abs. 1 SGB IV, → Rn. 840) ausgestalteten; Unterschiede bestehen vor allem hinsichtlich der maximal zulässigen Entsendungsdauer.[208] Einzelheiten zu den jeweiligen Abkommen können den Merkblättern entnommen werden, die der GKV-Spitzenverband („DVKA“) online zur Verfügung stellt.[209]

838 In die Kategorie der Abkommensstaaten gehört in der Folge des **„Brexit“** auch das Vereinigte Königreich. Die hier geltenden Kollisionsregeln[210] orientieren sich an denen der VO (EG) Nr. 883/2004.[211]

### bb) Drittstaat ohne Sozialversicherungsabkommen

839 Besteht mit dem betroffenen Drittstaat kein Sozialversicherungsabkommen oder ist das Unfallversicherungsrecht von einem solchen nicht erfasst, richtet sich die Anwendbarkeit des deutschen Unfallversicherungsrecht nach dem im nationalen deut-

---

[205] S. BeckOK-SozR/Leopold VO (EG) 883/2004 Art. 11 Rn. 30 mit Rspr.-Nachw. und Beispielen.

[206] S. den tabellarischen Überblick über die Abkommensstaaten in Anlage 1 der „Gemeinsame Verlautbarung zur versicherungsrechtlichen Beurteilung entsandter Arbeitnehmer“ des GKV-Spitzenverbands (Berlin), der Deutschen Rentenversicherung Bund (Berlin), der Bundesagentur für Arbeit (Nürnberg) und der Deutschen Gesetzlichen Unfallversicherung (Berlin) v. 18.3.2020, https://www.deutsche-rentenversicherung.de/SharedDocs/Downloads/DE/Fachliteratur_Kommentare_Gesetzestexte/summa_summarum/rundschreiben/2020/18032020_entsendung.html (letzter Abruf: 18.9.2023); s. auch den Überblick des BMAS unter https://www.bmas.de/DE/Europa-und-die-Welt/International/Sozialversicherungsabkommen/sozialversicherungsabkommen-art.html (letzter Abruf: 18.9.2023).

[207] S. auch zu den von den Abkommen jeweils erfassten Sozialversicherungszweigen die unter Fn. 206 genannten Übersichten.

[208] S. hierzu die Übersichten bei Mauer in: Mauer, Personaleinsatz im Ausland, Rn. 1013 ff., 1037 ff. Zu den Unterschieden Becker ZESAR 2021, 467 (470 ff.).

[209] Abrufbar unter https://www.dvka.de/de/arbeitgeber_arbeitnehmer/merkblaetter_arbeiten_in/merkblaetter_arbeiten_in.html (letzter Abruf: 18.9.2023).

[210] S. Teil 2 Teilbereich 4 des Abkommens über Handel und Zusammenarbeit zwischen der Europäischen Union und der Europäischen Atomgemeinschaft einerseits und dem Vereinigten Königreich Großbritannien und Nordirland andererseits, ABl. EU 2021, L 149, S. 10; s. insbes. das im Abkommen enthaltene Protokoll über die Koordinierung der sozialen Sicherheit (und dort Art. 10 ff.). Vorschriften zur Zuständigkeit und Durchführung in Deutschland enthält das SozSichUKG (BGBl. 2021 I S. 658).

[211] BeckOGK/Ziegelmeier SGB IV § 6 Rn. 71; ausf. Leopold ZESAR 2021, 329.

schen Recht geregelten Internationalen Sozialrecht. Die für das Sozial*versicherungs*rechts maßgeblichen Kollisionsnormen finden sich in den **§§ 3 ff. SGB IV.**[212]

840 Nach § 3 SGB IV gilt grundsätzlich das Territorialitätsprinzip. Das deutsche Sozialversicherungsrecht bleibt jedoch bei einer Auslandstätigkeit erhalten, wenn der Beschäftigte unter den Voraussetzungen des **§ 4 Abs. 1 SGB IV („Ausstrahlung")** in einen Drittstaat entsandt wird.[213] Für die Praxis relevante Einzelheiten zu den Voraussetzungen und Rechtsfolgen einer Entsendung nach § 4 Abs. 1 SGB IV enthält die „Gemeinsame Verlautbarung zur versicherungsrechtlichen Beurteilung entsandter Arbeitnehmer" des GKV-Spitzenverbands (Berlin), der Deutschen Rentenversicherung Bund (Berlin), der Bundesagentur für Arbeit (Nürnberg) und der Deutschen Gesetzlichen Unfallversicherung (Berlin).[214]

841 Die sich in **„Workation"**-Fällen stellende Frage, ob eine Endsendung iSd § 4 Abs. 1 SGB IV zwingend eine Weisung des Arbeitgebers voraussetzt, ist – soweit ersichtlich – in der Rechtsprechung noch ungeklärt.[215] Nach der „Gemeinsamen Verlautbarung" steht es der Erfüllung der Voraussetzungen des § 4 Abs. 1 SGB IV nicht entgegen, „dass der Arbeitnehmer mit Zustimmung des Arbeitgebers die abhängige Beschäftigung im Ausland in Form von Telearbeit ‚von zu Hause aus' ausübt (sog. Home-Office), selbst wenn die Initiative für den Auslandseinsatz vom Arbeitnehmer ausgeht"[216] (vgl. zur entsprechenden Stellungnahme des GKV-Spitzenverbandes zu Art. 12 Abs. 1 VO [EG] Nr. 883/2004 → Rn. 825).

842 Bleibt danach deutsches Sozialversicherungsrecht erhalten, schließt dies jedoch eine zusätzliche Versicherungspflicht nach den Vorschriften des Drittstaats nicht aus; es besteht also das Risiko einer **Doppelversicherung** mit zweifacher Betragspflicht.[217] Liegen die Voraussetzungen der „Ausstrahlung" nicht vor, kann es aber auch umgekehrt dazu kommen, dass **überhaupt kein Versicherungsschutz** besteht (zum Haftungsrisiko des Arbeitgebers → Rn. 849).

843 Um die damit verbundenen Risiken zu minimieren, empfiehlt es sich in der unternehmerischen Praxis, in einer (individual- oder kollektivrechtlichen) Vereinbarung zum „Auslands-Home-Office" bzw. zur „Workation" eine Begrenzung der in Betracht kommenden Staaten zu vereinbaren, zumindest aber eine Anzeigepflicht des Beschäftigten, um den rechtlichen Rahmen rechtzeitig vorher klären zu können. Vgl. hierzu auch → Rn. 891.

---

[212] Es handelt sich im Verhältnis zu § 30 Abs. 1 SGB I um leges speciales (vgl. § 37 Abs. 1 SGB I).
[213] Davon zu unterscheiden ist der umgekehrte Fall der sog. Einstrahlung nach § 5 Abs. 1 SGB IV, auf den hier nicht näher eingegangen werden muss.
[214] Nachw. in Fn. 206. S. zu den Voraussetzungen des § 4 Abs. 1 SGB IV unter Einbeziehung der „Gemeinsamen Verlautbarung" (allerdings noch in der Fassung vom 18.11.2015) auch Mauer in: Mauer, Personaleinsatz im Ausland, Rn. 710ff.
[215] Schlegel/Voelzke/Schlegel jurisPK-SGB IV § 4 Rn. 45 (Fn. 105); das Weisungserfordernis wird allerdings in der (Kommentar-)Literatur regelmäßig erwähnt, s. etwa BeckOGK/Ziegelmeier SGB IV § 4 Rn. 12; s. auch Grimm/Schwanke DB 2023, 1412 (1415).
[216] Gemeinsame Verlautbarung (Fn. 206), S. 15 und S. 31 (Beispiel 6.4 – Arbeitnehmer F).
[217] Günther/Pfister ArbRAktuell 2014, 346 (348); BeckOK SozR/Wagner SGB IV § 4 Rn. 10.

## 2. Besonderheiten bei der Reichweite des Versicherungsschutzes

844 Unterliegt ein Beschäftigter, der an seinem ausländischen Wohnsitz im Home-Office oder sonst im Ausland mobil arbeitet, nach den skizzierten Grundsätzen dem deutschen Sozialversicherungsrecht, gelten für die Reichweite des Unfallversicherungsschutzes im Ausgangspunkt die **gleichen Grundsätze** wie im Inland (→ Rn. 760 ff.). Ein materielles europäisches Sozialrecht, das insoweit vorrangige Regelungen enthielte, existiert derzeit nicht.[218]

845 Der Versicherungsschutz setzt also auch im Ausland grundsätzlich eine **betriebsbezogene Handlungstendenz** im Unfallzeitpunkt voraus (→ Rn. 761 f., 778 ff.). Wie in reinen Inlandsfällen sind allerdings auch „Unfälle des täglichen Lebens" versichert (zB Insektenstiche), wenn sie sich während einer dienstlichen Verrichtung ereignen.[219]

846 Zwar bejaht die Rechtsprechung einen Versicherungsschutz ausnahmsweise auch im Rahmen eigenwirtschaftlicher Tätigkeiten, wenn der Unfall auf **spezifischen Gefahren oder Eigenarten** des konkreten **Tätigkeitsorts (im Ausland)** beruht[220] (zB Malaria-Infektion aufgrund Insektenstichs während der Nahrungsaufnahme, Verletzung/Tötung im Rahmen politischer Unruhen auf Weg mit privater Handlungstendenz)[221]. Dabei wird aber vorausgesetzt, dass der Beschäftigte auf Weisung oder aufgrund eines sonstigen betrieblichen Anlasses (zB im Rahmen von Dienstreisen) in der betroffenen Region verweilt.[222] Derartige Modifikationen dürften daher in typischen „Workation"-Konstellationen, in denen sich der Beschäftigte auf eigenen Wunsch im Ausland befindet und den Tätigkeitsort selbst auswählt, regelmäßig ausscheiden.

## 3. Besondere Auslandsversicherung und privater Versicherungsschutz

847 Gilt das deutsche Unfallversicherungsrecht nach den oben (→ Rn. 818 ff.) dargestellten Grundsätzen bei mobiler Tätigkeit im Ausland nicht fort, drohen für den Beschäftigten **Schutzlücken,** wenn auch das ausländische Recht kein vergleichbares Niveau aufweist oder es sogar gänzlich an einem auf den Beschäftigten anwendbaren gesetzlichen Unfallversicherungssystem mangelt. Das Fehlen einer solchen Absicherung führt nicht etwa dazu, dass allein aus diesem Grunde ersatzweise deutsches Sozialversicherungsrecht Anwendung findet.[223]

848 In einigen Fällen kann die Schutzlücke aber durch eine **besondere Auslandsversicherung** nach **§ 140 Abs. 2 und 3 SGB VII** geschlossen werden. Danach können die Unfallversicherungsträger eine Versicherung gegen Unfälle einrichten, die Perso-

---

[218] Mauer in: Mauer, Personaleinsatz im Ausland, Rn. 688.
[219] BSG 22.8.1990 – 8 RKn 5/90, NZA 1991, 157; Ricke NZS 2021, 177 (178).
[220] S. etwa BSG 18.3.2008 – B 2 U 13/07 R, NZS 2009, 288, Rn. 16 ff.
[221] Lauterbach/Schwerdtfeger SGB VII § 8 Rn. 147 (vgl. auch § 8 Rn. 305 ff.); zum (nach Ansicht des Gerichts nicht erfassten) Risiko durch Terroranschläge LSG Niedersachsen–Bremen 13.5.2020 – L 3 U 124/17, NZS 2021, 179; s. auch Bieresborn WzS 2022, 31 (34).
[222] Lauterbach/Schwerdtfeger SGB VII § 8 Rn. 146 mwN.
[223] Gemeinsame Verlautbarung (Fn. 206), S. 27.

nen im Zusammenhang mit einer Beschäftigung bei einem inländischen Unternehmen im Ausland erleiden. Die Teilnahme an der Versicherung erfolgt auf Antrag des Unternehmers.

849 In sonstigen Fällen ist zu erwägen, auf **private Unfallversicherungen** zurückzugreifen. Bei Tätigkeiten im Ausland mit erhöhtem Gefahrpotenzial kann sich aus dem Arbeitsvertrag die **Nebenpflicht des Arbeitgebers** ergeben (§ 241 Abs. 2 BGB), eine solche für den Arbeitnehmer abzuschließen.[224] Bei mobiler Auslandstätigkeit auf Wunsch und nach Wahl des Arbeitnehmers („Workation") dürfte eine solche Pflicht jedoch in der Regel ausscheiden.

[224] Frank-Fahle/Falder, Grenzüberschreitender Mitarbeitereinsatz, 2021, S. 80.

# H. Mobile Work im Ausland/Rechtliche Aspekte bei Mobile Work im EU-Ausland

## Übersicht



## I. Herausforderungen und Erscheinungsformen

850 Mit der Corona-Pandemie hat sich bei Arbeitnehmern der Wunsch verstärkt, ihre Arbeitsleistung flexibel auch einmal im Ausland erbringen zu können. Dabei geht es entweder um die Verlängerung von Urlauben oder um die grundsätzliche zeitweilige Verlagerung des Arbeitsortes. Etliche Unternehmen sind daher aktuell mit der Prüfung und Einführung entsprechender Arbeitsmodelle beschäftigt und einige Arbeitgeber haben bereits ihren Arbeitnehmern Mobile Work im Ausland gestattet. Doch die Voraussetzungen und Bedingungen, unter denen dies möglich ist, sind genauso vielschichtig wie die Ansätze für die Ausgestaltung eines entsprechenden unternehmerischen Konzepts. Die Unternehmensgruppe Otto, der AXA-Konzern, ING Deutschland sowie die Mediengruppe ProSiebenSat.1 ermöglichen das Arbeiten im Ausland beispielsweise jeweils bis zu einem Jahresumfang von 30 Arbeitstagen. Bei Bosch darf man sogar bis zu 54 Tage im Jahr mobil im Ausland tätig sein. Einen rechtlichen Anhaltspunkt für eine wie auch immer bemessene Jahreshöchstgrenze gibt es – mit Ausnahme von § 2 Abs. 2 NachwG – nicht. § 2 Abs. 2 NachwG verpflichtet den Arbeitgeber, einem Arbeitnehmer, der länger als vier aufeinanderfolgende Wochen seine Arbeitsleistung außerhalb der Bundesrepublik Deutschland zu erbringen hat, vor seiner Abreise die Niederschrift nach § 2 Abs. 1 S. 1 NachwG mit allen wesentlichen Angaben nach § 2 Abs. 1 S. 2 NachwG sowie zusätzlichen Angaben zum Einsatzland, zur Währung, in der die Entlohnung erfolgt, zu etwaigen mit dem Auslandsaufenthalt verbundenen Geld- oder Sachleistungen sowie die Angabe, ob eine Rückkehr des Arbeitnehmers vorgesehen ist, und gegebenenfalls die Bedingungen der Rückkehr, auszuhändigen.

851 Diese Regelung könnte Anlass geben, die Möglichkeit einer mobilen Arbeit im Ausland auf 20 Arbeitstage (bezogen auf eine 5-Tage-Woche) zu begrenzen. Allerdings spricht der Wortlaut des § 2 Abs. 2 NachwG – „länger als vier aufeinanderfolgende Wochen" – dafür, dass es nur um eine Begrenzung eines einzelnen Auslandsaufenthalts geht.

852 Viele Unternehmen – beispielsweise die Berliner DKB – sehen darüber hinaus vor, dass ein mobiles Arbeiten lediglich innerhalb der Europäischen Union (nachfolgend EU) möglich ist, wobei sich in der Beratungspraxis auch häufig zeigt, dass insoweit noch einmal räumlich eingegrenzt wird. Andere Arbeitgeber – wobei dies eher die Ausnahme darstellen dürfte und schwerpunktmäßig in der Start-up-Branche anzutreffen ist – setzen gar keine räumlichen Grenzen und erlauben Mobile Work weltweit. Auch wenn viele Unternehmen der mobilen Arbeit im Ausland grundsätzlich offen gegenüberstehen, sind die mit diesem Arbeitsmodell verbundenen Herausforderungen nicht zu unterschätzen.

853 Im Folgenden soll daher näher beleuchtet werden, welche rechtlichen und tatsächlichen Probleme mit mobiler Arbeit im Ausland verbunden sein können und welche Lösungsansätze derzeit diskutiert werden. Die denkbaren Sachverhaltskonstellationen sind vielfältig und können abhängig davon,

- in welchem Land der Arbeitgeber seinen Sitz hat,
- in welchem Land der Arbeitnehmer seinen Wohnsitz hat,
- in welchem Land der Arbeitnehmer vornehmlich seinen Arbeitsaufgaben nachgeht und
- welche Staatsangehörigkeit/en der Arbeitnehmer besitzt,

durchaus komplex werden. Arbeitgeber, die ihren Firmensitz im Ausland (EU- bzw. Nicht-EU-Ausland) haben, dürften regelmäßig jedenfalls dann, wenn auch die Anstellung der Arbeitnehmer im Tätigkeitsland selbst erfolgt, die Anwendbarkeit des jeweiligen lokalen Rechts und damit auch des dortigen nationalen Arbeitsrechts vorsehen bzw. dies beabsichtigen. Diese Konstellation betrachtet die nachfolgende Darstellung daher nicht. In der anwaltlichen Beratung lässt sich feststellen, dass der Hauptanwendungsfall in der Praxis (1.) einen Arbeitgeber mit Sitz in Deutschland betrifft, der (2.) einen Arbeitnehmer mit Wohnsitz und (3.) gewöhnlichem Arbeitsort in Deutschland beschäftigt und es (4.) innerhalb der Durchführung des Arbeitsverhältnisses immer wieder zu (kurzzeitigen) Arbeitszeiten im Ausland (EU, EWR und Schweiz)[1] (nachfolgend EU-Ausland) kommt. Eine zusätzliche Komplexität kann sich aufgrund der Staatsangehörigkeit des Arbeitnehmers ergeben, da abhängig hiervon die Arbeitnehmerfreizügigkeit und aufenthaltsrechtliche Fragestellungen zu bewerten sind.

854 Geht man einmal von dem vorstehend skizzierten praktischen Hauptanwendungsfall aus, können im Rahmen von Mobile Work im Ausland zunächst insbesondere die nachfolgenden Aspekte relevant sein:

- Anwendbares (Arbeits(vertrags)-)Recht/Rechtswahl,
- Anwendbarkeit Entsende-Richtlinien/Arbeitsbedingungen,

[1] Die Modernisierte Koordinierung (VO (EG) Nr. 883/2004 iVm Durchführungs-VO (EG) Nr. 987/2009) gilt EU-weit und seit dem 1.4.2012 bzw. dem 1.6.2012 für die Schweiz bzw. den Europäischen Wirtschaftsraum (EWR).

- Gerichtsstand,
- Melde- und Registrierpflichten.

### 1. Anwendbares (Arbeits(vertrags)-)Recht/Rechtswahl

855 Wenn das Arbeitsverhältnis zu mehr als einem Mitgliedstaat Berührungspunkte aufweist – wie dies im Falle von mobiler Arbeit im Ausland der Fall ist –, ist zu prüfen, welchem nationalen Recht der Arbeitsvertrag unterliegt. Zu bewerten ist dies nach den Regelungen der VO (EG) Nr. 593/2008 (nachfolgend Rom I-Verordnung)[2] und dort anhand von Art. 8 Rom I-Verordnung. Danach gilt zunächst einmal, dass Individualarbeitsverträge dem Recht unterliegen, auf welches sich die Arbeitsvertragsparteien im Vertrag selbst verständigt haben (Rechtswahl), Art. 8 Abs. 1 Rom I-Verordnung. Um von einer Rechtswahl im Sinne der Rom I-Verordnung ausgehen zu können, muss diese ausdrücklich erfolgen oder sich eindeutig aus den Bestimmungen des Vertrags oder aus den Umständen des Einzelfalls ergeben (Art. 3 Abs. 1 Rom I-Verordnung). Dies bedeutet, dass die Rechtswahl theoretisch auch stillschweigend erfolgen kann.[3] Die von den Parteien getroffene Rechtswahl darf jedoch nicht dazu führen, dass dem Arbeitnehmer der Schutz entzogen wird, der ihm durch Bestimmungen gewährt worden wäre, die mangels des Vorliegens einer Rechtswahl anwendbar gewesen wären und von denen durch Vereinbarung gerade nicht abgewichen werden darf (vgl. Art. 8 Abs. 1 S. 2 Rom I-Verordnung). Darüber hinaus kann der Anwendung des gewählten Rechts Art. 9 der Rom I-Verordnung entgegenstehen, wonach Eingriffsnormen zwingend zu beachten sind, deren Einhaltung von einem Staat als so entscheidend für die Wahrung seines öffentlichen Interesses, insbesondere seiner politischen, sozialen oder wirtschaftlichen Organisation, angesehen wird, dass sie ungeachtet des nach Maßgabe der Verordnung auf den Vertrag anzuwendenden Rechts auf alle Sachverhalte anzuwenden sind, die in ihren Anwendungsbereich fallen. Welche Normen hierunter fallen, ist nicht allgemein festgehalten und wird im Übrigen auch nicht einheitlich interpretiert[4] und ist daher in jedem Einzelfall zu bestimmen. Klar ist jedoch nach ständiger Rechtsprechung des Bundesarbeitsgerichts, dass hierunter nur solche Bestimmungen fallen können, die nicht nur den Ausgleich widerstreitender privater Interessen bezwecken sollen, sondern mit denen zumindest auch öffentliche Gemeinwohlinteressen verfolgt werden.[5]

856 Schließlich ist die folgende Differenzierung zu beachten: Inländische Eingriffsnormen sind gemäß Art. 9 Abs. 2 Rom I-Verordnung grundsätzlich immer von dem angerufenen Gericht zu überprüfen. Ausländische Eingriffsnormen hingegen nur dann,

[2] Verordnung (EG) Nr. 593/2008 des Europäischen Parlaments und des Rates vom 17.6.2008 über das auf vertragliche Schuldverhältnisse anzuwendende Recht (Rom I).
[3] BAG 15.12.2016 – 6 AZR 430/15, NZA 2017, 502 (506) Rn. 42; ErfK/Schlachter VO (EG) 593/2008 Art. 8 Rn. 6; MüKoBGB/Martiny Rom I-VO Art. 8 Rn. 31.
[4] Vgl. nur Bayer ArbRAktuell 2022, 165 (166); ErfK/Schlachter VO (EG) 593/2008 Art. 9 Rn. 21 ff.; MüKoBGB/Martiny Rom I-VO Art. 8 Rn. 133 ff.
[5] BAG 18.4.2012 – 10 AZR 200/11, NZA 2012, 1152 (1153) Rn. 14; BAG 21.3.2017 – 7 AZR 207/15, AP GVG § 20 Nr. 11 Rn. 67; zu bereits entschiedenen Fällen vgl. die Übersicht in ErfK/Schlachter VO (EG) 593/2008 Art. 9 Rn. 23 und 24.

soweit diese Eingriffsnormen die Erfüllung des Vertrags unrechtmäßig werden lassen, also die Nichtigkeit bzw. Unwirksamkeit eintritt oder die Vertragserfüllung explizit verboten ist (vgl. Art. 9 Abs. 3 Rom I-Verordnung).[6] Die Prüfpflicht deutscher Arbeitsgerichte ist daher insoweit eingeschränkt, als es um die Bewertung ausländischer Eingriffsnormen geht. Eingriffsnormen des ausländischen Erfüllungsortes, welche die nationalen (deutschen) Regelungen verdrängen könnten, sind daher nur in engen Grenzen zu beachten und dürften im Wesentlichen

- Arbeitsverbotsregelungen,
- Regelungen zur Höchstarbeitszeit/Mindestruhezeit,
- Feiertagsregelungen,
- arbeitsschutzrechtliche Regelungen sowie
- Regelungen zum Schutz besonderer Personengruppen

betreffen.

857 Der Regelfall dürfte aber sein, dass die Parteien des Arbeitsvertrags gerade keine Rechtswahl getroffen haben. Für diesen Fall regelt Art. 8 Abs. 2 Rom I-Verordnung, dass der Arbeitsvertrag dem Recht des Staates unterliegt, in dem der Arbeitnehmer oder anderenfalls von dem aus er in Erfüllung des Vertrags gewöhnlich seine Arbeit verrichtet. Von der Rechtsprechung wird der Begriff „gewöhnlich" aus Gründen eines angemessenen Arbeitnehmerschutzes weit ausgelegt.[7] So wird hierunter der Ort verstanden, an dem oder von dem aus der Arbeitnehmer seine beruflichen Tätigkeiten tatsächlich ausübt, oder in Ermangelung eines Mittelpunkts seiner Tätigkeiten der Ort, an dem der Arbeitnehmer den größten Teil seiner Tätigkeiten verrichtet. Denn an diesem Ort kann der Arbeitnehmer mit dem geringsten Kostenaufwand Klage gegen seinen Arbeitgeber erheben oder sich als Beklagter zur Wehr setzen und das Gericht dieses Ortes ist am besten zur Entscheidung eines Rechtsstreits befähigt, der den Arbeitsvertrag betrifft.[8] Für den hiesigen Kontext ist ergänzend von Bedeutung, dass Art. 8 Abs. 2 S. 2 Rom I-Verordnung darüber hinaus vorsieht, dass sich der gewöhnliche Arbeitsort nicht dadurch verändert, dass der Arbeitnehmer seine Arbeit vorübergehend in einem anderen Staat verrichtet. Mit anderen Worten: Wenn der gewöhnlich in Deutschland tätige Arbeitnehmer ab und an aus dem Ausland tätig wird, wechselt sein grundsätzlicher Arbeitsort nicht und seine Anbindung an das deutsche (Arbeits-)Recht besteht fort. Wichtig ist dabei jedoch, dass das „vorübergehende" Tätigwerden in einem anderen Staat nicht dazu führt, dass der Arbeitnehmer dort den Großteil seiner Arbeitsleistung verrichtet. Wird daher beispielsweise ein Arbeitnehmer, der im Rahmen einer Fünf-Tage-Woche gewöhnlich in Deutschland arbeitet, an zwei Tagen pro Woche für einen begrenzten Zeitraum in einem anderen Mitgliedstaat tätig, bleibt das deutsche Arbeitsrecht grundsätzlich – und unter (begrenzter) Berücksichtigungsfähigkeit etwaiger ausländischer Eingriffsnormen – auf das Vertragsverhältnis anwendbar.

858 Kann das anwendbare Recht mangels hinreichender Bestimmbarkeit des Ortes der gewöhnlichen Arbeitsverrichtung nicht bestimmt werden, sieht Art. 8 Abs. 3

[6] MüKoBGB/Martiny Rom I-VO Art. 9 Rn. 119.
[7] EuGH 14.9.2017 – C-168/16, BeckRS 2017, 124316; BAG 15.12.2016 – 6 AZR 430/15, NZA 2017, 502.
[8] EuGH 14.9.2017 – C-168/16, BeckRS 2017, 124316.

Rom I-Verordnung vor, dass der Vertrag dem Recht des Staates unterliegt, in dem sich die Niederlassung befindet, die den Arbeitnehmer eingestellt hat.

859 Für die hier in Rede stehende mobile Arbeit aus dem Ausland heraus dürften die vorstehenden Ausführungen in der Regel bedeuten, dass auf den Arbeitsvertrag deutsches (Arbeits-)Recht anwendbar bleibt. Denn entweder wurde die Anwendbarkeit des deutschen Rechts vereinbart oder – dies wird der nach unserer Erfahrung praktisch relevantere Fall sein – es kommt gemäß Art. 8 Abs. 2 Rom I-Verordnung mangels getroffener Rechtswahl auf den gewöhnlichen Arbeitsort an, der sich aufgrund einer bloß vorübergehenden mobilen Tätigkeit aus dem Ausland heraus nicht verändern, sondern in Deutschland verbleiben wird.

## 2. Anwendbarkeit Entsende-Richtlinie/Arbeitsbedingungen

860 Wird ein Arbeitnehmer, der gewöhnlich in Deutschland tätig ist und damit gemäß der Rom I-Verordnung dem deutschen Arbeitsvertragsstatut unterliegt, auch im Ausland mobil tätig, stellt sich gleichwohl die Frage, ob hiermit (zugleich) eine Anwendbarkeit der RL 96/71/EG (Entsende-RL)[9] in der Fassung der RL 2018/957/EU[10] (nachfolgend Entsende-RL) verbunden ist. Ziel dieser europarechtlichen Bestimmungen ist es, bestimmte Arbeits- und Beschäftigungsbedingungen in der gesamten EU zu sichern und ein „Sozialdumping", also das Unterbieten von Preisen auf lokalen Märkten durch ausländische Dienstleister mit niedrigeren Arbeitsstandards, zu vermeiden.[11] Vor diesem Hintergrund sieht Art. 3 Abs. 1 Entsende-RL vor, dass ein „harter Kern" von arbeitsrechtlichen Bedingungen wie

- Höchstarbeitszeiten und Mindestruhezeiten,
- ein bezahlter Mindestjahresurlaub,
- Entlohnung,
- Bedingungen für die Überlassung von Arbeitskräften,
- Sicherheit, Gesundheitsschutz und Hygiene am Arbeitsplatz,
- Schutzmaßnahmen im Zusammenhang mit den Arbeits- und Beschäftigungsbedingungen von Schwangeren und Wöchnerinnen, Kindern und Jugendlichen,
- die Gleichbehandlung von Männern und Frauen,
- Bedingungen für vom Arbeitgeber zur Verfügung gestellte Unterkünften sowie
- Zulagen/Kostenerstattungen zur Deckung von Reise-, Unterbringungs- und Verpflegungskosten

im Rahmen der Durchführung des Arbeitsverhältnisses zu berücksichtigen sind. Wird ein Arbeitnehmer in einen anderen Mitgliedstaat entsandt, sind diese Mindestbedingungen im Einsatzland unabhängig von dem jeweils anwendbaren Vertragsstatut zu beachten (in Deutschland wurde dies durch § 2 Abs. 1 AEntG klargestellt). Die Ent-

[9] Richtlinie 96/71/EG des Europäischen Parlaments und des Rates vom 16.12.1996 über die Entsendung von Arbeitnehmern im Rahmen der Erbringung von Dienstleistungen.

[10] Richtlinie (EU) 2018/957 des Europäischen Parlaments und des Rates vom 28.6.2018 zur Änderung der Richtlinie 96/71/EG über die Entsendung von Arbeitnehmern im Rahmen der Erbringung von Dienstleistungen.

[11] Vgl. hierzu Entsendung von Mitarbeitern – Beschäftigung, Soziales und Integration – Europäische Kommission (europa.eu).

sende-RL regelt folglich solche Eingriffsnomen bzw. Arbeitsbedingungen, die gemäß Art. 9 Abs. 1 Rom I-Verordnung im Falle von grenzüberschreitenden Arbeitseinsätzen zwingend zu beachten sind.

861 Im hier zu betrachtenden Zusammenhang stellt sich die Frage, ob die Entsende-RL auch im Fall von mobiler Arbeit im Ausland einschlägig ist, also ob es sich bei der mobilen Arbeit aus dem Ausland heraus um eine Entsendung im Sinne der Richtlinie handelt. Konsequenz wäre, dass der Arbeitgeber vor dem Auslandseinsatz das Schutzniveau der jeweiligen Zieldestination mit Blick auf die zwingend nach der Entsende-RL einzuhaltenden Mindestarbeitsbedingungen zu überprüfen und ggf. zu beachten hätte bzw. der Arbeitnehmer für die Dauer seines Auslandseinsatzes jedenfalls die Einhaltung der Mindestarbeitsbedingungen gegenüber seinem Arbeitgeber geltend machen könnte. Vergegenwärtigt man sich die Ziele, welche mit der Entsende-RL verfolgt werden, nämlich die Förderung der Dienstleistungsfreiheit und der Gewährleistung gleicher Wettbewerbsbedingungen einerseits und die Notwendigkeit des Schutzes der Rechte entsandter Arbeitnehmer andererseits, sowie daneben die der Richtlinie zugrundeliegenden Verleih-Konstellationen (Art. 1 Abs. 3 Entsende-RL), wird deutlich, dass die vom Arbeitnehmer selbst gewählte mobile Arbeit im Ausland wohl gerade nicht in ihren Schutzbereich fallen dürfte.[12] So versteht auch die Europäische Kommission unter einem „entsandten Arbeitnehmer" einen Arbeitnehmer, der von seinem Arbeitgeber in ein anderes EU-Land „geschickt" wird.[13] Bittet jedoch der Arbeitnehmer seinen Arbeitgeber darum, zeitweilig aus dem Ausland heraus seine Arbeitsleistung erbringen zu können, handelt es sich hierbei gerade nicht um eine vom Arbeitgeber veranlasste Maßnahme, sondern vielmehr um eine arbeitgeberseitige Erlaubnis bzw. Duldung ohne einen konkreten Bezug zur Tätigkeit. Dieser Tätigkeitsbezug ist hingegen für die Entsende-RL entscheidend, geht es dem Arbeitgeber doch gerade darum, dass die vom Arbeitnehmer ausgeführte Arbeit zeitweilig in einem anderen Mitgliedstaat ausgeübt wird.

862 Die Deutsche Verbindungsstelle Krankenversicherung – Ausland (DVKA) geht demgegenüber in ihren auf der Homepage unter der Rubrik „FAQ" veröffentlichten Verlautbarungen davon aus, dass im Kontext der Sozialversicherung das mobile Arbeiten im Ausland, ohne dass nach der Veranlassung unterschieden wird, durchaus eine Entsendung im Sinne der VO (EG) Nr. 883/2004 darstellen kann.[14] In ähnlicher Weise wird in den Leitlinien der Europäischen Verwaltungskommission[15] festgehalten, dass auch das zeitlich begrenzte, auf Wunsch des Arbeitnehmers erfolgende Tätigwerden aus dem Ausland heraus unter den Begriff der Entsendung fallen kann.[16] Eine Übertragung dieses Ansatzes auf den Begriff der Entsendung im Sinne der Entsende-RL kann jedoch nicht überzeugen. Denn im Gegensatz zur Entsende-RL geht es bei der VO (EG) Nr. 883/2004 um die Aufrechterhaltung des (sozialversicherungsrechtlichen) Schutzniveaus des Herkunftsstaates und gerade nicht um die Anwendung natio-

---

[12] So auch Bayer ArbRAktuell 2022, 165 (167).
[13] Vgl. Entsendung von Mitarbeitern – Beschäftigung, Soziales und Integration – Europäische Kommission (europa.eu).
[14] Vgl. → Rn. 879.
[15] Administrative Commission for the Coordination of Social Security Systems, Guidance Note on telework, EMPL/1053-01/22 – EN, 14.6.2022/14.11.2022.
[16] Vgl. → Rn. 883.

naler Arbeitsbedingungen des Mitgliedstaates, in den ein Arbeitnehmer auf Veranlassung des Arbeitgebers geschickt wird. Die Ausgangs- und Interessenlage bei einer mobilen Arbeit im Ausland ist somit eine gänzlich andere als bei einer einseitigen, arbeitgeberseitigen Anordnung, zeitweilig in einem anderen Mitgliedstaat zu arbeiten. Letztere hat ausschließlich das Interesse des Arbeitgebers zum Gegenstand, wonach eine bestimmte Tätigkeit im Ausland erbracht werden muss. Der Arbeitnehmer kann auf die Bestimmung des Einsatzortes im Ausland keinen bzw. allenfalls nur begrenzten Einfluss nehmen. Dass ihm dies nicht zum Nachteil gereichen darf und es somit der Aufrechterhaltung zwingend zu beachtender „Grundarbeitsbedingungen" bedarf, ist nachvollziehbar. Geht es demgegenüber um den Wunsch des Arbeitnehmers, vorübergehend in einem anderen Mitgliedstaat zu arbeiten, hat der Arbeitgeber hieran regelmäßig kein wirtschaftliches Eigeninteresse. Jedenfalls kommt es für die Erledigung der Arbeitsleistung gerade nicht darauf an, dass sich der Arbeitnehmer in einem anderen Mitgliedstaat befindet. Letztlich kann die Motivation des Arbeitgebers hierfür – und dies wäre ein Zirkelschluss – nur darin liegen, dass er damit seine Attraktivität erhöht. Dies kann aber nicht genügen, um die mit der Anwendung der Entsende-RL verbundenen Folgen eintreten zu lassen. Dass somit der Begriff der Entsendung im Zusammenhang mit der sozialversicherungsrechtlichen Koordinierung „weiter" verstanden werden muss, stellt keinen Widerspruch dar. Denn anderenfalls würden der hiermit verfolgte Schutzaspekt in Form der Aufrechterhaltung des sozialversicherungsrechtlichen Standards des Herkunftslands in Frage gestellt, rechtlich nicht eindeutig zu lösende Konstellationen erzeugt sowie Anreize dazu geschaffen, unterschiedliche praktische Lösungen in Graubereichen zu erarbeiten (zB indem Unternehmen die mobile Arbeit im Ausland schlichtweg tolerieren, ohne hierfür die entsprechenden Rahmenbedingungen zu schaffen).

## 3. Gerichtsstand

863 Wird die Arbeitsleistung mobil im Ausland erbracht, kann sich im Falle von Streitigkeiten zwischen Arbeitgeber und Arbeitnehmer die Frage nach dem zuständigen Gericht stellen. Maßgeblich ist insoweit die VO (EU) Nr. 1215/2015[17] (nachfolgend EuGVVO), die in den Artikeln 20 bis 23 nähere Regelungen zu der örtlichen Zuständigkeit für individuelle Arbeitsverträge vorsieht. Danach kann der im Ausland mobil arbeitende Arbeitnehmer seinen Arbeitgeber dann auch im dortigen Ausland verklagen, wenn er dort die Arbeit gewöhnlich verrichtet oder sich die einstellende Niederlassung dort befindet (vgl. Art. 21 Abs. 1 EuGVVO). Der Arbeitgeber kann hingegen nur dort klagen, wo der Arbeitnehmer auch seinen Wohnsitz hat (vgl. Art. 22 Abs. 1 EuGVVO). Abweichende Vereinbarungen zwischen den Arbeitsvertragsparteien sind zwar zulässig (vgl. Art. 23 EuGVVO), allerdings nur insoweit, wie sie dem Arbeitnehmer die Befugnis einräumen, (zusätzlich) andere als die nach

[17] Verordnung (EU) Nr. 1215/2012 des Europäischen Parlaments und des Rates vom 12.12.2012 über die gerichtliche Zuständigkeit und die Anerkennung und Vollstreckung von Entscheidungen in Zivil- und Handelssachen.

Art. 21 und 22 EuGVVO aufgeführten Gerichte anzurufen. Eine Abweichung ist somit nur zugunsten des Arbeitnehmers möglich.[18]

864 Im Ergebnis dürfte es im Falle von gerichtlichen Auseinandersetzungen mit im Ausland mobil arbeitenden Arbeitnehmern grundsätzlich bei der Zuständigkeit deutscher Arbeitsgerichte verbleiben. Denn die mobile Arbeit im Ausland wird weder zu einer Veränderung des Arbeitsortes in Deutschland führen noch diesen in das Ausland verlagern. Zudem dürfte sich im Regelfall die einstellende Niederlassung nicht außerhalb von Deutschland befinden. Dass der Arbeitnehmer seinen Wohnsitz im Ausland hat, ist zwar denkbar, aber in der Praxis eher die Ausnahme, so dass auch der klagende Arbeitgeber von einer Zuständigkeit deutscher Arbeitsgerichte ausgehen kann.

### 4. Melde- und Registrierpflichten

865 Schließlich können sich im Zusammenhang mit dem mobilen Arbeitseinsatz im Ausland für den Arbeitgeber Melde- und Registrierpflichten ergeben. Denn zur Verbesserung der Kontrollmechanismen und der schärferen Sanktionierung bei Verstößen im Zusammenhang mit dem grenzüberschreitenden Einsatz von Arbeitnehmern wurde 2014 die RL 2014/67/EU (nachfolgend Durchsetzungs-RL) zur Entsende-RL erlassen,[19] die zahlreiche Verpflichtungen der Mitgliedstaaten zur Verbesserung des Zugangs zu Informationen vorsieht (vgl. Art. 5 Abs. 2 der Durchsetzungs-RL). Auch wenn die Entsende-RL bei der Fallgruppe der mobilen Arbeit im Ausland – wie zuvor dargestellt – nicht einschlägig sein dürfte, sind die Arbeitgeber, die Arbeitnehmer im Ausland mobil arbeiten lassen, gut beraten, die Einschlägigkeit etwaiger Melde- und Registrierpflichten im jeweiligen Einsatzland vorab zu überprüfen und etwa ergriffene Maßnahmen zu dokumentieren. Denn anderenfalls können – je nach Ausgestaltung im Einsatzland – Sanktionen drohen.

## II. Sozialversicherungsrechtliche Aspekte

### 1. Anwendbares Recht/Internationales Sozialversicherungsrecht

866 Wird ein Arbeitnehmer auch im EU-Ausland mobil tätig, ist nach wie vor nicht eindeutig geregelt, nach welchen Vorschriften sich die Anwendbarkeit des Sozialversicherungsrechts richtet. Dass das mobile Arbeiten im EU-Ausland möglich sein soll, in rechtlicher Hinsicht aber einer entsprechenden Klarstellung bedarf, wurde bereits erkannt. So heißt es hierzu insbesondere im Koalitionsvertrag zwischen SPD, BÜND-

---

[18] Musielak/Voit/Stadler EuGVVO Art. 23 Rn. 1.

[19] Richtlinie 2014/67/EU des Europäischen Parlaments und des Rates vom 15.5.2014 zur Durchsetzung der Richtlinie 96/71/EG über die Entsendung von Arbeitnehmern im Rahmen der Erbringung von Dienstleistungen und zur Änderung der Verordnung (EU) Nr. 1024/2012 über die Verwaltungszusammenarbeit mit Hilfe des Binnenmarkt-Informationssystems („IMI-Verordnung“).

NIS 90/DIE GRÜNEN und FDP, dass mobile Arbeit EU-weit unproblematisch möglich sein soll.[20]

867 Bis eine entsprechende Regulierung vorliegt, bestimmen die derzeitigen Regelungen die sozialversicherungsrechtliche Behandlung einer solchen Tätigkeit. Ausgangspunkt sind hierbei zunächst die Gemeinsamen Vorschriften für die Sozialversicherung, welche im Vierten Buch des Sozialgesetzbuches (SGB IV) geregelt sind. So sieht § 2 Abs. 2 Nr. 1 SGB IV zunächst vor, dass in allen Zweigen der Sozialversicherung (dies sind: die gesetzliche Kranken-, Unfall- und Rentenversicherung einschließlich der Alterssicherung der Landwirte sowie die soziale Pflegeversicherung, vgl. § 1 Abs. 1 SGB IV) Personen nach Maßgabe der besonderen Vorschriften für die einzelnen Versicherungszweige versichert sind, die gegen Arbeitsentgelt beschäftigt werden. Darüber hinaus regelt § 3 SGB IV, dass die Vorschriften über die Versicherungspflicht und die Versicherungsberechtigung für alle Personen gelten, die im Geltungsbereich des SGB IV beschäftigt oder selbständig tätig sind (Nr. 1) bzw. die ihren Wohnsitz oder gewöhnlichen Aufenthalt im Geltungsbereich dieses Gesetzbuchs haben (Nr. 2). Der durch diese Vorschriften bewirkten Anknüpfung an das Inland liegt der Grundsatz des Territorialprinzips zugrunde, der wiederum durch zahlreiche Kollisionsnormen flankiert wird.[21] Kommt es danach zu Berührungspunkten mit dem Ausland, muss zwischen EU-Ausland und Nicht-EU-Ausland differenziert und im Falle der Betroffenheit des Nicht-EU-Auslands vorab geprüft werden, ob zwischen dem jeweiligen Land und Deutschland ein Sozialversicherungsabkommen besteht, welches im zu bewertenden Fall einschlägig ist. Ist dies nicht der Fall, kann sich schließlich die Anwendbarkeit des deutschen Sozialversicherungsrechts nach § 4 SGB IV ergeben (sog. Ausstrahlung). Danach gelten die Vorschriften über die Versicherungspflicht und die Versicherungsberechtigung – soweit sie eine Beschäftigung voraussetzen – auch für Personen, die im Rahmen eines im Geltungsbereich dieses Gesetzbuchs bestehenden Beschäftigungsverhältnisses in ein Gebiet außerhalb dieses Geltungsbereichs entsandt werden, wenn die Entsendung infolge der Eigenart der Beschäftigung oder vertraglich im Voraus zeitlich begrenzt ist (§ 4 Abs. 1 SGB IV). Liegt danach eine Ausstrahlung vor, gelten die Vorschriften des deutschen Sozialversicherungsrechts für den Zeitraum der Tätigkeit im Ausland fort. Zusätzlich können in diesem Fall aber auch die Vorschriften im jeweiligen Einsatzland maßgeblich sein, so dass vor einem entsprechenden Einsatz durch den Arbeitgeber zu prüfen ist, ob und wenn ja, welche ausländischen Regelungen eingreifen. Liegt hingegen keine Ausstrahlung vor, sind ausschließlich die sozialversicherungsrechtlichen Vorschriften des Einsatzlandes maßgeblich.

868 Wird der Arbeitnehmer hingegen im Rahmen seiner mobilen Tätigkeit im EU-Ausland tätig, richtet sich die Anwendung des maßgeblichen Sozialversicherungsrechts (ausschließlich) nach der VO (EG) Nr. 883/2004, die der Koordinierung der nationalen Systeme der sozialen Sicherheit dient.[22]

---

[20] Koalitionsvertrag 2021–2025 zwischen SPD, BÜNDNIS 90/DIE GRÜNEN und FDP S. 69.
[21] Schüren/Hamann/Brors AÜG B. Einleitung, Rn. 679.
[22] Verordnung (EG) Nr. 883/2004 des Europäischen Parlaments und des Rates vom 29.4.2004, Amtsblatt der Europäischen Union L 166/1.

## 2. Unionsrechtliche Koordinierung der sozialen Sicherung

### a) Ausgangspunkt: VO (EG) Nr. 883/2004[23]

869 Sobald ein Arbeitnehmer im EU-Ausland mobil tätig wird, stellt sich bereits ab dem ersten Tag die Frage, welches (nationale) Sozialversicherungsrecht auf das Arbeitsverhältnis anwendbar ist. Maßgeblich ist hierbei die VO (EG) Nr. 883/2004, die Vorrang vor dem SGB genießt. Sie dient der Koordinierung der nationalen Systeme der sozialen Sicherheit und sieht insbesondere vor, dass Personen, die sich innerhalb der Gemeinschaft bewegen, dem System der sozialen Sicherheit nur **eines** Mitgliedstaats unterworfen werden (vgl. Art. 11 Abs. 1 VO (EG) 883/2004). Dieser Mechanismus soll eine Kumulierung anzuwendender nationaler Rechtsvorschriften und die sich daraus möglicherweise ergebenden Komplikationen vermeiden.[24] Aufgrund entsprechender Abkommen findet diese Verordnung auch auf die Schweiz und die EWR-Staaten Island, Liechtenstein und Norwegen Anwendung.[25]

870 Im Zusammenhang mit der Coronapandemie hatte die DVKA für Arbeitnehmer innerhalb der EU, des Europäischen Wirtschaftsraums (EWR) und der Schweiz, die bisher als Grenzgänger[26] eingestuft worden waren und die nun vorübergehend für bis zu 24 Monate im Homeoffice im Heimatland tätig wurden, zeitlich begrenzt klargestellt, dass als Folge dieses Tätigwerdens keine Änderungen in sozialversicherungsrechtlicher Hinsicht entstehen. Das jeweilige Sozialversicherungsrecht des Beschäftigungsstaates blieb also weiterhin anwendbar. Nach dem Auslaufen der entsprechenden Regelung zum 30.6.2023 ist mit Wirkung zum 1.7.2023 ein multilaterales Rahmenabkommen in Kraft getreten, dem sich die Mitgliedstaaten anschließen können. Dieses sieht vor, dass Arbeitnehmer unter bestimmten Voraussetzungen im Wohnstaat bis zu 49,99% der Gesamtarbeitszeit in Form von Telearbeit erbringen können und dennoch das Sozialversicherungsrecht des Mitgliedstaats gilt, in welchem der Arbeitgeber ansässig ist.[27]

871 Auf die sich aktuell vermehrt stellende Konstellation des im Ausland mobil arbeitenden Arbeitnehmers, der kein Grenzgänger im vorstehend beschriebenen Sinn ist, war und ist diese Handhabung nicht übertragbar. Vielmehr bleibt es (jedenfalls derzeit noch) bei den Regelungsmechanismen der VO (EG) Nr. 883/2004.

### b) Grundsatz: Tätigkeitsortprinzip

872 Die VO (EG) Nr. 883/2004 sieht zunächst vor, dass eine Person, die in einem Mitgliedstaat eine Beschäftigung ausübt, den Rechtsvorschriften dieses Mitgliedstaates

[23] Verordnung (EG) Nr. 883/2004 des Europäischen Parlaments und des Rates vom 29.4.2004, Amtsblatt der Europäischen Union L 166/1.

[24] Vgl. Erwägungsgrund Nr. 15 der Verordnung (EG) Nr. 883/2004 des Europäischen Parlaments und des Rates vom 29.4.2004, Amtsblatt der Europäischen Union L 166/1.

[25] Vgl. In welchen Ländern gelten diese Vorschriften? – Beschäftigung, Soziales und Integration – Europäische Kommission (europa.eu).

[26] Grenzgänger ist im Sinne des Art. 1f) VO (EG) Nr. 883/2004 eine Person, die in einem Mitgliedstaat eine Beschäftigung oder eine selbstständige Erwerbstätigkeit ausübt und in einem anderen Mitgliedstaat wohnt, in den sie in der Regel täglich, mindestens jedoch einmal wöchentlich zurückkehrt.

[27] Vgl. hierzu auch → Rn. 887.

unterliegt (vgl. Art. 11 Abs. 3a) VO (EG) Nr. 883/2004). Grundsätzlich findet damit eine Anknüpfung an den (einen) Mitgliedstaat statt, in dem die Tätigkeit ausgeübt wird. Wird die Tätigkeit hingegen aufgrund mobiler Arbeit auch in einem anderen Mitgliedstaat ausgeübt, scheidet eine Anwendung von Art. 11 VO (EG) Nr. 883/2004 aus. Eine Auflösung des hierdurch eintretenden Regelungskonflikts ist durch diese Vorschrift gerade nicht vorgesehen. Lösungsansätze können sich jedoch aus Art. 12 bzw. Art. 13 VO (EG) Nr. 883/2004 ergeben.

### c) Regelmäßige Tätigkeit in zwei oder mehr Mitgliedstaaten

873 Ist ein Arbeitnehmer regelmäßig in zwei oder mehr Mitgliedstaaten tätig, richtet sich die Frage nach dem anwendbaren Sozialversicherungsrecht grundsätzlich nach Art. 13 Abs. 1 VO (EG) Nr. 883/2004. Danach findet entweder das Recht des Wohnmitgliedstaates des Arbeitnehmers Anwendung, in welchem ein wesentlicher Teil der Tätigkeit (25% der Tätigkeit oder mehr) ausgeübt wird, oder es kommt – wenn es an der Ausübung eines wesentlichen Teils der Tätigkeit im Wohnmitgliedstaat fehlt – das Recht des Mitgliedstaates zur Anwendung, in welchem der Arbeitgeber seinen Sitz hat.

874 Grundvoraussetzung ist jedoch, dass der Arbeitnehmer **gewöhnlich** in mehreren Mitgliedstaaten tätig ist. Dies erfordert wiederum nach der VO (EG) Nr. 987/2009[28], die der Festlegung der Modalitäten für die Durchführung der VO (EG) Nr. 883/2004 über die Koordinierung der Systeme der sozialen Sicherheit dient,[29] dass eine Person gleichzeitig oder abwechselnd eine oder mehrere Tätigkeiten in zwei oder mehr Mitgliedstaaten für dasselbe Unternehmen oder denselben Arbeitgeber oder für mehrere Unternehmen oder Arbeitgeber ausübt. Dies soll der Fall sein, wenn vom Beurteilungszeitpunkt aus damit zu rechnen ist, dass im Laufe der kommenden 12 Kalendermonate Arbeitsperioden in mehreren Mitgliedstaaten mit einer gewissen Regelmäßigkeit aufeinanderfolgen.[30] Dabei ist eine Gesamtbewertung aller Fakten vorzunehmen und – im Falle eines Arbeitnehmers – insbesondere auf den im Arbeitsvertrag definierten Arbeitsort sowie die Beschreibung der Arbeit im Arbeitsvertrag abzustellen.[31]

875 Die örtlich wechselnde Tätigkeit in mehreren Mitgliedstaaten im Sinne der Ausnahmeregelung des Art. 13 VO (EG) Nr. 883/2004 muss danach zumindest auch im Interesse des Arbeitgebers erfolgen. Zudem bedarf es einer gewissen Regelmäßigkeit, die schon in den arbeitsvertraglichen Vereinbarungen angelegt ist. Hiervon wird man im Fall eines „ab und an" (also unregelmäßig, kurzfristig und ungeplant) mobil aus dem Ausland arbeitenden Arbeitnehmers gerade nicht ausgehen können. Hierfür

[28] Verordnung (EG) Nr. 987/2009 des Europäischen Parlaments und des Rates vom 19.6.2009 zur Festlegung der Modalitäten für die Durchführung der Verordnung (EG) Nr. 883/2004 über die Koordinierung der Systeme der sozialen Sicherheit, Amtsblatt der Europäischen Union L 284/1.

[29] Praktischer Leitfaden zum anwendbaren Recht in der Europäischen Union (EU, im Europäischen Wirtschaftsraum (EWR) und in der Schweiz, Europäische Kommission, Dezember 2013, S. 26.

[30] Praktischer Leitfaden zum anwendbaren Recht in der Europäischen Union (EU, im Europäischen Wirtschaftsraum (EWR) und in der Schweiz, Europäische Kommission, Dezember 2013, S. 27.

[31] Art. 14 Abs. 7 VO (EG) Nr. 987/2009; vgl. auch Praktischer Leitfaden zum anwendbaren Recht in der Europäischen Union (EU, im Europäischen Wirtschaftsraum (EWR) und in der Schweiz, Europäische Kommission, Dezember 2013, S. 27.

spricht auch die Auffassung der DVKA, die von einer gewöhnlichen Tätigkeit in mehreren Mitgliedstaaten dann ausgeht, wenn für den folgenden Zeitraum von 12 Monaten absehbar ist, dass die Arbeit an mindestens einem Tag im Monat oder an mindestens fünf Tagen im Quartal in verschiedenen Mitgliedstaaten ausgeführt wird.[32]

876 Um „Manipulationen" bei der Feststellung des anwendbaren Rechts zu vermeiden, sind unbedeutende Tätigkeiten nach Art. 13 VO (EG) Nr. 883/2004 hingegen nicht zu berücksichtigen.[33] Unbedeutende Tätigkeiten sollen nach der Auffassung der Europäischen Kommission solche sein, die dauerhaft ausgeübt werden, hinsichtlich des Zeitaufwands und des wirtschaftlichen Ertrags jedoch unbedeutend sind. Indikator hierfür sind nach der Auffassung der Europäischen Kommission Tätigkeiten, die weniger als 5% der regulären Arbeitszeit des Arbeitnehmers und/oder weniger als 5% seiner Gesamtvergütung ausmachen. Sie sind für die Feststellung der anwendbaren Rechtsvorschriften nach Art. 13 VO (EG) 883/2004 daher nicht relevant.[34]

### d) Entsendung

877 Kommt es demgegenüber nur gelegentlich bzw. situativ zu einem Tätigwerden im EU-Ausland, wird es sich in aller Regel um keine gewöhnliche Tätigkeit in mehreren Mitgliedstaaten handeln. Vielmehr stellt sich dann die Frage, ob im sozialversicherungsrechtlichen Sinne von einer Entsendung gemäß Art. 12 VO (EG) Nr. 883/2004 auszugehen ist. Dies hätte zur Folge, dass es bei der Anwendung des Sozialversicherungsrechts des Ausgangsmitgliedstaates (hier Deutschland) verbleibt. Bislang wurde dieser Ansatz kontrovers diskutiert. Hintergrund dafür ist, dass nach bisherigem Rechtsverständnis eine Entsendung voraussetzt, dass der Arbeitnehmer aufgrund einer Weisung des Arbeitgebers vorübergehend in einem fremden Staat tätig wird. Mobile Work im Ausland liegt hingegen keine Weisung des Arbeitgebers, sondern vielmehr der Wunsch des Arbeitnehmers zugrunde, einen Teil seiner Arbeitsleistung nicht aus Deutschland, sondern aus einem anderen Mitgliedstaat heraus zu erbringen. Ausgehend von einem strengen Rechtsverständnis müsste man daher zu dem Ergebnis gelangen, dass keine Entsendung im Sinne der VO (EG) Nr. 883/2004 vorliegt und die Kollision verschiedener Sozialsysteme nicht gelöst bzw. geregelt ist.

878 Ein solch strenges Verständnis der VO (EG) Nr. 883/2004 dürfte indes mit Blick auf die Bedürfnisse der Arbeitgeber und die Wünsche der Arbeitnehmer nicht hilfreich sein und der zunehmenden Bedeutung dieser Arbeitsform nicht gerecht werden. Denn jede rechtliche Unsicherheit kann Arbeitgeber veranlassen, den Wünschen von Arbeitnehmern, – zB in Verlängerung eines Urlaubs – im Ausland mobil zu arbeiten, ablehnend gegenüberzustehen oder dies zwar zu ermöglichen, hierbei aber intransparente Lösungswege zu beschreiten. Der „einfachste" Weg dürfte dabei eine bloße (nicht dokumentierte) Billigung bzw. Hinnahme der mobilen Arbeit im Ausland durch den Arbeitgeber sein. Dies widerspricht wiederum dem mit der VO (EG) Nr. 883/2004 verfolgten Regelungszweck. So soll diese gerade koordinierende Funk-

[32] FAQ – GKV-Spitzenverband, DVKA.
[33] Praktischer Leitfaden zum anwendbaren Recht in der Europäischen Union (EU, im Europäischen Wirtschaftsraum (EWR) und in der Schweiz, Europäische Kommission, Dezember 2013, S. 30.
[34] Praktischer Leitfaden zum anwendbaren Recht in der Europäischen Union (EU, im Europäischen Wirtschaftsraum (EWR) und in der Schweiz, Europäische Kommission, Dezember 2013, S. 30.

tion haben und dabei insbesondere im Zusammenspiel mit der VO (EG) Nr. 987/2009 dafür sorgen, dass eine wirksame und enge Zusammenarbeit zwischen den Mitgliedstaaten stattfindet, wann immer dies möglich ist (vgl. Art. 15 Abs. 1 VO (EG) 987/2009). Insofern bedarf es bis zu einer eindeutigen Regulierung einer praktikablen Lösung, die sich innerhalb der aktuell bestehenden Regelungen bewegt.

### aa) Handhabung DVKA

879 Die DVKA geht daher (aktuell) davon aus, dass es während der vorübergehenden Tätigkeit[35] von Arbeitnehmern im Ausland bei der Anwendbarkeit deutschen Sozialversicherungsrechts bleibt, wenn

880
- der Arbeitgeber von der Auslandstätigkeit Kenntnis hat und dieser zustimmt,
- der Arbeitgeber die erbrachte Leistung entgegennimmt und vergütet sowie
- eine EU-Entsendung (A1-Bescheinigung) bei der hierfür zuständigen Stelle beantragt wird.[36]

881 In diesem Fall soll die unerlässliche Voraussetzung für eine Entsendung, nämlich dass der Arbeitnehmer weiterhin dem Direktionsrecht des deutschen Arbeitgebers unterliegt, nach Ansicht der DVKA gegeben sein. Sofern sich der Arbeitnehmer daher vorübergehend in einem anderen Mitgliedstaat aufhält und dort einer Beschäftigung für den deutschen Arbeitgeber im Homeoffice oder im Rahmen mobiler Arbeit nachgeht, kann eine Entsendung somit unter Berücksichtigung der einschlägigen Rechtsgrundlagen nach Auffassung der DVKA und – hierauf hatte die DVKA bis zuletzt ausdrücklich hingewiesen – vorbehaltlich etwaiger Auslegungshinweise der Europäischen Verwaltungskommission in Betracht kommen. Aus welchem Grund der Arbeitgeber sein Direktionsrecht auf diese Art und Weise ausübe, sei für die Einordnung der Auslandstätigkeit als Entsendung irrelevant.

### bb) Leitlinien der Europäischen Verwaltungskommission

882 Auch die Europäische Verwaltungskommission für die Koordinierung der Systeme der sozialen Sicherheit hat sich vor dem Hintergrund der mit der Gesundheitskrise einhergehenden vorübergehenden Schließungen der Grenzen der Mitgliedstaaten mit der Situation der Erbringung der Arbeitsleistung in einem anderen als dem bislang üblichen Mitgliedstaat beschäftigt. In den Leitlinien „Guidance Note on telework", zuletzt aktualisiert im Juni 2023, äußert sich die Verwaltungskommission zur Auslegung der bestehenden sozialversicherungsrechtlichen EU-Vorschriften im Zusammenhang mit grenzüberschreitender Telearbeit. Hierunter versteht die Verwaltungskom-

[35] Grundsätzlich ist von einer vorübergehenden Tätigkeit und damit einer Entsendung im Sinne der VO (EG) Nr. 883/2004 dann auszugehen, wenn der Arbeitnehmer in einem anderen Mitgliedstaat für einen in Deutschland ansässigen Arbeitgeber tätig wird, die voraussichtliche Dauer der Entsendung 24 Monate nicht überschreitet, keine andere entsandte Person abgelöst wird (vgl. Art. 12 VO (EG) Nr. 883/2004), für den Arbeitnehmer vor der Entsendung mindestens einen Monat die deutschen Rechtsvorschriften gegolten haben (vgl. Art. 14 VO (EG) Nr. 987/2009 iVm Beschluss Nr. A2 der Verwaltungskommission vom 24.4.2010) und der Arbeitgeber gewöhnlich in Deutschland tätig ist (vgl. Art. 12 VO (EG) Nr. 883/2004). Für die mobile Arbeit passen die 24 Monate hingegen nicht, so dass es im Rahmen einer rechtlichen Regulierung bzw. Klarstellung auch eines Hinweises bedarf, bis zu welchem zeitlichen Umfang die mobile Arbeit im Ausland stattfinden darf, damit noch von einer Entsendung ausgegangen werden kann.

[36] FAQ – GKV-Spitzenverband, DVKA; Rundschreiben RS 2021/485 vom 7.7.2021, abrufbar unter rs_2021-485.pdf (hkk.de).

mission im Ergebnis eine Tätigkeit, die mittels des Einsatzes von Informationstechnologie von jedem beliebigen Ort aus ausgeübt werden kann und in einem anderen Mitgliedstaat bzw. in anderen Mitgliedstaaten als demjenigen erbracht wird, in dem sich die Geschäftsräume des Arbeitgebers befinden. Von einem strengen Verständnis der Telearbeit, wie es in § 2 Abs. 7 ArbStättV zugrunde gelegt ist, dürfte hierbei nach unserer Bewertung nicht auszugehen sein.

883 Wichtig ist darüber hinaus, dass die grenzüberschreitende Telearbeit im Sinne der Leitlinien im Rahmen eines Arbeitsverhältnisses aufgrund einer Vereinbarung zwischen dem Arbeitgeber und Arbeitnehmer im Einklang mit dem nationalen Recht erfolgt. Ausgehend hiervon erkennt die Europäische Verwaltungskommission an, dass eine solche Form der Telearbeit unter den Begriff der Entsendung im Sinne des Art. 12 VO (EG) Nr. 883/2004 fallen kann.[37] Welche spezifischen Interessen dabei im Vordergrund stehen – also die des Arbeitnehmers oder die des Arbeitgebers – sei unerheblich; notwendig sei aber, dass der Arbeitnehmer weiterhin der Weisungsbefugnis des Arbeitgebers unterliege. Darüber hinaus erfordert eine unter Art. 12 VO (EG) Nr. 883/2004 fallende Telearbeit nach Auffassung der Verwaltungskommission, dass die in Rede stehende Telearbeit zufällig bzw. unregelmäßig in anderen Mitgliedstaaten erfolgt und somit gerade nicht einen Bestandteil des üblichen Arbeitsrhythmus darstellt. In diesem Fall sei vielmehr die Anwendung von Art. 13 VO (EG) Nr. 883/2004 zu prüfen.

884 Sodann benennen die Leitlinien Beispiele, in denen vom Vorliegen einer Entsendung im Sinne des Art. 12 VO (EG) Nr. 883/2004 auszugehen sein soll. Hierzu zählen:

- Renovierung der Büroräume, so dass die dort tätigen Arbeitnehmer nach Hause geschickt werden, um Telearbeit zu leisten;
- Pflege bzw. Betreuung von alten Angehörigen oder Kindern;
- konzentrierte Vorbereitung eines bestimmten Projektes für die Dauer von vier Wochen;
- Verlängerung der Zeit am Urlaubsort um einen weiteren Monat, um im Anschluss die Arbeit im Büro wiederaufzunehmen.

885 Diese Beispiele sowie die weitere (nicht abschließende) Klarstellung in den aktuellen Leitlinien der Verwaltungskommission, dass in den Anwendungsbereich der grenzüberschreitenden Telearbeit solche Situationen fallen, in denen ein in Belgien wohnhafter Arbeitnehmer bei einem niederländischen Arbeitgeber beschäftigt ist und an drei Tagen in der Woche Kunden in den Niederlanden besucht und die restlichen Arbeitsaufgaben an zwei Tagen in der Woche von zu Hause in Belgien erledigt, verdeutlichen, dass es vorrangig um die Konstellation der Grenzgänger geht. Anderenfalls könnte nicht erklärt werden, weshalb es in Konstellationen, in denen aufgrund von Umbaumaßnahmen im Büro, der Pflege von Familienangehörigen oder einer konzentrierten Projektvorbereitung ein Tätigwerden von zu Hause aus erforderlich wird, zu einem Grenzübertritt kommt. Hinzu kommt, dass auch das Bundesministerium für Arbeit und Soziales die Leitlinien der Europäischen Verwaltungskommission

[37] Vgl. hierzu auch Informationen zur Homeoffice-Regelung für Grenzgänger ua. des Bundesministeriums für Arbeit und Soziales Juni 2023, abrufbar unter BMAS – Informationen zur Homeoffice-Regelung für Grenzgänger ua.

in ihrem Internetauftritt unter „Informationen zur Homeoffice-Regelung für Grenzgänger ua" (Stand Juni 2023) verankert hat. Dort heißt es unter anderem, dass das Recht der sozialen Sicherheit des eigentlichen Beschäftigungsstaates weiter anwendbar bleibt, wenn eine Person ausnahmsweise für einen begrenzten Zeitraum ausschließlich von zu Hause oder einem anderen Ort (zB Ferienhaus) aus für einen in einem anderen EU-Mitgliedstaat/EWR-Staat oder der Schweiz ansässigen Arbeitgeber und ansonsten vor Ort bei ihrem Arbeitgeber (zB in dessen Büro) arbeitet. In diesen Fällen – und bei Vorliegen sämtlicher Voraussetzungen – sei von einer Entsendung im sozialversicherungsrechtlichen Sinne und damit von einer Einschlägigkeit des Art. 12 Abs. 1 VO (EG) Nr. 883/2004 auszugehen.

886 Welche Bedeutung die aktuellen Leitlinien tatsächlich für die mobile Arbeit im Ausland außerhalb von Grenzgänger-Fällen haben, bleibt daher abzuwarten. Klar ist jedoch, dass Hinweise bezüglich der praktischen Durchführung und damit auch der Auslegung der VO (EG) Nr. 883/2004 durch die Europäische Verwaltungskommission erfolgen müssen (vgl. Art. 75 Abs. 3 VO (EG) Nr. 978/2009). Die derzeitigen Leitlinien stellen zwar entsprechende „praktische Durchführungsmaßnahmen" dar, was auch Grund dafür gewesen sein dürfte, dass die DVKA den in ihrem FAQ-Katalog bislang enthaltenen Hinweis, dass zu der Handhabung der von den Arbeitnehmern ausgehenden Auslandstätigkeiten bislang noch keine Auslegungshinweise durch die Verwaltungskommission ergangen seien, zwischenzeitlich ersatzlos gelöscht hat. Sie lassen allerdings eine konkrete Auseinandersetzung mit mobiler Arbeit im Ausland vermissen. Es ist daher zu erwarten, dass die Leitlinien noch um diesen Aspekt (der aus unserer Sicht unbedingt auch mit einer Klarstellung hinsichtlich der noch zulässigen Dauer (vier Wochen, einen Monat oder länger?) eines Auslandseinsatzes einhergehen muss) jedenfalls ergänzt werden bzw. eine gesonderte Mitteilung erfolgt.

### e) Ausnahmevereinbarung

887 Eine denkbare Lösung für Arbeitgeber könnte die Einholung einer Ausnahmeregelung im Sinne des Art. 16 VO (EG) 883/2004 vor einem mobilen Tätigwerden eines Arbeitnehmers im Ausland sein. Durch eine Ausnahmevereinbarung kann der Arbeitnehmer unter bestimmten Voraussetzungen[38] dem deutschen Sozialversicherungsrecht unterstellt bleiben, auch wenn er vorübergehend in einem anderen Staat erwerbstätig ist und die Voraussetzungen einer Entsendung nicht vorliegen. Anlaufstelle hierfür ist in Deutschland der GKV-Spitzenverband, DVKA, der durch das Bundesministerium für Arbeit und Soziales hiermit beauftragt wurde. Dabei ist das Verfahren der Einholung einer Ausnahmeregelung auch für den Fall zu beachten, dass der Arbeitnehmer „unbedeutende" Tätigkeiten mobil aus dem EU-Ausland heraus erbringt. Denn Art. 16 VO (EG) 883/2004 soll auch in diesem Fall zu berücksichtigen sein.[39] Aller-

[38] Der Abschluss einer Ausnahmevereinbarung stellt eine Ermessensentscheidung auf deutscher wie auf ausländischer Seite dar. Das Interesse der betroffenen Person am Abschluss einer Ausnahmevereinbarung wird dabei stets geprüft. Weitere Gesichtspunkte können sein: die arbeitsrechtliche Anbindung in Deutschland, die Befristung der Tätigkeit im anderen Staat sowie die bisherige Integration in die deutsche Sozialversicherung.

[39] Praktischer Leitfaden zum anwendbaren Recht in der Europäischen Union (EU, im Europäischen Wirtschaftsraum (EWR) und in der Schweiz, Europäische Kommission, Dezember 2013, S. 30.

dings dürften eben solch geringfügige Auslandseinsätze nach unserer Bewertung das bislang anwendbare Sozialversicherungsrecht unberührt lassen. Mit anderen Worten: Wird ein Arbeitnehmer, für den bislang das deutsche Sozialversicherungsrecht anwendbar war, im EU-Ausland in einem Umfang tätig, der weniger als 5% seiner regulären Arbeitszeit und/oder weniger als 5% seiner Gesamtvergütung ausmacht, dürfte es – losgelöst von den Anforderungen nach Art. 16 VO (EG) 883/2004 – bei der Anwendung der deutschen Regelungen bleiben.

888 In der Praxis spielt die Einholung einer Ausnahmeregelung im Zusammenhang mit mobiler Arbeit im Ausland jedoch bzw. gerade wegen dieser Geringfügigkeitsschwelle kaum eine Rolle. Denn hiermit ist in aller Regel ein zeitaufwendiges Verfahren verbunden, welches für Situationen, in denen der Arbeitnehmer kurzfristig im EU-Ausland tätig werden möchte, ungeeignet sein dürfte. Hilfreich dürften am Ende nur Vereinbarungen zwischen Mitgliedstaaten selbst sein, die eine generelle Ausnahmeregelung treffen. Ein aktuelles Beispiel hierfür stellt das multilaterale Rahmenabkommen über die Anwendung von Art. 16 Abs. 1 VO (EG) 883/2004 bei gewöhnlicher grenzüberschreitender Telearbeit dar, welches trotz der Erbringung eines erheblichen Teils der Arbeitsleistung im Wohnmitgliedstaat unter bestimmten Voraussetzungen die sozialversicherungsrechtliche Anbindung an den Mitgliedstaat regelt, in dem der Arbeitgeber ansässig ist. Das Rahmenabkommen soll den geänderten Arbeitsmustern – in Bezug auf die Grenzgänger – Rechnung tragen und wurde auf fünf Jahre abgeschlossen verbunden mit der einmaligen automatischen Verlängerung um weitere fünf Jahre. Diese Zeit soll genutzt werden zur Prüfung, ob die VO (EG) Nr. 883/2004 um eine neue Bestimmung für die Telearbeit erweitert wird.[40]

### f) Pragmatische Handhabung

889 Der aktuelle Umgang der DVKA mit mobiler Arbeit im Ausland sowie die Leitlinien der Europäischen Verwaltungskommission stellen aus unserer Sicht eine Grundlage dafür dar, Arbeitnehmern mobiles Arbeiten im Ausland trotz sozialversicherungsrechtlicher „Ungenauigkeiten" auf europarechtlicher Ebene zu ermöglichen. Dabei darf jedoch nicht vergessen werden, dass die Leitlinien der Europäischen Verwaltungskommission noch keine endgültige rechtliche Regulierung darstellen. Insbesondere kann zum jetzigen Zeitpunkt nicht abgeschätzt werden, wie die Bundesregierung ihr im Koalitionsvertrag gegebenes Versprechen, dass mobile Arbeit EU-weit unproblematisch möglich sein müsse, umsetzen wird. Da dies nur im Zusammenwirken aller Mitgliedstaaten oder ggf. durch Ausnahmevereinbarungen mit einzelnen Mitgliedstaaten erfolgen könnte, wird Rechtssicherheit am Ende nur eine klare gesetzliche Regelung auf europarechtlicher Ebene bringen.

890 Mit Blick auf die sozialversicherungsrechtlichen Implikationen mobiler Arbeit im Ausland lassen sich die für die Praxis derzeit zu beachtenden Punkte im Wesentlichen wie folgt zusammenfassen:

---

[40] Vgl. hierzu auch die Hinweise auf den Seiten der DVKA, abrufbar unter Multilaterales Rahmenübereinkommen über die Anwendung von Artikel 16 Absatz 1 VO (EG) 883/04 bei gewöhnlicher grenzüberschreitender Telearbeit – GKV-Spitzenverband, DVKA.

- Im Vorfeld einer mobilen Tätigkeit im EU-Ausland sollte der Arbeitgeber die DVKA kontaktieren und das Vorgehen im konkreten Fall abstimmen – und zwar unabhängig davon, wie lange und in welchem Umfang der jeweilige Arbeitnehmer im Ausland mobil tätig sein wird und um welche Art von Tätigkeit es sich handelt.
- In jedem Fall sollte vor dem Auslandseinsatz eine EU-Entsendung (A1-Bescheinigung) beantragt werden. Offiziell heißt die A1-Bescheinigung „Bescheinigung über die Rechtsvorschriften der sozialen Sicherheit, die auf den/die Inhaber/in anzuwenden sind". Sie dokumentiert, welches Sozialversicherungsrecht für eine Person gilt.[41] Allgemeine Informationen zur A1-Bescheinigung und zu ihrer Verwendung hat neben der DVKA auch die Europäische Kommission zur Verfügung gestellt.[42]
- Die Beantragung einer A1-Bescheinigung, die auch bei Dienstreisen ins Ausland erfolgen muss, dürfte die Ermöglichung des mobilen Arbeitens im Ausland nicht behindern. Ratsam könnte es aber sein, einen unternehmensinternen Prozessablauf zu installieren, der die Beantragung der A1-Bescheinigung erleichtert bzw. formalisiert.
- Die Beantragung der A1-Bescheinigung erfolgt bei der hierfür zuständigen Stelle. Zuständig ist
  - die gesetzliche Krankenkasse, sofern eine gesetzliche (Pflicht-, Familien-, freiwillige) Krankenversicherung besteht,
  - der Träger der gesetzlichen Rentenversicherung (DRV Bund, DRV Knappschaft-Bahn-See oder der zuständige Regionalträger der DRV), sofern die Beschäftigten nicht gesetzlich krankenversichert sind bzw.
  - die Arbeitsgemeinschaft Berufsständischer Versorgungseinrichtungen e.V., wenn die nicht gesetzlich krankenversicherten Beschäftigten Mitglied bei einer berufsständischen Versorgungseinrichtung sind.
- Die vorherige Beantragung einer A1-Bescheinigung ist auch dann erforderlich, wenn es sich um unbedeutende Tätigkeiten (weniger als 5% der regulären Arbeitszeit und/oder weniger als 5% der Gesamtvergütung) handelt, die mobil im Ausland erbracht werden sollen.
- Vor der Ermöglichung von mobiler Arbeit im Ausland sollten die „ausländischen Eingriffsnormen", insbesondere Regelungen hinsichtlich etwaiger Arbeitsverbote, Höchst- und Mindestruhezeiten, zu gesetzlichen Feiertagen sowie zum Arbeitsschutz, geprüft und – soweit einschlägig – dem Arbeitnehmer mitgeteilt werden.
- Darüber hinaus sollten Arbeitgeber vorab prüfen, ob Melde- und Registrierpflichten zu beachten sind, die vor dem Auslandseinsatz zu erfüllen sind.
- Für die arbeitgeberseitig zu veranlassenden Vorbereitungshandlungen sollte ein zeitlicher Vorlauf von mindestens zwei bis drei Wochen eingeplant werden.
- Die Entsendung sollte nicht unterbrochen werden (zB für einen geschäftlichen Termin, da in diesem Fall die Entsendung regelmäßig endet und bei Rückkehr an den Urlaubsort (ohne erneute Beantragung einer Entsendung) das ausländische Sozialversicherungsrecht anwendbar wäre.

[41] FAQ – GKV-Spitzenverband, DVKA.

[42] A1 – Bescheinigung über die Rechtsvorschriften der sozialen Sicherheit, die auf den/die Inhaber/in anzuwenden sind (dvka.de).

- Schließlich sollte der Arbeitgeber die entsprechende Kommunikation mit der DVKA und dem Arbeitnehmer sowie die Antragstellungen dokumentieren und diese Dokumentation bei den sonstigen Personalunterlagen aufbewahren.

### g) Mobile Work im Nicht-EU-Ausland

891 Soweit der Arbeitnehmer mobil im Nicht-EU-Ausland tätig werden möchte und damit weder das Europäische Gemeinschaftsrecht anwendbar ist noch ein Sozialversicherungsabkommen mit dem entsprechenden Land existiert, ist stets sowohl nach deutschem Recht als auch nach dem am Beschäftigungsort geltenden Recht zu prüfen, ob eine Versicherungs- und Beitragspflicht zur Sozialversicherung besteht. Dies kann dazu führen, dass eine Doppelversicherung (sowohl im Heimatland als auch im ausländischen Einsatzland) gegeben ist oder ein Versicherungsschutz gänzlich fehlt. Beide Extreme sind in solchen Auslandskonstellationen denkbar und bedürfen daher einer sorgfältigen vorherigen Prüfung. Dabei sollten Arbeitgeber auch beachten, dass bei einer Entsendung in das „vertragslose“ Ausland keine A1-Bescheinigung über die weitere Anwendung der deutschen Rechtsvorschriften über soziale Sicherheit ausgestellt wird.[43] Die mit einem solchen Auslandseinsatz verbundenen Unabwägbarkeiten sind somit noch einmal deutlich größer, so dass Arbeitgeber abwägen müssen, ob die mit der Ermöglichung des geplanten mobilen Arbeitens im Nicht-EU-Ausland bezweckte Wirkung auf den Arbeitnehmer und die damit womöglich verbundene Steigerung der Arbeitgeberattraktivität die rechtlichen Risiken hinnehmbar erscheinen lassen bzw. verhältnismäßig sind. In der Regel dürfte diese Abwägung zuungunsten des Arbeitnehmers ausgehen, weshalb sich in der unternehmerischen Praxis schon jetzt ein klarer Trend dahingehend abzeichnet, Mobile Work im Ausland nur im EU-Ausland (EU, EWR und Schweiz) zuzulassen.

[43] FAQ – GKV-Spitzenverband, DVKA.

# I. Steuerrechtliche Aspekte von Mobile Work

## Übersicht



## I. Einleitung

892 Der Begriff „mobiles Arbeiten“ ist steuerrechtlich nicht definiert und kann unterschiedliche Formen annehmen. Dabei lassen sich für Steuerzwecke folgende Fallgruppen unterscheiden, wobei die Unterscheidung sowohl für die Besteuerung des Arbeitnehmers als auch des Arbeitgebers relevant sein kann:

- **Fallgruppe 1: Fester Arbeitsplatz in einem Unternehmen und nur zeitweise Tätigkeit von einem anderen Ort**

  - Beispiel 1: 893

Arbeitnehmerin I ist Geschäftsführerin der I-GmbH mit Sitz in Saarbrücken, die ein Online-Reiseportal betreibt. I wohnt in Saarbrücken und arbeitet normalerweise am Firmensitz. Als sich im März 2020 die Covid 19-Situation zuspitzt, beschließt sie für den Betrieb eine allgemeine Home-Office-Pflicht von 15. März bis 15.5.2020. I selbst nutzt dazu das separate Arbeitszimmer in ihrem Haus in Saarbrücken. Anfang Mai verlängert sie die Home-Office-Pflicht „bis auf Weiteres".

**Abwandlung:** Während der Home-Office-Pflicht im Juni, Juli und August nutzt I das separate Arbeitszimmer in ihrem **Ferienhaus auf Sylt.**

- Beispiel 2:

Arbeitnehmerin L arbeitet ebenfalls bei der I-GmbH. Sie ist nicht glücklich mit der Anordnung der Home-Office-Pflicht, da sie kein separates Arbeitszimmer hat. Stattdessen verrichtet sie ihre Tätigkeit an ihrem **Küchentisch.**

- Beispiel 3:

Die Mitarbeiter der I-GmbH arbeiten Covid-19 bedingt schon seit über einem Jahr im Home-Office. Il findet, dass dies vorzüglich funktioniert und aus Kostengründen dauerhaft etabliert werden könnte. Daher kündigt sie einen Teil der von der I-GmbH angemieteten Büroräume. Die verbliebenen Büro- Arbeitsplätze widmet sie in flexible, nicht einem bestimmten Arbeitnehmer zugeordnete „Poolarbeitsplätze" um und führt ein **Online-Buchungssystem** ein. Dazu ordnet sie ein „hybrides Arbeiten" an, bei dem die Mitarbeiter maximal 3 Tage pro Woche im Büro arbeiten und sich dazu einen Arbeitsplatz buchen sollen. Im Übrigen sollen sie weiterhin zu Hause arbeiten.

- Beispiel 4:

Arbeitnehmer H ist Vertriebsleiter für den deutschen Markt bei der I-GmbH und hat seinen Arbeitsplatz laut Arbeitsvertrag zwar grundsätzlich am Firmensitz. Allerdings ist er so oft auf Reisen zu inländischen Kunden, Messen etc., dass er sich selten mehr als vier Mal im Monat in Saarbrücken aufhält.

- **Fallgruppe 2: Fester Arbeitsplatz in einem separat angemieteten, externen Büro**

894 • Beispiel 5:

Arbeitnehmer U ist ein langjähriger Mitarbeiter der I-GmbH. Aus privaten Gründen hat er beschlossen, im Februar 2022 von Saarbrücken nach Lübeck zu ziehen. I möchte seine Expertise nicht verlieren und bietet ihm daher an, dass die I-GmbH auf ihre Kosten ab diesem Zeitpunkt einen separaten Büroraum in einem Geschäftshaus in Bremen anmietet. Da er der einzige Mitarbeiter in diesem Raum ist, kann er dort auch während der Home-Office-Pflicht arbeiten.

*Abwandlung 1: I bietet U an, dass er selbst ein Büro in Lübeck anmietet und ihm die I-GmbH die Kosten erstattet.*

*Abwandlung 2: I hält die Anmietung eines separaten Büroraumes für zu teuer. Daher mietet die I-GmbH für U einen flexiblen Arbeitsplatz in einem Lübecker Co-Working Space an.*

- **Fallgruppe 3: Ausschließliche Tätigkeit im Home-Office**

895 • Beispiel 6:

Arbeitnehmer K ist Software-Programmierer und ebenfalls bei der I-GmbH angestellt. Er lebt im ca 40 km von Saarbrücken entfernten Zweibrücken. Da er nicht gerne pendelt und ohnehin lieber für sich ist, hat er direkt zu Beginn seines Arbeitsverhältnisses vertraglich mit I vereinbart, dass er ausschließlich in seinem separaten Arbeitszimmer zu Hause arbeitet und nur zu besonderen Anlässen zu dem Firmensitz der I-GmbH fahren muss.

***Abwandlung:*** *K lebt in einem Zwei-Zimmer-Loft, das aus einem Schlafzimmer und einem 100 qm großen „Living Room" besteht. Hier hat er sich eine* ***separate Arbeitsecke*** *eingerichtet, die durch einen Paravent vom Rest des Raumes abgetrennt ist.*

- **Fallgruppe 4: Kein fester Arbeitsplatz**

  - Beispiel 7: 896

Arbeitnehmerin S ist bei der I-GmbH als Reisebloggerin angestellt und wohnt ebenfalls in Saarbrücken. Einen festen Arbeitsplatz am Firmensitz hat sie jedoch nicht, weil sie dauernd auf Reisen ist und ihre Blogs aus Hotelzimmern, Cafés und Ähnlichem am Ort ihrer jeweiligen Destination schreibt.

## II. Steuerliche Behandlung der Arbeitnehmer bei mobiler Arbeit im Inland

### 1. Grundsätze der Arbeitnehmerbesteuerung

897 Aus Sicht des Einkommenssteuerrechts erzielt der Arbeitnehmer Einkünfte aus nichtselbständiger Tätigkeit. Diese ermitteln sich als **Einnahmen abzüglich Werbungskosten** bzw. Werbungskosten-Pauschbetrag. Dabei wird der Begriff **„Arbeitnehmer"** im Steuerrecht weiter verstanden als im Arbeits- und Sozialrecht. Gemäß § 1 Abs. 1 S. 1 LStDV ist Arbeitnehmer nämlich jede Person, die in einem öffentlichen oder privatrechtlichen Dienst beschäftigt ist oder war und hierfür oder aus einem früheren Dienstverhältnis Arbeitslohn erhält. Für das Steuerrecht ist es also unerheblich, ob die nichtselbständige Tätigkeit als Arbeiter, normaler oder leitender Angestellter, (Mehrheits- Gesellschafter-Geschäftsführer oder Beamter ausgeübt wird. Einkünfte aus nichtselbständiger Tätigkeit werden auch als **Arbeitslohn** bezeichnet. Dieser Begriff wiederum wird in R 19.3 Abs. 1 LStR definiert als die Gegenleistung für das Zurverfügungstellen der individuellen Arbeitskraft. § 2 Abs. 2 LStDV versteht hierunter auch alle Einnahmen, die dem Steuerpflichtigen aus dem Dienstverhältnis zukommen. Dies können sowohl Geld als auch sog. **„geldwerte Vorteile"** in Form von Sachbezügen oder sonstigen Leistungen sein. Diese Gegenleistungen müssen nicht zwingend von dem Arbeitgeber gezahlt werden, sondern können auch durch einen Dritten erfolgen (Stichwort „Trinkgeld", Gewährung von Stock Options durch eine mit dem Arbeitgeber verbundene Konzerngesellschaft). Entscheidend ist, dass ein unmittelbarer Zusammenhang zwischen der Einnahme und dem Dienstverhältnis besteht.

898 Von dem steuerpflichtigen Arbeitslohn können die sog. **Werbungskosten** abgezogen werden. Dies sind gemäß § 9 EStG „Aufwendungen zur Erwerbung, Sicherung

und Erhaltung der Einnahmen", also durch die konkrete berufliche Tätigkeit veranlasste Kosten. Diese Aufwendungen müssen vom Arbeitnehmer nachgewiesen und dokumentiert werden. Macht der Arbeitnehmer in seiner Steuererklärung keine höheren Kosten geltend, so wird automatisch (von Amts wegen) und ohne weiteren Nachweis ein pauschaler Werbungskostenbetrag pro Kalenderjahr berücksichtigt (§ 9a EStG; ab 1.1.2022: 1.200 EUR, ab 2023: 1.230 EUR).

899 Der Arbeitslohn unterliegt der **Lohnsteuer,** die vom Arbeitnehmer selbst geschuldet wird. Erhoben wird sie allerdings, in dem der Arbeitgeber sie von dem von ihm gezahlten Arbeitslohn einbehält und für den Arbeitnehmer anmeldet und abführt. Dabei können auch Werbungskosten des Arbeitnehmers bzw. der Werbungskostenpauschbetrag berücksichtigt werden. Führt der Arbeitgeber den Lohnsteuereinbehalt nicht ordnungsgemäß durch, so haftet er für den noch fehlenden Betrag nach Maßgabe des § 42d EStG und muss ihn dann gegebenenfalls nachentrichten. Das **Verfahren zur Einbehaltung, Anmeldung und Zahlung der Lohnsteuer** ist in §§ 38ff. EStG geregelt. Kurz zusammengefasst besagt es, dass der Arbeitgeber für jeden Arbeitnehmer pro Kalenderjahr ein gesondertes Lohnkonto zu führen, (grundsätzlich) monatliche Lohnsteueranmeldungen abzugeben und entsprechende Lohnsteuerzahlungen zu leisten hat.

900 Das Lohnkonto ist dabei „am Ort der Betriebsstätte" zu führen. Die Lohnsteueranmeldungen und -zahlungen sind gegenüber dem für diese Betriebsstätte zuständige Finanzamt vorzunehmen, dem sog. **Betriebsstättenfinanzamt.** Gerade im Zusammenhang mit mobilem Arbeiten zu beachten ist, dass die **Betriebsstätte in diesem Sinne grundsätzlich nicht auf den Ort der Tätigkeit des Arbeitnehmers** abstellt. Vielmehr versteht § 41 Abs. 2 EStG hierunter den Betrieb oder Teil des Betriebs des **Arbeitgebers,** „in dem der für die Durchführung des Lohnsteuerabzugs maßgebende Arbeitslohn" ermittelt wird. Geschieht dies nicht in dem Betrieb oder einem Teil des Betriebs des Arbeitgebers oder nicht im Inland, so gilt als Betriebsstätte **der Mittelpunkt der geschäftlichen Leitung des Arbeitgebers im Inland.** Der Tätigkeitsort des Arbeitnehmers gilt nur für den Fall als Betriebsstätte, in dem ein ausländischer Entleiher ohne eigene inländische Betriebsstätte Arbeitnehmer in das Inland verleiht. Die von dem Arbeitgeber für den Arbeitnehmer abgeführte Lohnsteuer wird dann auf die vom Arbeitnehmer geschuldete Einkommensteuer angerechnet. Bei Arbeitnehmern mit ausschließlich oder teilweise Einkünften aus nichtselbständiger Arbeit vermutet das Gesetz, dass mit der Lohnsteuer gleichzeitig die insgesamt geschuldete Einkommensteuer abgegolten ist. Aus diesem Grund besteht hier grundsätzlich **keine Pflicht zur Abgabe einer Einkommensteuererklärung.** Dies ergibt sich aus einem Umkehrschluss aus § 46 EStG, in dem die Fälle einer Abgabepflicht explizit aufgelistet sind. Erlaubt und oftmals sinnvoll ist es allerdings, freiwillig eine Steuererklärung abzugeben. Ist die abgeführte Lohnsteuer nämlich höher als die tatsächliche Einkommensteuer, erhält der Arbeitnehmer eine Rückerstattung des zu viel gezahlten Steuerbetrages.

## 2. Lohnsteuerpflichtige Zuwendungen

901 Möchte ein Arbeitgeber das mobile Arbeiten des Mitarbeiters finanziell oder durch Überlassung von Sachmitteln unterstützen, ist zu unterscheiden zwischen
(1) nicht steuerbaren Leistungen im eigenbetrieblichen Interesse des Arbeitgebers,
(2) steuerfreien Leistungen und
(3) steuerpflichtigen Leistungen.

902 Nach Auffassung des BFH[1] wird ein Vorteil *„dann aus ganz überwiegend eigenbetrieblichem Interesse gewährt, wenn aufgrund* ***einer Gesamtwürdigung der für die Zuwendung maßgebenden Umstände*** *zu schließen ist, dass der jeweils* ***verfolgte betriebliche Zweck ganz im Vordergrund*** *steht. (...) Ist aber – neben dem eigenbetrieblichen Interesse des Arbeitgebers – ein* ***nicht unerhebliches Interesse*** *des* ***Arbeitnehmers*** *gegeben, so liegt die Vorteilsgewährung nicht im ganz überwiegend eigenbetrieblichen Interesse des Arbeitgebers und führt zur Lohnzuwendung.“*

903 Dies zeigt sich insbesondere bei Geldleistungen bzw. Zuschüssen des Arbeitgebers. Hier ist zwischen einem Werbungskostenersatz und einem Auslagenersatz zu differenzieren. Der Werbungskostenersatz ist grundsätzlich steuerpflichtiger Arbeitslohn. Er ist nur ausnahmsweise steuerfrei, wenn dies gesetzlich ausdrücklich angeordnet ist. Demgegenüber sind Geldleistungen des Arbeitgebers, mit denen Auslagen des Arbeitnehmers für den Arbeitgeber ersetzt werden, immer steuerfrei (§ 3 Nr. 50 EStG). Die Abgrenzung des nicht steuerbaren Auslagenersatzes vom steuerpflichtigen Werbungskostenersatz ist im Einzelnen noch nicht abschließend geklärt. Der BFH[2] nimmt einen Auslagenersatz grundsätzlich dann an, „wenn dem Arbeitnehmer vom Arbeitgeber auf Nachweis Aufwendungen ersetzt werden, die (ausschließlich oder doch bei weitem überwiegend) durch die **Belange des Arbeitgebers bedingt** und von diesem veranlasst oder gebilligt sind, ein eigenes Interesse des Arbeitnehmers an den Ausgaben also nicht besteht. Kurz zusammengefasst bedeutet dies – es kommt auf den Einzelfall an. Für bestimmte Unterstützungsleistungen im Zusammenhang mit mobilem Arbeiten existieren allerdings bereits konkrete gesetzliche Regelungen und/oder ihre Einordnung wurde bereits durch die BFH-Rechtsprechung bestätigt. Dies gilt zum Beispiel für:

- Die Überlassung von Sachmitteln wie **Computer, Drucker und Mobiltelefon** ist gemäß § 3 Nr. 45 EStG steuerfrei, sofern der Arbeitgeber Eigentümer der Geräte bleibt. Die vom Arbeitgeber für das Mobiltelefon getragenen Verbindungsentgelte (Grundgebühr und sonstige laufende Kosten) sind dann ebenfalls steuerfrei. Werden die Geräte dem Arbeitnehmer geschenkt oder verbilligt zum Kauf überlassen, liegt in der Differenz zum Marktwert steuerpflichtiger Arbeitslohn vor (dann ggf. Pauschalversteuerung nach § 40 Abs. 2 Nr. 5 EStG)
- **Kostenerstattung** für den auf den Arbeitnehmer lautenden Anschluss für das **Mobiltelefon/die Internetverbindung:** Ausnahmsweise steuerfreier Auslagenersatz, wenn ausschließlich betriebliche Nutzung. Andernfalls lohnsteuerpflichtiger Arbeitslohn (dann ggf. Pauschalversteuerung nach § 40 Abs. 2 Nr. 5 EStG)

[1] BFH 21.1.2010 – VI R 51/08 mwN.
[2] BFH 28.3.2006 – VI R 24/03, BStBl. 2006 II 473.

- Überlassung von ergonomischen **Büromöbeln** etc., die im Eigentum des Arbeitgebers bleiben: Überwiegendes Eigeninteresse des Arbeitgebers (Gesundheitsschutz Mitarbeiter). Bei schenkweiser/verbilligter Überlassung in das Eigentum des Arbeitnehmers, liegt in der Differenz zum Marktwert steuerpflichtiger Arbeitslohn vor (dann ggf. Pauschalversteuerung nach § 40 Abs. 2 Nr. 5 EStG oder steuerfreier Sachbezug iSd § 8 Abs. 2 S. 11 EStG)
- **Bürokostenzuschuss zum Home-Office,** das kein häusliches Arbeitszimmer darstellt: Lohnsteuerpflichtiger Arbeitslohn[3]
- Kostenerstattung für Anmietung eines **separaten externen Büros** für einen Arbeitnehmer (siehe Abwandlung 1 zu Beispiel 5): In der Regel steuerfreier Auslagenersatz
- Allgemein: Sachzuwendungen bis zu 44 EUR brutto pro Monat (ab dem 1.1.2022: 50 EUR brutto pro Monat) können einen steuerfreier Sachbezug iSd § 8 Abs. 2 S. 11 EStG darstellen.

## 3. Werbungskosten (Arbeitszimmer, doppelte Haushaltsführung, Fahrt-/Reisekosten, sonstige)

904 Aufwendungen des Arbeitnehmers im Zusammenhang mit seiner nichtselbständigen Tätigkeit sind steuerlich als Werbungskosten iSd § 9 EStG und zwar bei Nachweis in voller Höhe und ansonsten im Wege des Werbungskosten-Pauschbetrag abzugsfähig. Im Gegensatz dazu können private Kosten nicht steuerlich geltend gemacht werden, sofern dies nicht gesetzlich ausdrücklich zugelassen wird (§ 12 EStG). Gerade bei mobilem Arbeiten können berufliche und private Sphäre jedoch vermischt sein. Hier ist vorab zu wissen, dass die Rechtsprechung dann zwar grundsätzlich eine Aufteilung der Kosten und den Abzug des beruflich veranlassten Teils erlaubt.[4] Diese Aufteilung muss allerdings objektiv möglich und nachprüfbar und der beruflich veranlasste Teil nicht von untergeordneter Bedeutung sein. Ferner gilt nach Auffassung des BFH, dass „das unterschiedliche Gewicht der verschiedenen Veranlassungsbeträge es jedoch im Einzellall erfordern kann, einen anderen Aufteilungsmaßstab heranzuziehen oder ganz von einer Aufteilung abzusehen. Daher kann ein Abzug der Aufwendungen insgesamt ausscheiden, wenn die – für sich gesehen jeweils nicht unbedeutenden – beruflichen und privaten Veranlassungsbeträge (zB bei einer beruflich/privaten Doppelmotivation für eine Reise) so ineinandergreifen, dass eine Trennung nicht möglich ist, wenn es also an objektivierbaren Kriterien für eine Aufteilung fehlt“. Dieser Grundsatz wurde für einzelne Arten von Aufwendungen im Laufe der Zeit weiter präzisiert:

### a) Aufwendungen für ein Arbeitszimmer

905 Gemäß § 4 Abs. 5 Nr. 6b S. 1 bis S. 3, § 9 Abs. 5 EStG sind Aufwendungen für ein **häusliches** Arbeitszimmer sowie die Kosten der Ausstattung grundsätzlich nicht ab-

[3] BFH 29.11.2006 – VI R 3/04 BStBl. 2007 II 308; OFD Niedersachsen 27.3.2017 – S 2354 – 118 – St 215.
[4] BFH 21.9.2009 – GrS 1/06, BStBl. 2010 II 672.

zugsfähig. Es gilt nur ausnahmsweise etwas anderes, wenn für die betriebliche oder berufliche Tätigkeit **kein anderer Arbeitsplatz** zur Verfügung steht.

906 Voraussetzung ist, dass der Arbeitgeber dem Arbeitnehmer keinen festen Arbeitsplatz im Betrieb zugeordnet hat. Eine bloße Dienstvereinbarung über die Einrichtung eines Telearbeitsplatzes reicht dafür nicht aus.[5] Auch meint „fester Arbeitsplatz" nicht, dass dem Arbeitnehmer ein spezieller Raum oder gar ein bestimmter Schreibtisch individuell zugeordnet ist. Vielmehr kann nach Rechtsprechung des BFH zB auch ein Großraumbüro oder ein Poolarbeitsplatz ausreichen.[6] In **Beispiel 3** hält die I-GmbH zwar nicht für alle Arbeitnehmer gleichzeitig einen Poolarbeitsplatz vor. Allerdings hat die I-GmbH ein Buchungssystem eingerichtet und angewiesen, dass die verbliebenen Arbeitsplätze nur zwei-bis dreimal pro Woche genutzt werden sollen. Sofern dies für den einzelnen Arbeitnehmer und die Durchführung seiner konkreten Tätigkeit ausreicht, sind Aufwendungen der Arbeitnehmer der I-GmbH für ein häusliches Arbeitszimmer steuerlich nicht abzugsfähig. Dies wird zumindest der Fall sein für H aus **Beispiel 4.** Ob dies auch auf andere Arbeitnehmer der I-GmbH zutrifft, ist individuell zu prüfen.

907 Ist die Voraussetzung erfüllt, kann ein Höchstbetrag von bis zu **1.250 EUR** pro Kalenderjahr steuerlich geltend gemacht werden. Der Arbeitnehmer muss die Voraussetzungen für den Werbungskostenabzug und die konkreten Kosten nachweisen und darf dann nur maximal diesen Betrag ansetzen. Ab 2023 gilt ein Höchst- ein Pauschbetrag von bis zu 1.260 EUR; der Arbeitnehmer muss dann die Einzelkosten nicht mehr belegen. Bildet das Arbeitszimmer sogar den **Mittelpunkt der gesamten betrieblichen und beruflichen Betätigung,** ist der Kostenabzug bei entsprechendem Nachweis **der Höhe nach unbeschränkt.** Sowohl für die Rechtslage vor 2023 also auch ab 2023 erfolgt jedoch eine zeitanteilige Kürzung, wenn das Arbeitszimmer erst unterjährig eingerichtet wurde.

908 Teilen sich mehrere Arbeitnehmer ein häusliches Arbeitszimmer, gilt nach der neueren Rechtsprechung eine **personenbezogene** Betrachtung.[7] Danach kann jeder der Arbeitnehmer den Betrag von 1.250 EUR (bzw. 1.260 EUR ab 2023) in voller Höhe und nicht nur anteilig beanspruchen. Dies gilt allerdings nur insoweit, als dem Arbeitnehmer auch tatsächlich entsprechende Kosten entstanden sind. Gleiches gilt für den höhenmäßig uneingeschränkten Kostenabzug bei einem häuslichen Arbeitszimmer, das den Mittelpunkt der beruflichen Tätigkeit darstellt. Ein mehrfacher Ansatz derselben Kosten scheidet also aus. Erfüllen daher in **Beispiel 1** und der **Abwandlung zu Beispiel 1** sowohl – I das Arbeitszimmer in Saarbrücken als auch in Sylt die weiteren Voraussetzungen für den Kostenabzug (siehe unten), darf sie gleichwohl insgesamt maximal 1.250 EUR (bzw. 1.260 EUR ab 2023) steuerlich ansetzen.

909 Grundsätzliche Voraussetzung ist jedoch, dass es sich tatsächlich um ein „richtiges Arbeitszimmer" handelt.[8] Dafür muss Zimmer (= die berufliche Sphäre) von dem Rest der Wohnung/des Hauses (= private Sphäre) **räumlich getrennt sein** und dem Arbeitnehmer (und ggf. den Mitbewohnern/seiner Familie) müssen in der Wohnung

[5] BFH 26.2.2014 – VI RVI R 40/12, BStBl. 2014 II 568.
[6] BFH 26.2.2014 – VI R 37/13, BStBl. 2014 II 570.
[7] BFH 15.12.2016 – VI R 53/12, BStBl. 2017 II 938.
[8] Siehe dazu BMF-Schreiben vom 9.7.2021 – IV C 6 – S 2145/19/10006:01.

noch genug Platz für private Wohnbedürfnisse bleiben. Dafür muss das Arbeitszimmer durch eine Tür oder Wand von der übrigen Wohnung abgetrennt sein. Eine bloße, nur durch einen Raumteiler oder durch Vorhänge abgetrennte Arbeitsecke erfüllt dieses Kriterium nicht.[9] Das Arbeitszimmer in **Beispiel 6** erfüllt die hier genannten Kriterien und stellt den Mittelpunkt von K's beruflicher Tätigkeit dar, so dass er sämtliche Aufwendungen uneingeschränkt steuerlich geltend machen kann. Anders verhält es sich in der Abwandlung zu **Beispiel 6 und Beispiel 2,** da hier jeweils kein separater Raum zur Verfügung steht.

910 Ist ein häusliches Arbeitszimmer anzuerkennen, können zB die Aufwendungen für die Ausstattung des Zimmers sowie die **anteiligen** Aufwendungen für Miete, Gebäude-AfA, Schuldzinsen für Kredite zur Anschaffung des Gebäudes bzw. der Eigentumswohnung, Wasser- und Energiekosten sowie Steuern, Gebühren und Versicherungen im Zusammenhang mit dem Gebäude geltend gemacht werden.[10] Gemäß § 4 Abs. 7, § 9 Abs. 5 EStG ist es jedoch erforderlich, dass die Aufwendungen **besonders aufgezeichnet** werden.

911 Die hier genannten Beschränkungen gelten ausdrücklich (per Gesetz) nur für ein **häusliches** Arbeitszimmer. Hiervon zu unterscheiden ist ein **außerhäusliches** Arbeitszimmer außerhalb der Wohnung/des Hauses des Arbeitnehmers. Der Kostenabzug hier unterliegt weniger Einschränkungen, da kein Bezug zur Privatsphäre vorliegt und somit eine klarere Abgrenzung möglich ist.[11] Denkbar ist auch, dass der Arbeitgeber selbst ein Büro in der Wohnung/im Haus des Mitarbeiters anmietet und ihm dafür einen Aufwendungsersatz zahlt. Der Mitarbeiter hat diese Zahlungen zwar als Einkünfte aus Vermietung und Verpachtung zu versteuern, kann umgekehrt allerdings alle damit zusammenhängenden Kosten als Werbungskosten im Zusammenhang mit dieser Einkunftsart geltend machen. Gleichwohl ist auch in dieser Variante Vorsicht geboten. Kommt das Finanzamt nämlich zu dem Schluss, dass die Anmietung vor allem im Interesse des Arbeitnehmers erfolgt, stellt der Aufwendungsersatz Arbeitslohn dar. Daher muss dargelegt und nachgewiesen werden können, dass die Anmietung im Interesse des Arbeitgebers liegt.[12]

### b) Home-Office-Pauschale

912 Nutzt der Arbeitnehmer wie im **Beispiel 2** und der **Abwandlung zu Beispiel 6** keinen separaten Raum, liegt ein anderer Arbeitsplatz vor oder verzichtet er auf die Geltendmachung (und den Nachweis) von Kosten für ein häusliches Arbeitszimmer, bleibt nur der Ansatz der sog. **Home-Office-Pauschale** iSd § 4 Abs. 5 Nr. 6b S. 4, § 9 Abs. 5 EStG. In 2021 und 2022 kann der Arbeitnehmer für jeden Kalendertag, an dem er seine betriebliche oder berufliche Tätigkeit ausschließlich in der häuslichen Wohnung ausübt und keine außerhalb der häuslichen Wohnung belegene Betätigungsstätte aufsucht, für seine gesamte betriebliche und berufliche Betätigung einen

[9] BFH 22.3.2016 – VIII R 10/12; BMF-Schreiben vom 6.10.2017 – IV C 6 – S 2145/07/10002: 019, BStBl. 2017 I 1320.
[10] Zu weiteren Einzelheiten siehe BMF-Schreiben vom 6.10.2017 – IV C 6 – S 2145/07/10002: 019, BStBl. 2017 I 1320.
[11] BFH 27.7.2015 – GrS 1/14, BStBl. 2016 II 26.
[12] BMF-Schreiben vom 13.12.2005 – IV C 3 – S 2253-112/05.

Betrag von fünf Euro abziehen. Die Pauschale ist auf maximal 600 EUR im Kalenderjahr begrenzt. Ab 2023 wird die Pauschale auf sechs EUR pro Tag bei bis zu 210 Tagen im Jahr auf insgesamt 1.260 EUR erhöht.

### c) Doppelte Haushaltsführung

913 Mobiles Arbeiten kann auch bedeuten, dass der Arbeitnehmer eine Tätigkeit weit entfernt von seinem eigentlichen Lebensmittelpunkt aufnimmt und dazu eine Zweitwohnung an seinem Arbeitsort bzw. der sog. **erste Tätigkeitsstätte** anmietet. Dieser Begriff wird auch im Zusammenhang mit der Geltendmachung von Fahrtkosten verwendet und in § 9 Abs. 4 EStG gesetzlich definiert[13]. Die Kosten für die Zweitwohnung können als Aufwendungen für eine **doppelte Haushaltsführung** (§ 9 Abs. 1 S. 3 Nr. 5 EStG) abzugsfähig sein.[14] Ferner können Fahrtkosten für den Weg von der ersten Tätigkeitsstätte zur Hauptwohnung als sogenannte Familienheimfahrt steuerlich abgezogen werden. Allerdings sind diese auf maximal einmal pro Woche begrenzt und dürfen nicht mit einem vom Arbeitgeber überlassenen Dienstfahrzeug gefahren werden. Angesetzt werden darf dann die in dem jeweiligen Jahr geltende sog. Entfernungspauschale.

### d) Fahrt- bzw. Reisekosten; Entfernungspauschale; Verpflegungsmehraufwand

914 Die og Entfernungspauschale gilt nicht nur für Familienheimfahrten, sondern auch für Fahrten von der Wohnung zur ersten Tätigkeitsstätte und unabhängig von dem gewählten Verkehrsmittel mit Ausnahme von Flugzeugen (§ 9 Abs. 1 S. 3 Nr. 4 EStG). Zwecks Ermittlung der Fahrtkosten ist also auch hier zuerst die erste Tätigkeitsstätte zu bestimmen.

915 Für H in **Beispiel 4** ist dies der Sitz der I-GmbH in Saarbrücken. Unerheblich ist, dass er diese nur vier Mal im Monat aufsucht. Entscheidend ist vielmehr, dass er diesem Arbeitsort arbeitsrechtlich zugeordnet ist. Anders verhält es sich bei S in **Beispiel 7.** Ihr wurde im Arbeitsvertrag kein fester Arbeitsplatz zugeordnet, so dass sich dieser anhand der o. a. quantitativen Kriterien des § 9 Absatz 4 EStG bestimmt. Da S weder dauerhaft typischerweise arbeitstäglich oder je Arbeitswoche zwei volle Arbeitstage oder mindestens ein Drittel ihrer vereinbarten regelmäßigen Arbeitszeit am Firmensitz der I-GmbH oder einem anderen Ort tätig werden soll, hat sie keine erste Tätigkeitsstätte.

---

[13] Erste Tätigkeitsstätte ist die ortsfeste betriebliche Einrichtung des Arbeitgebers, eines verbundenen Unternehmens (§ 15 des Aktiengesetzes) oder eines vom Arbeitgeber bestimmten Dritten, der der Arbeitnehmer dauerhaft zugeordnet ist. Die Zuordnung wird durch die dienst- oder arbeitsrechtlichen Festlegungen sowie die diese ausfüllenden Absprachen und Weisungen bestimmt. Von einer dauerhaften Zuordnung ist insbesondere auszugehen, wenn der Arbeitnehmer unbefristet, für die Dauer des Dienstverhältnisses oder über einen Zeitraum von 48 Monaten hinaus an einer solchen Tätigkeitsstätte tätig werden soll. Fehlt eine solche dienst- oder arbeitsrechtliche Festlegung auf eine Tätigkeitsstätte oder ist sie nicht eindeutig, ist erste Tätigkeitsstätte die betriebliche Einrichtung, an der der Arbeitnehmer dauerhaft typischerweise arbeitstäglich tätig werden soll oder je Arbeitswoche zwei volle Arbeitstage oder mindestens ein Drittel seiner vereinbarten regelmäßigen Arbeitszeit tätig werden soll.

[14] Zu weiteren Einzelheiten siehe zB BFH 16.11.2017 – VI R 31/16, BStBl. II 2018 404; BMF-Schreiben vom 25.11.2020 – IV C 5 – S 2353/19/10011:006, BStBl. 2020 I 1228.

916 Mit der Entfernungspauschale abgegolten sind alle Aufwendungen, die durch die Fahrten entstehen (§ 9 Abs. 2 EStG). Dazu zählen insbesondere Benzinkosten, Versicherungen, Finanzierungskosten, Parkgebühren und auch Reparaturkosten oder außergewöhnliche Kosten zB wegen einer Falschbetankung.[15]

917 Hat ein Arbeitnehmer wie S in **Beispiel 7** keine erste Tätigkeitsstätte oder handelt es sich um Fahrten zu einem anderen Ort, sind diese nach § 9 Abs. 1 S. 3 Nr. 4a EStG als Aufwendungen für auswärtige Tätigkeit abzugsfähig.

918 Neben den reinen Fahrt- und Reisekosten können gemäß § 9 Abs. 1 S. 3 Nr. 5a EStG Übernachtungskosten sowie zusätzlich der sog. Verpflegungsmehraufwand iSd § 9 Abs. 4a berücksichtigt werden.

### e) Sonstige Werbungskosten

919 Neben den oben genannten Kosten sind insbesondere auch **Aufwendungen für Arbeitsmittel** abzugsfähig (§ 9 Abs. 1 S. 3 Nr. 6 EStG). Unter dem Begriff der Arbeitsmittel versteht man Gegenstände, die unmittelbar der Erledigung der dienstlichen Aufgaben dienen. Auch hiervon sind wieder solche Gegenstände abzugrenzen, die in die private Lebensführung fallen oder die die wirtschaftliche oder gesellschaftliche Stellung des Steuerpflichtigen mit sich bringt. Anschaffungskosten können nur dann uneingeschränkt als Werbungskosten berücksichtigt werden, wenn feststeht, dass der Arbeitnehmer den Gegenstand weitaus überwiegend beruflich verwendet. Ferner gelten hier die Grundsätze für sog. geringwertige Wirtschaftsgüter bzw. die Absetzung für Abnutzung (§ 6 Abs. 2 EStG). Je nach Art der beruflichen Tätigkeit kommt daher ein Werbungskostenabzug zum Beispiel in Betracht für einen Aktenschrank, Büromöbel[16], Computer (wenn private Nutzung unter 10%[17]), Fachliteratur oder einen Schreibtisch[18]. Kein Werbungskostenabzug besteht demgegenüber für Bilder im häuslichen Arbeitszimmer[19], Dekorationsgegenstände[20], Tageszeitungen (ggf. aber fachlich einschlägige Publikationen wie zB dem Handelsblatt)[21]. Auch für **Telefon- oder/oder Internetkosten** besteht die Notwendigkeit, den beruflichen Anteil nachzuweisen und ggf. eine Aufteilung in privat und beruflich genutzte Aufwendungen vorzunehmen. Die Finanzverwaltung lässt aus Vereinfachungsgründen einen pauschalen Abzug von 20 Prozent des Rechnungsbetrages, maximal 20 EUR pro Monat als Werbungskostenabzug zu (R 9.1 Abs. 5 EStR).

---

[15] BFH 20.3.2014 – VI R 29/13, BStBl. 2014 II 849.
[16] BFH 8.11.1996 – VI R 22/96, DStR 1997, 408.
[17] BFH 19.2.2004 – VI R 135/01 BStBl. 2004 II 958.
[18] BFH 18.2.1977 – VI R 182/75 BStBl. 1977 II 464; BFH 8.11.1996 – VI R 22/96, DStR 1997, 408.
[19] BFH 12.3.1993 – VI R 92/92, BStBl. 1993 II 506.
[20] BFH 8.11.1996 – VI R 22/96, DStR 1997, 408.
[21] BFH 19.1.1996 – VI R 64/95, BFH/NV 1996, S. 406.

## III. Steuerliche Behandlung der Arbeitnehmer bei mobiler Arbeit im Ausland (mit Doppelbesteuerungsabkommen)

### 1. Überblick

920 Mobiles Arbeiten kann auch zeitweise oder regelmäßig im Ausland stattfinden. Eine Doppelbesteuerung der dabei erzielten Einkünfte sowohl im Ansässigkeits- als auch Tätigkeitsstaat soll durch sog. **Doppelbesteuerungsabkommen (DBA)** nach dem Musterabkommen der OECD vermieden werden. DBA sind internationale Verträge zwischen zwei Staaten, die regeln, welcher der beiden Staaten unter welchen Umständen welche Einkünfte besteuern darf. Deutschland hat mittlerweile mit über 90 Staaten DBA auf Grundlage des Musterabkommens abgeschlossen.[22] Einige DBA sind gegenüber dem Musterabkommen leicht modifiziert und werden oftmals durch weitere Dokumente ergänzt und erläutert. Wie sich mobiles Arbeiten im Ausland auf den Mitarbeiter und seinen Arbeitgeber steuerlich auswirkt, hängt also wesentlich davon ab, ob mit dem ausländischen Staat ein DBA mit welchem Inhalt abgeschlossen wurde.[23] Im Allgemeinen gilt dabei Folgendes:

### 2. 183-Tage-Regelung (Folgen für in Deutschland/im Ausland ansässige Arbeitnehmer, Sonderfall Grenzgänger)

921 Die Grundsätze zur Zuweisung des Besteuerungsrechts bezüglich Arbeitseinkommen bzw. Einkünften aus nichtselbständiger Tätigkeit finden sich in Art. 15 OECD-MA. Dieser Artikel ist anwendbar, wenn eine Person in einem Staat tätig ist, aber in dem anderen Staat als ansässig gilt (zur Ansässigkeit siehe Artikel 4 Abs. 1 OECD). Des Weiteren muss die Person Einkünfte aus unselbständiger Arbeit iSd OECD-MA und nicht etwa Einkünfte aus anderen Einkunftsarten erzielen. Dabei gibt es zB Spezialregeln für Aufsichtsrats- und Verwaltungsratsvergütungen (Art. 16 OECD-MA), Künstler und Sportler (Art. 17 OECD-MA), Ruhegehälter (Art. 18 OECD-MA) und Gehälter im Öffentlichen Dienst (Art. 19 OECD-MA) oder bestimmte Berufsgruppen nach einzelnen DBA (so für Hochschullehrer und Lehrer, vgl. B. Art. 21 DBA-Italien; Art. 20 DBA-Österreich; Art. 20 DBA-USA).

922 Liegen danach Einkünfte aus unselbständiger Arbeit iSd Artikel 15 OECD-MA vor, können diese gemäß Abs. 1 grundsätzlich nur von dem **Tätigkeitsstaat** besteuert werden, sog. Arbeitsortsprinzip. Es kommt also nicht darauf an, woher oder wohin die Zahlung des Arbeitslohns geleistet wird oder wo der Arbeitgeber ansässig ist. Hiervon sieht Abs. 2 nun eine Ausnahme vor[24] und weist das Besteuerungsrecht dann dem **Ansässigkeitsstaat** des Arbeitnehmers zu, wenn mehrere Bedingungen **gleich-**

[22] BMF-Schreiben vom 18.2.2021 – IV B 2 – S 1301/07/10017-12, BStBl. 2021 I S. 265.
[23] Ausführliche Hinweise in BMF-Schreiben vom 3.5.2018 – S 1300/08/10027, BStBl. 2018 I S. 643.
[24] Eine weitere Sonderregel gilt gemäß Art. 15 Abs. 3 OECD-MA wiederum für von regulären Besatzungsmitgliedern eines im internationalen Verkehr betriebenen Schiffes oder Luftfahrzeugs. Deren Einkünfte können nur im Ansässigkeitsstaat besteuert werden.

**zeitig** erfüllt sind. Diese Ausnahme wird auch „183-Tage-Regelung" und setzt voraus, dass

- der Arbeitnehmer bzw. Empfänger der Einkünfte sich in dem Tätigkeitsstaat insgesamt **nicht länger als 183 Tage** innerhalb eines Zeitraums von zwölf Monaten, der während des betreffenden Steuerjahres beginnt oder endet, aufhält; und
- die **Vergütungen von einem Arbeitgeber** oder für einen Arbeitgeber gezahlt werden, der **nicht im Tätigkeitsstaat** ansässig ist, und
- die Vergütungen auch nicht von einer **Betriebstätte** getragen werden, die der Arbeitgeber in dem Tätigkeitsstaat Staat hat.

923 Liegen dagegen nicht sämtliche Voraussetzungen des Art. 15 Abs. 2 OECD-MA zusammen vor, bleibt es bei dem Besteuerrecht des Tätigkeitsstaats. Die Definition der o.g. 183 Tage und ihre Berechnung wird in einzelnen DBA anders definiert als in Art. 15 Abs. 2 OECD-MA. Daher ist hier immer individuell auf das jeweilige DBA zu schauen. Eine Besteuerung durch den Ansässigkeitsstaat ist auch ausgeschlossen, wenn der Arbeitslohn von einem im Tätigkeitsstaat ansässigen Arbeitgeber gezahlt wird. Arbeitgeber iSd Art. 15 OECD-MA kann der zivilrechtliche Arbeitgeber sein, aber auch der wirtschaftliche Arbeitgeber im Rahmen einer Arbeitnehmerentsendung, unabhängig davon, ob diese zwischen verbundenen Unternehmen oder nicht verbundenen Unternehmer erfolgt.[25]

924 Wird das Besteuerungsrecht an dem Arbeitslohn **einer in Deutschland ansässigen Person** dem anderen Tätigkeitsstaat zugewiesen, werden die entsprechenden Einkünfte in Deutschland in der Regel aus der Besteuerung ausgenommen **(Freistellungsmethode).** In bestimmten Konstellationen oder im Fall besonderer DBA gilt hingegen die Anrechnungsmethode, bei der die ausländischen Steuern (größtenteils) auf die deutsche Steuer angerechnet werden.[26] In beiden Varianten – also auch bei Anwendung der Freistellungsmethode – hat der Steuerpflichtige die Einkünfte in der deutschen Steuererklärung anzugeben. Außerdem greift der **Progressionsvorbehalt** (§ 32b Abs. 1 S. 1 Nr. 3 EStG). Erzielt die Person daher noch andere, in Deutschland steuerpflichtige Einkünfte, werden die ausländischen Einkünfte bei der Ermittlung des anzuwendenden Steuersatzes mitberücksichtigt. Sind die Einkünfte in Deutschland aufgrund eines DBA steuerfrei, können damit wirtschaftlich zusammenhängende **Aufwendungen** gemäß § 3c Abs. 1 EStG **nicht als Werbungskosten** abgezogen werden. Dies gilt gleichermaßen für laufende, nachträgliche und auch vorweggenommene und vor Beginn der Tätigkeit entstandene Werbungskosten (zB für Reisen zu Bewerbungsgesprächen). Ferner sind Vorsorgeaufwendungen, die mit steuerfreien Einnahmen in unmittelbarem wirtschaftlichem Zusammenhang stehen, nach § 10 Abs. 2 S. 1 Nr. 1 EStG grundsätzlich nicht als Sonderausgaben abzugsfähig. Zahlt ein inländischer Arbeitgeber dem Arbeitgeber im Vorfeld oder während einer Auslandstätigkeit Unterstützungsleistungen, so kann dies bereits Arbeitslohn darstellen, der nach dem DBA dem Tätigkeitsstaat zuzuordnen ist.[27]

---

[25] Zu den einzelnen Varianten der Arbeitnehmerentsendung finden sich ausführliche Hinweise und Fallbeispiele in dem BMF-Schreiben vom 3.5.2018– S 1300/08/10027, BStBl. 2018 I 643 Tz. 128ff.

[26] So zB im DBA mit Dänemark, Frankreich, Italien, Norwegen, Polen oder Schweden für die gewerbsmäßige Arbeitnehmerüberlassung.

[27] Siehe dazu BMF-Schreiben vom 3.5.2018, – S 1300/08/10027, BStBl. 2018 I 643 Tz. 300ff.

Steht nach einem DBA demgegenüber Deutschland als dem Tätigkeitsstaat das Besteuerungsrecht an dem Arbeitslohn **einer im Ausland ansässigen Person** zu, richtet sich die Besteuerung nach §§ 49 Abs. 1 Nr. 4, 50 EStG für sog. beschränkt Steuerpflichtige. Der Arbeitnehmer hat dann eine Steuererklärung in Deutschland abzugeben und den steuerpflichtigen Arbeitslohn selbst zu erklären. Die Abgabe einer Steuererklärung kann auch hier nur dann unterbleiben, wenn ein inländischer Arbeitgeber Lohnsteuern einbehalten und abgeführt hat und die Voraussetzungen des § 46 EStG erfüllt sind. Gemäß § 50 Abs. 1 EStG können solche Werbungskosten iSd § 9 EStG abgezogen werden, die mit den inländischen Einkünften in wirtschaftlichem Zusammenhang stehen. Hier gelten dieselben Grundsätze wie für im Inland ansässige Arbeitnehmer. Wurde der Arbeitslohn in Form einer Nettolohnvereinbarung gezahlt, gilt das Zuflussprinzip des § 11 EStG. Daher ist im Rahmen der Veranlagung nur der im jeweiligen Kalenderjahr ausgezahlte Nettolohn in die Einkommensteuerveranlagung einzubeziehen. Werden die deutschen Steuerbeträge später vom ausländischen Arbeitgeber ersetzt, ist dieser Betrag in der dann abzugebenden Steuererklärung anzugeben und der Besteuerung zu unterwerfen. Eine Hochrechnung der vom Arbeitgeber übernommenen Steuern erfolgt in diesen Fällen nicht. Erhält der Arbeitnehmer von seinem Arbeitgeber unterjährig Zuschüsse zu Einkommensteuervorauszahlungen, sind diese ebenfalls bei Zufluss zu berücksichtigen. 925

## IV. Steuerliche Behandlung der Arbeitnehmer bei mobiler Arbeit im Ausland (ohne Doppelbesteuerungsabkommen)

Besteht kein DBA, kommt es in Deutschland zu einer regulären Besteuerung dieser Einkünfte. Ausländische Steuern können nach § 34c Abs. 1 EStG auf die deutsche Einkommensteuer angerechnet werden, wenn es sich bei der ausländischen Steuer um eine der deutschen Einkommensteuer entsprechenden Steuer handelt. Des Weiteren können die ausländischen Steuern nur bis zur Höhe der deutschen Steuer angerechnet werden, die auf die Einkünfte aus diesem ausländischen Staat in demselben Veranlagungszeitraum entfällt. Für diesen Fall kann alternativ nach § 34c Abs. 2 EStG ein Antrag auf Abzug der ausländischen Steuer bei der Ermittlung der Einkünfte gestellt werden. Dann werden die ausländische Steuer wird wie Werbungskosten behandelt und von der Bemessungsgrundlage der deutschen Steuer abgezogen. 926

## V. Besteuerung des Arbeitgebers bei Mobile Work

### 1. Inlandssachverhalte

#### a) Lohnsteuereinbehalt

927 Die Pflicht des (inländischen) Arbeitgebers zur Einbehaltung von Lohnsteuern verhält sich spiegelbildlich zur Frage des Vorliegens von steuerpflichtigem Arbeitslohn. Dies gilt auch für Unterstützungsleistungen des Arbeitgebers zum mobilen Arbeiten der Mitarbeiter. Hier gelten die obigen Ausführungen entsprechend. Wird danach eine finanzielle Unterstützung oder die Überlassung von Sachmitteln als steuerpflichtiger Arbeitslohn qualifiziert, besteht auch eine Lohnsteuereinbehaltungspflicht. Deren ordnungsgemäße Einhaltung ist zu dokumentieren. Dies gilt auch im Falle einer Pauschalversteuerung.[28] Erfolgt die Leistung hingegen im überwiegend eigenbetrieblichen Interesse des Arbeitgebers oder handelt es sich um einen steuerfreien Werbungskosten, besteht keine Pflicht zur Einbehaltung von Lohnsteuern. Die Frage nach der Lohnsteuerpflicht ist deswegen wichtig für den Arbeitgeber, weil er gegebenenfalls für fehlerhaft nicht einbehaltene Lohnsteuer nach Maßgabe des § 42d EStG **haftet.** Einen gewissen Schutz für den Arbeitgeber bietet die Möglichkeit der Anrufungsauskunft (§ 42e EStG). Hier kann sich der Arbeitgeber von dem zuständigen Finanzamt vorab verbindlich bestätigen lassen, ob eine Zuwendung Lohnsteuern auslöst oder nicht. Besteht eine Lohnsteuerpflicht und reicht der vom Arbeitgeber geschuldete Barlohn zur Deckung der Lohnsteuer nicht aus, hat der Arbeitnehmer dem Arbeitgeber den Fehlbetrag gemäß § 38 Abs. 4 EStG zur Verfügung zu stellen. Alternativ kann der Arbeitgeber einen entsprechenden Teil der anderen Bezüge des Arbeitnehmers zurückzubehalten. Stellt der Arbeitnehmer den Fehlbetrag nicht zur Verfügung und kann der Arbeitgeber die Lohnsteuer auch nicht von anderen Bezügen zurückhalten, so hat er dies dem zuständigen Finanzamt anzuzeigen. Auch dies kann gemäß § 42d Abs. 2 EStG seine Haftung ausschließen.

#### b) Gewerbesteuer

928 Werden Mitarbeiter nicht am Hauptsitz des Betriebs tätig, kann dies für gewerbetreibende Unternehmen auch gewerbesteuerlich relevant sein. So ist in diesen Fällen zu prüfen, ob an dem Arbeitsort eine **gewerbesteuerliche Betriebsstätte** für den Arbeitgeber begründet wurde. Ist dies zu bejahen, so ist die Gemeinde ist in die sog. gewerbesteuerliche Zerlegung iSd §§ 28 ff. GewStG einzubeziehen, wonach der Gesamtgewinn des Unternehmens grundsätzlich nach dem Verhältnis der Arbeitslöhne der Betriebsstätten aufgeteilt und die Gesamtsteuerlast des Unternehmens beeinflusst wird.

---

[28] Siehe dazu bspw. die umfangreichen Dokumentationspflichten bei einer Bezuschussung von Fahrkosten in BMF-Schreiben vom 18.11.2021 – IV C 5 – S 2351/20/10001:002.

929 Der Begriff der Betriebsstätte im Gewerbesteuerrecht ergibt sich zunächst aus § 12 AO. Danach versteht man hierunter „jede feste Geschäftseinrichtung oder Anlage, die der Tätigkeit eines Unternehmens dient." Ferner gelten als feste Geschäftseinrichtung die Stätte der Geschäftsleitung iSd § 10 AO, Zweigniederlassungen, Geschäftsstellen, Fabrikations- oder Werkstätten, Warenlager, Ein- oder Verkaufsstellen, Bergwerke, Steinbrüche oder andere stehende, örtlich fortschreitende oder schwimmende Stätten der Gewinnung von Bodenschätzen" sowie bestimmte Bauausführungen oder Montagen, wenn sie länger als sechs Monate dauern. Danach erfordert eine Betriebsstätte keine besonderen Räume oder gewerblichen Vorrichtungen. Allerdings müssen gemäß R 2.9 GewSt-Richtlinie an dem Ort dauernd Tätigkeiten stattfinden, die dem Betrieb unmittelbar dienen. Dies können auch bloße Hilfs- oder Nebenhandlungen sein. Keine Betriebsstätte iSd Gewerbesteuerrechts stellt hingegen der ständige Vertreter iSd § 13 AO dar.

930 Die unmittelbar dem Unternehmen dienenden Tätigkeiten können sowohl von dem Geschäftsinhaber selbst als auch von Arbeitnehmern ausgeübt werden. Wird hierzu wie im **Beispiel 5** ein externes Büro angemietet, stellt dies unzweifelhaft eine Betriebsstätte dar. Damit ist in 2022 auch Lübeck mit in die Zerlegung einzubeziehen. Unerheblich ist, wenn die Betriebsstätte unterjährig und erst ab Februar 2022 begonnen hat. Die anteilige Berücksichtigung erfolgt über die nur anteilige Berücksichtigung der Löhne, die erst ab Februar dorthin (und ggf. nicht mehr in einer anderen Gemeinde) gezahlt werden. Das Gleiche gilt umgekehrt, wenn eine Betriebsstätte unterjährig geschlossen wird.

931 Was ist jedoch, wenn die Tätigkeiten von einem separaten Büroraum/häuslichen Arbeitszimmer in einer Privatwohnung oder in einem Home-Office ausgeübt werden, das nicht als häuslichen Arbeitszimmer qualifiziert (zB Arbeitsecke)? Hier ist zunächst zu beachten, dass die Annahme einer Betriebstätte grundsätzlich unabhängig von der Qualifikation eines Raumes als häusliches Arbeitszimmer iSd § 4 Abs. 5 S. 1 Nr. 6 EStG ist. Damit kann ein Raum ggf. kein solches Arbeitszimmer, wohl aber eine Betriebsstätte darstellen. Für die Annahme einer Betriebsstätte iSd § 12 AO kommt es (allein) auf die Verfügungsmacht des Unternehmens über die „Örtlichkeit" an. Dazu hat der BFH entschieden:

- Nutzt ein **GmbH-Gesellschafter-Geschäftsführer** für seine Tätigkeiten ein **Arbeitszimmer in seiner Privatwohnung,** so kann dies eventuell eine Betriebsstätte der GmbH in Form des Ortes der Geschäftsleitung (§ 10 AO) darstellen. Voraussetzung ist jedoch, dass die GmbH „eine ausreichende und dauernde **Verfügungsbefugnis**" über das Arbeitszimmer besitzt. Diese besteht nur dann, wenn sie Rechtsposition innehat, die ihr ohne Mitwirkung nicht mehr ohne weiteres entzogen oder die ohne Mitwirkung nicht ohne weiteres verändert werden kann. Nicht ausreichend ist die bloße Berechtigung zur Nutzung eines Raumes im Interesse eines anderen, eine rein tatsächliche Nutzungsmöglichkeit oder wenn die Tätigkeiten in den Privaträumen des Geschäftsführers lediglich faktisch ausgeübt werden.[29]

[29] BFH 4.6.2008 – I R 30/07, BStBl. II 2008, 922; BFH 17.12.1998 – I B 101/98, BFH/NV 1999, S. 563; Sächsisches FG 7.11.2017 – 3 K 61/15 mwN.

- Eine ähnliche bedeutsame Rolle besitzt die Verfügungsmacht des Arbeitgebers bei einer Tätigkeit von Angestellten in einem häuslichen Arbeitszimmer bzw. Home-Office. Hierzu hat der BFH entschieden, dass eine Verfügungsgewalt des Unternehmers nur ausnahmsweise dann besteht, wenn der Unternehmer das Büro oder die Wohnung in gewissem Umfang und nicht nur vorübergehend für sein Unternehmen benutzen darf. Auch hier begründet das bloß faktische Tätigwerden für das Unternehmen noch keine Herrschaftsmacht über die Privaträume.[30] In der Regel qualifiziert die Privatwohnung des Arbeitnehmers daher nicht als gewerbesteuerliche Betriebstätte. Dies gilt auch, wenn arbeitsvertraglich eine sog. Telearbeit vereinbart wurde.

932 Da keine entsprechenden Vereinbarungen vorliegen, stellt K's Home-Office in Zweibrücken in **Beispiel 6** keine gewerbesteuerliche Betriebsstätte dar. Anders verhält es sich mit dem flexiblen Arbeitsplatz in dem Lübecker Co-Working Space, der von I in **Abwandlung 2 zum Beispiel 5** angemietet wird. Denn hier wird aufgrund des Mietvertrages eine Verfügungsmacht über den Arbeitsplatz gegeben sein. Das Gleiche dürfte gelten in **Abwandlung 1 zum Beispiel 5,** da die Kostenübernahme ebenfalls mit einer entsprechenden Verfügungsmacht einhergeht.

## 2. Grenzüberschreitende Sachverhalte

### a) Mobile Work im Ausland: Begründung einer Auslands-Betriebsstätte

933 Hat ein Unternehmen eine Betriebsstätte in einem anderen Staat („Betriebsstätten-Staat"), so darf der dieser Staat gemäß Art. 7 Abs. 1 OECD-MA die der Betriebsstätte zuzuordnenden Gewinne des Unternehmens besteuern. Im Gegenzug stellt der Staat, in dem der Unternehmer ansässig ist und in dem sich das sog. Stammhaus befindet, („Ansässigkeitsstaat") diese Gewinne von der Besteuerung frei (oder rechnet die im Betriebsstätten-Staat gezahlten Steuern auf die lokale Steuer an). Das Unternehmen wird also selbst Steuerpflichtiger in dem Betriebsstätten-Staat. Es hat dort Steuererklärungen abzugeben und vor allem aber eine Aufteilung des Gesamtgewinnes auf das Stammhaus und die Betriebsstätte aufzuteilen. Dies führt nicht nur zu zusätzlichem administrativem Aufwand und Kosten für das Unternehmen. Vor allem aber kann die Ermittlung des Betriebsstätten-Gewinns eine Herausforderung darstellen und ggf. eine Doppelbesteuerung dieses Gewinnes in beiden Staaten eintreten. Daher ist es Unternehmen also dringend zu empfehlen, bei grenzüberschreitendem mobilem Arbeiten die Thematik der Betriebsstätte zu beachten.

934 Artikel 5 OECD-MA enthält ausführliche Regelungen dazu, welche Konstellationen als Betriebsstätte qualifizieren. Darunter fallen zum einen feste Geschäftseinrichtungen wie angemietete Büros, aber auch die Art und Weise, wie eine bestimmte Tätigkeit ausgeübt wird. Insgesamt ist die Bestimmung des Vorliegens einer Betriebsstätte einer der bedeutendsten, aber auch kompliziertesten Themen im Internationalen Steuerrecht. Dies liegt nicht nur an unterschiedlichen Begriffen in den einzelnen

[30] BFH 18.3.1976 – IV R 168/72, BStBl. 1976 II 365.

Abkommen. Hinzukommt die unterschiedliche Auslegung nach lokalem Recht. So bestehen international zB unterschiedliche Auffassungen darüber, ob und unter welchen Voraussetzungen ein Home-Office als feste Geschäftseinrichtung eines Unternehmens qualifiziert. Eine weitere Form der Betriebsstätte ist die sog. **Vertreterbetriebsstätte.** Nach der alten Definition in Art. 5 Abs. 5 OECD-MA aF verstand man hierunter eine Person, die

- für ein Unternehmen tätig ist,
- **Vollmacht besitzt, im Namen des Unternehmens Verträge abzuschließen,**
- diese Vollmacht gewöhnlich in einem anderen Staat ausübt,
- keine Hilfstätigkeit im Sinne von Art. 5 Abs. 4 OECD-MA ausübt und
- kein Makler, Kommissionär oder anderer unabhängiger Vertreter ist, der im Rahmen seiner ordentlichen Geschäftstätigkeit handelt.

935 Diese Definition wurde von der OECD inzwischen verschärft. Danach reicht es aus, wenn die Person für ein Unternehmen gewöhnlich Verträge schließt **oder** gewöhnlich **die führende Rolle beim Abschluss von Verträgen einnimmt,** die regelmäßig **ohne weitere wesentliche Änderung durch das Unternehmen geschlossen werden.** Es kommt nunmehr also auf das Verhandlungselement an. Die neue Definition ist bislang nur in wenigen deutschen DBA enthalten, so zB in dem DBA Deutschland-Australien. Künftig könnten hier aber noch weitere DBA hinzukommen.

936 Nicht als Betriebsstätte gelten allerdings Einrichtungen oder Ähnliches, wenn die dort ausgeübten Tätigkeit lediglich **von vorbereitender Art ist oder eine Hilfstätigkeit** darstellt. Diese Gegenausnahme ist von entscheidender Bedeutung. Je nach Art der Tätigkeit des Unternehmens können hierunter zB rein administrative Aufgaben wie die Buchhaltung, die Rechts- und Steuerabteilung, das Controlling oder die Personalabteilung fallen. Übt die Person also derartige Tätigkeiten aus, kann eine Betriebsstätte ausscheiden.

937 Angesichts der unterschiedlichen Definitionen der Betriebsstätte und der diesbezüglichen Ausnahmen muss diese Fragestellung daher immer individuell unter Berücksichtigung der jeweiligen Rechtslage im Betriebsstätten-Staat beurteilt werden.

### b) Ausländische Unternehmen mit inländischen Arbeitnehmern – Inlands-Betriebsstätte

938 Bei ausländischen **Unternehmen mit Mitarbeitern in Deutschland** stellt sich umgekehrt dieselbe Frage, also ob sie eine Betriebsstätte iSd § 49 Abs. 1 Nr. 2 EStG, § 12 AO in Deutschland begründen. Vorrangig relevant ist dabei die deutsche Betriebsstättendefinition, da ein DBA Deutschland kurz gesagt kein (zusätzliches) Besteuerungsrecht an etwas einräumen kann, dass nach dem lokalen Recht nicht besteuert wird. Hier sind also zunächst die Unterschiede in der Auslegung eines Home-Office als „feste Geschäftseinrichtung" und die dazu vom BFH vertretene, (zumindest bislang) eher restriktiv Auffassung zu beachten. Des Weiteren erfasst § 49 Abs. 1 Nr. 2 EStG die Vertreterbetriebsstätte iSd Art. 5 Abs. 5 OECD-MA. Der ständige Vertreter wird definiert in § 13 AO. Hierunter fallen Personen, die nachhaltig die Geschäfte eines Unternehmens besorgen und dabei dessen Weisungen unterliegen. Bei dem

Vertreter kann es sich um einen Arbeitnehmer des Unternehmens handeln, aber auch um einen selbständigen Gewerbetreibenden. Insofern kommt es nicht auf ein Abhängigkeitsverhältnis vom Unternehmen an.[31]

939 Daneben ist hier auch zu prüfen, ob Deutschland als Tätigkeitsstaat das Besteuerungsrecht an dem Arbeitslohn des Mitarbeiters zusteht (vgl. Art. 15 Abs. 1 OECD-MA) und ob für den Arbeitgeber eine Pflicht zur Einbehaltung und Abführung deutscher Lohnsteuer besteht. Dies wäre gemäß § 38 EStG der Fall, wenn der Arbeitgeber auch eine inländische Betriebsstätte hat (inländischer Arbeitgeber) oder einem Dritten (Entleiher) Arbeitnehmer gewerbsmäßig zur Arbeitsleistung im Inland überlässt, ohne inländischer Arbeitgeber zu sein (ausländischer Verleiher). Die Variante des ausländischen Verleihers wird bei dem mobilen Arbeiten des Mitarbeiters allerdings normalerweise nicht in Betracht kommen. Bleibt also nur die Möglichkeit eines inländischen Arbeitgebers aufgrund einer inländischen Betriebsstätte. Dabei weicht der **lohnsteuerliche Betriebsstättenbegriff** von der Definition des § 12 AO ab und wird in § 41 Abs. 2 EStG speziell definiert. Danach ist Betriebsstätte der Betrieb oder Teil des Betriebs des Arbeitgebers, in dem der für die Durchführung des Lohnsteuerabzugs **maßgebende Arbeitslohn ermittelt** wird. Damit stellt die lohnsteuerliche Betriebsstätte nicht auf eine „feste Geschäftseinrichtung oder Anlage" ab. Wird der Arbeitslohn im Ausland ermittelt und ist kein zum Lohnsteuerabzug verpflichteter Arbeitgeber vorhanden, erfolgt die Besteuerung allein über die Veranlagung des Arbeitnehmers. Andernfalls gelten die Ausführungen zur Lohnsteuereinbehaltungspflicht eines inländischen Arbeitgebers entsprechend.

## VI. Zusammenfassung

940 Bei Mobile Work sind zahlreiche steuerliche Aspekte und insbesondere einige Fallstricke zu beachten. Bei reinen Inlandssachverhalten können Arbeitnehmer von diversen Steuererleichterungen profitieren. Demgegenüber muss der Arbeitgeber vor allem auf den zutreffenden Lohnsteuereinbehalt und auf mögliche gewerbesteuerliche Implikationen achten. Besondere Herausforderungen weisen grenzüberschreitende Sachverhalte auf, und zwar sowohl aus Sicht des Arbeitnehmers als auch des Arbeitgebers. Hier stellt sich ua die Frage, in welchem Staat der Arbeitslohn steuerpflichtig ist und ob die Tätigkeit eines Arbeitnehmers in einem anderen Staat (auch) zu dortigen Steuerpflichten des Arbeitgebers führt. Daher ist es gerade in diesen Fällen zu empfehlen, sich von entsprechenden Experten beraten zu lassen.

[31] Siehe dazu bsw. BFH 23.10.2018 – I R 54/16, BStBl. 2019 II 365.

# Stichwortverzeichnis